STRAT
EGOR

Couverture : Pierre-André Gualino
Maquette intérieure : Yves Tremblay

Mise en page : Belle Page

11 rue Paul Bert, 92240 Malakoff
www.dunod.com

ISBN : 978-2-10-078891-0

B. GARRETTE • R. DURAND • P. DUSSAUGE • L. LEHMANN-ORTEGA • F. LEROY
Avec la participation de O. SIBONY et B. POINTEAU

STRATEGOR

La référence en stratégie, de la start-up à la multinationale

8e édition

DUNOD

Les auteurs

Bernard GARRETTE, diplômé d'HEC et docteur en sciences de gestion, est professeur de stratégie d'entreprise à HEC Paris. Il a été directeur du MBA d'HEC, consultant chez McKinsey et *visiting professor* à la *London Business School* et à l'IESE. Ses recherches sur les stratégies d'alliance ont été publiées dans les meilleures revues scientifiques internationales.

Son dernier livre, *Cracked It! How to solve big problems and sell solutions like top strategy consultants* (avec Olivier Sibony et Corey Phelps, Palgrave Macmillan, 2018), est devenu la référence sur la résolution des problèmes de stratégie et de management.

Rodolphe DURAND est le *Joly Family Professor of Purposeful Leadership* à HEC Paris et le fondateur et directeur académique du centre *Society and Organizations* (S&O) lancé en 2009. Ses domaines de recherche sont la différenciation des entreprises, les politiques de RSE, et leurs liens avec la performance et l'avantage concurrentiel. Pour ses travaux, il a reçu des prix de l'*American Sociological Association*, de l'*European Academy of Management*, et de la *Strategic Management Society* parmi d'autres.

En tant que conseiller, *senior advisor*, et membre non-exécutif de conseils d'administration, il a aidé de nombreuses organisations à établir leur avantage concurrentiel, à développer et à mettre en œuvre leurs stratégies.

Pierre DUSSAUGE est professeur de stratégie d'entreprise à HEC Paris. Il est diplômé d'HEC et docteur de l'Université Paris-Dauphine. Il a été professeur-visitant à la *Ross Business School* de l'Université du Michigan pendant de nombreuses années.

Ses recherches récentes, publiées entre autres dans *Strategic Management Journal, Journal of International Business Studies, European Management Journal* ou *MIT Sloan Management Review* portent sur les alliances stratégiques internationales.

Laurence LEHMANN-ORTEGA, diplômée d'HEC Paris, docteur en sciences de gestion, est professeur affilié à HEC Paris. Ses enseignements et ses recherches portent sur la création de *business models* innovants.

Elle est co-auteur de *(Ré)inventez votre business model avec l'approche Odyssée 3.14*, aux éditions Dunod. Elle est également directrice académique du Master en Management stratégique d'HEC Paris et intervient régulièrement en entreprise comme consultante et formatrice sur les thématiques de l'innovation.

Frédéric LEROY est ancien élève de l'École Normale Supérieure d'Ulm, diplômé en philosophie, docteur HEC en sciences de gestion et professeur affilié au département Stratégie d'HEC. Il enseigne dans la plupart des programmes du groupe HEC.

Ses recherches portent sur la phase d'intégration dans les fusions-acquisitions et les processus d'apprentissage et de partage de compétences. Il travaille aussi sur les industries créatives. Il a publié la 5e édition de son livre *Les Stratégies de l'entreprise* aux éditions Dunod en 2017.

Olivier SIBONY est professeur affilié de stratégie à HEC Paris et *Associate Fellow* de la *Saïd Business School* d'Oxford. Auparavant, il était *senior partner* de McKinsey & Company, où il a exercé vingt-cinq ans.

Il est l'auteur de nombreux articles scientifiques sur la prise de décision stratégique et de deux livres : *Vous allez commettre une terrible erreur !* (Champs, Flammarion, 2019) et *Cracked It! How to solve big problems and sell solutions like top strategy consultants* (avec Bernard Garrette et Corey Phelps, Palgrave Macmillan, 2018). Il est diplômé d'HEC Paris et docteur en sciences de gestion de l'Université PSL-Dauphine.

Bertrand POINTEAU, diplômé d'HEC Paris et titulaire d'un MBA de la *Wharton School*, est professeur affilié de stratégie à HEC et *advisory partner* chez Bain & Company. Depuis plus de vingt-cinq ans, il exerce son métier de conseil en stratégie auprès de grands groupes aux États-Unis, en Europe et en Asie, où il a notamment dirigé le bureau de Bain à Séoul.

À HEC, il enseigne dans plusieurs programmes sur les questions de transformation d'entreprise. En 2009, il a reçu le prix Rossi de l'Académie des Sciences morales et politiques pour son ouvrage *L'Entreprise (enfin) expliquée aux ados* aux éditions Nathan.

Remerciements

Avec cette huitième édition, nous fêtons les 30 ans de **STRATEGOR** ! Trente ans d'une aventure intellectuelle unique faite de rencontres enrichissantes et de collaborations passionnantes – et parfois passionnées.

Rencontres enrichissantes avec nos lecteurs : étudiants, professeurs et chercheurs d'institutions du monde entier, dirigeants d'entreprises participant à nos programmes d'*executive education* ou à nos activités d'études et de conseil… que nous ne pouvons évidemment pas tous remercier nommément. Le moment est venu de leur avouer un secret de Polichinelle : nous avons davantage appris d'eux que nous ne leur avons enseigné !

Collaborations passionnantes et passionnées avec tous les auteurs qui ont participé à l'écriture de **STRATEGOR** depuis sa création, au premier rang desquels il faut citer Jean-Pierre Anastassopoulos, trop tôt disparu, ainsi que Jean-Pierre Détrie, qui a dirigé la rédaction de **STRATEGOR** d'une main de maître pendant deux décennies. L'équipe réunie autour d'eux comprenait les auteurs auxquels **STRATEGOR** doit le plus, c'est-à-dire ceux qui sont partis de la page blanche pour élaborer la première édition : Georges Blanc, Michel Crémadez, Michel Ghertman, Hervé Laroche, Patrick Lemattre, Jean-Luc Neyraut, Jean-Pierre Nioche, Bernard Ramanantsoa, Roland Reitter, Michel Santi et Benjamin Stora. Sans leur compétence et leur talent, **STRATEGOR** n'aurait jamais vu le jour. Nous leur en sommes infiniment reconnaissants. Trente ans plus tard, malgré les refontes successives, leurs idées sont toujours présentes dans l'ouvrage actuel.

Nous voulons rendre un hommage tout aussi vibrant aux auteurs qui nous ont rejoints au cours des éditions successives pour apporter du sang neuf à l'ouvrage collectif : Jean-Loup Ardoin, Erwan Barbier, Jérôme Barthélémy, Gilles Bordes-Pagès, Laurence Capron, Xavier Castañer, François Cazals, Mireille Faugère, Oliver Gottschalg, Frédéric Iselin, Jean-Paul Larçon, Karine Le Joly, Valérie Moatti, Bertrand Moingeon, Alexandre Perrin, Bertrand Quélin, Eric Quémard, Guillaume Soenen et Vincent Toche.

Tous restent à jamais membres de l'équipe **STRATEGOR**.

Enfin, nous voulons exprimer notre gratitude à nos interlocutrices chez Dunod : Odile Marion, Julie Robert et Yaël Aouizrat Marchalot. Si, malgré leur travail acharné et leur professionnalisme impeccable, il reste des erreurs dans **STRATEGOR**, nous en sommes les seuls responsables.

Bonne lecture… et bon anniversaire !

Sommaire

Avant-propos

Chers lecteurs,

Nous sommes heureux de vous accueillir dans la 8e édition de **STRATEGOR** !

Depuis maintenant trente ans, le succès de cet ouvrage, véritable bible de la stratégie, leader en France et dans bon nombre de pays francophones, et traduit en plusieurs langues, ne s'est jamais démenti.

Cette nouvelle édition est le fruit d'une refonte complète, effectuée par une équipe restreinte de professeurs et de praticiens, avec un double objectif :

- Offrir un manuel clair et cohérent aux étudiants de master ou de MBA, qu'ils soient à l'université ou en école de management, ainsi qu'aux consultants et responsables d'entreprise, en poste ou en formation. Ce manuel peut être utilisé comme un guide pratique de résolution de cas en situation pédagogique autant qu'en situation réelle.
- Créer une véritable « encyclopédie de la stratégie », vous permettant d'explorer, de manière critique et exhaustive, les approches, les théories et les concepts qui nourrissent pensée et action stratégiques.

STRATEGOR s'efforce donc de faire systématiquement le lien entre les notions théoriques, les résultats de recherche et la démarche pratique d'analyse stratégique, avec ses méthodes, ses outils et ses études de cas.

Cette 8e édition propose des exemples récents issus de tous les secteurs d'activité. Elle met l'accent sur les mutations actuelles de l'environnement des entreprises, notamment celles qui touchent les stratégies digitales, l'innovation, le leadership, la globalisation/dé-globalisation, la responsabilité sociétale et environnementale.

Chaque chapitre présente, de manière claire et pédagogique, l'essentiel des connaissances à acquérir sur le thème traité. Il propose en parallèle des compléments pratiques et théoriques plus spécifiques qui permettent une lecture à plusieurs niveaux :

- Des **ÉTUDES DE CAS** présentant des situations réelles, françaises ou internationales, illustrent les notions abordées dans le chapitre. Elles sont suivies de questions de réflexion, auxquelles nous apportons des pistes de réponse sur le site Internet Dunod (voir ci-après).
- Des encadrés **EN PRATIQUE** vous aideront à mettre concrètement en œuvre les approches développées dans le chapitre. Ces fiches proposent des méthodes et des grilles d'analyse, mais elles ne visent pas pour autant à fournir des recettes à appliquer sans discernement.

- Des **FONDEMENTS THÉORIQUES** présentent les sources scientifiques servant de socle théorique au contenu conceptuel et méthodologique de **STRATEGOR.**
- Des rubriques **CONTROVERSE** exposent les débats entre praticiens ou théoriciens sur les questions de stratégie. En effet, la plupart des notions et approches de stratégie d'entreprise sont sujettes à discussion, voire à affrontement. Ces controverses sont intéressantes à connaître car elles nourrissent l'esprit critique du stratège tout en lui permettant de choisir ses outils en connaissance de cause.

À la fin de chaque chapitre, une page **À RETENIR** vous propose une liste de points clés pour réviser rapidement le contenu du chapitre de manière à consolider vos connaissances avant de passer au chapitre suivant.

Dans la continuité de l'édition précédente, **STRATEGOR** vous propose également des compléments numériques :

- Des pistes de corrigés pour les questions posées sur chacune des études de cas d'entreprise.
- La pensée et le parcours de 25 grands auteurs de la stratégie d'entreprise présentés sous forme de fiches. Retrouvez l'œuvre et les concepts clés de Kenneth R. Andrews, H. Igor Ansoff, Chris Argyris, Jay B. Barney, Alfred D. Chandler, Carl von Clausewitz, Michel Crozier, Peter F. Drucker, Kathleen M. Eisenhardt, Henri Fayol, Sumantra Ghoshal, Gary Hamel, James G. March, Henry Mintzberg, Edith Penrose, Michael E. Porter, C.K. Prahalad, Richard P. Rumelt, Joseph Schumpeter, Philip Selznick, Herbert Simon, David J. Teece, Karl E. Weick, Oliver E. Williamson, Abraham Zaleznik.

Pour accéder aux compléments, flashez le QR code ci-après ou rendez-vous à l'adresse : www.dunod.com/EAN/9782100788910.

Nous vous souhaitons une excellente lecture et un fascinant voyage dans l'univers de la stratégie et du management stratégique.

Les auteurs

7
8
9
9
8
7

Introduction : qu'est-ce que la stratégie d'entreprise ?

On considère généralement que le concept de stratégie remonte à Sun Tzu (ou Sun Zi), auteur de *L'Art de la guerre*, au IVe siècle avant J.-C. Le mot « stratégie », quant à lui, vient du grec *strategos* qui désigne le général, chef de l'armée. *Strategos* est dérivé de *stratos*, « armée en ordre de bataille », et *ageîn*, « conduire ».

Par son étymologie militaire, la stratégie suggère donc une guerre (contre les concurrents) dans laquelle le général en chef (le dirigeant) conduit son armée (l'entreprise) à la victoire (la conquête des marchés et le profit) pour le compte des citoyens (les actionnaires).

L'analogie entre stratégie militaire et stratégie d'entreprise ne manque pas d'intérêt, mais nous ne la pousserons pas plus loin. En effet, depuis les années 1960, la stratégie d'entreprise a développé son propre corpus théorique et pratique, bien distinct de celui de la stratégie militaire. C'est cet ensemble de connaissances, suffisant en soi, que *Strategor* présente de manière pédagogique, pratique et critique.

Ce chapitre introductif discute la notion de stratégie et le rôle de la direction générale de l'entreprise. Il présente les trois composantes principales de la stratégie, *business strategy, corporate strategy* et management stratégique, autour desquelles s'articulent les trois parties de *Strategor*. Il propose enfin une démarche générale d'analyse stratégique qui organise le contenu de *Strategor* en une seule et même boîte à outils.

1 Stratégie et performance

Il existe une multitude de définitions, plus ou moins concordantes, de la stratégie d'entreprise. Celle de *Strategor* se concentre sur le but de la stratégie : maximiser la performance à long terme de l'entreprise.

> La stratégie consiste à choisir les activités de l'entreprise, à organiser ces activités et à leur allouer des ressources (notamment les capitaux et les compétences) de manière à atteindre un niveau de performance durablement supérieur à celui des concurrents dans chaque métier, l'objectif global étant de maximiser le profit économique de l'entreprise sur le long terme.

Survivre en se contentant d'une performance moyenne dans un métier rentable n'est pas un objectif stratégique. La stratégie porte une ambition d'une tout autre envergure, celle d'atteindre et de maintenir des niveaux de performance « exceptionnels », significativement supérieurs à ceux des autres entreprises. C'est ainsi qu'une entreprise attire à elle les investissements et les talents, ce qui lui permet de croître et d'innover.

On peut mesurer la performance de maintes manières, mais pour ce qui est des entreprises privées, le critère essentiel est celui du profit économique, c'est-à-dire le profit qui reste une fois que tous les coûts sont couverts, y compris le coût du capital. Le coût du capital est la rémunération minimale que sont en droit d'attendre les actionnaires pour compenser le risque qu'ils courent en investissant leur argent dans l'entreprise[1].

En contrepartie des fonds qu'ils confient à l'entreprise, les actionnaires détiennent des actions, c'est-à-dire des titres de propriété. La moindre des choses est de faire en sorte qu'ils ne perdent pas l'argent qu'ils ont investi et de faire fructifier leur patrimoine, c'est-à-dire de « créer de la valeur ». Ce n'est possible que si les profits sont suffisamment élevés. Si l'entreprise n'enrichit pas ses actionnaires, ceux-ci iront investir ailleurs, retirant à l'organisation les fonds dont elle a besoin pour survivre et croître. Le profit est donc une nécessité stratégique avant même d'être un but.

On peut faire le même raisonnement pour les talents et les ressources humaines. Si l'entreprise ne les rémunère pas suffisamment, elle n'arrive pas à les recruter et à les retenir, ce qui la met en difficulté par rapport aux autres entreprises. Capitaux et compétences sont deux ressources dont les entreprises ne peuvent pas se passer. La concurrence fait rage pour les capter et en faire le meilleur usage. Et c'est quand on les rentabilise qu'on les retient.

Si l'on supprimait l'objectif de maximisation du profit économique de notre définition de la stratégie, celle-ci resterait valable pour les organisations à but non lucratif comme les fondations, les associations, les coopératives, les hôpitaux, les écoles et universités, etc. Ces organisations ont une stratégie et des concurrents, mais elles ne servent pas les intérêts d'actionnaires classiques. Elles créent de la valeur, mais c'est pour d'autres parties prenantes que des investisseurs assoiffés de gains financiers. Nombre de concepts et méthodes présentés dans *Strategor* peuvent s'appliquer à ces organisations. La seule difficulté vient du critère de performance à prendre en compte en lieu et place du profit économique, critère qui a au moins un mérite, celui d'être clair.

Reconnaissons toutefois que, même pour les entreprises classiques, poser le profit économique en objectif ultime de la stratégie ne va pas de soi. Comme nous le verrons au chapitre 12, l'entreprise a également une responsabilité sociétale qui l'amène à rendre des comptes à d'autres parties prenantes que les actionnaires. Cette responsabilité pousse les dirigeants à s'écarter de la pure logique financière pour rechercher des performances sociétales et environnementales en plus de la performance économique. La question de la responsabilité sociétale de l'entreprise (RSE) reste cependant controversée : certains y voient une remise en cause profonde (voire souhaitable) du système capitaliste, d'autres n'y entendent qu'un discours idéologique destiné à emballer la dure réalité économique dans une ambition humaniste plus ou moins sincère.

2 Mission et vision à long terme

Bien qu'elle puisse sembler vague, la notion de « long terme » est importante en stratégie. Les actionnaires sont certes intéressés par des gains immédiats, à supposer qu'il y en ait, mais ils souhaitent avant tout que ces gains s'inscrivent dans la durée et surtout qu'ils augmentent à l'avenir. Certains sont même prêts à

1. Nous discuterons cette notion plus en détail dès le chapitre 1.

mettre leur argent dans une entreprise qui fait des pertes, du moment que celle-ci sait les convaincre qu'elle leur procurera des profits très élevés dans le futur. C'est ainsi qu'Amazon a levé des fonds pendant une bonne vingtaine d'années en dépit de pertes abyssales, en faisant miroiter aux investisseurs des gains colossaux à venir[1]. Contrairement à ce que certains veulent bien croire, il existe des actionnaires qui valorisent la vision à long terme plutôt que les bénéfices rapides et sans lendemain. Sans eux, ni Amazon, ni Google, ni Tesla, ni Nestlé, ni L'Oréal, ni Air Liquide, ni Michelin n'existeraient.

Quand ils investissent dans l'entreprise, c'est dans l'espoir que des profits futurs viendront rémunérer leurs apports de fonds actuels. Ils investissent donc dans un projet, pour le moins risqué, plutôt que dans une rente stable dérivée d'un placement sûr. Ce projet, cette « histoire » que l'entreprise raconte à ses actionnaires pour les inciter à rester au capital, voire à investir davantage, fait partie intégrante de la stratégie. C'est pourquoi, au-delà des chiffres et des objectifs financiers, la stratégie est aussi un projet, ou un discours, destiné à donner du sens aux décisions d'allocation de ressources et à convaincre les actionnaires de la cohérence et du bien-fondé des choix futurs, avant même que ceux-ci ne soient faits.

De nombreuses entreprises articulent ce discours dans une « mission », une « ambition » ou un « projet d'entreprise » qui donne un sens et une ligne directrice à la stratégie sans trop contraindre les choix futurs. Comme ce discours s'adresse non seulement aux actionnaires mais aussi aux autres parties prenantes, y compris les clients, les employés, les syndicats et les pouvoirs publics, la performance économique n'y est souvent mentionnée que comme un objectif parmi d'autres, ce qui ne doit tromper personne sur sa véritable place dans la hiérarchie des buts poursuivis.

La mission que se donne publiquement une entreprise comporte généralement une définition (plus ou moins idéalisée) de son métier et une ambition à long terme qui transcende les objectifs économiques et financiers dans une vision globalisante des bénéfices créés par l'entreprise pour les clients, la société, voire l'humanité dans son ensemble. Ainsi, L'Oréal se met « au service de la beauté pour tous » pendant que Danone se donne pour mission « d'apporter la santé par l'alimentation au plus grand nombre ». Il s'agit certes d'afficher des ambitions fortes, mais aussi de rassurer tout le monde sans choquer personne.

Ce discours de l'entreprise sur sa stratégie n'est pas exempt d'idéologie. Il se révèle souvent sensible aux idées et convictions ambiantes. Les entreprises ne communiquent plus sur les mêmes thèmes qu'il y a quelques années. Alors que la décennie 1990 mettait en exergue la création de valeur pour les actionnaires, les missions du XXIe siècle privilégient à l'unisson les préoccupations écologiques et sociétales.

Il serait naïf de croire comprendre la stratégie d'une entreprise en se contentant de lire la mission qu'elle affiche sur son site Internet. En revanche, décoder ce discours en le confrontant avec les choix concrets d'allocation de ressources que fait l'entreprise est une bonne manière de cerner le véritable contenu de sa stratégie. Ce sont les choix des dirigeants qui font la stratégie. La « mission » est seulement un discours qui donne du sens à ces choix.

1. Le cas est étudié en détail au chapitre 6.

3 *Business strategy* et *corporate strategy*

On peut distinguer deux niveaux de décision stratégique : le niveau *corporate* qui définit le périmètre des activités de l'entreprise, et le niveau *business* qui correspond à chaque métier ou domaine d'activité de l'entreprise.

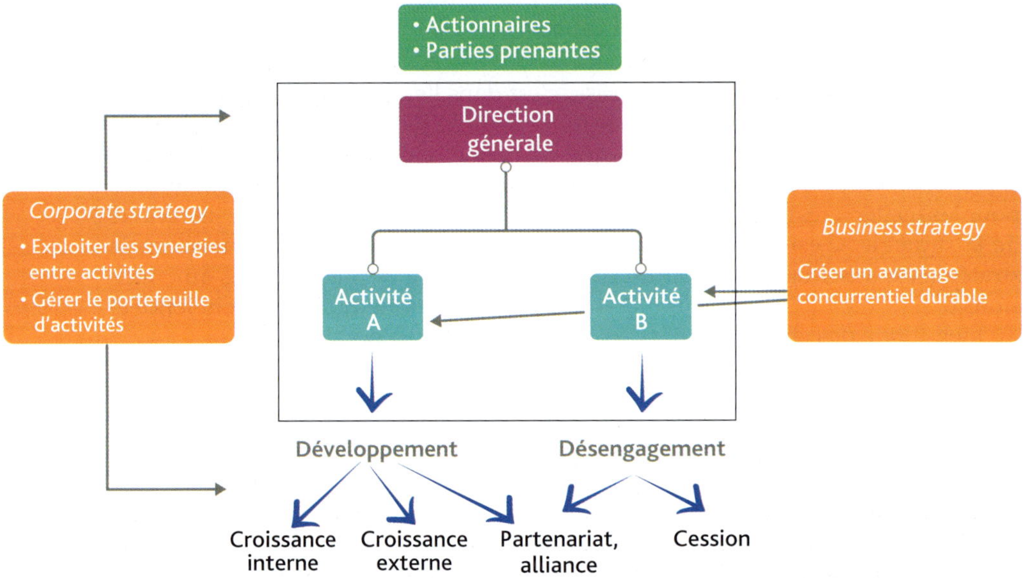

Figure 0.1 ***Corporate*** **et** ***business strategy*** **: les deux niveaux de décision stratégique**

Exemple

Les stratégies du groupe LVMH

- Le groupe LVMH (Louis Vuitton-Moët Hennessy), leader mondial du luxe, est présent dans cinq domaines d'activité :
  - vins et spiritueux (Moët et Chandon, Veuve Clicquot, Krug, Château d'Yquem, etc.) ;
  - mode et maroquinerie (Louis Vuitton, Givenchy, Céline, Kenzo, Christian Dior, etc.) ;
  - parfums et cosmétiques (Guerlain, Givenchy, Dior, Loewe, etc.) ;
  - montres et joaillerie (Bulgari, Chaumet, Tag Heuer, Fred, etc.) ;
  - distribution sélective (Sephora, DFS, le Bon Marché, etc.).
  - **La *corporate strategy*** de LVMH consiste à gérer le portefeuille d'activités, c'est-à-dire à décider du périmètre de ce portefeuille et à allouer les ressources entre les différentes activités : faut-il entrer dans d'autres secteurs du luxe (hôtellerie, bateaux...) ou faut-il céder certains pans d'activité qui contribuent moins à la création de valeur (la distribution par exemple) ? Dans quel métier faut-il investir en priorité ? Quelles compétences peut-on partager ? etc.
    Une des problématiques essentielles est de créer des synergies entre les différentes activités, de manière à justifier de leur coexistence au sein d'un même groupe. C'est pourquoi LVMH met en avant des compétences transversales : sa position de « leader mondial du luxe » et son savoir-faire unique en matière de management et de « valorisation » des« maisons d'exception », dans le respect de leur « héritage » et de leur « savoir-faire » traditionnels, tout en stimulant « la créativité et l'excellence ».

Même si la distribution et les processus de production sont différents entre le champagne Veuve Clicquot (un vin que l'on trouve en supermarché) et les bijoux Chaumet (des pièces de joaillerie que l'on ne trouve qu'en bijouterie de luxe), ces deux activités relèvent du concept général de « maison d'exception » et on peut penser qu'elles requièrent certaines compétences similaires.

- **La *business strategy***, quant à elle, a pour but de surpasser les concurrents en termes de performance économique dans un domaine d'activité particulier. C'est ce qu'on appelle créer un avantage concurrentiel. Ainsi, LVMH cherche à créer un avantage concurrentiel dans chaque métier du groupe, alors que les compétences à maîtriser et les concurrents à affronter diffèrent de l'un à l'autre. De ce point de vue, l'activité vins et spiritueux a peu à voir avec la mode ou les cosmétiques. Chaque domaine d'activité doit donc développer une stratégie qui lui est propre. C'est cette stratégie que l'on nomme *business strategy*.

La première partie de *Strategor* traite de *business strategy* et la seconde de *corporate strategy*. La troisième partie est centrée sur le management stratégique.

4 Le management stratégique : leadership, organisation et changement

Le management stratégique est la fonction de la direction générale de l'entreprise. Ce n'est pas une simple synthèse des autres fonctions telles que le marketing, la finance, la production ou les ressources humaines. En effet, ces différentes fonctions ont chacune leurs objectifs, leurs enjeux et leur logique. Si la direction générale laissait chaque responsable fonctionnel prendre ses décisions de son côté, quitte à trouver une synthèse par la suite, elle n'aurait aucune chance d'aboutir à une stratégie cohérente. Le résultat serait soit un inextricable tissu de contradictions, soit un compromis bancal entre différents points de vue. En effet, le marketing ne demande qu'à multiplier gammes et produits pour satisfaire des clients variés ; la production cherche au contraire à rationaliser et à standardiser l'offre pour améliorer la qualité et les coûts ; les ressources humaines se focalisent sur les rémunérations et les carrières des employés ; la finance mesure le profit économique sans jamais rencontrer les clients, etc.

Livrés à eux-mêmes, ces différents responsables seraient comme un équipage de bateau sans capitaine, ou pire, un équipage où chacun se prendrait pour le capitaine. La direction générale d'une entreprise joue le rôle de ce capitaine qui incarne le leadership et dicte la stratégie. Sans leadership, personne ne suit ni ne comprend la stratégie. Sans stratégie, le leader ne sait pas où mener ses troupes.

En principe, les dirigeants devraient définir la stratégie à partir d'une analyse rationnelle de l'environnement et des ressources de l'entreprise, puis s'assurer que l'organisation met fidèlement en œuvre cette stratégie. En pratique, c'est évidemment plus compliqué. La distinction entre formulation et mise en œuvre de la stratégie est une « vue de l'esprit ». En fait, les interactions entre stratégie et organisation sont beaucoup plus complexes.

Dès le début des années 1960, les travaux de Chandler ont montré que les entreprises structurent leur organisation en fonction de leur stratégie. Cette théorie, fondée sur l'observation des faits, rendait caduques les approches précédentes qui cherchaient à définir l'organisation idéale, valable quelles que soient l'entreprise et sa stratégie.

Il devenait évident que, pour changer de stratégie, une entreprise devait changer son organisation. Ainsi les décisions stratégiques se traduisent-elles par des décisions de structure : nomination d'un chef de projet pour lancer un nouveau produit, création d'un département « international » pour conquérir de nouveaux marchés, etc. En un mot, la stratégie détermine la structure.

Toutefois, l'inverse est également vrai : la structure influence aussi la stratégie. La structure conditionne les perceptions des dirigeants et limite les mouvements stratégiques possibles. Une organisation donnée n'a qu'une capacité d'adaptation limitée, et ne peut pas se lancer dans n'importe quel mouvement stratégique. Il existe donc entre choix stratégiques et organisationnels une relation d'influence réciproque que les dirigeants doivent maîtriser pour gérer le changement.

FONDEMENTS THÉORIQUES

Le lien stratégie-structure selon Alfred Chandler[1]

Dès le début des années 1960, les travaux de l'historien des affaires Alfred D. Chandler ont montré qu'il existait un lien étroit entre la stratégie et la structure d'une entreprise. Le message essentiel de Chandler est souvent résumé par la formule « *structure follows strategy* » (la structure suit la stratégie), même s'il est en réalité plus complexe.

Changement de structure et changement stratégique

Dans *Stratégies et structures de l'entreprise*, publié en 1962, Chandler se fait le chroniqueur des changements stratégiques, des conflits de pouvoir et des innovations organisationnelles dans quatre grandes firmes américaines (DuPont, General Motors, Standard Oil of New Jersey et Sears). Un des éléments récurrents de ces quatre monographies historiques est le passage de la structure spécialisée par fonctions (R&D, production, commercialisation), à la structure par divisions de produits ou de marchés, dite « multidivisionnelle ».

L'auteur montre en particulier que le passage de l'une à l'autre n'est pas dû à la croissance, mais plutôt à l'augmentation de la diversité et de la complexité des décisions que les dirigeants doivent prendre.

- Ainsi, DuPont adopta une structure multidivisionnelle suite à ses diversifications dans plusieurs nouveaux domaines d'activité.
- De même, la structure de General Motors était plus décentralisée que celle de Ford parce que General Motors fabriquait et vendait plusieurs marques distinctes de véhicules alors que Ford s'était historiquement concentré sur un modèle unique, la célèbre Ford T.
- Chez Standard Oil, c'est l'internationalisation qui a poussé à se structurer par divisions géographiques.
- Chez Sears, l'expansion de la chaîne de magasins à succursales multiples, à côté de l'activité de vente par correspondance, a conduit le groupe à adopter une organisation multidivisionnelle.

Une adaptation réciproque

Les recherches de Chandler montrent donc que la structure est un élément clé de la mise en œuvre de la stratégie. À chaque mutation de l'environnement, l'entreprise répond par un changement de stratégie qui implique, sous peine d'inefficacité, une évolution radicale de sa structure. C'est donc l'adaptation de la structure à la stratégie qui détermine la performance de l'entreprise.

•••

•••

Un aspect moins connu de la pensée de Chandler est que la structure de l'entreprise a aussi une influence significative sur les changements stratégiques, la plupart du temps pour les contrecarrer. C'est pourquoi les réorganisations ne surviennent en général qu'après une forte crise et les changements de stratégie ne se produisent qu'après une mutation violente de l'environnement.

Chandler en déduit que la structure a autant d'impact sur la stratégie que la stratégie sur la structure. Dans sa préface, à la réédition de son livre, il semble regretter que son message ait été compris de manière simpliste et réduit à l'idée que la stratégie détermine la structure. Selon lui, ce malentendu résulte de deux causes. D'une part, les changements de structure qu'il décrit dans *Stratégies et structures de l'entreprise* se sont produits, chronologiquement, après des changements de stratégie, ce qui donne l'impression d'une causalité à sens unique. D'autre part, son éditeur, MIT Press, lui a fait changer le titre du livre : il souhaitait l'intituler *Structures et stratégies* et non pas *Stratégies et structures* !

1. Chandler A.D., 1962.

La stratégie n'est donc qu'une des facettes du management stratégique. Lorsque l'on observe les comportements des chefs d'entreprise, on s'aperçoit qu'ils passent peu de temps à faire de la stratégie[1]. Ils sont sans arrêt sollicités par des problèmes de toute autre nature, notamment organisationnels et humains. C'est pourquoi certains dirigeants trouvent un malin plaisir à minimiser l'importance de l'analyse stratégique. Combien de fois avons-nous entendu dans nos séminaires d'*executive education* que la stratégie occupe un quart d'heure par an, alors que les problèmes opérationnels prennent 365 jours !

Nous sommes convaincus pour notre part qu'une démarche d'analyse stratégique structurée est nécessaire pour diriger une entreprise. Cependant, cette démarche peut être menée de manière participative. Quitte à reconnaître que l'organisation influence la stratégie et que le rôle réel de la direction générale est plus limité qu'on ne le croit, autant organiser la réflexion avec méthode. Au minimum, cela permettra à toute la structure de partager un langage et une vision communs sur la stratégie, tout en ayant eu l'occasion de mettre au jour les controverses qui l'agitent.

5 La démarche d'analyse stratégique

Le modèle d'analyse stratégique le plus ancien, et le plus connu, est le modèle SWOT.

EN PRATIQUE

Le modèle SWOT

Le modèle SWOT (*Strengths*, *Weaknesses*, *Opportunities*, *Threats*) consiste à confronter une analyse des opportunités et des menaces avec une analyse des forces et faiblesses de l'entreprise pour en déduire un plan stratégique.

1. **L'analyse externe** examine l'environnement économique pour y déceler les opportunités (nouveaux marchés, nouvelles technologies...) et les menaces (concurrence, changements réglementaires...).

•••

1. Mintzberg H., 1990.

●●●

Cette analyse permet de repérer les facteurs clés de succès de l'activité, c'est-à-dire les règles du jeu qui s'imposent aux entreprises et les ressources qu'il faut avoir pour être compétitif.

En pratique, la distinction entre opportunités et menaces est souvent une pure question de point de vue. La digitalisation est-elle une opportunité ou une menace ? Les deux, n'est-ce pas ? En fait, il s'agit de repérer les évolutions de l'environnement qui modifient ou bouleversent les règles du jeu concurrentiel. Ces évolutions sont grosses d'opportunités et de menaces, suivant ce que l'entreprise en fait.

2. **L'analyse interne** consiste à diagnostiquer les forces et les faiblesses de l'entreprise, à travers une étude de ses actions et résultats passés.

Cette démarche permet d'identifier et d'évaluer les compétences distinctives de l'entreprise, c'est-à-dire les savoir-faire et les ressources qui la différencient de ses concurrents.

Là encore, la distinction entre forces et faiblesses est une vue de l'esprit. La qualité technique des pneus Michelin, universellement reconnue comme excellente, est une force. Mais c'est aussi une faiblesse qui fragilise la position de l'entreprise face à ses concurrents *low cost*, capables de fournir des pneus de qualité acceptable à des prix beaucoup plus bas.

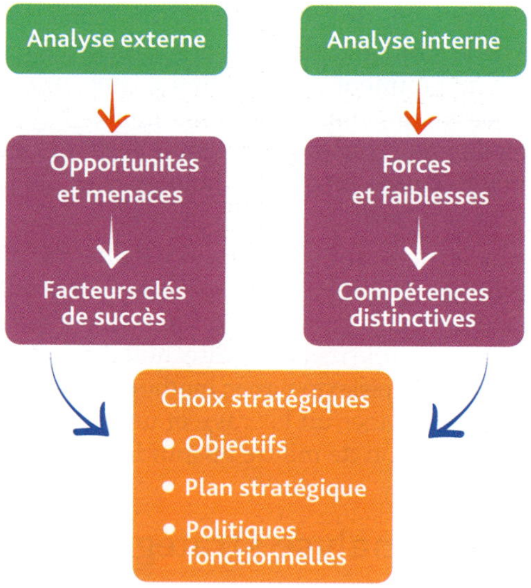

Figure 0.2 Le modèle SWOT

Ce modèle, séduisant par sa simplicité, s'avère souvent trop fruste pour produire des conclusions intéressantes. C'est pourquoi *Strategor* propose une démarche beaucoup plus complète, présentée dans le tableau 0.1 (voir la rubrique En pratique ci-après). Pour chacune de ses dix étapes, nous indiquons les chapitres où le lecteur pourra trouver les concepts et les outils correspondants. Dans la pratique, on ne déroule jamais la démarche dans son intégralité. On choisit les étapes et les outils les plus pertinents en fonction de la situation à étudier. Plutôt qu'une *check-list* à suivre pas à pas, il s'agit d'une trame générique dont le lecteur pourra tirer parti pour créer son propre plan d'analyse.

EN PRATIQUE

L'analyse stratégique en dix étapes

Un préalable essentiel est de savoir si l'entreprise est spécialisée sur un seul métier ou si elle est diversifiée. Dans le premier cas, on peut dérouler l'analyse de manière linéaire, de la première à la dernière étape. Dans le second cas, la partie ***business strategy*** (étapes **1 à 5**) doit être répétée pour chaque domaine d'activité. Les étapes **6 à 9** relèvent de la ***corporate strategy***. L'étape **10** élargit l'analyse aux questions de **management stratégique**.

Étape	Question clé	Principaux outils et concepts	Chapitres
1 ***Business strategy***	Quels sont les facteurs externes qui conditionnent la performance économique de chaque métier ?	• Modèle PESTEL • Coût du capital • Cinq forces de Porter • Groupes stratégiques	Chapitre 1
2 ***Business strategy***	Quelle est la stratégie de l'entreprise dans chaque métier ?	• *Business model* • Chaîne de valeur • Ressources stratégiques	Chapitre 2
3 ***Business strategy***	Comment se comportent les concurrents ?	• Dynamique concurrentielle • Théorie des jeux • Effets de réseau	Chapitre 3
4 ***Business strategy***	L'entreprise a-t-elle un avantage concurrentiel dans chaque métier ?	• Coût et valeur perçue • Courbe d'expérience • Différenciation	Chapitre 4
5 ***Business strategy***	Comment peut-on améliorer le *business model* de tel ou tel métier ou créer un nouveau *business model* ?	• Innovation • Nouveaux *business models* • Plateformes digitales et marchés multifaces	Chapitre 5
6 ***Corporate strategy***	Quel est le potentiel de création de valeur du portefeuille d'activités de l'entreprise ?	• Création de valeur • Profit économique, EVA • Synergies • Gouvernance	Chapitre 6
7 ***Corporate strategy***	Quelles voies de développement peut-on envisager ?	• Modèles de portefeuille d'activités • Diversification et recentrage • Intégration verticale et externalisation • Internationalisation	Chapitre 7 Chapitre 8 Chapitre 9
8 ***Corporate strategy***	Quels modes de développement doit-on adopter ?	• Croissance externe • Alliances	Chapitre 10 Chapitre 11
9 ***Corporate strategy***	Comment croître de manière responsable ?	• Responsabilité sociétale de l'entreprise • Développement durable	Chapitre 12
10 **Management stratégique**	Quelles recommandations faire sur l'organisation, le management et la mise en œuvre de la stratégie ?	• Leadership • Structures organisationnelles • Processus de décision • Changement organisationnel	Chapitre 13 Chapitre 14 Chapitre 15 Chapitre 16

Tableau 0.1 L'analyse stratégique en dix étapes

Le but de *Strategor* n'est pas de donner des recettes à suivre, mais de présenter de manière pédagogique et critique les méthodes et les outils qui peuvent aider les dirigeants, les consultants et les étudiants à mener des analyses stratégiques rigoureuses. Ce faisant, nous n'occultons pas les controverses théoriques, au contraire, nous les discutons de manière aussi impartiale que possible. Plus que des outils, nous souhaitons transmettre aux lecteurs une démarche intellectuelle, nourrie de concepts théoriques forts, d'expériences diverses et d'un esprit pratique exigeant. À eux de s'en inspirer pour construire leur propre réflexion stratégique.

Partie 1

La *business strategy*

Qu'est-ce que la *business strategy* ?

Le principal objectif de la *business strategy* est d'assurer à l'entreprise des performances durablement et significativement supérieures à celles de ses concurrents dans une industrie donnée. Notons que nous utilisons ici le mot « industrie » à l'américaine, c'est-à-dire comme un synonyme du mot français « secteur ».

Une industrie est un ensemble d'entreprises concurrentes qui essaient d'attirer les mêmes clients en leur offrant des produits similaires, donc étroitement substituables.

Cette acception englobe aussi bien les secteurs dits industriels, c'est-à-dire fabriquant des produits manufacturés, que les activités de services, qui offrent des prestations immatérielles comme le transport, le conseil ou la publicité.

Dans les entreprises mono-activité, la *business strategy* recouvre l'essentiel des questions stratégiques que se pose la direction générale, à moins que celle-ci n'ait des projets d'expansion hors du *business* actuel, par exemple à l'international ou dans de nouveaux domaines d'activité, ce qui relève de la *corporate strategy*.

En revanche, les entreprises diversifiées doivent définir autant de *business strategies* qu'elles ont de domaines d'activité différents. Dans les grands groupes, la mise en œuvre de la *business strategy* est déléguée aux dirigeants des différentes *business units*. En général, ceux-ci jouent également un rôle moteur dans la formulation de cette stratégie, même si la direction générale du groupe se réserve le droit d'approuver ou de rejeter leurs propositions.

L'avantage concurrentiel

Le critère de succès de la stratégie est la performance de l'entreprise à long terme. En *business strategy*, on mesure cette performance par rapport à la concurrence. Une entreprise est censée avoir un avantage concurrentiel dans une industrie donnée si sa performance surpasse durablement et significativement celle de ses concurrents.

Pour creuser et maintenir cet écart de performance, l'entreprise doit être capable de facturer un prix plus élevé et/ou d'avoir des coûts plus bas que ses concurrents. Ces deux objectifs sont généralement contradictoires. Pour que les clients acceptent d'acheter les produits de l'entreprise à un prix plus élevé que ceux des concurrents, il faut qu'ils attribuent à ces produits une valeur supérieure, justifiée par exemple par une meilleure qualité, une marque plus prestigieuse ou des prestations plus haut de gamme. Or, ce sont là des éléments de différenciation qui ont tendance à augmenter les coûts.

Exemple

Coûts et perception

- La plupart des automobilistes sont prêts à reconnaître qu'une **Mercedes** vaut plus qu'une **Renault**. Heureusement pour Mercedes, car le coût complet de production d'une Mercedes est plus élevé que celui d'une Renault. Du reste, si Renault voulait convaincre ses clients d'acheter une Renault au prix d'une Mercedes, il lui faudrait changer complètement ses produits, son image, son positionnement, et donc sa R&D, son système de production, sa politique commerciale, son marketing, sa publicité, son réseau de distribution..., ce qui entraînerait des coûts astronomiques, sans compter le risque de perdre ses clients actuels qui lui achètent de petites voitures économiques. C'est pourquoi toutes les tentatives de Renault pour lancer des berlines capables de concurrencer les Mercedes ont échoué, de la Renault 25 à la Vel Satis, en passant par la Safrane. Réciproquement, si Mercedes voulait baisser ses coûts au niveau de Dacia, cela entraînerait forcément des conséquences négatives sur la valeur et la qualité perçue des voitures, ce qui lui ferait également perdre des clients.

Le problème central de la *business strategy* est de résoudre cette tension entre coût et valeur perçue. Plutôt que valeur perçue, les Américains utilisent le terme *willingness to pay* pour bien montrer que le problème est de déclencher l'acte d'achat du client. Remarquons que le levier stratégique essentiel est la valeur perçue par les clients et non pas le prix. En effet, le prix résulte plutôt d'une négociation avec les clients que de la stratégie proprement dite. C'est par exemple évident dans les activités B to B (*business to business*) où le prix est discuté à chaque contrat.

Exemple

Prix catalogue et prix effectif

- Lorsque **Safran** vend des moteurs d'avion à **Air France** pour équiper ses nouveaux Airbus A320neo, le prix effectivement payé, qui reste d'ailleurs confidentiel, n'est certainement pas le prix catalogue (14 millions d'euros pour un moteur LEAP de nouvelle génération). Le prix effectivement payé par le client résulte d'une négociation dont les bornes sont :
  - d'une part le coût supporté par Safran pour produire le moteur (en dessous duquel Safran n'a pas intérêt à signer le contrat) ;
  - d'autre part le prix maximum qu'Air France serait prêt à payer *(willingness to pay)* compte tenu de sa capacité à rentabiliser l'achat de ce nouveau moteur sur les avions de sa flotte.

En discutant le prix, le fournisseur et le client déterminent comment la valeur créée par le produit va se répartir entre eux (voir figure A.1) : l'entreprise va percevoir un profit qui est la différence entre le coût et le prix, et le client va gagner un bénéfice qui est la différence entre le prix et sa *willingness to pay*.

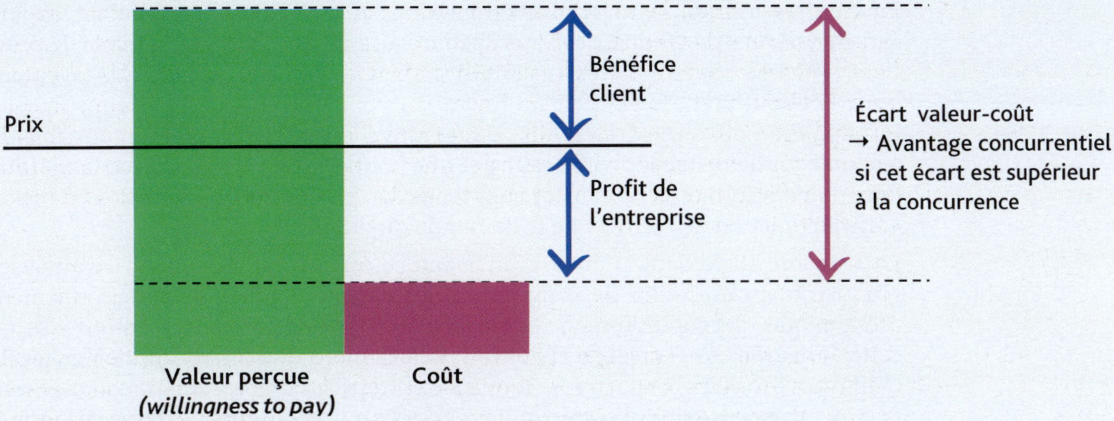

Figure A.1 Coût, valeur perçue et avantage concurrentiel

Ce prix sera peut-être le même que celui que le client aurait payé pour acheter un produit concurrent. Mais, à prix égal, le client va toujours maximiser son bénéfice en optant pour l'offre dont la valeur lui paraît la plus élevée. C'est donc bien l'écart entre prix et *willingness to pay* qui attire les clients vers l'entreprise, alors que c'est l'écart entre coût et prix qui détermine le profit de l'entreprise. La *business strategy* consiste à maximiser la somme des deux, à savoir l'écart entre coût et valeur perçue, pour créer un avantage concurrentiel.

Résumons cette idée simple et fondamentale en une phrase : pour gagner davantage d'argent que ses concurrents, une entreprise doit maximiser à la fois le bénéfice client (écart entre valeur perçue et prix) et son propre profit (écart entre prix et coût), ce qui revient à maximiser l'écart valeur-coût.

Si l'entreprise est capable de maintenir durablement un écart valeur-coût supérieur à celui de ses concurrents directs, on dira qu'elle a réussi à créer un avantage concurrentiel durable. Cette entreprise aura en effet des profits plus élevés que la moyenne de l'industrie, soit parce que ses marges seront plus fortes, soit parce qu'elle attirera davantage de clients. Certaines entreprises parviennent même à s'arroger à la fois une part de marché et des marges plus fortes que celles de la concurrence, comme Coca-Cola ou Nespresso.

Toute la partie « *business strategy* » de *Strategor* est consacrée à cette question : comment créer un avantage concurrentiel durable dans une industrie donnée ?

Les trois piliers de l'avantage concurrentiel

Analyser l'industrie

Les sources d'un avantage concurrentiel sont spécifiques à chaque domaine d'activité. Créer un avantage concurrentiel dans la réservation d'hôtels en ligne, le transport aérien, l'extraction du nickel, l'exploration pétrolière, les chaussures de luxe ou les vins de Champagne ne relève évidemment pas des mêmes problématiques. Un préalable essentiel à la formulation d'une stratégie concurrentielle est donc de comprendre pourquoi certaines entreprises réussissent mieux que d'autres dans des activités aussi différentes que l'extraction du nickel ou la chaussure de luxe.

En d'autres termes, les décisions de *business strategy* doivent être adaptées aux caractéristiques de l'industrie. Dans la chaussure de luxe, le style, la mode, le prestige, voire la capacité à flatter un certain snobisme, sont des facteurs clés de succès pour Louboutin et ses émules. En revanche, pour une entreprise comme la SLN (groupe Eramet), qui extrait le nickel de Nouvelle-Calédonie, il est impossible de compter sur des astuces de marketing et une politique de valorisation de la marque pour impressionner les clients et augmenter les prix, alors que le cours du nickel varie en fonction de l'offre et de la demande mondiales.

La première étape dans la quête d'un avantage concurrentiel est donc « d'analyser l'industrie », c'est-à-dire de comprendre les caractéristiques de l'environnement économique qui conditionnent la performance à long terme des entreprises de cette industrie. C'est l'objet du chapitre 1. Remarquons que cet environnement est le même pour tous les concurrents : toutes les entreprises d'une industrie donnée font face au même ensemble d'opportunités et de contraintes. Leurs analyses de l'industrie devraient donc conduire aux mêmes constatations, mais pas nécessairement aux mêmes choix stratégiques. Certains concurrents vont essayer de se différencier avec des produits plus chers. D'autres vont s'orienter vers une stratégie *low cost*, etc.

Analyser la stratégie de l'entreprise

Dans sa quête d'avantage concurrentiel, chaque entreprise fait donc des choix spécifiques. Elle cible certains clients, privilégie certains canaux de distribution, développe des technologies et des produits spécifiques, noue des partenariats avec certains fournisseurs, etc. C'est la combinaison de ces choix qui constitue la stratégie de l'entreprise.

Toutes les entreprises ne peuvent pas faire les mêmes choix et donc avoir la même stratégie. Les entreprises disposant de ressources financières importantes seront en mesure de faire des choix hors de portée des entreprises plus petites ou moins bien dotées en capital. Certaines entreprises disposant de technologies innovantes peuvent mettre sur le marché des produits révolutionnaires. De ce fait, une évaluation très minutieuse des caractéristiques intrinsèques de l'entreprise, telles que sa taille, sa réputation, sa culture, ses actifs, ses ressources et ses compétences, ses sources de revenus et sa structure de coût, en un mot son *business model*, constitue le deuxième pilier de l'avantage concurrentiel. C'est l'objet du chapitre 2.

Analyser la dynamique concurrentielle

Si une entreprise arrive à créer un avantage concurrentiel significatif, les clients vont affluer et ses profits s'envoler. Les concurrents vont-ils rester les bras croisés ? Certainement pas. Il y a fort à parier au contraire qu'ils feront tout pour éviter que cette situation s'installe. Leur survie en dépend. Ils vont tenter de retenir leurs clients avec des prix inférieurs et/ou une proposition de valeur supérieure. Les grands gagnants de ce jeu concurrentiel sont bien sûr les clients… aux dépens de la rentabilité de l'industrie dans son ensemble !

Pour que l'avantage concurrentiel devienne durable, il est donc nécessaire de prévoir comment et dans quelle mesure les concurrents vont réagir aux choix stratégiques de l'entreprise, que ce soit pour imiter sa stratégie ou en trouver une meilleure. Sinon, l'avantage concurrentiel s'érodera très vite, ce qui détériorera au bout du compte la position de l'entreprise par rapport à la concurrence. Le troisième pilier de l'avantage concurrentiel est donc l'analyse de la dynamique concurrentielle, que nous présenterons dans le chapitre 3. Le but de cette analyse est de comprendre et d'anticiper les actions et les réactions des concurrents face à la stratégie de l'entreprise, et plus largement d'étudier la dynamique des interactions concurrentielles dans l'industrie.

Ces trois champs d'analyse – la structure de l'industrie, la stratégie de l'entreprise et la dynamique concurrentielle – constituent les trois piliers sur lesquels une entreprise peut construire un avantage concurrentiel durable (voir figure A.2).

Nous développerons les différents types d'avantage concurrentiel et leur durabilité dans le chapitre 4. Nous aborderons la question de l'innovation dans le chapitre 5.

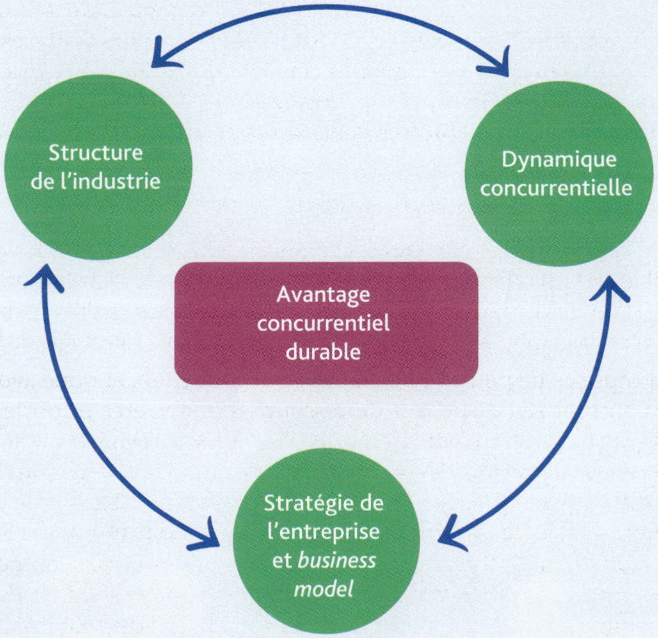

Figure A.2 **Les composantes de la *business strategy***

Plan de la partie

Chapitre 1 | Analyser l'industrie

La capacité de l'entreprise à s'adapter aux évolutions de son environnement économique est un facteur fondamental de sa réussite. Cet environnement se caractérise par des variables comme la croissance du marché, les taux d'intérêt, le prix de l'énergie, les préférences des clients, la concentration du secteur… autant de facteurs qui influencent fortement la performance de l'entreprise.

Ce chapitre présente les méthodes d'analyse de l'environnement qui permettent d'évaluer et de prédire la performance de l'industrie :

- les méthodes de type PESTEL qui analysent le macroenvironnement ;
- les méthodes de type « les cinq forces de Porter » qui se focalisent sur les facteurs endogènes à l'industrie.

Ces méthodes évitent des erreurs d'analyse en isolant les facteurs externes qui déterminent la performance de l'industrie dans son ensemble. Nous discuterons également des limites de ces approches et des compléments à leur apporter pour mieux analyser l'environnement et la concurrence.

Plan du chapitre

SECTION 1

PERFORMANCE DE L'INDUSTRIE ET PERFORMANCE DE L'ENTREPRISE

La performance d'une entreprise est forcément influencée par la performance de l'industrie dont elle fait partie. Or la profitabilité varie beaucoup d'une industrie à l'autre. Les marges auxquelles on peut prétendre en vendant des cosmétiques ou du vin de Champagne sont nettement supérieures à celles que l'on peut réaliser dans l'automobile ou la sidérurgie. Au fond, la *business strategy* a pour but d'avoir la plus grosse part du gâteau possible dans la valeur que l'industrie crée collectivement.

Par définition, toutes les entreprises concurrentes sur un marché donné – c'est-à-dire les entreprises d'une même industrie dans une même zone géographique – évoluent dans le même environnement économique puisqu'elles servent les mêmes clients avec des produits et services étroitement substituables. Ainsi, les activités « produits laitiers » de Nestlé et Danone évoluent dans le même contexte économique, de même que les activités « beauté » de L'Oréal, Unilever et Procter & Gamble.

Dans une industrie donnée, l'environnement économique crée donc les mêmes opportunités, les mêmes menaces et les mêmes crises pour tous les concurrents. En d'autres termes, l'environnement détermine un potentiel de création de valeur moyen à toute l'industrie.

Ainsi, certaines industries sont collectivement plus profitables que d'autres car leur environnement est beaucoup plus favorable. Les fabricants d'avions de ligne, Boeing et Airbus, qui sont en situation de quasi-duopole mondial, gagnent collectivement plus d'argent que leurs clients, les compagnies aériennes, qui évoluent dans une industrie beaucoup plus concurrentielle. Comprendre pourquoi l'environnement est plus ou moins favorable et prévoir comment il va évoluer est donc un préalable important à toute décision stratégique.

En principe, tous les concurrents devraient faire cette analyse plus ou moins de la même manière. Mais, une fois cette analyse faite, chacun va essayer de développer une stratégie différente pour tenter de s'approprier une part plus importante de la valeur que l'industrie va collectivement créer. C'est pourquoi les caractéristiques de l'environnement déterminent la performance de l'industrie dans son ensemble, et influencent donc dans une certaine mesure la performance de chaque entreprise, mais sans la déterminer complètement. Il est d'ailleurs amusant de constater le biais d'attribution dont font souvent preuve certains dirigeants. Face à des performances décevantes, ils ont tendance à invoquer des causes externes (baisse du marché, concurrence étrangère…) ; autrement dit, c'est la faute de l'environnement. En revanche, quand l'entreprise améliore ses profits, c'est grâce à leur brillante stratégie !

1 Rentabilité économique et coût du capital[1]

Lorsqu'une entreprise arrive à se tailler la part du lion sur un marché très porteur, comme c'est le cas d'Amazon ou de Google, elle devient très rentable et son cours en Bourse – qui est censé refléter ses gains futurs – s'envole. En revanche, dans des industries où la concurrence fait rage, les gains s'amenuisent, surtout si le marché est peu porteur, voire en récession, comme celui de la presse ou des chantiers navals. Et plus les entreprises se débattent pour essayer de gagner leur vie, plus elles se disputent les clients à coups d'investissements et de baisses de prix, plus elles dégradent la rentabilité globale de l'industrie.

Or les investisseurs ne mettent de l'argent dans l'industrie que s'ils ont de bonnes raisons de penser que la rentabilité de l'industrie va dépasser un seuil que l'on appelle le « coût du capital ».

Le coût du capital se définit comme la rentabilité minimale que les investisseurs attendent d'un investissement dans une activité donnée. Il se calcule à partir du rendement des obligations sans risque auquel on ajoute une prime de risque spécifique à l'industrie considérée.

Début 2019, le taux sans risque[2] moyen dans le monde est d'environ 2 %, mais il est très bas en Europe (0,25 %) et nettement plus élevé aux États-Unis (2,7 %). Quant à la prime de risque, elle est de 7,5 % en moyenne mondiale, mais inférieure à 3 % pour les secteurs stables, comme les banques ou les services aux collectivités (eau, gaz, électricité), et elle peut friser les 10 % pour des activités très fluctuantes, comme les semi-conducteurs ou les biotechnologies.

Chiffres clés

- Le taux sans risque mondial est d'environ **2 %**.
- En moyenne mondiale, la prime de risque est de **7,5 %**.

Cette formule de calcul s'explique par le fait que les investisseurs cherchent à rémunérer le risque qu'ils prennent : ils exigent une rentabilité d'autant plus forte que le risque est élevé. Le coût du capital est un coût d'opportunité. Investir dans une activité qui rapporte moins que son coût du capital, c'est s'appauvrir car c'est renoncer à laisser la même somme d'argent sur un support en euros où on recevrait sans coup férir le taux sans risque, c'est-à-dire la rémunération minimale à laquelle il n'y a aucune raison de renoncer. Par conséquent, seules les activités dont la rentabilité dépasse le coût du capital enrichissent les investisseurs. C'est pourquoi on dit qu'elles créent de la valeur.

Toutes choses étant égales par ailleurs, les arbitrages que font les investisseurs entre les différentes opportunités d'investissement ont tendance à ramener, à terme, toutes les industries à une rentabilité proche de leur coût du capital. En effet, l'afflux de capitaux vers les industries créatrices de valeur contribue à créer de nouveaux entrants et des capacités de production additionnelles, ce qui fait baisser les prix et pénalise les profits. À l'inverse, la fuite des capitaux qui sanctionne les industries destructrices de valeur provoque des faillites et des réductions de capacités, ce qui assainit le marché et permet de restaurer un minimum de rentabilité.

Retenons l'essentiel : la performance économique d'une industrie (comme celle d'une entreprise en particulier) se juge sur la base de l'écart entre sa rentabilité économique (rentabilité des capitaux engagés[3]) et son coût du capital. Une entreprise

1. Pour une discussion plus détaillée, se référer à : Quiry P., Le Fur Y., et Vernimmen P., 2019. Nous reviendrons sur ces notions dans le chapitre 6.
2. Rentabilité d'un placement sur lequel il n'y a aucun risque de perte sur capital (par exemple, des obligations d'État ou un livret d'épargne).
3. ROCE (Résultat Opérationnel sur Capitaux Engagés ou *Return On Capital Employed*).

ou une industrie n'est attractive pour les investisseurs que si elle crée de la valeur, c'est-à-dire si elle rémunère les capitaux qu'elle emploie au-dessus du coût du capital. On ne peut donc pas comparer la performance de différentes industries sur la base du seul critère du retour sur investissement, car celui-ci ne tient pas compte des différences de risque entre industries. C'est ce critère que nous avons utilisé dans le tableau 1.1 pour classer les industries mondiales par ordre décroissant de création de valeur.

Industrie	ROCE	Coût du Capital	Écart (ROCE-Coût du Capital)
Tabac	41 %	8 %	33 %
Services et conseil du numérique	35 %	10 %	25 %
Services de santé	30 %	8 %	22 %
Publicité	25 %	8 %	17 %
Produits ménagers	23 %	9 %	14 %
Boissons sans alcool	21 %	7 %	14 %
Aérospatial et défense	23 %	9 %	14 %
Diffusion radio télévision	17 %	6 %	10 %
Habillement	15 %	7 %	8 %
Restauration	15 %	7 %	8 %
Loisirs et spectacles	17 %	11 %	7 %
Matériel informatique	18 %	11 %	7 %
Semi-conducteurs	19 %	13 %	6 %
Charbon et dérivés	16 %	9 %	6 %
Transports	14 %	8 %	6 %
Gestion de l'environnement et collecte des déchets	15 %	9 %	6 %
Services de télécommunications	13 %	7 %	6 %
Logiciels informatiques	16 %	10 %	6 %
Chaussures	14 %	9 %	6 %
Commerce de détail spécialisé	13 %	8 %	5 %
Vins et spiritueux	13 %	8 %	5 %
Équipements médicaux	15 %	10 %	5 %
Matériaux de construction	12 %	8 %	5 %
Machines-outils	14 %	10 %	4 %
Chimie	13 %	9 %	4 %
Extraction minière	14 %	10 %	4 %
Promotion immobilière	10 %	6 %	3 %
Hôtels et casinos	10 %	7 %	3 %

Industrie	ROCE	Coût du Capital	Écart (ROCE-Coût du Capital)
Bois et papier	10 %	7 %	3 %
Pneus et caoutchouc	9 %	7 %	2 %
Ingénierie / BTP	10 %	7 %	2 %
Télécommunications sans fil	9 %	7 %	2 %
Transport aérien	8 %	6 %	2 %
Éducation	11 %	9 %	2 %
Pharmacie	12 %	10 %	2 %
Transport routier	8 %	6 %	1 %
Équipements électroniques personnels	11 %	10 %	1 %
Transport ferroviaire	10 %	8 %	1 %
Presse et édition	9 %	8 %	1 %
Énergies renouvelables	8 %	7 %	1 %
Agriculture	7 %	6 %	1 %
Électronique	11 %	11 %	0 %
Commerce de détail	7 %	6 %	0 %
Sidérurgie	8 %	8 %	0 %
Électricité	6 %	6 %	0 %
Distribution et traitement de l'eau	6 %	7 %	0 %
Distribution de pétrole et de gaz	7 %	7 %	-1 %
Foncières	4 %	5 %	-1 %
Pétrole et gaz (entreprises intégrées)	8 %	10 %	-1 %
Immobilier	5 %	7 %	-1 %
Commerce en ligne	9 %	11 %	-1 %
Construction automobile	6 %	7 %	-2 %
Équipement de télécommunications	8 %	11 %	-2 %
Chantiers navals	4 %	7 %	-3 %
Production pétrolière et gazière	7 %	10 %	-3 %
Biotechnologies	9 %	12 %	-3 %
Métaux précieux	6 %	11 %	-4 %

(Moyenne mondiale du taux sans risque = 2 % ; moyenne mondiale de la prime de risque = 7,5 % ; dernières données connues en janvier 2019.)
Source : http://people.stern.nyu.edu/adamodar/New_Home_Page/datacurrent.html.

Tableau 1.1 Les industries mondiales par ordre décroissant de création de valeur

2 De très grands écarts de performance d'une industrie à l'autre

On remarquera que certaines industries (les métaux précieux, les biotechnologies, la production pétrolière et gazière, les chantiers navals, les équipements de télécommunications et la construction automobile) « crèvent le plancher » : elles détruisent de la valeur, car la rentabilité des capitaux investis y est inférieure au coût du capital. Au contraire, d'autres industries sont actuellement très attractives pour les investisseurs car les capitaux y sont rémunérés très au-dessus de leur coût. C'est le cas du tabac, des services et conseils du numérique, des services de santé, de la publicité, des produits ménagers, des boissons sans alcool, de l'aérospatial et de la défense.

Évidemment, ce classement, fondé seulement sur des données 2017-2018, est susceptible de changer avec les évolutions de l'environnement économique à plus ou moins long terme : la voiture électrique va peut-être améliorer la rentabilité des investissements dans l'automobile. En revanche, en ce qui concerne l'industrie du tabac, il faudra, pour rogner ses profits, que les pays pauvres, où la consommation augmente en flèche, trouvent les moyens de mener des politiques de santé publique efficaces, ce qui semble peu probable à court terme.

Chiffres clés

D'une industrie à l'autre, la création de valeur peut beaucoup varier : de **– 4 %** à plus de **30 %**.

Mais retenons surtout à quel point la création de valeur varie d'une industrie à l'autre : de – 4 % à plus de 30 % ! À talent égal, il est clair que l'on a davantage de chance de gagner beaucoup plus d'argent en vendant des cigarettes ou des *soft drinks* qu'en construisant des bateaux ou des voitures ! Comprendre les facteurs qui déterminent la performance de l'industrie dans son ensemble et anticiper l'évolution de ces facteurs est donc un préalable indispensable à la formulation d'une stratégie. Cette analyse permet non seulement de faire aussi bien que le reste de l'industrie, mais aussi d'essayer de faire mieux. C'est là le but de la *business strategy*. Certaines entreprises y parviennent brillamment.

Exemple

Une stratégie performante chez Porsche

- Le rapport annuel 2017 de **Porsche** affiche une rentabilité des capitaux investis d'environ 17 %, à comparer à celle de l'industrie automobile mondiale, qui est inférieure à 6 % (voir tableau 1.1). Si Porsche a le même coût du capital que ses concurrents, soit 6,5 %, sa performance est donc de 10,5 % en termes de création de valeur, alors que l'industrie dans son ensemble a été légèrement destructrice de valeur en 2017. De plus, cette performance n'a rien d'accidentel : depuis plusieurs années, et notamment depuis le changement de stratégie du début des années 2000 qui a conduit au lancement de nouveaux produits comme le Cayenne, un SUV bien loin des traditionnelles 911, Porsche n'a fait qu'augmenter ses parts de marché mondiales et sa rentabilité.

3 L'influence relative des facteurs externes et internes sur la performance de l'entreprise

Plus généralement, si toutes les recherches sur le sujet reconnaissent que la performance d'une entreprise résulte à la fois de facteurs externes, communs à toute son industrie, et de facteurs internes, spécifiques à sa stratégie, la controverse subsiste quant au poids relatif des facteurs internes et externes (voir la rubrique Controverse ci-après). Cependant, une approximation communément répandue est qu'un tiers de la performance d'une entreprise provient de sa stratégie, un autre tiers s'explique par la performance collective de son industrie, et un dernier tiers résulte de variations temporaires et aléatoires impossibles à modéliser.

CONTROVERSE

L'effet de l'industrie est-il significatif ?

Quel est le principal déterminant de la performance d'une entreprise ? Est-ce sa stratégie ou l'industrie dont elle fait partie ? Les opinions divergent sur l'influence relative de ces deux facteurs.

Le cadre de la controverse

Cette controverse assez classique oppose les arguments d'une tradition structuraliste à celle d'inspiration behavioriste :

- la première estime que les structures de l'industrie influencent les choix stratégiques, et donc la performance des entreprises ;
- la seconde estime que l'entreprise est une organisation capable d'arbitrer et donc de choisir ses investissements pour dégager une performance significativement supérieure aux autres firmes d'une même industrie.

Le contenu de la controverse

Le point de départ se situe au milieu des années 1980. Il porte sur l'importance relative de l'industrie et de l'entreprise. Dans un article publié en 1985, Richard Schmalensee[1] recourt à une analyse de la variance appliquée aux *business units* d'entreprises diversifiées.

Utilisant les données de la *Federal Trade Commission* (FTC) américaine pour l'année 1975, il étudie l'industrie manufacturière et retient la rentabilité des actifs (*Return on Assets*, ROA) comme mesure de la performance.

Le principal résultat est le suivant : le facteur déterminant de la profitabilité d'une firme est l'industrie. Elle expliquerait 19,5 % de la variance de la rentabilité entre *business units*. L'effet de la part de marché pèse moins de 1 % et l'effet de la firme n'est pas significatif.

•••

•••

D'autres auteurs comme Rumelt[2], Roquebert *et al.*[3], et McGahan et Porter[4] ont aussi exploré la variance des profits en contrôlant des facteurs comme l'année et le type d'industrie (manufacturière ou de service). Tous tentent de dégager le poids relatif des trois niveaux suivants : l'industrie, l'entité *corporate*, et la *business unit*. Nous ne présentons ici que le poids de l'industrie et celui de la *business unit*.

Leurs résultats tendent à montrer que les caractéristiques à la fois de l'industrie et des *business units* ont une influence importante sur la profitabilité des *business units*.

	Schmalensee (1985)	Rumelt (1991)	Roquebert *et al.* (1996)	McGahan et Porter (1997)	McGahan et Porter (2002)
Variable dépendante	ROA[5] *business unit*				
Années/ Périodes	1975	1974-1977	1985-1991	1981-1994	1981-1994
Méthode statistique	Analyse de co-variance				ANOVA simultanée
Types d'activités	Industries manufacturières			Industries manufacturières/ toutes (sauf finances)	Toutes (sauf finances)
Nombre d'observations	1 775	6 931	16 596	18 298 / 58 132	72 742
Influence de l'industrie	19,59 %	8,32 %	10,20 %	10,81 % / 18,68 %	9,60 %
Influence du *corporate*	n.s.	0,80 %	17,90 %	0,00 % / 4,33 %	12,00 %
Influence de la *business unit*	n.s.	46,37 %	37,10 %	31,71 % / 35,45 %	37,70 %
Effet de l'année	n.s.	n.s.	0,50 %	2,34 % / 2,39 %	0,80 %
Autres facteurs	80,41 %	44,61 %	34,30 %	55,14 % / 39,15 %	39,90 %

n.s. : non significatif

Tableau 1.2 L'effet de l'industrie sur la profitabilité des entreprises : comparaison des principales études

Un consensus difficile à trouver

Contestant l'effet dominant de l'industrie trouvé par Schmalensee, Rumelt affirme que la part de marché est une mesure imparfaite pour expliquer la différence entre les activités. Introduisant une variable qui tient compte de la variation d'une année sur l'autre de l'effet industrie, il trouve que l'effet *business unit* explique 46 % de la variance de la performance des entreprises. Son analyse n'accorde que 8 % à l'effet

•••

•••

de l'industrie. Rumelt conclut que l'effet industrie est certes significatif, mais que l'effet *business unit* est le facteur explicatif le plus important de la profitabilité des firmes de son échantillon.

Roquebert *et al.* (1996), d'un côté, et McGahan et Porter (1997-2002), de l'autre, utilisent une autre source de données : le *Compustat Business Segment Report*. Roquebert et ses collègues couvrent sept années (1985-1991), tandis que McGahan et Porter retiennent quatorze années (1981-1994). Ces études cherchent à expliquer la divergence entre les résultats précédents et à déterminer si ces résultats sont sujets ou non à des conditions macroéconomiques.

L'étude de Roquebert *et al.* révèle un poids très important (37,1 %) pour l'effet *business unit* et une influence significative (10,2 %) de l'industrie. Ceci confirme les résultats de Rumelt. Les études de McGahan et Porter diffèrent de ces deux études tant par les données que par la méthodologie. Ces auteurs utilisent un échantillon de taille supérieure et leur étude montre que la *business unit* a la plus forte influence (37,7 %) sur la profitabilité des firmes. L'effet industrie sort en deuxième position alors que l'année n'a pas d'influence.

1. Schmalensee R., 1985.
2. Rumelt R.P., 1991.
3. Roquebert J.A., Phillips R.L. et Westfall P.A., 1996.
4. McGahan A.M. et Porter M.E., 1997 ; McGahan A.M. et Porter M.E., 2002.
5. *Return On Assets*.

SECTION 2

ANALYSER LE MACROENVIRONNEMENT : LE MODÈLE PESTEL

Les grandes tendances de l'environnement macroéconomique, politique, social, technologique, écologique et juridique influencent la rentabilité de l'industrie, son coût du capital et ses perspectives de croissance. Par exemple, en quelques décennies, l'accès à la consommation de centaines de millions de Chinois a changé la donne dans les produits de beauté. L'Asie devient le premier marché pour L'Oréal et ses concurrents. Les changements technologiques jouent aussi un rôle majeur : nombre d'industries traditionnelles se demandent actuellement comment résister à « l'ubérisation », c'est-à-dire au remplacement de leurs activités traditionnelles par des plateformes en ligne (Uber pour les taxis, Airbnb pour les hôtels…). Enfin, les crises et fluctuations économiques font varier les taux d'intérêt et donc le coût du capital pour les entreprises. Ainsi, le coût du capital moyen de l'Eurostoxx 600 est légèrement supérieur à 7,5 % début 2019, alors qu'il atteignait 10 % en 1995.

Chiffres clés

Le coût du capital moyen de l'Eurostoxx 600 est légèrement supérieur à **7,5 %** début 2019, alors qu'il atteignait **10 %** en 1995.

Pour analyser ces tendances, on peut utiliser le modèle PESTEL (voir figure 1.1) qui, comme l'indique l'acronyme, décompose le macroenvironnement en six facteurs principaux.

Le but est d'évaluer l'impact de chacune de ces composantes sur le potentiel de création de valeur de l'industrie pour mieux en prédire les évolutions futures. Considérons les six catégories de facteurs une à une.

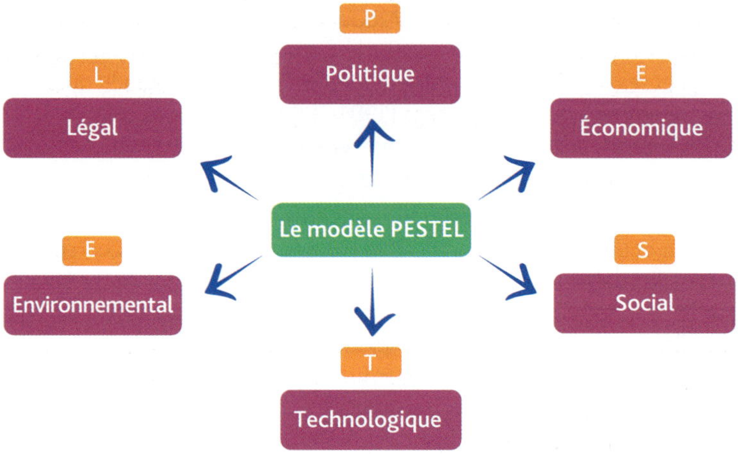

Figure 1.1 Le modèle PESTEL

1 Les facteurs politiques

Les facteurs politiques, par exemple les politiques fiscales, peuvent favoriser ou entraver le développement de certaines industries.

Exemple

Les tickets-restaurant soumis aux aléas fiscaux

- Les entreprises comme **Edenred** ou **Sodexo**, qui proposent des titres de services prépayés, dépendent des choix des gouvernements en matière de taxes et charges sociales. En utilisant les titres prépayés, les employeurs peuvent réduire leurs charges et les employés obtenir des déductions fiscales. Ces avantages fiscaux accordés aux entreprises et aux utilisateurs finaux constituent un élément critique pour le succès de l'activité. Ainsi, au Royaume-Uni, en 1995, lorsque les avantages fiscaux sur les tickets-restaurant ont été supprimés, le nombre de bénéficiaires a chuté de 650 000 à 45 000 personnes ! Aux États-Unis, l'utilisation de tickets-restaurant est faible en raison de conditions fiscales peu avantageuses. Le taux de pénétration des titres de services prépayés varie donc grandement d'un pays à l'autre.

2 Les paramètres économiques

Les paramètres économiques, comme le PNB, les taux de chômage et d'inflation, les coûts salariaux, le niveau de vie, la politique monétaire, ou encore les taux de change, influencent à la fois la rentabilité et le coût du capital de quasiment toutes les industries, pour le meilleur ou pour le pire.

Exemple

PIB et dépenses de santé

- Selon une étude de la banque Morgan Stanley[1], la croissance du PIB réel des pays de l'OCDE (Organisation de coopération et de développement économiques) devrait chuter en moyenne de 18,2 % sur vingt ans à cause de maladies liées au sucre et à l'obésité : celles-ci limiteront l'employabilité des personnes atteintes et entraîneront d'importantes dépenses de santé. La croissance des BRIICS (Brésil, Russie, Inde, Indonésie, Chine, Afrique du Sud) devrait aussi baisser, dans une moindre mesure.

3 Le domaine social

Dans le domaine social, des variables sociologiques et démographiques, que ce soit la natalité, l'accroissement du travail des femmes, la plus grande mobilité sociale ou géographique, l'augmentation des dépenses et du temps consacrés aux loisirs, ont un impact plus ou moins fort selon les industries.

Exemple

Démographie chinoise

- La démographie chinoise a sensiblement changé avec l'abandon de la politique de l'enfant unique en 2015. Ce changement a ouvert des perspectives nouvelles aux industries de l'alimentation infantile, des couches et des loisirs familiaux, aux premiers rangs desquelles on trouve **Danone**, **Nestlé**, **Pampers** ou **Disney**. Le cours de Bourse de ces entreprises a bondi à l'annonce du changement. Les investissements ont suivi. C'est ainsi que Disney a dépensé près de 5 milliards d'euros pour ouvrir, après de longues négociations avec les autorités chinoises, son plus grand parc d'attractions du monde (90 hectares) à Shanghai en 2016.
- Pourtant, la poussée démographique induite par le changement politique n'a été qu'un feu de paille. Dès 2018, la tendance s'est brutalement inversée. La natalité est revenue à son plus bas niveau historique, celui du début des années 1960. Les familles chinoises qui ont un enfant ont bien tendance à en vouloir un deuxième, mais les couples sans enfant renoncent à se lancer, essentiellement par peur de ne pas pouvoir subvenir aux besoins de leur progéniture. Face à cette situation, les autorités chinoises craignent que « le pays devienne vieux avant de devenir riche ».

Parc Disneyland à Shanghai

1. Morgan Stanley, 2015.

4 L'évolution technologique

L'évolution technologique modifie radicalement les modèles économiques de certaines industries. Elle crée à la fois de nouvelles opportunités pour les entreprises existantes tout en facilitant l'arrivée de nouveaux entrants.

Exemples

Croissance du e-commerce

- Le commerce en ligne connaît une croissance à deux chiffres depuis une vingtaine d'années. Son chiffre d'affaires en France frisait les 82 milliards d'euros en 2017, contre 72 milliards en 2016 (+ 14 %). Si le panier moyen baisse, le nombre d'achats en ligne croît de près de 20 % par an. En 2017, 37,5 millions de Français ont acheté en ligne, dont 12 millions sur mobile. Le développement du mobile va encore doper ces chiffres : certains sites comme **Vente-privée** ou **Showroomprivé** font d'ores et déjà plus de la moitié de leur chiffre d'affaires sur mobile. Non seulement la croissance est forte, mais elle est en train de devenir très rentable, puisque les deux tiers des sites de e-commerce opérant en France étaient profitables en 2017. Cette croissance se fait évidemment aux dépens du commerce traditionnel, qui a tendance à céder du terrain. Cela contraint tous les distributeurs traditionnels à ouvrir leurs propres magasins en ligne. **Casino** a racheté le site de vente en ligne **Cdiscount** en 2011 tandis que **Carrefour** a acquis **Rue du Commerce**. Ces deux sites de e-commerce non alimentaire sont parmi les plus visités et permettraient aux deux enseignes de développer leurs ventes de matériel high-tech et de contrer **Amazon** (mais aussi **E.Leclerc** qui s'était développé plus rapidement sur ce marché).

Connecté avec son époque

- Alors que le marché des objets connectés et des applications dédiées au sport est en pleine croissance, **Adidas** a fait en 2015 l'acquisition de **Runtastic**, valorisée à 220 millions d'euros. Runtastic propose des applications gratuites et payantes (course à pied, fitness, cardio, VTT...) et s'est également lancée sur le marché des accessoires et des vêtements connectés. Dès 2006, **Nike** a quant à lui développé, en partenariat avec **Apple**, des chaussures connectées à un capteur qui permet aux coureurs de suivre leurs performances et de les lire sur un iPod ou un iPhone. L'enjeu du numérique est stratégique pour ces marques qui visent à développer leurs relations avec les clients afin de ne pas être reléguées au rang de simple fournisseur de matériel.

5 Les préoccupations environnementales

Les préoccupations en matière d'environnement, de changement climatique et de pauvreté vont croissant. La plupart des industries sont soumises à l'influence de différents groupes de pression, y compris les gouvernements et les ONG, pour se comporter de manière écologique, éthique et citoyenne. La pression interne est également sensible dans les entreprises car les salariés refusent de plus en plus l'idée de consacrer leur vie à la recherche du profit économique au mépris de l'écologie et de la société. Certaines industries, comme l'énergie, l'automobile, l'agrochimie ou le ciment, sont particulièrement concernées et doivent faire évoluer leur modèle économique de manière drastique, ce qui pèse sur leur rentabilité.

6 Le cadre légal

Enfin, le cadre légal, tout à sa mission de protéger le public, limite la rentabilité de certaines activités. Les coûteuses exigences de conformité dont le secteur bancaire est l'objet, par exemple, limitent sa capacité à se développer et à effectuer certaines opérations profitables mais trop risquées ou considérées comme contraires à l'intérêt public.

Exemple

Données personnelles

- Le RGPD (Règlement général sur la protection des données) est devenu applicable dans tous les États membres de l'Union européenne depuis mai 2018. Son objectif est de protéger les individus d'une utilisation non consentie de leurs données personnelles. Pour les entreprises et les administrations, la mise en conformité avec ce règlement exige beaucoup de temps et de soin. Elle peut conduire à une refonte en profondeur des procédures et surtout à la perte de données nécessaires dans des activités comme la publicité en ligne. Ce règlement vise essentiellement les géants du web, dits **GAFAM** (Google, Amazon, Facebook, Apple, Microsoft) et leurs filiales (WhatsApp, Instagram, LinkedIn...), qui recueillent des quantités astronomiques de données personnelles et les utilisent pour gagner de l'argent. Mais il s'applique aussi aux PME qui gèrent un simple fichier de salariés.
- La mise en conformité avec ce règlement exige un travail très lourd d'audit et de révision des procédures, même pour des entreprises dont le *big data* n'est clairement pas le cœur de métier. Il faut nommer un délégué au traitement des données, recenser les traitements de données, définir des actions correctives, analyser les risques, établir une procédure interne, tenir une documentation à jour, etc. D'après une étude de KPMG, presque 40 % des entreprises multinationales reconnaissent qu'elles ne sont pas en conformité à fin 2018. Parmi les GAFAM, seul Apple se déclare en règle début 2019. Pour éviter le problème, certains sites étrangers rejettent les connexions d'adresses IP en provenance de l'Union européenne. C'est notamment le cas de certains sites d'information américains importants (dont le *Chicago Tribune* et le *Los Angeles Times*).
- La plupart des experts internationaux pensent que le RGPD, qui donne le droit à l'oubli, est incompatible avec la technologie *blockchain* qui rend les données infalsifiables et non supprimables. À l'échelle mondiale, il se pourrait que le RGPD provoque une perte de compétitivité générale des entreprises européennes. Certains économistes jugent même que le RGPD est une erreur stratégique car il pénalise les entreprises européennes au moment où le *big data* devient une source clé d'innovation. Pourtant, l'Europe a adopté cette mesure dans un but de protection des citoyens qui sont de plus en plus sensibles au stockage, à l'utilisation et à la commercialisation de leurs données personnelles.

Chiffres clés

Presque **40 %** des entreprises multinationales reconnaissent qu'elles ne sont pas en conformité avec le RGPD à fin 2018.

7 Un modèle souple d'analyse des facteurs exogènes

Le modèle PESTEL est une *check-list* très souple qui permet de repérer les principaux facteurs exogènes qui peuvent influencer la performance de l'industrie. Il s'avère utile pour structurer et synthétiser des données provenant de diverses sources documentaires ou les points de vue recueillis sur un panel d'experts.

EN PRATIQUE

Comment utiliser le modèle PESTEL

Voici une liste indicative de catégories que l'on peut utiliser pour analyser le macroenvironnement selon le modèle PESTEL.

Politique

- Changement et stabilité politique
- (Dé-)régulation
- Lois et politiques fiscales
- Réglementation antitrust
- Commerce extérieur et politique
- Import/export
- Politique monétaire
- Protection sociale

Économique

- Cycles économiques
- Taux d'intérêt
- Taux d'inflation
- Taux de change et convertibilité monétaire
- Taux de chômage
- Niveau de vie, pouvoir d'achat et propension à la consommation
- Globalisation et délocalisations

Social

- Démographie
- Lois sociales
- Niveau d'éducation
- Image et attitude par rapport au travail
- Styles de vie et consumérisme
- Minorités, parité, et égalité des chances

Technologique

- Dépenses de l'État en recherche et développement (R&D)
- Dépenses de l'industrie en R&D
- Politique de propriété intellectuelle et de protection des brevets
- Digitalisation
- Changement technologique
- Cycle de vie des technologies et innovation

Environnemental

- Empreinte écologique
- Sensibilité au changement climatique
- Sensibilité et forces écologiques
- Politiques contre la pollution
- Gestion des déchets et recyclage
- Politique d'économie d'énergie
- Responsabilité sociale

Légal

- Lois sur les monopoles
- Normes de conformité
- Lois sur la protection de l'environnement
- Encadrement législatif sur les OGM, les essais cliniques et le clonage
- Droit du travail
- Législation sur la santé
- Normes comptables et réglementation financière
- Loi sur la responsabilité des dirigeants

À partir de cette liste, on identifie les facteurs précis susceptibles d'avoir un impact significatif sur l'industrie. Par exemple, dans le domaine politique, la catégorie « Changement et stabilité politique » peut conduire au facteur « Brexit et gouvernance européenne ». Dans le domaine légal, la catégorie « Normes de conformité » renvoie au facteur « RGPD ».

On attribue une note de 1 (faible) à 5 (fort) à chaque facteur pour estimer la force de son impact.

L'identification des facteurs et leur évaluation peuvent être effectuées par des groupes de travail internes ou externes à l'entreprise, des panels de consommateurs, ou bien des groupes d'experts pouvant recourir à des méthodes de scénarios ou de prospective.

DIMENSIONS	COMPOSANTES	IMPACT SUR LA STRATÉGIE Faible à fort				
		1	2	3	4	5
P – Politique	P.1 – Relations avec la puissance publique	x				
	P.2 – Brexit et gouvernance européenne		x			
	P.3 – Suppression de l'ISF			x		
E – Économique	E.1 – Remontée des taux d'intérêt				x	
	E.2 – Délocalisations					x
S – Sociale	S.1 – Genre et diversité				x	
	S.2 – Temps de travail			x		
T – Technologique	T.1 – Digitalisation		x			
	T.2 – Lutte contre l'obsolescence programmée	x				
	T.3 – Droits de propriété et brevets		x			
E – Environnementale	E.1 – Empreinte écologique			x		
	E.2 – RSE				x	
L – Légale	L.1 – RGPD					x

Tableau 1.3 Exemple de grille PESTEL d'analyse du macro-environnement

PESTEL ne repose sur aucune théorie particulière. Il ne dit rien des mécanismes à travers lesquels tel ou tel facteur influence la performance de l'industrie, ni avec quelle ampleur. C'est à l'analyste d'en juger, en faisant appel à ses connaissances et à son discernement. Rappelons en outre que ce modèle se cantonne aux facteurs exogènes à l'industrie.

La méthode des cinq forces de Porter complète le modèle PESTEL en considérant les facteurs endogènes. Mais ces deux approches sont de nature assez différente. La méthode de Porter repose sur un paradigme théorique cohérent qui explicite le mécanisme précis de chacune des cinq forces considérées.

SECTION 3

LA MÉTHODE DES CINQ FORCES DE PORTER

Michael Porter, professeur à la *Harvard Business School*, propose dans son ouvrage intitulé *Competitive Strategy*[1] une méthode, directement inspirée de l'économie industrielle, pour analyser les effets de la structure d'une industrie sur sa rentabilité économique. Rappelons que le paradigme dominant en économie industrielle stipule que la structure de l'industrie (degré de concentration, hauteur des barrières à l'entrée, différenciation des produits, pouvoir de marché…) conditionne la stratégie des entreprises qui, à son tour, influence leur performance. La méthode des cinq forces de Porter est devenue une référence incontournable en stratégie.

Les cinq forces en question sont (voir figure 1.2) :

- l'intensité de la concurrence ;
- la menace des entrants potentiels ;
- la pression des produits ou services de substitution ;
- le pouvoir de négociation des acheteurs ;
- le pouvoir de négociation des fournisseurs.

Toutes ces forces tirent la rentabilité économique de l'industrie vers le bas. Si elles jouent à plein, cette rentabilité ne parvient plus à couvrir le coût du capital.

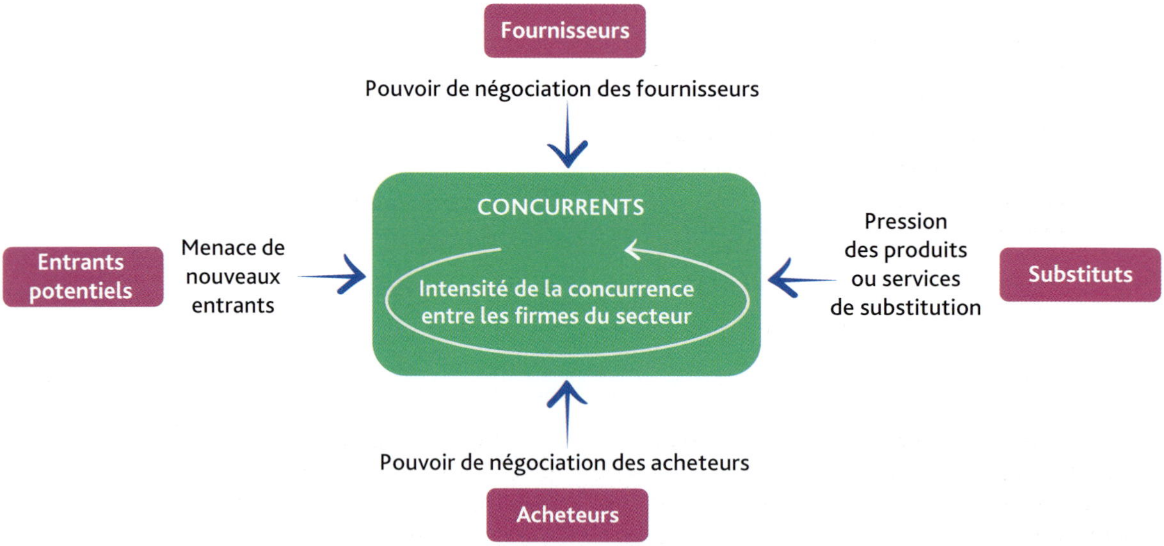

Figure 1.2 Les cinq forces de Porter

1. Porter M.E., 1980.

EN PRATIQUE

Les critères pour évaluer l'impact des cinq forces sur la rentabilité de l'industrie

1. Intensité de la concurrence

- Concentration de l'industrie ;
- croissance de l'activité ;
- diversité des concurrents ;
- différenciation des produits ;
- part des coûts fixes et de stockage ;
- barrières à la sortie.

2. Menace des entrants potentiels et barrières à l'entrée

- Ticket d'entrée dans l'industrie et intensité capitalistique ;
- économies d'échelle ;
- avantages de coût indépendants de la taille ;
- différenciation des produits ;
- accès aux réseaux de distribution ou aux fournisseurs ;
- règlements et barrières légales ;
- capacité de riposte des firmes en place.

3. Pression des offres de substitution

- Élasticité croisée ;
- innovation.

4 et 5. Pouvoir de négociation des fournisseurs et des acheteurs

- Concentration relative ;
- menace d'intégration verticale ;
- impact de la qualité des *inputs* sur la qualité des *outputs* ;
- différenciation des produits ou services ;
- coût de remplacement du partenaire ;
- part du produit fourni dans la structure de coût des acheteurs et des fournisseurs.

1 L'intensité de la concurrence

L'intensité de la rivalité entre les concurrents existants est un déterminant très fort de la rentabilité économique d'une industrie. On comprend intuitivement que plus la rivalité est intense, moins l'industrie est rentable. En effet, plus les concurrents sont agressifs, plus ils se disputent les clients, plus ils baissent les prix et donc dégradent collectivement leur rentabilité et du même coup celle de l'industrie. À l'inverse, des concurrents puissants, capables de dominer le marché avec des marques fortes, comme Coca-Cola et Pepsi, s'aperçoivent qu'il vaut mieux éviter l'agression et maintenir des prix élevés, car cela rend l'industrie rentable, y compris pour les petits acteurs régionaux comme Corsica Cola (embouteillé dans le Maine-et-Loire !) ou Breizh Cola (embouteillé… dans le Morbihan). Dans ce cas, on dit que les entreprises du secteur considéré ont un fort « pouvoir de marché ».

La théorie économique classique nous a appris que la concurrence « pure et parfaite »[1] conduit en principe à un « profit économique nul », c'est-à-dire une rentabilité économique qui ne dépasse pas le coût du capital (voir figure 1.3 et la rubrique Fondements théoriques ci-après).

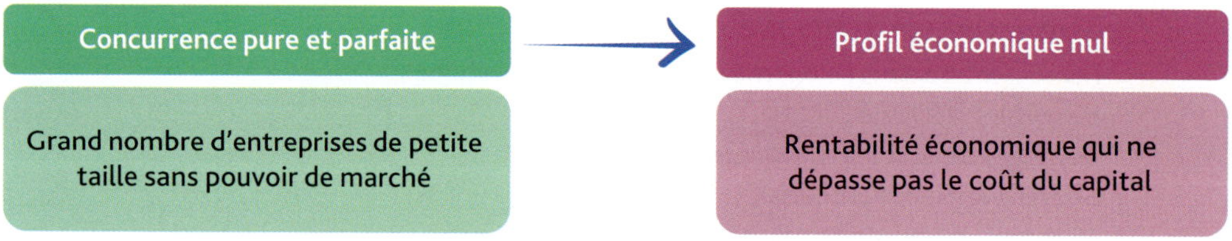

Figure 1.3 La concurrence pure et parfaite

La réciproque de cet axiome est que tous les éléments qui limitent l'intensité de la concurrence sont propices à favoriser la création de valeur (voir figure 1.4). Le premier élément est la concentration du secteur. Les autres sont la croissance de l'activité, la similitude des concurrents, la différenciation des produits, la faiblesse des coûts fixes et des barrières à la sortie. Ces critères recoupent ceux que les autorités de la concurrence utilisent pour évaluer le « pouvoir de marché ».

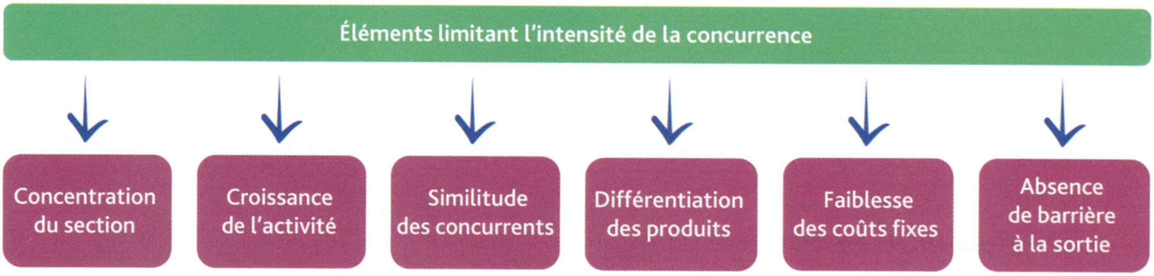

Figure 1.4 La réciproque de la concurrence pure et parfaite

1. Caractérisée par un grand nombre d'entreprises de petite taille sans pouvoir de marché (c'est-à-dire sans influence sur la fixation du prix de marché), vendant des produits identiques dans un secteur dépourvu de barrières à l'entrée et à la sortie.

FONDEMENTS THÉORIQUES

Structure et pouvoir de marché

Les économistes distinguent traditionnellement cinq grandes structures de marché : la concurrence pure et parfaite, la concurrence monopolistique, l'oligopole non différencié, l'oligopole différencié et le monopole.

Ces structures se distinguent sur la base du nombre de concurrents, des barrières à l'entrée et à la sortie et du caractère substituable ou non des produits.

Structure de marché	Nombre de concurrents	Substituabilité des produits	Barrières à l'entrée et à la sortie	Exemples
Concurrence pure et parfaite	Concurrents nombreux	Produits identiques	Barrières nulles	• Fruits et légumes • Marchés financiers (actions et obligations)
Concurrence monopolistique	Concurrents nombreux	Produits différenciés	Barrières faibles	• Horlogerie de luxe • Restaurants • Logiciels d'application
Oligopole non différencié	Concurrents peu nombreux	Produits identiques	Barrières fortes	• Pétrole • Mémoires électroniques • Compagnies aériennes • Téléphonie cellulaire • Acier
Oligopole différencié	Concurrents peu nombreux	Produits différenciés	Barrières fortes	• Systèmes d'exploitation pour ordinateurs • Automobiles • Produits pharmaceutiques
Monopole	Un seul acteur	Un seul produit	Barrières insurmontables	• Transport ferroviaire de proximité • Service postal • Distribution d'eau potable

Tableau 1.4 Les cinq structures de marché

Concurrence pure et parfaite et monopole

Pour les économistes, la concurrence pure et parfaite est la situation qui, du point de vue de la société en général, est la plus désirable. En situation de concurrence pure et parfaite, seules les entreprises les plus efficaces survivent et les prix sont tirés vers le bas au plus grand profit des consommateurs.

Du point de vue des entreprises, à l'inverse, il n'y a pas de stratégie possible. Tous les produits sont identiques. N'importe qui peut choisir de produire sans avoir de barrière à l'entrée à surmonter. Tous les concurrents, quelles que soient leurs caractéristiques particulières (taille, durée de présence sur le marché…) ont les mêmes niveaux de coûts et le même prix « de marché » s'impose à tous. La seule décision à prendre porte sur le volume de production et dépend de la taille du marché et du nombre de concurrents (qui sont de toute façon très nombreux). Tous les concurrents sont, de manière permanente, à égalité et obtiennent la même rentabilité, qui ne peut pas dépasser le coût du capital. Il ne peut donc exister d'avantage concurrentiel, au sens où nous l'avons défini précédemment.

●●●

Il n'y a pas non plus d'avantage concurrentiel possible en cas de monopole. La concurrence est inexistante et la seule décision à prendre est le prix à exiger pour le produit. Cette décision peut être optimisée sur la base de l'élasticité des prix, de manière à maximiser les profits de l'entreprise. Les monopoles existent en général soit par décision de l'État, soit parce que l'activité considérée correspond à ce que l'on appelle un « monopole naturel », comme les infrastructures ferroviaires ou autoroutières et les lignes à haute tension. Sur ces marchés, il est impossible que plusieurs entreprises effectuent et rentabilisent des investissements concurrents. En contrepartie de l'absence de concurrence, les pouvoirs publics imposent généralement au monopole un ensemble de contraintes : niveau des prix, qualité de service, etc., de manière que la rentabilité économique ne dépasse pas trop le coût du capital.

Concurrence monopolistique et oligopole

Dans les situations de concurrence monopolistique et d'oligopole, les entreprises peuvent jouer sur la différenciation des produits ou sur les barrières à l'entrée, pour dégager une rentabilité supérieure au coût du capital. Et les profits obtenus par les diverses entreprises en concurrence dans l'activité n'ont aucune raison d'être égaux et dépendront de l'étendue de leur avantage concurrentiel.

Les contextes de concurrence monopolistique et d'oligopole sont donc les situations dans lesquelles la stratégie telle que nous la discutons dans ce livre trouve à s'exprimer pleinement et détermine la performance des entreprises.

Il est intéressant de remarquer au passage que les structures de marché ne sont pas figées une fois pour toutes, mais peuvent évoluer dans une certaine mesure en fonction des stratégies mises en œuvre par les entreprises en concurrence dans l'activité considérée.

La stratégie consiste en effet pour une entreprise à tout faire pour s'éloigner le plus possible de la situation de concurrence pure et parfaite. Pour cela, elle peut tenter de différencier le plus possible ses offres, de construire des barrières à l'entrée, notamment des avantages de coût liés à la taille ou à la possession d'une compétence particulière, etc. Lorsque la stratégie réussit pleinement, l'entreprise va alors tendre vers une situation de monopole puisque son avantage sera tel qu'aucune concurrence viable ne sera possible.

Mais une situation de monopole obtenue de la sorte est socialement inacceptable car elle permet à l'entreprise d'abuser de sa position dominante et d'augmenter ses prix. Cela va donc provoquer une réaction qui pourra soit prendre la forme de contraintes sur les prix, sur les attributs des produits que l'entreprise propose, soit entraîner un démantèlement du monopole, par exemple en imposant un éclatement de l'entreprise (comme cela s'est produit avec AT&T en 1984), ou la mise à disposition gratuite pour les concurrents de certains des facteurs essentiels de l'avantage concurrentiel (par exemple les codes du système d'exploitation Windows dans le cas de Microsoft). Stratégie d'entreprise et lois antitrust sont donc deux forces qui s'exercent dans des directions opposées.

●●●

•••

Le pouvoir de marché

Le pouvoir de marché désigne la capacité des entreprises d'un secteur à fixer des prix supérieurs au coût marginal.

Cela suppose que la concurrence ne soit pas pure et parfaite. On utilise cette notion de manière plus large pour dire que les entreprises opérant sur un même marché ont une taille et une influence suffisantes pour fixer des prix qui leur assurent une rentabilité économique élevée. Remarquons qu'il s'agit en théorie d'une caractéristique de l'industrie dans son ensemble et non d'une entreprise en particulier, même si l'expression est parfois utilisée pour parler du « pouvoir de marché de telle entreprise » dans l'industrie.

Les autorités de régulation de la concurrence estiment généralement le pouvoir de marché en utilisant trois familles de critères : la structure du marché, les comportements stratégiques et la performance.

En ce qui concerne la structure de l'industrie, le pouvoir de marché augmente avec :

- la concentration ;
- le degré d'intégration verticale de l'activité ;
- les barrières à l'entrée ;
- la taille minimale requise pour être compétitif.

Les comportements stratégiques suivants sont censés traduire l'exercice d'un pouvoir de marché :

- la politique de prix : des prix élevés et stables traduisent une position dominante ;
- la discrimination entre les types de clients : l'entreprise peut segmenter son marché en s'adressant à des catégories types de clients, voire en refusant délibérément de vendre à certains clients ;
- le rapport de force entre fournisseurs et clients, ou entre producteurs et distributeurs, conduit certaines entreprises à restreindre la liberté commerciale de leurs partenaires économiques ;
- les ententes entre concurrents pour organiser un marché.

Enfin, une rentabilité économique durablement supérieure au coût du capital est en elle-même un indice de pouvoir de marché.

Structure de marché	Comportements stratégiques	Performance économique
• Concentration : – nombre de firmes – parts de marché • Intégration verticale en amont et en aval • Hauteur des barrières à l'entrée • Taille minimale efficiente des entreprises	• Pratiques de prix : – prix de prédation – vente en bloc • Discrimination entre clients • Refus de vente • Restrictions imposées aux fournisseurs et/ou aux distributeurs • Ententes entre concurrents	• Obtention de profits « excessifs » sur une longue période • Existence de rente(s) liée(s) à la position concurrentielle

Tableau 1.5 Les critères d'analyse du pouvoir de marché

a. La concentration de l'industrie

Plus la concentration est forte, c'est-à-dire moins il y a de concurrents, plus leurs parts de marché sont élevées ; moins la concurrence est intense et plus l'industrie est rentable.

Les entreprises appartenant à des industries concentrées jouissent d'un pouvoir de marché plus important et fixent leurs prix avec une plus grande liberté. Remarquons que, ce faisant, elles créent ainsi de la valeur pour les actionnaires au détriment des clients. C'est pourquoi les autorités de régulation de la concurrence combattent les concentrations excessives qui pourraient conduire à des abus de position dominante.

Exemple

Fusions et acquisitions dans le secteur de la bière

- L'industrie de la bière s'est concentrée à coups d'acquisitions spectaculaires. La dernière « méga-fusion » en date est la prise de contrôle de **SABMiller** par **Anheuser-Busch InBev** pour 107 milliards de dollars en 2016 ; une des plus grosses fusions de l'histoire, toutes industries confondues, qui a donné naissance à un groupe contrôlant un bon tiers du marché mondial. Avant cette opération, quatre entreprises, AB InBev, SABMiller, **Heineken** et **Carlsberg**, accaparaient déjà plus de 70 % du marché de la bière, alors que dix ans plus tôt, les dix plus gros brasseurs représentaient moins de 50 % du marché.
- Pour obtenir l'accord des autorités antitrust, AB InBev a dû consentir à des cessions d'actifs majeures, de manière à éviter les positions dominantes sur certaines zones géographiques. On estime que le groupe a procédé à 27 milliards de dollars de désinvestissement dans le périmètre de SABMiller, soit un quart du montant de l'acquisition. Notamment, AB InBev a cédé les 58 % que SABMiller détenait dans MillerCoors à Molson Coors, pour 12 milliards de dollars. Cette décision a convaincu les autorités américaines puisqu'elle rendait leur indépendance aux deux plus gros brasseurs américains, AB InBev et MillerCoors, ce qui stimulait la concurrence aux États-Unis. En contrepartie, AB InBev a promis de ne plus faire d'acquisition aux États-Unis sans accord préalable du département de la Justice. De même, le groupe a cédé plusieurs marques européennes au brasseur japonais Asahi. En revanche, la fusion lui a permis de consolider ses positions en Chine et de les développer massivement en Afrique.

Les situations d'oligopole (peu de concurrents), voire de duopole (deux concurrents seulement), sont favorables à des comportements collusifs. Les entreprises ont davantage intérêt à mettre en œuvre des stratégies qui maximisent le profit au niveau de l'industrie que des stratégies qui pourraient améliorer la performance d'une entreprise par rapport à l'autre, au risque de réduire la rentabilité de l'industrie dans son ensemble.

Nous n'utilisons pas ici le terme de « collusion » de manière péjorative ou juridique, mais pour désigner des stratégies tacitement coordonnées qui donnent la priorité à la rentabilité du secteur plutôt qu'à l'affrontement concurrentiel.

Le duopole Airbus-Boeing, déjà cité dans ce chapitre, est un bon exemple. De même, Coca-Cola et Pepsi ont toujours maintenu des profits très élevés en vendant leur soda à des prix toujours plus élevés à leurs embouteilleurs, alors que ceux-ci ont connu de nombreuses difficultés financières, d'autant plus que le prix du produit final augmente moins vite que l'inflation.

Comme on le voit dans la rubrique En pratique ci-après, le calcul des indices de concentration permet de quantifier la concentration de l'industrie en tenant compte non seulement du nombre de concurrents, mais aussi de la distribution des parts de marché entre eux.

EN PRATIQUE

Mesurer la concentration de l'industrie

Prenons l'exemple d'une industrie composée de quatre entreprises. La concurrence sera plus intense si les quatre concurrents ont des parts de marché équivalentes, soit 25 % du marché chacun. Elle sera moins intense s'il existe un leader, détenant par exemple 55 % du marché, et une « frange » de trois entreprises possédant chacune 15 %. Le pouvoir de marché est en effet supérieur dans la seconde hypothèse et le potentiel de rentabilité de l'industrie est plus élevé.

Le ratio de concentration

L'une des mesures les plus classiques est le ratio de concentration. On note ratio C_n la somme des parts de marché des *n* premières entreprises.

Exemple :

Pour une industrie I_1 de quatre entreprises possédant chacune 25 % du marché, on a :

$C_4 = 1$; $C_3 = 0{,}25 + 0{,}25 + 0{,}25 = 0{,}75$

Pour une industrie I_2 de quatre entreprises où le leader détient 55 % et les autres concurrents détiennent chacun 15 % du marché, on a :

$C_4 = 1$; $C_3 = 0{,}55 + 0{,}15 + 0{,}15 = 0{,}85$

Cette mesure est descriptive et son résultat dépend fortement du nombre d'entreprises prises en compte. On voit en effet que C_4 est le même dans les deux industries alors que la seconde est plus concentrée. De plus, la faible variation du C_3 entre I_1 et I_2 reflète mal la différence de structure concurrentielle entre les deux industries.

L'indice de Herfindahl

De nombreux indices de concentration plus ou moins sophistiqués permettent de corriger ce problème. L'un des plus connus est l'indice d'Herfindahl. Une façon de le calculer est de faire la somme des carrés des parts de marché des *n* premières entreprises. Notons qu'à la place de la part de marché, on peut choisir une autre variable appropriée à l'activité retenue, par exemple le chiffre d'affaires dans l'automobile ou le produit net bancaire dans la banque. L'indicateur d'Herfindahl, noté H_n, est alors égal à la somme des carrés de la valeur de cette variable pour les *n* premières entreprises.

Exemple :

Reprenons les chiffres des industries précédentes. Pour une industrie I_1 de quatre entreprises possédant chacune 25 % du marché, on a :

$$H_4 = 4 \times \left(\frac{1}{4}\right)^2 = \frac{1}{4} = 0{,}25 \quad ; \quad H_3 = 3 \times \left(\frac{1}{4}\right)^2 = \frac{3}{16} = 0{,}19$$

Pour une industrie I_2 de quatre entreprises où le leader détient 55 % et où les autres concurrents détiennent chacun 15 % du marché, on a :

$$H_4 = 0{,}55^2 + 0{,}15^2 + 0{,}15^2 + 0{,}15^2 = 0{,}37 \quad ; \quad H_3 = 0{,}55^2 + 0{,}15^2 + 0{,}15^2 = 0{,}35$$

L'indicateur d'Herfindahl est fiable : quel que soit le nombre d'entreprises prises en compte dans le calcul, la seconde industrie I_2 apparaît toujours comme nettement plus concentrée que l'industrie I_1 (0,37 contre 0,25 pour H_4 ; 0,35 contre 0,19 pour H_3).

La réciproque de l'indice d'Herfindahl

Une autre propriété intéressante de l'indice d'Herfindahl est sa réciproque. Pour une industrie de *n* entreprises ayant toutes la même part de marché, la valeur de l'indice H_n est égale à $\frac{1}{n}$.

$$\text{En effet : } H_n = n \times \left(\frac{1}{n}\right)^2 = \frac{1}{n}$$

•••

Il est en outre facile de démontrer que pour une industrie de n entreprises, $\frac{1}{n}$ est le minimum de H_n.

La valeur de n correspondante est ce que l'on appelle le nombre d'entreprises équivalentes. Lorsque l'on calcule l'indice d'Herfindahl sur une industrie donnée, on peut comparer le résultat obtenu à ce nombre d'entreprises équivalentes pour avoir une idée intuitive de la concentration du secteur. Ainsi, toute valeur de H_4 supérieure à 0,25 traduit le fait que l'industrie est plus concentrée que si elle était constituée de quatre entreprises équivalentes. Toute valeur inférieure permet de conclure que la concentration est moindre.

En cas de fusion ou d'acquisition entre concurrents, les autorités de la concurrence utilisent ce critère pour analyser l'impact de l'opération sur la concentration, donc sur la structure de marché, et la possible position dominante qui pourrait en résulter. Les autorités cherchent en effet à limiter la concentration pour encourager la concurrence au bénéfice des consommateurs.

b. La croissance de l'activité

Un marché en forte croissance permet aux entreprises de croître sans recourir à des baisses de prix, alors qu'un marché en récession crée de très fortes tensions sur les prix et les marges. Les industries les plus mûres, comme l'automobile ou les chantiers navals, sont donc caractérisées par une concurrence acharnée et des rentabilités faibles.

c. La diversité des concurrents

Les concurrents présents dans l'industrie peuvent être très semblables (General Motors et Ford ; Coca-Cola et Pepsi) ou au contraire très différents, de par leur technologie, leur image de marque, leur taille ou leur implantation géographique. Plus les concurrents se ressemblent, plus les comportements collusifs ont tendance à se développer. Le comportement innovant de concurrents nouveaux, étrangers ou plus agressifs, tend à peser sur la performance économique de l'industrie.

Exemple

L'ouverture du marché automobile français

- Le marché automobile français était nettement plus rentable dans les années 1950 et 1960, tant qu'il se résumait à un affrontement **Peugeot-Renault-Citroën**. Les trois entreprises avaient d'ailleurs segmenté le marché de telle sorte qu'elles ne se faisaient guère d'ombre : Renault produisait de petites voitures (4 CV, Dauphine, Renault 4, Renault 8), Peugeot de grosses voitures à propulsion arrière (203, 403, 404) et Citroën des voitures originales à traction avant (2 CV et DS) réservées à une clientèle décalée ou férue de technologie.
- La stabilité a commencé à se fissurer lorsque le marché s'est ouvert aux importations de produits venus d'Europe, d'Amérique et d'Asie. L'ouverture du marché à **Ford**, **Opel**,

Volkswagen, puis **Toyota**, **Nissan** et aux constructeurs coréens a considérablement affaibli les positions des constructeurs nationaux. Remarquons toutefois que la globalisation n'a pas complètement supprimé les comportements collusifs. En Europe, même si les prix des voitures ont tendance à converger, ils restent plus élevés dans les pays où subsistent des constructeurs nationaux (France et Allemagne notamment) alors qu'ils sont nettement plus bas dans les pays non producteurs (Belgique ou Pays-Bas par exemple).

d. La différenciation des produits

La différenciation des produits résulte de facteurs, objectifs et subjectifs, qui limitent la substituabilité des produits aux yeux des clients. Il peut s'agir de la marque, du service après-vente ou des caractéristiques physiques des produits comme le goût, le design ou la finition. Nous développerons la notion de différenciation dans le chapitre 4. Lorsque cette différenciation est forte, la concurrence est imparfaite ou « monopolistique ». Les produits ayant des valeurs différentes aux yeux des clients, ceux-ci acceptent de payer plus cher pour acheter leur marque préférée ou un produit qu'ils valorisent davantage. La différenciation des produits améliore donc la profitabilité du secteur car les offres diffèrent en valeur perçue (*willingness to pay*), ce qui évite la concurrence « frontale » par les prix.

Autrement dit, chaque concurrent essaie de se tailler un mini-monopole sur un segment particulier du marché. Ainsi, dans les industries du luxe, les variations de prix d'un produit ont peu d'influence sur les ventes des concurrents. Les industries où les produits sont très différenciés, comme les parfums ou les cosmétiques, ont donc tendance à être plus rentables que la sidérurgie, le papier ou les produits agricoles, même à concentration égale.

e. La part de coûts fixes et les coûts de stockage

Dans les industries où la part de coûts fixes domine dans la structure de coût, les entreprises sont tentées de casser les prix pour essayer de dégager une contribution, aussi faible soit-elle, à la couverture des coûts fixes. Le potentiel de rentabilité du secteur en pâtit forcément, surtout si l'industrie est en surcapacité.

Exemple

La rentabilité dans le transport aérien

- L'exemple typique est celui du transport aérien. En surcapacité structurelle, celui-ci souffre d'un double problème :
  - l'essentiel des coûts (avions et personnel) est fixe ;
  - le service (matérialisé par le billet d'avion) est impossible à stocker : une fois que l'avion a décollé, tout siège vide est perdu.
- Du coup, plus l'heure du décollage approche, plus les compagnies aériennes sont prêtes à baisser les prix jusqu'au coût marginal d'un passager supplémentaire à bord. Ce coût marginal, qui se résume au plus au prix d'un plateau-repas, est négligeable. L'objectif est d'encaisser une recette (une marge sur coût variable) qui viendra éponger un tant soit peu le coût fixe – incompressible – du vol. Cette situation contribue à faire du transport aérien une industrie destructrice de valeur, avec des rendements sensiblement inférieurs au coût du capital. Du reste, de nombreuses compagnies aériennes sont valorisées en deçà de la valeur de leur flotte.

f. Les barrières à la sortie

Une forte spécialisation des actifs, des coûts fixes de sortie (comme les coûts de licenciement), l'obsolescence de certains actifs et la difficulté à les revendre, des restrictions sociales ou des pressions gouvernementales créent des barrières à la sortie de l'industrie. En cas de surcapacité, les concurrents se retrouvent donc piégés dans le secteur et préfèrent brader leurs produits tant que les pertes ou le manque à gagner restent inférieurs au coût de sortie. Chaque concurrent compare en effet le coût d'opportunité d'une sortie avec celui d'une riposte concurrentielle adéquate (réduction des marges, guerre des prix, rachat de concurrents...). Les barrières à la sortie, contrairement aux barrières à l'entrée que nous examinons plus loin, réduisent donc le potentiel de rentabilité du secteur.

2 La menace des entrants potentiels et les barrières à l'entrée

Les entrants potentiels sont des entreprises qui pourraient entrer dans l'industrie mais s'en abstiennent pour le moment, généralement parce que leurs coûts sont trop élevés par rapport aux concurrents en place. En menaçant d'entrer sur le marché, elles incitent les concurrents existants à limiter leurs prix, ce qui dégrade la rentabilité de l'industrie.

Il peut s'agir, par exemple, de firmes étrangères opérant dans la même industrie, mais dont l'internationalisation est freinée par des coûts excessifs de transport et d'adaptation du produit. Les concurrents en place ont intérêt à limiter leur marge pour dissuader les entrants potentiels d'envahir le marché.

Si les entrées se produisent effectivement, elles vont augmenter l'intensité concurrentielle et faire baisser la rentabilité de l'industrie.

Exemple

La guerre du mobile

- Dans le secteur français de la téléphonie mobile, l'intensité concurrentielle a augmenté avec l'arrivée de nouveaux entrants, tels que les opérateurs virtuels, comme **Virgin Mobile**, qui ne disposaient pas de réseau physique, puis avec l'arrivée de **Free** qui a cassé les prix pour s'imposer sur le marché, tout en proposant une offre attractive. Alors que les opérateurs virtuels n'ont pas vraiment réussi à percer (Virgin a annoncé en 2016 la cessation de ses activités mobiles), Free se targue de 20 % de part de marché en 2018. Les grands opérateurs comme **Orange**, **SFR** et **Bouygues**, qui ont vu leur marge se réduire, ont agité la perspective de licenciements et différé leurs investissements. Finalement, SFR s'est fait racheter par **Numéricable**.

Même lorsque les entrées ne se produisent pas dans les faits, la simple menace d'entrée suffit à réduire sensiblement la rentabilité économique, à condition que la menace soit suffisamment forte. On dit alors que le marché est contestable : la rentabilité économique tend vers le coût du capital quel que soit le nombre de concurrents effectivement en place. Heureusement, il existe dans certaines industries des barrières à l'entrée qui réduisent la menace parce qu'elles créent un avantage concurrentiel significatif pour les concurrents en place par rapport aux entrants potentiels. Plus les barrières à l'entrée sont élevées, plus l'industrie a de chances d'être rentable. Paradoxalement, une industrie dans laquelle il est difficile d'entrer est, en fait, plus attractive.

La notion de barrière à l'entrée faisait à l'origine référence à des obstacles structurels et exogènes, comme la réglementation ou la rareté des matières premières. Des travaux de plus en plus nombreux insistent sur la nature « construite » de ces barrières, qui peuvent résulter du comportement historique des entreprises installées dans l'industrie.

Exemple

Exclusivité

- Dans l'automobile, le système des concessionnaires exclusifs (le distributeur ne distribue qu'une marque, en échange de quoi il jouit d'une exclusivité territoriale) est une barrière à l'entrée. Une nouvelle marque ne peut pas pénétrer facilement dans un réseau existant puisque celui-ci est exclusif. Il en va de même dans le secteur des boissons où le même type d'exclusivité régit les rapports entre les grandes marques et leurs embouteilleurs.

On distingue plusieurs types de barrières à l'entrée (voir figure 1.5).

Figure 1.5 Les différents types de barrière à l'entrée

a. Le ticket d'entrée dans l'industrie

Le premier obstacle à l'entrée dans une activité est le « ticket d'entrée ».

> Le ticket d'entrée correspond au niveau des investissements requis pour lancer une nouvelle activité dans l'industrie considérée.

Exemple

Le ticket d'entrée de Tesla

- Dans l'automobile, le ticket d'entrée est d'au moins un milliard d'euros pour développer un nouveau modèle de voiture, auquel s'ajoutent un à deux milliards à investir dans une usine de production de taille efficiente. Le nouvel entrant a peu de chances de rentabiliser ces deux à trois milliards s'il ne dispose ni d'une marque connue, ni d'un réseau de distribution. Le ticket d'entrée est donc très dissuasif.
- **Tesla** a réussi à réduire ce ticket de plusieurs manières :
  - ses méthodes de design inspirées de la Silicon Valley lui ont permis de développer ses premiers modèles à un coût très inférieur à la norme de l'industrie ;
  - Tesla a racheté l'usine NUMMI, abandonnée après l'arrêt du *joint-venture* **General Motors-Toyota**, pour une somme très inférieure au coût d'une usine neuve ;
  - le faible niveau de maintenance requis par les voitures électriques permet à Tesla de se passer d'un réseau « physique » de vente et d'après-vente. Le logiciel des voitures est mis à jour à distance, comme celui d'un ordinateur.

La notion de ticket d'entrée laisse supposer que l'entrée dans une industrie donnée sera plus aisée pour un grand groupe doté de fortes réserves financières que pour une start-up. Ceci est souvent vrai pour une activité déjà existante et fortement structurée. C'est beaucoup moins vrai lorsqu'il s'agit d'une activité en phase de démarrage dans laquelle il existe une variété de solutions technologiques et de choix industriels possibles.

b. Les économies d'échelle et l'effet d'expérience

On dit qu'une activité est soumise à des économies d'échelle lorsqu'une augmentation du volume de production entraîne une réduction significative des coûts unitaires.

Ainsi, les activités à forts coûts fixes (investissements physiques importants, dépenses de R&D ou de publicité élevées) ont tendance à générer des économies d'échelle car le coût fixe par unité baisse mécaniquement avec le volume produit.

Les économies d'échelle créent une barrière à l'entrée car elles confrontent les entrants potentiels au dilemme suivant :

- soit ils entrent avec un volume réduit et doivent supporter des coûts unitaires nettement plus élevés que les concurrents en place ;
- soit ils investissent massivement pour atteindre la taille critique (celle qui minimise le coût unitaire) et risquent alors de se retrouver en très forte surcapacité avant de capter suffisamment de demande.

L'effet d'expérience (voir chapitre 4) renforce les effets de taille : les concurrents installés depuis longtemps dans l'industrie ont accumulé de l'expérience et développé des savoir-faire productifs, techniques et commerciaux, qui leur permettent d'avoir des coûts plus bas que n'importe quel entrant.

Exemple

Entrer sur le marché aéronautique

- Dans l'industrie aéronautique civile, les économies d'échelle dues aux énormes coûts de R&D, combinées à un effet d'expérience particulièrement fort, dissuadent la plupart des entrants potentiels de tenter l'aventure et de contester le duopole mondial **Airbus-Boeing** sur le marché des avions de ligne gros et moyens porteurs. Seul le groupe chinois **Comac** semble susceptible d'y arriver éventuellement avec son biréacteur C-919, dont les premières livraisons sont prévues pour 2020-2021. Et encore, cet avion n'a de chinois que sa cellule : il est équipé des nouveaux moteurs LEAP fournis par CFM International, un *joint-venture* Safran-General Electric. Les moteurs à réaction sont eux-mêmes des produits à très forts effets de taille et d'expérience. Il n'y a dans le monde que quatre firmes capables d'en produire : General Electric, Pratt & Whitney, Rolls-Royce et Safran (en *joint-venture* avec General Electric).

c. Les avantages de coût indépendants de la taille

Dans certaines industries, indépendamment des économies d'échelle et des effets d'expérience, les concurrents en place ont des coûts plus bas parce qu'ils ont réussi à accaparer les matières premières les moins coûteuses ou les localisations les plus avantageuses, ou bien parce que leur antériorité dans l'industrie rend l'imitation de leur avantage concurrentiel difficile et coûteuse pour de nouveaux entrants.

Exemple

Entrer sur le marché des eaux minérales

- Un nouvel entrant qui essaierait de rattraper rapidement **Évian** sur le marché des eaux minérales encourrait des coûts prohibitifs. Égaler le succès d'Évian exige sans doute de répéter le parcours de l'entreprise depuis plus de cent ans. Même en dépensant en six mois l'équivalent de ce qu'Évian a investi en publicité depuis sa création, il serait impossible d'égaler sa performance.

On dit que les nouveaux entrants sont victimes de déséconomies de compression du temps (*time compression diseconomies*)[1] parce qu'il est très coûteux, voire impossible, d'atteindre sur une courte période le même niveau de compétitivité que des concurrents qui exercent l'activité depuis de longues d'années.

d. La différenciation des produits

Nous avons déjà discuté les effets positifs de la différenciation des produits sur la rentabilité du secteur, *via* la réduction de l'intensité concurrentielle. La différenciation a un autre effet positif : elle renforce les barrières à l'entrée. Un nouvel entrant va avoir du mal à créer une nouvelle différenciation dans un secteur où les offres sont déjà très différenciées et servent des segments de clientèle ciblés et fidèles.

Il devra accepter d'adopter un positionnement de niche ou pratiquer des prix très bas pour capter des ventes. Dans les deux cas, il a peu de chances d'atteindre le même niveau de profit que les concurrents établis. À cause du poids des marques, de la réputation, des savoir-faire, il est plus difficile d'entrer dans l'industrie du luxe que dans un secteur où les produits sont de pures commodités.

e. L'accès aux fournisseurs et aux réseaux de distribution

Au-delà du fait qu'ils ne disposent ni d'une marque connue ni d'une base de clientèle existante, les nouveaux entrants peuvent avoir du mal à accéder physiquement aux réseaux de distribution. La grande distribution, par exemple, ne voit pas toujours d'un bon œil la création de nouvelles marques qui viennent encombrer des rayons déjà pleins, avec des perspectives de vente plus ou moins incertaines. Certains distributeurs, bien qu'ils soient juridiquement indépendants des fabricants, ont aussi parfois des contrats d'exclusivité avec eux, ce qui renforce la barrière à l'entrée.

De même, les concurrents en place vont tenter de contrôler l'accès des nouveaux entrants aux fournisseurs clés et aux matières premières stratégiques.

f. Les règlements et barrières légales

Dans certains domaines, l'obtention d'une licence ou d'une autorisation est nécessaire à l'exercice de l'activité : les licences de taxis ou de téléphonie mobile sont des barrières à l'entrée qui limitent statutairement le nombre d'opérateurs. Les brevets peuvent jouer un rôle similaire. De même, dans certains pays, les lois interdisant ou limitant les investissements étrangers dans l'économie locale sont des barrières à l'entrée qui peuvent s'avérer très efficaces pour protéger certaines productions nationales.

1. Ce concept sera étudié en détail au chapitre 2.

Exemple

La guerre des taxes

▸ Le gouvernement chinois entend de cette manière faciliter le développement de son industrie automobile nationale. L'objectif est de favoriser des marques comme **Chery**, **Geely** ou **BYD**, qui ne contrôlent qu'un tiers du marché chinois, face à **Volkswagen** ou **General Motors**. En 2012 déjà, la Chine, jugeant que le gouvernement américain subventionnait indûment les grandes marques américaines et leur permettait de gagner des parts de marché, a taxé en retour plus lourdement les constructeurs américains, en particulier General Motors, qui avait acquis de bonnes positions dans ce pays. De son côté, le gouvernement américain a haussé la taxation sur les pneus importés de Chine. Avec l'administration Trump, cette guerre commerciale ne fait que s'amplifier et les barrières à l'entrée douanières et institutionnelles sont vouées à s'accroître.

g. La capacité de riposte des concurrents établis

La capacité de riposte des concurrents en place est aussi une barrière à l'entrée, car elle peut dissuader les entrants potentiels de passer à l'acte. Cette capacité est d'autant plus dissuasive que :

- Les concurrents établis disposent de ressources importantes pour riposter : *cash*, capacité d'endettement, capacité de production, liens avec les acheteurs et les fournisseurs. Ces ressources leur permettent de supporter une guerre des prix ou de verrouiller les approvisionnements et l'accès à la distribution.
- Les concurrents établis ont montré par le passé qu'ils étaient capables de riposter et de résister à l'intrusion de nouvelles entreprises dans le secteur.
- La croissance du marché est faible, ce qui rend la prise de parts de marché par les nouveaux entrants plus difficile.

Exemple

Xbox à perte ?

▸ Lorsque **Microsoft** s'est lancé dans le domaine des consoles de jeux vidéo, **Sony** et **Nintendo**, forts de leurs parts de marché et de leurs économies d'échelle, ont baissé les prix. Pour obtenir des volumes suffisants et imposer sa Xbox sur le marché, Microsoft a dû la vendre à perte pendant plusieurs années.

h. L'efficacité des barrières à l'entrée

Les barrières à l'entrée, aussi élevées soient-elles, restent rarement insurmontables. De nouveaux entrants créatifs ou disposant de ressources spécifiques peuvent franchir ces barrières en mettant en œuvre des stratégies nouvelles. L'entrée des compagnies *low cost* dans le transport aérien, tout comme l'entrée de Tesla dans la construction automobile, s'expliquent par la création de *business models* innovants qui prennent le contre-pied de la stratégie des concurrents en place et dévaluent leur avantage concurrentiel. Ces stratégies innovantes sont souvent facilitées par la digitalisation. C'est par exemple le cas de LinkedIn sur le marché du recrutement.

ÉTUDE DE CAS

LinkedIn : la révolution du recrutement

L'industrie du recrutement et de la gestion des ressources humaines subit aujourd'hui une reconfiguration profonde, catalysée par la révolution digitale.

Le marché du recrutement : un écosystème complexe et très mouvant

Le secteur du recrutement pèserait, au niveau mondial, 400 milliards de dollars. Il est structuré autour de très nombreux intervenants, publics et privés, aux relations complexes, tantôt concurrentielles, tantôt partenariales. Les cabinets de recrutement représentent les acteurs historiques de cette industrie dont ils constituent le cœur (68 % du chiffre d'affaires). De toutes tailles, généralistes ou spécialisés, leurs clients naturels sont des entreprises qui leur délèguent la recherche et la sélection des meilleurs talents. Leur vivier naturel est constitué de toutes les personnes qui recherchent de nouvelles opportunités professionnelles, qu'elles soient en poste ou en recherche d'emploi. Pour les détecter et leur communiquer les offres dont ils disposent, les cabinets procèdent par approche directe ou par une communication de masse dans des médias, généralistes ou spécialisés. La presse constitue le média naturel historique du recrutement, mais Internet a vu émerger des sites spécialisés comme Monster.

Un autre segment du marché est constitué des agences de travail temporaire, dont la proposition de valeur consiste à mettre à disposition, pour une durée limitée, des collaborateurs, afin de répondre à des besoins ponctuels ou pour assurer le remplacement de personnes absentes. Les entreprises ne sollicitent pas toujours ces prestataires et disposent parfois de leurs propres spécialistes internes pour sélectionner les talents qu'elles recherchent.

Les autorités publiques (comme Pôle emploi en France) disposent souvent de leurs propres services pour mettre en relation les demandeurs d'emploi avec des organisations qui recrutent. Ces structures concurrencent directement les cabinets en réalisant des interventions similaires, gratuitement ou à des conditions économiques particulièrement attractives.

Les institutions de formation, notamment d'enseignement supérieur (management et ingénierie), réceptionnent et diffusent également des propositions d'emploi, issues des entreprises et des cabinets, pour leurs diplômés (« *alumni* »).

La digitalisation de l'économie modifie aujourd'hui profondément ces mécanismes.

LinkedIn : une stratégie digitale dans le recrutement

LinkedIn est un réseau social professionnel en ligne lancé en mai 2003, qui compte 600 millions de membres dans le monde et réalise près de 3,6 milliards de dollars de chiffre d'affaires en 2018. Sa capitalisation boursière avoisine les 20 milliards de dollars. Dans un marché qui croît d'environ 4 % par an, LinkedIn affiche une croissance régulière de 50 %. Cette entrée en fanfare résulte de la stratégie digitale de l'entreprise, en rupture par rapport aux intervenants classiques.

LinkedIn donne accès à une base de données professionnelles pratiquement universelle et internationale. L'ensemble de l'infrastructure permet de s'adresser

•••

•••

à tous les acteurs de l'écosystème (cabinets, entreprises, écoles, salariés, travailleurs indépendants...). La qualité et l'exhaustivité des données permettent aux recruteurs (entreprises, cabinets) d'accéder de manière efficiente aux personnes en recherche d'emploi ou souhaitant évoluer professionnellement. La possibilité d'un ciblage très fin permet aux entreprises et aux cabinets de s'adresser à leurs cibles de recrutement grâce à des offres de communication publicitaire et de marketing direct performantes. Enfin, la plateforme permet la diffusion d'informations par chacun des acteurs. C'est un facteur décisif de fidélisation des membres, de valorisation et de séduction des recruteurs.

L'attractivité de LinkedIn repose également sur des capacités moins visibles de son offre, mais dont les possibilités seront importantes pour garantir sa croissance dans le futur. En facilitant la compilation des données de ses membres avec les données internes des entreprises, LinkedIn crée des conditions de traitements mathématiques prédictifs qui intéressent fortement les directions des ressources humaines. Les modèles qui en découlent permettent, par exemple, de détecter les profils de membres qui présentent le plus de ressemblances avec les meilleurs talents de l'entreprise. La probabilité de départ des collaborateurs peut être évaluée ainsi que la détection des managers présentant les meilleurs potentiels de développement. Les technologies du *big data* sont ainsi au service de la stratégie.

En 2016, Microsoft a pris le contrôle de LinkedIn pour 26 milliards de dollars. L'écrasante puissance de feu de Microsoft dans le domaine du logiciel devrait faciliter l'innovation et le développement de nouvelles activités chez LinkedIn, qui va diversifier son offre au-delà du recrutement et s'étendre au management des ressources humaines. Sa stratégie de croissance externe dans les domaines de la formation pourrait en faire un acteur dominant de la fourniture de solutions de formation innovantes et de la prescription des meilleurs établissements de formation professionnelle.

Côté Microsoft, l'acquisition de LinkedIn est un mouvement stratégique très important. L'entreprise accède ainsi à un énorme réservoir de données personnelles (plus de 110 millions d'utilisateurs mensuels actifs en 2018) dont il était dépourvu jusqu'ici. C'est d'ailleurs depuis cette acquisition que Microsoft est considéré comme un géant du web, au même titre que les GAFA (Google, Apple, Facebook, Amazon). Avec l'arrivée du M de Microsoft, les GAFA sont devenus les GAFAM.

QUESTIONS

Corrigés en ligne sur dunod.com

1. Le secteur du recrutement est-il concentré ou fragmenté ?
2. LinkedIn est-il un nouvel entrant ou un produit de substitution ?
3. Pourquoi Microsoft a-t-il acheté LinkedIn pour 26 milliards de dollars au lieu de consacrer cette énorme somme d'argent à développer un produit concurrent ?

Outre la facilitation par la digitalisation, des entreprises opérant dans des secteurs connexes peuvent bénéficier d'économies de champ ou économies d'envergure (*economies of scope*), c'est-à-dire de réduction de coûts qui viennent de la production conjointe de plusieurs produits ou services dans la même entreprise. Alors que les économies d'échelle proviennent des volumes de production d'un seul produit, les économies de champ proviennent des volumes d'une gamme produite sur la base des mêmes actifs.

Le développement d'Amazon ne s'explique pas autrement. Démarrant par le commerce des livres, puis des supports électroniques, le nombre de références n'a cessé de croître pour couvrir de très nombreux produits et services (bijoux, parfums, médicaments et désormais produits ménagers et alimentaires).

Par ailleurs, la législation peut brusquement faire chuter les barrières à l'entrée. Ainsi, dans l'industrie pharmaceutique, les entreprises bénéficient d'une rente grâce aux brevets qui les mettent à l'abri de la concurrence. Mais quand les brevets tombent dans le domaine public, les génériques deviennent alors des concurrents redoutables.

Exemple

La concurrence des médicaments génériques

- Avec la tombée dans le domaine public des brevets de certains médicaments vedettes de **Sanofi**, le chiffre d'affaires de médicaments « blockbusters » comme le Plavix, un antithrombotique, ou l'Avapro, destiné au traitement de l'hypertension, devrait chuter de plus de 80 % au profit de leurs homologues génériques. Deux mois après la fin du brevet du Lipitor, **Pfizer** a vu les ventes de son anticholestérol chuter de 70 % aux États-Unis. Sanofi et Pfizer doivent donc investir dans le développement de nouveaux médicaments. Les grands laboratoires mettent aussi l'accent sur les antiasthmatiques ou les vaccins, qui sont plus difficiles à copier en raison de processus complexes de production. Ils s'appuient aussi sur les biotechnologies.

3 La pression des offres de substitution

La substitution consiste à remplacer un produit ou un service existant par un autre, qui remplit la même fonction d'usage pour un niveau de performance égal ou supérieur et à un prix compétitif.

L'offre de substitution peut aussi remplir une fonction plus large, procurant ainsi à l'utilisateur une utilité plus grande. Les substituts jouent un rôle semblable à celui des entrants potentiels : l'industrie a intérêt à limiter ses prix pour éviter d'inciter les acheteurs à adopter les substituts. Par exemple, le prix des billets d'avion sur certaines lignes européennes comme Paris-Londres a un impact direct sur la fréquentation des trains à grande vitesse comme Eurostar, et réciproquement.

a. Substitution et élasticité-prix

Il est possible de mesurer de manière quantitative si des produits sont plus ou moins fortement substituables en utilisant la notion d'élasticité croisée. Cette notion découle du concept d'élasticité-prix présentée plus loin dans ce chapitre (voir la rubrique Fondements théoriques au point 4.).

L'élasticité croisée établit un lien entre les variations de prix du bien A avec l'évolution de la demande pour un bien B.

Par exemple, une tarification de l'usage des chèques entraînerait-elle une évolution à la hausse de l'usage de la carte bancaire pour les paiements ? Plus la demande d'un produit est sensible aux variations de prix d'un autre produit, plus ces produits sont substituables.

Une industrie qui a peu d'offres de substitution est structurellement plus rentable parce que la demande est moins élastique : les clients sont moins sensibles aux variations de prix puisqu'ils ne peuvent pas se rabattre sur un substitut.

Exemples

Le monopole du pétrole

- L'industrie pétrolière bénéficie de cette inélasticité, notamment parce qu'il n'existe pas encore de substitut crédible à l'essence ou au gazole pour les automobiles. Cependant, si le pétrole atteint des cours trop élevés, cela facilitera l'adoption d'énergies alternatives, comme l'électricité nucléaire ou solaire. Par conséquent, la pression des substituts est d'autant plus forte que leur rapport utilité-prix est favorable comparé à l'offre de référence dans l'industrie.

Des jus de fruit chez Coca-Cola

- Les sodas sont désormais menacés par des boissons perçues comme meilleures pour la santé telles que l'eau minérale et les jus de fruits. **Pepsi** et **Coca-Cola** développent donc leur présence dans les jus de fruits, ainsi que dans les eaux en bouteille, en rachetant des sources ou en commercialisant de l'eau filtrée.

b. Substitution et innovation

La pression des offres de substitution peut s'aggraver avec l'émergence d'innovations technologiques. L'effet immédiat est de détourner la demande existante des firmes en place. Par exemple, en offrant une communication téléphonique gratuite entre ordinateurs, le logiciel Skype détourne le trafic des lignes fixes.

Exemple

La voie du streaming

- L'essor des sites d'écoute de musique en ligne pèse aujourd'hui sur les ventes des sites d'achat et de téléchargement de musique. Ainsi, iTunes Store, qui a précipité en son temps le déclin du marché des CD, est aujourd'hui menacé par l'essor du streaming. **Apple** a donc racheté **Beats** pour 3 milliards de dollars, en mai 2014. Beats Music, présent sur ce marché en forte expansion, ne rassemblait certes qu'un faible nombre d'abonnés, environ 250 000, face à **Deezer** et **Spotify**. Mais cette acquisition a permis à Apple de lancer le site Apple Music avec un catalogue musical de 30 millions de titres en 2015. Apple Music comprend aussi une radio en direct 24 heures sur 24. La souscription au service se fait au prix de 9,99 euros par mois et le site est disponible sur iPhone, iPad et Mac *via* iTunes. Avec ses 50 millions d'abonnés payants à fin 2018, Apple Music affiche une belle croissance mais demeure cependant en retard face aux 96 millions de clients payants de Spotify.

c. Repérer les substituts potentiels

Les menaces de substitution future sont souvent difficiles à anticiper et sont à rechercher dans les nouvelles technologies qui peuvent faire bénéficier le consommateur d'un meilleur rapport qualité-prix. Pour anticiper la menace de substitution, il faut :

- bien connaître la fonction d'usage remplie par le produit ou le service, avec la vision la plus large possible ;
- surveiller les technologies naissantes susceptibles d'applications très variées.

L'apparition de nouveaux *business models* représente aussi une menace pour les concurrents existants. Des entreprises comme BlaBlaCar ou Airbnb représentent ainsi de réelles menaces pour la SNCF ou pour les hôteliers des grandes villes.

Les phénomènes de substitution sont de plus en plus difficiles à prévoir et à maîtriser. Ils sont parfois paradoxaux.

Exemple

La renaissance du vinyle

- Avec l'apparition du CD dans les années 1980, puis du numérique depuis le début des années 2000, le vinyle avait quasiment disparu comme support de musique enregistrée. Pourtant, depuis quelques années, le vinyle connaît une seconde jeunesse. Il a trouvé un nouveau public, plus large que la niche des connaisseurs. Certes, il représente encore moins de 3 % du marché physique de la musique enregistrée mais sa croissance est forte, notamment en France, en Grande-Bretagne et aux États-Unis. Le marché ne concerne pas seulement des titres anciens mais aussi des nouveautés. Cette renaissance s'explique par la volonté d'avoir accès à une qualité sonore que le CD et le numérique n'atteignent pas, ainsi que par l'attachement à un bel objet. Corrélativement, les platines réintègrent les rayons des magasins avec des modèles d'entrée de gamme ou d'autres beaucoup plus perfectionnés. La reprise du vinyle profite également aux disquaires, et pas seulement aux grandes surfaces spécialisées comme la Fnac, mais aussi aux petits magasins spécialisés. Bien sûr, le vinyle ne retrouvera pas la place qu'il a occupée, mais certains estiment qu'il pourrait représenter, à terme, entre 10 % et 20 % du marché physique de la musique. Paradoxalement, le vinyle survivra sans doute au CD.

4 Le pouvoir de négociation des fournisseurs et des acheteurs

Toute industrie est insérée dans une filière plus ou moins complexe, qui comprend des fournisseurs en amont et des acheteurs en aval. Dans l'automobile, les fournisseurs de premier rang, comme Valeo, vendent des systèmes de freinage, essuyage, climatisation… aux acheteurs de Renault. Pour fabriquer ses produits, Valeo achète les composants dont il a besoin à des fournisseurs de second rang qui achètent eux-mêmes des pièces et des matières premières en amont de la filière. En aval de la filière, les voitures complètes sont vendues à des concessionnaires qui les revendent aux clients finaux. Dans cette cascade de transactions, chacun essaie de maximiser son propre profit en exerçant son pouvoir de négociation, ce qui tend à pousser les coûts de l'industrie vers le haut et les prix vers le bas.

Plus le pouvoir de négociation des fournisseurs et des acheteurs est élevé, plus la rentabilité de l'industrie diminue.

Nous utilisons le terme « acheteur » plutôt que « client » pour souligner d'une part que l'essentiel de l'analyse porte en priorité sur le stade immédiatement en aval de la filière et non pas sur le client final, et d'autre part que certains « clients » sont des « acheteurs » professionnels qui savent user de leur pouvoir de négociation. Les acheteurs de la grande distribution, par exemple, sont passés maîtres en la matière.

La position du fournisseur est d'autant plus forte que la sensibilité de l'acheteur au prix est faible. Cette sensibilité au prix détermine en effet l'élasticité-prix de la demande (voir la rubrique Fondements théoriques ci-après).

L'elasticité-prix se caractérise par l'effet des variations de prix sur le chiffre d'affaires des fournisseurs.

Une forte sensibilité au prix génère une demande élastique, c'est-à-dire une baisse du volume telle que le chiffre d'affaires baisse quand les prix augmentent. À l'inverse, une demande inélastique permet de pratiquer des prix plus élevés sans diminution du chiffre d'affaires, car l'augmentation du prix fait mieux que compenser la baisse de volume.

L'analyse du pouvoir de négociation des fournisseurs et celle du pouvoir des acheteurs étant symétriques, nous les mènerons de front.

FONDEMENTS THÉORIQUES

L'élasticité-prix

L'élasticité-prix de la demande est le multiple qui lie les variations du prix et l'évolution de la demande d'un produit (voir figure 1.6). Par exemple, si une augmentation de 1 % du prix entraîne une baisse de 1,2 % de la demande, l'élasticité de la demande par rapport au prix est de 1,2. Dans ce cas, la baisse de la demande étant proportionnellement plus importante que la hausse du prix, le total des dépenses de la clientèle diminue. La baisse des quantités achetées n'est pas compensée par l'augmentation du prix. On dit que la demande est « élastique ».

En revanche si une augmentation de prix de 1 % entraîne une baisse de la demande inférieure à 1 %, l'élasticité de la demande par rapport au prix est inférieure à l'unité ; on la dit alors « inélastique ». Dans ce cas, quand le prix augmente, la dépense totale des clients augmente même si les quantités achetées diminuent.

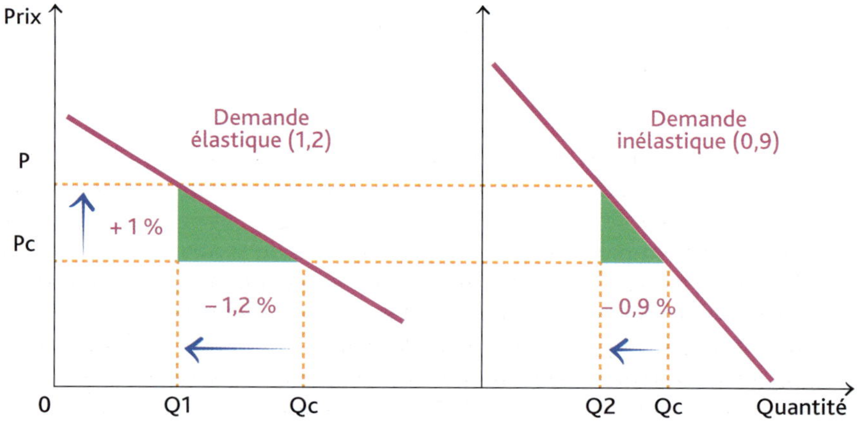

Figure 1.6 **L'élasticité-prix de la demande**

a. La concentration relative

Toutes choses étant égales par ailleurs, dans une relation fournisseur-acheteur, le rapport de force s'établit en faveur du stade le plus concentré de la filière. La concentration de la grande distribution, par exemple, a fait considérablement baisser le prix des denrées alimentaires car celles-ci sont fournies par des industries plus fragmentées. Sur la plupart des produits mis en rayon, il est relativement facile à un acheteur de la grande distribution de mettre plusieurs fournisseurs en concurrence, alors que perdre un contrat avec une grande chaîne de magasins est souvent inacceptable pour le fournisseur. Au long de la filière, le profit a donc tendance à migrer vers les stades les plus concentrés.

Exemple

L'union fait la force pour les agences de voyages

- L'industrie des voyagistes connaît une concentration croissante en France depuis une vingtaine d'années. Dès 2002, Nouvelles Frontières a été repris par le groupe allemand **TUI** qui a ensuite absorbé le britannique First Choice qui avait lui-même acquis Marmara. Son concurrent principal **C&NN** a repris Thomas Cook puis Jet Tours. À côté de ces deux leaders européens, le groupe suisse **Kuoni** a racheté plusieurs tour-opérateurs et le français **Fram** a également procédé à plusieurs acquisitions. Même dans le haut de gamme, **Voyageurs du Monde** a acquis des acteurs spécialisés comme Terres d'Aventures ou Déserts.
- Cette concentration augmente le pouvoir de négociation des tour-opérateurs vis-à-vis des agences de voyages en aval, d'autant plus que certains voyagistes disposent de leur propre réseau d'agences et qu'ils peuvent vendre directement sur Internet.
- Pour répondre à cette menace, les agences de voyages indépendantes rejoignent des enseignes connues, tandis que les grands réseaux fusionnent ou mutualisent leurs ressources. Afat et Selectour ont ainsi créé **AS Voyages**, premier réseau français de distribution, qui regroupe plus de 1 150 agences de voyages en France. L'objectif est de créer des ensembles suffisamment forts pour mieux négocier avec les tour-opérateurs, sécuriser l'accès aux produits et obtenir de meilleures conditions tarifaires. Une taille critique permet aussi de pouvoir distribuer des produits exclusifs et de se démarquer de la concurrence. Le regroupement de Manor et Tourcom rassemble près de 900 agences et fonctionne comme une centrale d'achat, permettant aux deux enseignes d'amortir leurs coûts et d'accroître leur pouvoir auprès des fournisseurs.

b. La menace d'intégration verticale

Comme le montre l'exemple des tour-opérateurs, faire planer la menace d'une intégration croissante vers l'aval instaure un rapport de force favorable qui améliore le potentiel de rentabilité de l'industrie. Le mécanisme est le même en amont. Les entreprises de l'industrie se comportent comme des entrants potentiels et exercent la même menace que ces derniers. Cette menace est d'autant plus forte que les barrières à l'entrée dans les secteurs amont ou aval sont faibles.

La création de marques de distributeur (MDD), même si elle ne correspond pas systématiquement à une intégration proprement dite, a renforcé le pouvoir de négociation des distributeurs. En effet, les distributeurs peuvent mettre les fournisseurs classiques en concurrence avec leurs propres marques… qui sont souvent fabriquées par des concurrents des fournisseurs considérés.

Exemple

B'Twin chez Décathlon

- Le distributeur d'articles de sport **Décathlon** vend des vélos sous sa propre marque et intègre la réparation des cycles quelle que soit leur marque, ce qui lui permet non seulement d'augmenter la valeur créée pour le client en offrant de nouveaux services, mais aussi d'accroître son pouvoir de négociation vis-à-vis des fabricants de cycles.

c. L'impact de la qualité en amont sur la qualité an aval

Plus la qualité d'un composant est déterminante pour l'acheteur, moins celui-ci est sensible au prix, ce qui favorise le fournisseur. Ainsi les fabricants d'ordinateurs ont peu de marge de manœuvre pour négocier le prix des microprocesseurs car il est hors de question de transiger sur la qualité d'un composant aussi critique.

d. La différenciation

L'acheteur peut mettre ses fournisseurs en concurrence de manière d'autant plus efficace que la différenciation des produits fournis est faible. Les acheteurs de « commodités » sont donc en position de force. En revanche, la différenciation rend la substitution plus difficile, ce qui augmente le pouvoir de négociation du fournisseur.

Exemple

Des équipements de valeur

- Pressurés par les constructeurs, les équipementiers automobiles s'efforcent de différencier leur offre en proposant aux constructeurs des systèmes à forte valeur ajoutée. Ainsi les équipements qui permettent aux voitures de mieux respecter les contraintes environnementales (rejet de CO_2, consommation...) sont fortement valorisés par les constructeurs. L'équipementier **Valeo** propose par exemple des produits innovants facilitant la conduite (système d'aide au stationnement, démarrage automatique *stop and go*...) et il a de plus en plus tendance à délaisser la fabrication de produits banalisés à faible valeur ajoutée (démarreurs, embrayages, essuie-glaces...).

e. Le coût de remplacement

Le coût de remplacement (*switching cost*), lié aux deux facteurs précédents, se mesure par les dépenses qu'engendrerait le fait de changer de fournisseur ou de distributeur.

Plus le coût de remplacement du partenaire est élevé, plus le pouvoir de négociation de ce partenaire est grand.

Exemple

Changer de banque ou d'opérateur téléphonique

- Changer de banque entraîne des démarches auprès de tous les débiteurs et créanciers qui font des versements ou des prélèvements sur un compte. Collectivement, les banques n'ont aucun intérêt à réduire ce coût de substitution car cela faciliterait les transferts de clientèle et intensifierait la concurrence dans l'industrie. Le même raisonnement s'applique dans la téléphonie mobile, où les autorités de la concurrence ont fini par imposer la portabilité des numéros pour réduire les coûts de substitution. Mais les opérateurs s'efforcent de les augmenter en imposant des délais de résiliation.

En général, le coût d'un changement de fournisseur tel qu'il est perçu par un acheteur est souvent supérieur au coût réel, ce qui renforce la fidélité de l'acheteur. Ainsi, les abonnés des opérateurs mobiles ou les clients des banques ont tendance à rester fidèles à leurs prestataires habituels, ce qui protège la rentabilité des activités téléphoniques et bancaires. Même chez les acheteurs professionnels, dans des secteurs comme l'automobile ou l'aéronautique, le coût du changement de fournisseur ou de sous-traitant est perçu comme élevé. Les habitudes, les relations personnelles, la collaboration qui s'installent entre l'acheteur et ses fournisseurs ont tendance à pérenniser les relations et à rendre les changements difficiles.

f. La part du produit fourni dans la structure de coût du client

Plus un composant pèse dans la structure de coût du secteur client, plus l'acheteur est sensible au prix de ce composant, et plus il va faire jouer son pouvoir de négociation pour réduire ce prix. En revanche, une industrie qui fournit à une autre une prestation qui ne représente qu'une fraction de coût marginale est plus à l'aise pour pratiquer des prix élevés car ces prix n'ont qu'un impact faible sur la rentabilité du secteur client.

Exemple

Gros client, petit fournisseur

- Dans une automobile, les sièges sont parmi les composants les plus chers. Les fabricants de sièges subissent donc une pression maximale de la part des constructeurs. Ceci est dû à une raison simple : une baisse de 5 % annuelle du coût des sièges a plus d'impact sur la rentabilité du secteur automobile que la même baisse obtenue sur la plupart des autres composants. En revanche, le fournisseur du logo qui orne la calandre ou de l'étoile qui décore le capot peut couler des jours tranquilles car ses gains de productivité ont une influence négligeable sur le prix des voitures. En résumé, s'il est bon d'être un « gros » client, mieux vaut être un « petit » fournisseur.

g. Le contrôle de l'accès au marché

Certains stades de la filière contrôlent l'accès aux clients finaux. Les entreprises situées à ce niveau sont des intermédiaires indispensables et ont donc un fort pouvoir de négociation face à leurs fournisseurs.

Exemple

Bras de fer dans la grande distribution

- La grande distribution est souvent en position de force face à ses fournisseurs parce qu'elle contrôle leurs débouchés. **Walmart** impose à ses fournisseurs des conditions draconiennes, non seulement sur les prix mais aussi sur les créneaux de livraison, très précis, avec des pénalités en cas de retard. C'est par ailleurs aux fournisseurs de gérer le linéaire et les éventuels pics de consommation. En outre, le produit appartient aux fournisseurs jusqu'au moment où il arrive en caisse et les fournisseurs doivent adopter le système d'EDI (échange de données informatisées) de Walmart et s'intégrer à son système logistique. Les principaux fournisseurs ont des bureaux au siège de Walmart, avec des équipes dédiées chargées de gérer au mieux l'interface entre eux et le distributeur. En contrepartie, les grandes marques qui respectent les règles imposées ont des accords privilégiés et sont payées plus rapidement.

- Certains fournisseurs essaient de rétablir la situation grâce à leurs marques qui génèrent un trafic important. **Nestlé** développe ainsi une stratégie de marques « milliardaires » (réalisant plus d'un milliard de francs suisses) comme Nescafé, Maggi, Herta ou KitKat, soutenues par d'importants investissements en R&D et en marketing.
- Le rapport de force peut aller jusqu'au déréférencement. En 2011, **Lactalis**, gros fournisseur de produits laitiers, souhaitait une hausse des prix de 5 % à 6 % de la part de la grande distribution. Face au refus de **E.Leclerc**, Lactalis a choisi de ne plus livrer ses grandes marques (camembert ou beurre Président, lait Lactel ou mozzarella Galbani) aux centres E.Leclerc pendant près d'une année. Lactalis a compensé cette perte de chiffre d'affaires en profitant de la hausse des prix mondiaux du beurre et de la poudre de lait, dégageant ainsi des marges confortables sur des produits moins coûteux à fabriquer. Le groupe a aussi continué à fournir E.Leclerc pour ses marques de distributeur.
- De même, **Ricard**, en conflit avec E.Leclerc qui lui refusait une hausse tarifaire, a préféré ne plus livrer pendant un an des marques phares telles qu'Absolut, Clan Campbell ou Malibu.

SECTION 4

« COMPLÉMENTEURS », EFFETS DE RÉSEAU, GROUPES STRATÉGIQUES

Si la cohérence et la validité théoriques du modèle des cinq forces de Porter sont difficilement contestables, la question de son exhaustivité a fait couler beaucoup d'encre. La principale faille concerne le rôle des produits et services complémentaires à ceux de l'industrie, ce qui débouche sur la notion d'effet de réseau.

1 « Complémenteurs », standards et effets de réseau

a. Principe

Le modèle de Porter néglige les « complémenteurs ».

Les complémenteurs sont les entreprises qui fournissent aux clients des produits et services complémentaires à ceux de l'industrie.

Les applications sont complémentaires des smartphones, de même que les logiciels sont complémentaires des ordinateurs. Il en va de même pour l'encre et les imprimantes, les lames et les rasoirs, les draps et les lits, etc. Les complémenteurs sont parfois confondus avec des fournisseurs, mais c'est une erreur puisqu'ils vendent leurs produits directement aux clients finaux de l'industrie.

Exemple

Développement en synergie

- Un éditeur de jeux vidéo a besoin que le parc de consoles installé soit le plus vaste possible pour accroître ses ventes tandis que le fabricant de consoles a besoin qu'il existe un vaste catalogue de jeux attractifs pour vendre ses consoles. Les éditeurs de jeux vidéo ne sont pas fournisseurs des producteurs de consoles puisque tous deux s'adressent aux mêmes clients. Mais chacun a besoin de l'autre pour se développer et accéder au marché.

On dit que l'industrie B est complémentaire de l'industrie A si la vente des produits B accroît la vente des produits A. Les « complémenteurs » sont donc à la source de ce que les économistes nomment des « externalités positives ». Ils jouent un rôle opposé à celui des substituts. Alors que les substituts dégradent la rentabilité de l'industrie en réduisant la valeur perçue des produits *(willingness to pay)*, les compléments augmentent, voire déterminent, cette valeur et favorisent donc la performance de l'industrie.

b. Porter et les complémenteurs

Aucune des cinq forces du modèle de Porter ne rend compte de ces externalités, c'est pourquoi de nombreux auteurs suggèrent de leur adjoindre une sixième force : l'impact des offres complémentaires (voir figure 1.7).

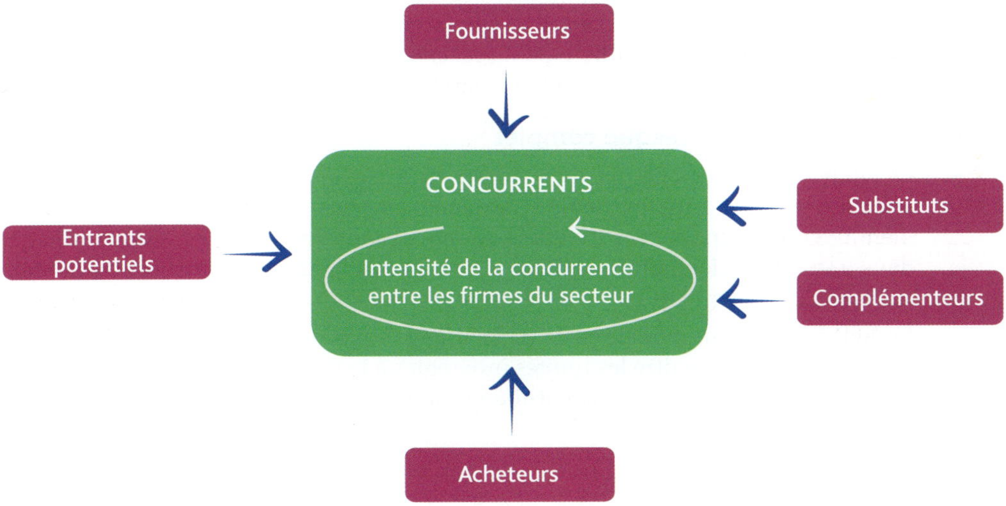

Figure 1.7 Le modèle de Porter à six forces

• Standards et effets de réseau

Un des principaux effets des offres complémentaires est de créer des standards et des effets de réseau. Un jeu vidéo doit être compatible avec la console du joueur, une application avec son smartphone, un drap-housse avec son matelas, etc. Les fabricants peuvent donc créer des standards différents, ce qui segmente le marché et fidélise l'utilisateur en augmentant son coût de substitution *(switching cost)* entre les offres concurrentes.

Plusieurs standards peuvent coexister, comme Android et iOS pour les smartphones ou Windows et MacOS pour les ordinateurs. Mais en général, si un standard se met à dominer le marché, il a vite tendance à évincer les autres. Ce fut le cas pour les magnétoscopes VHS par rapport au Bétamax, puis pour le DVD par rapport au Blu-ray, etc.

Les clients ont en effet intérêt à aller vers le standard le plus répandu, car c'est celui qui garantit la disponibilité et la diversité des compléments. Ainsi, à chaque génération de console, le modèle qui offre le plus de jeux et le plus de possibilités de jeu en réseau commence très vite à dominer l'industrie. Certains fabricants anticipent le phénomène en ouvrant leur standard, non seulement à tous les complémenteurs, mais aussi à tous les concurrents, pour en accélérer l'adoption.

Ainsi, le fait qu'IBM n'a pas gardé l'exclusivité du DOS et de Windows a fait la fortune de Microsoft. Certaines entreprises, comme WhatsApp, sont prêtes à donner leur produit gratuitement pour recruter des utilisateurs, quitte à repousser la monétisation aux calendes grecques. L'impact sur la rentabilité de l'industrie peut donc être dévastateur, alors que la valorisation boursière des entreprises qui bradent leur produit, elle, peut s'envoler avant même qu'elles ne génèrent le moindre chiffre d'affaires… Voilà une logique bien différente de celle de Porter dans laquelle tous les acteurs cherchent à maximiser leur profit à court terme.

En négligeant ce type de raisonnement, le modèle de Porter accuse son âge. En effet, les notions de standard et d'effet de réseau sont devenues cruciales avec la digitalisation de l'économie, bien postérieure à l'écriture de *Competitive Strategy* à la fin des années 1970 : tant que la question se limitait à la largeur des draps de lit, à l'épaisseur des lames de rasoir et à l'emplacement des commandes d'une voiture, elle ne semblait pas particulièrement cruciale. Nous reviendrons sur ce sujet dans les chapitres suivants, notamment les chapitres 2 et 5.

- **Un modèle presque complet**

Le modèle de Porter a essuyé de nombreuses autres critiques sur ses failles supposées. Il a survécu à toutes. Seule la sixième force des « complémenteurs » a vraiment retenu l'attention, car les effets de réseau sont de plus en plus déterminants dans une économie digitalisée. Pour le reste, des adaptations mineures du modèle suffisent, du moment qu'on en a bien compris la logique.

En fait, critiquer un modèle pour ce qu'il ne fait pas est assez stérile. Cela revient simplement à reconnaître les limites inhérentes à la théorie dont le modèle est issu. Il est plus utile de discuter de l'utilité pratique de la méthode et de ses difficultés d'application.

2 Industries et marchés

En pratique, la méthode des cinq forces suppose que l'on soit capable d'identifier clairement les frontières de l'industrie. On doit savoir sans hésiter qui est dedans et qui est dehors. Le modèle est donc pertinent pour analyser des secteurs existants et suffisamment stables. En revanche, lorsqu'Apple a lancé l'iPad ou lorsque Facebook a lancé son activité de réseau social en ligne, il aurait été bien difficile d'analyser leur industrie… qui n'existait pas encore. Le modèle des cinq forces perd donc de son utilité en cas d'évolution brusque, de rupture ou d'innovation radicale.

a. Marché de référence

Cependant, même si l'industrie est relativement stable, il n'est pas forcément évident d'en définir les contours. En principe, on doit se limiter aux concurrents qui offrent des produits étroitement substituables, qui opèrent donc sur le même « marché ». Définir le marché de référence est donc une étape essentielle pour mener à bien une analyse correcte de l'environnement concurrentiel. Or, dans la pratique, c'est plus difficile qu'il n'y paraît.

Exemple

Le marché automobile : quel marché ?

- Pour analyser la stratégie de **Tesla** dans l'industrie automobile, quel marché faut-il considérer ? L'automobile dans son ensemble ? Le marché du haut de gamme ? Celui des voitures électriques ? La réponse réside dans le degré de substitution entre les offres des différents concurrents que l'on va prendre en compte. Le marché automobile dans son ensemble est certainement trop large : Tesla n'est pas concurrent de **Peugeot** ou de **Hyundai**. Le haut de gamme semble plus pertinent : aux yeux des clients, Tesla est un concurrent de **BMW**. Paradoxalement, se centrer sur le segment de la voiture électrique semble erroné : les modèles Tesla ne sont pas vraiment compétitifs face à une Nissan Leaf ou une Renault Zoé. D'un autre côté, l'industrie de la voiture électrique va bientôt recouper l'industrie automobile dans son ensemble, puisque la plupart des constructeurs, au premier rang desquels **Volkswagen** et **Toyota**, entrent sur ce marché.

b. Concurrent ou substitut ?

Au fond, la différence entre concurrents et substituts est davantage une question de degré qu'une question de nature. Le train à grande vitesse est-il un substitut ou un concurrent des vols court courrier ? Si on considère des liaisons comme Paris-Lyon, Paris-Bordeaux ou Paris-Londres, on sera tenté de parler de concurrence directe sur un même marché. Pourtant, les technologies, ressources et compétences mises en œuvre n'ont rien à voir. Il serait donc plus correct, d'un point de vue stratégique, de parler de substituts. Au bout du compte, c'est à l'analyste de trancher et de prendre la décision qui lui semblera la plus pertinente pour l'aider dans son analyse. Le tout est de définir clairement et consciemment l'industrie, c'est-à-dire la liste des concurrents considérés, pour éviter les ambiguïtés et les erreurs d'analyse.

c. Besoins couverts et dimension géographique

Toutefois, deux critères de définition du marché de référence peuvent aider à définir les frontières de l'industrie de manière plus objective : les besoins couverts et la dimension géographique.

Si deux produits apparemment semblables servent des besoins complètement différents, ils ne sont pas étroitement substituables et ils ne sont donc pas sur le même marché.

Exemple

Le vaste marché du vin

- Un vin de table n'est pas concurrent d'un Château Margaux. C'est évident aux yeux des clients. Si on analyse la stratégie d'un grand château du Bordelais, on va donc réduire le marché aux vins d'appellation contrôlée vendus au-dessus d'un certain prix et consommés dans un contexte festif ou gastronomique. Inutile de brouiller l'analyse avec le rosé vendu en cubi au supermarché du coin ! Néanmoins, cela ne nous dit pas s'il faut inclure tous les vins « premium » ou seulement les vins « de luxe ». Quant à savoir si les champagnes sont sur le même marché, c'est encore une autre question.

Après avoir exclu les produits clairement non-concurrents, il convient tout de même de reconnaître qu'une même industrie répond à plusieurs besoins et sert plusieurs segments de clientèle. Il est nécessaire d'en tenir compte dans l'analyse, sachant que certaines entreprises choisissent de servir plusieurs segments de marché à la fois, comme le groupe Volkswagen avec sa douzaine de marques (Audi, Bugatti, Lamborghini, Porsche, Seat, Skoda, Volkswagen…).

La dimension géographique est également intéressante à analyser. Comme nous le verrons au chapitre 9, certains marchés sont mondiaux, comme ceux des composants électroniques, des avions de ligne et des moteurs qui les équipent. Il est donc évident que l'industrie doit être définie au niveau mondial.

D'autres marchés sont multidomestiques, c'est-à-dire que la concurrence est différente région par région ou pays par pays.

Dans ce cas, le marché de référence est national ou régional. Ainsi la presse ou l'édition restent-elles essentiellement des industries nationales. Un éditeur français n'est pas en concurrence avec un éditeur espagnol, chinois ou russe. Réduire l'analyse à l'industrie française est donc pertinent, même si les éditeurs français peuvent avoir des accords et des échanges fructueux avec leurs homologues étrangers. Le problème est que beaucoup d'industries se situent entre ces deux extrêmes. Elles ont un certain degré de mondialisation, avec quelques concurrents opérant à l'international, mais restent en partie multidomestiques, avec des concurrents purement locaux. Une multinationale comme McDonald's est en concurrence avec une myriade de *fast-foods* dans chaque ville. La méthode des groupes stratégiques peut être un outil intéressant pour affiner cette analyse.

3 Les groupes stratégiques

Quelle que soit la manière dont on détermine les contours d'une industrie, les produits offerts ne sont généralement pas parfaitement substituables et les concurrents en lice ne sont pas parfaitement semblables.

Exemple

Les jeux d'argent en ligne

- À la suite de la libéralisation des jeux d'argent en ligne, de nombreux acteurs sont entrés sur le marché mais leurs profils sont différents. On identifie ainsi quelques opérateurs historiques du jeu comme le **PMU** et la **Française des jeux**, qui contrôlent plus de 15 % du marché, mais aussi des nouveaux entrants *pure players*, uniquement en ligne, comme **Betclic** ou **Bwin** qui ont réussi à s'imposer. D'autres acteurs se sont même spécialisés sur certains jeux, le poker par exemple, comme **Winamax** et **Pokerstars**.

La méthode des cinq forces de Porter nous a montré que la diversité des concurrents renforce l'intensité concurrentielle. Il est donc important d'analyser cette diversité, c'est-à-dire d'étudier en quoi les positionnements et les comportements des concurrents diffèrent.

Pour ce faire, on peut essayer de construire une typologie des concurrents, en regroupant dans chaque catégorie ceux qui ont des stratégies similaires. C'est ce qu'on appelle des groupes stratégiques.

Exemple

Les groupes stratégiques dans l'automobile

- Dans une industrie comme l'automobile, les groupes stratégiques sont faciles à identifier. On peut par exemple distinguer d'une part les généralistes (Toyota, Renault-Nissan, Volkswagen) et les spécialistes (Mercedes, BMW, Tesla) ; et d'autre part les constructeurs mondiaux (Toyota, Ford, Volkswagen, Mercedes, BMW) et les constructeurs nationaux ou « régionaux » comme Tata Motors (Inde), Proton (Malaisie), Geely (Chine). En croisant ces deux critères (largeur de la gamme et internationalisation), on obtient au moins quatre groupes stratégiques (généralistes mondiaux, spécialistes mondiaux, généralistes régionaux, spécialistes régionaux) que l'on peut représenter sur une « carte », c'est-à-dire un repère formé par les deux axes choisis. Dans l'automobile, la construction de la carte est facilitée par la différenciation des produits et la segmentation géographique.

Mais même dans les activités de commodités où les offres ont l'air parfaitement indifférenciées et le marché totalement mondialisé, l'analyse des groupes stratégiques peut s'avérer intéressante. Ainsi, comme on peut le voir sur la figure 1.8, il est possible de distinguer différents groupes stratégiques au sein de l'industrie pétrolière. Ces groupes se distinguent par leur présence mondiale (axe horizontal) et leur présence dans la filière (axe vertical).

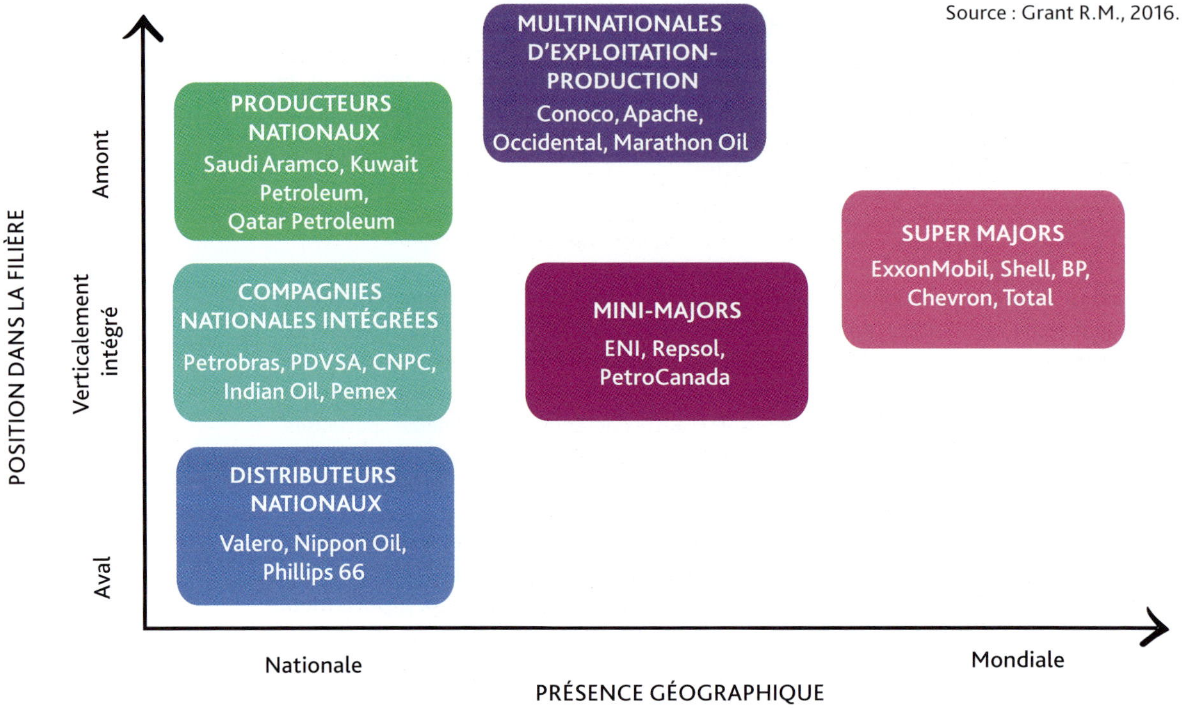

Figure 1.8 **Les groupes stratégiques dans l'industrie pétrolière mondiale**

a. Choisir les axes d'analyse

On peut utiliser des axes très variés pour tracer la carte : les caractéristiques des produits, le niveau de prix, la largeur de la gamme, la technologie, la présence géographique, le degré de spécialisation, le mode de distribution, le degré d'intégration verticale, etc.

L'expérience montre que plusieurs de ces dimensions sont généralement corrélées entre elles et qu'on peut les réduire à deux ou trois axes indépendants. La stratégie d'une entreprise se traduit en effet par un ensemble de choix cohérents sur chacun de ces éléments. Or, dans un même secteur, les ensembles viables de choix cohérents sont en nombre fini. On aboutit donc à un petit nombre de groupes stratégiques.

Pour choisir les axes d'analyse, il convient de procéder (statistiquement ou mentalement) à une analyse en composantes principales des dimensions listées ci-dessus, de manière à identifier deux ou trois facteurs qui :

- résument le mieux les dimensions précédentes ;
- discriminent le mieux entre les concurrents du secteur ;
- rendent le meilleur compte des écarts de profitabilité dans l'industrie.

b. Concurrence intra-groupe

L'étude des groupes stratégiques permet de distinguer la concurrence intra-groupe de la concurrence inter-groupe. La rivalité entre firmes d'un même groupe s'analyse comme la concurrence au sein de l'industrie. Ainsi, un groupe contenant peu de concurrents (monopole ou oligopole) se caractérise par une rivalité interne beaucoup plus faible qu'un groupe constitué d'un grand nombre de petits concurrents. Sa rentabilité devrait donc être plus élevée. Mais bien souvent, les membres d'un même groupe se battent à fleuret moucheté. Ils jouissent même parfois d'un monopole ou du moins d'une position dominante sur leur marché local.

Exemple

La concurrence intra-groupe dans l'automobile

- Les constructeurs automobiles généralistes régionaux comme Tata et Geely ont des stratégies similaires mais ils ne se font guère concurrence puisqu'ils opèrent dans des zones géographiques différentes. Dans le groupe des spécialistes mondiaux, BMW et Mercedes ont su différencier leurs offres pour éviter une rivalité fratricide : traditionnellement, les adeptes de BMW méprisent les Mercedes, qu'ils considèrent comme de vulgaires taxis, alors que les fans de Mercedes jugent les « BM » comme des voitures de frimeur. Cette caricature arrangeait bien les affaires des deux marques en renforçant la loyauté de leur clientèle respective... jusqu'au moment où Mercedes a lancé des coupés, cabriolets et berlines à vocation sportive ressemblant étrangement à des BMW.

c. Concurrence entre groupes stratégiques

La concurrence la plus dangereuse vient souvent des autres groupes stratégiques.

Exemple

L'arrivée de Starbucks en France

- L'entrée de Starbucks en France a perturbé la concurrence pacifique à laquelle se livraient les cafetiers indépendants dans les grandes villes. Ils avaient des stratégies similaires et jouissaient de leurs petits monopoles locaux, comme tant d'autres boutiquiers. L'intrusion d'une multinationale américaine sur leur marché les a obligés à s'adapter. Certains ont même été amenés à revoir complètement leur offre et leur attitude vis-à-vis des consommateurs, pour le plus grand bénéfice de ces derniers.

L'analyse des groupes stratégiques se résume parfois à une représentation graphique d'une situation que l'on connaît déjà, ce qui la rend assez peu utile. Elle peut toutefois s'avérer très instructive si on s'en donne la peine. Les entreprises ont en effet tendance à se focaliser sur les concurrents qu'elles connaissent le mieux, ceux du même groupe, alors que ce sont en fait les moins dangereux. Analyser les autres groupes, dont la stratégie peut devenir agressive, débouche souvent sur des découvertes intéressantes.

EN PRATIQUE

Analyser des groupes stratégiques

La démarche à suivre pour mener l'analyse des groupes stratégiques est la suivante :

- **Examiner les barrières** à **la mobilité inter-groupe**, c'est-à-dire se demander ce qui empêche les entreprises d'un groupe de venir en concurrencer un autre sur son propre terrain. Lorsque ces barrières s'abaissent, la concurrence s'exacerbe.
- **Analyser le groupe stratégique dominant**, celui qui contient les acteurs majeurs en termes de taille (et souvent aussi de performance). C'est généralement ce groupe qui structure le jeu concurrentiel dans toute l'industrie. Les autres se définissent par rapport à lui.
- **Étudier le ou les groupes(s) le(s) plus rentable(s)**. Ces groupes n'incluent pas forcément les leaders en volume. Comprendre pourquoi ces entreprises sont plus rentables que leurs concurrents de plus grande taille est essentiel pour augmenter la valeur perçue et/ou réduire les coûts.
- **Analyser les groupes** à **positionnement original**, qui sont considérés par les acteurs en place comme des « aberrations ». Il s'agit souvent de nouveaux venus dont le positionnement et la stratégie perturbent si fortement les firmes en place que celles-ci ne peuvent ni en comprendre les ressorts ni en accepter la pérennité. Ces aberrations peuvent correspondre à des erreurs de positionnement stratégique ou au contraire renvoyer à des stratégies de rupture très innovantes et finalement gagnantes.

CONCLUSION

Les méthodes d'analyse de l'environnement, de l'industrie et de la concurrence aident à éviter les idées reçues et les erreurs de raisonnement.

Par exemple, contrairement à un préjugé fort répandu, ce ne sont pas les activités « à forte valeur ajoutée », « high-tech », « en croissance forte », « de luxe » ou « plus près du client final » qui ont nécessairement le potentiel de création de valeur le plus fort. Le secteur des consoles de jeux est nouveau, high-tech et en forte croissance. Pourtant, la concurrence y fait rage : Sega a été contraint de se retirer et les autres acteurs en place ont vendu leurs consoles à perte pendant des années.

À l'inverse, des secteurs fabriquant des produits parfaitement banals, dont on ne parle jamais, à faible technologie, que les clients valorisent peu, peuvent enregistrer des taux de profit exceptionnels, pour peu que le macroenvironnement leur soit favorable et que la structure de l'industrie s'y prête.

Exemple

Affranchissement automatique

- Dans les équipements de bureau, l'industrie des machines à affranchir le courrier est particulièrement lucrative. Il s'agit quasiment d'un duopole mondial. L'activité est dominée par une entreprise américaine, **Pitney Bowes**, qui détient plus de 60 % du marché mondial, suivie d'un concurrent français, **Neopost**, qui frise les 25 % de part de marché, les autres concurrents étant très petits. Les barrières à l'entrée sont élevées car, pour chaque machine, il faut obtenir l'agrément des services postaux nationaux. Il s'agit donc essentiellement de barrières réglementaires.

- De plus, les clients sont peu sensibles au prix car ces machines représentent un investissement négligeable. Enfin, les substituts sont inexistants car seuls les produits homologués sont permis et la poste est un service public national dans tous les pays.

Certains préceptes contre-intuitifs mis en avant par les modèles permettent d'éviter les erreurs de raisonnement. On a ainsi tendance à penser qu'un fournisseur qui vend un produit représentant une forte part des achats du client est en position de force à cause d'un supposé effet de taille. Le modèle montre que c'est souvent l'inverse.

De même, on peut se dire intuitivement qu'il vaut mieux être petit dans un secteur fragmenté, ce qui met l'entreprise à égalité avec ses concurrents, plutôt que petit dans un secteur concentré, ce qui crée une position concurrentielle défavorable par rapport aux concurrents dominants. Là encore, le modèle montre le contraire : une industrie concentrée est plus rentable qu'une industrie fragmentée, et les petits concurrents bénéficient comme les gros de la performance élevée de l'industrie.

Exemple

Profits et concurrence

- En France, le marché des gaz médicaux (oxygène pour les hôpitaux, par exemple) est largement dominé par **Air Liquide**, une entreprise très profitable qui fournit près de 80 % du volume. Le numéro 2 du secteur, **Linde Gas**, qui a une part de marché d'environ 10 %, bénéficie de l'ombrelle de prix créée par Air Liquide et réalise des profits importants en France. En revanche, dans les pays comme l'Allemagne où les concurrents sont plus nombreux et les parts de marché mieux réparties, les prix sont plus bas et les entreprises moins rentables, y compris Air Liquide.

Encore faut-il utiliser ces modèles pour ce qu'ils sont : des grilles d'analyse de l'environnement externe à l'entreprise. Beaucoup d'erreurs de raisonnement proviennent d'une confusion entre l'analyse de l'environnement (analyse externe), qui est l'objet de ce chapitre, et l'analyse de la stratégie de l'entreprise (analyse interne), que nous développerons dans les chapitres suivants.

Par exemple, le pouvoir de négociation des fournisseurs dont parle Porter est celui du secteur fournisseur pris globalement, par rapport à l'industrie cliente considérée également dans sa globalité. Ainsi, la pression sur les fournisseurs qui contribuent le plus à la structure de coût du client doit être comprise comme un phénomène qui affecte l'ensemble de l'industrie et non pas un fournisseur particulier.

Exemple

Des fournisseurs de sièges

- Si un constructeur automobile achète 80 % de ses sièges à un fournisseur A et 20 % à un fournisseur B, il cherchera à les mettre en concurrence pour obtenir le même prix, le plus bas possible, des deux. Le petit fournisseur ne sera pas mieux traité que le gros.

En revanche, la principale limite des grilles d'analyse de l'environnement est leur caractère statique. Ces méthodes décrivent avant tout une situation à un moment donné. Certes, elles peuvent servir de support à des scénarios prospectifs, mais elles ne prédisent pas en elles-mêmes ce qui va se passer dans l'environnement étudié, ni ce que va faire tel ou tel concurrent. C'est pourquoi il est nécessaire de poursuivre et de compléter l'analyse en faisant appel aux modèles de dynamique concurrentielle que nous allons détailler dans le chapitre 3.

À RETENIR

Performance de l'industrie et performance de l'entreprise

- La performance d'une entreprise résulte de l'interaction entre **facteurs externes**, propres à son industrie, et de **facteurs internes**, spécifiques à sa stratégie.
- La performance de l'entreprise, comme celle de l'industrie dans son ensemble, se juge sur l'écart entre la **rentabilité économique** (rentabilité des capitaux engagés) et le **coût du capital** (rémunération minimale que les actionnaires sont en droit d'attendre dans cette industrie, compte tenu du risque).
- La **performance économique** diffère très significativement d'une industrie à l'autre, ce qui explique en partie les variations de performance entre entreprises.

Analyser le macroenvironnement : le modèle PESTEL

- Le **modèle PESTEL** identifie six paramètres caractérisant le macroenvironnement de l'industrie : P (politique), E (économique), S (social), T (technologique), E (environnemental), L (légal).
- Ce modèle est une **grille d'analyse générique** très souple, qu'il faut adapter et préciser au cas par cas.

La méthode des cinq forces de Porter

- Le **modèle de Porter** explique la performance de l'industrie par cinq facteurs :
  - l'intensité de la concurrence entre les firmes du secteur ;
  - la menace de nouveaux entrants ;
  - la pression des produits ou services de substitution ;
  - le pouvoir de négociation des acheteurs ;
  - le pouvoir de négociation des fournisseurs.
- Chacune de ces forces diminue la **rentabilité des capitaux investis** dans l'industrie. Lorsque ces forces sont moins intenses, la rentabilité de l'industrie augmente et peut dépasser significativement le coût du capital.

« Complémenteurs », effets de réseau, groupes stratégiques

- Une sixième force, celle des « **complémenteurs** » doit être ajoutée aux cinq forces de Porter pour prendre en compte les **effets de réseau**, très significatifs dans les industries touchées par la digitalisation.
- La méthode des **groupes stratégiques** permet d'étudier la diversité des concurrents dans une industrie.
  - Cette méthode consiste à établir une typologie des concurrents et de leurs stratégies.
  - Elle permet d'analyser la concurrence intra-groupe et inter-groupe, ainsi que les barrières à la mobilité entre groupes.

0
20
40
60
N·E
E
S·E
120
140
160
180
200
220
S·W
240
260
W
300
N·W
320
340
S

Chapitre 2 | Analyser la stratégie de l'entreprise

Le chapitre précédent nous a montré qu'il est indispensable d'analyser l'environnement économique dans lequel baigne une entreprise avant de se prononcer sur sa stratégie. En effet, les facteurs externes qui déterminent le potentiel de création de valeur collectif de l'industrie pèsent forcément sur la performance individuelle de chaque entreprise appartenant à cette industrie. Cependant, la structure de l'industrie n'explique pas tout : les écarts de performance entre les entreprises appartenant à une même industrie peuvent être très significatifs.

Sachant que toutes les entreprises d'une même industrie évoluent dans le même environnement économique, comment peut faire une entreprise pour réussir mieux que ses concurrents ? Cette question, qui est celle de l'avantage concurrentiel, est au cœur de la *business strategy*.

La grille d'analyse la plus couramment employée est celle du *business model*. Parmi ses composantes, nous analyserons la « courbe de valeur » et la « chaîne de valeur » qui permettent d'examiner en quoi les choix stratégiques d'une entreprise diffèrent de ceux de ses concurrents et expliquent les écarts de performance. Enfin, nous aborderons la question (controversée) des ressources stratégiques. Il semble que l'avantage concurrentiel de certaines entreprises repose sur des ressources spécifiques.

Plan du chapitre

SECTION 1

ANALYSER LE *BUSINESS MODEL*

La structure de l'industrie seule ne suffit pas à expliquer les résultats d'une entreprise. En effet, certaines entreprises arrivent à maintenir durablement des niveaux de performance beaucoup plus élevés que leurs concurrents.

Exemple

Ryanair : *low cost* mais profits élevés

- Même dans des industries qui peinent à créer de la valeur, comme le transport aérien, une entreprise comme **Ryanair**, malgré ses déboires largement affichés dans la presse, a fini l'année 2018 avec un résultat net record (1,45 milliard d'euros sur un chiffre d'affaires de 7,15 milliards, soit plus de 20 %), pendant que son principal concurrent **EasyJet** se félicitait de friser les 10 % de marge nette et que la plupart des autres compagnies *low cost* européennes blâmaient les syndicats, le mauvais temps et les restrictions de trafic aérien pour expliquer leurs mauvais résultats.

Mais ce n'est pas pour autant qu'il existe une « recette miracle » du succès. Si c'était le cas, la notion même de stratégie perdrait toute pertinence et l'économie de marché ne pourrait plus fonctionner. En effet, si une entreprise possédait de manière exclusive la « recette » du succès, elle dominerait tous ses concurrents et finirait par les éliminer, s'octroyant ainsi un monopole incontesté. C'est très rarement le cas dans la réalité.

Les quelques exceptions qui confirment la règle deviennent des monstres que les autorités antitrust s'empressent généralement de démanteler. Ce sera peut-être bientôt le tour de Facebook ou de Google. Si, à l'inverse, la « recette miracle » du succès dans telle ou telle industrie était facilement disponible, toutes les entreprises l'appliqueraient et toutes atteindraient le même niveau de performance (très faible puisque la concurrence serait « parfaite »). Cela ne se produit généralement pas non plus dans la réalité car les écarts de performance restent élevés, même dans des industries où tous les concurrents ont tous plus ou moins l'air de vendre les mêmes produits, par exemple l'énergie.

On pourrait être tenté de croire que, pour connaître et comprendre la stratégie d'une entreprise, il faille accéder à des informations confidentielles, par exemple un plan stratégique top-secret élaboré à l'insu de tous et seulement révélé à un comité de direction trié sur le volet. Nous n'en croyons rien.

Même si les dirigeants d'entreprise doivent protéger la confidentialité de certaines décisions (ou de certaines interrogations tant que la décision n'est pas prise), par exemple pendant la phase de préparation d'une acquisition ou d'une cession, nous pensons qu'on peut comprendre et évaluer la *business strategy* d'une entreprise en analysant tout simplement le contenu de son offre, ses cibles de clientèle, l'organisation de ses activités, ses sources de revenus et sa structure de coût… c'est-à-dire son *business model*.

Cette analyse requiert certes des données internes, mais généralement rien de très confidentiel ni de très mystérieux. Autrement dit, nous croyons qu'on lit bien mieux la stratégie d'une entreprise dans sa manière d'opérer, de servir ses clients et de gagner de l'argent, que dans un plan stratégique ou dans le discours d'un dirigeant.

S'il n'existe pas de recette toute faite pour garantir le succès à une entreprise, quelques méthodes simples permettent de procéder à un diagnostic complet de sa stratégie et de lui suggérer des voies d'action pour l'emporter sur la concurrence.

1 Qu'est-ce qu'un *business model* ?

La notion de *business model*, apparue pendant la bulle Internet à la fin des années 1990, est parfois traduite en français par « modèle économique » ou « modèle d'affaires », mais force est de constater que la plupart des gens utilisent l'expression anglaise. Au départ, elle a été créée pour aider les « *start-uppers* » de la « nouvelle économie » à « *pitcher* » de manière simple et compréhensible leur projet auprès d'investisseurs potentiels, dans le but de lever des fonds.

La plupart des start-up en question n'existaient que sur PowerPoint et nombre d'entre elles avaient beaucoup de difficultés à dépasser ce stade, d'autant que les « geeks » qui développaient les technologies « digitales » n'étaient pas toujours des champions de la communication financière. Il était donc nécessaire de revenir aux bases de la stratégie d'entreprise et d'expliquer sans jargon à des investisseurs tout droit sortis du XXe siècle comment ces étranges entreprises allaient bien pouvoir gagner de l'argent au XXIe siècle.

Dans ce contexte, la notion de *business model* avait une fonction essentiellement descriptive. Elle a démontré son efficacité et a progressivement trouvé sa place dans tous les secteurs d'activité, technologiques ou non, y compris les plus traditionnels. C'est une bonne chose car, au-delà de son aspect descriptif, l'outil s'avère pertinent pour analyser la *business strategy* d'une entreprise et cerner ses sources d'avantage concurrentiel.

Il existe plusieurs grilles d'analyse génériques du *business model*. La plus connue et la plus détaillée est le *business model canvas* d'Osterwalder et Pigneur[1], (voir figure 2.1).

Ce canevas, qui compte neuf composantes (proposition de valeur, segments de clientèle, relations clients, canaux de distribution, activités clés, ressources clés, partenaires clés, structure de coût et sources de revenus), suggère une liste assez exhaustive des questions à se poser pour analyser une *business strategy*. En effet, ces questions permettent de cerner en quoi le *business model* d'une entreprise diffère de ceux de ses concurrents et en quoi ces différences peuvent expliquer son avantage concurrentiel.

1. Osterwalder A. et Pigneur Y., 2010.

PARTENAIRES CLÉS

- Qui sont nos partenaires clés ?
- Qui sont nos fournisseurs clés ?
- À quelles ressources clés nos partenaires nous donnent-ils accès ?
- Quelles activités clés réalisent nos partenaires ?

ACTIVITÉS CLÉS

Quelles activités clés sont nécessaires pour :

- notre proposition de valeur ?
- nos canaux de distribution ?
- nos relations clients ?
- nos sources de revenus ?

RESSOURCES CLÉS

Quelles ressources clés sont nécessaires pour :

- notre proposition de valeur ?
- nos canaux de distribution ?
- nos relations clients ?
- nos sources de revenus ?

PROPOSITION DE VALEUR

- Quelle valeur proposons-nous au client ?
- Parmi les problèmes du client, quel est celui que nous contribuons à résoudre ?
- Quel mix de produits et services proposons-nous à chaque segment de clients ?
- Quel besoin client satisfaisons-nous ?
- Quelle est l'offre minimum viable ?

RELATIONS CLIENTS

- Quelles relations nos segments clients souhaitent-ils que nous développions avec eux ?
- Lesquelles avons-nous établies ?
- Comment sont-elles intégrées dans notre business model ?
- Quel est leur coût ?

CANAUX DE DISTRIBUTION

- Quels canaux nos clients souhaitent-ils utiliser ?
- Comment les concurrents atteignent-ils leurs clients ?
- Quels canaux sont les plus efficaces ?
- Quels sont les moins coûteux ?
- Comment les intégrons-nous dans la relation client ?

SEGMENTS CLIENTS

- Pour qui créons-nous de la valeur ?
- Qui sont nos principaux clients ?
- Qui sont nos clients types ?

STRUCTURE DE COÛT

- Quels sont les coûts qui ont le plus de poids dans notre *business model* ?
- Quelles sont les ressources clés les plus coûteuses ?
- Quelles sont les activités clés les plus coûteuses ?

SOURCES DE REVENUS

- Quelle valeur nos clients perçoivent-ils dans notre offre ?
- Combien sont-ils prêts à payer (*willingness to pay*) ?
- Combien paient-ils actuellement ?
- Quel est notre modèle de revenus ?
- Quelle est notre politique de prix ?

Source : Osterwalder A. et Pigneur Y., 2010.

Figure 2.1 Le *business model canvas*

Dans *Strategor*, nous préférons utiliser une version plus simple et plus pédagogique, inspirée des travaux de Laurence Lehmann-Ortega, Hélène Musikas et Jean-Marc Schoettl[1], qui donne une meilleure vision d'ensemble du mécanisme car elle agrège les neuf éléments du *business model canvas* en trois composantes seulement : la proposition de valeur, l'architecture de valeur et l'équation de profit (voir figure 2.2).

1. Lehmann-Ortega L., Musikas H. et Schoettl J., 2017.

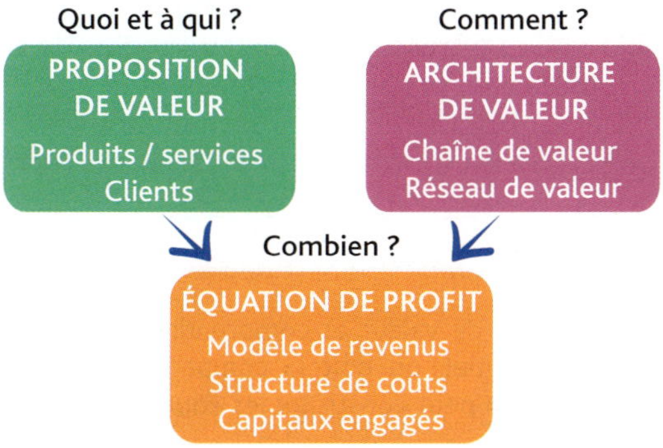

Source : d'après Lehmann-Ortega L., Musikas H. et Schoettl J., 2014.

Figure 2.2 Le schéma simplifié de *business model*

2 La proposition de valeur

La proposition de valeur détermine la valeur perçue par le client (*willingness to pay*). Elle répond aux questions « quoi ? » et « à qui ? ».

- **Quoi ?**

Quels produits et services l'entreprise propose-t-elle à ses clients ? Quels besoins cherche-t-elle à satisfaire ? Quels problèmes cherche-t-elle à résoudre pour les clients ?

- **À qui ?**

À quel type de clients, à quels segments de marché l'entreprise s'adresse-t-elle ? Par quels canaux ? Quels sont les clients qui valorisent l'offre de l'entreprise ? Pour quelles raisons ?

Exemple

Willingness to pay de Louis Vuitton à FlixBus

- La proposition de valeur des entreprises des secteurs du luxe telles que **Louis Vuitton** réside non seulement dans la qualité des produits, mais aussi, et surtout, dans l'image que ces produits véhiculent et confèrent à leurs utilisateurs. La valeur perçue d'un produit Louis Vuitton n'a donc que peu à voir avec son utilité pratique. Elle est davantage déterminée par l'impact de la marque et l'impression que cet objet produira sur l'entourage de l'acheteur, notamment si l'achat est fait en vue d'un cadeau. Une telle proposition de valeur a pour but de déconnecter autant que possible la valeur perçue des caractéristiques techniques du produit, et donc des coûts de production, ce qui offre une très grande marge de manœuvre pour facturer des prix élevés et encaisser des marges très confortables.
- À l'opposé, une compagnie de bus longue distance comme **FlixBus** vise une clientèle à faible *willingness to pay*, qui cherche simplement à faire un déplacement au moindre coût et qui va comparer l'offre de FlixBus non seulement au train, mais aussi au covoiturage.

Certaines propositions de valeur sont plus complexes. Par exemple, celle de JC Decaux est double : elle s'adresse à la fois aux régies de transport (disposer d'un mobilier urbain moderne, propre et « design ») et aux annonceurs (disposer d'un nouvel espace publicitaire en ville), sachant que les annonceurs sont les seuls à payer puisque l'offre est gratuite pour les transporteurs.

EN PRATIQUE

Analyser la proposition de valeur : courbes de valeur et analyse conjointe

Pour analyser la proposition de valeur et comprendre en quoi elle peut être une source d'avantage concurrentiel, on doit la comparer avec celle des principaux concurrents. Pour ce faire, on peut construire les courbes de valeur des différentes offres concurrentes[1].

La courbe de valeur

La courbe de valeur est un graphique qui décompose la proposition de valeur autour des critères de choix des clients quand ils considèrent plusieurs offres concurrentes. Ces critères correspondent à des attributs de l'offre que le client valorise plus ou moins.

Exemple :

Pour un produit alimentaire, on pourra considérer le goût, la disponibilité, le temps de préparation, la diététique, le caractère naturel ou bio, etc.

On porte ces attributs sur l'axe horizontal et la performance de chaque offre sur chacun de ces attributs sur l'axe vertical. Cela permet de visualiser la proposition de valeur de chaque offre sur la base des attributs pertinents pour le client. Pour sélectionner les bons critères, il faut enquêter auprès des clients et observer leurs comportements d'achat.

Le graphique suivant présente la courbe de valeur de l'offre de covoiturage BlaBlaCar par rapport à un trajet en train. Les attributs considérés sont la rapidité du voyage, le confort et la sécurité (critères sur lesquels le train est perçu comme supérieur), ainsi que la tarification, la convivialité, la flexibilité de l'horaire et du trajet (critères sur lesquels le covoiturage est perçu comme supérieur).

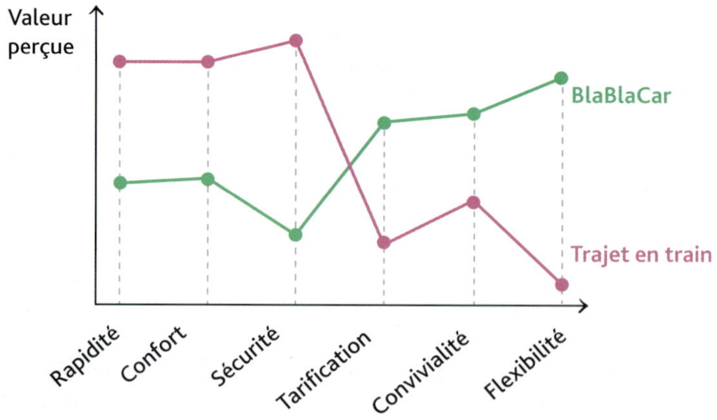

Figure 2.3 **La courbe de valeur de BlaBlaCar par rapport à un trajet en train**

La construction et la comparaison des courbes de valeur permettent d'analyser l'arbitrage de valeur que BlaBlaCar propose au client. Le client BlaBlaCar accepte de transiger sur la sécurité, le confort et la vitesse du train, non seulement parce que BlaBlaCar a une tarification plus attractive que la SNCF (le tarif de BlaBlaCar est bas quelles que soient les circonstances alors que le prix des billets de train augmente énormément en fonction de la date du voyage et de la réservation) mais aussi parce que BlaBlaCar offre une convivialité et une flexibilité bien supérieure à celle du train.

Le problème de ce genre d'approche est de trouver les attributs pertinents et de savoir estimer la valeur que le client confère à chaque attribut. Dans la pratique, cette estimation est souvent faite « au doigt mouillé ». On peut très facilement la biaiser en choisissant les attributs qui nous arrangent et en portant un regard optimiste sur les arbitrages que les clients sont censés faire. C'est pourquoi il est recommandé d'organiser des *focus groups* avec des clients (ou clients potentiels) pour analyser en détail la manière dont ils choisissent entre plusieurs offres concurrentes.

L'analyse conjointe[2]

Si on cherche à comparer la proposition de valeur d'une entreprise avec celle de ses concurrents directs (BlaBlaCar par rapport à d'autres services de covoiturage comme Karzoo ou idVroom par exemple, et non pas par rapport au train), on peut faire appel à la méthode de l'analyse conjointe. Cette méthode évite les biais et les approximations.

La méthode de l'analyse conjointe – appelée en anglais « *conjoint analysis* » ou « *trade-off analysis* » – est une technique utilisée en marketing pour estimer le surcroît de prix que les clients sont prêts à payer si l'on rajoute un attribut supplémentaire à une offre donnée. Elle permet donc de chiffrer la valeur que les clients associent à chaque attribut de l'offre.

1. On demande à un échantillon de consommateurs de choisir entre plusieurs produits de la même catégorie, incorporant ou non une série de caractéristiques dont on souhaite estimer la valeur, et proposés à des prix différents.

   Exemple :

   On peut demander à un groupe de consommateurs d'exprimer leurs préférences entre plusieurs types de pizza surgelée (avec telle ou telle garniture, avec plus ou moins de fromage et à différents niveaux de prix) ou entre plusieurs appartements situés dans un même ensemble immobilier (mais localisés à des étages plus ou moins élevés, orientés vers le nord ou vers le sud, et disposant ou non d'une terrasse).

2. En demandant aux consommateurs de choisir entre les produits proposés et en mesurant les écarts de prix qu'ils acceptent pour accéder à telle ou telle caractéristique de l'offre, on peut estimer à combien le client valorise chaque attribut. Bien entendu, tous les consommateurs n'ont pas les mêmes préférences. Les économistes diraient qu'ils n'ont pas la même courbe d'utilité. En identifiant ces différences, la méthode de l'analyse conjointe permet d'identifier les segments de clientèle qui préfèrent telle ou telle offre.

3. Sur la base de ces résultats, on peut éliminer les attributs non valorisés, identifier les attributs les plus valorisés et comparer plusieurs offres concurrentes sur la base de ces derniers. Au fond, la courbe de valeur est une représentation graphique de cette analyse.

La principale limite de cette méthode est qu'elle ne fonctionne que pour des produits suffisamment connus et suffisamment semblables pour qu'on puisse leur ajouter ou leur retrancher des attributs un par un. Dans le cas d'offres innovantes, ou si on cherche à comparer des offres de nature trop différente, la méthode de l'analyse conjointe est difficile à utiliser de manière rigoureuse. Ainsi, dans le cas de BlaBlaCar, un client ne peut pas arbitrer entre BlaBlaCar et le train sur la base du seul critère du temps de trajet, indépendamment des autres attributs de l'offre. En effet, il est impossible de concevoir une offre qui ait à la fois la vitesse du TGV et les attributs de flexibilité et de convivialité du covoiturage. Évidemment, on peut toujours demander au client combien il serait prêt à payer en plus pour aller aussi vite que le TGV en covoiturage, mais ce serait demander un effort d'imagination qui risque de rendre l'analyse très subjective.

1. Kim W.C. et Mauborgne R., 2015.
2. Pour une description plus détaillée de la méthode de l'analyse conjointe, on pourra se référer à Lilien G.L. et Rangaswamy A., 1998.

3 L'architecture de valeur

L'architecture de valeur, également appelée « système d'activités » (*activity system*)[1], décrit les opérations et les ressources que l'entreprise met en œuvre pour « produire » la proposition de valeur pour le client.

Ce faisant, l'architecture de valeur détermine la structure de coût. Elle répond à la question « comment ? » en incluant non seulement les activités internes à l'entreprise, autrement dit sa chaîne de valeur (voir la rubrique En pratique ci-après), mais aussi celles des partenaires extérieurs qui contribuent à la production de l'offre, c'est-à-dire le réseau de valeur autour de l'entreprise.

- Comment l'entreprise produit-elle l'offre qui correspond à sa proposition de valeur ? Quelles sont les activités clés dans la chaîne de valeur ? Quelles sont les ressources clés ?
- Sur quel réseau de valeur (fournisseurs, sous-traitants, distributeurs, etc.) l'entreprise s'appuie-t-elle ? Quels sont ses partenaires clés ? Quel est leur apport et comment l'entreprise collabore-t-elle avec eux ?

Les entreprises comme Hermès ou Louis Vuitton internalisent souvent l'ensemble de la chaîne de valeur (de la fabrication à la distribution) de manière à en assurer une cohérence et une coordination maximales, quitte à supporter des coûts très élevés. En revanche, les constructeurs automobiles généralistes tels Toyota ou Volkswagen ont une architecture de valeur très éclatée, avec de nombreux partenaires extérieurs, sachant que les achats représentent environ 80 % de leur structure de coût et que l'un des objectifs les plus importants est de réduire constamment le coût complet de chaque véhicule, tout en tolérant le moins de défauts possible.

1. Porter M.E., 1996.

EN PRATIQUE

Analyser la chaîne de valeur

Les composantes de la chaîne de valeur

La notion de chaîne de valeur a été introduite par Michael Porter[1] dès les années 1980 pour analyser les activités internes à une entreprise, mesurer leur coût et analyser comment chacune d'elles contribue à la proposition de valeur envers les clients.

La figure 2.4 présente un modèle générique de chaîne de valeur. On y distingue les activités principales (représentées comme un flux de gauche à droite en bas du schéma) et les activités de support (représentées en lignes dans la partie supérieure du schéma).

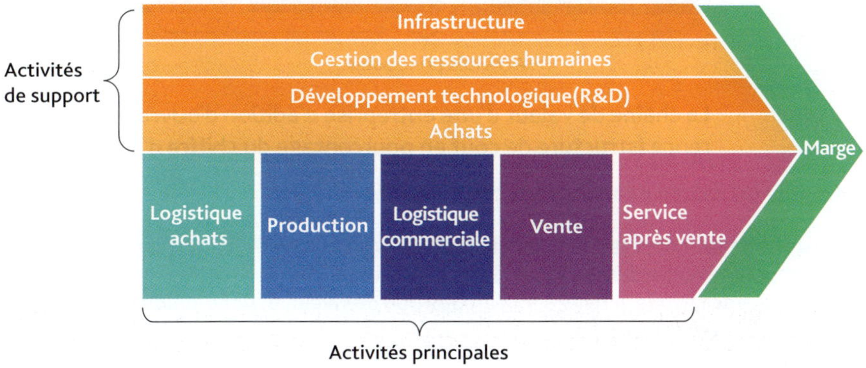

Source : Porter M.E., 1986.

Figure 2.4 La chaîne de valeur selon Porter

- **Les activités principales** décrivent les opérations successives qui permettent de produire et transformer le produit, de l'approvisionnement en matières premières et composants jusqu'au service après-vente, en passant par la production, la distribution et la vente aux clients. Dans les entreprises industrielles, il s'agit d'un flux « physique ». Dans les services, certaines de ces opérations sont immatérielles.
- **Les activités de support** regroupent les fonctions transversales qui soutiennent et coordonnent les activités principales (RH, R&D, achats, infrastructure) sans participer directement à la satisfaction effective du besoin du client.

Ce schéma a été développé au départ pour analyser les industries manufacturières plutôt que les services, d'où les catégories qui le composent, notamment celles qui décrivent les activités principales comme un flux physique. Pour les activités de services, il est donc nécessaire de revoir ces catégories. Plus généralement, le modèle générique présenté ici n'est qu'indicatif. En pratique, on doit l'adapter pour rendre compte des particularités de l'entreprise étudiée, tout en préservant un degré de généralité suffisant pour pouvoir la comparer avec ses concurrents. Ainsi, la figure 2.5 illustre la chaîne de valeur d'une entreprise d'édition d'ouvrages de référence (dictionnaires, essais, manuels scolaires...).

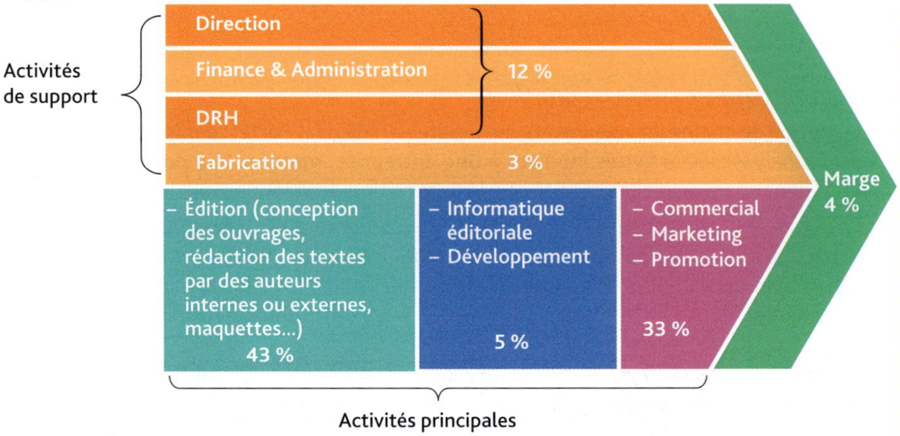

Figure 2.5 La chaîne de valeur d'une entreprise d'édition d'ouvrages de référence (structure de coût en pourcentage du chiffre d'affaires)

Chaîne de valeur et avantage concurrentiel

La chaîne de valeur permet d'analyser la structure de coût de l'entreprise et de la comparer éventuellement à celle des concurrents. Elle sert également à évaluer l'impact de chaque activité sur la proposition de valeur, et donc indirectement sur la valeur perçue de l'offre.

De toute évidence, les activités qui représentent un pourcentage important de la structure de coût sont les plus susceptibles d'avoir un impact significatif sur l'avantage concurrentiel. Il faut donc les analyser en priorité. Cette analyse permet non seulement d'évaluer l'avantage concurrentiel actuel, mais aussi d'anticiper son évolution. Certaines activités qui ne représentent aujourd'hui qu'une faible proportion des coûts peuvent devenir très importantes à l'avenir. En revanche, certains des éléments de coûts actuellement dominants peuvent diminuer considérablement avec le temps. Ces changements peuvent éroder l'avantage concurrentiel de l'entreprise.

Exemple :

Le prix d'achat de certaines matières premières rares augmente depuis de nombreuses années, tandis que celui des composants électroniques a diminué très rapidement. Certaines activités voient leurs coûts diminuer avec le volume. C'est le cas pour les activités à forts coûts fixes qui créent de fortes économies d'échelle. Dans la plupart des activités manufacturières, comme l'électronique grand public, le coût de fabrication marginal a diminué, tandis que les coûts fixes de R&D ont considérablement augmenté. En conséquence, la taille et la part de marché deviennent des sources d'avantage concurrentiel de plus en plus critiques dans ces secteurs.

L'analyse de la chaîne de valeur, en lien avec l'analyse de la proposition de valeur, peut également suggérer des opportunités de réduction des coûts qui ne détériorent pas (excessivement) la valeur perçue ou bien des idées pour améliorer la valeur perçue sans générer de surcoût (trop important).

Enfin, l'analyse de la chaîne de valeur peut conduire à des décisions d'internalisation ou d'externalisation de certaines activités, et donc des changements dans l'architecture de valeur, dans le but d'améliorer l'avantage concurrentiel.

●●●

En somme, la chaîne de valeur est un outil utile pour mieux comprendre la stratégie de l'entreprise et identifier en quoi son architecture de valeur diffère de celle de ses principaux concurrents. En lien avec la proposition de valeur, elle permet également d'anticiper les évolutions probables de l'avantage concurrentiel et de prédire quelles stratégies ont les meilleures chances de gagner à l'avenir.

1. Porter M.E., 1985.

4 L'équation de profit

L'équation de profit analyse comment la proposition de valeur et l'architecture de valeur déterminent conjointement la performance économique de l'entreprise.

Elle répond à la question « combien ? » en considérant d'une part le modèle de revenus, lié à la proposition de valeur, et d'autre part la structure de coût et les capitaux engagés, qui découlent de l'architecture de valeur.

- Combien d'argent gagne l'entreprise ?
- Quel est son modèle de revenus ? Combien facture-t-on et à qui ? Combien de clients attire-t-elle ? Quelle est sa stratégie de prix (maximisation de la marge ou de volume par optimisation de la valeur client) ?
- Combien coûtent les activités internes de l'entreprise ? Comment évoluent-elles ? Quelle est la structure de coût ? Combien l'entreprise investit-elle ? Quels sont les besoins de financement / les capitaux engagés ?

Il ne suffit pas d'examiner le modèle de revenus pour analyser la performance. Il convient d'examiner la rentabilité économique dans son ensemble, telle qu'elle est définie par le ratio ROCE (Résultat Opérationnel sur Capitaux Engagés). Pour connaître le potentiel de création de valeur de l'entreprise, on doit en effet comparer le ROCE au coût du capital de l'entreprise, selon la logique que nous avons décrite au chapitre 1[1].

Exemple

Des équations de profit différentes

- Un groupe d'hôtellerie comme **Accor** doit engager des capitaux très importants (notamment dans l'immobilier) et supporter des coûts fixes élevés (salaires) qu'il doit rentabiliser en assurant un remplissage maximal des hôtels, quitte à brader les chambres au dernier moment pour les occuper. À l'inverse, une plateforme de réservation en ligne comme **Airbnb** peut gagner de l'argent avec des investissements beaucoup plus bas et un personnel plus réduit, mais le défi sera d'attirer suffisamment de propriétaires de logements et de locataires potentiels sur la plateforme, sachant que c'est la présence des uns qui attire les autres et que le revenu généré par chaque transaction est très bas. Les équations de profit de ces deux entreprises sont donc très différentes (alors que leurs propositions de valeur sont directement comparables pour les clients) parce que leurs architectures de valeur diffèrent fondamentalement.

1. Pour une discussion plus détaillée, se référer à : Quiry P., Le Fur Y. et Vernimmen P., 2019. Nous reviendrons sur ces notions dans le chapitre 6.

Pour pousser un peu l'analyse, il est souvent intéressant de décomposer le ROCE en deux éléments : la marge opérationnelle et la rotation des capitaux (voir figure 2.6).

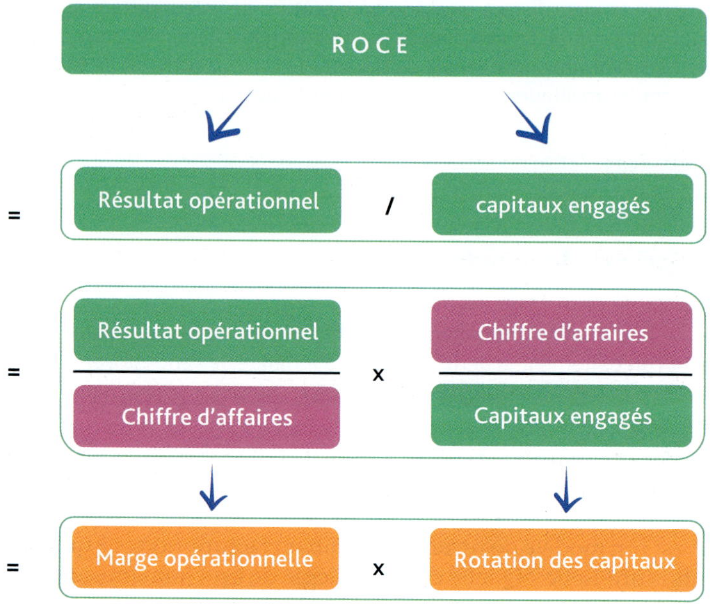

Figure 2.6 Le ROCE

Il suffit de faire intervenir le chiffre d'affaires (CA) dans le calcul :

ROCE = (RO / CA) x (CA / CE) = (marge opérationnelle) x (rotation des capitaux)

Ce calcul permet de comprendre comment certaines entreprises peuvent surpasser leurs concurrents grâce à une rotation plus rapide des capitaux engagés, par exemple les stocks, alors qu'elles supportent des coûts plus élevés. Zara en est un bon exemple (voir la rubrique Étude de cas ci-après).

En résumé, le mécanisme du *business model* est très simple :

- la valeur perçue s'explique par l'attractivité de la proposition de valeur ;
- la structure de coût s'explique par les choix d'architecture de valeur ;
- l'équation économique résulte de l'interaction entre ces deux composantes principales.

Pour faire une analyse plus détaillée du *business model*, on peut se référer au canevas d'Osterwalder et Pigneur[1] (voir figure 2.1) qui propose une *check-list* beaucoup plus complète que notre petit modèle. Même si la logique d'ensemble apparaît moins clairement, c'est en fait la même que la nôtre : les trois cases violettes en haut à gauche correspondent à notre notion d'architecture de valeur ; les quatre cases vertes en haut à droite (proposition de valeur, relations clients, segments clients, canaux de distribution) correspondent à notre notion de proposition de valeur ; les deux cases orange du bas (sources de revenus et structure de coût) sont les deux éléments de l'équation économique.

1. Osterwalder A. et Pigneur Y., 2010.

ÉTUDE DE CAS

Le *business model* de Zara[1]

L'entreprise espagnole de prêt-à-porter Zara tire sa réussite d'un *business model* original, celui de la « *fast fashion* », ou mode à rotation rapide. Innovant dans les années 1990, ce modèle a été imité avec plus ou moins de succès par la concurrence.

La proposition de valeur

L'offre de Zara s'adresse à des passionnés de mode qui changent souvent de garde-robe et achètent fréquemment des vêtements. Zara se distingue de ses concurrents en entrée de gamme (comme H&M) par des produits plus « tendance », des nouveautés permanentes et des magasins à l'ambiance plus sophistiquée. Par rapport aux boutiques multimarques traditionnelles, qui ont un positionnement plus haut de gamme, Zara propose des micro-collections originales à bas prix tout au long de l'année, à la place des sempiternelles collections printemps-été et automne-hiver. La qualité des vêtements n'est pas excellente, mais cela n'a guère d'importance car les clients ne les portent en moyenne qu'une dizaine de fois. La proposition de valeur *fast fashion* de Zara brouille les frontières entre les segments traditionnels. La figure 2.7 présente la courbe de valeur de Zara par rapport aux boutiques multimarques traditionnelles et à H&M.

L'architecture de valeur

Zara a organisé ses activités en circuit court, de manière à favoriser la rapidité et la réactivité. L'entreprise est intégrée verticalement : elle réalise toutes les opérations en interne, de la conception des vêtements à la vente en magasin.

Alors que les stylistes des concurrents doivent prévoir la mode pour imaginer les prochaines collections, ceux de Zara parcourent les grandes cités pour repérer les produits à succès, en dessiner rapidement leurs propres versions et les mettre en production tout de suite.

Contrairement à la plupart de ses concurrents qui externalisent la fabrication des vêtements dans les pays asiatiques à faible coût de main-d'œuvre, Zara fabrique dans ses propres ateliers, à proximité de ses magasins, de manière à pouvoir mettre en rayon en quinze jours des pièces suivant les tendances de la mode. À l'origine, l'essentiel de la production venait d'Espagne. Depuis, Zara a diversifié sa production

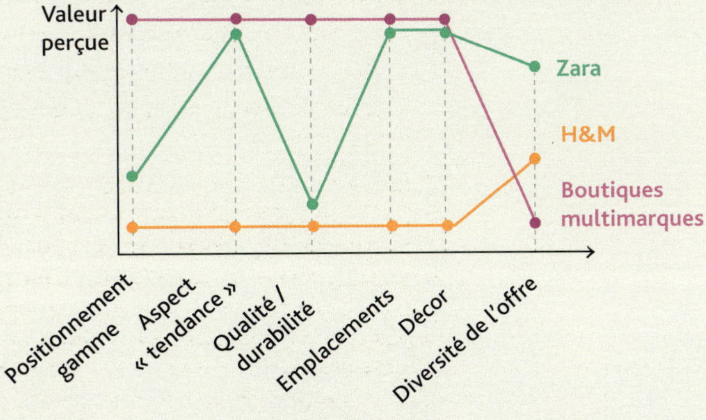

Figure 2.7 La courbe de valeur de Zara

•••

pour accompagner sa croissance et optimiser ses coûts : en 2018, 40 % des produits viennent d'Asie, mais 60 % viennent toujours d'Espagne, du Portugal, du Maghreb, de Turquie et d'Europe de l'Est.

Zara possède ses propres magasins, quand la plupart des concurrents font largement appel à un réseau de franchisés.

Grâce à une étroite coordination entre toutes les étapes de cette chaîne de valeur intégrée, il s'écoule moins de trois semaines entre la détection d'un produit de mode par un styliste quelque part dans le monde et son arrivée en magasin.

L'équation économique

Le coût de production de Zara est supérieur de quelque 20 % à celui des fabrications asiatiques des concurrents, mais l'entreprise se rattrape sur la rotation des stocks : le bon produit est en magasin au bon moment. Il y a moins d'invendus et moins de démarques, si bien que les marges sont en fait supérieures.

L'intégration verticale des usines aux magasins requiert des investissements plus élevés, mais là encore, Zara se rattrape sur les stocks. 50 % de la collection est en stock chez Zara en début de cycle, alors que la moyenne du secteur est de 80 %. Le besoin en fonds de roulement est donc beaucoup plus faible, ce qui compense les immobilisations plus élevées, si bien que les capitaux engagés sont comparables à ceux des concurrents, alors même que le résultat opérationnel est meilleur.

Finalement, le *business model* de Zara a démontré sa capacité à générer un ROCE très supérieur à la moyenne du secteur. C'est pourquoi il est maintenant copié par les concurrents, mais sa cohérence, sa complexité, les investissements et la discipline qu'exige son exécution rendent la copie coûteuse et difficile. De plus, Zara a accumulé une expérience si importante que le niveau d'efficience et la rapidité du cycle de production sont difficiles à rattraper par la concurrence.

QUESTIONS

Corrigés en ligne sur dunod.com

1. Qu'est-ce qui fait l'originalité et la cohérence du *business model* de Zara ?
2. Ce *business model* crée-t-il un avantage concurrentiel ?
3. Cet avantage concurrentiel est-il durable ?

1. D'après Lehmann-Ortega L., Musikas H. et Schoettl J., 2017.

SECTION 2

BUSINESS MODEL ET AVANTAGE CONCURRENTIEL

Comme le montre le cas de Zara, analyser le *business model* d'une entreprise permet de mieux comprendre sa stratégie et d'identifier ses sources d'avantage concurrentiel. Grâce à sa meilleure proposition de valeur, Zara déclenche une *willingness to pay* supérieure sur une large cible de clientèle. Son architecture de valeur spécifique, très cohérente avec cette proposition de valeur, lui permet de satisfaire ses clients avec une structure de coût optimale, d'où son avantage concurrentiel. La cohérence du *business model* de Zara et son originalité par rapport aux pratiques standards de l'industrie (comme sous-traiter la fabrication dans des pays à bas coût) jouent un rôle clé dans son avantage concurrentiel.

1 L'originalité du *business model*

a. Un *business model* dominant

Dans la plupart des industries, il existe un *business model* dominant. Par exemple, dans la construction aéronautique, les *business models* d'Airbus et de Boeing sont très similaires, de même que ceux de Toyota et de Volkswagen dans l'automobile. Même des choix qui peuvent paraître originaux ou surprenants pour le profane, comme le modèle de revenu des ascensoristes (ils se rémunèrent sur la maintenance et le service après-vente plutôt que sur l'installation des ascenseurs, souvent faite à perte), sont en fait communs à toute l'industrie concernée.

b. Le choix stratégique du *business model*

Le fait de se conformer ou de s'écarter du *business model* « type » de l'industrie, dans chacune de ses composantes, est un choix stratégique déterminant pour créer un avantage concurrentiel. Il est donc intéressant de comparer le *business model* de l'entreprise au *business model* qui domine dans l'industrie. Cela permet non seulement de diagnostiquer l'avantage concurrentiel, mais aussi de trouver des idées pour l'améliorer. La plupart des entreprises « anormalement » performantes se distinguent en effet par un *business model* original. Même si la différence sur chaque élément peut paraître assez faible par rapport au reste de l'industrie, l'ensemble finit par s'écarter significativement des sentiers battus.

Exemples

Le *business model* de Porsche

- Dans le secteur automobile, **Porsche** met en avant la qualité de ses modèles, leurs performances routières (accélération, tenue de route...), leur fiabilité, leur design, le luxe des matières utilisées dans l'habitacle, les innovations technologiques incorporées dans le produit (moteur, arceau de sécurité, détecteur d'obstacles, stabilisation électronique du véhicule, système de guidage...) mais aussi le bruit inimitable du moteur, la fabrication exclusivement allemande, les compétences des vendeurs, la qualité du service après-vente, les valeurs et le prestige de la marque.

- C'est la combinaison de ces éléments et non pas un élément en particulier qui fait la valeur des automobiles Porsche pour les Porschistes, et qui fait surtout de Porsche le constructeur automobile le plus rentable au monde alors que son volume de production (environ 200 000 voitures par an) est l'un des plus faibles. Le *business model* de Porsche n'est pas complètement différent de celui de **BMW** ou de **Ferrari**, mais il s'en distingue pourtant de manière significative. Aucun concurrent n'est arrivé à résoudre l'équation économique aussi brillamment et de manière aussi cohérente, même lorsque Porsche s'est mis à fabriquer des 4 × 4 avec le Cayenne. Ce *business model* saura-t-il évoluer vers le véhicule électrique ?

Le positionnement de Patagonia dans l'industrie textile

- L'entreprise **Patagonia** est spécialisée dans les vêtements de sport conçus à partir de fibres naturelles. Elle se différencie par la qualité et la technicité de ses produits mais aussi par sa volonté de préserver l'environnement : les matières utilisées sont naturelles et Patagonia propose même de réparer les vêtements usés afin de limiter la consommation. L'entreprise se distingue aussi en donnant une partie de ses bénéfices aux organisations soucieuses de préserver l'environnement et la biodiversité. Tout cela contribue à accroître la valeur de la marque et des produits aux yeux du client.

L'avantage concurrentiel de Porsche et de Patagonia repose essentiellement sur une stratégie de différenciation, voire de niche : ces entreprises servent un segment de clientèle limité qui perçoit leurs produits comme plus désirables que ceux des concurrents (Ferrari ou BMW pour Porsche, The North Face pour Patagonia), ce qui déclenche une *willingness to pay* supérieure et permet de pratiquer des prix élevés.

D'autres entreprises ont une stratégie radicalement différente. Au lieu d'essayer d'augmenter la valeur perçue, elles explorent tous les recoins du *business model* pour réduire les coûts et satisfaire des clients à très faible *willingness to pay* en tirant les prix vers le bas.

Exemple

Les compagnies *low cost*

- Les compagnies aériennes *low cost*, comme **Ryanair**, utilisent des aéroports secondaires, tel Beauvais, ce qui revient moins cher que les grands aéroports comme Roissy et Orly. Leur flotte ne comprend qu'un seul modèle d'avion (le Boeing 737) pour comprimer les coûts de maintenance et de formation des pilotes. Les prestations à bord sont spartiates (et payantes) et ces compagnies ne desservent que des destinations court-courrier à forte fréquentation. Leur personnel peu payé est multitâche, pour ne pas dire bon à tout faire, et ainsi de suite.
- Tout cela crée un *business model* complexe et cohérent, qui s'avère gagnant et très difficile à imiter par les concurrents traditionnels, comme le montrent les déboires d'**Air France** avec ses projets avortés de compagnie *low cost*.

2 La cohérence du *business model*

Nous reviendrons sur les différents types d'avantage concurrentiel (*low cost* ou différenciation) au chapitre 4. Retenons pour l'heure qu'en règle générale, quel que soit le type d'avantage concurrentiel recherché, la force du *business model* repose non seulement sur son originalité, mais aussi sur sa cohérence : proposition de valeur et architecture de valeur doivent être parfaitement cohérentes pour résoudre l'équation de profit.

Les entreprises qui arrivent à créer un avantage concurrentiel significatif sont généralement celles qui ont un *business model* très cohérent et qui font en sorte, comme Porsche ou Patagonia, mais aussi comme Ryanair, que la mise en œuvre de leur stratégie n'en dévie pas. Ce faisant, elles renoncent sciemment à servir certains segments de clientèle qui les éloigneraient trop du terrain où elles excellent, ce qui les obligerait à altérer la cohérence de leur architecture de valeur. Ces choix contraignent évidemment leur croissance. Renoncer à certaines options de croissance est souvent le prix à payer pour assurer la cohérence et l'intégrité du *business model*.

a. La notion d'arbitrage

Un *business model* original est fait d'arbitrages différents de ceux que font les concurrents. Ce *business model* est cohérent si ces choix se renforcent mutuellement.

Exemple

Put a ring on it

- Le site de rencontre américain **eHarmony** illustre bien cette idée : pour mieux servir sa clientèle de célibataires cherchant l'âme sœur en vue d'un mariage, eHarmony sélectionne ses adhérents au moyen d'un test long et fastidieux, qui a pour effet de rejeter 20 % des candidats : autant de clients avec une forte *willingness to pay* que eHarmony jette sans regret dans les bras de la concurrence ! C'est le prix à payer pour que les adhérents d'eHarmony, désireux de se marier pour la vie, ne soient pas mis en présence de dragueurs en quête d'aventure sans lendemain. En outre, eHarmony ne montre à ses adhérents qu'un nombre très limité de partenaires potentiels, choisis par un algorithme spécifique censé rapprocher les profils psychologiques compatibles pour la vie à deux. Enfin, la communication entre les partenaires potentiels est régulée par le système, avant de les laisser organiser un face-à-face dans le monde réel.
- Ces choix ont fait le succès d'eHarmony aux États-Unis, mais ils ont fortement bridé sa capacité à s'internationaliser, contrairement à des concurrents généralistes comme **Tinder**. Alors que les aventures sentimentales entre étudiants ou les rencontres d'un soir fonctionnent de façon similaire un peu partout dans le monde, le mariage est une notion très différente d'un pays à l'autre. Pour beaucoup de nations européennes, contrairement aux États-Unis, le mariage n'est vu ni comme un but existentiel ni comme un engagement à vie.

- C'est très différent en Inde, où le mariage a une forte valeur et s'avère souvent inévitable, mais l'élection de l'âme sœur est soumise à des contraintes socioculturelles qui n'ont de sens que pour les Indiens eux-mêmes, ce qui rend les agences matrimoniales locales bien meilleures que n'importe quel concurrent étranger sur ce marché. Malgré l'universalité apparente du désir de vivre en couple, la proposition de valeur d'eHarmony, taillée pour le marché américain, exclut par construction une majorité de clients possibles, voire des nations entières.

La notion d'**arbitrage** (ou *trade-off*) renvoie à l'idée de choisir une chose en renonçant du même coup à une autre. Elle est centrale pour assurer la cohérence du *business model*.

La stratégie consiste autant à choisir ce qu'on fait et comment on le fait que ce qu'on ne fait pas. Certains dirigeants d'entreprise font même une « *not to do list* » : ce que l'entreprise refuse de faire, sous peine de compromettre l'intégrité de son *business model*.

b. La cohérence des arbitrages

Les *business models* les plus performants reposent bien davantage sur la cohérence des arbitrages effectués que sur une prouesse exceptionnelle limitée à un élément particulier.

Il est très rare qu'un excellent produit ou une merveilleuse technologie créent en eux-mêmes un avantage concurrentiel durable : une merveilleuse technologie se diffuse rapidement et un excellent produit n'est souvent qu'un excellent modèle pour les imitateurs. Ainsi, les performances exceptionnelles de Patagonia ou de Ryanair ne reposent sur aucun secret de fabrique. Au fond, les *business models* de ces entreprises sont composés d'arbitrages que d'autres concurrents auraient pu faire, et qu'ils font d'ailleurs parfois. Mais c'est l'agencement de ces choix dans un modèle parfaitement cohérent qui en fait l'originalité.

De plus, ces choix se renforcent mutuellement : le modèle d'avion choisi par Ryanair (seulement des Boeing 737) renforce la spécialisation sur les vols directs court-courriers, ce qui rend possible l'utilisation d'aéroports secondaires (pas de correspondance à assurer) et rend supportable l'aspect spartiate des services à bord, etc.

Mais cohérence et originalité ne suffisent pas à garantir la durabilité de l'avantage concurrentiel. Encore faut-il que le *business model* soit difficile à copier ou à égaler, sinon les concurrents auront tôt fait de réduire l'avantage concurrentiel de l'entreprise. Les entreprises gagnantes ont donc un *business model* original et cohérent, mais aussi coûteux à copier ou difficile à égaler.

3 Les barrières à l'imitation

En règle générale, c'est la singularité et la cohérence des arbitrages qui protègent de l'imitation plus qu'un avantage caché ou un secret de stratégie.

a. Une combinaison d'éléments complexes

Pour éviter la copie, il est préférable de fonder l'avantage concurrentiel sur une combinaison complexe d'éléments du *business model* plutôt que sur un élément particulier trop facile à identifier et à copier. Ainsi, l'avantage concurrentiel d'Apple repose sur une combinaison gagnante d'éléments technologiques et commerciaux portés par la marque, certains diront même par une culture d'entreprise, dont la complexité et la cohérence sont très difficiles à égaler.

Même en copiant un par un les éléments du *business model* d'Apple, comme ses boutiques ou son processus de développement de produits, on ne recréera pas Apple mais une mauvaise copie dont la structure de coût sera prohibitive et/ou dont la proposition de valeur ne convaincra certainement pas les clients. La « mayonnaise » ne prendra pas. Ce raisonnement rejoint l'idée que les ressources socialement complexes sont difficiles à imiter, idée que nous aborderons dans la section 3.

b. Le coût d'opportunité

Au-delà de la difficulté technique à imiter le *business model*, les concurrents seront dissuadés par les coûts, et notamment les coûts d'opportunité, qu'implique l'imitation. Pour une compagnie aérienne standard, copier le *business model low cost* implique une refonte complète de sa flotte, son réseau d'aéroports, son organisation, ses process, etc. Cela revient à créer une compagnie en partant de zéro ! Non seulement ce coût est prohibitif, mais en plus la compagnie risque de perdre ses clients les plus rentables au passage, ceux qui voyagent en *business class*, hantent les salons réservés des plus grands aéroports et accumulent les *miles* sur les programmes de fidélité. Le coût d'opportunité serait déraisonnable !

La plupart des compagnies qui ont essayé de créer des hybrides entre leur *business model* traditionnel et le *low cost* ont échoué. La solution serait plutôt de créer une filiale *low cost* indépendante. Mais dans ce cas, il est peu probable que celle-ci ait un impact positif sur l'activité de la maison mère, ce qui était pourtant bien le problème de départ. Cruel dilemme. Aucun élément n'est difficile à copier en soi, mais l'imitation est en fait terriblement coûteuse.

Le modèle de Zara est lui aussi coûteux à copier, mais le coût d'opportunité est nettement plus faible. Certes, les imitateurs ont de lourds investissements à faire et doivent revoir en profondeur leurs process, mais ceux qui ciblent le même segment de clientèle ont intérêt à en passer par là pour sauvegarder leur *business* avant que Zara ne devienne trop dominant. C'est pourquoi le modèle de Zara, lui, est imité.

Globalement, retenons qu'un *business model* performant repose sur un ensemble d'arbitrages originaux et cohérents (voir figure 2.8) qui se renforcent mutuellement, à la fois sur l'architecture et la proposition de valeur. La plupart du temps, les barrières à l'imitation proviennent davantage des coûts qu'engendre l'imitation que de difficultés techniques. En particulier, c'est le coût d'opportunité de l'imitation qui peut s'avérer dissuasif.

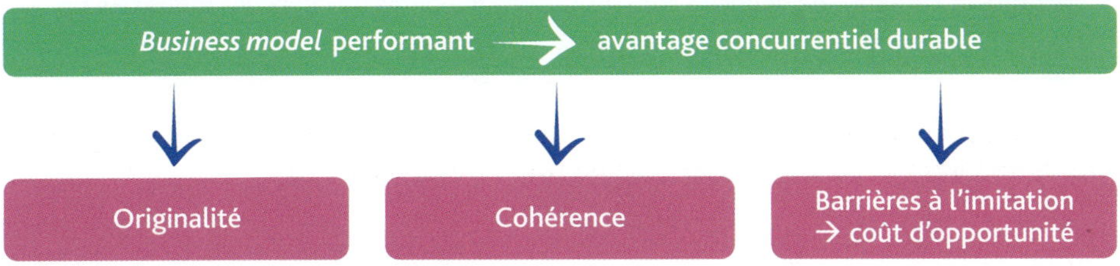

Figure 2.8 Les critères d'un *business model* performant

4 Portée et limites de l'analyse du *business model*

Le *business model*, avec les différents outils qu'il englobe (chaîne et architecture de valeur, proposition et courbe de valeur) est une grille d'analyse efficace pour décortiquer la stratégie d'une entreprise et cerner ses sources potentielles d'avantage concurrentiel. Ce genre d'outil aide à se poser les bonnes questions, mais il reste avant tout descriptif. Il ne repose sur aucune théorie qui pourrait raisonnablement prédire le succès de l'entreprise à partir de son *business model*. Ainsi, on peut juger le modèle d'affaires d'une start-up cohérent, original et difficile à copier, tout en étant incapable de prédire si cette start-up va devenir le nouvel Amazon ou le nouveau Pets.com.

Exemple

Start-up éphémère

- **Pets.com** était une start-up typique de la bulle Internet des années 2000. Lancée en novembre 1998 à San Francisco à grand renfort de publicité et de relations presse, l'entreprise vendait en ligne des accessoires pour animaux de compagnie. Elle a connu une notoriété fulgurante. Sa mascotte, une petite marionnette de chien en chaussette, omniprésente sur les écrans publicitaires du Superbowl 2000, interviewée par le magazine *People* et invitée à l'émission de télévision *Good Morning America*, est devenue rapidement célèbre à travers les États-Unis. Dans l'euphorie de la bulle Internet, tout le monde a cru à son *business model*, les investisseurs en tête. Mais il n'y a pas loin du Capitole à la roche tarpéïenne. La société a été liquidée dès novembre 2000.

D'un autre côté, certains *business models* dont le modèle de revenus semble défier la logique économique la plus élémentaire, pour ne pas dire le bon sens, ont réussi à convaincre les investisseurs et se trouvent valorisés à des sommes astronomiques.

Exemple

22 milliards pour WhatsApp

- **Facebook** a racheté **WhatsApp** à ses créateurs pour 22 milliards de dollars en 2014, alors que WhatsApp ne génère aucun revenu (ne parlons même pas de profit !) puisqu'il fournit une application de messagerie instantanée gratuite et sans publicité. Certes, WhatsApp a clôturé 2017 avec 1,5 milliard d'utilisateurs actifs mensuels (sur un total mondial de 2,8 milliards d'utilisateurs actifs de réseaux sociaux sur mobile), et ce chiffre ne cesse de progresser, ce qui pourrait s'avérer très lucratif si Facebook arrivait à leur facturer quelque chose. Le problème est qu'il risque alors de les perdre puisque la gratuité et l'absence de publicité sont les raisons majeures du choix des utilisateurs.

SECTION 3

ÉVALUER LES RESSOURCES STRATÉGIQUES

Certains théoriciens ont essayé de percer le mystère de l'avantage concurrentiel de manière plus « scientifique », en cherchant les caractéristiques qui distinguent systématiquement les entreprises les plus performantes de leurs concurrents moins compétitifs. Un des courants théoriques les plus connus est celui que l'on appelle depuis les années 1990 la RBV (*Resource-Based View*) ou « courant des ressources ».

1 La RBV (*Resource-Based View*)

Selon cette école de pensée, les différences de performance que l'on peut observer entre les firmes d'une même industrie s'expliquent par l'hétérogénéité de leur portefeuille de ressources : certaines entreprises ont un accès exclusif à des ressources dont leurs concurrents sont privés. En conséquence, le portefeuille de ressources (actifs et compétences) que détient l'entreprise est la source principale de son avantage concurrentiel (voir la rubrique Fondements théoriques ci-après).

a. Définitions

Les théoriciens de la RBV n'ont pas toujours été d'une totale clarté quant aux termes utilisés : ressources, actifs, capacités, aptitudes, savoir-faire, compétences, sont des vocables censés distinguer différentes catégories de ressources mais qui sont parfois utilisés indifféremment[1].

Pour notre part, nous utilisons le terme « ressources » pour englober toutes ces catégories, qui vont des actifs tangibles (bâtiments, magasins, machines…) aux ressources intangibles (marque, compétences, savoir-faire…).

Les actifs tangibles sont répertoriés et valorisés dans le bilan comptable. En revanche, les intangibles n'apparaissent généralement pas dans la comptabilité mais leur valeur se révèle parfois sous forme de *goodwill* (survaleur), par exemple en cas de fusion acquisition. Nous considérons également comme une ressource l'aptitude à combiner d'autres ressources entre elles. En effet, il est peu plausible qu'un actif en tant que tel crée un avantage concurrentiel. Encore faut-il avoir les compétences pour l'exploiter de manière profitable. On peut devenir riche en héritant d'un restaurant gastronomique à succès. Mais si on n'a aucune compétence en cuisine ou en restauration, il vaut mieux le revendre tout de suite que d'essayer de l'exploiter soi-même.

La notion de ressources est donc très large. On y trouve les ressources humaines, financières, technologiques, ainsi que l'organisation, la réputation, le réseau relationnel… c'est-à-dire tout le patrimoine accumulé qui permet à l'entreprise d'exercer son activité et de se démarquer de ses concurrents.

1. Grant R.M., 1996 ; Durand R., 2003.

b. Ressources et avantage concurrentiel

On pourra remarquer que les idées issues de la RBV ont influencé les concepteurs du *business model canvas* (voir figure 2.1), puisque les « ressources clés » occupent une large part dans l'architecture de valeur. L'argument du courant des ressources est que les seules véritables sources d'avantage concurrentiel se trouvent dans la case « ressources clés » du *business model*. Du coup, dans ce cas, la stratégie consiste à aligner les autres composantes du *business model* sur ces ressources clés.

Poussé à sa limite, ce raisonnement frise le paradoxe. En effet, si les ressources sont les seules sources possibles d'avantage concurrentiel, l'entreprise devrait alors définir toute sa stratégie en fonction de ses ressources clés. Par conséquent, plutôt que d'essayer de définir sa proposition de valeur en fonction d'une analyse externe (l'analyse du marché et de l'industrie) comme le suggère la vision marketing traditionnelle, l'entreprise devrait définir son offre en fonction d'une analyse interne (celle de son portefeuille de ressources).

Autrement dit, au lieu de chercher un positionnement produit/marché plus rentable que celui des concurrents, puis d'investir pour se procurer les ressources nécessaires afin de servir ce segment de marché, l'entreprise devrait d'abord identifier ses compétences distinctives et construire ensuite la proposition de valeur (et donc choisir des couples produits/marchés) qui permet de tirer le meilleur parti de ces ressources.

Exemple

Les personnages Disney

- L'illustration typique est celle de **Disney**, dont les ressources clés sont les personnages des dessins animés. Disney exploite ses personnages dans toutes les activités possibles où ils peuvent rapporter de l'argent : télévision, parcs d'attractions, croisières, jouets et autres produits dérivés, boutiques, etc.

La RBV est donc à la fois une théorie de la *business strategy* et une théorie de la *corporate strategy* : elle explique non seulement l'avantage concurrentiel mais aussi la diversification. Dans la mesure où certaines ressources, comme les personnages de Disney, sont « plastiques », elles peuvent servir à concevoir des offres variées pour des marchés ou même des secteurs d'activité très différents. Nous reviendrons sur cette question au chapitre 7.

FONDEMENTS THÉORIQUES

***Resource-Based View*[1]**

Le profit et la rente

La *Resource-Based View* (RBV) ou « courant des ressources » postule qu'aucune entreprise n'est identique à une autre car des entreprises différentes contrôlent des portefeuilles de ressources différents, ce qui explique les écarts de performance constatés dans une industrie donnée.

Dans ce contexte, la performance d'une entreprise provient davantage d'une rente que d'un profit[2]. Ces deux notions sont conceptuellement différentes.

Le profit est la différence entre les revenus (déterminés par le prix et le volume) et les coûts, résultant des dépenses engagées pour produire et livrer les produits ou services aux clients.

•••

•••

Dans la perspective microéconomique classique, la concurrence entre firmes pèse sur les prix et conduit à l'érosion des profits. Afin de maximiser leurs profits, les entreprises doivent donc réduire leurs coûts autant que faire se peut.

Alors que le profit provient de la différence entre prix et coût, la rente procède d'une addition.

Tout revenu excédant le coût de constitution et d'utilisation des facteurs de production dont ce revenu est issu, est une rente.

Maximiser la rente ne revient donc pas à réduire les coûts mais à accroître les revenus en utilisant au mieux les ressources disponibles.

Dans la vision microéconomique classique, les entreprises qui recherchent le profit en réduisant leurs coûts peuvent réaliser de belles performances à court terme mais seront inéluctablement rejointes par des imitateurs. La manne du profit se raréfie d'elle-même jusqu'à s'éteindre. Tandis que selon le courant des ressources, l'entreprise qui utilise au mieux ses ressources et crée donc des revenus supérieurs à leur coût de constitution peut maintenir un avantage concurrentiel durable. En effet, le coût de constitution d'une ressource équivalente par un concurrent peut nécessiter d'énormes investissements et devenir exorbitant, ce qui l'empêche d'égaler la performance de l'entreprise considérée.

Exemple :

Il est difficile et coûteux de chercher à imposer un personnage capable de rivaliser avec la notoriété de Mickey Mouse ou du Roi Lion, ressources qui procurent à Disney des rentes considérables. Nintendo, en s'appuyant sur des supports très différents de ceux utilisés en son temps par Walt Disney – les jeux vidéo –, et sans empiéter sur les rentes de Disney, est néanmoins parvenu plus récemment à imposer un autre personnage : Super Mario. Mickey et Super Mario sont des ressources qui donnent à leurs propriétaires accès à des revenus très supérieurs au coût nécessaire au maintien de la notoriété des personnages. Ces revenus en excès sont des rentes.

La rente différentielle de Ricardo

La notion de rente a été mise en avant dès 1817 par David Ricardo, un des pères de la théorie économique classique, à propos de la production agricole. Si l'on considère deux champs de même taille dont l'un est plus fertile que l'autre, l'excédent de production – pour des efforts et des coûts d'exploitation équivalents – que l'on obtiendra du champ le plus fertile constitue une rente découlant de la détention d'un actif plus productif. Cet excédent est ce que l'on appelle une rente « ricardienne » ou « différentielle ».

L'extension de la notion de rente au portefeuille de ressources de l'entreprise modifie l'analyse de la performance. La rente peut résulter soit d'un déséquilibre temporaire dans les conditions de l'offre, soit du potentiel intrinsèque des ressources détenues par l'entreprise.

Supposons par exemple qu'une entreprise subisse un problème accidentel d'approvisionnement ou de logistique commerciale. Ce déséquilibre soudain dans l'offre permet à un concurrent disposant des ressources productives adéquates de dégager une rente temporaire. Mais de manière plus fondamentale, les aptitudes managériales

•••

●●●

intrinsèques des cadres dirigeants de ce concurrent peuvent lui permettre de réduire systématiquement le temps nécessaire pour ré-allouer ses équipes de production et de flexibiliser sa logistique, ce qui favorise la création d'une rente à plus long terme et éventuellement d'un avantage concurrentiel.

Les apports du courant des ressources

Le courant des ressources s'écarte fondamentalement des approches économiques traditionnelles par les éléments suivants :

- Premièrement, il introduit une dimension stratégique dans la concurrence entre firmes. Les entreprises ne poursuivent pas un objectif de profit de court terme ; elles orientent leurs actions vers la captation de rentes et donc vers la recherche de sources de rentes, à savoir les ressources stratégiques.
- Deuxièmement, il permet de concevoir une économie dans laquelle des usages alternatifs d'une même ressource sont en concurrence les uns avec les autres, faisant ainsi émerger un prix de transfert pour cette ressource[3]. Il en découle que même les ressources à l'origine du pouvoir de marché ou d'une position de monopole devraient pouvoir être valorisées et échangées.
- Troisièmement, il conduit à rejeter la possibilité d'un équilibre de production de courte période, ce qui met en lumière la dimension dynamique de la concurrence et de la performance, comme résultat d'une accumulation d'actions passées, porteuses de valeur économique[4]. En cela, le courant des ressources renoue avec l'inspiration schumpetérienne de la pensée économique.

Nous avons vu dans le chapitre 1 que, du point de vue de l'analyse de l'industrie (l'analyse de l'environnement externe de l'entreprise), des niveaux de performance élevés ne peuvent subsister durablement dans un domaine d'activité que si ce domaine est protégé par des barrières à l'entrée telles que des économies d'échelle, une forte différenciation des offres, des coûts de remplacement élevés, etc.

Ces mécanismes de protection[5] empêchent l'arrivée de nouveaux concurrents et permettent ainsi aux entreprises en place de conserver des profits élevés. Si certains de ces mécanismes restent compatibles avec les hypothèses de base du courant des ressources, ce dernier situe l'origine principale de la performance des entreprises dans des propriétés intrinsèques aux ressources que celles-ci contrôlent, plutôt que dans les caractéristiques de l'industrie à laquelle ces entreprises appartiennent.

1. D'après Durand R., 2000.
2. Winter S., 1995.
3. Klein B., Crawford R. et Alchian A., 1978.
4. Castanias R.P. et Helfat C.E., 1991.
5. Amit R. et Shoemaker P.J.H., 1993.

2 Identifier les ressources stratégiques : le filtre VRIO

On appelle ressources stratégiques celles qui contribuent à la création de l'avantage concurrentiel.

Ces ressources sont en minorité. Il est par exemple évident qu'un actif disponible sur le marché, comme le nouveau modèle d'avion Airbus A320neo qui permet d'économiser 15 % de kérosène par rapport à son prédécesseur, ne génère d'avantage concurrentiel durable pour aucun acquéreur puisque toutes les compagnies aériennes peuvent l'acheter. En revanche, une compagnie qui tarderait à s'en doter se retrouverait désavantagée. De par les économies qu'elle génère, cette ressource a une forte valeur, mais le fait de s'en doter permet seulement de rester à égalité avec la concurrence, guère mieux.

Quelles sont donc les propriétés des ressources qui peuvent véritablement faire la différence et créer un avantage concurrentiel ? Selon Jay Barney, l'auteur de référence en la matière, ces ressources doivent passer quatre tests : le test de la valeur, celui de la rareté, celui de l'imitation et celui de l'organisation. On utilise l'acronyme VRIO[1] pour désigner le filtre que constituent ces quatre tests successifs (voir figure 2.9).

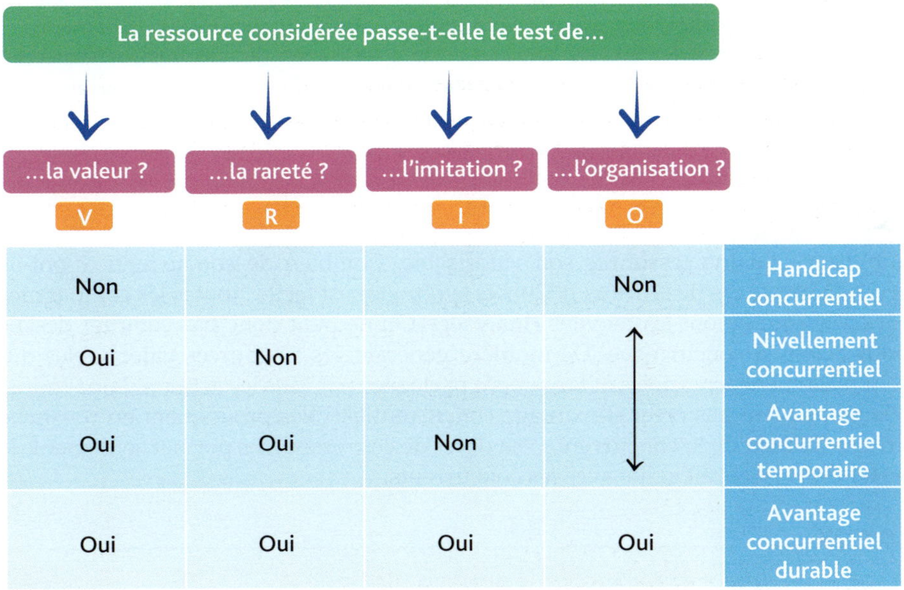

Figure 2.9 Le filtre VRIO des ressources stratégiques

a. Le test de la valeur : la ressource est-elle valorisable ?

Posséder des terrains recelant des minéraux précieux est intéressant en soi mais peu pertinent pour une entreprise du secteur du tourisme. Pour être source d'avantage concurrentiel, une ressource doit avant tout être valorisable, c'est-à-dire contribuer

1. Barney J.B. et Hesterly W.S., 2006 ; Barney J.B., 2007.

de manière pertinente à la proposition de valeur pour les clients. Une ressource qui ne passe pas ce test est en fait un handicap concurrentiel : elle constitue une immobilisation non valorisable dans laquelle l'entreprise aura investi à fonds perdu.

Exemple

Diesel et transition écologique

- **Peugeot** a développé en quelques décennies une compétence distinctive dans les petits moteurs Diesel pour les voitures particulières, jusqu'à en devenir le premier fabricant mondial. Les Diesel Peugeot équipent non seulement les voitures des marques Peugeot et **Citroën**, mais aussi des modèles concurrents comme ceux de **Ford**, à qui Peugeot fournit des groupes motopropulseurs. L'expérience de Peugeot dans ce domaine a fini par créer un avantage concurrentiel tant en termes de coût que de qualité des moteurs.
- Or, la valeur de cette compétence était liée à la fiscalité française qui a longtemps favorisé le gazole en le taxant moins que l'essence. Depuis plusieurs années, le gouvernement français réduit progressivement la différence de prix entre gazole et essence pour faciliter la transition écologique, ce qui fait baisser les ventes de voitures Diesel, plus chères que les voitures à essence, et réduit la pertinence de la compétence de Peugeot sur le Diesel. Les autres pays suivent plus ou moins la même politique. À terme, la ressource de Peugeot va perdre sa valeur. Elle va même devenir un handicap : les ressources humaines, les technologies et les brevets consacrés à la diésélisation des voitures particulières devront être redéployés ailleurs, ce qui va forcément entraîner des coûts importants.

b. Le test de la rareté : la ressource est-elle rare ou facilement disponible ?

Supposons qu'une ressource soit valorisable. Combien de concurrents y ont-ils accès ? Dans le cas de l'Airbus A320neo, la réponse est facile : toutes les compagnies aériennes qui en ont les moyens financiers. On ne peut donc pas compter dessus pour battre la concurrence. De manière générale, les ressources valorisables qui sont facilement accessibles et largement partagées par tous les acteurs d'une industrie ne peuvent pas créer d'avantage concurrentiel. Elles provoquent en revanche un nivellement de la concurrence : se doter de ces ressources permet seulement de rester dans le jeu, à égalité avec les concurrents.

Exemple

Le « Toyotisme » dans l'industrie automobile

- Quand les constructeurs automobiles japonais, **Toyota** en tête, ont introduit dans les années 1970 la notion de « qualité totale » et de « zéro défaut », ils se sont créé un avantage concurrentiel. À l'époque, les usines automobiles étaient encore organisées de manière taylorienne. La priorité était de baisser les coûts en rationalisant la production et en accélérant les cadences, au prix d'une déresponsabilisation des ouvriers sur la qualité. Les constructeurs les plus « haut de gamme » faisaient corriger les inévitables défauts par un atelier spécialisé en bout de chaîne, sur chaque voiture, ce qui était très coûteux. Les autres livraient un certain pourcentage de voitures imparfaites ou mal finies, laissant au service après-vente le soin de résoudre les problèmes s'ils étaient perçus par les clients.

- Le « Toyotisme » a créé une révolution : les ouvriers pouvaient arrêter la chaîne dès qu'un problème de qualité apparaissait, de manière à sortir toutes les voitures avec « zéro défaut » dès leur tombée de chaîne, sans reprise en fin de processus. Cette nouvelle méthode permettait en quelque sorte de résoudre la quadrature du cercle : minimiser les coûts tout en maximisant la qualité. De nos jours, cependant, cette capacité s'est diffusée parmi tous les constructeurs automobiles. Elle a perdu sa rareté, elle n'est donc plus une source d'avantage concurrentiel durable. Toutefois, les constructeurs qui maîtrisent mal cette compétence peuvent rattraper leur retard, à condition d'investir.

c. Le test de l'imitation : la ressource est-elle difficile à copier ou à contourner ?

Comme les ressources rares et valorisables génèrent des rentes, la concurrence va s'en apercevoir et chercher à les imiter. Si elles sont imitables, ces ressources ne créent donc qu'un avantage concurrentiel temporaire. À défaut de les copier à l'identique, les concurrents peuvent chercher à les imiter ou à les contourner en innovant plus ou moins.

Exemple

La valeur du conseil en stratégie

- La réputation de **McKinsey** dans le domaine du conseil en stratégie est difficilement imitable : elle est tellement forte qu'un concurrent comme **BCG** a passé des années à essayer de la rattraper. Copier à l'identique McKinsey aurait signifié avoir toujours un temps de retard, c'est pourquoi BCG, dès sa création dans les années 1960, a essayé d'innover en développant des compétences plus théoriques, comme le modèle de la courbe d'expérience (voir chapitre 4) ou la célèbre matrice du BCG (voir chapitre 7), diffusées sous forme de brochures et plaquettes à destination des dirigeants d'entreprises. Alors que McKinsey prônait une approche empirique et spécifique à chaque client, BCG proposait des modèles théoriques, des méthodes prédéfinies et des solutions quasi-mathématiques aux problèmes de stratégie. C'était une manière de contourner la réputation de McKinsey en construisant une compétence de substitution. De nos jours, le différentiel de réputation s'est significativement réduit et les approches des deux cabinets sont devenues très similaires : McKinsey ne rechigne pas à la modélisation et BCG s'est dégagé de ses carcans théoriques.

Il existe trois types de raisons qui rendent une ressource difficilement imitable par les concurrents.

- **Les conditions historiques**

Des conditions historiques peuvent expliquer le fait qu'une entreprise a, au cours de son existence, développé une expérience unique sur une compétence particulière. Tout imitateur devra alors combler un différentiel de compétence tellement important, et qui plus est dans une période de temps raccourcie, que sa probabilité de réussite sera très limitée. L'histoire de l'entreprise est souvent indissociable de l'accumulation progressive de ressources et de savoir-faire. Même si un concurrent reconnaît la valeur des ressources et compétences de l'entreprise, il ne pourra les acquérir qu'en refaisant l'ensemble du cheminement suivi par l'entreprise, ce qui serait en général absurde d'un point de vue économique. C'est ce que les théoriciens appellent la « *path dependence* » (dépendance au chemin emprunté).

Exemple

L'avance d'Évian

- Derrière la valeur de la marque *Évian*, qui permet de vendre de l'eau à un prix défiant (ironiquement) toute concurrence, il y a un siècle d'histoire, de marketing et de publicité. Un concurrent qui voudrait rattraper cette avance devrait passer par les différentes étapes du développement d'Évian. Et si ce concurrent cherchait à brûler les étapes, il en paierait le prix, soit sous forme d'investissements bien supérieurs, soit sous forme d'une efficacité moindre. C'est ce qu'on appelle les déséconomies de compression du temps.

FONDEMENTS THÉORIQUES

Les déséconomies de compression du temps (*time compression diseconomies*)

La notion de déséconomies de compression du temps a été proposée par Dierickx et Cool en 1989[1] sur la base d'un principe déjà évoqué par Scherer en 1967 : plus une entreprise souhaite se développer rapidement, plus le coût de son développement sera élevé. En effet, un développement rapide exige de recourir à des ressources « d'urgence », souvent coûteuses. Mansfield a ainsi montré dès 1971 que si la durée d'un projet baisse de 1 %, son coût de développement augmente de 1,75 %[2].

Les déséconomies de compression du temps empêchent l'entreprise de tirer pleinement profit des ressources qu'elle acquiert dans un temps trop réduit, ce qui nuit à une absorption efficace de ces ressources.

Exemple :

L'illustration des programmes MBA (*Master of Business Administration*) en fonction de leur durée est éclairante. Selon le principe des déséconomies de compression du temps, les programmes MBA qui durent une seule année, au lieu des deux ans traditionnels, ne permettent pas à leurs étudiants d'accéder au même niveau de connaissance que les programmes classiques en deux ans, même si leurs contenus sont strictement identiques. En effet, les étudiants n'ont pas les capacités nécessaires pour absorber la même quantité de connaissances et de façon aussi approfondie dans un temps plus court.

Par analogie, l'entreprise qui se développe rapidement ne pourra pas bénéficier autant de la croissance que celle qui se développe plus graduellement, alors même que le coût de la croissance rapide est plus élevé.

1. Dierickx I. et Cool K., 1989.
2. Mansfield E., 1971.

- ### L'ambiguïté causale

L'ambiguïté causale caractérise une situation dans laquelle il est très difficile d'identifier quelles ressources sont la source de l'avantage concurrentiel.

Dans un tel contexte, il est pratiquement impossible à un observateur extérieur, mais aussi aux membres de l'organisation elle-même, d'établir un lien de causalité clair entre le niveau de performance exceptionnel de l'entreprise et la combinaison de ressources qui la caractérise. De quelles ressources pourrait-on se passer ?

Quelles compétences sont vraiment nécessaires ? Quelles aptitudes permettent d'exploiter quelles ressources ? L'ambiguïté causale empêche quiconque d'identifier précisément les causes du succès et *a fortiori* de reproduire ce succès passé dans une nouvelle situation concurrentielle ou dans une autre entreprise.

Exemple

Le succès d'Apple

- Il est bien difficile d'identifier quelles ressources font vraiment le succès d'**Apple** et ont permis à l'entreprise de se réinventer plusieurs fois en créant à chaque fois des produits et des *business models* tellement innovants qu'ils ont créé de nouvelles industries. L'intelligence et le leadership de Steve Jobs y sont évidemment pour quelque chose, mais il y a nécessairement d'autres paramètres et, même à l'intérieur de l'entreprise, bien malin est celui qui peut les lister de manière pertinente et exhaustive.

• La complexité sociale

La complexité sociale caractérise la combinaison et l'imbrication de savoir-faire humains au sein de l'organisation.

Les relations avec des fournisseurs, la compréhension du comportement des clients, les relations interpersonnelles entre les membres d'une équipe de direction, sont en général difficilement imitables. Et globalement, plus les compétences sont collectives et organisationnelles, plus la complexité sera importante et la probabilité de reproduction faible, tant en interne que par les concurrents.

Ce raisonnement s'applique également à Apple. Au-delà de la technologie, beaucoup des compétences en cause sont humaines, organisationnelles et complexes, ce qui les rend inimitables, alors que la technologie est généralement plus facile à imiter ou à contourner, pour peu qu'on s'en donne les moyens.

• Les substitutions

Quand il est impossible ou trop coûteux d'imiter une ressource détenue par une entreprise, les concurrents peuvent essayer de la contourner en la remplaçant par une innovation plus radicale, en espérant la rendre obsolète. Ceci se produit très classiquement dans le domaine des technologies où la substitution est devenue la règle, le cycle de vie des technologies s'étant incroyablement réduit. Certaines substitutions créent des avantages concurrentiels tellement significatifs qu'elles détruisent complètement la valeur des ressources d'origine, par un processus schumpetérien de destruction créatrice.

Ainsi, la digitalisation a tué nombre de compétences techniques et humaines qui ont perdu toute valeur, d'où la nécessité pour la plupart des entreprises de développer une stratégie digitale, voire de se livrer à un coûteux processus de transformation digitale (voir chapitre 16). Il en ira de même pour l'intelligence artificielle. D'autres substitutions, dont le différentiel de valeur est plus faible, permettent la coexistence de plusieurs modèles. En effet, certaines ressources résistent mieux à l'imitation et au contournement qu'elles subissent sans que leur valeur en soit trop entamée. Ces ressources sont plus durables. C'est le cas de l'image de marque et de la réputation d'une firme comme McKinsey.

d. Le test de l'organisation : l'entreprise est-elle dotée des structures et *process* qui lui permettent d'exploiter au mieux ses ressources stratégiques ?

Pour tirer de ses ressources un avantage concurrentiel durable, l'entreprise doit parvenir à s'approprier durablement la rente que ses ressources génèrent et notamment éviter que la ressource se dévalorise ou que la rente qu'elle génère soit captée par d'autres acteurs dans l'environnement (concurrents, distributeurs, clients finaux…).

Pour maintenir durablement la valeur d'une ressource stratégique, l'entreprise doit faire des efforts constants d'accumulation, de perfectionnement et de renouvellement de compétences. Ces efforts se traduisent par une organisation, une discipline, des process, des systèmes d'incitation cohérents, dédiés à l'exploitation et à la valorisation des ressources clés. Ainsi, les process de recrutement, de promotion, d'incitation et de GRH chez McKinsey ont pour seul but de garantir le recrutement, la sélection et le développement des consultants qui correspondent le mieux à la philosophie de l'entreprise, de manière à préserver sa réputation d'excellence.

A contrario, rien n'est plus facile que de dévaloriser une marque en la collant sur des produits inappropriés développés par une organisation qui ne considère pas la valorisation de la marque comme une priorité.

Exemple

Citroën abandonne ses chevrons

- Ainsi, la marque **Citroën**, jadis synonyme d'originalité technologique à la française avec les mythiques Tractions, DS et 2 CV, est devenue d'abord ringarde (« voiture de Papi » avec la GS notamment) avant de se dévaloriser complètement sur des modèles Peugeot rebadgés, suite à son intégration au groupe PSA. Les amateurs considèrent avec tristesse et compassion les efforts actuels du constructeur pour faire oublier ses chevrons sous le sigle DS, ce qui revient en fait à créer une nouvelle marque en jouant sur une association improbable avec la merveilleuse DS Citroën des années 1955-1975.

3 Les limites des approches fondées sur les ressources et compétences

Le courant des ressources est la version la mieux théorisée d'une vision plus générale de la stratégie qui cherche à trouver les sources d'avantage concurrentiel de l'entreprise dans ses compétences et ses actifs, plutôt que dans son positionnement en termes de produit-marché. Ainsi, certains auteurs parlent de compétences cœur ou compétences clés (*core competences*)[1], pour désigner les aptitudes organisationnelles complexes qui

1. Hamel G. et Prahalad C.K., 1990.

constituent selon eux le fondement de l'avantage concurrentiel. La compétence cœur de Black et Decker serait son aptitude à fabriquer des petits moteurs électriques pour l'outillage manuel, celle de 3M d'innover dans tout ce qui concerne les colles et les revêtements, celle de FedEx d'être le champion mondial de la logistique.

Ce raisonnement n'est pas nouveau : le modèle SWOT, dès les années 1960, mentionnait les « compétences distinctives » comme source d'avantage concurrentiel.

D'un autre côté, on voit émerger depuis quelques années le mot « routine », qui perd au passage sa connotation péjorative, pour parler des processus répétitifs et quasi-automatiques à travers lesquels les compétences cœur sont mises en œuvre de manière régulière et fréquente par l'organisation.

Les routines sont fondées sur des savoirs tacites socialisés si bien ancrés dans l'esprit et la mémoire collective qu'ils sont pratiqués par les individus sans qu'ils en soient toujours conscients.

Ces différences de vocabulaire, qui traduisent des nuances plus ou moins pertinentes pour l'analyse de la stratégie d'une entreprise, ne doivent pas faire perdre de vue l'essentiel : quelle que soit la terminologie employée, ces approches partent du principe que l'avantage concurrentiel d'une entreprise résulte de sa capacité à faire certaines choses mieux que ses concurrents, ceux-ci étant incapables de faire aussi bien. Ce raisonnement est parfois taxé de tautologie : être meilleur que les concurrents, c'est avoir des capacités qui permettent de faire mieux qu'eux !

De fait, on va toujours avoir tendance à conclure qu'une entreprise performante dispose d'un portefeuille de ressources stratégiques et qu'une entreprise moins performante en manque. Certes, cela ne nous apprend pas grand-chose. En revanche, essayer de savoir ce qu'il y a de distinctif et de difficile à copier dans les compétences d'une organisation, et se demander en quoi cela réduit les coûts ou augmente la valeur perçue de son offre par rapport aux concurrents, peut s'avérer fructueux.

Soulignons aussi que, malgré leur aspect tautologique, les approches basées sur les ressources peinent parfois à expliquer la performance de certaines entreprises.

Exemple

Les ressources du *low cost*

- Il nous semble « tiré par les cheveux » de considérer que les stratégies *low cost*, très performantes dans certaines industries comme le transport aérien ou la distribution, reposent sur des « ressources stratégiques ». Nul besoin de compétences mystérieuses ou VRIO pour réduire les coûts dans toutes les dimensions possibles de l'offre. Certes, le test de l'organisation est important : ces stratégies exigent une discipline d'exécution hors du commun. Mais les tests de rareté et d'imitation ne fonctionnent pas : les modèles *low cost* reposent sur des ressources disponibles sur le marché et relativement faciles à imiter. N'importe quelle compagnie aérienne peut utiliser des Boeings 737 et des aéroports secondaires, cesser de servir des repas à bord et former son personnel à gagner du temps aux escales. En revanche, la plupart des concurrents n'ont pas intérêt à répliquer l'ensemble du modèle parce que, comme nous l'avons vu, le coût d'opportunité serait trop fort.

Remarquons enfin que tout miser sur l'exploitation de ressources spécifiques, sous prétexte qu'elles sont « stratégiques » peut conduire à l'échec par l'enlisement dans un *business model* dépassé. La capacité d'adaptation d'une organisation est conditionnée par ses compétences et ses routines actuelles. Elle se concentre donc naturellement sur la recherche d'amélioration des savoir-faire existants, ce qui conduit à ignorer ou à négliger des savoir-faire nouveaux. L'exploitation systématique des ressources existantes devient un obstacle à l'exploration[1]. Ainsi, certains auteurs signalent qu'une compétence peut devenir, dans certains cas, une rigidité organisationnelle[2].

CONCLUSION

Les grilles d'analyse du type chaîne de valeur, courbe de valeur et *business model*, plutôt descriptives que prescriptives, nous aident à nous poser les bonnes questions pour analyser les choix stratégiques d'une entreprise, depuis les ressources qu'elle emploie jusqu'aux clients qu'elle cible. À nous de faire le lien avec l'avantage concurrentiel, au cas par cas, en fonction du jugement que nous pouvons porter sur la cohérence et l'originalité du *business model*, ainsi que sur les barrières à l'imitation.

Les approches plus théoriques, comme le courant des ressources, essaient d'établir un lien de cause à effet systématique entre une partie du *business model*, à savoir les ressources clés, et l'avantage concurrentiel. L'idée a ses mérites et ses limites. Il serait pour le moins téméraire d'en déduire des prescriptions stratégiques universelles, d'autant que, comme nous l'avons déjà évoqué, rechercher la pierre philosophale, c'est-à-dire la recette universelle du succès, est une impasse logique : pouvoir transformer le plomb en or, c'est ramener la valeur de l'or à celle du plomb.

1. March J.G., 1991.
2. Leonard-Barton D., 1995.

À RETENIR

Analyser le *business model*

- Le ***business model*** comprend trois composantes :
  – la proposition de valeur (produits/services et clients) ;
  – l'architecture de valeur (chaîne de valeur et réseau de valeur) ;
  – l'équation de profit (modèle de revenus, structure de coût et capitaux engagés).
- Pour analyser la **proposition de valeur**, on peut comparer la courbe de valeur de l'offre de l'entreprise avec celle des offres concurrentes. Cette courbe rend compte de la valeur que les clients associent à chacun des attributs des offres considérées.
- Pour analyser l'**architecture de valeur**, on peut utiliser le concept de chaîne de valeur, en distinguant les activités principales et les activités de support. Cette analyse permet d'identifier des sources d'avantage concurrentiel, tant du point de vue des coûts que de la valeur perçue de l'offre.
- L'**équation de profit** repose essentiellement sur l'analyse du **ROCE** (Résultat Opérationnel sur Capitaux Engagés). La proposition de valeur influence le modèle de revenus, alors que l'architecture de valeur détermine la structure de coût et les besoins en capitaux.

Business model et avantage concurrentiel

- La capacité d'un *business model* à créer un **avantage concurrentiel** repose sur trois caractéristiques :
  – son originalité par rapport au modèle dominant dans l'industrie ;
  – sa cohérence en matière d'arbitrages dans la conception de l'offre ;
  – les barrières à l'imitation de ce *business model*.
- Le *business model* est simplement une **grille d'analyse descriptive**. Ce n'est pas un modèle prédictif de la performance.

Évaluer les ressources stratégiques

- La ***Resource-Based View*** (RBV), ou **courant des ressources**, est une théorie fondée sur le postulat que l'avantage concurrentiel d'une entreprise provient de la détention de ressources stratégiques exclusives. Ces ressources permettent de créer une rente économique.
- Pour être « stratégiques », c'est-à-dire susceptibles de créer un avantage concurrentiel durable, ces ressources doivent passer les quatre **tests VRIO**. Autrement dit, elles doivent être : **V**alorisables, **R**ares, difficiles à **I**miter, exploitées systématiquement par l'**O**rganisation.
- La RBV est souvent taxée de tautologie. Pourtant, elle peine à expliquer certains avantages concurrentiels, comme les avantages *low cost*, qui découlent plus d'un positionnement astucieux que de la détention de ressources inaccessibles par les concurrents.

Chapitre 3 La dynamique concurrentielle

> *« Aucun plan de bataille ne survit au contact avec l'ennemi. »*

Comme aiment à le répéter les militaires, « aucun plan de bataille ne survit au contact avec l'ennemi » (citation attribuée à Helmuth von Moltke, général prussien). Dès qu'on est sur le terrain, rien ne se passe comme prévu car l'ennemi aussi a une stratégie, dont le but est justement de déjouer la nôtre… et réciproquement. Une fois identifiées les sources de performance de l'entreprise, on a une idée des décisions à prendre pour créer son avantage concurrentiel, mais on ne sait pas comment les six autres types d'acteur (concurrents, fournisseurs, acheteurs, entrants potentiels, substituts et « complémenteurs ») vont réagir. Or, ces acteurs ne souhaitent pas nécessairement que la stratégie de l'entreprise réussisse, craignant que ce soit à leur détriment. La stratégie sert de boussole, mais dans l'action, il faut réagir au coup par coup aux imprévus.

Les entreprises sont en situation d'interdépendance économique : les actions des unes changent le potentiel de rentabilité des autres. Nous montrerons en quoi le potentiel de gain ou de perte de chaque acteur rend sa stratégie prévisible, et comment cela peut orienter la réflexion stratégique. Nous verrons aussi que les effets de l'interdépendance dépendent de facteurs internes aux entreprises en lice mais aussi de facteurs externes.

Le but de ce chapitre est d'analyser et d'essayer de prévoir la dynamique concurrentielle, pour anticiper les actions et réactions potentielles des autres acteurs.

Plan du chapitre

SECTION 1

INTERDÉPENDANCE ENTRE ACTEURS ET THÉORIE DES JEUX

Même si nous ne développons pas ce thème en détail, il est important d'évoquer la théorie des jeux comme un des modes de représentation des situations d'interdépendance économique entre acteurs. Le principe est simple : la stratégie d'un acteur est influencée par celle des six autres types d'acteur (concurrents, fournisseurs, acheteurs, nouveaux entrants, substituts, « complémenteurs » ; voir figure 3.1) ainsi que par l'anticipation (juste ou erronée) de ses actions en fonction d'informations ou de signaux qu'ils envoient.

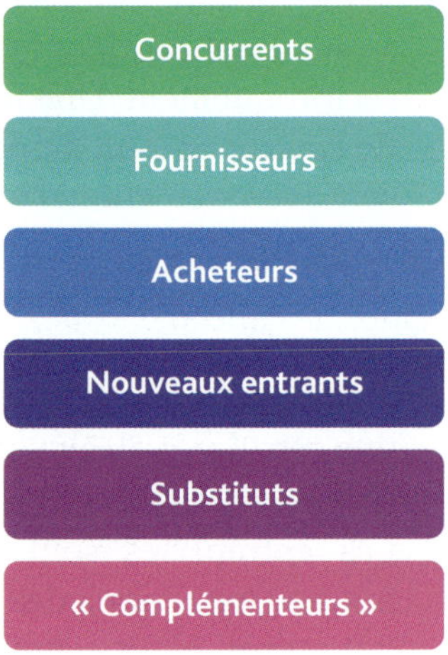

Figure 3.1 Les six types d'acteur

La théorie des jeux a donc développé un ensemble de concepts qui permet de décrire de multiples situations concurrentielles[1].

L'idée de base de la théorie des jeux est de représenter les actions possibles pour chaque acteur et la structure des gains tirés de ces actions à partir d'hypothèses sur l'accès de chaque acteur à l'information sur les autres. Du fait de l'interdépendance économique, les gains d'un acteur sont conditionnés par les actions d'un autre. Par conséquent, aucune action ne produit les résultats escomptés indépendamment des actions des autres acteurs, d'où la notion de « jeu ». Comme aux échecs, il n'y a pas de stratégie optimale en soi, mais un plan général qui s'adapte par anticipation aux mouvements de l'adversaire. Il convient donc que le décideur se mette à la place de son adversaire et examine ses marges de manœuvre, ses objectifs, ses ressources financières et ses perspectives de perte ou de gain en fonction des différents scénarios d'action ou réaction envisageables.

1. Yildizoglu M., 2003 et Myerson R., 1997.

1 Les éléments de base de la théorie des jeux

Pour décrire l'état du jeu, on prend en compte plusieurs éléments.

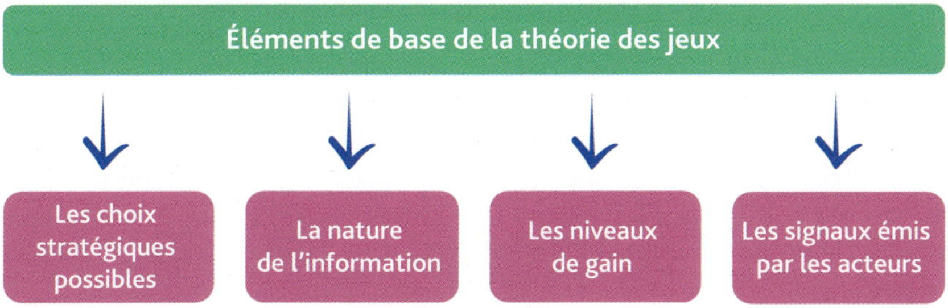

Figure 3.2 Les éléments de la théorie des jeux

a. Les choix stratégiques possibles

Tout d'abord, on considère l'ensemble des choix stratégiques possibles en fonction de la situation donnée et du contexte (technologique, économique...). La théorie des jeux se limite souvent à un nombre limité de possibilités : lancer ou non un produit, baisser les prix de façon uniforme ou seulement pour un segment de clients, augmenter ou non les investissements. De plus, on réduit la modélisation à une poignée d'acteurs, voire à deux seulement, par exemple l'entreprise et son principal concurrent, en faisant l'hypothèse que c'est le seul vraiment dangereux ou qu'il est représentatif de la réaction collective des concurrents. En effet, il est généralement trop complexe de prendre en compte un nombre élevé d'acteurs, ce qui multiplie les interactions et donc la difficulté d'analyse.

b. La nature de l'information

Vient ensuite la nature de l'information qui circule entre les acteurs. Est-elle complète ou incomplète ? Les acteurs peuvent-ils identifier les mouvements de leurs concurrents ? Émet-on l'hypothèse qu'ils agissent simultanément ou séquentiellement ?

- **Dans le cas d'une information complète**, chaque acteur connaît l'ensemble des stratégies possibles du concurrent, ainsi que les coûts/retours associés pour chaque stratégie.
- **Dans le cas d'une information incomplète**, certaines dimensions sont masquées pour les acteurs qui agissent donc dans une plus grande incertitude. Cette incertitude introduit des raisonnements probabilistes complexes dans le calcul de résolution des jeux.

c. Le niveau des gains

Enfin, on évalue le niveau des gains associés à chaque scénario. Le montant des gains varie en effet avec la structure de coût des acteurs, leur positionnement, leur aversion au risque... ce qui modifie le comportement de chacun.

La structure des gains permet de caractériser plusieurs types de jeux. On distingue :

- **les jeux à somme nulle**, où ce que gagne un acteur génère une perte équivalente pour les autres ;
- **les jeux à somme non-nulle**, où tous les joueurs peuvent ressortir avec des gains positifs.

Dans les situations représentées par la théorie des jeux, certaines stratégies aboutissent à un équilibre, c'est-à-dire à un état de stabilité que chacun trouve optimal, au moins relativement aux autres situations possibles. L'atteinte d'un tel équilibre repose sur l'hypothèse que les acteurs sont rationnels, sans quoi ils ne seraient pas en mesure de prendre l'utilité et l'intérêt des autres parties en compte dans leurs propres décisions.

L'équilibre de Nash, qui porte le nom de l'économiste John Nash, prix Nobel 1994, est le modèle d'équilibre le plus connu. Il stipule que chaque acteur agit du mieux qu'il peut en ayant intégré l'information sur les actions des autres joueurs.

Prenons un exemple : une entreprise A a développé un nouveau produit et se demande si elle doit vraiment le lancer sur le marché. La réponse à cette question dépend de ce que va faire son concurrent B, dont on sait qu'il a développé un produit similaire. Les gains prévisibles pour chaque entreprise dépendent à la fois de sa décision et de celle de l'autre entreprise, sachant que les deux acteurs font le même raisonnement et ont accès à la même information. La structure des gains est représentée dans le tableau 3.1 : si A et B renoncent au lancement, leurs gains potentiels se limitent respectivement à 18 et 8 (case en bas à droite). En revanche, si A lance le produit alors que B s'en abstient, A va bénéficier à plein du lancement et son profit va s'élever à 32 alors que la performance de B descendra à 4, etc.

	Entreprise B	
Entreprise A	**Lance le nouveau produit**	**Renonce au lancement**
Lance le nouveau produit	22 / 12	32 / 4
Renonce au lancement	14 / 18	18 / 8

N.B. : Les chiffres correspondent aux gains espérés pour les entreprises dans chaque situation possible. Le chiffre en bleu représente le gain de A, celui en rouge, le gain de B.

Tableau 3.1 La structure des gains d'un jeu conduisant à un équilibre de Nash

Dans cet exemple, l'équilibre de Nash est atteint si les deux entreprises décident de lancer leurs produits. En effet, l'entreprise A passerait d'un gain de 22 à 14 si elle renonçait au lancement dans une situation où B déciderait de lancer son produit. Simultanément, l'entreprise B se rend compte qu'elle a effectivement intérêt à lancer son produit si A lance le sien, sous peine de réduire ses propres gains de 12 à 4. Chaque acteur essaie en effet de maximiser son gain compte tenu de l'intérêt de l'autre. Pour interpréter le tableau 3.1, il faut donc comparer les chiffres bleus (gains de A) de colonne à colonne, et les chiffres rouges (gains de B) de ligne à ligne. Ainsi, chaque entreprise a intérêt à lancer son produit, compte tenu de ce que fait l'adversaire, qui analyse le jeu de la même façon.

Cette vision du jeu concurrentiel repose sur l'idée que les entreprises cherchent à optimiser leur performance en essayant de trouver un équilibre stable pour tous. Ainsi, face à un nouvel entrant, une entreprise en place peut répondre en baissant les prix. De son côté, si le nouvel entrant accepte la guerre des prix, il fait comprendre aux entreprises en place que les marges se réduiront alors pour toute l'industrie. Cela signifie que si le nouvel entrant réussit à s'installer sur le marché, il ne sera de l'intérêt d'aucune des parties de se livrer à une coûteuse guerre des prix.

Exemple

Free casse l'équilibre

- C'est ce qui s'est passé en France dans le secteur des opérateurs de téléphonie mobile. Lors des débuts de la téléphonie mobile, le monopole du marché était confié à **France Télécom**. Puis l'ouverture à la concurrence s'est faite avec l'entrée de **SFR**. Malgré cette concurrence nouvelle, les prix restèrent assez hauts afin d'assurer de hauts revenus et de financer les investissements nécessaires aux infrastructures de réseau. De cette manière, grâce à une collusion plus ou moins tacite de ces opérateurs, un équilibre de Nash a été atteint.
- Cette situation s'est reproduite lors de l'entrée de **Bouygues Telecom**. Même si celui-ci a, dans un premier temps, fait preuve d'agressivité commerciale, la situation s'est ensuite équilibrée. **Orange**, SFR et Bouygues ont stoppé une guerre des prix qui détériorait leurs marges pour arriver à un équilibre où chacun trouvait son compte. Les trois opérateurs ont d'ailleurs été condamnés pour entente illégale en 2005.
- En 2012, quand **Free** entre sur ce marché, il prend un tout autre parti et casse les prix. De fait, il rompt le cartel. Les conséquences sont immédiates : sa part de marché grimpe à un rythme sans précédent, le cours de Bourse de sa maison mère Iliad s'envole et, dès 2013, Free dégage un résultat opérationnel positif. Les autres opérateurs souffrent terriblement de cette concurrence : Bouygues constate en 2012 une perte nette de 14 millions d'euros. L'équilibre de Nash a été rompu.
- Enfin, dans un dernier temps, les trois opérateurs historiques alignent une partie de leurs prix grâce à leur marque *low cost* respective et une véritable guerre des prix s'engage sur la durée. C'est ainsi qu'un nouvel équilibre de Nash est atteint, pour le plus grand bénéfice des consommateurs.

Nous verrons à la fin de ce chapitre que cette vision de l'équilibre concurrentiel a été remise en question avec la notion d'hypercompétition par laquelle les concurrents cherchent en permanence à déstabiliser le jeu concurrentiel.

ÉTUDE DE CAS

Airbus et Boeing : le projet Super Jumbo

Dès les années 1990, Boeing et Airbus ont tous deux envisagé de lancer un Super Jumbo, pouvant transporter 500 à 800 passagers. Les deux compagnies ont été prises dans ce qu'on pourrait appeler le dilemme du développeur, par référence au dilemme du prisonnier[1] : fallait-il développer un projet aussi coûteux alors que la taille du marché était incertaine et que la présence de deux concurrents risquait de tuer tout espoir de rentabilité ?

	Acteur 2	
Acteur 1	**Développe**	**Renonce à développer**
Développe	Perte / Perte (marché trop étroit)	Profit / Pas de profit
Renonce à développer	Pas de profit / Profit	Pas de profit / Pas de profit

Tableau 3.2 Le dilemme du développeur : cas général

Dans ce dilemme, chaque acteur peut choisir entre deux options : investir dans le développement d'un nouveau produit ou ne pas investir. Si un seul acteur décide de lancer un produit, il aura un gain supérieur. Si les deux acteurs développent le produit, les deux subiront des pertes. Le développement d'un très gros porteur était estimé à 15 milliards de dollars pour une capacité estimée à moins de 2 000 appareils. Les deux compagnies souhaitaient éviter le dilemme du développeur en regroupant leurs ressources au sein d'un projet commun. Cette coopération permettait de réduire le risque pour chaque constructeur. En outre, un échec aurait affecté de la même façon chaque constructeur.

Mais le risque existait que l'un des acteurs profite de la coopération pour acquérir des compétences technologiques et sorte gagnant de l'alliance. Airbus pensait que Boeing ne manifestait qu'un intérêt superficiel pour la coopération et ne s'engagerait pas dans des investissements lourds et irréversibles. Développer un Super Jumbo avec Airbus signifiait pour Boeing perdre sa situation dominante acquise avec le B747, un modèle certes ancien, mais sans concurrent. En effet, le plus gros porteur d'Airbus (A330) ne pouvait embarquer que 330 passagers contre 420 pour le B747.

En l'absence de concurrent sur le marché des gros-porteurs, Boeing réalisait des profits importants pour chaque appareil vendu. De son côté, Airbus pensait que les profits réalisés sur les ventes des 747 permettaient à Boeing de baisser les prix sur les moins gros porteurs, directement concurrents des appareils d'Airbus. L'intérêt de Boeing était donc de ne pas développer un Super Jumbo, qui aurait introduit un nouveau concurrent et amoindri ses ventes de 747. En 1995, Airbus prend la décision de s'engager seul dans le développement de l'A380 (voir photo ci-dessus), avatar autonome du projet Super Jumbo.

•••

•••

	Airbus	
Boeing	**Participe au projet Super Jumbo**	**Ne participe pas au projet Super Jumbo**
Participe au projet Super Jumbo	**Coopération sur le Super Jumbo** Risque élevé / Risque (perte du monopole pour Boeing, marché trop étroit ?)	**Boeing lance un remplaçant du 747** Risque / Perte (domination de Boeing, marché trop étroit ?)
Ne participe pas au projet Super Jumbo	**Airbus lance un concurrent du 747** Perte / Risque (domination d'Airbus, marché étroit ?)	***Statu quo*** Profit / Perte (monopole de Boeing préservé)

Tableau 3.3 Le dilemme du développeur : cas de Boeing et Airbus

En réponse, Boeing, qui avait fait échouer le partenariat, annonça son intention (réelle ou non) de développer un gros-porteur de 600 passagers, pour un coût de développement estimé à 2 milliards de dollars. Boeing lançait donc un signal en forme de menace à Airbus, lui signifiant que son très gros porteur ne serait jamais rentable. Boeing espérait aussi qu'Airbus, consortium de plusieurs constructeurs européens, se diviserait sur la stratégie à suivre et annulerait son projet.

La tentative de bluff échoua lorsque des compagnies comme Singapour Airlines demandèrent à Boeing de préciser son projet. Le constructeur américain annonça finalement des coûts de développement d'environ 7 milliards de dollars. Boeing avait donc tenté de dissuader Airbus de se lancer dans le projet et de préserver sa zone de profit, mais sans succès puisque le projet A380 fut effectivement développé par Airbus.

En guise de réponse, Boeing annonça en 2005 le développement du B747-8, une version allongée de son 747, dont les livraisons ont commencé en 2012. À fin 2018, cet avion avait enregistré un total de 150 commandes, dont 130 livrées. Ces chiffres sont à cumuler avec ceux des variantes successives du B747 : plus de 1 500 avions livrés depuis 1968, dont 462 encore en service à fin 2018.

Quant à Airbus, le lancement en fanfare de l'A380 n'a pas vraiment tenu ses promesses. Avec 234 appareils en service début 2019, Airbus a bel et bien entamé le monopole du Boeing 747. Mais le seuil de rentabilité, revu plusieurs fois à la hausse compte tenu des nombreux problèmes d'industrialisation et de délais de livraison (entraînant des pénalités), se situe aux environs de 420 appareils. Airbus n'atteindra jamais ce chiffre puisque, suite à l'annulation d'une commande de la compagnie Emirates, son plus gros client, l'entreprise a décidé de jeter l'éponge en février 2019. C'est certainement un moindre mal car elle ne fabriquait plus qu'un avion par mois pendant que le carnet de commandes ne cessait de se vider. Les derniers exemplaires seront livrés en 2021.

QUESTIONS

Corrigés en ligne sur dunod.com

1. Comment expliquer l'attitude de Boeing ?
2. Selon vous, Boeing aurait-il dû s'associer à Airbus, et réciproquement ?

1. Le dilemme du prisonnier est étudié au chapitre 11 sur les stratégies d'alliance. C'est une version plus générale de la situation présentée dans ce cas.

d. La théorie des signaux

La théorie des jeux accorde une grande importance aux actions des entreprises mais aussi à l'interprétation qu'en font les autres acteurs. En ce sens, il s'agit d'une théorie des signaux envoyés par les entreprises et de l'interprétation faite par leurs adversaires. Par exemple, un fournisseur avec qui on signera un contrat de longue durée sera en confiance, cela évitera un comportement opportuniste et il réalisera des investissements pour améliorer ses prestations, ce qui servira finalement à son client. On est alors dans une logique gagnant-gagnant.

Face à la menace d'un nouvel entrant ou d'un produit de substitution (voir figure 3.3), une entreprise peut choisir d'investir dans son outil de production et de créer une surcapacité industrielle afin de signifier à ses nouveaux concurrents qu'elle sera en mesure de riposter rapidement à une attaque.

Une entreprise peut aussi envoyer un signal fort, en répondant durement à l'arrivée d'un concurrent, par une baisse des prix par exemple. Cette réponse s'adresse directement au nouvel entrant mais constitue aussi un signal dissuasif pour d'éventuels autres nouveaux concurrents. Pour être convaincante, une réponse doit être forte. Mais dans la logique de l'interprétation, une riposte très forte peut aussi être interprétée comme un coup de bluff. Dans cette perspective, la théorie des jeux se comprend au pied de la lettre comme un jeu, une partie de poker où l'annonce et le bluff comptent autant que la force réelle d'une main.

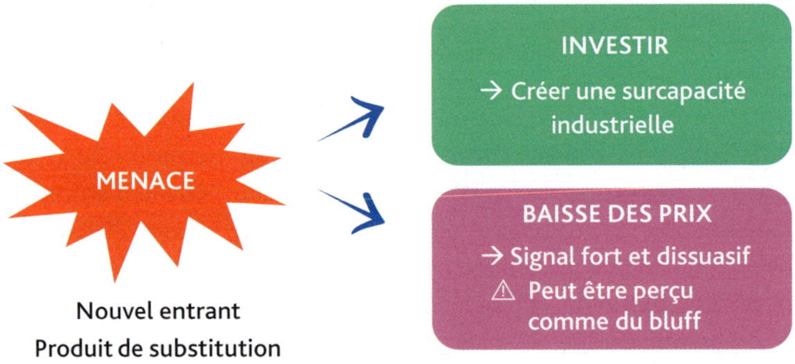

Figure 3.3 Les réactions à une menace

Un autre apport de la théorie des jeux est de montrer qu'une concurrence exacerbée peut être destructrice, y compris pour le vainqueur. Il est parfois préférable pour une entreprise de ne pas éliminer ses concurrents, ce qui pourrait laisser la place à de nouveaux entrants aux trajectoires stratégiques plus agressives, innovantes et moins faciles à maîtriser.

Comme le souligne Balzac dans *Les Illusions perdues*[1], à l'occasion de la concurrence entre l'imprimerie des frères Cointet et celle de David Séchard, il peut être avantageux de garder un concurrent que l'on connaît :

1. Balzac H., *Les Illusions perdues*, Werdet, 1837.

> « *Les frères Cointet avaient fini par connaître le caractère et les mœurs de David, ils ne le calomniaient plus ; au contraire, une sage politique leur conseillait de laisser vivoter cette imprimerie, et de l'entretenir dans une honnête médiocrité, pour qu'elle ne tombât point entre les mains de quelque redoutable antagoniste ; ils y envoyaient eux-mêmes les ouvrages dits de ville. Ainsi, sans le savoir, David Séchard n'existait, commercialement parlant, que par un habile calcul de ses concurrents. Heureux de ce qu'ils nommaient sa manie, les Cointet avaient pour lui des procédés en apparence pleins de droiture et de loyauté ; mais ils agissaient, en réalité, comme l'administration des Messageries, lorsqu'elle simule une concurrence pour en éviter une véritable.* »

2 Quelques enseignements pratiques à retenir

La théorie des jeux est aujourd'hui une discipline à part entière de l'économie. Mais pour les dirigeants d'entreprise, le raffinement mathématique, la schématisation nécessaire à la résolution des problèmes ainsi que l'information incomplète dans laquelle ils évoluent constituent autant de freins à l'usage direct des modèles de théorie des jeux. Dans les situations réelles, il est en effet souvent difficile de déterminer précisément les stratégies de jeu possibles et les gains associés.

Par ailleurs, bien des problèmes susceptibles d'être formalisés avec le langage de la théorie des jeux tendent à être résolus de façon plus simple, presque intuitive, par les acteurs en situation concrète à partir de ce que les psychologues dénomment des « heuristiques », à savoir des raccourcis pratiques tirés de l'expérience collective ou individuelle.

En moyenne, ces réponses heuristiques donnent des résultats acceptables par rapport aux optimums obtenus à partir de calculs précis. Il semble de plus qu'il existe une tendance humaine à favoriser les probabilités de coopération au détriment des situations concurrentielles. Ceci a pour effet, dans les jeux à somme non-nulle, de faire ressortir des gains communs pour les acteurs, supérieurs à ce qu'un des acteurs pourrait retirer du jeu de manière individuelle.

Malgré ces limites, certaines leçons issues de la théorie des jeux s'avèrent utiles en pratique.

a. Formaliser le jeu concurrentiel

Utiliser les représentations de la théorie des jeux implique de se mettre dans la configuration schématique qui représente au mieux les caractéristiques de la situation réelle vécue par les managers, en termes de nombre d'acteurs, de complétude d'information et de calculs des gains respectifs. C'est souvent un exercice très utile, qui oblige notamment à expliciter toutes les hypothèses, quitte à considérer plusieurs jeux alternatifs pour décrire une même situation (voir la rubrique En pratique ci-après).

b. Se mettre à la place de l'autre pour mieux anticiper ses actions

La théorie des jeux pousse les acteurs à anticiper les actions des uns et des autres dans le cadre d'un jeu donné. Mais en plus, elle incite à se représenter la situation concrète (le lancement d'un nouveau produit, l'entrée dans un marché, l'utilisation d'une politique commerciale agressive) comme le ferait l'adversaire. Ainsi, il est nécessaire de savoir se mettre à la place de l'autre et d'adopter sa vision du risque, de l'incertitude et ses préférences.

c. Examiner les jeux passés pour mieux prédire les jeux futurs

Une autre caractéristique fondamentale qui détermine l'issue d'un jeu consiste à savoir si le jeu sera répété ou non. Lorsque l'histoire des jeux passés peut être intégrée dans le jeu présent, les comportements agressifs, de méfiance ou de trahison influencent la matrice des gains. La réputation des acteurs se construit peu à peu, de jeu en jeu. Les autres joueurs, rationnels ou non, ont ainsi accès à des signaux tirés des jeux précédents pour établir leurs propres prévisions du comportement futur des acteurs à partir de leur réputation.

EN PRATIQUE

Utiliser la théorie des jeux pour éclairer l'analyse stratégique

Établir la structure des gains

Vous partagez le marché avec un concurrent. Vous connaissez votre fonction de coût mais pas celle de votre concurrent. Les gains retirés par vous et votre concurrent sont représentés dans le tableau 3.4 selon l'hypothèse que votre fonction de coût est soit plus élevée (situation de gauche) soit plus faible (situation de droite).

	Vous (coût plus élevé que le concurrent)			Vous (coût plus faible que le concurrent)	
Concurrent	Grandes quantités	Faibles quantités		Grandes quantités	Faibles quantités
Grandes quantités	4 / 1	8 / 4		2 / 2	5 / 1
Faibles quantités	1 / 5	3 / 3		4 / 8	3 / 3

Tableau 3.4 La structure des gains selon différentes fonctions de coût

Quelle est la bonne décision à prendre ? Produire beaucoup ou produire peu ?

Si votre situation correspond au cas de gauche (vos coûts sont supérieurs à ceux de vos concurrents), l'équilibre se situe dans le cadran droit supérieur. Il vous faut produire de faibles quantités et votre concurrent doit produire de grandes quantités. En effet, dans ce cas, vous n'avez pas intérêt à produire de grandes quantités vous-même (car vous passeriez d'un gain de 4 à 1) tandis que votre concurrent obtient son gain maximum dans ce jeu (8) et ne souhaite donc pas changer.

Si votre situation correspond au cas de droite (vos coûts sont inférieurs), la situation s'inverse, et vous produisez de grandes quantités pour un gain de 8 et votre concurrent de faibles quantités pour un gain de 4.

Ce cas montre que, plus que la fonction de coût en tant que telle, c'est le niveau relatif de votre fonction de coût par rapport à votre concurrent qui compte. Dans ce cas, la bonne décision stratégique est de trouver l'information vous permettant de déterminer la position relative de votre courbe de coût par rapport à celle de votre concurrent, afin ensuite de vous placer dans le bon schéma pour décider de la quantité à produire.

SECTION 2

PRÉDIRE LA DYNAMIQUE CONCURRENTIELLE

Au cours de la décennie 2000, les travaux de recherche en stratégie ont tenté de modéliser les réponses concurrentielles possibles en fonction des caractéristiques du marché et des entreprises en présence. Une représentation graphique de ce modèle est donnée dans la figure 3.4.

1 Similarité de marché, similitude des ressources

Comme on l'a vu dans les chapitres précédents, certains concurrents se spécialisent plus ou moins sur des segments de clientèle et des zones géographiques. La concurrence dans une industrie peut être décomposée en groupes stratégiques et en sous-marchés.

Exemple

Une stratégie, des sous-marchés

- En 2007, le lancement de la **Fiat** 500, dont les lignes sont directement inspirées de son illustre ancêtre lancée cinquante ans auparavant, était certainement une réponse au succès de la Mini de **BMW**, lancée en 2001, et dont le design s'inspirait également de la Mini Austin originale de 1959. Les deux voitures jouent avec un égal bonheur sur la nostalgie des années 1960, l'une en référence à l'Angleterre de la *pop music*, l'autre à l'Italie de la *Dolce Vita*.
- Fruits de stratégies similaires, les deux voitures ne sont pourtant pas frontalement concurrentes sur le marché. Le positionnement prix (Fiat 500 à partir de 12 990 euros contre Mini à partir de 19 200 euros), les plateformes utilisées, les raffinements technologiques, le type de distribution ou l'étendue des services proposés sont significativement différents d'un modèle à l'autre. Il se peut même que l'existence de l'une aide à convaincre certains clients d'acheter l'autre, en exploitant l'effet de mode « rétro » inauguré dès 1998 par **Volkswagen** avec sa New Beetle, réplique très réussie des Coccinelles des années 1950-1960. Au fond, les trois constructeurs ont repris la même idée, mais ils l'ont fait de telle sorte que chacun serve un sous-marché suffisamment distinct de celui des autres.
- À l'inverse, l'ouverture d'une ligne aérienne par un nouvel entrant entre deux villes A et B desservies par une compagnie historique installée depuis longtemps est clairement une attaque frontale, car le sous-marché visé est évidemment le même.

a. Nombre et importance des sous-marchés couverts

Dans le modèle dynamique de rivalité concurrentielle, l'analyse porte d'abord sur le nombre et l'importance des différents sous-marchés couverts par les concurrents pris deux à deux[1] (similarité de marché). Plus le nombre de sous-marchés couverts par deux concurrents est grand, et plus ces sous-marchés sont étendus, plus grande est la similarité de marché entre ces deux concurrents.

Pour reprendre l'exemple du transport aérien, l'ouverture de la ligne entre A et B sera d'autant plus ressentie comme une attaque par l'entreprise installée de longue date si les deux compagnies sont également concurrentes sur d'autres lignes ou sur l'activité fret. Plusieurs études ont montré qu'une grande similarité de marché entre entreprises conduit à des réponses rapides et fortes[2] face à une attaque. Déclencher les hostilités générera probablement une réponse, soit sur le sous-marché où a eu lieu l'attaque, soit ailleurs – dans un autre secteur ou une autre zone géographique.

b. Similitude des ressources

Le second facteur est la similitude des ressources. Lorsque les concurrents s'appuient sur des ressources comparables, les positionnements concurrentiels sont proches.

Les ressources (emplacements, ressources humaines, approvisionnements) des chaînes de café Starbucks et Caribou Coffee aux États-Unis partagent de nombreuses similitudes. Elles appartiennent donc au même groupe stratégique et il est vraisemblable qu'elles cherchent, comme Coca-Cola et Pepsi, à éviter les agressions qui pourraient détériorer la rentabilité de l'activité dans son ensemble.

c. Croisement des facteurs

Le croisement entre le degré de similarité de marché et de similitude des ressources permet de juger si deux entreprises sont des concurrentes directes et si elles se reconnaissent comme telles. En fonction des innovations, des acquisitions et des reventes d'activités, ces deux facteurs évoluent en permanence, ce qui impose d'examiner régulièrement ces facteurs de dynamique concurrentielle.

Source : Chen M.J., 1996.

Figure 3.4 Dynamique concurrentielle : étude de la réponse probable d'un concurrent

1. Chen M.J., 1996.
2. Gimeno J. et Woo C.Y., 1999.

2 Mécanismes d'action et de réaction

La similarité de marché et la similitude des ressources influencent fortement trois mécanismes d'actions et de réponses concurrentielles : la perception, la motivation et la capacité de riposte.

a. La perception

Par perception, on entend l'acuité avec laquelle une firme reconnaît les interdépendances mutuelles entre les entreprises ayant une grande similarité de marché et une similitude de ressources. La perception d'une similitude stratégique entre concurrents renforce les chances d'arriver à un équilibre optimal pour tous, comme c'était le cas dans la téléphonie mobile avant l'arrivée de Free. En revanche, une faible reconnaissance des caractéristiques communes (marchés ou ressources) peut conduire les concurrents à se percevoir mutuellement comme ennemis et pousser le jeu concurrentiel vers une zone non optimale (par exemple une guerre des prix), c'est-à-dire une situation où les joueurs repartent chacun avec une perte plutôt qu'un gain.

b. La motivation

Par motivation, on qualifie le calcul des gains espérés et des pertes attendues pour l'entreprise qui répond à l'attaque, ainsi que celui des gains et des pertes probables revenant à celle qui a déclenché les hostilités. Les études ont montré que l'appartenance au même groupe stratégique et la co-présence multiple sur de nombreux sous-marchés portent plutôt à la tempérance, sous peine d'entrer dans un engrenage destructeur.

c. La capacité de riposte

Par capacité de riposte, on entend que l'entreprise qui souhaite riposter doit posséder les ressources nécessaires (tant les compétences que les fonds disponibles).

Exemple

BMW, Audi et Lexus à l'offensive

- Au début des années 2000, **BMW**, **Audi** et **Lexus** ont profité du fait que l'attention et l'énergie de Daimler-Chrysler soient portées prioritairement sur l'intégration de **Chrysler** dans le groupe **Daimler**, suite au rapprochement des deux sociétés. Entre 2003 et 2006, les résultats des tests de qualité techniques des voitures **Mercedes** ont connu une baisse, contraignant le producteur allemand à plusieurs rappels produits. BMW, Audi et Lexus en ont donc profité pour attaquer Mercedes sur plusieurs segments de marché et dans plusieurs régions du monde.

3 Probabilité de réponse

La probabilité de répliquer dépend, quant à elle, de trois facteurs principaux : la nature de l'attaque, la réputation de l'entreprise et la dépendance de marché.

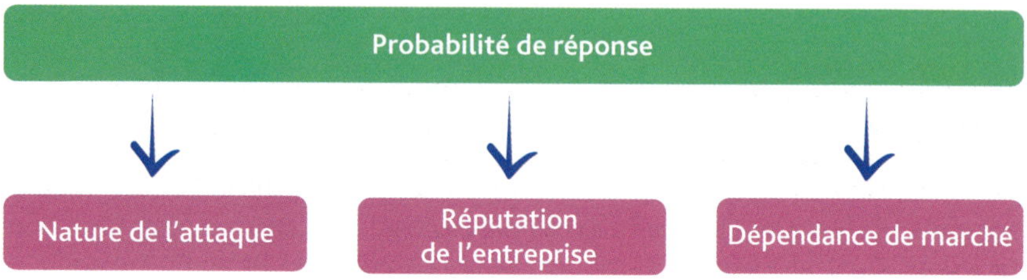

Figure 3.5 La probabilité de réponse

a. La nature de l'attaque

Lorsque l'attaque est de nature stratégique, c'est-à-dire qu'elle mobilise des ressources en quantité et en qualité importantes et qu'elle est difficilement réversible, il est probable que l'entreprise attaquée réponde de la même façon. Une défense très agressive de la part de l'entreprise en place montre que l'attaquant perdra beaucoup de forces. Mais le risque est aussi que le concurrent accepte une logique de surenchère coûteuse pour les deux acteurs. L'attaque peut en revanche porter sur un segment délaissé par le concurrent principal. Il peut alors ne pas y avoir de riposte.

Ainsi, Texas Instruments et Samsung ont choisi de ne pas concurrencer frontalement Intel en développant des microprocesseurs et des mémoires pour les smartphones, les appareils médicaux ou les petits appareils électroniques.

b. La réputation de l'entreprise

La réputation se construit à partir des coups joués par le passé, en cas d'attaque par exemple. Les comportements passés étant de bons indicateurs des comportements futurs, une entreprise qui réagit vite et fort au moindre empiétement sur ses marchés sera considérée comme ayant une réputation agressive ou dure.

Des entreprises comme Procter & Gamble ou Coca-Cola ont la réputation de riposter très durement face à des baisses de prix de la part des concurrents ou en réponse à l'irruption de nouveaux entrants susceptibles de diminuer leurs parts de marché.

c. La dépendance de marché

Plus un concurrent attaque sur un sous-marché dont dépend la profitabilité d'une entreprise, plus la réaction de cette dernière sera forte. Une entreprise faiblement diversifiée, présente sur peu de marchés, est contrainte à réagir rapidement et radicalement aux agressions dont elle est victime.

Lorsque deux entreprises sont diversifiées, l'attaque sur un marché de l'une peut entraîner la riposte de l'autre sur un autre marché, là où cela lui fait le plus de tort. C'est ce qu'on nomme la concurrence « multi-points ».

Exemple

Netflix contre HBO

- La stratégie d'investissement dans des contenus originaux permet à **Netflix** de renforcer sa position au sein de la filière et de réduire sa dépendance aux droits de diffusion. Netflix s'affranchit du pouvoir des diffuseurs traditionnels mais remet en cause le fonctionnement de la filière et rentre en concurrence directe avec **HBO**. De son côté, HBO a réagi en tentant de mieux contrôler son accès au marché et a lancé aux États-Unis un abonnement sur Internet qui donne accès à la diffusion en streaming de ses séries. Auparavant, il fallait nécessairement s'abonner à un câblo-opérateur pour y accéder. Paradoxalement, ce mouvement pourrait impacter négativement les recettes globales de **Time Warner**, la maison mère de HBO, qui diffusait ses productions sur le câble. Time Warner devra donc décider si les contenus disponibles sur le site Internet de HBO seront les mêmes que ceux disponibles sur la télévision câblée et à quel moment ils seront mis à disposition. Les diffuser dès leur sortie constituerait en effet une menace pour les recettes de télévision. Il faudra aussi en déterminer le prix : pour être compétitif, le site de streaming devra se rapprocher des prix de Netflix (à partir de 9 dollars par mois) alors que l'abonnement à HBO est vendu entre 10 et 25 dollars aux opérateurs.

d. Anticiper la réponse probable

Prendre en compte tous ces facteurs (la nature de l'attaque, la réputation et la dépendance de marché) permet d'anticiper la réponse probable d'un concurrent à une attaque, ce qui facilite l'élaboration de scénarios et la préparation des contre-attaques possibles.

Exemple

Ryanair face à la riposte

- Dans les années 1990, lancer une compagnie aérienne régionale reliant des aéroports secondaires semblait irrationnel aux grandes compagnies qui s'appuyaient sur le système du *hub* (un aéroport central par lequel transitent les voyageurs). C'est pourtant le pari qu'a fait **Ryanair**, suscitant l'émulation d'autres entreprises et obligeant les grandes compagnies traditionnelles à répondre à l'offensive. Cependant, Ryanair n'a pas toujours rencontré le succès qu'on lui connaît aujourd'hui. Lorsque l'entreprise est entrée sur le marché des lignes reliant la Grande-Bretagne et l'Irlande, elle proposait des prix faibles et attaquait frontalement deux gros concurrents, **British Airways** et **AerLingus**, compagnie alors soutenue par le gouvernement irlandais. Cette attaque frontale était risquée car la proposition de valeur de Ryanair n'était pas claire ou trop semblable à celle de ses concurrents. Les ressources de Ryanair étaient par ailleurs beaucoup plus faibles que les leurs.

- Pour les deux concurrents déjà installés sur le marché, plusieurs solutions étaient possibles :
  - Ne rien faire, compter sur le mauvais positionnement de Ryanair et attendre son échec. Ils pouvaient aussi considérer que les clients visés par Ryanair n'étaient pas les mêmes que les leurs. En effet, Ryanair visait en premier lieu les clients des compagnies de *ferries* reliant la Grande-Bretagne et l'Irlande.
  - Riposter en engageant une guerre des prix qui ferait chuter la rentabilité de Ryanair. Mais cette décision impliquait de pouvoir réduire les coûts de fonctionnement, d'accepter une baisse de rentabilité et de geler certains investissements, comme la modernisation de la flotte d'avions.
  - Baisser les prix sur tous les vols, mais les pertes de revenus représentaient alors le double de celles provoquées par une absence de réaction.
  - Ne baisser les prix que pour les clients susceptibles de quitter les deux compagnies traditionnelles pour Ryanair, c'est-à-dire les touristes ou les clients à plus faible pouvoir d'achat (riposte ciblée). Les pertes de revenus étaient alors plus faibles mais encore supérieures à celles correspondant à une absence de réaction. Néanmoins, on pouvait considérer qu'une baisse des prix stimulerait le trafic et augmenterait le nombre de clients et donc les revenus, et que tout le monde serait gagnant.
- La réponse retenue par AerLingus et British Airways fut effectivement une riposte ciblée. Cette contre-attaque fit baisser les profits de tous les acteurs et mit Ryanair en grande difficulté. Ironie du sort, pour survivre, cette dernière fut obligée de revoir sa stratégie et de se positionner clairement sur la stratégie *low cost* qu'on lui connaît aujourd'hui.

SECTION 3

LES FACTEURS INFLUANT SUR LA DYNAMIQUE DES INDUSTRIES

1 L'avantage au premier, accélérateur de l'engagement

La notion d'avantage au premier ou *first mover advantage* (FMA) est souvent invoquée pour expliquer certaines dynamiques concurrentielles conduisant à la domination du marché par un concurrent. Selon ce principe, démarrer la course en tête crée d'importants avantages, très difficiles à rattraper par les poursuivants.

En effet, partir le premier permet :

- de connaître le marché avant les autres ;
- d'établir sa marque et de fidéliser les clients ;
- de se constituer des ressources spécifiques dédiées au marché, qui sont difficilement imitables et substituables du fait de la nouveauté du marché ;
- de profiter d'effets d'expérience et d'économies d'échelle avant les autres (voir chapitre 4).

Cependant, une entreprise pionnière sur un marché prend des risques. En effet, être le premier à ouvrir une voie, c'est aussi engager le premier des investissements qui ont de grandes chances d'être mal calibrés compte tenu de l'incertitude au départ.

Être le premier envoie aussi des informations aux concurrents sur l'évolution du marché et les attentes des clients. Des acteurs qui n'étaient pas intéressés par une activité encore embryonnaire peuvent alors imiter la firme pionnière et la dépasser. Des acteurs installés, disposant de ressources importantes, que ce soit en R&D, en production ou en marketing, peuvent confisquer les profits potentiels de l'entreprise pionnière, surtout si celle-ci est de petite taille et rencontre des difficultés pour lever des fonds. Et même des entreprises pionnières, disposant de ressources et de compétences technologiques ou marketing importantes, peuvent être rattrapées. Cela a été le cas dans les années 1990 lorsque Microsoft a lancé son navigateur Internet Explorer et ravi la place de leader à Netscape, que tout le monde a oublié depuis.

CONTROVERSE

L'avantage au premier : mythe ou réalité[1] ?

Faut-il toujours être le premier ? Nombreux sont les exemples où les « suiveurs » ont damé le pion aux pionniers. Reynolds en 1945 et Eversharp en 1946 inventent le stylo à bille, mais c'est Parker et Bic qui, dix ans plus tard, savent transformer le produit en best-seller mondial. L'IRM (imagerie par résonance magnétique) est développée par un modeste équipementier, Fonar, en 1978. Les divisions équipements médicaux de Johnson & Johnson et de General Electric déboulent trois ans plus tard pour remporter la mise.

Une recherche portant sur 582 entreprises manufacturières françaises a étudié l'impact de l'ordre d'entrée dans l'industrie (premier entrant, premiers suiveurs, et derniers entrants) et du choix de stratégie retenu par l'entreprise (stratégie *low cost*, stratégie de différenciation technologique et stratégie de différenciation marketing) sur la performance des firmes. Il résulte de cette étude que les entreprises les plus performantes ne sont pas les premiers entrants et que celles qui bénéficient le plus de la différenciation sont les premiers suiveurs et non les pionniers[2].

Y a-t-il donc un avantage à être le premier ?

Malgré ces exemples contraires, c'est la thèse qui a été défendue pendant longtemps. Dix ans après leur travail initial de 1988, Marvin Lieberman et David Montgomery[3] établissent une rétrospective sur les recherches contradictoires conduisant tantôt à valider la thèse de l'avantage au premier et tantôt à la démentir. Ils montrent clairement qu'en ce qui concerne la part de marché, il est établi qu'il y a bien un lien entre « entrer tôt » et « gagner des parts

•••

•••

de marché ». Mais on sait que la part de marché n'est pas le seul indicateur de la performance. Par ailleurs, ils développent aussi l'idée que l'avantage au premier dépend essentiellement :

- de la qualité des ressources détenues par le pionnier potentiel ;
- du fait que celui-ci détienne l'ensemble des ressources nécessaires à l'accomplissement de sa stratégie.

Savoir profiter de l'avantage au premier

Trop souvent, des pionniers se lancent dans l'arène mais ne disposent pas des aptitudes organisationnelles suffisantes en ce qui concerne le marketing ou le suivi de clientèle par exemple. Ils croient que le produit ou le service en tant que tel, du fait de ses caractéristiques techniques, leur permet de créer un avantage concurrentiel. C'est une erreur.

Pour profiter de l'avantage au premier, il faut construire un *business model* performant et cohérent. Être défaillant ou confier à un partenaire un maillon stratégique de la chaîne de valeur est source de désavantage au premier. En outre, défricher un marché peut bénéficier à des suiveurs qui se contenteront de s'inscrire dans le sillage du pionnier, mais sauront, parce qu'ils détiennent d'autres types de ressources (marketing ou financières), en retirer tous les fruits.

Par conséquent, une entreprise qui détient une ressource stratégique qui lui permettrait d'entrer sur un marché en tant que pionnier, doit se demander :

- quel est le degré d'imitation ou de substitution de cette ressource pour ses concurrents ;
- quelles sont les ressources complémentaires indispensables au succès d'une telle entrée ;
- combien de temps la ressource stratégique lui procure un avantage concurrentiel par rapport à la rapidité avec laquelle un avantage supérieur peut être constitué par ses concurrents, isolément ou en association. Des alternatives sont envisageables : l'attente ou encore les alliances stratégiques.

1. D'après Durand R., *Guide du management stratégique*, 2003.
2. Durand R. et Coeurderoy R., 2001.
3. Lieberman M.B. et Montgomery D.B., 1998.

Dans les faits, arriver le premier sur un marché s'avère risqué. En effet, la démonstration de la viabilité d'un nouveau marché attire d'autres acteurs qui peuvent tirer avantage des efforts du pionnier.

Malgré ce risque, la perception d'un possible avantage au premier est fondamentale pour expliquer la dynamique industrielle. Cette croyance pousse en effet les entrepreneurs et les entreprises établies à innover sans cesse, les innovations bénéficiant à la fois aux innovateurs et aux concurrents. L'enjeu pour l'entreprise pionnière est donc de profiter de son avantage en maximisant l'écart avec ses suiveurs. Cela peut passer par la tentative d'investir massivement pour croître le plus rapidement possible et imposer son standard sur le marché, ce qui permettra au vainqueur de rentabiliser à terme ses investissements tout en neutralisant ses adversaires.

2 Imposition d'un standard et stabilisation du jeu concurrentiel

La notion d'avantage concurrentiel (écart entre coût et valeur perçue) ne permet pas d'expliquer à elle seule l'émergence de nombreuses sociétés qui ont conquis en peu de temps (souvent moins de dix ans) des parts de marché considérables, voire dominantes, dans des secteurs particuliers : les télécommunications, l'informatique, les jeux vidéo, les réseaux sociaux, la messagerie instantanée. Pour prendre un exemple extrême, la *willingness to pay* des clients est à peu près nulle pour un service de messagerie instantanée comme WhatsApp, alors que les coûts de développement et d'opération, sans être élevés, restent significatifs.

Tous ces secteurs présentent la particularité de reposer sur un couple de produits complémentaires *hard/soft* pour *hardware* – équipement physique (ordinateur, smartphone, console de jeux...) – et *software* – le logiciel, le jeu ou l'application qui fonctionne sur l'équipement. Si la notion d'avantage concurrentiel s'applique plus ou moins à la production des composants *hard* qui sont soumis à des effets de taille et d'expérience et dont la valeur perçue augmente avec la qualité et le nombre des *softwares* disponibles, cette notion ne suffit pas à expliquer la progression des « complémenteurs » qui fournissent le *soft*.

a. Rendements croissants d'adoption

Dans ce type d'activité, il faut prendre en compte les rendements croissants d'adoption.

Exemple

La puissance du standard

- L'exemple célèbre des claviers des machines à écrire (et des ordinateurs) est typique de ce type d'économie où sont présents les rendements croissants d'adoption. Alors que d'autres dispositions des touches, comme celle du clavier DVORAK, prétendaient à une supériorité écrasante en rapidité et en confort de frappe, le clavier QWERTY s'est imposé aux États-Unis comme le standard du marché parce que les premières écoles de secrétariat avaient fondé leurs cours et méthodes d'apprentissage sur ce clavier et que les producteurs de machines à écrire produisaient seulement ce clavier-là. Ainsi, malgré ses avantages – d'ailleurs remis en question par des études récentes –, le clavier DVORAK n'a jamais pu s'imposer face au QWERTY. En fait, la victoire d'un standard sur l'autre n'a pas grand-chose à voir avec leurs prouesses techniques, mais plutôt avec les effets de réseau : une fois le standard adopté de manière suffisamment large, il devient très difficile à un autre de rivaliser. C'est ainsi que les claviers QWERTY (pour les anglophones) et AZERTY (pour les francophones) n'ont jamais été déboulonnés par leurs challengeurs, même avec l'arrivée des ordinateurs et des téléphones portables.

Ce type de situation peut profiter à certains acteurs et même aboutir à un verrouillage du marché[1] par l'émergence d'une norme, d'un standard qui va profiter à un acteur et exclure de fait ses concurrents. Les rendements croissants d'adoption sont en effet d'autant plus forts qu'il existe des effets ou externalités de réseau, comme on l'a vu au chapitre 1.

b. Externalités de réseau

On dit qu'une offre est sujette aux externalités de réseau lorsqu'elle prend d'autant plus de valeur pour un consommateur que :

- le nombre total d'utilisateurs du réseau est important (on parle alors d'effets de réseau directs) ;
- les produits et services complémentaires de l'offre de base sont largement disponibles (on parle alors d'effets de réseau indirects).

Les sites de rencontres sur le web sont des activités où les effets de réseau peuvent être forts. Ainsi, plus il y a d'abonnés sur un réseau de rencontres, plus le nombre d'interactions possibles sera élevé, ce qui attirera de nouveaux clients par un effet « boule de neige ».

c. Standardisation

Rendements croissants d'adoption et effets de réseau incitent les entreprises à établir le plus rapidement possible un standard en leur faveur. Ce standard bénéficiera des externalités positives et écartera les concurrents. Construire ou repérer quel sera le futur standard de l'industrie est donc essentiel. Il faut réussir à faire converger des offres disparates au départ vers un standard commun afin de réduire l'incertitude et l'éparpillement des gains propres à une industrie en émergence.

En effet, lorsque les standards ne sont pas encore établis, les clients préfèrent différer leur achat, ce qui accroît l'incertitude pour les entreprises engagées pour imposer leur standard. Gagner une guerre de standards assure en revanche au vainqueur une position dominante et une rente importante et durable. Microsoft et Intel l'ont prouvé en contrôlant leur marché de façon quasi-monopolistique.

Du point de vue de la demande, la standardisation réduit le risque pour les acheteurs. Au niveau de l'offre, elle permet aux entreprises de réaliser des économies d'échelle conduisant à une baisse des coûts et donc des prix, facilitant ainsi les ventes à de nouvelles couches de consommateurs.

Pour réussir à s'imposer, les entreprises doivent donc prendre le risque d'investir massivement dès le lancement de l'offre pour convaincre les acheteurs et imposer leur standard de façon massive. Ce n'est que dans un second temps qu'ils espèrent rentabiliser leurs investissements.

Au total, les rendements croissants d'adoption encouragent les entreprises à investir massivement pour « bloquer » le jeu concurrentiel, capturer au plus tôt les acheteurs et entraîner l'industrie sur une trajectoire dont il devient économiquement coûteux de s'échapper. Il peut exister des concurrences frontales entre standards sur un marché (par exemple Android de Google et iOs d'Apple sur les smartphones), mais il est assez rare que deux standards coexistent longtemps.

1. Arthur W.B., 1989.

L'escalade des investissements conduit souvent les acteurs à s'allier pour définir un standard commun au sein duquel ils seront ensuite en compétition. C'est une façon de réduire l'incertitude et le risque.

Exemple

Philips et Sony et la leçon des VHS

- Au moment du lancement des Compact Discs, **Philips** et **Sony** ont tiré les leçons de leur échec sur les cassettes vidéo. Ils étaient en effet sortis perdants de la guerre des standards avec leurs formats respectifs V2000 et Betamax face au standard gagnant VHS de **Matsushita**. Pour les CD-Rom, ils ont décidé de mettre en commun tous leurs brevets et de co-définir un standard partagé, ouvert également à d'autres acteurs contre paiement de *royalties* sur la propriété intellectuelle commune. La création de tels *patent pools* assure la convergence de toutes les innovations directes et indirectes d'une nouvelle industrie et permet une adoption plus facile du standard.

Ainsi, une entreprise qui cherche à imposer son standard peut avoir paradoxalement intérêt à encourager ses concurrents à l'adopter en leur fournissant l'accès à certaines technologies.

Exemples

Partager pour mieux régner

- **Intel**, en fournissant des licences de fabrication à **AMD**, pourtant son concurrent direct, a certes abandonné son monopole sur le processeur X86 mais a par là même facilité l'adoption du X86 par les fabricants d'ordinateurs, ce qui s'est traduit par une hausse de revenus.

Apple persiste et signe

- Sur le marché de la micro-informatique, **Apple** a décidé dès les années 1980, de maintenir son système fermé, réservant son système d'exploitation à son propre matériel. De ce fait, tous les autres fabricants d'ordinateurs concurrents ont choisi **Windows** (allié à **Intel**) qui est devenu le standard dans les systèmes d'exploitation, avec des coûts de développement bien plus faibles que ceux d'Apple.
- Ce standard a été renforcé par des effets de réseau indirects, la plupart des éditeurs de logiciels bureautiques et de jeux vidéo préférant développer des produits pour la plus grande base installée, celle de Windows. Cela a eu pour effet direct de diminuer encore la part de marché d'Apple dans les micro-ordinateurs, celle-ci tombant à moins de 2 % dans les années 1990. L'émergence de clones des ordinateurs d'**IBM** a certes accru la concurrence pour ce dernier mais a aussi renforcé la marginalisation d'Apple.
- Il est d'ailleurs intéressant de noter que si Apple a survécu, avec le succès qu'on lui connaît, c'est en développant une gamme de matériel et de logiciels qui lui ont permis de créer un véritable écosystème, comme nous allons le voir par la suite. Aujourd'hui, dans la téléphonie mobile, il existe à nouveau deux standards pour les systèmes d'exploitation, celui d'Apple avec son iOS, et de **Google**, Android, qui équipe la plupart des autres terminaux. Android dépasse désormais en part de marché le système d'exploitation d'Apple et les ventes de smartphones de **Samsung** ont dépassé celles de l'iPhone. Le système d'exploitation de Windows sur smartphone risque en revanche d'être marginalisé.

3 La construction d'un écosystème

Un écosystème vise à contrôler un environnement concurrentiel croisant plusieurs secteurs, en utilisant à son avantage les six forces déterminant la performance de l'industrie (les cinq forces de Porter, plus la sixième force, celle des « complémenteurs »), tout en limitant les marges de manœuvre des concurrents.

L'écosystème crée une interdépendance entre les acteurs qui se traduit par des effets de réseau : le développement d'un des acteurs est ainsi favorable au développement de ses partenaires, et réciproquement.

L'intérêt de l'écosystème et du rapport d'interdépendance qu'il construit est qu'il est perçu comme un dispositif gagnant-gagnant : il est favorable à l'entreprise mais aussi à ses partenaires, même si les gains ne sont pas nécessairement répartis également entre les différentes composantes du système. L'intérêt stratégique de l'écosystème est aussi de créer des barrières à l'entrée ou de marginaliser les concurrents qui en sont exclus. Certes, ces concurrents peuvent être compétitifs sur un des éléments constitutifs de l'écosystème, mais ils peinent à concurrencer l'ensemble du système. Le cas d'Apple, présenté dans la rubrique Étude de cas ci-après, est une excellente illustration.

ÉTUDE DE CAS

L'écosystème Apple

Apple a su construire un véritable écosystème qui renforce et démultiplie l'avantage concurrentiel de ses produits : outre les qualités intrinsèques de son iPod, lancé en 2001, Apple a construit simultanément un magasin en ligne, iTunes, offrant un large catalogue, convivial pour les utilisateurs et permettant aux majors de compenser les pertes de revenus causées par la dématérialisation des contenus et le piratage.

Au départ réservé aux ordinateurs Apple, l'accès à iTunes a ensuite été ouvert aux ordinateurs fonctionnant sous Windows, ce qui a limité l'expansion des magasins en ligne concurrents. Les parts de marché de l'iPod et d'iTunes dépassaient 70 % en 2010 ! Cet écosystème a été renforcé par des accessoires vendus avec de fortes marges, par le *co-branding* (avec Nike, par exemple) ou par les *royalties* versées à Apple par les fabricants d'enceintes et de stations d'écoute permettant de brancher son baladeur. Cette démarche a été reproduite avec l'iPhone, puis avec l'iPad, qui s'appuient eux aussi sur iTunes et l'App Store.

Fort de sa notoriété et de son pouvoir de négociation, Apple a bénéficié de conditions avantageuses accordées par les opérateurs de téléphonie mobile. De plus, l'entreprise a renforcé son avantage grâce

•••

•••

aux dizaines de milliers d'applications proposées sur la plateforme App Store. En outre, elle a amélioré son offre en investissant dans les services et le *cloud computing*.

Cet écosystème est complété par une intégration en aval avec les Apple Stores, des boutiques physiques qui accroissent la visibilité de la marque et qui génèrent de très généreux revenus. Enfin, étant donné sa taille dominante dans les lecteurs MP3, les smartphones et les tablettes, Apple bénéficie d'économies importantes sur les achats de pièces électroniques et baisse au maximum ses coûts de fabrication en sous-traitant (parfois dans des conditions éthiquement discutables) sa production en Chine.

Il existe aujourd'hui une guerre entre deux écosystèmes : d'un côté Apple avec son système d'exploitation iOS et de l'autre Android, le système d'exploitation de Google, qui équipe Samsung et plusieurs marques chinoises. Apple vend désormais moins de smartphones que ses concurrents sous Android. De plus, Android propose davantage d'applications qu'Apple. Cependant, Apple vend davantage d'applications payantes à ses utilisateurs, moins nombreux mais disposant d'un pouvoir d'achat plus élevé.

La division service d'Apple a ainsi pu dépasser les 57 milliards de dollars de chiffre d'affaires en 2017 (contre 20 milliards en 2015 et 14 en 2014), déduction faite de la part redistribuée aux développeurs, ce qui serait suffisant pour en faire une entreprise du classement Fortune 100 si elle était indépendante.

Remarquons que ce chiffre d'affaires provient exclusivement des applications payantes. Il ne reflète pas la valeur globale de la plateforme App Store. Les applications de Google, Facebook, Amazon, Uber, ou encore Netflix ne rapportent rien à Apple en revenus directs, mais participent à la vie de la plateforme et contribuent à son attractivité aux yeux des utilisateurs.

QUESTIONS

Corrigés en ligne sur dunod.com

1. Le succès d'Apple est-il dû à son écosystème dans son ensemble ou à la stratégie de plateforme[1] autour de l'App Store et de iTunes ?
2. Comment l'écosystème permet-il de renforcer la position concurrentielle des principaux acteurs ?

1. Les stratégies de plateforme sont discutées au chapitre 5.

4 Hypercompétition et instabilité de l'environnement

Dans certains secteurs, l'intensité technologique, le changement et l'incertitude peuvent être très élevés et remettre en cause les frontières et la stabilité de l'industrie. Les facteurs clés de succès changent en permanence, il devient difficile d'identifier clairement ses concurrents et les avantages concurrentiels sont éphémères. La solution peut être de profiter de cette instabilité grâce à une grande réactivité[1] ou même de la provoquer afin de déstabiliser les concurrents.

1. Brown S.L. et Eisenhardt K.M., 1997.

a. Sources de l'hypercompétition

Richard D'Aveni a qualifié d'hypercompétition[2] cet environnement instable et cette concurrence exacerbée. L'hypercompétition résulte donc à la fois des caractéristiques de l'environnement et des actions des entreprises.

Elle est d'abord causée par des changements technologiques rapides et intenses et le raccourcissement de la durée de vie des produits. Elle est aussi renforcée par la mondialisation, une meilleure diffusion des connaissances, l'accès plus facile aux capitaux, les mesures de privatisation et de dérégulation, la puissance croissante des pays émergents. Des clients désormais mieux informés, de plus en plus exigeants et aux comportements d'achat moins prévisibles et plus diversifiés intensifient aussi la concurrence et la rendent plus destructrice.

Tous ces mouvements perturbent les positions des entreprises, introduisent des déséquilibres, abaissent les barrières à l'entrée et remettent en question les positions de nombreux leaders, jugés jusque-là indétrônables. La topographie sectorielle et les structures oligopolistiques des marchés sont ainsi contestées. Dans cet environnement, il devient de plus en plus difficile d'analyser les facteurs clés de succès d'une activité et d'identifier les sources d'avantage concurrentiel. Prévoir les trajectoires des concurrents s'avère complexe car l'avantage concurrentiel futur ne dépend plus nécessairement des positions passées.

b. De l'avantage concurrentiel à l'hypercompétition

Il devient dès lors de plus en plus difficile de construire un avantage concurrentiel durable et défendable[2]. Tout avantage concurrentiel est condamné à être éphémère en raison de l'instabilité de l'environnement et des ripostes rapides des concurrents.

La logique de préservation de l'avantage concurrentiel devient caduque. L'entreprise doit moins chercher à défendre sa position qu'à déstabiliser ses concurrents. La compétitivité passe alors par une capacité d'adaptation rapide, privilégiant l'innovation technologique et organisationnelle. La notion d'hypercompétition, fondée sur un déséquilibre constant, vient donc écorner la vision traditionnelle de la stratégie, fondée, elle, sur la durabilité de l'avantage concurrentiel, la stabilité de l'industrie et l'équilibre concurrentiel.

c. Du courant des ressources à l'hypercompétition

L'hypercompétition questionne aussi le modèle des ressources qui met l'accent sur l'accumulation et la combinaison de ressources stratégiques difficiles à copier ou à acquérir. En effet, le processus de construction et d'accumulation de ressources et d'actifs spécifiques peut conduire la firme à s'enfermer dans une trajectoire stratégique et à limiter sa souplesse.

1. D'Aveni R., 1995.
2. D'Aveni R., Dagnino G.B. et Smith K., 2010.

Les « compétences cœur » risquent alors de devenir, dans un environnement hypercompétitif, des « rigidités cœur », à moins que l'entreprise ne soit capable de développer des compétences dynamiques qui facilitent son adaptation. Il s'agit moins de construire un avantage concurrentiel durable qu'une séquence d'avantages concurrentiels toujours éphémères. Cela n'exclut cependant pas de bâtir un socle de compétences permettant de glisser d'un marché à l'autre et de se diversifier.

d. Créer le désordre

Les manœuvres d'hypercompétition introduisent un déséquilibre dans l'industrie au profit du déstabilisateur. Celui-ci peut être l'entreprise en place ou un nouvel entrant. L'intrusion de Free dans la téléphonie mobile, que nous avons déjà évoquée, illustre ce point.

Exemple

Free, une entrée fracassante dans la téléphonie mobile

- Avant l'entrée de **Free**, les trois opérateurs historiques proposaient une qualité de service comparable pour des tarifs similaires selon les forfaits (temps d'appel, appels à l'international, nombre de SMS, volume de données accessible sur Internet). La complexité du catalogue des offres de ces trois opérateurs était telle qu'il était impossible de dire lequel était le moins cher ou qui proposait une véritable différence. En fait, chaque opérateur avait son forfait différenciant (appel vers l'international ou vers des pays spécifiques par exemple) et son forfait *low cost* (10 euros pour une heure d'appel et 60 SMS par exemple) mais aucun d'eux n'avait un véritable avantage concurrentiel.
- Free a bouleversé le paysage en proposant deux forfaits : l'un à 2 euros (gratuit pour les abonnés Freebox) pour une heure d'appel et 60 SMS, et l'autre à 20 euros pour les appels illimités (y compris vers plusieurs destinations internationales), les SMS/MMS illimités et un volume de données Internet sans précédent. En cassant l'équilibre concurrentiel, Free a déstabilisé ses concurrents et les a obligés à redéfinir leur offre.

Si l'hypercompétition est facilitée par des facteurs exogènes, comme les ruptures technologiques, elle peut aussi être générée, de façon endogène, par l'entreprise elle-même lorsque celle-ci décide de prendre les devants sur l'évolution de l'environnement pour devancer ses concurrents. Il s'agit alors de créer du désordre et de prendre de vitesse ses rivaux, quitte à remettre en cause sa propre position stratégique en comprimant le cycle de vie de ses propres produits, ou en cannibalisant sa propre offre ! Dans la logique de l'hypercompétition, il ne s'agit pas de réduire la concurrence mais plutôt de l'exacerber.

Exemple

Un microprocesseur d'avance pour Intel

- C'est la stratégie suivie par **Intel** dans les microprocesseurs : plutôt que d'attendre que ses modèles arrivent à maturité, la firme américaine préfère lancer de nouveaux modèles pour maintenir sa distance avec les concurrents. Le lancement de certains produits peut même être annoncé avant que ces produits ne soient au point afin d'envoyer un signal aux concurrents et de les dissuader de lancer leurs propres produits ou de réaliser des investissements.

L'entreprise en place décourage les nouveaux entrants en introduisant en permanence des innovations. La préservation de l'avantage concurrentiel passe alors par un processus de création-destruction-création, en référence aux travaux de l'économiste Schumpeter[1]. Plutôt que de consolider sa position sur un marché, il s'agit de créer une suite de marchés nouveaux et de les quitter au moment où la concurrence riposte.

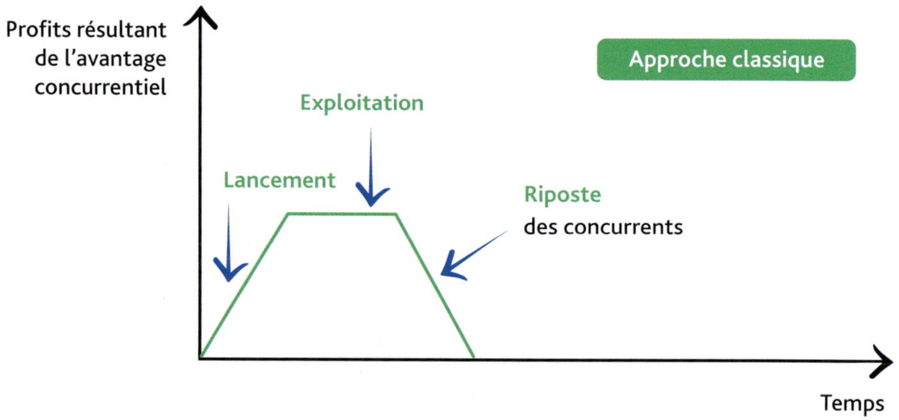

Figure 3.6 Profits résultant de l'avantage concurrentiel classique

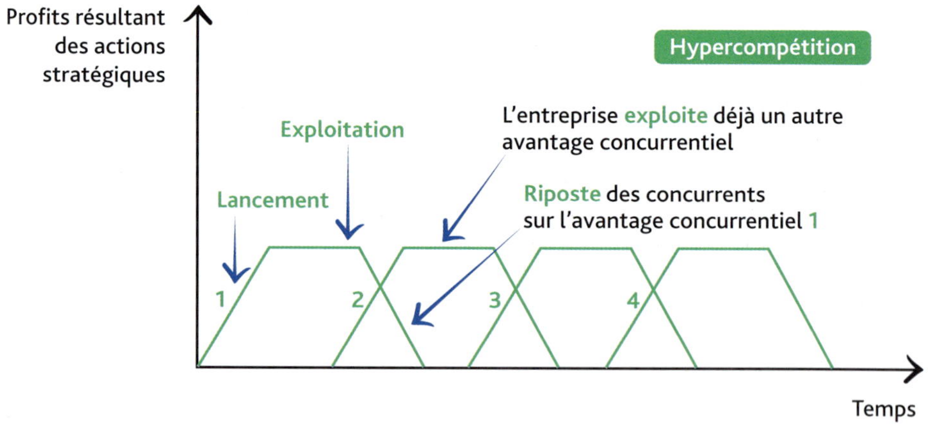

Figure 3.7 Profits résultant des actions stratégiques en situation d'hypercompétition

1. Schumpeter J., 1934.

ÉTUDE DE CAS

La stratégie d'Apple

Sans aller jusqu'à une radicalité destructrice, Apple a pratiqué une stratégie de saturation de gamme et d'innovation qui a créé parfois une cannibalisation entre ses produits mais qui laisse peu de place à ses concurrents, qui bouscule en permanence leurs positions acquises et les contraint au rôle de suiveurs. La sortie de nouveaux modèles relance la consommation, ne permet pas à ses concurrents de stabiliser leurs positions et les force à revoir leur stratégie.

Dans le secteur des lecteurs MP3, Apple a saturé la gamme de produits (iPod Classic, Nano, Shuffle, Touch) et a introduit de nouvelles fonctionnalités, afin de laisser peu d'espace aux concurrents. Ceux-ci ont été rapidement et largement distancés. Par ailleurs, Apple, ayant très vite compris que les téléphones portables allaient se substituer aux lecteurs MP3, a favorisé les iPhones au détriment des iPods, dont le chiffre d'affaires est aujourd'hui en forte baisse alors qu'il était le produit vedette de la gamme Apple.

Malgré ses imperfections initiales et les positions fortes de Nokia et de BlackBerry, l'iPhone s'est imposé sur le marché des smartphones avec un produit régulièrement amélioré grâce à différentes versions.

Le lancement de l'iPad a aussi totalement déconcerté les concurrents. Le produit a été d'abord jugé inutile par de nombreux analystes : il n'était ni téléphone ni ordinateur et peu de contenus étaient disponibles. Pourtant, la tablette s'est imposée auprès du grand public et a même commencé à se substituer aux PC tout en suscitant de multiples imitations qui n'ont guère connu de succès (Dell, HP, Acer, RIM...). Apple, seulement menacé par Samsung, a maintenu son niveau de prix et engrangé des profits records pour un produit qui était censé ne pas avoir de marché.

Partout, Apple a dicté son design, son offre, sa gamme de produits, ses standards et contraint ses concurrents à être en permanence sur la défensive. Samsung tente aujourd'hui de dépasser Apple en lançant de nombreux produits innovants, que ce soit dans les tablettes ou les smartphones, ce qui place Apple dans une position défensive à son tour. La concurrence est par ailleurs avivée par la position forte d'Amazon et de son Kindle dans les tablettes de lecture.

QUESTIONS

Corrigés en ligne sur dunod.com

1. À quelles conditions Samsung peut-il déstabiliser Apple ?
2. Qu'est-ce qui pourrait faire échouer la stratégie de Samsung ?

Pratiquer une stratégie d'hypercompétition n'est pas sans risque. Le danger est d'aboutir à une stratégie peu claire pour les actionnaires, les partenaires ou les clients, mais aussi pour l'entreprise elle-même. On risque de détruire les compétences qui sont à l'origine de sa compétitivité. L'enjeu est donc de trouver le bon équilibre entre la destruction créatrice et la cohérence stratégique et organisationnelle de la firme.

Comme on pouvait s'y attendre, Porter a critiqué la notion d'hypercompétition. Selon lui, s'il y a hypercompétition, c'est parce que les entreprises s'inscrivent dans une logique d'imitation plutôt que de rechercher une différenciation forte. L'avantage concurrentiel ne peut alors être qu'incertain et instable. Les stratégies des différents concurrents n'étant pas suffisamment cohérentes et différenciées, la concurrence devient destructrice pour tout le monde.

CONCLUSION

Pour formuler une stratégie, il ne suffit pas de confronter le *business model* de l'entreprise avec l'analyse du macroenvironnement et des six forces déterminant la performance de l'industrie. Il faut aussi anticiper et prendre en compte les réactions possibles des autres acteurs, notamment des concurrents, pour mieux s'en prémunir (voir figure 3.8).

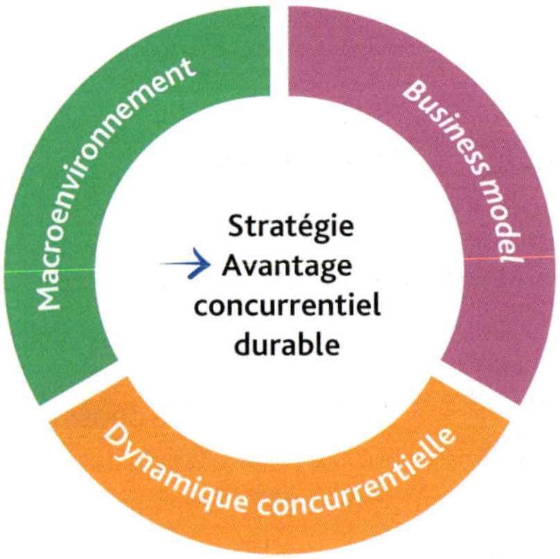

Figure 3.8 Formuler une stratégie

Pour ce faire, les méthodes présentées dans ce chapitre peuvent être extrêmement utiles. Néanmoins, ce qui prime, c'est la connaissance des autres acteurs, surtout ceux qui n'appartiennent pas au même groupe stratégique que l'entreprise considérée. Il est surprenant de constater qu'en réalité, la plupart des plans stratégiques ne tiennent pas suffisamment compte des stratégies des concurrents[1]. Et lorsqu'ils le font, ils ont tendance à se focaliser sur les concurrents les plus proches et les mieux connus, en sous-estimant le danger créé par les concurrents nouveaux ou mal connus.

La clé d'analyse de la dynamique concurrentielle est donc dans la veille concurrentielle. Sans aller jusqu'à espionner les concurrents, ce que suggère parfois de manière péjorative le terme « intelligence économique », il est indispensable de rechercher et de compiler l'information sur tous les acteurs qui comptent dans l'environnement économique de l'entreprise. Pour se mettre à leur place et anticiper leurs réactions, il faut d'abord les connaître.

En effet, les méthodes et les analyses les plus élégantes ne peuvent porter leurs fruits que si l'information sur les différents acteurs est disponible et accessible au sein de l'entreprise. De nos jours, cette information est plus disponible que jamais et elle est accessible à la vitesse de l'éclair *via* Internet. Cette évolution est due non seulement à la technologie, mais aussi aux réglementations des marchés et au pouvoir des actionnaires, qui exigent toujours plus de transparence et d'information de la part des entreprises. Il n'y a donc plus d'excuse à ne pas connaître la stratégie des autres acteurs. L'ignorer crée un désavantage concurrentiel. En effet, notre stratégie devient très vite aussi transparente pour eux que la leur devrait l'être pour nous. Une entreprise qui néglige de recueillir de l'information sur ses concurrents devrait commencer par se dire que les concurrents en question sont en train de recueillir un maximum d'informations sur elle.

1. Sibony O., 2019.

À RETENIR

Interdépendance entre acteurs et théorie des jeux

- **La théorie des jeux** modélise les situations concurrentielles selon plusieurs caractéristiques : les choix stratégiques possibles, la nature de l'information, les niveaux de gain et les signaux émis par les acteurs.
- **Un bon stratège doit être capable :**
  - de se placer dans la situation vécue par ses opposants ;
  - de comprendre la façon dont les interdépendances entre les actions et réactions modifient la structure des gains du jeu ;
  - d'intégrer les jeux passés pour prédire les jeux futurs.

Prédire la dynamique concurrentielle

- Une forte **similarité de marché** et une forte **similitude de ressources** entraînent plutôt une certaine placidité dans les attaques mais, en revanche, une plus grande certitude de réponse agressive.
- Trois mécanismes sont nécessaires pour que l'entreprise réagisse : la perception de l'attaque, la motivation à répondre, et la capacité à le faire.
- La réponse sera fonction de l'ampleur stratégique de l'attaque, de la réputation de l'entreprise et de sa dépendance par rapport au marché sur lequel a porté l'attaque.

Les facteurs influant sur la dynamique des industries

- Même s'il n'est pas durable, l'**avantage au premier** joue un rôle de catalyseur par les informations qu'il procure autant aux innovateurs et pionniers qu'aux concurrents à l'affût.
- **Les rendements croissants d'adoption** poussent les entreprises à accroître leur investissement initial pour tenter de capter au plus tôt les utilisateurs et introduire un standard.
- **La création d'un écosystème** renforce l'avantage concurrentiel. Il s'appuie sur les effets de réseau directs et indirects.
- **L'hypercompétition** consiste à profiter de l'instabilité de l'environnement ou à la créer pour exacerber la concurrence à son profit. Le risque est de fragiliser l'équilibre organisationnel de l'entreprise par une fréquence trop élevée d'innovations. La réactivité organisationnelle devient alors un élément clé de l'avantage concurrentiel.
- La pertinence de l'analyse de la dynamique concurrentielle repose sur le renseignement et la **veille concurrentielle**.

Chapitre 4 Construire un avantage concurrentiel durable

Le but de la *business strategy* est de créer un avantage concurrentiel : mettre sur le marché une offre dont l'écart valeur-coût est supérieur à celui des offres concurrentes. Seules les entreprises qui arrivent à créer un avantage concurrentiel durable parviennent à dépasser significativement et durablement la rentabilité moyenne de leur industrie. Il y a beaucoup d'appelés et peu d'élus. Pourtant, les stratégies possibles sont multiples : la seule limite est l'imagination des dirigeants d'entreprise. De nouveaux *business models* apparaissent en permanence, mais seuls ceux qui créent un avantage concurrentiel survivent… et encore cette survie n'est-elle pas éternelle : ils finissent souvent par être copiés ou dépassés.

On peut discerner les grands types de stratégies possibles pour créer un avantage concurrentiel, notamment les stratégies *low cost* (la priorité est de réduire les coûts très au-dessous de la moyenne de l'industrie, ce qui détériore la valeur de l'offre pour les clients) et les stratégies de différenciation (tout est fait pour que les clients perçoivent la valeur de l'offre comme très supérieure à la moyenne de l'industrie, ce qui entraîne généralement des coûts plus élevés).

Après avoir vu une typologie des avantages concurrentiels, nous discuterons des manières d'améliorer l'avantage concurrentiel : réduire les coûts et/ou augmenter la valeur perçue de l'offre, ces deux objectifs étant généralement contradictoires.

Plan du chapitre

SECTION 1

TYPOLOGIE DES AVANTAGES CONCURRENTIELS

Rappelons que l'entreprise a un avantage concurrentiel durable si sa rentabilité économique dépasse significativement et durablement la moyenne de l'industrie. Cela n'est possible que si l'entreprise met sur le marché une offre qui génère à la fois un bénéfice client (écart entre valeur perçue et prix) et une marge (écart entre prix et coût) supérieurs à ceux que génèrent les offres concurrentes. C'est donc l'écart entre la valeur perçue et le coût de l'offre qui détermine l'avantage concurrentiel de l'entreprise (voir figure 4.1).

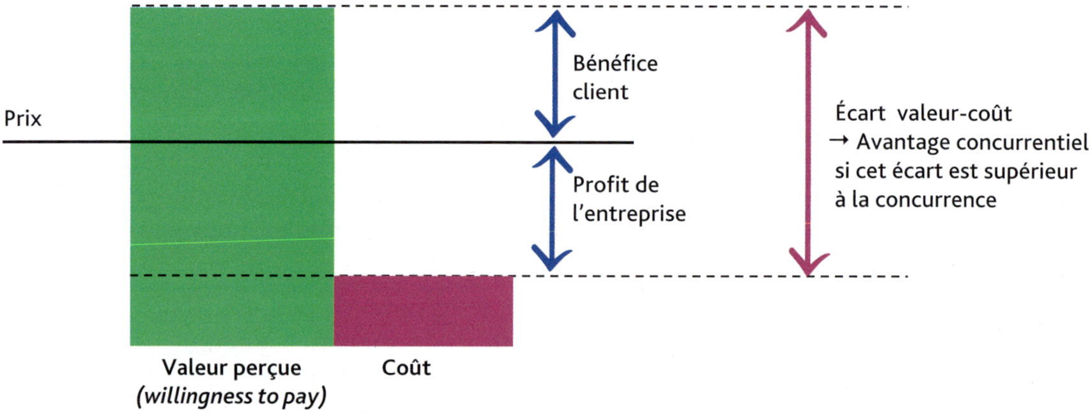

Figure 4.1 Coût, prix, valeur perçue et avantage concurrentiel

Il y a une vingtaine d'années, la théorie dominante en *business strategy* était la suivante : pour construire un avantage concurrentiel, une entreprise devait choisir entre deux « stratégies génériques » (voir figure 4.2) : les stratégies de coût-volume, conduisant à des coûts inférieurs à ceux de la concurrence, et les stratégies de différenciation, conduisant à une valeur perçue supérieure.

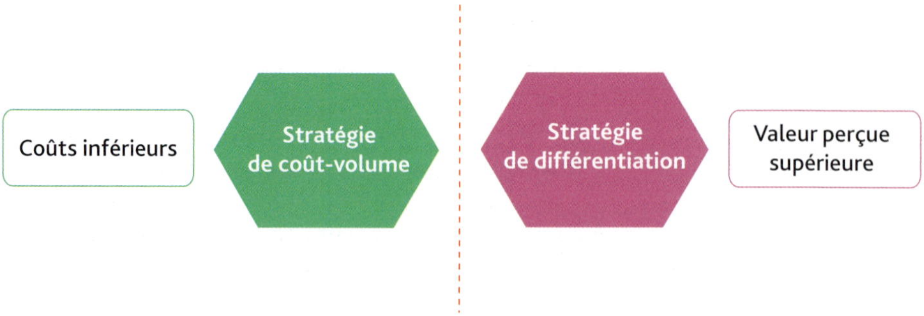

Figure 4.2 Les deux « stratégies génériques »

1 Coût-volume et différenciation : une simplification abusive

a. La stratégie de coût-volume

La stratégie de coût-volume (ou stratégie de domination par les coûts) est fondée sur les effets de taille et d'expérience. Elle consiste à augmenter constamment les volumes de production pour réduire les coûts sans modifier la valeur de l'offre aux yeux des clients.

Pour créer un avantage concurrentiel, il faut donc devenir le leader en volume de manière à pouvoir offrir les mêmes produits et services que les concurrents à un coût inférieur. C'est au fond la stratégie de base de toutes les entreprises dans les oligopoles indifférenciés, tels que le pétrole, l'électricité, le ciment, l'extraction minière, etc. Comme il n'y a quasiment aucune manière de différencier l'offre et que les transactions sont gouvernées par un prix de marché (ou un prix administré) qui s'impose à tous, la seule option pour créer un avantage concurrentiel est d'essayer de baisser les coûts en jouant à fond sur les effets de taille, donc le volume, pour essayer de dégager une rentabilité supérieure à celle des concurrents.

Dans ce type d'industrie, la dynamique concurrentielle est assez facile à prévoir. Sur chaque marché, le vainqueur de cette course à la taille va devenir dominant et, pour éviter de se retrouver en situation de monopole, il a intérêt à laisser survivre quelques petits concurrents inoffensifs. Une autre possibilité est qu'un équilibre plus ou moins collusif s'établisse entre deux ou trois concurrents d'égale force qui optent pour la guerre froide, c'est-à-dire qui se dissuadent mutuellement de déclencher une guerre des prix.

b. La stratégie de différenciation

Pour éviter cette course à la taille et ses effets meurtriers, les entreprises peuvent opter pour une stratégie de différenciation, qui consiste à accroître la valeur perçue en dotant l'offre de caractéristiques spécifiques, valorisées par certains clients, ce qui permet de pratiquer des prix plus élevés, au moins sur un segment de clientèle.

Les entreprises du luxe suivent cette stratégie dans tous les secteurs où elles opèrent, que ce soit la mode, la maroquinerie, l'automobile, la restauration, etc.

Cette stratégie crée mécaniquement un handicap sur les coûts par rapport à la stratégie de volume, non seulement parce que créer une différenciation est en soi coûteux, mais aussi parce que la prime de prix liée à la différenciation cantonne l'entreprise à un segment de clientèle restreint. Les acteurs du luxe vont même jusqu'à entretenir volontairement une certaine rareté sur leurs produits pour augmenter au maximum la valeur perçue de leur offre[1].

1. Bastien V. et Kapferer J.-N., 2012.

Par construction, la stratégie de différenciation ne peut donc pas prétendre aux mêmes volumes que la stratégie de coût-volume. Même si le fait de différencier les produits ne coûtait rien en soi, la faiblesse des volumes induite par la différenciation entraînerait mécaniquement un handicap de coût par rapport aux concurrents suivant une stratégie de coût-volume. La différenciation ne peut donc créer un avantage concurrentiel que si les gains de valeur perçue dépassent significativement le handicap sur les coûts.

c. *Stuck in the middle* ?

Les deux types de stratégie ont longtemps été vus comme exclusifs l'un de l'autre. Si l'entreprise essayait de les mélanger, elle risquait de se retrouver « *stuck in the middle* », c'est-à-dire « prise en sandwich » entre des concurrents plus gros ayant des coûts plus bas et des concurrents plus petits mais proposant aux clients des produits à plus forte valeur perçue.

Cette théorie, proposée à l'origine par Michael Porter dans *Competitive Strategy*[1], n'a pas résisté à la déferlante des modèles *low cost*, qui ont détrôné les stratégies de coût-volume en réduisant drastiquement la valeur perçue pour comprimer les coûts au-delà des effets de volume, et écraser encore davantage les prix[2]. Elle a ensuite reçu le coup de grâce avec les effets de réseau, déclenchés notamment par la digitalisation (voir chapitres 2 et 3). Car avec les effets de réseau, c'est en effet le volume qui augmente la valeur perçue !

d. Le double avantage

Quoi qu'il en soit, cette théorie avait toujours souffert d'une faiblesse fondamentale : elle ne correspondait pas aux faits observables dans certaines industries. Porter lui-même est revenu dessus (voir la rubrique Controverse ci-après). Dans nombre d'industries traditionnelles, les entreprises de taille moyenne supposées *stuck in the middle* ne sont pas forcément moins performantes que les autres. En outre, il arrive souvent que les entreprises les plus performantes cumulent un avantage de coût et un avantage de différenciation. C'est le cas pour les réseaux sociaux et les plateformes digitales[3] comme Facebook, LinkedIn, Uber, Airbnb… puisque leur valeur perçue par chaque utilisateur augmente avec le nombre d'utilisateurs. Elles se différencient donc à mesure qu'elles croissent, tout en diminuant leurs coûts. Grâce aux effets de réseau, les géants du web GAFAM (Google, Apple, Facebook, Amazon, Microsoft) cumulent un double avantage de coût et de différenciation. Par ailleurs, ce double avantage peut aussi apparaître dans des industries traditionnelles.

Exemple

L'avantage concurrentiel de Toyota

- **Toyota**, leader mondial en nombre de voitures vendues jusqu'en 2017, a été détrôné par **Volkswagen** et **Renault-Nissan**, sachant que les volumes produits par les trois groupes restent proches (environ 10,5 millions de voitures par an). Mais, quel que soit son classement en termes de taille, Toyota reste loin devant ses concurrents en termes de performance économique.

1. Porter M.E., 1980.
2. Santi M. et Nguyen V., 2012.
3. Nous reviendrons sur les *business models* de plateforme dans le chapitre 5.

- En 2017, l'entreprise affichait une marge opérationnelle de 8 %, contre 4,5 % pour Volkswagen (hors amendes liées au scandale des tests de pollution truqués de ses véhicules diesel), soit plus de 1 600 euros de profit par véhicule vendu, contre deux fois moins (800 euros seulement) pour son concurrent allemand.
- Cette supériorité ne s'est jamais démentie en un quart de siècle. Toyota bénéficie donc d'un avantage concurrentiel. Mais s'agit-il d'un avantage de coût ou de différenciation ? Comparée à la stratégie de **Mercedes**, **BMW** ou **Audi** (groupe Volkswagen), celle de Toyota ne peut pas être qualifiée de stratégie de différenciation : la valeur perçue des voitures Toyota est nettement inférieure, ce qui se traduit par des niveaux de prix inférieurs. Toyota doit donc nécessairement bénéficier d'un avantage de coût ! C'est certainement le cas. Mais l'expérience montre aussi que la majorité des automobilistes dans le monde perçoivent les Toyota comme de meilleure qualité et sont prêts à les payer plus cher que les modèles équivalents chez **Hyundai**, **Kia**, **Peugeot Citroën**, mais aussi Renault-Nissan et certaines marques du groupe Volkswagen (**Skoda** et **SEAT** de manière évidente, et Volkswagen dans une moindre mesure). L'avantage concurrentiel de Toyota combine donc un coût inférieur à la moyenne et une valeur perçue comme supérieure à la moyenne, d'où un écart de performance très significatif avec ses concurrents, quelle que soit leur taille.

CONTROVERSE

Porter (1980) contre Porter (1996) : stratégies génériques contre combinaison coût-différenciation

Dans son livre *Competitive Strategy*[1], publié en 1980, Porter avance l'idée selon laquelle les deux seuls avantages concurrentiels possibles dans une industrie donnée sont :

- la domination par les coûts qui, du fait des effets de volume, implique presque inévitablement une part de marché élevée ;
- la différenciation qui, du fait des coûts et des prix plus élevés qu'elle induit, implique au contraire une part de marché faible.

Tout positionnement intermédiaire en termes de coûts et de différenciation, mais aussi en termes de taille et de parts de marché, serait inévitablement voué à l'échec. En se fondant sur l'observation de quelques secteurs d'activité, Porter en déduit même que la rentabilité des entreprises d'une même industrie se distribue sur une courbe en U en fonction des parts de marché (voir figure 4.3).

•••

•••

Dans ce schéma, les entreprises en position intermédiaire sont *stuck in the middle*, avec une stratégie ambiguë et une performance médiocre.

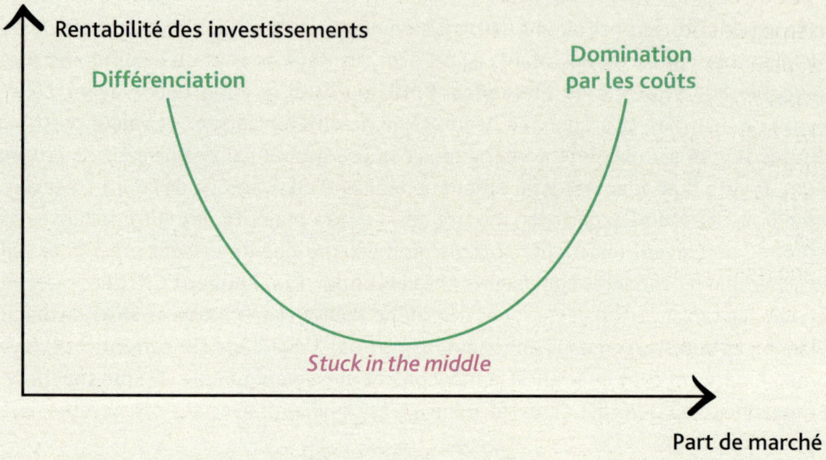

Figure 4.3 La courbe en U de Porter (1980)

Pourtant, près de vingt ans plus tard, Porter[2] reconnaît implicitement que beaucoup d'entreprises très performantes ne sont ni les leaders de leur secteur en termes de parts de marché, ni les concurrents avec les coûts les plus bas, ni encore les concurrents les plus différenciés, capables de faire payer à leurs clients des prix très élevés.

Sur la base de cette constatation, Porter propose une analyse de l'avantage concurrentiel en termes d'arbitrage entre coût et valeur perçue par les clients. Il s'agit bien d'un arbitrage parce que tout progrès sur l'une des dimensions vient nécessairement en contrepartie d'une dégradation de l'autre. En d'autres termes, si une entreprise peut faire baisser ses coûts sans détériorer la valeur perçue par les clients, c'est-à-dire sans changer son offre ni son *business model,* elle doit tout simplement le faire, il n'y a rien de stratégique là-dedans. Ce sont simplement des optimisations opérationnelles nécessaires pour préserver sa compétitivité. De même, si elle peut augmenter la valeur perçue sans accroître ses coûts, par exemple en changeant d'agence de publicité, il n'y a pas de question à se poser : il faut le faire pour optimiser les ventes. Mais ces actions ne créent pas d'avantage concurrentiel durable, car toute l'industrie en fait autant, constamment.

Définir une stratégie, c'est définir, sur un marché donné, une combinaison coût/différenciation sur laquelle l'entreprise va se positionner en faisant en sorte qu'aucun concurrent ne puisse simultanément offrir une valeur perçue supérieure et avoir des coûts plus bas.

•••

•••

On peut toutefois retenir de la courbe en U que, généralement, une entreprise ne peut pas faire efficacement une chose et son contraire. Si l'entreprise choisit un positionnement *low cost*, il lui sera sans doute difficile d'offrir en même temps des produits de luxe, et réciproquement. Cette difficulté s'explique non seulement par la confusion que cela créerait dans la perception des clients, mais aussi, et peut-être surtout, par des problèmes d'ordre organisationnel. Les mêmes employés devraient être capables d'assurer efficacement des tâches avec des niveaux de soin, de qualité, de sophistication… et donc de coût très différents en fonction du type de produit concerné. L'expérience montre qu'il est très difficile de faire coexister des *business models* aussi contradictoires dans une même entité.

C'est l'une des raisons pour lesquelles les compagnies aériennes qui ont tenté de lancer une activité *low cost* en leur sein, comme KLM avec Buzz, Delta avec Song ou Continental Airlines avec CAL-Lite, ont presque toutes échoué : ces compagnies avaient des niveaux de coût trop élevés, une qualité de service déplorable et finissaient même par contaminer l'activité principale.

1. Porter M.E, 1980.
2 Porter M.E., 1996.

À l'heure actuelle, on reconnaît que les interactions entre coût et valeur perçue sont plus complexes que ne le suggérait la dichotomie entre coût-volume et différenciation. Il faut jouer sur les deux tableaux pour créer un avantage concurrentiel : une entreprise différenciée ne peut pas négliger les effets de taille, de même qu'une entreprise *low cost* ne peut pas ignorer la *willingness to pay* de ses clients.

Exemples

BMW relance Rolls-Royce

- Les automobiles **Rolls-Royce** ont fait faillite et sont passées sous le contrôle de **BMW** en 2003 (après un premier rachat par **Volkswagen** en 1998), non pas parce que la différenciation avait disparu, mais parce que les volumes étaient devenus trop faibles (300 unités seulement en 2003, c'était de l'hyper-luxe !), ce qui avait fait exploser les coûts. Pour sauver Rolls-Royce, BMW a mis en œuvre une stratégie mêlant habilement différenciation et recherche du volume. Résultat : Rolls-Royce a vendu 4 107 véhicules en 2018, ce qui correspond tout de même à une augmentation du volume de 1 269 % en quinze ans ! Pour l'anecdote, la gamme inclut maintenant un SUV, joliment nommé « Cullinan » et disponible pour la modique somme de 400 000 euros. On voit que les prix restent bien dans la tradition Rolls-Royce. C'est en quelque sorte le volume qui a sauvé la différenciation.

Trop de *low cost* tue le *low cost*

- À l'opposé, l'échec de la Tata Nano, voiture *low cost* par excellence, s'explique par une valeur perçue comme insuffisante sur le marché indien et non par des coûts de production excessifs. Le but de **Tata** était de commercialiser une automobile à moins de 100 000 roupies (1 900 euros). Pour atteindre des niveaux de coût compatibles avec cet objectif, la Nano ne mesure que 3 mètres de long pour 1,5 mètre de large, elle est équipée d'un moteur de 600 cm^3 et dépasse à peine la vitesse de 100 km/h. Ses équipements sont réduits au strict minimum : pas de direction assistée, de climatisation, d'autoradio, d'airbag ou de freinage ABS, un seul essuie-glace, un seul rétroviseur, etc. Malgré les prouesses techniques déployées pour comprimer son coût et en dépit de son prix défiant toute concurrence, la Nano est un échec commercial. Le bénéfice client est trop faible. Les acheteurs préfèrent se tourner vers des voitures d'occasion, plus robustes, plus rapides et pouvant transporter davantage de personnes et de bagages. C'est la faiblesse de la valeur perçue qui a tué ce *low cost*.

2 Les trois types d'avantage concurrentiel

On considère actuellement qu'il existe trois types d'avantage concurrentiel (différenciation, *low cost* et double avantage) et qu'ils peuvent coexister dans une même industrie. Chacun se caractérise par une manière différente de creuser l'écart valeur-coût par rapport à la moyenne de l'industrie (voir figure 4.4).

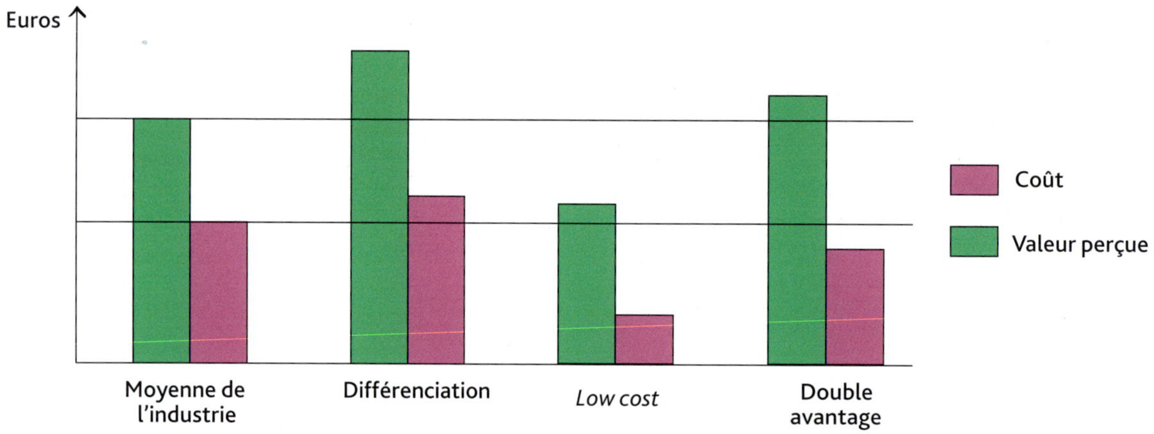

Source : Ghemawat P., 2006.

Figure 4.4 Les types d'avantage concurrentiel

a. La différenciation

La définition de l'avantage de différenciation reste toujours la même.

L'entreprise arrive à différencier suffisamment son offre pour facturer un prix sensiblement supérieur à la moyenne, ce qui lui impose généralement de supporter des coûts plus élevés et surtout de se spécialiser sur un segment de clientèle qui attribue une très grande valeur à l'offre (et qui a les moyens de se la payer).

Pour obtenir un tel avantage, il faut que les coûts soient maintenus très en-dessous de la *willingness to pay* des clients, et donc que les volumes restent suffisants.

Exemple

Le pari de Dyson

- Dans le petit électroménager, le britannique **Dyson** a réussi à créer une différenciation particulièrement significative. Ses aspirateurs sans sac, très puissants, au design futuriste, garantis cinq ans, s'arrachent à 600 euros, soit un prix deux à cinq fois supérieur à la concurrence. Lancés à la fin des années 1980 alors que personne n'y croyait (James Dyson était perçu comme un aimable Géo Trouvetou, peu crédible aux yeux des investisseurs), les aspirateurs sans sac représentent aujourd'hui plus de 80 % du marché français. Ils sont devenus l'offre de référence, privant l'industrie dans son ensemble du complément de revenu lié à la vente des sacs. Malgré cela, Dyson a conservé sa différenciation, avec une valeur perçue et des prix beaucoup plus hauts que la moyenne. L'entreprise décline la même stratégie sur d'autres produits : les sèche-cheveux, achetés à 400 euros, les aspirateurs-balais sans fil, les aspirateurs-robots, les sèche-mains, les ventilateurs sans pale, les purificateurs d'air, etc. Elle envisage même de lancer un nouveau modèle de voiture électrique ! En 2017, Dyson a réalisé un chiffre d'affaires record de 3,5 milliards de livres, en hausse de 40 % sur un an. Son EBITDA[1] s'élève à 801 millions de livres, en progression de 27 %. Le fondateur reste actionnaire majoritaire et réinvestit tous ses gains dans l'innovation.

b. Le *low cost*

La définition du *low cost* diffère sensiblement de celle de l'avantage de coût-volume.

L'entreprise construit un *business model* spécifique, qui lui permet de réduire significativement ses coûts par rapport au reste de l'industrie, par exemple en dépouillant l'offre d'attributs qu'un nombre suffisant de clients juge superflus ou valorise peu. La valeur perçue de l'offre tombe en dessous de la moyenne de l'industrie, mais les coûts baissent tellement que l'écart valeur-coût est significativement supérieur à la moyenne.

Cette stratégie tend à spécialiser l'entreprise sur un besoin à faible valeur perçue ou un segment de clientèle à faible *willingness to pay* (voire à faible revenu).

Exemple

Le *hard discount*

- Les chaînes de *hard discount* comme **Ed**, **Leader Price** ou **Lidl** sont des exemples typiques de *low cost*. Certaines de ces chaînes proposent uniquement des produits de marque distributeur. Peu de références sont proposées, la largeur de gamme est réduite, le linéaire est très sommaire. On se sert parfois à même les palettes mais les prix sont nettement moindres que dans les grandes surfaces traditionnelles.

1. *Earnings before interest, taxes, depreciation, and amortization* (EBITDA) ; en français, bénéfice avant intérêts, impôts, dépréciation et amortissement (BAIIDA). Il désigne, en finance, le bénéfice d'une société avant que n'en soient soustraits les intérêts, les impôts et taxes, les dotations aux amortissements et les provisions sur immobilisations (mais après dotations aux provisions sur stocks et créances clients).

Dans ce contexte, la stratégie de coût-volume est vue comme un cas particulier du *low cost* où on parvient à baisser les coûts sans altérer la valeur perçue. Du reste, pour préserver et renforcer son avantage face aux imitateurs potentiels, l'entreprise *low cost* a intérêt à croître et à augmenter ses volumes, ce qui tend éventuellement à la pousser vers une stratégie de coût-volume et à faire du *low cost* la nouvelle offre de référence de l'industrie. Le cas de la compagnie aérienne Southwest Airlines, reconnue comme la créatrice du modèle *low cost* et devenue depuis dominante en parts de marché sur les vols domestiques aux États-Unis, est très éclairant à ce sujet.

ÉTUDE DE CAS

Southwest Airlines : le *low cost* devient leader en volume

Depuis plus de quarante ans, Southwest Airlines dépasse largement tous ses concurrents en termes de croissance et de rentabilité. C'est la seule compagnie aérienne américaine qui a été constamment bénéficiaire depuis sa création au début des années 1970, malgré une politique de prix particulièrement agressive : à chaque fois que Southwest ouvre une nouvelle ligne, c'est avec un tarif au moins 60 % inférieur à celui de la concurrence. Pendant que Southwest se développait à un rythme soutenu, des compagnies aussi dominantes que Pan Am, Eastern ou People Express disparaissaient, et d'autres comme Continental, United ou Delta, se faisaient racheter ou passaient en redressement judiciaire.

Southwest est l'archétype de la compagnie *low cost*. Alors que les compagnies traditionnelles gagnent de l'argent principalement sur leur classe affaires, elle propose une classe unique. Southwest ne sert pas de repas en vol et n'attribue pas les sièges avant l'embarquement. Elle a un système de réservation propre et ne commercialise pas ses vols sur les plateformes numériques de type Apollo ou Sabre (qui prennent une commission fixe par transaction). La plupart des passagers achètent directement leur billet sur le site web de Southwest, ce qui permet de réduire les commissions versées aux agences de voyages.

Alors que les autres grandes compagnies aériennes ont toutes créé un réseau en étoile autour d'un aéroport central, le « *hub* », au début des années 1980, Southwest propose seulement des vols directs, sans escale, entre tous ses aéroports. La plupart de ces vols sont des court-courriers, d'une durée de 65 minutes en moyenne. Southwest offre des vols fréquents (au moins 8 par jour sur chaque destination), en sélectionnant des aéroports où il lui est possible de programmer au moins 20 départs quotidiens. Il s'agit en général d'aéroports de petites villes ou d'aéroports secondaires de grandes villes (Love Field à Dallas, Midway à Chicago, etc.), ce qui rend difficiles les correspondances avec les autres compagnies. En fait, Southwest n'assure ni correspondance ni transfert de bagages vers d'autres compagnies. Utiliser des aéroports moins congestionnés permet de réduire la durée des vols de 20 % en limitant les temps d'attente au décollage et à l'atterrissage. De plus, les aéroports secondaires ont des tarifs plus bas que les grands aéroports.

•••

•••

En dépit de son nom, Southwest couvre tous les États-Unis avec 5 000 vols par jour et une flotte homogène de 500 Boeing 737. La flotte de Southwest est la plus récente des États-Unis.

Malgré sa politique implacable de réduction des coûts, Southwest est la compagnie domestique américaine la plus performante en termes de ponctualité, de sécurité, de fréquence des vols. Elle enregistre les taux de satisfaction client les plus élevés du marché américain.

Rompant avec quarante ans de croissance organique, Southwest a pris le contrôle d'AirTran pour un milliard de dollars en 2011, devenant ainsi le leader du marché intérieur américain en nombre de passagers. AirTran a amené un chiffre d'affaires de 2,6 milliards de dollars et sept nouvelles destinations en Amérique centrale, ce qui a internationalisé la compagnie. Certains analystes ont émis de sérieuses réserves sur la capacité de Southwest à intégrer AirTran. En effet, l'activité d'AirTran était organisée essentiellement autour de son *hub* d'Atlanta et sa flotte était composée non seulement de 41 Boeing 737, mais aussi de 88 Boeing 717, ce qui semblait peu compatible avec le modèle économique de Southwest.

QUESTIONS
Corrigés en ligne sur dunod.com

1. Qu'est-ce qui fait la supériorité du modèle *low cost* de Southwest Airlines ?
2. Pensez-vous que le volume et l'effet d'expérience y jouent un rôle ?
3. Pourquoi les concurrents ont-ils autant de mal à imiter Southwest ?
4. Que recommanderiez-vous pour intégrer l'acquisition d'AirTran ?

c. Le double avantage

Les entreprises qui disposent d'un double avantage parviennent à attirer les clients avec une offre de valeur supérieure produite à un coût inférieur. Il s'agit bien évidemment d'un positionnement idéal que l'on trouve chez des leaders installés comme Toyota, déjà cité.

Les embouteilleurs sont prêts à payer plus cher le soda et la licence Coca-Cola parce que celui-ci leur garantit un volume supérieur à toutes les autres marques, alors que sa position de leader mondial lui assure des coûts de production imbattables.

Dans certains cas, le double avantage résulte d'une innovation radicale et crée une rupture stratégique. La nouvelle offre, supérieure à la fois en termes de valeur et de coût, rend brutalement l'offre de référence obsolète et s'y substitue.

Ces ruptures sont parfois le résultat d'innovations technologiques introduites par des entreprises extérieures au domaine d'activité. On peut penser à l'introduction de l'électronique dans l'horlogerie, provoquée par des firmes étrangères à l'industrie horlogère, qui ont mis au point une offre de valeur perçue supérieure (meilleure précision, durabilité, fiabilité) et produite à un coût plus bas.

Actuellement, la digitalisation est source de double avantage dans un certain nombre de domaines, parce que le coût marginal est quasiment nul, alors que l'offre a une valeur supérieure à celle des concurrents traditionnels. Ainsi, Netflix peut offrir des abonnements à un coût très bas pour une offre de vidéo à la demande à forte valeur. Uber propose une offre de transport urbain individuel plus disponible et plus pratique que les taxis, à un coût plus bas ; Airbnb fait de même pour l'hébergement.

Les doubles avantages rendus possibles par la digitalisation ne résultent pas seulement de l'innovation technologique en elle-même, mais plutôt de *business models* innovants, où la technologie ne joue parfois qu'un rôle assez secondaire. Nous étudierons ces stratégies dans le chapitre 5.

3 Ne pas confondre stratégie et compétitivité

Les trois types d'avantage concurrentiel résultent de choix stratégiques et donc de *business models* radicalement différents du *business model* dominant dans l'industrie. La *business strategy* a en effet pour but d'atteindre un niveau de performance « exceptionnel » dans une industrie donnée et non pas simplement d'améliorer à la marge la compétitivité de l'entreprise. L'amélioration marginale est très vite imitée, alors qu'une stratégie qui concentre l'entreprise sur une offre et un segment de clientèle plus spécifiques a davantage de chances de créer un avantage concurrentiel durable.

a. Efforts de compétitivité

La notion d'avantage concurrentiel ne doit pas être confondue avec celle de compétitivité.

> L'avantage concurrentiel consiste à créer un différentiel de performance significatif et durable par rapport au reste de l'industrie.

Comme on l'a vu au chapitre 2, il résulte de choix stratégiques et d'arbitrages au sein du *business model*. Cependant, les efforts pour tendre à l'excellence opérationnelle à *business model* constant, c'est-à-dire les efforts de *benchmarking* destinés à copier les concurrents les plus performants et à adopter les *best practices* (meilleures pratiques) dans tel ou tel domaine, ne changent rien à la stratégie. Ils sont simplement nécessaires pour assurer la compétitivité de l'entreprise. C'est pourquoi nous concevons plutôt les stratégies de coût-volume comme des efforts de compétitivité (faire la même chose que les autres à moindre coût) que comme des stratégies vouées à réellement créer un avantage concurrentiel. On ne devrait pas qualifier les simples efforts de réduction des coûts de « stratégiques », même s'il y va de la survie de l'entreprise : baisser les coûts pour vendre davantage – et réciproquement – est plus une nécessité qu'une stratégie.

b. Positionnement valeur-coût

Comme le montre la figure 4.4, c'est l'écart valeur-coût moyen dans l'industrie qui sert de référence pour juger de l'ampleur de l'avantage concurrentiel. Tous les efforts que les entreprises font pour rattraper ou maintenir cet écart moyen sont des efforts de compétitivité, mais ne sont pas des stratégies susceptibles de créer un avantage concurrentiel.

Du reste, dans la plupart des secteurs, tous les concurrents se livrent sans cesse au *benchmarking* et déploient plus ou moins les mêmes efforts de compétitivité, ce qui fait converger leurs *business models*. En effet, la concurrence pèse en permanence sur les prix et donc sur la rentabilité de chacun, obligeant sans cesse les entreprises à au moins baisser leurs coûts et, si possible, à augmenter la valeur perçue de leur offre.

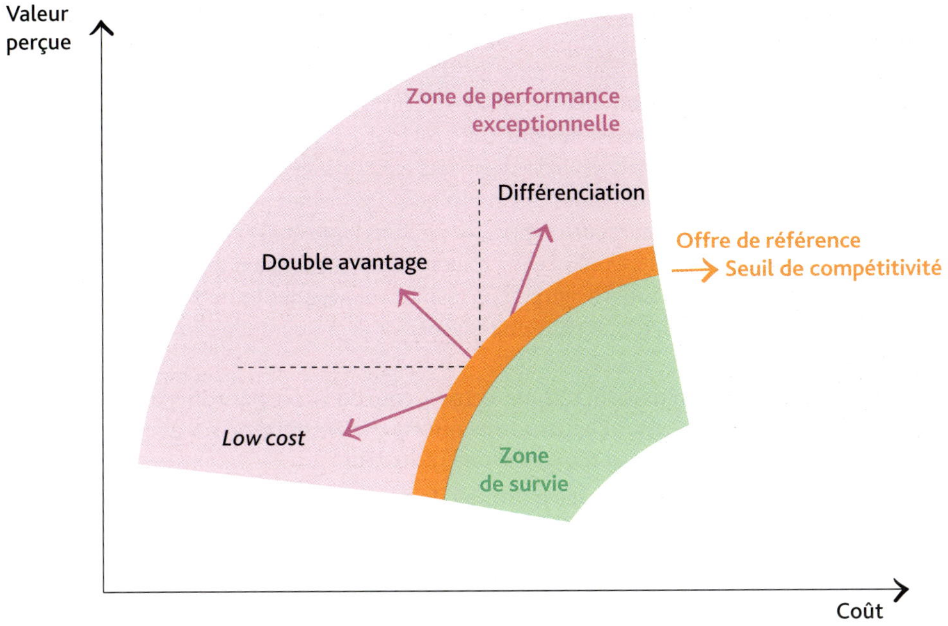

Figure 4.5 Compétitivité et avantage concurrentiel

Les efforts de compétitivité conduisent les concurrents à s'imiter mutuellement et à converger vers un *business model* dominant, ce qui nivelle la performance autour de la moyenne de l'industrie. En revanche, la stratégie consiste à dépasser significativement cette moyenne en créant un avantage concurrentiel durable grâce à un *business model* original et difficile à imiter.

Dans la plupart des industries, plusieurs positionnements valeur-coût sont possibles pour atteindre un niveau de performance proche de la moyenne. Ils sont représentés par la courbe de l'offre de référence sur la figure 4.5.

c. Offre de référence

L'offre de référence correspond au niveau de prestation minimum qu'un client moyen s'attend à trouver pour un prix donné.

Autrement dit, deux produits concurrents qui font partie de l'offre de référence et qui sont vendus au même prix offrent sensiblement le même bénéfice client et génèrent des niveaux de marge similaires.

Exemple

Les offres de référence dans l'automobile

- Dans l'automobile, l'offre de référence est composée de la gamme de voitures des constructeurs généralistes. Qu'il s'agisse de **Ford**, **General Motors**, **Volkswagen**, **Renault** ou **PSA**, tous proposent, au sein de chacun des segments existants en Europe, un modèle de base qui présente à peu près les mêmes caractéristiques, les mêmes performances techniques et le même confort que les modèles concurrents. Si les logos étaient enlevés, il serait difficile de distinguer ces voitures entre elles, d'autant qu'elles se situent toutes dans la même zone de prix. Étant fabriquées à peu près au même coût avec des composants achetés aux mêmes équipementiers, toutes ces voitures génèrent des marges similaires.

Pour avoir une idée plus concrète de cette « courbe », on peut la voir comme un nuage de points représentant les produits offerts par les entreprises ayant un niveau de performance proche de la moyenne de l'industrie.

- **Dans les industries où les gammes de produits et services sont très larges** (l'automobile, les parfums, la restauration, les smartphones, les vins, l'habillement, etc.), ce nuage de points est très étendu (voir figure 4.6).

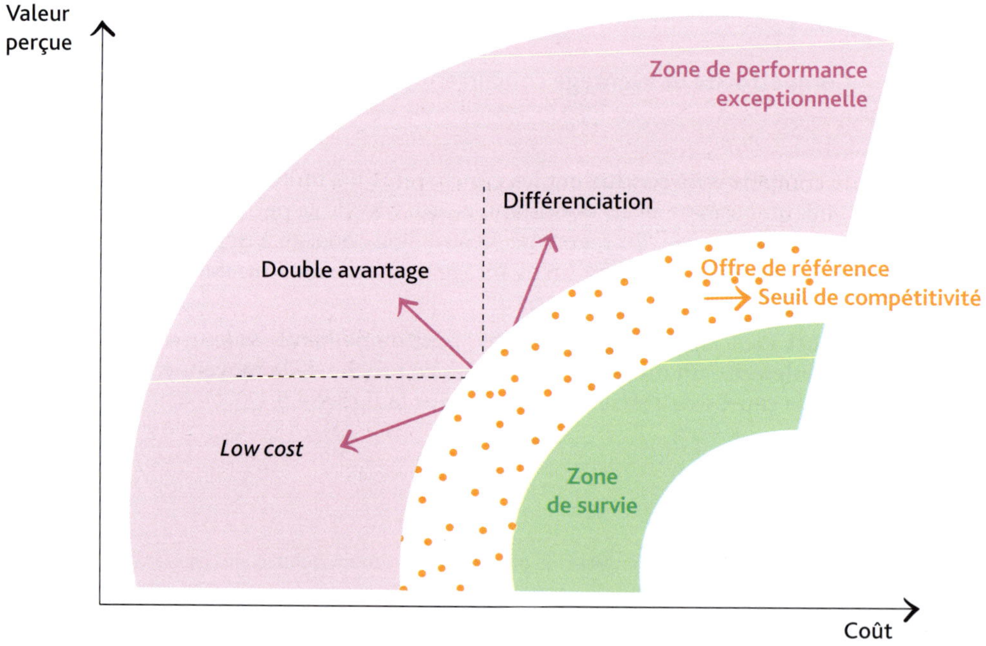

Figure 4.6 Compétitivité et avantage concurrentiel dans les industries où les gammes de produits et services sont très larges

- **Dans les industries de commodités** (ciment, énergie, *utilities*, matières premières, communications téléphoniques, fournisseurs d'accès à Internet, etc.), le nuage de points est très restreint. En fait, il n'existe parfois qu'une combinaison valeur-prix-coût possible, sur laquelle tous les concurrents sont forcés de s'aligner (voir figure 4.7).

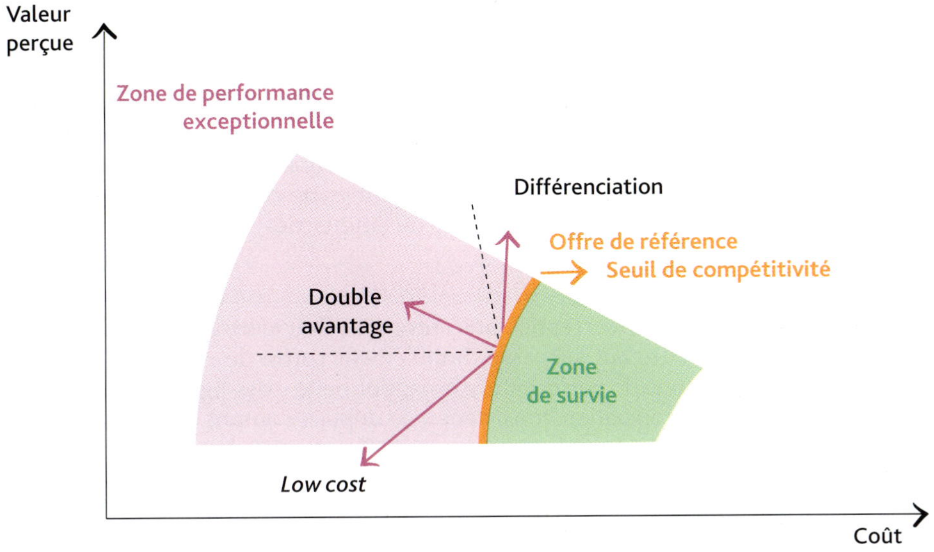

Figure 4.7 Compétitivité et avantage concurrentiel dans les industries de commodités

Les entreprises positionnées sur l'offre de référence composent le groupe stratégique dominant.

L'écart valeur-coût étant équivalent pour tous, les produits étant étroitement substituables, le même prix de marché s'impose à tous, et la performance économique converge vers la moyenne de l'industrie. Au fond, c'est ce groupe qui détermine la performance collective de l'industrie.

La courbe représentant l'offre de référence est concave parce que les gains de valeur que l'on peut obtenir en augmentant les coûts ne sont pas infinis, de même que les réductions de coûts que l'on peut obtenir en réduisant la valeur perçue. Même si la valeur perçue tombait à zéro, il y aurait toujours un coût de production à supporter. À l'autre extrême, même si on poussait les coûts au-delà du raisonnable, la valeur perçue finirait par plafonner et le nombre de clients deviendrait trop faible pour que l'équation soit viable.

d. Zone de survie

Cette courbe correspond à un seuil de compétitivité car les offres positionnées dans la « zone de survie » sur les figures 4.5, 4.6 et 4.7 ne sont pas compétitives. En effet, elles affrontent la concurrence d'entreprises plus rentables qui, pour un niveau de coût donné, ont une offre considérée comme supérieure par les clients et/ou qui arrivent à produire une offre de valeur équivalente à un coût inférieur.

Pour ne pas disparaître, ces entreprises sont obligées d'aligner leur prix sur l'offre de référence, ce qui les condamne à des marges plus faibles. Tant que la rentabilité économique de l'industrie reste au-dessus du coût du capital, celles qui ne sont pas trop loin du seuil de compétitivité peuvent survivre. Elles sont condamnées dans le cas contraire. Quoi qu'il en soit, elles ont intérêt à rattraper leur retard de compétitivité à plus ou moins long terme. À défaut d'une brillante stratégie, leur priorité sera de faire du *benchmarking*, notamment en termes de coûts et de qualité, pour identifier et adopter les meilleures pratiques de l'industrie.

e. Zone de performance exceptionnelle

Pour créer un avantage concurrentiel, une entreprise doit mettre sur le marché une offre dont l'écart valeur-coût surpasse durablement l'offre de référence et qui se situe donc dans la « zone de performance exceptionnelle » des figures 4.5, 4.6 et 4.7. Les stratégies de différenciation consistent à se déplacer autant que possible vers le haut et pas trop vers la droite par rapport à l'offre de référence (on augmente la valeur perçue en maîtrisant le surcoût induit).

À l'opposé, les stratégies *low cost* consistent à se déplacer autant que possible vers la gauche et pas trop vers le bas (on diminue les coûts au prix d'une dégradation aussi faible que possible de la valeur perçue). Les stratégies de coût-volume sont des cas particuliers de stratégie *low cost* caractérisées par un déplacement horizontal. Les entreprises qui arrivent à faire mieux que l'offre de référence à la fois en termes de coûts et de valeur perçue, ce qui exige souvent une rupture stratégique, parviennent à construire un double avantage.

Toutefois, ces positions ne sont pas stables et les avantages concurrentiels ainsi construits ne sont pas éternels. En termes de dynamique concurrentielle, la *business strategy* est un jeu sans fin. En effet, les entreprises qui parviennent à construire un avantage concurrentiel vont accroître leurs profits (et généralement leur taille), ce qui va pousser la performance moyenne de l'industrie vers la zone de performance exceptionnelle.

En particulier, une innovation de rupture qui présente le double avantage concurrentiel peut attirer brutalement tous les clients à elle tout en dégageant une rentabilité exceptionnelle, reléguant toutes les offres concurrentes dans la zone de survie. Pour ne pas subir ce destin, les concurrents vont essayer de copier les offres dotées d'un avantage concurrentiel, ce qui va réduire cet avantage à plus ou moins long terme et ramener la rentabilité économique de tous vers la moyenne de l'industrie... Il faudra alors créer de nouveaux avantages concurrentiels pour dépasser cette moyenne, ce qui poussera une nouvelle fois l'offre de référence vers le haut et la gauche du schéma.

f. Valeur perçue et segments de clientèle

Dans la plupart des secteurs d'activité, il existe une infinité de propositions de valeur différentes qui peuvent aboutir au même niveau de valeur perçue pour différents segments de clientèle[1]. Réciproquement, différents types de client vont attribuer des valeurs différentes à la même proposition de valeur.

Exemple

Différenciation entre Mercedes et BMW

- Nous avons déjà évoqué la différenciation entre **Mercedes** et **BMW**. Or, si l'on cherchait à positionner les stratégies des deux entreprises dans la figure 4.4, on les confondrait certainement dans une même stratégie de différenciation. BMW et Mercedes sont en effet deux marques allemandes de voitures haut de gamme, pratiquant des prix semblables pour un niveau de qualité comparable. Et pourtant, comme nous le remarquions avec quelque ironie, les clients les plus fidèles de chaque marque ont une préférence très marquée pour leur marque et une certaine aversion pour l'autre. Ce n'est ni arrogance ni lubie de leur part, mais plutôt le résultat d'une stratégie délibérée des deux entreprises.
- Mercedes cible bien les chauffeurs de taxi parmi ses segments de clientèle alors que BMW fait tout pour les dissuader d'adopter la marque. Mercedes leur déroule le tapis rouge avec toute une série d'équipements et de services spécifiques (modules de connexion des taximètres, revêtements de sièges et de sol spéciaux, service de maintenance dédié, etc.). À prix égal, une Mercedes a plus de valeur qu'une BMW pour un chauffeur de taxi. Consciente de l'impact négatif que cette stratégie pourrait avoir sur son image de marque, Mercedes essaie depuis plusieurs années de la rééquilibrer en sortant des modèles plus sportifs, et donc plus directement concurrents des BMW. En revanche, BMW semble résolue à ignorer superbement les taxis !

L'axe « valeur perçue » des figures 4.5, 4.6 et 4.7 englobe en fait une multitude de critères de différenciation possibles. Le positionnement d'une offre dans ce schéma dépendra donc de la valeur que chaque client – ou client potentiel – attribuera à l'offre de l'entreprise sur chacun des très nombreux critères de différenciation possibles. Il apparaît ainsi que le positionnement des entreprises sur l'axe « valeur perçue » est spécifique à chaque client. L'existence ou non d'un avantage concurrentiel pour l'entreprise va dépendre de la taille des segments de marché valorisant son offre, ce qui résulte de la valeur perçue par chaque client individuel.

Cette observation paraît évidente pour les stratégies de différenciation, mais il en va de même pour les stratégies *low cost*. Certains voyageurs peuvent trouver le service offert par Southwest Airlines très attractif, parce qu'ils valorisent la fréquence, les vols directs, la ponctualité, et ne sont pas gênés de devoir se rendre dans un aéroport secondaire et de ne pas bénéficier de correspondances et de transferts de bagages. Ils seraient certainement prêts à payer un prix supérieur à celui pratiqué par Southwest et retireront donc de leur achat un bénéfice client très fort. À l'opposé, d'autres voyageurs ne seront jamais clients de la compagnie, même à un prix très bas, parce que pour eux, les inconvénients l'emportent trop largement sur les avantages.

1. Comme nous l'avons vu au chapitre 2, nous pouvons analyser ces différentes propositions de valeur grâce aux courbes de valeur.

EN PRATIQUE

Évaluer l'avantage concurrentiel

On peut mener plusieurs analyses complémentaires pour évaluer l'avantage concurrentiel d'une entreprise.

Mesurer l'écart de performance par rapport à la moyenne de l'industrie

L'entreprise a un avantage concurrentiel si elle parvient à maintenir durablement une performance supérieure à la moyenne de l'industrie. Mesurer cet écart de performance sur une longue période ne dira pas d'où vient l'avantage mais cette analyse est indispensable pour en mesurer l'ampleur.

La difficulté est de délimiter l'industrie, c'est-à-dire les concurrents auxquels on se compare. Certaines entreprises ont des offres très étendues, d'autres très limitées. Il est recommandé de comparer l'entreprise à la fois à l'ensemble de l'industrie et à son groupe stratégique.

En effet, l'avantage concurrentiel est une notion relative. Selon les contours du « marché de référence », les résultats peuvent être très différents : une compagnie *low cost* peut avoir un avantage concurrentiel par rapport à l'ensemble de l'industrie mais s'en retrouver dépourvue face à une autre compagnie *low cost*. La question du périmètre géographique joue également un rôle clé. On doit comparer l'entreprise avec les concurrents présents sur le même marché géographique, mais aussi avec des concurrents internationaux, même s'ils sont pour le moment absents du marché national. Leur entrée pourrait en effet réduire très rapidement l'avantage de l'entreprise considérée.

Mesurer l'avantage concurrentiel par rapport à l'offre la plus proche

Dans un second temps, on peut mesurer plus finement l'avantage concurrentiel en descendant au niveau de chaque offre (chaque ligne de produit ou chaque zone géographique par exemple) et en la comparant avec l'offre concurrente la plus directement substituable aux yeux du client. Par exemple, l'offre la plus proche d'un Airbus A320 est un Boeing 737. La plus proche d'une Tesla Model S est une BMW Série 5 ou une Mercedes Classe E. La somme du prix d'achat (plus cher pour Tesla) et du coût d'utilisation (plus faible pour Tesla à cause des économies de carburant) en fait en effet des offres économiquement comparables pour le client, donc étroitement substituables.

Pour procéder à cette analyse, on doit se poser les questions suivantes :

- Pourquoi les clients de l'entreprise préfèrent-ils notre offre à celle du concurrent ?
- Réciproquement, qu'est-ce qui attire d'autres clients chez le concurrent ?
- Quelles sont les parts de marché relatives des deux offres ?
- Quelle est la différence de prix entre les deux offres ?
- Quelles sont les différences en termes de structure de coût ? Cette question demande parfois de faire des hypothèses sur la structure de coût du concurrent, que l'on ne connaît pas forcément.
- Au niveau de prix et de coût actuel, l'entreprise gagne-t-elle plus ou moins d'argent sur cette ligne de produit que son concurrent ?

La notion d'avantage concurrentiel est simple en théorie : elle consiste à mettre sur le marché une offre dont l'écart valeur-coût est supérieur à celui de toute autre offre concurrente. Les modalités pratiques en sont cependant plus subtiles qu'il n'y paraît : l'avantage concurrentiel est relatif à chaque concurrent et perçu différemment par chaque client. Selon l'hétérogénéité plus ou moins grande des préférences des clients, il existe donc un plus ou moins grand nombre de positionnements différents qui peuvent permettre de créer un avantage concurrentiel.

Les trois catégories (différenciation, *low cost*, double avantage) ne sont donc que des enveloppes qui regroupent des *business models* assez variés, même si les différences entre catégories sont très supérieures à la variété interne à chaque catégorie. Enfin, la dynamique concurrentielle complique encore le tableau en remettant constamment en cause la durabilité de l'avantage concurrentiel.

Toutefois, quelle que soit la stratégie choisie, et quels que soient le type et l'ampleur de son avantage concurrentiel, l'entreprise va devoir constamment se préoccuper :

- d'une part de réduire ses coûts par rapport aux concurrents qui offrent une proposition de valeur proche de la sienne ;
- d'autre part de se différencier autant que possible des concurrents qui ont une structure de coût proche de la sienne, de manière à les dépasser en termes de valeur perçue.

La dynamique des coûts et celle de la différenciation sont donc au cœur de toutes les stratégies. Même un concurrent *low cost* doit différencier constamment son offre pour se démarquer des autres offres *low cost*. Même une entreprise fortement différenciée, voire une marque de luxe comme Louis Vuitton, doit gérer sa structure de coût pour rester dans la course.

SECTION 2

RÉDUIRE LES COÛTS : EFFET D'EXPÉRIENCE ET STRUCTURE DE COÛT

Certains outils permettent de comparer l'évolution des coûts d'une entreprise par rapport à ses concurrents et plus largement, de prédire la dynamique des coûts dans une industrie. Le concept fondamental utilisé en stratégie est l'effet d'expérience.

1 La courbe d'expérience

a. Historique

La notion d'effet d'expérience trouve son origine dans des observations effectuées par le ministère américain de la Défense dans les années 1930. À l'époque, les contrats d'approvisionnement passés avec les industriels de l'armement stipulaient que les prix étaient calculés sur la base des coûts réels supportés par les industriels pour développer et fabriquer les produits. Ce système exigeait de connaître les coûts des fournisseurs et de mesurer le temps de production, la quantité de matières premières utilisées, etc.

Or, en contrôlant les coûts, on s'est aperçu que ceux-ci baissaient constamment à mesure que le fabricant accumulait de l'expérience sur la fabrication d'un produit donné. L'observation empirique montrait que les industriels qui s'y prenaient le mieux parvenaient à réduire leurs coûts unitaires d'un pourcentage constant à chaque doublement du volume de production cumulé. C'est ce qui a donné naissance à la loi de Wright (1936)[1], qui a elle-même servi d'inspiration, bien plus tard, à la notion de courbe d'expérience, popularisée dans les années 1970 par Bruce Henderson[2], le fondateur du *Boston Consulting Group*, cabinet de conseil en stratégie créé en 1963.

b. L'effet d'expérience

La théorie de l'effet d'expérience[3] est restée fidèle à la modélisation originelle, à savoir que le coût unitaire total d'un produit, mesuré en monnaie constante (c'est-à-dire hors inflation), décroît de manière continue à mesure que le volume de production cumulé de ce produit augmente : chaque doublement de volume cumulé permet de réduire le coût unitaire d'un même pourcentage.

Notons qu'il s'agit de la production cumulée, c'est-à-dire du nombre total d'unités produites depuis que la fabrication du produit a commencé, et non pas du volume de production à un moment donné. Par conséquent, l'effet d'expérience permet – du moins en théorie – de réduire les coûts même si la cadence de production reste constante.

L'idée est donc que la production de chaque nouvel exemplaire améliore la capacité de l'entreprise à faire des économies, au-delà du simple étalement des coûts fixes sur des volumes supérieurs : un effet d'apprentissage vient s'ajouter aux économies d'échelle et à l'étalement des coûts fixes. Les observations réalisées dans de multiples secteurs d'activité en plusieurs décennies montrent que l'effet d'expérience est effectivement présent dans de nombreux domaines, qu'il s'agisse d'industries manufacturières ou de services. La « pente » du coût unitaire, c'est-à-dire le pourcentage de baisse obtenu à chaque doublement de volume cumulé est généralement comprise entre 10 % et 30 %[4].

c. La représentation graphique

La représentation graphique de l'effet d'expérience prend la forme d'une courbe d'expérience. La courbe présentée en figure 4.8 est celle que l'on observe dans le secteur de la construction aéronautique civile.

Cette courbe décrit l'évolution des coûts (mesurés en heures de main-d'œuvre par livre d'avion fabriqué) en fonction de la production cumulée de chaque modèle. Quelques modèles d'avions connus ont été situés sur cette courbe en fonction du nombre total d'exemplaires vendus jusqu'à fin 2018.

1. Porter M.E., 1980.
2. Henderson B.D., 1974.
3. Boston Consulting Group, 1970.
4. Il arrive parfois que cette pente soit exprimée par le facteur multiplicateur du coût plutôt que par le pourcentage de baisse : on parle alors d'un effet d'expérience à 80 % au lieu d'une pente à 20 %.

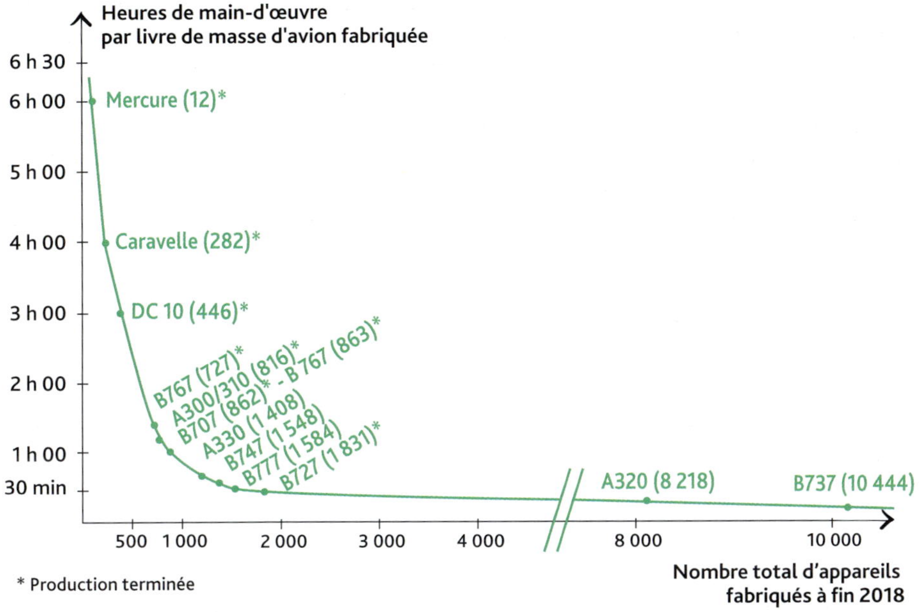

Figure 4.8 **Courbe d'expérience dans la construction aéronautique civile**

Si l'on représente l'effet d'expérience en coordonnées logarithmiques, la courbe d'expérience prend la forme d'une droite, comme l'indique la figure 4.9 : le logarithme du coût est proportionnel au logarithme de la production cumulée. On trouvera la démonstration mathématique de cette loi dans la rubrique Fondements théoriques ci-après.

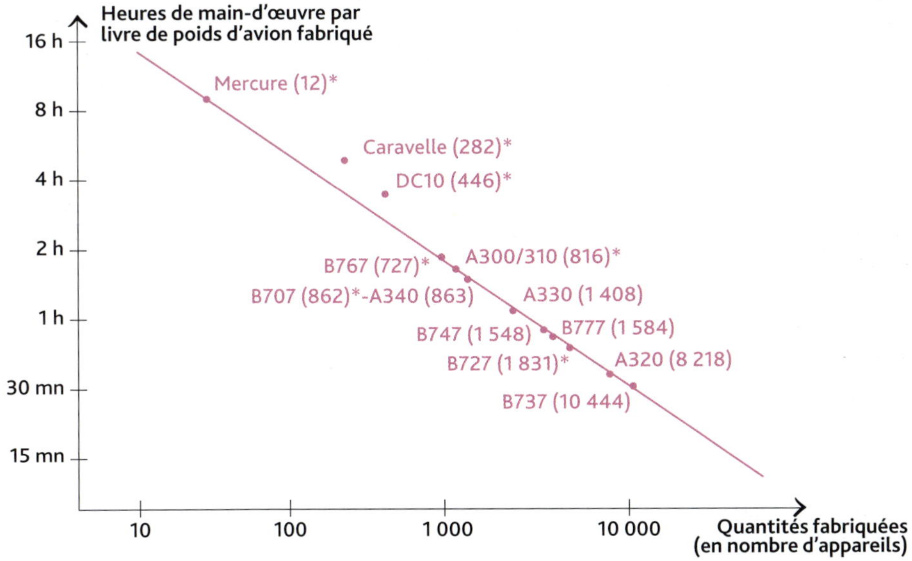

Figure 4.9 **Courbe d'expérience dans la construction aéronautique civile (coordonnées log-log)**

L'effet d'expérience se manifeste aussi dans les activités de service, comme le montre la figure 4.10 sur les communications téléphoniques.

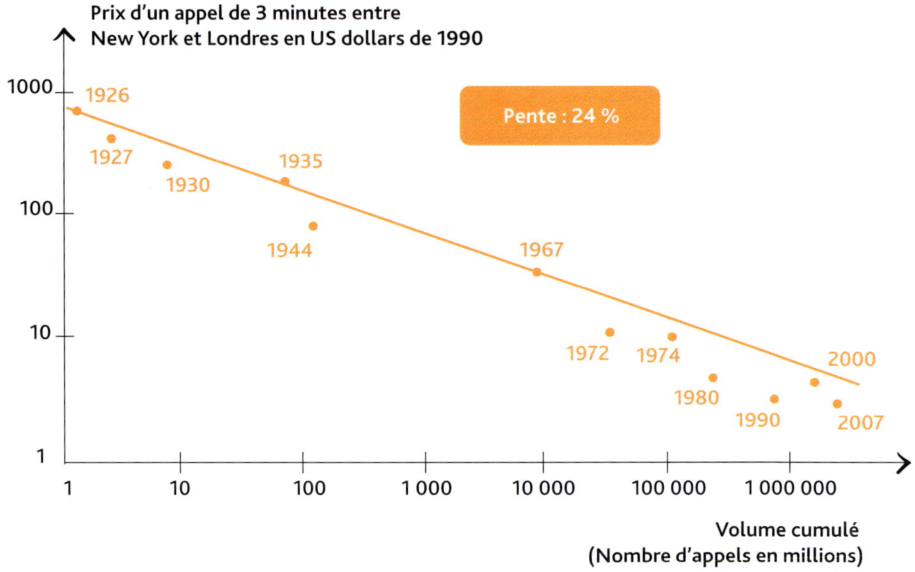

Source : BCG.

Figure 4.10 Courbe d'expérience dans les télécommunications

La « pente » de la courbe traduit l'intensité de l'effet d'expérience. Plus la courbe a une pente forte, plus l'effet d'expérience est fort. Par exemple, la pente à 24 % mentionnée sur la figure 4.10 signifie qu'à chaque doublement de la production cumulée, le prix des communications téléphoniques entre New York et Londres a diminué d'environ 24 %. Sur longue période, la baisse de coût (transférée aux clients *via* une baisse continue du prix) est colossale.

FONDEMENTS THÉORIQUES

La loi de Wright/Henderson, formulation mathématique de l'effet d'expérience

Formule

Supposons un produit P qui a été fabriqué jusqu'ici à V_0 exemplaires.

Soit C_0 le coût unitaire total du $V_0^{\text{ème}}$ exemplaire du produit P.

Selon la loi de la courbe d'expérience, le coût unitaire total C du produit P diminue d'un pourcentage constant *k* à chaque doublement de son volume de production cumulée V.

Donc, si $V_1 = 2 \cdot V_0$, alors le coût du $V_1^{\text{ème}}$ exemplaire est $C_1 = (1 - k) \cdot C_0$;

si $V_2 = 2 \cdot V_1 = 2^2 \cdot V_0$, alors $C = (1 - k) \cdot C_1 = (1 - k)^2 \cdot C_0$;

et si $V_3 = 2 \cdot V_2 = 2^3 \cdot V_0$, alors $C_3 = (1 - k) \cdot C_2 = (1 - k)^3 \cdot C_0$.

Donc, de manière générale : si $V = 2^n \cdot V_0$, alors $C = (1 - k)^n \cdot C_0$.

Par une transformation logarithmique de ces deux égalités, on obtient :

$$\log\left(\frac{V}{V_0}\right) = n \cdot \log 2 \text{ et } \log\left(\frac{C}{C_0}\right) = n \cdot \log(1 - k).$$

•••

En éliminant *n* entre les deux équations, on a : $\frac{\log\left(\frac{V}{V_0}\right)}{\log 2} = \frac{\log\left(\frac{C}{C_0}\right)}{\log(1-k)}$, ce qui peut s'écrire :

$$\log\left(\frac{C}{C_0}\right) = K \log\left(\frac{V}{V_0}\right) \text{ avec } K = \frac{\log(1-k)}{\log 2} \quad \textbf{(E)}$$

Ainsi log C est une fonction linéaire de log V. Autrement dit, la courbe d'expérience peut être représentée en coordonnées log-log par une droite de pente K. Remarquons que l'on a coutume d'appeler *k* la pente de la courbe d'expérience, alors qu'au sens mathématique du terme, la véritable pente est en fait K.

L'équation **(E)** peut également s'écrire : $C = C_0 \cdot \left(\frac{V}{V_0}\right)^K$ avec $K = \frac{\log(1-k)}{\log 2}$ **(E')**

Application

Dans la pratique, on peut utiliser l'équation **(E)** pour estimer *k* à partir de deux points de la courbe d'expérience. En effet, connaissant deux niveaux de coût C et C_0 correspondant à des volumes V et V_0 observés historiquement pour la même entreprise, ou au même moment pour deux entreprises concurrentes, on calcule facilement K et on peut en déduire le pourcentage de baisse des coûts *k*. L'équation **(E')** permet quant à elle de calculer facilement le coût unitaire C du produit P pour n'importe quel niveau de production cumulée V, à condition d'avoir estimé *k* au préalable.

De plus, si l'on ne connaît pas *k* avec précision, on peut modéliser, à l'aide de cette même équation, les baisses des coûts potentielles en fonction des différentes valeurs possibles de *k*. Comme *k* est généralement compris entre 10 % et 30 %, une telle modélisation, très facile à effectuer sur un tableur, permet d'encadrer les coûts prévisionnels dans une fourchette relativement étroite.

On trouvera une application numérique des équations **(E)** et **(E')** dans la rubrique Étude de cas sur les microprocesseurs « Power PC » et Intel, ci-après.

d. Un outil de *benchmarking*

Il faut noter que la courbe d'expérience n'est pas propre à une entreprise, mais à une industrie : elle s'impose à l'ensemble des entreprises en concurrence sur ce secteur. Les entreprises peuvent donc être comparées sur la base de leurs coûts respectifs en les plaçant sur la courbe d'expérience, ce qui en fait un outil très utile de *benchmarking*.

En effet, quel que soit le type d'avantage concurrentiel recherché, les entreprises ont intérêt à rattraper, et si possible à dépasser, les volumes des concurrents offrant le même niveau de valeur aux clients visés. La lutte difficile de Tesla, en 2018-2019, pour augmenter ses cadences de production de manière à rattraper un niveau de coût compatible avec les standards de l'industrie automobile est un exemple. De même, la croissance rapide de Southwest Airlines aux États-Unis, qui était nécessaire pour imposer son *business model* à travers le pays et empêcher les concurrents de le copier, a fini par faire de cette compagnie *low cost*, marginale au départ, la première en nombres de passagers.

Attention, l'effet d'expérience n'est pas automatique : seules les entreprises les plus compétitives voient leurs coûts décroître le long de la courbe de l'industrie dans son ensemble ; les autres, moins attentives à la gestion des coûts, peuvent s'écarter de cette courbe idéale. C'est ce que l'on appelle une dérive des coûts. Des efforts de compétitivité constants doivent être entrepris pour l'éviter.

ÉTUDE DE CAS

La conversion d'Apple aux microprocesseurs Intel

En 2006, Apple a décidé de changer de fournisseur de microprocesseurs pour ses ordinateurs personnels. Apple abandonnait ainsi ses fournisseurs attitrés, IBM et Motorola, au profit d'Intel. Une telle décision s'explique avant tout par les positions respectives des microprocesseurs Intel et « Power PC » (IBM-Motorola) sur la courbe d'expérience. En effet, grâce à sa situation de fournisseur quasi-exclusif de microprocesseurs pour PC au standard Windows, Intel possédait une part de marché de près de 90 %. La part de marché de « Power PC » qui, jusqu'au revirement de 2006, avait Apple pour seul client, était de 3 % seulement. Le tableau 4.1 présente quelques chiffres clés de l'activité d'Intel :

	1998	2001
Production cumulée (en millions d'unités)	542	985
Coût unitaire (en dollars)	116	92
Prix unitaire (en dollars)	250	182

Tableau 4.1 Activité d'Intel en 1998 et 2001

Production cumulée

En 2001, la production cumulée des microprocesseurs « Power PC » n'était, quant à elle, que de 53 millions d'unités. Sur cette base, et en appliquant la formule **(E)** de Wright/Henderson présentée dans la rubrique Fondements théoriques précédente, on peut calculer la pente de la courbe d'expérience, ainsi que le niveau de coût des microprocesseurs « Power PC » :

$$\log\left(\frac{C_{2001}}{C_{1998}}\right) = K \cdot \log\left(\frac{V_{2001}}{V_{1998}}\right),$$

soit $\log\left(\frac{92}{116}\right) = K \cdot \log\left(\frac{985}{542}\right)$;

$\log\left(\frac{92}{116}\right)$ étant égal à – 0,10 et $\log\left(\frac{985}{542}\right)$ étant égal à 0,26, on en déduit que K = – 0,39 ;

or, comme $K = \frac{\log(1-k)}{\log 2}$, on peut en déduire que *k* = 24 %, c'est-à-dire que les coûts complets de production de microprocesseurs décroissent de 24 % chaque fois que la production cumulée double.

Coût unitaire de production

On peut à présent calculer le coût unitaire de production des puces « Power PC » en 2001, par référence à celui des microprocesseurs d'Intel, en utilisant l'équation **(E')** :

$$C_{\text{Power PC}} = 92 \times \left(\frac{53}{985}\right)^{-0,39} = 286 \text{ dollars.}$$

Conclusion

En supposant que les fournisseurs de puces « Power PC » appliquent la même marge qu'Intel pour fixer les prix, on peut en déduire qu'Apple devait payer ses microprocesseurs 570 dollars alors que ses concurrents, qui achetaient leurs microprocesseurs à Intel, ne les payaient que 182 dollars, soit trois fois moins cher. Et même si les fournisseurs de puces « Power PC » avaient accepté de céder leurs puces à prix coûtant, soit

•••

•••

286 dollars, ce prix aurait été de toute manière supérieur au prix pratiqué par Intel.

Comme la situation ne pouvait qu'empirer au fil du temps en raison de l'écart des parts de marché entre « Power PC » et Intel, il n'est pas étonnant qu'Apple ait cherché, comme ses concurrents, à bénéficier de l'expérience considérablement plus importante d'Intel.

QUESTIONS
Corrigés en ligne sur dunod.com

1. Dans cet exemple, on applique à « Power PC » la pente de la courbe d'expérience observée sur les chiffres d'Intel. Le résultat obtenu est-il juste ou entaché d'erreur ?
2. La décision d'Apple était-elle inéluctable ? Quels inconvénients présente-t-elle ? Y avait-il d'autres solutions ?

2 Composantes de l'effet d'expérience

a. Effet d'expérience et effet d'apprentissage

L'effet d'expérience est avant tout un phénomène constaté de manière empirique, qui amalgame l'effet d'apprentissage proprement dit avec les divers effets de taille tels qu'ils sont vus traditionnellement par les économistes : économies d'échelle, économies de champ, pouvoir de marché (voir la rubrique Fondements théoriques ci-après).

L'effet d'apprentissage, souvent confondu avec l'effet d'expérience dans sa totalité[1], provient essentiellement de l'augmentation de la productivité qui résulte des améliorations de savoir-faire. Au fur et à mesure qu'on répète une tâche, le temps qu'on met à l'accomplir tend à diminuer, abaissant ainsi son coût. L'effet d'apprentissage est donc fonction de l'accumulation d'expertise au cours du temps et non du volume produit à un moment donné.

FONDEMENTS THÉORIQUES

Les avantages de coût liés à la taille vus par les économistes

Les économies d'échelle

Dès 1776, Adam Smith souligne l'impact de la taille des organisations économiques sur l'efficacité de leurs activités[1]. David Ricardo[2] affine cette idée en introduisant les notions de rendements d'échelle croissants et décroissants.

- Les rendements d'échelle sont dits croissants lorsque la production d'une unité supplémentaire exige un accroissement moins que proportionnel des moyens nécessaires à cette production.
- Les rendements d'échelle sont dits décroissants lorsque, au contraire, la production d'une unité supplémentaire exige davantage de moyens que chacune des unités produites jusque-là.

•••

1. On parle parfois de courbe d'apprentissage (*learning curve*).

Pour Smith comme pour Ricardo, les rendements d'échelle croissants résultent d'une répartition des coûts fixes sur des volumes plus importants et sur une plus grande productivité du travail obtenue grâce à une division du travail et une spécialisation des tâches plus poussées. En affirmant que les rendements d'échelle peuvent être décroissants, Ricardo a suggéré que les bénéfices de la répartition des coûts fixes et surtout la productivité accrue obtenue de la division du travail finissent par atteindre une limite au-delà de laquelle apparaissent des déséconomies.

Alfred Marshall[3], souvent considéré comme le père de l'économie industrielle, a remis en cause cette idée, affirmant que les rendements décroissants sont surtout observés dans les activités agricoles où, au-delà d'un certain point, les accroissements de production exigent la mise en culture de terres moins fertiles. Selon Marshall, les activités industrielles et de services sont susceptibles de connaître des rendements d'échelle croissants de manière pratiquement infinie.

Au-delà du simple étalement des coûts fixes et des gains de productivité du travail, on a également observé que l'accroissement des capacités de production n'exigeait pas un accroissement proportionnel des moyens et investissements[4].

Les économies de champ

Plus tard, d'autres économistes[5] ont élargi la notion d'économies d'échelle en soulignant qu'une plus grande efficacité peut résulter non seulement de l'accroissement du volume de production d'un bien donné, mais aussi de la production simultanée de plusieurs biens partageant des composants communs ou produits avec les mêmes moyens. C'est ce que l'on a baptisé économies de champ ou économies d'envergure (*economies of scope*).

> Les économies de champ consistent à partager des composants similaires pour fabriquer des produits finaux différents. Il est alors moins coûteux de produire deux biens différents ensemble que séparément.

Quant à l'importance variable des économies d'échelle et des économies de champ observées dans les diverses activités, les économistes les attribuent à la plus ou moins grande complexité de ces activités : plus une activité est complexe, plus elle est susceptible de bénéficier d'économies d'échelle et de champ importantes.

Pouvoir de marché et pouvoir de négociation

En se référant au modèle de Cournot (1838)[6], les économistes ont cependant observé, dès la fin du XIXe siècle, qu'au-delà des économies d'échelle et de champ, d'autres phénomènes contribuaient à la performance des entreprises de taille importante : le pouvoir de marché et le pouvoir de négociation[7].

Alors que les économies d'échelle représentent un véritable gain d'efficacité, le pouvoir de marché et le pouvoir de négociation se traduisent avant tout par un transfert de rente entre les différentes étapes dans le processus de production.

> Le pouvoir de marché peut être défini comme la capacité qu'ont les entreprises dans certains secteurs d'activité à manipuler les mécanismes de fixation des prix en formant des ententes, en adoptant des comportements collusifs de manière à restreindre l'offre et à gonfler artificiellement les prix[8].

•••

Le pouvoir de marché provient essentiellement de la concentration du secteur, c'est-à-dire du nombre de concurrents et de la répartition des parts de marché entre eux. Un secteur dans lequel les concurrents sont de taille importante sera, toutes choses égales par ailleurs, plus concentré, ce qui lui donnera un fort pouvoir de marché et se traduira par une forte rentabilité des entreprises de secteur.

Notons que le pouvoir de marché est caractéristique d'un secteur tout entier et profite à l'ensemble des concurrents du secteur.

Le pouvoir de négociation est propre à une entreprise en particulier : les concurrents de taille plus importante peuvent plus facilement faire pression sur leurs fournisseurs ou leurs distributeurs pour obtenir d'eux des conditions plus avantageuses[9].

Au final, la taille des entreprises joue simultanément sur le pouvoir de marché dont bénéficie le secteur et sur le pouvoir de négociation propre à chaque entreprise. Cependant, si le pouvoir de marché et le pouvoir de négociation accroissent tous deux la rentabilité des entreprises, seul le pouvoir de négociation contribue véritablement à l'avantage concurrentiel de l'entreprise en lui procurant un avantage de coût.

1. Smith A., 1776.
2. Ricardo D., 1817.
3. Marshall A., 1920.
4. Besanko D., Dranove D. et Shanley M., 2007.
5. Panzar J.C. et Willig R.D., 1981.
6. Cournot A.A., 1838.
7. Bain J.S., 1951.
8. Chamberlain E.H., 1933 ; Marshall A., 1920.
9. Chipty T. et Snyder C.M., 1999.

b. Standardisation et amélioration

La quête des économies de coût découlant de l'effet d'expérience conduit à la standardisation des produits et la rationalisation de la production. De la Ford T et des *Temps modernes* de Charles Chaplin jusqu'aux derniers progrès de la robotique, les industriels se sont ingéniés à standardiser et rationaliser les produits et les process.

La Ford T, modèle de 1921

La boutade de Henry Ford disant que tout acheteur d'une Ford T pouvait choisir la couleur de sa voiture à condition qu'elle soit noire, montre bien le côté systématique de la standardisation. Quant à la célèbre image de Charlot essayant désespérément de rattraper la cadence de la chaîne de montage pour visser le même boulon, elle rappelle que les effets d'apprentissage n'ont rien de spontané et qu'ils demandent au contraire des efforts constants. Évidemment, les processus de production ont bien changé depuis, mais la volonté de traquer la moindre source de gain d'argent et de temps n'a jamais cessé.

L'expérience acquise suggère en outre des améliorations plus qualitatives qui contribuent à réduire les coûts, comme modifier le produit lui-même afin d'en supprimer les éléments superflus, ou encore le fabriquer avec des composants plus économiques.

c. Réduction des coûts et technologie

Enfin, le coût de production diminue avec le remplacement progressif de la main-d'œuvre par des moyens de production automatisés (substitution capital/travail). Ces facteurs ont joué un rôle très important sur la courbe d'expérience des télécommunications représentée dans la figure 4.10 : les « demoiselles du téléphone » ont été remplacées par des autocommutateurs, puis la technologie numérique s'est substituée à l'analogique. Il est pourtant frappant de constater que la baisse des prix a suivi approximativement la même pente à 24 % sur quatre-vingt-dix ans. Cela montre que le changement a été plus progressif qu'on ne pourrait le croire mais aussi que, même si les innovations techniques ont permis des baisses brutales de coût à certaines périodes, ces gains économiques ne sont passés que progressivement aux clients sous l'effet de la concurrence. Il y a donc eu des périodes où les compagnies de téléphone ont gagné davantage d'argent qu'à d'autres : la courbe des coûts n'est pas forcément aussi lisse que la courbe des prix.

Même dans des activités de service à forte intensité de main-d'œuvre où le changement technologique est peu significatif, comme la restauration, il est possible d'obtenir des effets d'apprentissage importants. Grâce à la formalisation et à la diffusion des meilleures pratiques au sein de l'entreprise, il est possible d'améliorer la qualité du service et de diminuer ses coûts à mesure qu'on accumule du savoir-faire. La standardisation du processus de production exige cependant une analyse fine des pratiques et une importante formation du personnel.

Exemple

Les chaînes de restauration rapide

- **McDonald's** s'efforce de standardiser la qualité de service dans ses restaurants en précisant et en normalisant tous les aspects du travail des employés, jusque dans les moindres détails (temps de prise de commande, temps de préparation et de cuisson...).
- De même, des chaînes comme **Domino's Pizza** ou **Pizza Hut** ont décomposé avec précision toutes les opérations (fabrication, quantités de matières premières, gestion du magasin et des livraisons) et tous les coûts (matières premières, installation, système d'information et gestion).
- Ainsi, ce qu'achète un franchisé McDonald's ou Pizza Hut, c'est non seulement l'utilisation d'une enseigne, mais aussi la possibilité d'acquérir l'expérience accumulée et formalisée par le franchiseur. Cela lui permet de posséder un avantage concurrentiel en termes de coûts et de qualité que n'ont pas les concurrents indépendants.

3 Effet d'expérience et structure de coût

a. Effet d'expérience et coût unitaire

L'effet d'expérience agit sur le coût unitaire complet du bien ou du service produit (voir figure 4.11). Or ce coût complet est lui-même le résultat de l'agrégation d'un ensemble de coûts élémentaires correspondant aux différentes tâches effectuées pour produire le bien considéré (conception, achats, fabrication, distribution, promotion, service après-vente, coûts administratifs et financiers) ou aux divers composants constituant ce bien (par exemple, pour un ordinateur : clavier, souris, écran, carte mère, microprocesseur, etc.).

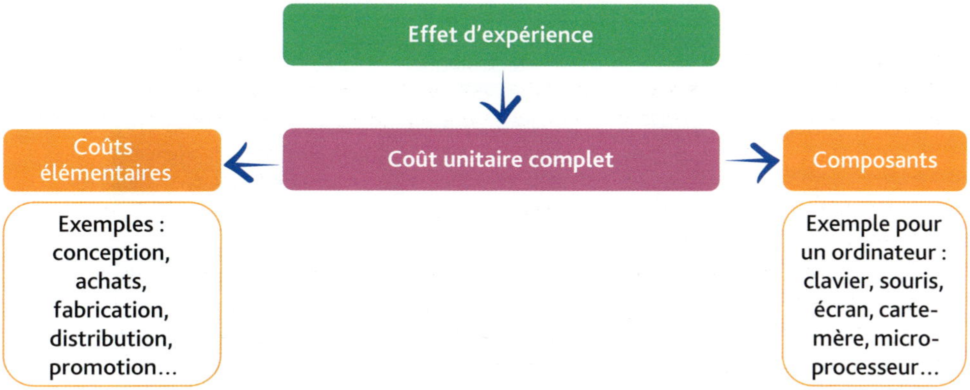

Figure 4.11 Effet d'expérience et coût unitaire complet

Ces coûts élémentaires ne sont pas tous d'importance égale et ne sont pas tous sujets au même effet d'expérience.

Exemple

Optimisation des consoles de jeux vidéo

- La baisse du coût de production des consoles de jeux vidéo dépend de la fiabilisation de l'appareil de production, obtenue avec la production de grandes quantités. Les consoles sont assemblées à la chaîne, mais à chaque nouveau modèle correspond une nouvelle ligne d'assemblage, avec des risques d'exemplaires défectueux. Ainsi, au départ, l'outil de production n'est pas optimal et les rebuts sont nombreux. La fiabilité des consoles se construit donc avec le temps. La baisse des coûts de production dépend aussi du prix des composants de la console qui baisse significativement tous les trois mois. C'est le cas par exemple des disques durs dont le prix d'achat baisse alors que leur capacité de stockage augmente. Entre le moment où la PlayStation 4 est sortie, avec une capacité de 500 Go, et le moment où a été lancé le modèle 1 téraoctet (1 000 Go), les prix de la mémoire ont baissé de manière drastique.

b. La structure de coût

Construire la structure de coût de l'offre consiste à évaluer la part de chaque coût élémentaire en pourcentage. Les structures de coût varient d'une activité à une autre.

La figure 4.12 présente ainsi les structures de coût très contrastées d'une activité A de nettoyage industriel, d'une activité B de fabrication d'équipement électronique et d'une activité C de négoce.

La structure de coût de l'activité A fait apparaître le caractère dominant des frais de personnel, qui représentent près de 90 % du coût total. Celle de l'activité B permet d'identifier quatre éléments de coût significatifs et d'importance équivalente, tandis que dans l'activité C, les éléments de coût les plus importants sont les achats (75 %) et la vente (20 %).

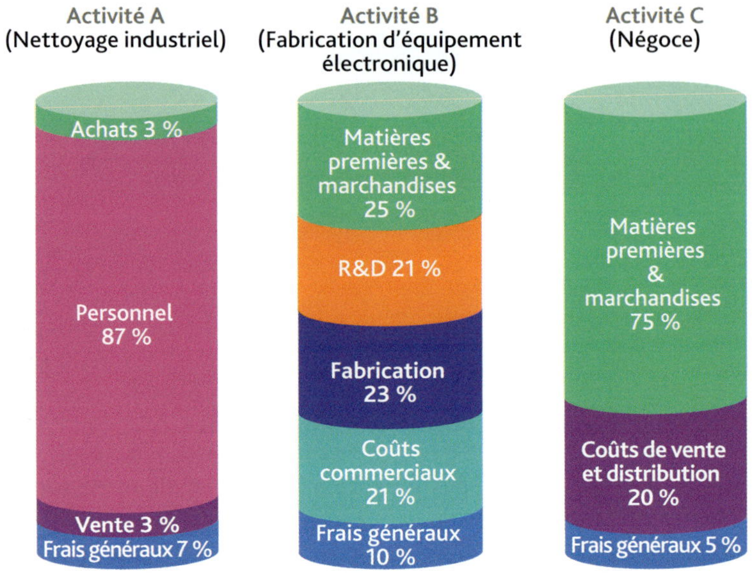

Figure 4.12 La structure de coût de trois activités

La structure de coût permet de repérer les tâches ou fonctions sur lesquelles l'entreprise doit faire porter en priorité ses efforts afin de diminuer significativement ses coûts totaux. Cela permet également d'identifier les compétences qui influencent le plus fortement les positions de coût relatives des entreprises dans l'activité considérée.

Par exemple, dans la figure 4.12, on constate que pour minimiser les coûts dans le nettoyage industriel, la gestion des plans de charge du personnel est une fonction essentielle ; dans la fabrication d'équipement électronique, il faut avoir un éventail de compétences plus équilibré pour réduire ses coûts totaux ; dans le négoce, enfin, l'achat et la vente sont les fonctions qui affecteront le plus les coûts de l'entreprise.

c. Structure de coût, expérience et volume

Ces priorités peuvent changer avec le temps et l'expérience. On peut utiliser la notion de courbe d'expérience pour prévoir cette évolution. En effet, les différents éléments de coût d'une offre donnée connaissent chacun un effet d'expérience plus ou moins fort. Autrement dit, la courbe d'expérience n'a pas la même pente pour les différents éléments de la structure de coût. Pour un accroissement de production donné, certains éléments voient leur coût décroître beaucoup plus rapidement que d'autres. Au cours du temps, cette évolution peut changer radicalement la structure de coût, ce qui peut modifier les positions concurrentielles des entreprises si celles-ci diffèrent significativement en termes d'expérience sur les diverses composantes du coût total.

La figure 4.13 donne, pour la production de sucre, les structures de coût que l'on observe à différents niveaux de quantité. Pour une production de 3 000 tonnes par jour, l'élément de coût le plus important, représentant 35 % du coût total, est la main-d'œuvre. Pour une production dix fois supérieure, c'est l'énergie qui constitue le poste principal avec 30 % du total, la main-d'œuvre ne représentant plus que 17 %. Cette constatation est très importante pour comparer les concurrents et prédire l'évolution de leur position concurrentielle relative.

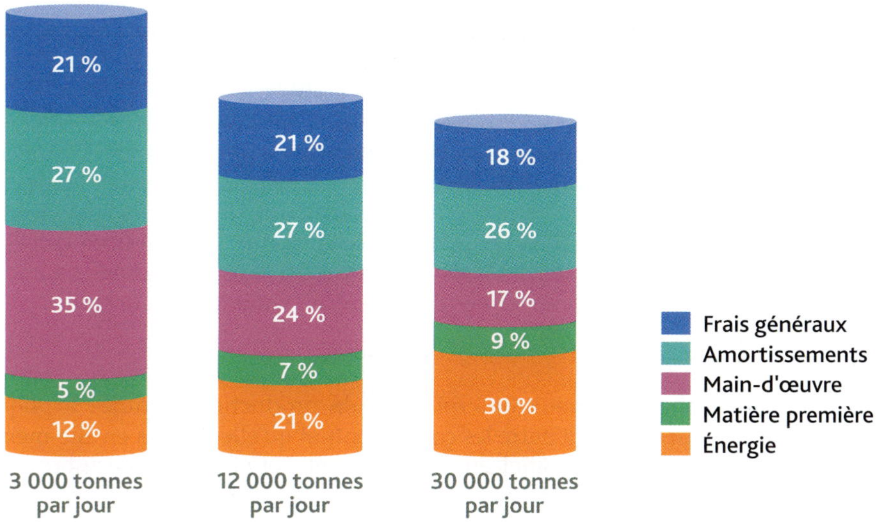

Figure 4.13 L'évolution de la structure de coût de la production de sucre en fonction du volume

d. Structure de coût et économies de champ

L'analyse de la structure de coût permet également de repérer ce que l'on appelle des expériences partagées et d'identifier des sources potentielles d'économies de champ (voir la rubrique Fondements théoriques précédente).

Exemple

Courbe d'expérience chez Boeing

- Ainsi, dans la construction aéronautique, on considère en première analyse que la courbe d'expérience est propre à chaque modèle d'avion. En réalité, l'expérience acquise lors de la production du B707 se répercute en partie, notamment par le biais des composants ou des sous-ensembles communs à divers modèles, dans le B727, le B737, le B747, le B767 et le B777. Cependant, ces divers modèles sont suffisamment différents pour que l'on ne puisse pas attribuer purement et simplement les diminutions de coût constatées à une expérience correspondant à la production totale de **Boeing**, tous modèles confondus.

Une entreprise présente dans plusieurs activités qui intègrent des composants communs peut ainsi bénéficier de l'expérience partagée pour se créer un avantage de coût sur des concurrents qui ne produiraient que l'un ou l'autre des produits considérés. D'où la logique de « banque d'organes » que l'on trouve dans la plupart des industries de construction mécanique : on peut concevoir de nouveaux produits très différents aux yeux des consommateurs en combinant des composants existants. Cette logique existe aussi dans les services. Les sociétés de conseil ou les instituts de formation ont des équipes qui conçoivent des solutions ou des modules réutilisables et recombinables en fonction des besoins des clients. C'est beaucoup plus économique que de développer un contenu spécifique à chaque client.

4 Intérêt et limites de l'effet d'expérience

a. Avantage concurrentiel et dynamique des coûts

La courbe d'expérience est un modèle éprouvé pour comparer la structure de coût d'une entreprise à celle de ses rivaux. En effet, elle permet d'estimer l'écart de coût qui sépare l'entreprise de ses concurrents à partir des volumes produits ou des parts de marchés de chacun, en faisant l'hypothèse que la structure de coût des concurrents peut être déduite de celle de l'entreprise. La courbe d'expérience permet en outre de modéliser la dynamique des coûts (et la structure de coût) dans une industrie. Ce sont là ses deux intérêts principaux en termes d'analyse de l'avantage concurrentiel.

b. Copier l'effet d'expérience

Il serait en revanche dangereux de croire que la production cumulée explique parfaitement les écarts de coût entre les concurrents et qu'elle permet en elle-même de créer un avantage concurrentiel durable. En effet, l'effet d'expérience provient avant tout d'une recherche systématique d'efficience opérationnelle dont la méthode et les résultats sont relativement faciles à copier. Les méthodes de production et de management les plus efficientes deviennent des *best practices* qui se diffusent assez rapidement dans l'industrie, indépendamment des quantités produites par chacun. Un concurrent désavantagé par sa taille n'est donc pas systématiquement condamné à un handicap de coût. Il peut copier les leaders et incorporer à son produit ou à ses process des améliorations mises au point par ceux-ci. La pente de la courbe s'en trouve considérablement augmentée. Une entreprise qui entre dans le secteur de la restauration rapide ne va pas réinventer le système de McDonald's en partant de zéro. Elle va commencer par imiter ce système et essayer de lui apporter des améliorations en termes de coût, mais aussi de valeur perçue, d'où les entrées incessantes dans le secteur, plus ou moins réussies, de Quick à Big Fernand.

Exemple

Samsung, de challengeur à leader

Les smartphones Samsung Galaxy S9 et S9+

- Dans l'électronique grand public des années 2000, le coréen **Samsung** a su imiter les meilleurs produits de ses concurrents (quitte à être parfois attaqué pour copie) tout en baissant les prix grâce à l'emploi d'une main-d'œuvre qualifiée, moins coûteuse, et grâce à l'utilisation à faible coût de ses propres composants électroniques. Capable de baisser les prix, Samsung a profité des effets de volume pour gagner des parts de marché significatives. Simultanément Samsung a augmenté ses budgets de R&D, ce qui lui a permis de développer de nombreuses innovations.
- De challengeur, Samsung est progressivement passé au statut de leader en volume et en qualité. L'entreprise dépose des milliers de brevets par an et rivalise notamment avec **Apple** dans le secteur des smartphones.

De ce fait, la notion que l'effet d'expérience est une barrière à l'entrée, que nous avons vue au chapitre 1, est très discutable. En théorie, les nouveaux entrants ont un handicap de coût d'autant plus important que la pente de la courbe d'expérience est forte et que la production cumulée des firmes dominantes est importante.

Mais en pratique, cette barrière peut devenir facile à franchir, en embauchant les bons talents, en copiant les leaders ou en formant des *joint-ventures* et autres partenariats avec certains d'entre eux. C'est ainsi que la plupart des entreprises chinoises ont réussi leur entrée dans de nombreux secteurs industriels.

c. Contourner l'effet d'expérience

En outre, la baisse des coûts sur une activité peut tenir pour une large part à l'utilisation de matériels et d'équipements plus performants, disponibles sur le marché. Un nouveau concurrent ou un concurrent plus petit, bien que moins expérimenté, peut ainsi bénéficier de coûts équivalents, voire inférieurs, dans la mesure où, dernier arrivé dans l'activité, il dispose d'installations plus modernes.

Exemple

Les nouveaux entrants du transport aérien

- Ainsi, dans le transport aérien, activité fortement capitalistique, les nouveaux entrants peuvent profiter d'un avantage sur les concurrents plus anciens en se dotant d'une flotte d'avions plus moderne et mieux adaptée aux fluctuations de la demande. Ils parviennent aussi à faire des économies sur les salaires des pilotes et du personnel par rapport aux gros concurrents installés qui ne peuvent pas revenir sur les accords salariaux beaucoup plus généreux qu'ils ont concédés par le passé. Selon les compagnies aériennes européennes traditionnelles, le succès de **Ryanair** ne s'explique pas autrement.

d. L'affaiblissement dans la durée

Certaines recherches[1] montrent qu'en réalité, les effets d'expérience ne sont sensibles que de façon limitée dans le temps. À partir d'un certain point, les coûts des divers concurrents convergent vers un même niveau, rendant l'impact du volume cumulé tellement faible qu'il devient insignifiant. Ce point de vue n'est pas incompatible avec l'équation mathématique de la courbe. On peut la comprendre aisément même sans maîtriser les logarithmes. Il suffit de regarder la figure 4.8 : au-delà de quelques milliers d'avions produits, les gains de coût en valeur absolue ne dépassent pas l'épaisseur du trait. Ce point de vue est confirmé par les études montrant que, dans les industries lourdes et oligopolistiques, l'effet d'expérience fait effectivement baisser les coûts au cours du temps, mais que les écarts de coût entre concurrents ne sont pas significatifs à un moment donné : tous les survivants ont réussi à atteindre un niveau de coût similaire, quelle que soit leur taille[2]. La convergence technique et l'adoption généralisée des meilleures pratiques uniformisent les coûts pour toute l'industrie.

Ainsi, l'effet d'expérience améliorerait les performances d'une industrie dans son ensemble, sans différence durable entre concurrents. Par le jeu de la concurrence, les baisses de coût sont plus ou moins rétrocédées aux clients sous forme de baisses de prix, en fonction du pouvoir de marché des firmes et, plus largement, de la structure de l'industrie.

Retenons que la courbe d'expérience peut s'avérer très utile comme modèle de prédiction de la dynamique des coûts par rapport à la moyenne de l'industrie, mais il serait dangereux d'y voir en tant que telle une source d'avantage concurrentiel durable.

1. Hall G. et Howell S., 1985.
2. Lieberman M.B., 1989.

SECTION 3

AUGMENTER LA VALEUR PERÇUE : LA DIFFÉRENCIATION

Quelle que soit sa stratégie, l'entreprise a toujours intérêt à ce qu'un nombre élevé de clients attribue à son offre une valeur supérieure à celle qu'ils attribuent à l'offre la plus directement substituable.

Cela lui permet soit de pratiquer des prix plus élevés (ce que l'on fait généralement dans une stratégie de différenciation), soit d'attirer les clients au même niveau de prix (ce qui est nécessaire dans une stratégie *low cost*). Aucune entreprise, pas même celle qui mettrait en œuvre la stratégie *low cost* la plus extrême, ne peut se permettre de trop dégrader la valeur que les clients attribuent à son offre. En effet, casser les prix, même en réduisant les coûts jusqu'à l'os, ne donne pas l'assurance de satisfaire les clients. Même des acheteurs dont la *willingness to pay* est très faible risquent de se tourner vers des offres un peu plus chères si le « bénéfice client » (écart valeur-prix) devient trop faible, c'est-à-dire si la différence de prix ne justifie pas les sacrifices qu'on leur demande.

Exemple

Ryanair, *low cost*, *low tolerance* ?

- La compagnie aérienne *low cost* **Ryanair** est renommée pour sa rigidité et son intransigeance dans sa relation avec les clients. Le moindre service additionnel est un prétexte à facturer des frais supplémentaires. Le directeur général de la compagnie, Michael O'Leary, envisageait par exemple de taxer les passagers obèses ou de faire payer l'utilisation des toilettes à bord. De nombreux passagers ont dû payer des pénalités pour une valise de cabine qui n'était pas aux normes Ryanair.
- Michael O'Leary a admis que Ryanair avait un problème d'image et qu'il était nécessaire de rehausser son niveau de service. L'entreprise a baissé certains frais (les frais d'ajout de bagage, le coût d'impression des cartes d'embarquement...). De même, la politique du bagage unique en cabine a été adoucie, pour satisfaire les voyageurs mais aussi les aéroports, car cette contrainte dissuadait les passagers d'effectuer des achats en *duty free* dans les aéroports. Or, les locations et les redevances payées par les commerces aux aéroports constituent une source de revenus essentielle grâce à laquelle les aéroports financent la venue de Ryanair. Ces ajustements dans la proposition de valeur ne constituent pas une remise en question du modèle *low cost* sur lequel la compagnie s'est construite, mais ils permettent de le rendre économiquement viable face à la concurrence.

1 La notion de différenciation

a. Définition

Une fois sa stratégie clairement définie, l'entreprise a intérêt à augmenter la valeur perçue de son offre, et donc à introduire une certaine dose de différenciation par rapport aux offres les plus directement concurrentes. Dans les pages qui suivent, nous utiliserons le terme de différenciation dans son acception la plus large, à la manière des économistes (voir la rubrique Fondements théoriques ci-après).

La différenciation (au sens large) désigne les caractéristiques de l'offre qui améliorent sa valeur perçue par comparaison avec les offres concurrentes, indépendamment du type d'avantage concurrentiel recherché.

FONDEMENTS THÉORIQUES

La différenciation vue par les économistes

L'une des hypothèses fondamentales du modèle de la concurrence pure et parfaite est que les biens échangés sur le marché sont parfaitement substituables, ce qui conduit à nier toute possibilité de différenciation. Le modèle stipule en outre que les producteurs en concurrence sur le marché sont tous capables de produire dans des conditions identiques les biens considérés (ils ont accès aux mêmes ressources) et, de ce fait, leur seule variable d'action est le volume de production.

Or il existe de nombreux marchés où coexistent des offres non identiques, cependant concurrentes. De cette constatation est née la notion de concurrence imparfaite – dite également concurrence monopolistique – proposée à l'origine par Chamberlain et Robinson[1]. Dans cette approche, les firmes peuvent s'appuyer sur l'hétérogénéité des consommateurs pour différencier leurs offres et se créer ainsi des situations de monopole partiel. La théorie économique a envisagé trois modes de différenciation possibles.

1. La différenciation des produits par la qualité

La dispersion des préférences et des revenus des consommateurs offre aux producteurs des possibilités de se différencier. En effet, même dans l'hypothèse de revenus faiblement dispersés, les consommateurs peuvent avoir des goûts différents, ce qui permet aux entreprises d'adapter leur offre aux diverses catégories de consommateurs. *A fortiori*, dans l'hypothèse de revenus très dispersés, les firmes peuvent se spécialiser dans la production de biens ou services incorporant des attributs supplémentaires et susceptibles d'être vendus aux consommateurs disposant de revenus supérieurs.

2. La différenciation illusoire des produits ou pseudo-différenciation

Cette différenciation résulte d'une action des entreprises pour modifier les préférences des consommateurs, notamment par une politique de publicité et de promotion. Les dépenses publicitaires, ou toute autre dépense d'action sur les préférences, deviennent ici les variables d'action principales des entreprises. Cette différenciation est donc de nature marketing et n'offre pas un avantage concurrentiel significatif. C'est pourquoi on la qualifie de pseudo-différenciation.

3. La différenciation spatiale des produits

Cette différenciation est fondée sur la constatation que les conditions d'usage d'un produit peuvent changer selon le lieu où ce produit est disponible. Dans ce cas, les producteurs sont différenciés en fonction de leur localisation. Un restaurant, un marchand de journaux, une cimenterie offrent un service de valeur plus importante aux consommateurs se trouvant à proximité qu'à des consommateurs contraints à un long trajet pour bénéficier de ce service. De même, une compagnie aérienne ou un réseau de transport ferroviaire se différencient par leurs lignes, sur chacune desquelles la concurrence est essentiellement locale.

1. Chamberlain E.H., 1933 ; Robinson J.V., 1933.

Le raisonnement sur la différenciation est symétrique de celui que nous avons tenu sur les coûts : la concurrence sur la valeur perçue n'est pas plus spécifique aux stratégies de différenciation que la concurrence sur les coûts n'est spécifique aux stratégies *low cost*.

b. Une notion difficile à modéliser

Alors qu'il existe un modèle mathématique (la courbe d'expérience) pour analyser et prévoir la dynamique des coûts en fonction du volume, rien de tel n'existe pour prédire la valeur perçue en fonction de la différenciation. Cela tient au fait que la notion de différenciation est par définition multidimensionnelle et qualitative.

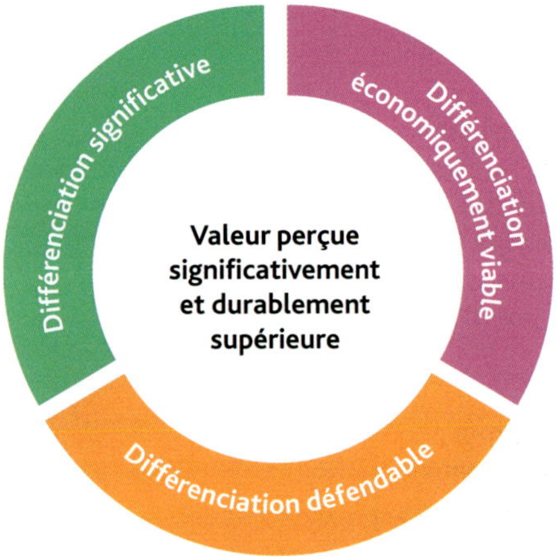

Figure 4.14 Conditions nécessaires pour que la différenciation soit une source d'avantage concurrentiel

En ce qui concerne la valeur perçue en revanche, nous l'avons représentée sur un axe, comme pour le coût, ce qui suggère qu'on puisse la mesurer en unités monétaires. C'est parfois possible, par exemple dans le cas d'acheteurs professionnels qui savent exactement comment et pour combien le produit ou le service qu'ils achètent contribue aux marges de leur propre activité.

Mais en général, la valeur perçue, qui est différente pour chaque client, reste finalement assez abstraite et difficilement mesurable. Modéliser la relation entre différenciation, par nature qualitative et multidimensionnelle, et valeur perçue, théoriquement quantitative mais difficilement mesurable, serait donc une gageure.

On peut en revanche examiner les conditions nécessaires pour qu'une offre ait une valeur perçue significativement et durablement supérieure à celle d'une offre concurrente (voir figure 4.14). Ces conditions sont les suivantes : la différenciation doit être significative pour le client, économiquement viable pour l'entreprise et défendable face aux concurrents.

2 Différenciation significative

Pour qu'un nombre suffisant de clients préfère l'offre de l'entreprise à celle de son concurrent le plus direct, il faut que la différenciation soit significative.

> La différenciation significative implique que le bénéfice client soit bien visible et sensiblement plus élevé que celui que propose le concurrent.

a. Dans une stratégie *low cost*

Dans le cas d'une stratégie *low cost*, on a vu sur les exemples de la Tata Nano et de Ryanair qu'un prix très bas ne suffit pas à garantir l'avantage concurrentiel. Il faut également que le bénéfice client soit fort et perceptible. Ainsi, l'avantage concurrentiel de Southwest Airlines ne s'explique pas seulement par ses prix défiant toute concurrence (et donc ses coûts particulièrement faibles) mais aussi par sa performance exceptionnelle en termes de satisfaction client, ce qui s'explique par d'excellents résultats sur la sécurité, la ponctualité et la fréquence des vols, etc. Trop dépouiller l'offre et transiger sur de tels attributs, fortement valorisés par la clientèle, serait dangereux et ferait perdre à Southwest son avantage concurrentiel.

b. Dans une stratégie de différenciation

Dans une stratégie de différenciation *a fortiori*, la différenciation doit être significative et nettement perceptible par l'acheteur, puisqu'on lui demande généralement un prix supérieur. Si les acheteurs ne perçoivent pas en quoi le bénéfice client est supérieur à celui de l'offre concurrente, ils refuseront de payer une prime de prix. C'est ce qui arrive fréquemment à ce que l'on appelle les « produits d'ingénieur » : l'entreprise, focalisée sur ses compétences techniques, cherche à sophistiquer le produit mais oublie le marché. Or ce qui compte, c'est d'abord la valeur perçue et reconnue par un nombre suffisant de clients. Ainsi certains produits techniques offrent parfois une qualité et des fonctionnalités supérieures, mais peu perçues, ou perçues comme inutiles, par les clients.

Exemple

Le positionnement de Bang & Olufsen dans l'industrie du son

- L'entreprise danoise **Bang & Olufsen** est renommée pour la qualité de son matériel hi-fi et surtout pour le design de ses produits, en particulier de ses enceintes. Il semble cependant que l'oreille humaine soit souvent incapable de discerner la différenciation des enceintes Bang & Olufsen par rapport à celles de **Loewe**, son concurrent allemand, qui propose une gamme de qualité comparable mais un peu moins chère. L'entreprise danoise est également concurrencée par certaines entreprises qui proposent des enceintes au design peut-être moins sophistiqué mais aux qualités acoustiques bien meilleures, ainsi que par certains grands acteurs de l'électronique qui montent en gamme sur les équipements audio. Certes, ces entreprises ne bénéficient pas de la même image de marque, mais grâce aux revenus engrangés sur les produits de grande série, elles peuvent proposer des produits de qualité, avec un bon design et un prix bien inférieur.
- Pour répondre à l'essor du numérique et de l'Internet mobile, Bang & Olufsen a tenté de se diversifier dans la téléphonie mobile ou les lecteurs MP3 mais s'est heurté à des concurrents comme **Apple**, **Samsung** ou **Microsoft**. Le nouveau champ de bataille est désormais celui de la télévision et des systèmes de home cinéma. Là encore, Bang & Olufsen manque de compétences spécifiques dans les écrans plats et subit la concurrence de gros acteurs comme **Samsung** ou **Sony**.
- Devant ces difficultés, l'entreprise a recherché des partenariats avec certains leaders des équipements électroniques personnels. Il y a quelques années, elle s'est alliée avec le fabricant d'ordinateurs **Asus** pour proposer un ordinateur portable offrant d'excellentes capacités audio : la question demeure cependant de savoir combien d'utilisateurs recherchaient vraiment des ordinateurs portables avec un son haute-fidélité surtout lorsqu'on sait que cet ordinateur portable pesait 4,4 kg, ce qui le rendait difficilement transportable ! Encore un produit d'ingénieur dont le bénéfice client laissait rêveur. Bang & Olufsen a corrigé le tir depuis. Les ordinateurs portables **HP** de milieu de gamme sont maintenant dotés d'un système sonore de la marque pour un prix abordable.

Showroom Bang & Olufsen au Salon international de la Radiodiffusion 2018 à Berlin

- L'entreprise a aujourd'hui trouvé un espace moins concurrentiel dans le B-to-B et livre des systèmes aux firmes automobiles de luxe comme **Audi**, **Mercedes** ou **Aston Martin**. Elle équipe aussi des yachts ou des hôtels de luxe. Toutefois, rien ne garantit que ces segments ne seront pas prochainement eux aussi attaqués par les mêmes concurrents.

Les possibilités de différenciation dépendent également des caractéristiques des produits concernés. Dans certaines activités, comme les produits techniques ou créatifs, les sources de différenciation paraissent nombreuses et significatives, ce qui peut inciter à des excès de sophistication. Dans d'autres en revanche, la différenciation semble insignifiante, voire impossible, et il semble que toutes les offres soient condamnées à se ressembler. Certaines entreprises déploient alors des trésors d'ingéniosité pour trouver des axes de différenciation suffisamment significatifs et augmenter un tant soit peu le bénéfice client.

Exemple

Renova se différencie

- Comment se différencier lorsque l'on fabrique des tringles à rideaux ou des seaux ? Certaines entreprises imaginatives ont joué la carte de la différenciation là où elle semblait impossible. C'est le cas de l'entreprise portugaise **Renova** qui a proposé une nouvelle offre de papier toilette, là où la concurrence est bien installée (avec Lotus, Le Trèfle ou les marques de distributeurs). Renova s'est différenciée par la qualité du papier (résistance, douceur) mais surtout par son design. L'entreprise propose ainsi des produits aux couleurs improbables : rouge, vert fluo, orange ou même noir. La différenciation dépasse le produit même et s'étend aux modes de distribution et au packaging. On peut acheter les rouleaux par quatre ou même à l'unité dans des distributeurs automatiques. Au-delà de la distribution traditionnelle en supermarché, Renova a installé des stands dans les grands magasins ou des *corners* dans les centres commerciaux. Ces points de ventes ne sont pas sans rappeler ceux de **Nespresso**. Cette stratégie est gagnante car Renova touche suffisamment de clients et affiche une bonne rentabilité, en raison de prix largement plus élevés que ceux de l'offre de référence.

Une des approches les plus répandues est de se différencier par le service et la qualité de la relation client. Le service peut même devenir le seul facteur de différenciation significatif dans des activités où les produits sont totalement banalisés. Cette démarche exige une compréhension fine des attentes de l'acheteur et un raisonnement en termes d'offre globale et d'expérience-client. Elle est particulièrement répandue dans les activités B-to-B.

Par exemple, la production de canettes est une activité mature où la maîtrise des coûts est essentielle. Il y est difficile de se différencier. En revanche, il est possible de se démarquer de ses concurrents par la fabrication sur mesure, le conseil technique aux clients, la rapidité de production et de livraison ou même une participation à la démarche marketing des clients.

Certaines entreprises essaient d'appliquer le même type de démarche dans les activités B-to-C.

Exemple

La fusion Fnac-Darty

- Le distributeur de matériel électroménager **Darty** met en avant la rapidité de ses interventions en cas de panne et la disponibilité de son service après-vente, tandis que la **Fnac** a fondé sa réputation sur le professionnalisme de ses vendeurs et la pertinence de leurs conseils ainsi que sur la réalisation de bancs d'essai des matériels vendus. Si Darty a réussi à maintenir son avantage, la Fnac l'a progressivement perdu. Elle s'est banalisée et a délaissé le principe structurant sa stratégie, à savoir des vendeurs conseillers spécialisés au service d'une clientèle moyenne et haut de gamme. De plus, l'offre a été modifiée, le linéaire a été réduit, on a donné la priorité à la rotation des stocks, si bien que certains clients, qui ne trouvaient plus les produits qu'ils venaient chercher, se sont tournés vers le commerce en ligne, en particulier vers Amazon. La fusion Fnac-Darty en 2016 n'a fait qu'amplifier la banalisation de la Fnac, mais la concentration du secteur qui en a résulté a considérablement amélioré la rentabilité du groupe. Fnac-Darty, devenu un poids lourd de la distribution de produits électroménagers, électroniques et culturels, a vu ses profits s'envoler en 2017 et 2018 grâce aux synergies, à la rationalisation et aux effets de volume. La différenciation de l'offre Fnac n'est plus significative.

Tous ces exemples montrent que pour construire une différenciation significative, l'entreprise doit se livrer à une réflexion en profondeur sur son *business model* et sur les éléments de proposition et d'architecture de valeur qui peuvent faire la différence par rapport aux concurrents les plus proches.

3 Différenciation économiquement viable

Le risque de la différenciation est de rendre l'offre coûteuse et trop marginale en termes de volumes. On retrouve là la tension classique entre coût et différenciation. Pour que la différenciation soit économiquement viable, il faut que le surcoût qu'elle induit ne soit pas excessif et que le segment de marché qui la valorise soit suffisamment large.

Exemple

Les investissements colossaux du téléphone satellite

- Grâce à 66 satellites en orbite, le système de téléphone satellitaire Iridium, mis en service en 1998 par un consortium d'entreprises mené par **Motorola**, permet aux abonnés, équipés de téléphones et terminaux spéciaux, de communiquer depuis n'importe quel point de la planète. Iridium est le seul système de téléphonie et de transfert de données assurant une couverture de l'ensemble du globe, y compris les zones maritimes et les zones polaires. Les principaux utilisateurs sont les professionnels des secteurs maritime, pétrolier, du transport aérien, employés des agences gouvernementales (dont les militaires), les chercheurs et les grands voyageurs (journalistes, navigateurs, organisateurs de rallyes ou d'expéditions). Malheureusement, le montant des investissements nécessaires pour mettre en place l'infrastructure était tel (plus de 6 milliards de dollars !) que le niveau de prix minimal pour récupérer l'investissement était prohibitif. Très peu de clients ont considéré que le service rendu justifiait de tels prix.

- La société Iridium a été liquidée dès 1999. Reprise en 2001 par un groupe d'investisseurs pour seulement 25 millions de dollars, la société a tout de même réussi à se développer sur sa niche : elle réalisait un chiffre d'affaires d'environ 400 millions de dollars en 2015 et comptait un peu plus de 800 000 abonnés (contre 400 000 en 2011). Mais sa survie exige une nouvelle vague d'investissements : à partir de 2017, la constellation de satellites d'origine est progressivement remplacée par des satellites Iridium Next.

Le risque d'étouffer l'offre dans sa niche reste présent même si le surcoût de la différenciation n'est pas très élevé. Dans les secteurs ou de multiples sources de différenciation apparemment peu coûteuses sont disponibles, les efforts de chaque entreprise pour se différencier du voisin risquent d'aboutir à une segmentation excessive du marché, chacun essayant de survivre sur une niche trop étroite.

Exemple

La différenciation dans le tourisme

- Dans le secteur du tourisme, certains tour-opérateurs utilisent la différenciation comme une défense contre la menace de désintermédiation digitale. En effet, les plateformes de réservation en ligne risquent de rendre inutile leur rôle de « fabricant de voyage », c'est-à-dire d'assembleur et d'intermédiaire entre d'une part les clients, et d'autre part les hôtels, les prestations touristiques et les compagnies aériennes. Ces tour-opérateurs proposent des prestations haut de gamme très spécialisées. On trouve dans ce groupe stratégique des spécialistes du voyage sur mesure (**Voyageurs du Monde**, **Asia**), des séjours culturels et éducatifs, du voyage d'aventure (**Allibert Trekking**) ou encore des vacances de plongée (**Manta Voyages**).
- Le risque est de segmenter excessivement le marché et de fragmenter l'industrie, ce qui réduit mécaniquement sa rentabilité. Il n'y a pas la place sur le marché pour un nombre infini de positionnements différents. Les segments de clientèle visés finissent par se recouper, la mode peut changer très vite et rendre tel ou tel positionnement obsolète. De plus, les concurrents généralistes peuvent imiter les offres qui fonctionnent le mieux.
- Certains voyagistes arrivent toutefois à défendre leur différenciation sur le long terme. Par exemple, Voyageurs du Monde, fondé en 1979, a fait du voyage individuel sur mesure et du tourisme d'aventure le cœur de son activité. Il s'efforce de se différencier de bout en bout, de la sélection des hébergements aux modes de distribution et à la gestion de l'expérience client, en passant par l'expertise de ses conseillers. Voyageurs du Monde s'est doté d'un réseau d'agences qui reflète son image de marque à travers l'accueil du client et l'importance accordée au conseil. Le groupe vise une clientèle aisée, attentive à la qualité des prestations, au caractère unique de son voyage et « allergique » au tourisme de masse.

4 Différenciation défendable

Le cas de Voyageurs du Monde illustre la troisième condition nécessaire au succès de la différenciation : celle-ci doit être défendable, c'est-à-dire difficile à imiter ou à égaler par le concurrent. Cette protection peut reposer sur des ressources stratégiques, ou sur une architecture de valeur complexe et difficile à répliquer par les concurrents. Comme on l'a vu au chapitre 2, la meilleure protection est que les concurrents les plus proches n'aient pas intérêt à imiter l'offre de l'entreprise, ce qui les forcerait à des arbitrages contraires à leur stratégie.

a. Le risque d'érosion

Toutefois, la différenciation, même si elle est significative et économiquement viable, finit généralement par s'éroder.

Exemple

Changement de stratégie pour le Club Med

- Le **Club Méditerranée** s'est longtemps prévalu d'une différenciation reposant sur la localisation des villages dans des sites idylliques, leur aménagement, l'étendue des services et des prestations, la formule tout compris, le *baby club*. L'image de la marque au trident était très forte. Cependant le Club Med a peu évolué, sa marque s'est banalisée et les voyagistes ont progressivement amélioré leur offre sans pour autant reproduire l'intégralité des services du Club Med, ce qui leur a permis de ne pas trop augmenter les prix. Les gros voyagistes ont profité de leur taille pour jouer sur les économies d'échelle et réduire leurs coûts. De son côté, le parc de villages du Club Med a vieilli, sa gamme a perdu en cohérence. Les chambres étaient considérées comme trop austères et la culture du Club semblait moins en phase avec les évolutions de la société. Au final, le positionnement du Club Med était peu clair et ses prix trop élevés pour une offre qui n'était plus exceptionnelle.
- Le Club Med a donc décidé de redéfinir sa stratégie. Le choix était de retrouver une différenciation significative ou alors de jouer frontalement contre les concurrents, en s'appuyant sur la force de la marque et l'emplacement des villages. Les dirigeants ont préféré la première option. 50 villages ont été fermés, les autres rénovés. De nouveaux villages ont été ouverts, avec une amélioration de la qualité des prestations. Désormais, le Club Med cherche à se positionner sur le luxe avec des villages classés 4 et 5 « tridents ». Si la stratégie est claire, tout n'est pas gagné. Le positionnement de luxe ne s'acquiert pas en un jour. Le Club Med doit ainsi apprendre à offrir un niveau de prestations justifiant ses prix et à la hauteur de la qualité proposée par ses nouveaux concurrents, positionnés depuis plus longtemps sur le segment du voyage de luxe.

b. Maîtriser les ressources

Certaines entreprises arrivent à rendre leur différenciation défendable en maîtrisant mieux leur environnement, en préemptant des ressources clés et en saturant autant que possible le segment de marché qui valorise le plus leur offre, d'où la rivalité des compagnies aériennes *low cost* pour préempter les créneaux d'atterrissage dans les aéroports, ou celle des *fast-foods* pour s'emparer des meilleurs emplacements en ville.

Préempter certaines ressources clés est en effet un moyen efficace d'empêcher les concurrents d'y accéder. Cela peut aller jusqu'à l'intégration verticale (voir chapitre 8) ou passer par des accords exclusifs avec certains fournisseurs ou complémenteurs.

Exemples

L'horlogerie de luxe

- Dans l'horlogerie de luxe, les grandes marques comme **Hermès**, **Richemont** ou **Swatch**, possesseur de **Bréguet**, **Blancpain** ou **Omega**, cherchent à sécuriser l'accès aux composants (boîtiers de montre, mécanismes d'horlogerie). **LVMH** a ainsi acquis en 2011 **La Fabrique du temps**, un fabricant de mouvements mécaniques, puis en 2012 **Léman Cadrans**, fabricant de boîtiers de haute horlogerie.

YouTube lance ses propres programmes

- Les plateformes vidéo, soucieuses de se différencier, cherchent aujourd'hui à nouer des relations avec les producteurs de contenus, quitte à supporter une partie des coûts et des risques de production. **YouTube** a ainsi lancé ses programmes avec des contenus propres grâce à des partenaires du monde audiovisuel tels que **Euronews**, **Endemol** ou l'agence **Capa**.

c. Savoir évoluer

Tout le problème est de savoir maintenir la spécificité de l'offre dans le temps, la préserver, mais aussi la faire évoluer. Pour être défendable, la différenciation doit répondre aux changements du marché, ainsi qu'aux ripostes des concurrents à l'amélioration inévitable de leur offre. Il importe aussi de savoir faire évoluer la différenciation sans la trahir ou la banaliser, ligne de crête qui n'est pas toujours facile à tenir. L'entreprise doit donc entretenir sa créativité, ses compétences et sa faculté à saisir les nouvelles tendances de consommation.

Exemple

Nespresso mise sur l'ultra-différenciation

- **Nespresso** a fondé sa stratégie de différenciation sur un système combinant un café de bonne qualité et un processus de production de café sous pression semblable à celui que l'on trouve dans les cafés-restaurants. Pendant plusieurs années, Nespresso, seul sur ce segment, a pu dégager d'énormes marges. Puis, les concurrents comme **La Maison du Café** ou **L'Or** sont entrés avec des prix inférieurs et des dosettes recyclables.
- En guise de riposte, Nespresso a misé sur une qualité accrue (largeur de gamme, qualité du café, dosettes biodégradables). L'entreprise a renforcé ses campagnes de marketing, développé le service, la rapidité de livraison et ouvert des boutiques luxueuses où l'on peut à la fois acheter et boire un café dans un cadre agréable. Nespresso a même parié sur l'ultra-différenciation en lançant des machines plus haut de gamme destinées aux « grands amateurs ». Ainsi, les machines de la gamme Maestria sont vendues entre 400 et 600 euros et le dosage peut être effectué manuellement afin de transformer l'utilisateur en véritable « barista ».

ÉTUDE DE CAS

Vuitton et Hermès : croître en préservant la différenciation

Louis Vuitton est une marque de luxe qui doit mesurer son succès, afin de ne pas dévaloriser son image aux yeux des consommateurs les plus exigeants. Les sacs en toile ornés du célèbre monogramme ont sans doute contribué à banaliser la marque et à encourager la contrefaçon. Ces produits, se vendant à des millions d'exemplaires, perdent alors de leur exclusivité et de leur désirabilité. Mais il n'est pas question pour Vuitton d'abandonner le sac de toile enduite, à l'origine du succès de la griffe, et ce d'autant plus qu'il représente 90 % de marge brute, contre 70 % en moyenne pour les sacs en cuir !

Depuis 2013, Vuitton a développé une offre plus haut de gamme dont les produits sont vendus beaucoup plus cher, entre 2 000 et 4 000 euros. Il s'agit de vendre moins de sacs en toile à 600 euros et davantage de sacs en cuir à 3 500 euros, comme les gammes Vivienne, Capucines ou Bagatelle, qui connaissent un grand succès. Vuitton tente de cette manière de rester élitiste tout en vendant des produits dans des quantités importantes.

Pour satisfaire la demande, la marque n'hésite pas à avoir davantage recours à la sous-traitance pour épauler ses treize ateliers français en propre. Vuitton dispose ainsi de plusieurs dizaines de sites de sous-traitance en France dont les Ateliers d'Armançon qui collaborent avec Vuitton depuis 1971. Mais une partie de la fabrication est réalisée en Roumanie où la main-d'œuvre est moins chère. Le produit final reste tout de même assemblé en France. Vuitton s'efforce donc de concilier luxe, qualité et contrôle des coûts tout en s'assurant des volumes importants sur certains produits.

De même, la marque Gucci du groupe Kering, qui s'est longtemps appuyée sur le savoir-faire de sous-traitants hautement qualifiés situés en Toscane, tend à recourir plus massivement à la sous-traitance chinoise afin de réduire les coûts et d'accélérer la production. L'enjeu est de répondre à la demande sans dégrader la qualité et détruire la différenciation. Des marques comme Michael Kors et Tory Burch, au nom de la croissance et du luxe accessible, n'ont en revanche pas hésité à sous-traiter leur production au détriment de la qualité, à casser les prix et même à autoriser la vente de leurs produits dans des magasins de déstockage, ce qui a nui à leur différenciation et a entraîné une baisse de résultats.

À l'opposé, la marque Hermès, qui se définit comme artisanale, s'applique à satisfaire la demande sans jamais transiger sur la qualité ni banaliser la marque. Hermès met en avant le savoir-faire de ses ateliers et souligne qu'il ne confie pas la confection d'un sac en peau précieuse à des maroquiniers qui n'auraient pas effectué les six années de formation requises. Hermès rappelle également qu'un sac est entièrement fabriqué par un seul et même artisan, ce qui exige des dépenses de formation importantes. De plus, l'entreprise n'a pas hésité à arrêter la fabrication d'un sac besace en toile qui connaissait un trop grand succès. Elle gère ainsi avec parcimonie sa croissance et ses points de vente afin de ne pas détériorer sa différenciation.

QUESTIONS

Corrigés en ligne sur dunod.com

1. Par quoi peut être menacée une stratégie de différenciation ?
2. Comment redresser la situation ? Quel est le risque de cette manœuvre ?

Une stratégie *low cost* peut perdre de sa spécificité si des concurrents adoptent certains des arbitrages ayant permis un abaissement significatif des coûts. Dans le transport aérien, la plupart des compagnies limitent désormais les prestations en vol, rejoignant en cela les *low cost*. De plus en plus de compagnies font par ailleurs payer séparément les bagages enregistrés. Cela leur permet d'abaisser le coût et le prix des billets de classe économique et ainsi de réduire l'écart de prix avec les concurrents *low cost*.

Exemple

Le succès non maîtrisé de People Express

- Aux États-Unis la compagnie aérienne **People Express** s'était spécialisée dans le *low cost* avec un transport à prix faible et un service réduit. Elle ne desservait que la côte sud-est et se concentrait sur des lignes rentables. People Express n'a pas su gérer son succès. Elle a ouvert des lignes hors de sa zone géographique de prédilection, développé sa flotte aérienne avec des avions modernes et coûteux et accru le service en vol et au sol. Ses coûts ont augmenté et elle s'est retrouvée face à des concurrents nationaux de taille supérieure qui ont baissé les prix tout en offrant des prestations supérieures. Le temps que People Express revienne à son équation initiale, il était trop tard et l'entreprise avait fait faillite.

CONCLUSION

Quel que soit le type d'avantage concurrentiel recherché, *low cost* ou différenciation, sa « durabilité » est très relative. Les positions installées sont de plus en plus rares. La *business strategy* est une course constante pour créer, accroître et préserver un écart valeur-coût supérieur à la moyenne de l'industrie, tout en résistant aux attaques des concurrents qui s'ingénient à rattraper cet avantage.

Paradoxalement, c'est parfois le succès de la stratégie qui finit par mettre en danger l'avantage concurrentiel de l'entreprise. Par exemple, une stratégie de différenciation réussie peut pousser l'entreprise à s'engager dans une croissance non maîtrisée. Le risque est de modifier l'équation initiale et de défigurer sa proposition de valeur en se rapprochant insensiblement de l'offre de référence. L'entreprise est alors soumise à la concurrence d'acteurs plus conventionnels mais qui peuvent jouer sur les volumes et ainsi faire baisser les coûts et les prix. Au final, c'est toute l'industrie qui risque de se remodeler, ce qui va ramener la performance de l'entreprise au niveau de la moyenne de l'industrie.

Une stratégie de différenciation doit évoluer tout en se méfiant de son propre succès. Elle doit veiller à ne pas trahir l'image de la marque, à ne pas trop privilégier une croissance qui dégraderait à long terme cette image. La rubrique Étude de cas précédente en offre une illustration intéressante. Le même type de risque est présent, d'une certaine façon, pour les stratégies *low cost*.

Le risque de se retrouver *stuck in the middle* existe bel et bien. Il est crucial pour l'entreprise de savoir faire des choix stratégiques clairs et d'éviter de proposer une offre insuffisamment différenciée sans pour autant créer un avantage de coût. Mais il ne faut pas croire que de tels choix garantissent éternellement une performance supérieure à la moyenne. Sous la pression de la concurrence, il faut savoir faire évoluer ces choix.

Le problème est qu'un *business model* cohérent et original, pour nécessaire qu'il soit au succès de la stratégie, est aussi une source majeure de rigidités. Il est souvent plus difficile de changer la stratégie d'une entreprise qui gagne, ou qui a gagné, que celle d'une entreprise en difficulté qui n'a pas d'autre choix.

À RETENIR

Typologie des avantages concurrentiels

- **Avantage concurrentiel** : la performance de l'entreprise dépasse significativement la moyenne de l'industrie (écart valeur-coût supérieur à celui des offres concurrentes).
- Trois types d'avantage concurrentiel :
  – la **différenciation** : valeur perçue supérieure à la moyenne de l'industrie, prix plus élevés mais qui induit généralement des coûts supérieurs ;
  – le ***low cost*** : coûts très inférieurs à la moyenne de l'industrie en contrepartie d'une dégradation de la valeur de l'offre, ce qui permet de casser les prix ;
  – le **double avantage** : valeur supérieure produite à un coût inférieur à la moyenne (résulte souvent d'une innovation de rupture).

Réduire les coûts : effet d'expérience et structure de coût

- Quel que soit son avantage concurrentiel, toute entreprise a intérêt à **réduire ses coûts** et à **augmenter la valeur perçue** de son offre par rapport aux offres les plus directement substituables aux yeux des clients.
- La théorie de l'**effet d'expérience** permet de modéliser la **dynamique des coûts** dans une industrie et d'évaluer la compétitivité d'une entreprise en matière de coûts.
- L'effet d'expérience amalgame un **effet d'apprentissage** (l'entreprise devient plus efficiente avec l'expérience) avec d'autres sources de réduction des coûts liées à la taille : **économies d'échelle**, **économies de champ**, pouvoir de négociation avec les fournisseurs, pouvoir de marché.
- L'effet d'expérience apparaît comme une barrière à l'entrée dans l'industrie plutôt que comme une source d'avantage concurrentiel.
- Construire la **structure de coût** d'une activité consiste à identifier la part que représente chacun des coûts élémentaires dans le coût total. Cela permet de :
  – repérer les fonctions dont les coûts sont les plus importants ;
  – identifier les compétences déterminantes pour la compétitivité ;
  – repérer les expériences partagées et les sources potentielles d'économie.
- L'effet d'expérience produit des changements dans la structure de coût au cours du temps et en fonction des volumes produits.

Augmenter la valeur perçue : la différenciation

- Pour réussir, toute différenciation doit satisfaire trois conditions : elle doit être **significative**, **économiquement viable** et **défendable**.
- La différenciation doit savoir **évoluer** sans dégrader la formule qui a fait son succès.

Chapitre 5

Innover pour créer de nouveaux *business models*

Dans le chapitre précédent, nous avons vu que certaines entreprises arrivent à créer un double avantage concurrentiel. Leur offre gagne sur les deux tableaux : à la fois sur la valeur perçue et sur les coûts. Pour réussir ce tour de force, il faut généralement construire un *business model* radicalement nouveau. En soi, l'innovation de *business model* n'est pas un phénomène récent. Dans *Au Bonheur des Dames*, Zola décrivait déjà la révolution commerciale déclenchée par les grands magasins dès le milieu du XIXe siècle. Mais le phénomène s'est considérablement accéléré au cours des dernières années, notamment sous l'effet des nouvelles technologies : de nouveaux entrants bouleversent les industries traditionnelles avec des *business models* « disruptifs » qui combinent une proposition de valeur plus attractive avec des coûts plus bas.

Ce chapitre s'ouvre sur les liens entre innovation et stratégie, avant de donner des pistes pour construire des *business models* innovants, notamment des modèles de plateforme, tels que ceux d'Uber ou d'Airbnb. Nous conclurons en nous demandant si les entreprises existantes doivent oser l'innovation de rupture ou si celle-ci est réservée aux start-up.

Plan du chapitre

SECTION 1

QU'EST-CE QUE L'INNOVATION ?

Le *Conference Board* conduit depuis de nombreuses années une enquête annuelle auprès des dirigeants d'entreprise du monde entier : l'innovation se place régulièrement parmi leurs principales préoccupations. L'innovation a généralement une connotation valorisante. Mais la réalité qui se cache derrière le terme est souvent imprécise. En effet, le mot est polysémique, puisqu'il désigne à la fois un processus (comment les membres d'une organisation travaillent à l'élaboration d'un nouveau produit) et un résultat (le nouveau produit mis au point par une entreprise). De plus, le mot « innovation » est souvent galvaudé. Les notions de « disruption » et de « rupture » sont parfois utilisées à tort et à travers pour désigner des progrès plus ou moins marginaux, plutôt que des innovations radicales. Dans ce chapitre, nous nous focalisons sur le résultat plutôt que sur le processus, et sur les innovations de rupture, c'est-à-dire celles qui changent le *business model* en profondeur, plutôt que sur les innovations incrémentales.

1 Les différents types d'innovation

Il existe plusieurs typologies de l'innovation. La plus courante classe les innovations selon leur degré ou leur intensité de changement. Une autre approche est quant à elle de nature stratégique.

a. Une distinction axée sur le degré de changement

• L'innovation incrémentale

L'innovation incrémentale, également appelée « innovation d'amélioration », « de routine » ou « d'exploitation », n'entraîne qu'un changement marginal par rapport à l'offre existante. Au fond, l'innovation incrémentale est tout simplement ce qu'on appelle le « progrès » dans le langage courant.

L'amélioration progressive des performances et du rendement des moteurs à explosion pour les automobiles en est un exemple. Depuis la fin du XIXe siècle, l'évolution s'est faite de manière continue, sans remettre en cause la conception fondamentale du moteur ni exiger à aucun moment des compétences radicalement nouvelles, même si, au bout du compte, le contenu technologique des moteurs a beaucoup changé.

• L'innovation radicale

L'innovation radicale, également qualifiée de « discontinue », ou « d'exploration », modifie profondément les références habituelles concernant la valeur perçue d'une offre et son coût.

Ainsi, toujours dans le domaine de la motorisation automobile, le moteur hybride thermique électrique, ainsi que le moteur électrique avec ses batteries, constituent des innovations radicales introduisant de nouveaux standards en matière de performance énergétique et de pollution.

b. Une distinction axée sur la stratégie

La distinction incrémentale / radicale est limitative car elle tend à réduire l'innovation à une question de technologie, certainement parce que l'innovation technologique est la plus visible et la plus spectaculaire. Dans ce contexte, l'iPad d'Apple ou les services proposés par Google représentent l'archétype de l'innovation « radicale », qui transforme complètement le jeu concurrentiel.

Du point de vue stratégique, il existe pourtant d'autres formes d'innovation « disruptive », que l'on peut caractériser par leur impact sur le *business model*, indépendamment de leur contenu technologique. Ainsi, Christensen[1], auteur de la fameuse expression « *disruptive innovation* », identifie deux types d'innovations.

> Les premières, dites « *sustaining* » ou « innovations de continuité », renforcent le *business model* existant, alors que les secondes, dites « disruptives » ou de rupture, consistent à introduire un nouveau *business model*.

La parenté avec la distinction incrémental / radical est évidente, mais le critère est de nature stratégique plutôt que technologique. Un *business model* radicalement nouveau ne repose pas forcément sur une innovation technologique. Au XXe siècle, le libre-service et les supermarchés ont révolutionné le commerce de détail, comme les grands magasins l'avaient fait au XIXe siècle, sans que la technologie soit en cause. Il est cependant clair qu'à l'heure actuelle, les technologies digitales sont de puissants leviers d'innovation, même si elles ne sont ni nécessaires ni suffisantes pour créer de véritables ruptures.

Degré de changement

\+ → +++

Distinction axée technologie	Innovation incrémentale	Innovation radicale
Distinction axée stratégie et *business model*	Innovation de continuité (*sustaining*) : renforce le *business model* existant	Innovation disruptive (de rupture) : nouveau *business model*

Figure 5.1 Les différents types d'innovation

2 Les innovations de continuité

Les innovations de continuité appuient le *business model* existant et ne le remettent pas en cause. Ces innovations reposent parfois sur une évolution technologique importante mais elles ne créent pas de rupture stratégique. Par exemple, la digitalisation des opérations bancaires est un changement technologique significatif mais elle ne remet pas en cause la nature même de la banque de détail. Les innovations de continuité sont en général très bien exploitées par les leaders en place parce qu'elles contribuent soit à faire baisser les coûts, soit à améliorer la valeur perçue dans le *business model* existant.

1. Christensen C.M., 1997.

a. Innover pour augmenter la valeur perçue

Les innovations d'augmentation de la valeur perçue visent à modifier la proposition de valeur, de manière à différencier l'offre de l'entreprise par rapport à celle des concurrents, en offrant des fonctionnalités, des produits ou des services nouveaux, valorisés par la cible de clientèle.

Exemple

Innover pour mieux régner

- Pour chaque nouveau modèle, **BMW** doit innover pour inciter les clients fidèles à renouveler leur voiture, pour accentuer (ou du moins maintenir) la différence avec les concurrents comme **Lexus** ou **Mercedes**, de manière à attirer de nouveaux acheteurs ou à retenir des clients susceptibles de changer de marque. Moteur turbo dans les années 1970, ABS dans les années 1980, moteurs Efficient Dynamics (sportifs et peu polluants) dans les années 2000 et enfin voiture électrique dans les années 2010, cette course à l'innovation est une course sans fin, qui consomme énormément de ressources.

Les technologies numériques permettent de modifier les propositions de valeur, contribuant ainsi à améliorer la valeur perçue, en offrant par exemple de nouvelles fonctionnalités (produits intelligents, connectés…), des possibilités de personnalisation du produit, de nouveaux services liés à l'exploitation de données ou de nouveaux modes de mise à disposition du produit ou du service (par exemple, interface numérique plutôt que livraison physique…).

Les capteurs envahissent les produits de consommation courante. Par exemple, le spécialiste du sport Adidas équipe ses chaussures de *timers* ou de podomètres ; des fournisseurs de café ou de bière dotent leurs emballages de capteurs afin de contrôler la fraîcheur du produit, les risques de bris de bouteille ou les besoins de réassortiment.

Des marques alimentaires introduisent de nouveaux services digitaux autour de leur produit. Ainsi, la marque de pâtes Barilla enrichi son offre de recettes et de conseils culinaires en ligne.

b. Innover pour réduire les coûts

Les innovations de réduction des coûts sont généralement des innovations de processus qui ne modifient pas la valeur de l'offre telle qu'elle est perçue par les clients (*willingness to pay*). Ces innovations, portant sur l'architecture de valeur, visent à amplifier au maximum l'effet d'expérience (voir chapitre 4).

En effet, pour accélérer sa descente sur la courbe d'expérience, l'entreprise doit non seulement augmenter sa production cumulée mais aussi innover, pour chercher des sources toujours nouvelles de réduction des coûts. L'effet d'expérience n'a rien d'automatique : il faut constamment faire appel à la créativité pour exploiter les apprentissages issus de l'expérience et repousser toujours plus loin la frontière de l'efficience.

On peut ranger dans cette catégorie toutes les innovations de processus de production, de logistique, de distribution (*total quality management*, 6 Sigma, Kanban et Kaizen, dématérialisation des échanges, externalisation et délocalisation…). Ces innovations deviennent au fil du temps des *best practices* sur lesquelles s'alignent tous les acteurs de l'industrie (voir la rubrique Fondements théoriques ci-après).

La digitalisation peut largement contribuer à la réduction des coûts. C'est dans l'optimisation des opérations que se situe le principal gisement de valeur lié au numérique :

- visibilité complète de la chaîne d'approvisionnement et optimisation de son fonctionnement (meilleures prévisions, gestion plus fine des stocks, des achats et des flux logistiques) ;
- ingénierie numérique (meilleure conduite des projets en termes de délais, de coûts, de fiabilité et de sécurité) ;
- automatisation des commandes ;
- géolocalisation et routage ;
- robotique ;
- réalité virtuelle (meilleure productivité des tâches de production, de maintenance ou des interventions des forces de terrain) ;
- intelligence artificielle (analyse prédictive et optimisation dynamique des plannings, des flux logistiques, de l'utilisation des équipements, des tâches humaines de production ou de livraison, des tournées des techniciens ou des livreurs, des interventions de maintenance).

Cette liste constitue autant de pistes de gains de productivité. Il n'est pas rare d'observer des gains de 10 % sur les coûts directs de production, de 20 % sur les coûts indirects et jusqu'à 30 % sur les coûts de *back-office*.

Chiffres clés

La digitalisation peut permettre de gagner :

- **10 %** sur les coûts directs de production ;
- **20 %** sur les coûts indirects ;
- **30 %** sur les coûts de *back-office*.

Exemple

Réduction des coûts grâce au digital

- Le fournisseur de vins et spiritueux **Diageo** équipe ses bouteilles de capteurs pour améliorer la qualité et la traçabilité des produits.
- Le groupe alimentaire **Nestlé** parvient à réduire ses stocks de sécurité de 15 % en déployant des techniques analytiques avancées.
- Des entreprises d'inspection et de certification s'appuient sur des capteurs connectés pour limiter les visites d'inspecteurs sur site et apporter de meilleurs services de maintenance prédictive.
- Des entreprises d'exploitation pétrolière s'appuient sur le *big data* et les techniques de cartographie numérique avancées pour diminuer leurs coûts d'exploration, augmenter la rentabilité des forages et minimiser les impacts environnementaux.

Aussi prometteuse soit-elle, la numérisation des opérations représente aussi un énorme défi pour les entreprises. Il faut d'abord rendre cohérentes et exploitables les données issues de capteurs nombreux et hétérogènes. Il faut ensuite construire des prototypes convaincants et les rendre applicables dans le comportement quotidien d'opérateurs souvent peu qualifiés, ancrés dans leurs habitudes et méfiants par rapport à la technologie.

FONDEMENTS THÉORIQUES

Destruction créatrice, courbe en S et cycle de l'innovation

Le « père » de la théorie du développement économique par l'innovation stratégique est sans nul doute Joseph Schumpeter[1], connu pour sa théorie de l'innovation comme processus de destruction créatrice. Il fut le premier à mettre en avant l'entrepreneur en tant qu'élément déterminant du développement et du progrès économiques.

L'entrepreneur-innovateur

Dans l'approche schumpetérienne, l'entrepreneur-innovateur est celui qui initie et met en œuvre des changements dans l'organisation des ressources existantes, de nouvelles combinaisons de moyens, ou de nouvelles compétences, afin de créer de nouvelles possibilités de positionnement pour son entreprise sur ses marchés.

En procédant ainsi, l'entrepreneur crée à son profit de nouvelles règles du jeu qui détruisent naturellement l'ordre existant, dont les règles deviennent soudain « périmées ». C'est là le processus de destruction créatrice.

L'entrepreneur dispose à ce moment d'un avantage qui se traduit par ce que Schumpeter nomme un « monopole de profits » et que les théoriciens s'accordent désormais à appeler une rente entrepreneuriale. Attirés par cette rente de déséquilibre, d'autres entrepreneurs essaient d'imiter l'innovateur, de manière directe si l'innovation n'est pas protégeable, ou de manière créative quand l'innovation est protégée (d'où le concept d'imitation créative décrit par Peter Drucker[2]). En parallèle, de nombreux acteurs innovent en symbiose avec l'innovation principale. La conséquence de cette profusion d'innovations, réussies ou non, est la disparition progressive de la « rente entrepreneuriale » et l'atteinte d'un nouvel équilibre économique au sein du nouveau *business*. Reste alors à l'entrepreneur originel, ou à tout autre innovateur, à initier une nouvelle rupture et un cycle nouveau.

Les vagues d'innovations successives

L'apport fondamental de Schumpeter a été de réinterpréter les cycles économiques en termes de vagues d'innovations successives. Schumpeter trouve en effet dans la discontinuité de l'innovation une clé pour expliquer la succession des périodes de prospérité et de dépression économiques. Les innovations déclenchent l'expansion économique, qui s'éteint lorsque les effets de l'innovation s'épuisent. Une remise en ordre intervient ensuite : c'est la crise suivie d'une dépression. Les innovations étant d'importance variable, les perturbations qu'elles provoquent sont d'amplitudes diverses.

Le cycle des innovations

Cette notion de cycle des innovations a été développée dans les années 1970 par Utterback et Abernathy[3] qui explicitent et détaillent ses trois phases essentielles (figure 5.2) :

- La première phase est une période d'incertitude en termes de marché et de technologie, appelée « phase fluide » (*era of ferment*), lors de laquelle des offres alternatives naturellement différenciées se disputent la suprématie. Dans cette phase, les offres sont encore bien imparfaites et l'accent est mis sur la performance du produit. L'expérimentation et l'apprentissage règnent. Ce processus d'essais-erreurs engendre de nombreux échecs.

•••

•••

- Graduellement, ces expériences convergent vers un « design dominant » qui s'impose comme offre de référence. On se trouve alors dans la « phase de transition » qui se caractérise par un mouvement d'imitation et de développement. Le concept d'offre est désormais établi et les efforts des nouveaux acteurs portent sur la diversité des produits (émergence d'une gamme), l'amélioration des performances « techniques », la qualité et le coût de l'offre, afin de permettre le développement du marché.

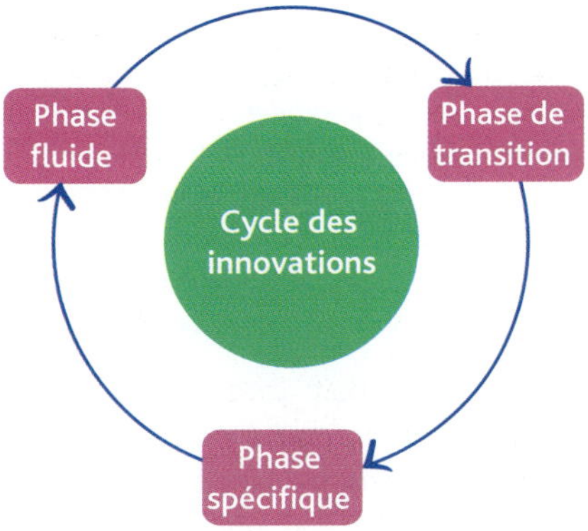

Figure 5.2 Le cycle des innovations

- On entre ensuite dans la « phase spécifique » au cours de laquelle la baisse des coûts devient le *leitmotiv* essentiel. La standardisation, la rationalisation et les économies d'échelle et d'apprentissage prennent le pas sur l'innovation proprement dite (voir le chapitre 4). Le seul type d'innovation qui subsiste à ce stade est l'innovation de processus, mais ses effets s'amenuisent comme peau de chagrin et, de fait, l'activité est à la merci d'une nouvelle innovation plus performante, défiant les règles établies et créant une nouvelle rupture.

Remarquons d'ailleurs qu'avec leur modèle, Abernathy et Utterback rationalisent et explicitent le fameux mécanisme de la courbe en S si populaire dans le domaine du management des technologies[4] – avec ses deux axes : investissements cumulés réalisés sur la technologie et performance de la technologie.

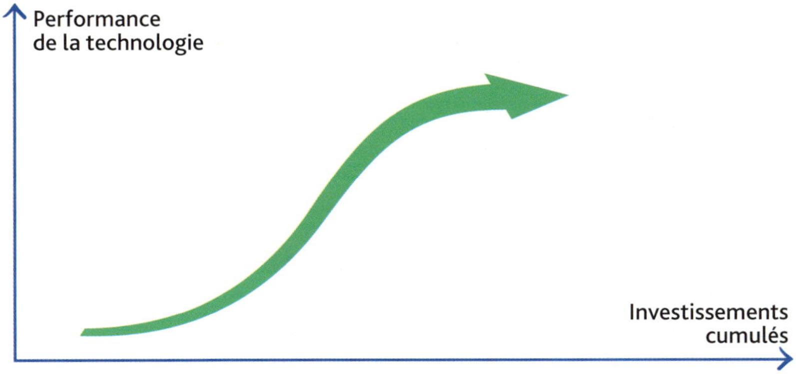

Figure 5.3 Typologie de l'innovation

1. Schumpeter J.A., 1934.
2. Drucker P.F., 1985.
3. Utterback J.-M. et Abernathy W.J., 1975.
4. Foster R.N., 1986.

3 Les innovations disruptives

Les innovations disruptives se traduisent par l'introduction sur un marché d'un nouveau *business model*, différent des *business models* existants, qui change de manière radicale à la fois la valeur perçue et la structure de coût : on parle alors de rupture ou d'innovation stratégique.

Exemple

Netflix et le renouvellement du *business model*

- **Netflix** a introduit dès son origine un *business model* innovant. Pourtant, au départ, cette innovation pouvait être qualifiée d'incrémentale : en effet, Netflix invitait ses clients à souscrire en ligne à un abonnement qui leur permettait de recevoir par courrier jusqu'à trois DVD à visionner. Cette proposition de valeur n'a pas rencontré beaucoup de succès. **Blockbuster**, le géant de la location de vidéo en magasin, n'en a pas souffert, et Netflix n'était pas rentable. Mais en s'appuyant sur une technologie nouvelle, le streaming, Netflix a su réinventer son *business model* de manière radicale pour devenir l'entreprise performante que l'on connaît aujourd'hui, tuant au passage l'immense réseau de vidéo clubs que Blockbuster avait développé aux États-Unis. Quand Netflix a commencé à dominer le marché, il était déjà trop tard pour que Blockbuster se reconvertisse dans la vidéo en ligne (voir la rubrique Étude de cas sur Netflix, section 4 de ce chapitre).

Les nouvelles technologies ont permis l'essor de nombreuses innovations stratégiques, notamment les *business models* de plateformes que nous aborderons dans la section 3 de ce chapitre (Vente-privée.com – voir la rubrique Étude de cas ci-après –, Uber, Airbnb, eBay, Zopa et autres modèles de *peer to peer banking*, c'est-à-dire de prêt d'argent entre particuliers). Cependant, il est possible de créer des *business models* radicalement nouveaux dans des activités plus traditionnelles sans nécessairement recourir aux nouvelles technologies.

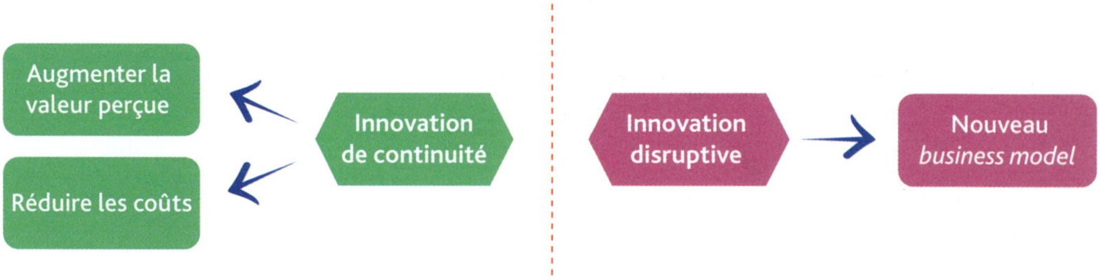

Figure 5.4 Les distinctions entre innovations disruptives et de continuité

CONTROVERSE

Existe-t-il vraiment de nouveaux *business models* ?

Le terme « *business model* » s'est vraiment imposé lors de la première bulle Internet, à la fin des années 1990. L'heure était à la floraison des start-up Internet, avec leurs nouveaux *business models* que les investisseurs en capital-risque regardaient avec « les yeux de Chimène ». On parlait même de « nouvelle économie » car il semblait que les lois fondamentales de l'économie allaient être réécrites.

C'est dans le domaine des modèles de revenus que les financiers soutiennent qu'ils ont été particulièrement innovants ou, pour les plus humbles, réceptifs à l'innovation des entrepreneurs. Ils citent l'exemple du modèle publicitaire, une invention de la nouvelle économie consistant à offrir un service gratuit financé uniquement par la publicité, dont l'illustration exemplaire est Google. « Avec quel résultat ? », pourrait-on leur rétorquer. En effet, mis à part ce champion, rares sont les entreprises Internet qui ont réussi à survivre en l'appliquant à la lettre, c'est-à-dire sans compléter leurs fins de mois par d'autres types de revenus. Mais surtout, en quoi est-ce une innovation ? Cela faisait plus de trente ans que les journaux gratuits fonctionnaient avec ce type de modèle en Europe.

Autre exemple bien connu : le *razor and blades business model* (un rasoir bon marché associé à des lames chères spécifiques à ce rasoir), qui n'est autre que celui qui a fait la fortune de Gillette dans les rasoirs et les lames depuis des décennies, ou les belles heures de la photographie instantanée. C'est bien ce même modèle qu'appliquent désormais, en quasi-copié-collé, les fabricants d'imprimantes : accepter de perdre sur l'équipement pour favoriser la pénétration et vendre des consommables (les cartouches d'encre) à une clientèle captive, à des prix très élevés. Encore faut-il être certain, pour ne pas encaisser uniquement les pertes, de « contrôler » l'accès et la diffusion desdites cartouches ; ce que les brevets, la multiplicité sans cesse renouvelée des références et les contrats d'exclusivité permettent d'assurer.

Dans la même famille, on peut citer les *business models* fondés sur l'usage (voir chapitre 12), où le client n'achète plus l'équipement proposé par l'entreprise, mais acquitte seulement un droit d'utilisation et de maintenance facturé à la consommation. Créé et largement développé par General Electric dans la plupart de ses activités d'équipementier (locomotives, IRM, scanners…), ce modèle n'est jamais que l'application de ce qui existait déjà dans l'industrie des fournisseurs d'équipement aux laboratoires d'analyse : la machine est fournie gratuitement et l'entreprise se rémunère sur la base d'un contrat bien fermé d'utilisation périodique ou de vente contrainte de consommables.

●●●

•••

On pourrait multiplier les exemples pour arriver à la conclusion qu'en matière de *business models*, comme dans beaucoup d'autres domaines, la nouveauté est toute relative. Les modèles réellement novateurs sont rares et la nouveauté relève plutôt de l'application dans un secteur d'un *business model* qui a fait ses preuves au sein d'un autre. Ce qui s'avère essentiel dans ce cas, c'est la capacité d'adapter le modèle aux caractéristiques différenciées et spécifiques du secteur d'activité visé.

ÉTUDE DE CAS

Vente-privée.com, leader de l'e-commerce en France

Créé en 2001, Vente-privée.com est aujourd'hui un acteur clé de l'économie numérique française et européenne. En 2018, la société a réalisé 3,7 milliards d'euros de chiffre d'affaires, avec plus de 6 000 employés et 72 millions d'adhérents.

L'avantage de l'e-commerce

Le P-DG fondateur, Jacques-Antoine Granjon, et ses associés ne sont pas des hommes issus du numérique. Bien au contraire : ils ont développé durant plus de quinze ans une expertise dans l'achat et la revente des fins de série des marques de prêt-à-porter. Dans les années 1990, leur société, intermédiaire de négoce entre les marques et les chaînes de solderies, réalisait tant bien que mal quelques dizaines de millions d'euros de chiffre d'affaires en « débarrassant » les marques de leurs invendus. Mais le besoin en fonds de roulement était clairement un frein au développement : les articles achetés étaient payés directement aux marques mais payés beaucoup plus tard par les solderies, d'où des tensions constantes en fin de mois avec les banquiers.

À la fin des années 1990, Internet haut débit arrive en France. Anticipant un potentiel, inspiré par Jeff Bezos et la réussite d'Amazon, Jacques-Antoine Granjon s'essaie prudemment à la vente d'invendus de marques via Internet, au travers d'un site web proposant des « événements », c'est-à-dire la vente pour une durée limitée (quelques jours) d'une quantité limitée de produits d'une marque donnée, exclusivement pour les « membres » enregistrés de Vente-privée.com, avec des prix discount, entre 50 % et 70 %. Une seule règle pour les cyberacheteurs : premier arrivé, premier servi. Pour certaines marques, il y a parfois plus de 400 000 membres qui se connectent à 7 heures du matin pour ne pas rater les bonnes affaires ! Le succès est fulgurant.

La prime au premier entrant

Copié rapidement, le nouveau *business model* imaginé par Granjon a permis à Vente-privée.com de rester le leader incontesté en France (Showroomprivé.com,

•••

son principal concurrent, réalise moins de 700 millions d'euros de chiffre d'affaires en 2017), essentiellement pour deux raisons :

- Alors que ses concurrents ont dépensé de fortes sommes pour soigner leur site et acquérir de nouveaux clients, Vente-privée.com a investi avant tout sur la construction d'une offre de qualité, alléchante pour les clients. La relation avec les marques, bâtie dans sa précédente entreprise de négoce, était donc une ressource rare exploitée par Granjon pour construire le site.
- Le besoin en fonds de roulement fortement négatif issu de ce nouveau *business model* (l'internaute paye immédiatement, mais les marques ne sont payées qu'en fonction des quantités vendues effectivement à l'issue de la vente), soit l'absence de stocks et un décalage de trésorerie précieux, ont permis de financer une croissance annuelle qui a atteint plus de 50 % tous les ans pendant près de cinq ans. Vente-privée.com a bénéficié de cette prime au premier entrant.

La réussite du modèle a fait des émules partout en Europe, et la prime au premier entrant a créé des champions locaux dans tous les pays européens, rendant difficile le déploiement de Vente-privée.com à l'international. C'est certainement pour cette raison que l'entreprise s'est tournée en 2011 vers les États-Unis, grâce à un *joint-venture* avec American Express, qui s'est soldé par un échec. L'entreprise cherche donc aujourd'hui la croissance à travers de nouvelles prises de participations en Europe, comme au Benelux et en Pologne par exemple. En 2019, le groupe a unifié son nom sous l'appellation Veepee pour l'ensemble des 14 pays où il est présent.

QUESTIONS

Corrigés en ligne sur dunod.com

1. En quoi Vente-privée.com est-il un nouveau *business model* ? A-t-il créé un nouveau marché ?
2. Quelles sont les ressources qui ont permis l'expansion de Vente-privée.com ?
3. Quels peuvent être les axes de croissance après près de vingt ans d'existence ?

SECTION 2

CONSTRUIRE UN *BUSINESS MODEL* INNOVANT

Depuis les années 2000, on assiste au développement exponentiel du nombre de *business models* radicalement innovants, introduits le plus souvent par des start-up. Certains modifient profondément leurs industries et bousculent les acteurs existants : Netflix (voir la rubrique Étude de cas, section 4 de ce chapitre), Airbnb, Tesla ou Uber en sont les archétypes[1]. Pour aider les entreprises établies à y faire face, ou pour inciter à la création des prochaines « licornes » (start-up dont la valorisation dépasse 1 milliard de dollars), de nombreuses approches ont été développées au cours des dernières années, comme autant de guides pour stimuler la créativité des intra/entrepreneurs. Cette section s'inspire largement de quatre de ces approches : stratégie océan bleu, *business model canvas*, *design thinking* et Odyssée 3.14).

Chiffres clés

Les « licornes » sont des entreprises valorisées à plus de **1 milliard** de dollars.

1. À l'instar de GAFAM (Google, Amazon, Facebook, Apple, Microsoft), l'acronyme NATU (Netflix, Airbnb, Tesla, Uber) est parfois utilisé pour décrire ce groupe d'entreprises.

De manière générale, réinventer un *business model* revient à innover dans la proposition de valeur et/ou dans l'architecture de valeur. Pour ce faire, certaines conditions préalables sont requises.

1 Les conditions préalables

Tenter d'inventer ou de réinventer un *business model* est un exercice difficile qui nécessite un état d'esprit spécifique et une anticipation des technologies.

a. Remettre en cause la logique dominante

Imaginer un nouveau *business model* requiert la capacité de remettre en cause les « logiques dominantes » existantes dans l'industrie. Ce sont les règles habituelles d'un secteur, qui finissent par être acceptées par tous comme un dogme inviolable. Dans l'hôtellerie par exemple, il faut posséder des immeubles pour avoir des chambres à offrir aux clients.

Exemples

Nouvelle logique dans le transport de fonds

- La remise en question des règles du secteur est particulièrement bien illustrée avec l'exemple de la société **Valtis**, une PME de transport de fonds. Ce métier consiste à assurer le transfert des fonds entre les banques et les grandes surfaces, et la Banque de France. Traditionnellement, ce transport est assuré par plusieurs hommes armés dans un véhicule blindé, afin de les protéger des agressions. Or, les véhicules blindés étaient la cible d'attaques de plus en plus violentes. Un raisonnement traditionnel consistait à augmenter le blindage et le recours aux armes. Le patron de Valtis a cherché une nouvelle réponse au problème des attaques. Confronté à la douloureuse épreuve d'annoncer à l'épouse d'un convoyeur la mort de son mari, il a développé la vision d'un transport de fonds sans armes. Il a innové dans la technologie de convoyage avec un système de conteneurs sécurisés, véhiculés par des hommes sans arme en voiture banalisée. La sécurité est assurée par un dispositif qui macule les billets si le container dévie de la trajectoire initialement prévue par le système informatique. Voler un container devient alors sans intérêt pour un malfaiteur. Plutôt que de protéger ce que l'on transporte (application de la règle traditionnelle), il a supprimé la convoitise (développement d'une nouvelle logique).

Abonnement *vs.* location traditionnelle

- Lors de sa création en 1997, **Netflix** a proposé un abonnement mensuel, remettant ainsi en cause la pratique habituelle du secteur, qui consistait à facturer la location de la cassette VHS ou du DVD pour une durée limitée. Cette pratique était d'autant plus difficile à remettre en cause pour les vidéo-clubs que les pénalités de retard représentaient une partie importante (jusqu'à 20 % !) de leur chiffre d'affaires.

S'affranchir des logiques dominantes est particulièrement difficile pour les entreprises existantes, car le succès passé constitue un frein puissant : plus l'entreprise a connu le succès par le passé, plus il lui sera difficile de se remettre en cause et de questionner les règles, les hypothèses de base et les présupposés sur lesquels elle s'appuyait jusqu'alors.

b. Anticiper les impacts de la technologie

L'innovation de *business model* ne repose pas uniquement sur la technologie, mais de nombreuses études convergent pour montrer un impact accru des technologies dans tous les secteurs dans les années à venir. L'anticipation des nouvelles tendances technologiques doit donc nécessairement être prise en compte dans une réflexion préalable sur les *business models* innovants. Ainsi, l'utilisation des données, dont l'entreprise peut être propriétaire ou non (données présentes sur les réseaux sociaux par exemple), peut permettre la réinvention des *business models*.

Exemple

Alibaba, une nouvelle approche du crédit à la consommation

- **Alibaba**, le leader chinois du commerce en ligne, a lancé récemment une nouvelle offre de crédit à la consommation à destination de ses clients. La particularité de cette offre est qu'elle ne s'appuie pas sur des documents fournis par le client (fiche de salaire, titres de propriété, niveau d'endettement effectif) pour déterminer l'éligibilité à un prêt, mais sur un algorithme basé sur des données collectées par Alibaba à partir des achats effectués par le client sur son site, ainsi que sur des données disponibles sur les réseaux sociaux. L'entreprise a ainsi pu entrer sur le marché du crédit à la consommation en s'appuyant sur une ressource rare (les données) et une nouvelle approche (l'algorithme).

Cependant, la révolution numérique ne touche pas toutes les industries dans les mêmes proportions. De manière simplifiée, trois groupes se dessinent :

- **Les secteurs déjà profondément affectés par la révolution numérique** (assurance, banque, distribution, médias, télécoms, services de mobilité…). Dans ces secteurs, les nouvelles technologies et techniques avancées d'analyse de données sont constamment déployées pour créer un avantage concurrentiel. Le risque de substitution des leaders traditionnels par de nouveaux acteurs du numérique est total et constant. Les gisements de profitabilité et les chaînes de valeur sont profondément modifiés et recomposés.
- **Les secteurs partiellement affectés par la révolution numérique** (santé, biens de consommation courante, logistique, services éducatifs, aéronautique). On voit dans ces secteurs de nouveaux entrants se positionner avec des modèles digitaux. L'expérience client évolue vers une combinaison d'interactions physiques et numériques.
- **Les secteurs modérément affectés par la révolution numérique** (mines, pétrole, gaz, construction, utilités…). Dans ces secteurs, le numérique n'est pas encore une source d'avantage concurrentiel et les modèles alternatifs restent marginaux. L'innovation numérique touche principalement les coûts et les opérations.

2 Innover sur la proposition de valeur

a. S'interroger sur le véritable besoin du client

Plutôt que de se concentrer sur la concurrence existante, notamment en réalisant du *benchmarking* qui ne peut conduire qu'à l'imitation, l'innovation de *business model* requiert de repartir d'une feuille blanche, en s'interrogeant notamment sur le véritable besoin du client.

Christensen invite à s'intéresser au « *job to be done*[1] » (littéralement, « le travail à faire »), c'est-à-dire la fonction remplie par le produit ou le service. Aussi parfois appelée « besoin brut[2] » (« *raw need* »), il s'agit de s'intéresser au besoin fondamental, latent, non exprimé du client.

En revenant à l'essence même de ce que ses clients attendent, l'entreprise peut découvrir de nouvelles manières de les séduire. Par exemple, dans l'automobile, le besoin brut est la mobilité personnelle plutôt que la possession d'un véhicule ; dans l'hôtellerie, l'enjeu est d'apporter au client un endroit fiable pour passer la nuit, plutôt que de proposer une chambre d'hôtel.

De plus en plus d'entreprises innovantes comprennent l'intérêt de définir leur proposition de valeur de manière plus large autour du besoin brut, ouvrant de nouvelles opportunités d'innovation. Les démarches pour imaginer des propositions de valeur radicalement innovantes sont fondées sur l'empathie et l'intimité avec le client. Elles permettent de comprendre le besoin brut et les « irritants » (« *pain points* ») rencontrés par le client tout au long de l'utilisation du produit.

Exemple

Le « Uber du nettoyage de vêtements »

- La lessive **Tide**, marque mondiale phare de **Procter & Gamble**, a identifié son « *job to be done* » non plus comme l'achat de détergent mais comme le besoin de faire la lessive, d'où le lancement en 2019 de Tide Cleaners, présenté comme le « Uber du nettoyage de vêtements ». L'offre de Tide Cleaners est fondée sur une application mobile grâce à laquelle les clients identifient le point de dépôt du linge le plus proche (station-service, conteneurs dans la rue, accueil d'immeubles de bureaux). L'appli envoie une notification lorsque le linge propre est prêt à être récupéré au même endroit. Grâce à cette nouvelle proposition de valeur, Tide prévoit de collecter de nombreuses données (fréquence de lavage, préférence produit) lui permettant d'améliorer le produit existant mais aussi la nouvelle offre. La rentabilité de ce nouveau service reste à démontrer, mais il illustre bien les nouvelles offres innovantes développées grâce à une réflexion sur le « *job to be done* ».

1. Christensen M., Hall T., Dillon K. et Duncan D., 2016.
2. *World Economic Forum*, 2018.

Le questionnement sur le besoin brut conduit quelquefois à une innovation plus frugale : comprendre le véritable besoin peut faire prendre conscience de la sophistication inutile de l'offre existante, qui exclut notamment du marché des clients potentiels qui ne savent pas utiliser le produit ou le trouvent trop onéreux. L'innovation consiste alors à simplifier l'offre pour cannibaliser le marché par le bas, source très importante de disruption selon Christensen.

L'entrée de Free (voir la rubrique Étude de cas au point 3.b.) sur le marché de la téléphonie mobile en France en est un bon exemple.

Exemple

Les *Millenials* et la banque

- La banque d'origine allemande **N26** a répondu au besoin brut des *Millenials* (jeunes nés autour de l'an 2000) : ces derniers n'ont pas besoin d'une banque avec tous les services, mais simplement d'un compte courant couplé à une carte bancaire. L'ouverture du compte se fait intégralement depuis l'application mobile en moins de huit minutes.

Le besoin brut n'est en général pas exprimé par le client : un simple sondage ou l'approche directe ne suffit donc pas à l'identifier. Comme le disait Henry Ford : « Si j'avais demandé à mes clients ce qu'ils voulaient, ils m'auraient répondu "un cheval plus rapide". »

> *Si j'avais demandé à mes clients ce qu'ils voulaient, ils m'auraient répondu "un cheval plus rapide".*
>
> Henry Ford

Tel un ethnologue décryptant le fonctionnement d'une tribu, il s'agit d'observer minutieusement les habitudes des clients pour mieux comprendre leurs besoins réels ou latents, en entrant dans leur intimité et en empathie avec eux.

Exemple

L'enquête de Saint-Gobain

- Pour développer le concept de distribution « *cash & carry* » à destination des petits artisans généralistes, les marketeurs du groupe **Saint-Gobain** ont rencontré plus d'une centaine d'entre eux, en les accompagnant jusque dans leurs camionnettes pendant plusieurs jours. Cette méthode s'est révélée plus efficace que des questionnaires fermés, car elle a permis de faire émerger les véritables problèmes de ces artisans (manque d'organisation, temps limité) auquel le nouveau concept, **La Plateforme du Bâtiment**, a répondu avec succès. Ce point de vente permet en effet à l'artisan de gagner du temps grâce notamment à une organisation par univers (maçon, peintre, plombier) et non plus par produit, la possibilité de commander en ligne la veille et de récupérer la marchandise tôt et rapidement le matin, grâce à des parkings adaptés aux camionnettes...

b. La courbe de valeur, un outil utile pour développer de nouvelles propositions de valeur

Présentée au chapitre 2, la courbe de valeur est un graphique qui décompose la proposition de valeur autour des critères de choix des clients (appelés attributs) quand ils considèrent plusieurs offres concurrentes. Si cet outil est intéressant pour décrire les offres concurrentes existantes, il peut aussi s'avérer utile pour l'innovation. Après s'être interrogé sur le besoin brut du client, demandons-nous à présent comment le client satisfait son besoin aujourd'hui : ceci permet de dessiner les courbes de valeur des offres existantes, y compris celles qui n'émanent pas d'une entreprise. Ainsi, dans le cas HelloFresh (voir la rubrique Étude de cas ci-après), une des offres existantes est de cuisiner maison : ce n'est donc pas une offre marchande !

Une fois les alternatives existantes identifiées, on cherche à construire une nouvelle courbe de valeur, en explorant trois voies complémentaires.

1. Renforcer certains attributs et/ou en créer de nouveaux

Il s'agit d'identifier parmi les attributs ceux qui peuvent être valorisés par la cible des non-clients et qui ne génèrent pas de surcoûts irrécupérables.

Exemple

- Le **Cirque du Soleil**, fondé au Québec en 1984, est connu pour avoir réinventé le cirque, en créant un divertissement centré notamment autour de la performance des acrobates. Le confort et l'environnement du public ainsi que la création musicale et la chorégraphie ont été renforcés par rapport aux grands cirques traditionnels.

2. Éliminer ou réduire certains attributs des offres de référence

L'objectif est d'identifier les attributs peu valorisés par les clients (ou les non-clients) et qui représentent un poste de coût significatif. Réduire l'offre sur ces attributs ou les éliminer permet de faire baisser les coûts sans impacter significativement la proposition de valeur.

Ces deux leviers (éliminer et réduire) sont très utiles, car les besoins des clients se modifient dans le temps, ce qui est parfois difficile à détecter et conduit souvent à offrir « trop » au client.

Exemple

- Lorsque Accor a créé Formule 1, des services comme la réception, les salons et la restauration ont été éliminés par rapport à l'offre de référence. Les animaux ont été retirés des représentations du Cirque du Soleil : les spectateurs n'apprécient pas les animaux en cage et leur coût d'entretien est très élevé !

3. Combiner les attributs

Il s'agit de combiner les attributs de deux offres de référence pour en concevoir une troisième, de nature à satisfaire la demande latente identifiée.

Exemple

- NetJets vend des heures de vol en jet. Cette offre allie les avantages des jets privés d'entreprise (disponibilité, sécurité, rapidité) et ceux de la classe affaires des compagnies aériennes (accès au service). On cherche donc à combiner le meilleur des deux offres de référence pour en créer une nouvelle. De même, pour concevoir la Plateforme du Bâtiment, Saint-Gobain a combiné le meilleur des points de vente professionnels (conseil, espace réservé aux professionnels...) avec les avantages de la grande surface de bricolage (disponibilité de la marchandise, paiement en espèces...).

La rubrique En pratique ci-après donne des pistes de réflexion afin de trouver de nouvelles idées pour développer une offre innovante.

EN PRATIQUE

Où trouver l'inspiration pour inventer une nouvelle proposition de valeur ?

- Combiner systématiquement les attributs d'offres qui semblent totalement différentes sur le moment (cirque et opéra dans le cas du Cirque du Soleil).
- S'intéresser aux complications et aux frustrations du client pour chercher à lui simplifier la vie.
- Questionner systématiquement les idées reçues et les règles d'or de l'industrie, les choses considérées comme possibles ou impossibles (tant de m^2 par chambre dans l'hôtellerie).
- Se demander pourquoi les clients achètent les offres de substitution (cinéma *vs.* cirque *vs.* streaming à la maison).
- Analyser ce qui se passe dans d'autres pays.
- Se demander pourquoi les offres des autres groupes stratégiques sont attractives.
- Réfléchir de manière prospective aux tendances sociologiques et technologiques lourdes.
- Introduire un tiers pour construire un *business model* de plateforme (BlaBlaCar).

Source : Lehmann-Ortega L., Musikas H. et Schoettl J.-M., 2017.

La méthode consiste à tracer la courbe de valeur de la nouvelle offre et de la comparer avec celle de ou des offres existantes. On aura eu soin d'ajouter dans le schéma les nouveaux attributs de l'offre, s'il y a lieu. La comparaison entre les courbes aide à visualiser la différence de profil entre la nouvelle offre et sa ou ses références.

Ainsi, la figure 5.5 montre la courbe de valeur de HelloFresh par rapport aux offres existant précédemment, le repas classique cuisiné maison et la livraison de plats prêts à manger. On voit que pour certains attributs, l'offre de HelloFresh est plus intéressante (apprentissage de nouvelles recettes) ; pour d'autres en revanche, l'avantage revient aux repas livrés à la maison (variété des plats et flexibilité).

ÉTUDE DE CAS

HelloFresh, un *business model* qui répond aux véritables besoins

74 % des adultes considèrent que manger un repas cuisiné maison à partir d'ingrédients frais contribue à un mode de vie sain. Toutefois, les actifs ont peu de temps pour trouver des recettes variées, faire leurs courses, et cuisiner. Ils utilisent souvent une alternative qui consiste à se faire livrer des repas à domicile.

•••

•••

Le véritable besoin est donc de partager un repas sain et convivial en famille.

Faire les courses : le principal irritant

En entrant dans l'intimité du client, l'entreprise allemande HelloFresh a compris que de nombreuses personnes apprécient de cuisiner. Les principaux irritants (*pain points*, ce qui est pénible pour le client), sont bien plus de devoir faire les courses et surtout, de trouver des recettes variées, ce qui constitue une véritable charge mentale !

C'est ainsi que HelloFresh a développé dès 2012 en Allemagne une offre répondant parfaitement à ce besoin brut. HelloFresh livre une fois par semaine les ingrédients frais en quantité adaptée pour préparer 3 à 5 plats sains et équilibrés dans la semaine, accompagnés de leur recette, prêts à être cuisinés. Les clients commandent en ligne au plus tard le mercredi soir le nombre de plats (3 ou 5), le type de repas (végétarien, classique ou familial) et précisent le nombre de personnes (2, 3 ou 4) et sont livrés à partir du dimanche suivant. Les recettes sont réalisables en environ 30 minutes.

Business model et courbe de valeur

Le modèle par abonnement automatise l'achat, mais laisse aussi la possibilité de changer ou de suspendre les livraisons. Le coût de revient d'un plat par personne varie entre 5 et 8 euros en fonction de la quantité commandée, ce qui représente un prix plus élevé qu'un plat cuisiné maison mais moins cher qu'un plat prêt à consommer. L'ensemble des attributs présentés dans la courbe de valeur (voir figure 5.5) montre une valeur perçue forte pour HelloFresh : malgré un prix plus élevé que la cuisine maison, le bénéfice client est élevé, expliquant le succès de la formule.

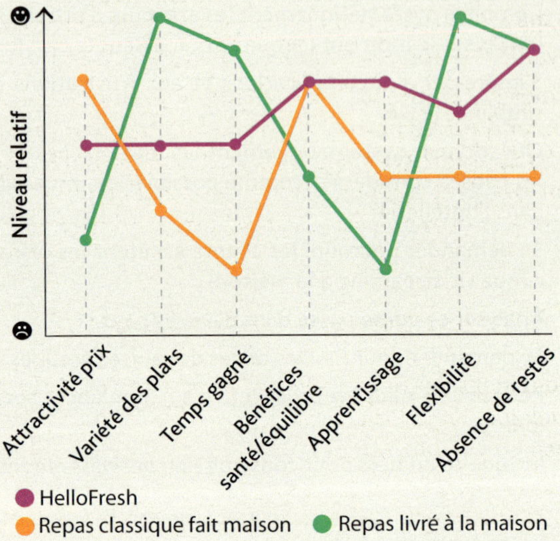

Source : Lehmann-Ortega L., Musikas H. et Schoettl J.-M., 2017.

Figure 5.5 Courbe de valeur de HelloFresh

Quelques chiffres clés…

Lancé d'abord en Allemagne, HelloFresh est maintenant présent dans de nombreux pays en Europe, Amérique du Nord et Australie, et sert plus de 2 millions de clients. Son chiffre d'affaires 2018 s'élevait à 1,3 milliard d'euros, soit près du double par rapport à 2016. Depuis sa création, HelloFresh a levé 360 millions d'euros de capital et est valorisé à plus de 2 milliards d'euros en 2018, ce qui en fait une des rares licornes européennes, introduite en Bourse en 2017. Cette croissance très rapide se fait néanmoins au détriment de la profitabilité, qui n'est pas encore au rendez-vous.

QUESTIONS

Corrigés en ligne sur dunod.com

1. En quoi le modèle HelloFresh est-il un nouveau *business model* ? L'entreprise a-t-elle créé un nouveau marché ?
2. Comment ce *business model* peut-il devenir profitable ?

Une fois ces opérations réalisées, on peut comparer la nouvelle offre avec les offres de référence. Le but est de vérifier que la rupture existe bien. Si la courbe de valeur de la nouvelle offre est trop proche de celles des offres de référence, cela signifie qu'il faudra retravailler les opérations précédentes pour obtenir un résultat plus prometteur.

Éliminer et réduire certains attributs permet de réduire les coûts. En créer et en renforcer d'autres permet d'augmenter la valeur perçue par les clients. On retrouve les principes de l'avantage concurrentiel que nous avons énoncés dans le chapitre 4. Si l'on parvient à jouer sur les deux tableaux, la différence de performance par rapport aux offres classiques peut être significative.

3 Innover sur l'architecture de valeur

On peut identifier deux voies pour innover sur l'architecture de valeur. Les nouvelles technologies constituent là encore des leviers puissants, sans pour autant être exclusifs.

a. Réaménager partiellement l'architecture de valeur

• Optimisation

On peut, par ordre de difficulté et d'efficacité croissantes, rechercher une optimisation au sein de chaque maillon de la chaîne, une meilleure coordination entre les maillons et, phase ultime, une modification qui, bien que paraissant mineure et partielle, peut avoir un effet majeur sur le *business model*.

Exemples

Benetton : du fil au pull

- L'exemple historique de **Benetton** reste emblématique pour illustrer comment une modification paraissant mineure de prime abord résulte en une architecture de valeur radicalement différente. Dans les années 1980, cette entreprise déplace l'opération de teinture de ses textiles au sein de l'architecture de valeur : au lieu de teindre, comme traditionnellement, les fils à tricoter en début du processus de production, elle teint des pulls tricotés en écru.
- Un petit mouvement pour un effet déterminant : en procédant ainsi, Benetton est capable d'une part de s'adapter quasi-instantanément aux phénomènes de mode « de la rue » sur les couleurs, accroissant ainsi ses revenus, et d'autre part de baisser ses coûts et ses capitaux engagés. Elle économise en effet sur les stocks d'encours (les pulls étant stockés en écru, donc en quantité plus faible qu'avec tous les coloris) et réduit au maximum les invendus.

Tickets Restaurant numériques

- Les nouveaux outils digitaux ont permis à **Edenred**, la maison mère des Tickets Restaurant, d'optimiser une partie de son architecture de valeur : en supprimant la nécessité d'imprimer et de distribuer des titres restaurant. Cette activité, particulièrement coûteuse (papier spécial, machine permettant l'impression d'un titre difficilement falsifiable, transport en camion blindé, remise en main propre pour chaque bénéficiaire, etc.) a été remplacée par un support numérique (carte ou application sur smartphone), rendant obsolète toutes ces étapes de l'architecture de valeur.

Dans la même veine, Charlott'Lingerie est devenue l'une des PME les plus rentables de France en modifiant simplement une étape de l'architecture de valeur. Son originalité ne repose pas sur ses produits mais sur son mode de distribution : la vente à domicile. Autre exemple : l'introduction de l'impression 3D peut potentiellement modifier en profondeur une architecture de valeur : la production se ferait dans ce cas à proximité du client, réduisant la nécessité du stock. Elle résulterait également en une offre sur mesure pour le client, puisqu'on produirait à l'unité.

- **Partenaires extérieurs**

Une autre option est de rechercher, pour chaque étape de l'architecture de valeur, des partenaires à l'extérieur de l'entreprise, qui permettraient de réaliser cette étape de manière différente.

Par exemple, dans son offre de service Michelin Fleet Solutions (voir la rubrique Étude de cas, chapitre 12), Michelin a décidé de faire un partenariat avec les distributeurs pour leur confier la maintenance des pneus de camion de ses clients.

De même, la livraison de dernier kilomètre étant particulièrement complexe et coûteuse, Amazon a développé en Allemagne un partenariat avec Audi permettant de transformer le coffre de votre voiture en lieu de réception de votre colis : le livreur Amazon peut identifier où se trouve la voiture et ouvrir le coffre grâce à un code unique, assurant la livraison sécurisée du colis sans présence physique.

b. Remettre en cause l'architecture de valeur

L'idée ici est de prendre, sur chaque activité de l'architecture, l'exact contre-pied des choix actuellement réalisés par les acteurs traditionnels. Cela ne marche pas à tous les coups, loin de là, mais c'est une façon percutante de remettre en cause l'ordre établi. Cela peut permettre ensuite, par adaptations et itérations successives, de trouver une façon nouvelle et originale de procéder.

Exemple

La révolution Ikea

- L'exemple d'**Ikea** illustre parfaitement cette approche. Créé en 1943, Ikea remet progressivement en cause toutes les règles habituelles du marché du meuble, qu'il contribue à transformer radicalement. L'entreprise établit des relations de long terme avec des fournisseurs. La multiplication des références ne s'accompagne pas d'une inflation des coûts, grâce à un ingénieux design qui optimise la réutilisation d'une même pièce (porte, coté de meuble, pieds de canapé) dans plusieurs produits. Ceci permet notamment de réduire les références en stock. Par ailleurs, la production est automatisée, alors qu'elle était auparavant artisanale. En se développant, l'entreprise a donc largement bénéficié de l'effet d'expérience. Enfin, Ikea a aussi révolutionné l'expérience d'achat en faisant de ses magasins un lieu de sortie en famille. On peut ainsi dire que la rupture introduite par Ikea provient d'une multitude d'innovations incrémentales dans l'architecture de valeur : c'est leur combinaison qui conduit à la nature radicale du *business model* (voir figure 5.6).

	Fournisseurs	Conception	Production	Distribution	Clients
Approche habituelle	• Achats spot opportunistes	• Gamme étroite de produits	• Forts stocks de matières premières • Artisanat	• Nombreux magasins de petite taille	• Délai de livraison incertain • Prix élevés
Approche d'Ikea	• Contrats à long terme • Qualité stable	• Très large gamme de kits CAO	• Faibles stocks de matières premières • Production automatisée	• Peu de grands magasins • Faible coût logistique	• Disponibilité immédiate • Prix clairs • Transport par les clients

Figure 5.6 Originalité de l'architecture de valeur d'Ikea

C'est aussi en bouleversant l'architecture de valeur que Free Mobile a réussi son entrée sur le marché français.

ÉTUDE DE CAS

Free Mobile, nouvelle proposition de valeur dans la téléphonie mobile

Avant l'arrivée, en 2012, d'un quatrième opérateur, le marché français de la téléphonie mobile était devenu, en vingt-cinq ans, un marché de très grande consommation avec, paradoxalement, une assez faible intensité concurrentielle.

Un oligopole dominé par trois acteurs historiques

Le premier réseau de téléphonie mobile (Radiocom 2000) est déployé en 1986 par France Télécom. SFR devient, en 1987, le premier opérateur privé sur ce marché. Il est rejoint en 1996 par Bouygues Telecom. Pendant les quinze années suivantes, le marché croît rapidement pour atteindre 65 millions de cartes SIM. Plusieurs innovations technologiques (UMTS, 3G, 3G+, 4G) vont permettre aux acteurs en place d'être très rentables. De nombreux opérateurs virtuels (appelés MVNO, *Mobile Virtual Network Operator*), qui ne disposent pas d'infrastructures, vont tenter de pénétrer ce marché, sans succès notable, en dépit de la puissance et de la notoriété de plusieurs d'entre eux (Carrefour, Virgin, Crédit Mutuel, M6, etc.).

Au début des années 2000, l'industrie est structurée selon des principes qui ne semblent plus devoir être remis en question, tant les acteurs en présence ont choisi des stratégies avec un mimétisme fort.

•••

•••

Sur le plan commercial, le modèle repose sur une offre extrêmement diversifiée, fondée sur la mise à disposition des consommateurs d'un téléphone mobile subventionné par l'opérateur, en contrepartie d'un forfait lié au temps de communication et qui les engage sur au moins une année. Des campagnes publicitaires massives entretiennent constamment l'intérêt des clients. Des réseaux de distribution physique avec un maillage très fin permettent une grande proximité et une emphase importante est mise sur la qualité de service dans les points de vente.

Sur le plan technologique, des investissements d'infrastructures et de réseaux très lourds sont jugés cruciaux pour générer une forte valeur économique, avec une logique d'accélération des débits (2G, 3G, 3G+, 4G, etc.) pour fluidifier les transferts de données, particulièrement rémunérateurs. Simultanément, les revenus liés au transport de la voix génèrent une rentabilité bien moindre. La maîtrise totale des réseaux est alors considérée comme un facteur décisif de succès.

Au milieu des années 2000, le niveau des prix proposés est jugé largement prohibitif par les consommateurs et l'image sociale des opérateurs est très dégradée. Les autorités publiques décident d'attribuer une quatrième licence mobile en 2007, pour favoriser le pouvoir d'achat des Français.

L'arrivée de Free Mobile : ou comment bouleverser un marché

Xavier Niel, fondateur d'Iliad, groupe de télécommunication leader dans la fourniture d'accès haut débit en France avec la Freebox, décide de relever le défi de cette nouvelle licence mobile. Sa candidature à une licence d'opérateur de téléphonie mobile est finalement retenue par l'ARCEP (Autorité de régulation des communications électroniques et des postes) en 2009. La nouvelle offre est présentée par Xavier Niel lui-même, en janvier 2012. Celle-ci va révolutionner le modèle de l'industrie, en prenant le contre-pied des règles du jeu habituelles des acteurs historiques.

La nouvelle proposition de valeur est particulièrement simple puisqu'elle est fondée sur une offre de communication illimitée – ce qui constitue une véritable innovation – et une autre offre basique (une heure de communication). Celle-ci est déclinée spécifiquement pour les clients existants de Free détenteurs d'une Freebox, avec un avantage commercial pour susciter leur intérêt et capitaliser sur le parc de clients Internet déjà existant. En outre, le niveau de prix se situe très au-dessous des opérateurs historiques.

Un deuxième élément de rupture réside dans le fait que l'offre de communication n'inclut pas de téléphone mobile. Ceci a d'autant plus de sens que le marché est arrivé à un niveau de maturité tel que les consommateurs en sont déjà largement équipés. Comme il n'y a pas de nécessité de subventionner un téléphone mobile, Free Mobile innove en proposant une offre sans engagement, matérialisée par la mise à disposition d'une simple carte SIM.

Le modèle sans boutique, qui a fait la preuve de son succès pour la Freebox, est repris pour Free Mobile. Sa stratégie de lancement s'inscrit également dans cette logique de rupture des conventions du marché existant, puisqu'elle est uniquement fondée sur une communication digitale et virale, sans le recours habituel aux grands médias traditionnels de masse, et donc sans achat d'espace publicitaire.

Enfin, toujours à l'inverse des leaders du marché, Free n'a pas la propriété de son réseau, puisqu'un accord d'itinérance a été conclu avec Orange, permettant un déploiement extrêmement rapide, avec des investissements initiaux limités.

Au final, ce nouveau *business model* a porté ses fruits et a radicalement transformé le marché de la téléphonie mobile en France. Six ans après son

•••

•••

arrivée, Free Mobile a capté 23 % du marché et est devenu le deuxième opérateur. Les opérateurs historiques ont été profondément affectés et ont rapidement copié le modèle de Free, en déployant des offres similaires, avec de nouvelles marques *low cost* (Sosh chez Orange, B&YOU chez Bouygues…). Si la valeur dégagée par chaque consommateur a largement baissé unitairement, elle a permis un élargissement du marché en nombre de consommateurs.

QUESTIONS

Corrigés en ligne sur dunod.com

1. Décrivez le *business model* de Free : en quoi est-il différent de celui de ses concurrents ?
2. Comment expliquer que ce nouveau *business model* soit lancé par un nouvel entrant ?
3. Pourquoi les opérateurs historiques ont-ils copié le *business model* de Free ?
4. Free a-t-il créé un nouveau marché ?

4 Innovation, marché et *business model*

a. Proposition et architecture de valeur

Pour construire un *business model* innovant, il est donc possible de chercher à développer une proposition de valeur innovante ou une architecture de valeur innovante. Le plus souvent, une innovation radicale sur l'une entraîne une innovation radicale sur l'autre.

L'architecture de valeur innovante d'Ikea s'est traduite également par une proposition de valeur très nouvelle : un meuble design à bas prix.

Mais comme nous l'avons détaillé au chapitre 2, la cohérence entre proposition de valeur et architecture de valeur est nécessaire pour créer un véritable avantage concurrentiel. Si l'on arrive à faire mieux que l'offre de référence à la fois en termes de coûts et de valeur perçue, la rupture crée un double avantage.

b. Rupture et temporalité

L'exemple d'Ikea permet aussi d'illustrer que la rupture peut provenir d'une combinaison d'innovations plutôt incrémentales, construite au fil du temps. La rupture peut donc se faire par petit pas ! La radicalité ne nécessite pas la brutalité et l'instantanéité. La sémantique nous induit à penser la rupture comme un phénomène très court. Or, même Uber, l'archétype de la rupture, a mis plusieurs années à s'imposer et n'est toujours pas rentable, même si sa valorisation lors de son introduction en Bourse en mai 2019 a atteint plus de 80 milliards de dollars.

c. Les conséquences d'un nouveau *business model*

L'introduction d'un tel nouveau *business model* peut avoir deux types de conséquence.

- Soit **le nouveau *business model* s'impose et devient le modèle dominant**. C'est ce qu'a créé Sephora il y a plus de vingt ans en réinventant le *business model* des parfumeries. L'entreprise qui introduit ce nouveau *business model* accroît alors sa part de marché sur un marché existant.

- Soit **un nouveau marché est créé**. Par exemple, le Cirque du Soleil a attiré des clients qui n'allaient pas au cirque traditionnel. Plus récemment, Uber a augmenté le marché des déplacements en voiture avec chauffeur. Ce type d'innovation stratégique a été conceptualisé avec succès par Kim et Mauborgne[1] sous l'appellation évocatrice de « stratégie océan bleu ». Plutôt que de se battre sur un marché saturé où la concurrence est « sanglante » (océan rouge) et se fait à couteaux tirés, ces auteurs, tout comme Christensen, suggèrent qu'il est plus judicieux de créer un nouveau marché en s'intéressant aux non-clients. Ceci revient à découvrir de nouveaux marchés encore inexplorés, vierges et vastes comme l'océan, permettant de conjuguer croissance et bénéfices. Ces auteurs s'écartent ainsi de la théorie de la destruction créatrice de Schumpeter : en effet, les stratégies de type océan bleu ne détruisent pas d'industries mais en créent de nouvelles. Elles ajoutent donc un nouvel espace de marché, sans détruire l'ordre existant.

Au fond, les approches de réinvention de *business model* ne sont pas radicalement nouvelles en tant que telles. L'objectif ultime concerne toujours la question fondamentale de la stratégie : comment creuser encore l'écart entre *willingness to pay* et coût ?

Pour autant, ces approches aident les praticiens à remettre en question leur façon de penser habituelle, leurs logiques dominantes et ainsi à mettre à jour de nouveaux *business models*.

Il existe d'ailleurs un type de *business model* qui s'est développé de manière exponentielle au cours des dernières années, auquel nous consacrons la section suivante[2].

SECTION 3

LES SPÉCIFICITÉS DES *BUSINESS MODELS* DE PLATEFORME

Chiffres clés

40 % des **9 700 milliards** de dollars de création de valeur liée au numérique entre 2007 et 2016 sont attribuables aux modèles de plateforme numérique (**60 %** à d'autres facteurs technologiques).

Selon une étude du *Global Center for Digital Transformation*[3], 40 % des 9 700 milliards de dollars de création de valeur liée au numérique entre 2007 et 2016 sont attribuables aux modèles de plateforme numérique (60 % à d'autres facteurs technologiques). Uber, Airbnb, BlaBlaCar, LinkedIn, Facebook, sont parmi les exemples les plus connus. Leur activité consiste à mettre en relation deux ou plusieurs groupes d'utilisateurs (acheteurs et vendeurs, conducteurs et passagers, artistes et auditeurs…) en facilitant et en organisant, souvent grâce à la technologie, l'échange de données ou de valeur.

Innover à l'âge du numérique revient donc entre autres à se demander si l'on peut créer un nouveau *business model* de plateforme, qui constitue le plus souvent une innovation de rupture. Pour ce faire, il faut comprendre les caractéristiques distinctives de ce type de *business models*.

1. Kim W.C. et Mauborgne R., 2015.
2. Pour d'autres exemples de *business models* innovants, voir également le chapitre 12, consacré au développement durable, source d'inspiration constante d'innovation.
3. Cisco/IMD, 2017.

1 Qu'est-ce qu'un *business model* de plateforme ?

a. L'analogie des foires médiévales

Au Moyen Âge, les foires de Champagne étaient très connues : elles rassemblaient des acheteurs et des vendeurs venus de toute l'Europe pour échanger métaux précieux, soie, épices et parfums provenant de régions exotiques ou de pays voisins. Le rôle des comtes de Champagne, les seigneurs locaux, était de garantir la sécurité, les droits de propriété des marchands et la bonne application des contrats signés lors de la foire. En retour, ils percevaient un pourcentage des transactions ayant eu lieu lors de la foire de leur ville.

Ces foires correspondent à ce que nous appelons aujourd'hui des plateformes, également qualifiées de marchés bifaces ou multifaces : une plateforme rassemble des groupes distincts d'utilisateurs qui sont attirés les uns vers les autres par des « effets de réseau » (voir chapitre 3).

Ainsi, les commerçants vénitiens se rendaient aux foires de Champagne car ils savaient qu'ils y trouveraient les marchands hollandais par exemple.

b. Les propositions de valeur d'un *business model* de plateforme

La proposition de valeur d'un *business model* de plateforme se caractérise donc par la coexistence d'au moins deux clients différents, aux attentes spécifiques. Nous avons vu au chapitre 2 que la proposition de valeur peut se représenter par une courbe de valeur. La figure 5.7 représente la courbe de valeur pour chacun des deux types de clients d'Airbnb : les voyageurs d'un côté et les hôtes de l'autre.

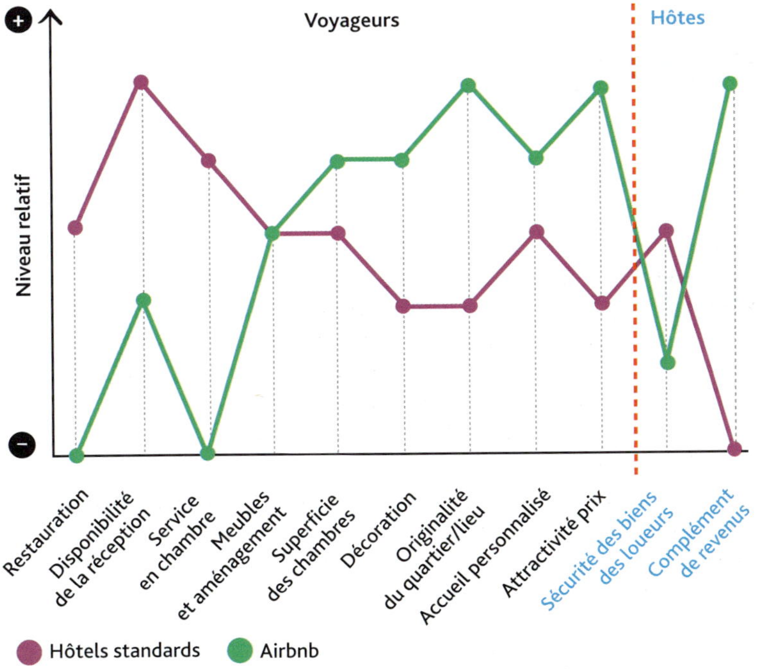

Source : Lehmann-Ortega L., Musikas H. et Schoettl J.-M., 2017.

Figure 5.7 Courbe de valeur des deux types de clients d'Airbnb

De même que pour la proposition de valeur, l'architecture de valeur d'un *business model* de plateforme se distingue de celui d'une entreprise « classique », représentable sous forme linéaire (*pipeline*), où chaque maillon de la chaîne succède au précédent. Ainsi, Carrefour achète des produits à Danone, les stocke et les transporte jusqu'au point de vente. Une plateforme, en revanche, se contente d'assurer la mise en relation directe entre deux groupes d'utilisateurs, et se rémunère sur cette mise en relation.

Les modèles de plateforme représentent à eux seuls une très large famille de *business models* avec ses propres sous-catégories : e-commerce (Amazon), places de marché (Etsy), réseaux sociaux (Facebook), communautés d'intérêt (Pinterest), *croud sourcing* (Uber), désintermédiation technologique (TripAdvisor).

Une entreprise exploitant un *business* de plateforme n'est d'ailleurs pas nécessairement un « *pure player* », puisqu'il est possible de combiner les deux. Amazon est à la fois un revendeur, par exemple pour les livres, qu'il achète à des éditeurs et qu'il stocke, mais également une place de marché, où il se contente de mettre en relation des clients finaux avec des revendeurs présents sur sa plateforme (voir figure 5.8).

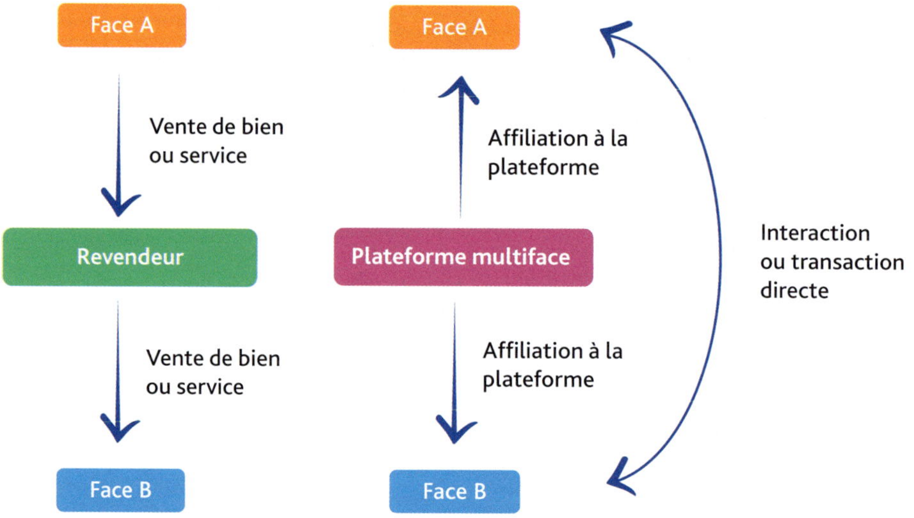

Source : Hagiu A., 2014.

Figure 5.8 Distinction entre revendeur et plateforme

Comme le montrent les exemples des foires de Champagne et du tableau 5.1. (voir ci-après), les plateformes, très en vogue aujourd'hui, ne sont pas des *business models* totalement nouveaux. Cependant, Internet et les nouvelles technologies ont grandement facilité la mise en relation et la connexion virtuelle entre deux groupes jusque-là isolés, ce qui explique l'essor exponentiel de ce type de *business* depuis une quinzaine d'années. Ainsi, le partage de maisons existait bien avant la création d'Airbnb, mais cette plateforme a rendu simple, sûr et amusant de séjourner dans la maison d'un étranger. Uber n'a pas inventé les trajets en taxi, mais a largement facilité le lien entre les conducteurs et les clients. Ces liens entre les deux côtés d'une plateforme sont étudiés dans la section suivante.

2 *Business models* de plateforme et effets de réseau

Les effets de réseau, étudiés au chapitre 3, sont une des principales caractéristiques des *business models* de plateforme. Ils se produisent lorsque la valeur qu'un client voit dans un produit ou un service est modifiée par le fait qu'un autre client achète le même produit ou service.

Par exemple, la valeur de notre compte Facebook dépend fortement du nombre de nos amis et parents qui détiennent également un compte Facebook. Si aucun de vos amis n'est sur Facebook, pourquoi l'utiliseriez-vous ?

a. Les deux effets de réseau

Il y a deux effets de réseau :

- Si tous vos amis utilisent Facebook, la plateforme aura beaucoup plus d'intérêt pour vous. La valeur de Facebook augmentant pour tout utilisateur avec le nombre total d'utilisateurs est ce qu'on appelle un **effet de réseau « du même côté »** (*same side network effect*).
- Par ailleurs, plus le nombre d'utilisateurs augmente, plus la valeur de Facebook augmente pour les annonceurs : c'est **l'effet de réseau croisé** (*cross-side network effect*).

Les effets de réseau peuvent être positifs ou négatifs. Ils sont négatifs pour les annonceurs sur Facebook : s'il y a trop d'annonceurs, leur message aura moins d'impact. La valeur perçue augmente lorsque les effets de réseau positifs, du même côté et croisé, sont forts.

b. Amorcer les effets de réseau

Lors de la création d'une plateforme, le principal défi est d'amorcer ces effets de réseau, pour attirer simultanément les deux côtés : Airbnb a dû attirer de manière concomitante les locataires et les propriétaires. C'est le fameux problème de « la poule et l'œuf » : les acheteurs attirent les vendeurs, mais les acheteurs ne seront présents sur la plateforme que s'ils y trouvent des vendeurs ! Une des manières de résoudre le problème est justement de profiter des possibilités de *pricing* (qui et combien faire payer) originales offertes par les plateformes.

3 De multiples options de *pricing*

a. Les quatre modalités générales de rémunération

On distingue généralement quatre modalités de rémunération pour le détenteur de la plateforme[1] :

1. **Facturer une commission sur chaque transaction** : Uber et Airbnb prennent un pourcentage sur chaque transaction effectuée *via* leur plateforme.
2. **Facturer l'accès à la plateforme** : les annonceurs payent Facebook pour pouvoir diffuser leurs publicités

1. Parker G., Van Alstyne M. et Choudary S.P., 2016.

3. **Facturer l'accès à plus de services** : dans les modèles freemium (contraction de « *free* », gratuit, et « premium ») l'accès aux fonctionnalités de base est gratuit, mais les prestations supplémentaires sont payantes. C'est souvent le modèle des jeux en ligne.
4. **Facturer de la curation, c'est-à-dire du contrôle qualité** : le site Sittercity aux États-Unis vérifie les qualifications des baby-sitters mises à disposition des parents, justifiant ainsi un prix supérieur aux plateformes de simple mise en relation.

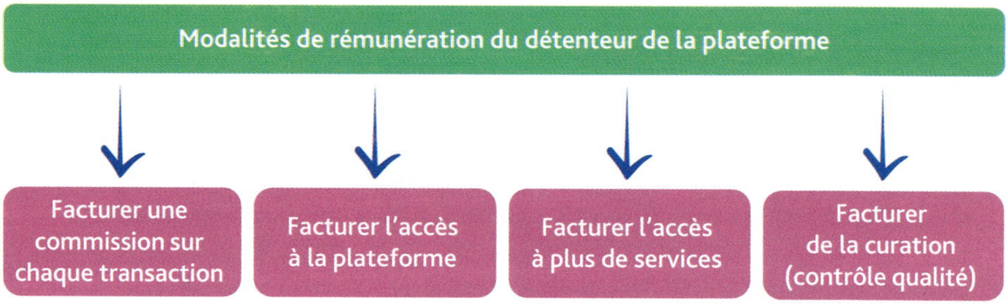

Figure 5.9 Les quatre modalités de rémunération

b. La question du payeur

Mais au-delà de ces modes de facturation se pose aussi la question du payeur. Ainsi, la plateforme a intérêt à faire payer le côté dont la *willingness to pay* est la plus élevée.

Toutes les faces de la plateforme peuvent bien entendu être amenées à payer, mais très souvent, une face est subventionnée. Par exemple, vous accédez gratuitement à Facebook ou Google. La société génère un revenu par l'intermédiaire d'un tiers, c'est-à-dire des annonceurs (ce qui correspond à la modalité 2 ci-dessus). Le tableau 5.1. présente différents exemples de clients payeurs et de clients subventionnés.

	Face 1 = client subventionné	Face 2 = client payeur	Exemple
Foires, souks et centres commerciaux	Acheteurs	Commerçants	Foire de Champagne au Moyen Âge Amazon
Carte de crédit	Utilisateurs	Commerçants	Visa, Mastercard
Recherche en ligne	Individus faisant une recherche	Annonceurs	Google
Recrutement en ligne	Chercheurs d'emploi	Employeurs	Monster

Tableau 5.1 Exemples de plateformes bifaces

Cette combinaison mode de rémunération / client subventionné ou non crée une multitude d'options de *pricing* pour les *business models* de plateforme.

Exemple

Les revenus de LinkedIn

- **LinkedIn**, le premier réseau social professionnel au monde, utilise différentes modalités pour les trois côtés de sa plateforme : il attire les utilisateurs individuels par un modèle *freemium* et facture ses services aux recruteurs et annonceurs (modalité 2 ci-avant). L'entreprise génère des revenus des trois côtés : fin 2015, avant son acquisition par **Microsoft**, 19 % des revenus de LinkedIn provenaient des abonnements premium, le même pourcentage de la publicité et 62 % des recruteurs.

c. *Willingness to pay* et effets de réseau

La question clé est donc de définir pour chaque client les modalités de facturation, sachant que ces dernières peuvent contribuer à stimuler les effets de réseau ! En effet, la *willingness to pay* du client payeur (par exemple, l'annonceur chez Facebook) sera d'autant plus forte que le côté subventionné (vous et vos amis sur Facebook) est attiré en masse.

C'est là que les effets de réseau croisés entrent en jeu : si le fournisseur de la plateforme peut attirer suffisamment d'utilisateurs subventionnés, les utilisateurs payeurs seront prêts à payer beaucoup pour les atteindre. *Willingness to pay* et effets de réseau sont étroitement liés ! C'est pour cette raison que certains *business models* de plateforme ne génèrent pas de revenus pendant leurs premières années d'existence : ils sont gratuits pour créer la communauté, qui constitue sa ressource clé.

4 La communauté comme ressource spécifique

Comme nous l'avons vu au chapitre 2, l'avantage concurrentiel est construit en contrôlant des ressources rares et précieuses. Ces ressources peuvent être des actifs tangibles, tels que des chambres d'hôtel, ou des ressources immatérielles, comme une marque. Dans les *business models* de plateforme, la ressource la plus difficile à créer et à imiter est la communauté des utilisateurs.

Grâce à l'activité de solderie de son fondateur, Vente-privée.com (voir la rubrique Étude de cas, section 1) disposait dès sa création d'une ressource rare et inimitable : la relation privilégiée avec les marques.

Cela est particulièrement vrai pour les entreprises digitales : la technologie leur a permis d'organiser des transactions entre diverses communautés en détenant très peu d'actifs.

- **eBay** n'a pas besoin de posséder et de gérer des magasins qui collectent ce que vous voulez vendre.
- **Airbnb** n'a pas de chambres mais sa valorisation est largement plus élevée en 2019 que les plus grandes chaînes d'hôtels dans le monde, comme Hilton, Accor ou Hyatt !

Cette performance spectaculaire des plateformes à succès s'explique par le fait qu'à mesure qu'elles grandissent, la valeur perçue augmente tandis que les coûts marginaux décroissent (en effet, la plupart des coûts sont fixes). Elles bénéficient donc d'un double avantage.

Grâce à Internet et à la connexion mobile, la construction et l'extension de plateformes sont devenues beaucoup moins chères, plus faciles et plus rentables qu'avant ; ceci, bien sûr, à condition que la plateforme parvienne à construire une communauté difficile à imiter.

5 Plateforme et concurrence

a. Plusieurs niveaux de concurrence

Dans les *business models* de plateforme, le jeu concurrentiel présente également des spécificités. Tout d'abord, il a plusieurs niveaux. Au premier niveau, les vendeurs au sein d'une plateforme donnée se concurrencent : si vous vendez de vieux livres et êtes un revendeur sur Amazon, vous devrez rivaliser avec d'autres revendeurs de livres. Mais cela ne nuit en rien à la rentabilité d'Amazon, puisque ce site prendra une commission quel que soit le vendeur.

Le deuxième niveau concerne la concurrence entre les plateformes, qui conduit souvent (mais pas toujours) à des situations quasi-monopolistiques, où le gagnant rafle la mise (*the winner takes it all*). En effet, les marchés bifaces matures sont souvent dominés par une poignée de grandes plateformes, comme c'est le cas dans l'industrie des cartes de crédit par exemple, dans lequel Visa et Mastercard dominent le marché.

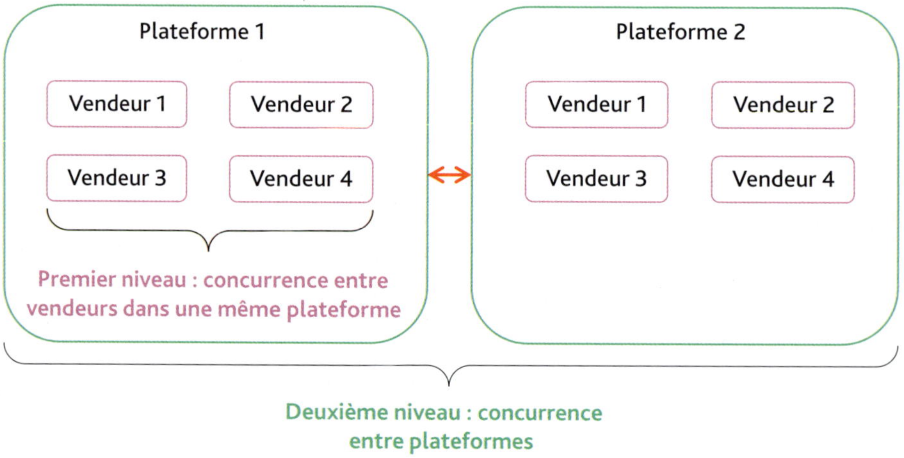

Figure 5.10 Les différents niveaux de concurrence

b. Une concurrence monopolistique ?

La concurrence entre les plateformes mène à une situation monopolistique lorsque deux conditions sont remplies :

- **Des effets de réseau forts** : si les effets de réseau sont suffisamment élevés et que seule la plateforme qui a le plus d'utilisateurs est attractive, alors les acteurs secondaires auront du mal à survivre.
- **Des coûts de raccordement (*homing costs*) élevés** : ces coûts sont constitués par le temps et l'investissement requis pour rejoindre une plateforme. Peu de joueurs possèdent simultanément une Xbox (Microsoft), une Play Station (Sony) et une Wii (Nintendo), car le coût d'acquisition de plusieurs systèmes est élevé. Sur le marché de la voiture de transport avec chauffeur (VTC), en revanche, les coûts de multi-raccordement sont faibles : il est facile tant pour les conducteurs que pour les utilisateurs d'être affiliés à plusieurs plateformes en même temps. Ainsi, lorsque les coûts de multi-raccordement sont élevés, la probabilité d'avoir une situation de monopole est plus élevée.

Si ces deux conditions sont remplies, il y a de fortes chances que le gagnant rafle la mise.

Exemple

Un monopole pour LinkedIn ?

Dans les réseaux sociaux professionnels, les effets de réseau sont importants : les entreprises de recrutement et les professionnels à la recherche d'un profil rejoindront la plateforme s'il y a suffisamment de participants de l'autre côté. En revanche, les coûts de multi-raccordement ne sont pas très élevés (remplissage du profil sur plusieurs plateformes) et un particulier à la recherche d'un emploi acceptera le faire. Si la première condition exposée ci-dessus est effective pour **LinkedIn**, la seconde ne l'est pas : il est possible qu'à l'avenir, l'entreprise soit confrontée à des plateformes plus spécialisées.

c. L'avantage au premier entrant ?

Le gagnant raflant la mise est-il nécessairement le premier entrant ? Autrement dit, existe-t-il une prime pour le précurseur ? Les recherches empiriques montrent que ce n'est pas forcément le cas ! En effet, si le marché évolue lentement, les retardataires peuvent encore prétendre jouer et gagner la bataille, en utilisant par exemple les dernières technologies, en concevant une meilleure interaction avec l'utilisateur ou en évitant les erreurs du pionnier. Google n'était pas le premier moteur de recherche et il a même pris du retard pendant un certain temps avant de devenir un leader incontesté !

ÉTUDE DE CAS

Librinova, une plateforme d'autoédition

En 2007, Amazon lance Kindle Direct Publishing (KDP) aux États-Unis. Avec ce nouveau service, les auteurs peuvent publier gratuitement n'importe quel manuscrit en format électronique sur Amazon, en fixer le prix comme ils le souhaitent entre 0,99 et 200 dollars, tout en conservant 70 % des revenus hors taxes. Le succès est fulgurant. Les plateformes d'autoédition sont nées.

Le concept de l'autoédition

Sur ces plateformes, les auteurs peuvent commercialiser leurs œuvres directement sur Internet, en format électronique ou en impression à la demande, ce qui permet à des millions de nouveaux livres de voir le jour. Ces livres seraient mort-nés sans l'autoédition. En effet, les éditeurs traditionnels reçoivent des milliers de manuscrits chaque année et n'en publient qu'une infime minorité. Malgré cette sélectivité, ils sont parfois incapables de repérer les best-sellers à l'avance, ce qui leur fait craindre collectivement de rater le prochain *Harry Potter*. Des dizaines d'éditeurs britanniques ont refusé les aventures du petit sorcier avant que Bloomsbury, alors une toute petite maison d'édition, n'en fasse un immense succès mondial.

Le marché français a un fort potentiel. On estime en effet que la France compte environ 2,5 millions d'écrivains amateurs qui rêvent de publier leur(s) manuscrit(s).

librinova

Fonctionnement de Librinova

Librinova a lancé sa plateforme d'autoédition en 2014. Tout auteur peut y publier un livre moyennant un prix d'entrée de 50 euros, auquel s'ajoute un catalogue de services à la carte (correction, création graphique, publicité, promotion, impression à la demande, suivi des ventes), ce qui peut faire monter la note jusqu'à 1 950 euros. L'auteur fixe librement le prix de son livre et retient 70 % de marge, le reste allant au libraire.

Les livres sont commercialisés en format électronique ou en impression à la demande sur Amazon et autres librairies en ligne, ainsi que sur Librinova.com. Alors que ses concurrents (KDP, Les Nouveaux Auteurs, Edilivre et Bookelis) n'offrent que des services éditoriaux et commerciaux, Librinova agit comme agent littéraire pour les livres qui dépassent les 1 000 exemplaires en autoédition car elle propose alors ces livres à des éditeurs traditionnels. Si un contrat d'édition est signé, Librinova prélève une commission de 20 % sur les droits d'auteur.

Librinova emploie huit personnes, dont les deux fondatrices, un directeur technologique, un développeur et un agent littéraire. Le chiffre d'affaires est passé de 560 000 euros en 2017 à 1 million d'euros en 2018, avec un panier moyen d'achat par auteur de 450 euros et un compte de résultat à l'équilibre.

•••

•••

Lien avec les éditeurs traditionnels

Depuis l'été 2018, les éditeurs, qui s'inscrivent gratuitement sur la plateforme, peuvent accéder à toutes les données sur les livres autoédités : résumés, chiffres de ventes, commentaires des lecteurs, etc. S'ils trouvent des manuscrits qui les intéressent, ils peuvent les demander en lecture par simple téléchargement. S'ils souhaitent les publier, la seule obligation est de contracter avec l'auteur en impliquant Librinova comme agent littéraire.

Au total, près de 50 auteurs Librinova ont réussi à se faire publier par des éditeurs traditionnels, dont une auteure novice qui avait vendu 7 000 exemplaires de son premier roman en trois mois.

Librinova externalise la production et la distribution des livres. De Marque, un diffuseur canadien spécialisé dans les contenus électroniques, distribue les e-books dans 200 librairies en ligne en Europe, au Canada et aux États-Unis. Hachette Distribution imprime et distribue à la demande les livres papier en France.

Librinova a également développé une activité de services aux éditeurs qui représente un quart du chiffre d'affaires. Le produit phare est une solution informatique de gestion de manuscrits. Les lettres de refus que génère le logiciel suggèrent aux auteurs malheureux de se tourner vers une autoédition chez Librinova, avec une remise à la clé. Cette activité nourrit donc l'activité d'autoédition.

QUESTIONS

Corrigés en ligne sur dunod.com

1. Que pensez-vous du *business model* de Librinova ? Est-il innovant ? Quel est son avantage compétitif ?
2. Les plateformes d'autoédition comme Librinova sont-elles comparables aux plateformes digitales qui se sont développées dans d'autres activités (Uber, Airbnb, Facebook…) ?
3. Que recommanderiez-vous pour accélérer la croissance de Librinova et améliorer sa rentabilité ?

Les *business models* de plateforme se sont développés de manière spectaculaire au cours des dernières années, et la plupart des licornes (entreprises valorisées à plus de 1 milliard de dollars) sont des plateformes (BlaBlaCar, Uber, Airbnb…). Ces *business models* de plateforme, quelle que soit leur taille, répondent à des caractéristiques propres, qui les distinguent des *business models* conventionnels (voir la rubrique Étude de cas ci-après).

Si ces modèles sont majoritairement dans le secteur B to C et le fruit de start-up, le secteur industriel B to B et les entreprises existantes s'y intéressent de près depuis quelques années.

Exemple

De la distribution à la mise en relation

- **Klökner**, un distributeur allemand de produits métalliques, a développé une plateforme de mise en relation entre les producteurs de métal et les clients, et l'a ouverte à ses concurrents, devenant ainsi un vrai *business model* de plateforme.

SECTION 4

OSER LES INNOVATIONS DE RUPTURE ?

Ces quelques pistes pour construire un *business model* innovant ne doivent pas faire oublier la difficulté d'une telle initiative. C'est pourquoi elles proviennent rarement des concurrents déjà en place, qui ont plutôt tendance à raffiner leur offre existante et à se méfier de l'innovation de rupture.

Les innovations stratégiques sont souvent le fait de nouveaux entrants, de PME et surtout de start-up qui, n'ayant rien à perdre et tout à gagner, savent prendre des risques et explorer de nouveaux territoires. En effet, pour ces petits et/ou ces nouveaux acteurs, innover en s'écartant significativement de l'offre de référence est quasiment une nécessité pour s'imposer (voir la rubrique Étude de cas concernant Free Mobile, section 2).

L'innovation stratégique est particulièrement difficile pour les grandes entreprises, notamment si elles ont connu le succès par le passé : pourquoi remettre en cause une recette qui gagne ? Ainsi, promouvoir l'innovation stratégique au sein d'une entreprise installée reviendrait à convaincre un roi de l'intérêt d'une révolution. Or, si l'entreprise n'innove pas, des concurrents ou de nouveaux entrants le feront. Plutôt que de se laisser prendre des parts de marché par les innovateurs, ne vaut-il pas mieux cannibaliser son offre soi-même ? Cependant, les caractéristiques même des innovations de rupture les rendent difficilement accessibles aux entreprises existantes, notamment par comparaison avec les start-up.

Nous aborderons dans cette section les difficultés auxquelles les entreprises sont confrontées lorsqu'elles osent les innovations de rupture. En complément, nous aborderons au chapitre 16 comment construire des organisations plus innovantes, notamment en réinventant les modes de management et en adoptant les préceptes de l'agilité.

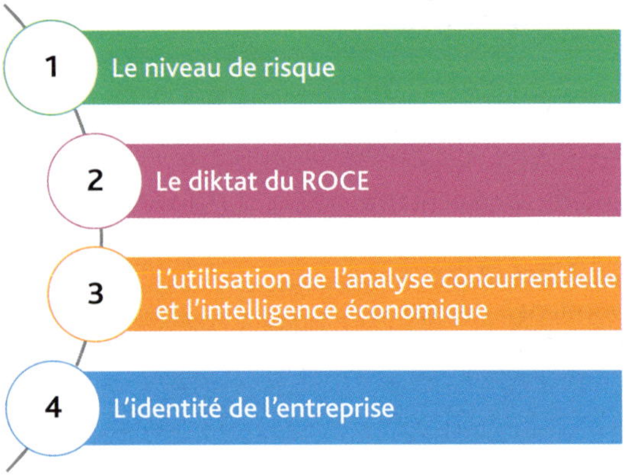

Figure 5.11 Les obstacles internes à l'innovation

1 Surmonter les obstacles internes à l'innovation

Il est tellement difficile de rompre avec une stratégie éprouvée et une activité existante pour s'aventurer sur des chemins inconnus ! L'innovation se heurte en effet à quatre obstacles essentiels.

a. Le niveau de risque

Le premier obstacle est le niveau de risque. Si les innovations de rupture débouchent parfois sur des succès retentissants, avec des croissances très fortes et des profits élevés, elles se soldent le plus souvent par des échecs cuisants. La forte probabilité d'échec se combine avec la nécessité d'engager parfois des ressources importantes sur une longue durée, ce qui rend le niveau de risque dissuasif.

b. Le diktat du ROCE

Vient ensuite le diktat du ROCE (*Return On Capital Employed*), issu de la notion de création de valeur pour l'actionnaire. La logique de création de valeur, qui exige que le ROCE soit supérieur au coût du capital (voir chapitre 6), est désormais si bien intégrée par les grandes entreprises que celles-ci pénalisent fortement les projets à risque.

Des critères de sélection d'investissements très conservateurs « tuent dans l'œuf » toute velléité d'accepter le non normé, le non maîtrisé, le non prévisible : autant dire toutes les innovations qui surprennent et dérangent.

c. L'utilisation de l'analyse concurrentielle et l'intelligence économique

Ce deuxième obstacle est d'autant plus important qu'il se combine à un troisième : les pratiques assidues de l'analyse concurrentielle et de l'intelligence économique. Ces pratiques, censées améliorer les performances des entreprises en leur permettant de compenser leurs points faibles et de se rapprocher des « meilleurs de leur classe », conduisent en fait à un parfait conformisme. On préfère copier les concurrents les plus performants plutôt que d'identifier et de valoriser ses différences en mettant en œuvre des stratégies innovantes.

d. L'identité de l'entreprise

Le quatrième obstacle est l'identité de l'entreprise, force d'inertie qui peut s'opposer consciemment ou non à l'accueil de l'innovation dans l'organisation. L'innovation est souvent vue comme une trahison de la stratégie qui a fait le succès passé de l'entreprise. Il est donc parfois nécessaire de la protéger du reste de l'organisation en mettant en place des structures particulières, comme l'a fait Nestlé pour Nespresso, en séparant totalement le développement de Nespresso de l'activité café soluble plus ancienne.

Pour l'ensemble de ces raisons, l'innovation de rupture est difficile pour les entreprises existantes, qui font face à un véritable dilemme.

2 Résoudre le dilemme de l'innovateur

Christensen donne une clé intéressante pour comprendre la difficulté paradoxale des leaders d'une industrie à développer des innovations de rupture[1]. D'après lui, ce n'est pas parce qu'elles commettent des erreurs que les entreprises établies ratent les innovations majeures dans leur industrie, mais justement parce que leurs dirigeants sont très compétents et qu'ils prennent des décisions rationnelles ! D'où le concept de « dilemme de l'innovateur » : réagir rationnellement à certaines innovations peut conduire tout droit à l'échec.

a. Les entreprises désemparées face aux innovations disruptives

Pour expliquer ce paradoxe, Christensen s'appuie sur la distinction décrite en début de chapitre entre innovation de continuité (*sustaining*) (qui conforte le *business model* existant) et innovation disruptive (qui crée un nouveau *business model*).

1. Christensen C.M., 1997.

Selon Christensen, les entreprises leaders, justement parce qu'elles sont performantes et bien gérées, sont parfaitement à l'aise avec les innovations de continuité, mais sont complètement désarmées face aux innovations disruptives. La démonstration tient en trois points.

- **Nouvelle proposition de valeur à moindre performance**

La nouvelle proposition de valeur est moins chère, plus simple, plus pratique à utiliser mais elle a une performance moindre, au moins à court terme (point illustré par l'icône en forme de bombe sur la figure 5.12). Cette infériorité technique n'est cependant pas absolue : sur certains attributs, l'innovation disruptive est mieux placée que l'offre de référence, attirant ainsi de nouveaux clients. Il en va ainsi de la simplicité d'utilisation de l'application N26, par exemple, dans le secteur bancaire.

- **Offre trop élevée par rapport aux besoins bruts**

Sans le savoir, les leaders du secteur font le lit de l'innovation disruptive parce qu'ils ont tendance, en raffinant sans arrêt leur offre, à faire aux clients une offre finalement trop élevée par rapport à leurs besoins (droites « innovation incrémentale » et « besoins du client » sur la figure 5.12).

La pénétration de l'innovation disruptive peut donc être très rapide, une fois que les clients se rendent compte que la nouvelle offre répond à leurs besoins bruts pour moins cher.

- **L'irrationalité d'une nouvelle proposition de valeur**

Investir dans une offre disruptive émergente ne serait pas rationnel pour une firme établie. La nouvelle proposition de valeur, plus simple et moins chère, génère des marges plus faibles. Au départ, elle n'est attractive que pour des clients marginaux et donc peu rentable. Les entreprises les plus performantes, qui sont à l'écoute de leurs meilleurs clients, ne voient pas l'intérêt d'investir dans ces innovations. Initialement, le micro-ordinateur a été perçu comme l'ordinateur du pauvre, Airbnb comme l'hébergement du routard et N26 comme la banque de l'étudiant désargenté… pas de quoi inquiéter IBM, Accor ou Deutsche Bank !

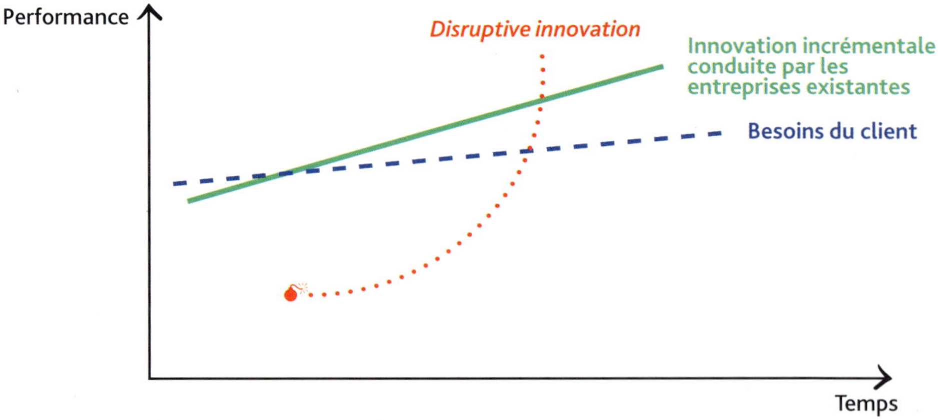

Source : Christensen C.M., 1997.

Figure 5.12 Trajectoire d'une innovation *disruptive*

Or, si l'augmentation de la performance de la proposition de valeur de l'entreprise existante est incrémentale (droite verte sur la figure 5.12), la performance du disrupteur est, elle, exponentielle. Ainsi, quand les leaders s'aperçoivent que la nouvelle offre cannibalise l'offre de référence, il est déjà trop tard. S'ils ne se sont pas positionnés suffisamment tôt, ils ne parviennent pas à rattraper leur retard. Ce sont alors les nouveaux entrants, ceux qui ont su se lancer assez tôt avec l'offre disruptive, qui triomphent. Pour éviter ce sombre pronostic, les entreprises leaders ont intérêt à cannibaliser elles-mêmes leur offre en investissant tôt et agressivement dans les innovations disruptives.

Par exemple, Blockbuster, le géant américain de la location de VHS, n'a pas vu la menace Netflix car son offre de départ (location de DVD par Internet) n'attirait qu'une toute petite partie du marché (voir la rubrique Étude de cas ci-après).

ÉTUDE DE CAS

Netflix : une réinvention successive du *business model*

Netflix, fondée en 1997 par Reed Hastings dans les premières années du web, est un exemple emblématique de rupture, passant dans un temps très court de la quasi-faillite au statut d'icône du numérique. L'entreprise est en effet parvenue à se réinventer à plusieurs reprises et à traverser avec succès plusieurs grandes mutations de son environnement technologique et concurrentiel.

Des idées visionnaires mais des débuts difficiles

L'idée initiale de Reed Hastings consistait à proposer une location, pour une durée illimitée, de DVD commandés sur Internet, mais livrés par courrier. Il a parié sur le fait que la location de DVD allait se substituer à celle des cassettes VHS, ce qui n'était pas une évidence, car ce marché se trouvait à son apogée au milieu des années 1990.

Le deuxième pari était que le e-commerce pourrait constituer un canal de distribution alternatif important au commerce physique, qui représentait alors la seule possibilité existante pour se procurer un film en location.

La troisième innovation concernait le modèle de revenus. La pratique généralisée consistait à facturer chaque location de cassette VHS pour une durée limitée. Netflix, au contraire, a proposé un abonnement mensuel permettant la location simultanée de trois DVD pour une durée illimitée.

Enfin, très rapidement, Netflix utilise un algorithme, « Cinematch » pour optimiser la rotation de ses stocks de DVD, tout en répondant au mieux aux besoins de ses clients. Cet algorithme permet de proposer des titres dans la lignée des goûts constatés, en analysant l'historique de location, tout en mettant en avant des DVD effectivement en stock.

En dépit de cette stratégie visionnaire, l'entreprise connaît des premières années chaotiques, avec des pertes importantes. Elle n'entre en Bourse qu'en 2002

•••

•••

et n'atteint son millionième abonné qu'en 2003, six ans après sa création. Le principal acteur du marché, le mastodonte Blockbuster, champion de la location de cassette VHS en point de vente, rejette de manière narquoise une proposition de rachat de la part de Hastings, menacé de faillite. Par ailleurs, en 2007, le marché de la location de DVD est menacé par de nombreux acteurs qui développent la location de films en streaming. Les principaux opérateurs de télécommunication commencent à proposer des films à la demande (VOD). Apple domine la vente de films en streaming à l'unité avec iTunes et Amazon prépare même sa propre offre.

Les trois grandes décisions de Hastings

Hastings doit réinventer le modèle de Netflix. Il positionne l'entreprise sur le marché du streaming et prend trois nouvelles décisions, qui vont radicalement modifier son *business model*.

1. La première consiste à intégrer le traitement massif des données (*big data*) à toutes les dimensions de l'entreprise. Ceci concerne évidemment le management de la relation client (« CRM ») et la recommandation dynamique des contenus, déjà existants auparavant avec Cinematch. Mais l'entreprise va plus loin. Les préférences du client sont évaluées au travers de sa consommation historique, mais également en fonction de sa navigation sur le web, de l'interface utilisée (ordinateur, smartphone, télévision connectée, etc.) ou du moment de la journée auquel il visionne des films. Le rapprochement des goûts du client avec ceux de typologies de consommateurs ressemblants permet de proposer les contenus les plus appropriés. Ainsi, 75 % des choix seraient faits grâce aux recommandations et non pas au moteur de recherche interne.
2. L'acquisition de contenus auprès des Majors représentait une charge très lourde pour Netflix, si bien que Hastings décide d'investir massivement dans la production de ses propres contenus. Le logiciel d'analyse des usages des clients a ainsi facilité la création de contenus originaux. Le succès de la série *House of Cards* s'est appuyé sur l'analyse des comportements des consommateurs et de leurs préférences (acteurs, type d'intrigue, contexte, etc.). Netflix a produit d'autres séries comme *Orange Is the New Black*, *Marseille* en France ou *Elite* en Espagne.

   En 2018, 8 milliards de dollars ont été investis dans les contenus, ce qui représente un montant équivalent à la moitié du chiffre d'affaires prévisionnel de l'exercice. C'est donc aussi une stratégie périlleuse si ces investissements ne se traduisent pas par des succès d'audience.
3. Enfin, Netflix a misé très tôt sur un déploiement international rapide, l'entreprise pariant sur sa présence dans 190 pays dès 2016, soit quasiment dans le monde entier. L'essentiel de sa croissance est d'ailleurs réalisé à l'international.

Début 2019, Netflix compte 139 millions de clients partout dans le monde. Valorisée à 147,8 milliards de dollars (plus de 100 fois la valeur de TF1), l'entreprise fondée par Hastings ambitionne maintenant un leadership mondial, non seulement sur la diffusion mais aussi sur la production de contenu. L'une de ses plus récentes productions, *Bird Box*, a été visionnée par un nombre record de 80 millions de foyers, après seulement quatre semaines de diffusion.

QUESTIONS

Corrigés en ligne sur dunod.com

1. Quels sont les différents *business models* développés par Netflix ?
2. En quoi ces étapes ont-elles permis à Netflix de toujours mieux servir le « besoin brut » de ses clients (choix, personnalisation, accès rapide et facile) dans un environnement changeant ?

b. La thèse de Christensen sur les innovations disruptives

Une série de tests peut aider à évaluer les chances de succès de ces innovations, comme le montre la rubrique En pratique ci-après. Dans tous les cas, Christensen invite les entreprises existantes à s'intéresser au « *job to be done* » pour leur client existant ou potentiel. Selon lui, seule une compréhension intime des clients et surtout des non-clients, et de leurs besoins (y compris latents), couplé à une veille technologique, peut aider les leaders en place à identifier des innovations disruptives.

EN PRATIQUE

Évaluer les innovations disruptive[1]

En lançant une innovation disruptive, l'entreprise cherche à déstabiliser le marché à son profit, soit en créant un nouveau marché (comme l'a fait Apple avec l'iPod et l'iPad), soit en cannibalisant par le bas l'offre de référence (comme l'a fait Airbnb).

Trois tests permettent d'évaluer le potentiel de l'innovation à attirer des non-consommateurs de l'offre de référence, créant ainsi un « nouveau » marché qui cannibalisera le marché traditionnel par la suite :

- L'innovation cible-t-elle des consommateurs potentiels pour lesquels l'offre de référence est inaccessible, parce qu'elle est trop chère ou qu'elle exige des savoir-faire particuliers ?
- Ces consommateurs potentiels accueilleront-ils avec enthousiasme un produit ou un service plus simple ?
- Ce produit simple leur permettra-t-il de réaliser plus facilement et de manière plus efficace ce qu'ils essayaient de faire d'une tout autre manière auparavant ?

Deux tests permettent d'estimer le potentiel de l'innovation à se substituer par le bas à l'offre de référence :

- L'offre de référence est-elle déjà « meilleure qu'il ne faut » pour les clients traditionnels ?
- Est-il possible de créer un nouveau *business model* ?

1. Christensen C.M., Johnson M.W. et Rigby D.K., 2002.

La thèse de Christensen a un caractère éminemment polémique. Apparemment, les innovations les plus porteuses de bouleversement, mais aussi de croissance, se font au mépris des clients existants. Ne répondez pas à leurs besoins ! Dégradez l'offre ! Évitez les études de marché, elles vous avertissent toujours trop tard ! Pour innover, la première chose à faire semble être de servir des clients qui sont partout, sauf dans la cible de l'entreprise.

Cette thèse iconoclaste bat en brèche l'avis général de nombreux experts, notamment dans les industries de services, qui croient que les seules innovations valables et porteuses de croissance sont celles qui proviennent d'une surveillance attentive et créative de l'expérience que les clients vivent avec le produit/service. Nous discutons cette affirmation dans la rubrique Controverse ci-après.

CONTROVERSE

« *Techno push* » ou « *Market pull* » ?

Une entreprise est-elle plus innovante si elle écoute en priorité ses ingénieurs ou ses commerciaux ? Cette polémique en rejoint une autre, plus théorique. Le point de vue « *techno push* » renvoie à la théorie des ressources (voir chapitre 2), selon laquelle la compétitivité de l'entreprise provient de facteurs endogènes. À l'inverse, l'approche « *market pull* » rejoint ceux qui pensent que les facteurs de compétitivité d'une entreprise sont principalement exogènes.

La rupture d'origine technologique

La R&D se trouve à l'origine de beaucoup d'innovations radicales, et son impact sur la croissance des marchés est considérable : automobile, avion, transistor, PC, téléphonie mobile et tablettes sont des exemples connus. D'autant que si les nouveaux entrants échouent généralement à renverser le leader, ils l'emportent dans 70 % des cas lorsqu'ils utilisent une rupture technologique[1].

Il existe donc une école selon laquelle le *techno push* est le vecteur principal de création de valeur. C'est notamment le cas dans les entreprises à forte culture d'ingénieur. Il est alors courant que l'opinion du client ne soit prise en compte qu'en dernier ressort, au moment de la commercialisation, voire pas du tout dans 50 % des cas[2]. Il n'en demeure pas moins que les entreprises rencontrent des difficultés à utiliser l'innovation technologique pour créer de la valeur car, comme nous l'avons vu, elle offre au départ des marges moindres et intéresse rarement les clients existants.

Le client à la base du processus de création de valeur

Une entreprise orientée « marché » est celle qui cherche à comprendre les besoins exprimés et latents de ses clients[3]. La création de valeur par les clients peut se définir en prenant le contre-pied de la sagesse populaire, qui dit qu'il ne faut pas vendre la peau de l'ours avant de l'avoir tué. Innover par le marché revient en fait à se demander à quoi bon tuer l'ours si on n'a pas vendu sa peau. Il ne faut plus être au service de sa technologie, mais mettre sa technologie au service de ses clients. De fait, pour de nombreux auteurs, le client est à la base du processus de création de valeur par l'innovation.

N'oublions pas cependant que l'approche *market pull* peut s'avérer contre-productive. DEC est un cas souvent cité[4] pour son incapacité à comprendre l'intérêt du marché (alors naissant) du PC, ce qui aurait nécessité de prendre du recul par rapport à ses clients habituels (les grandes entreprises), pas intéressés

•••

•••

par un tel produit. Bien que DEC possédât toutes les compétences pour se lancer dans ce nouveau marché, cette erreur l'a inexorablement conduit au déclin, la niche de départ étant devenue le marché principal.

Le bon sens privilégie donc une approche combinée et le problème se pose plutôt en termes de phasage. Il est naturel qu'une innovation technologique commence par une phase clairement *techno push*, pendant laquelle les uniques clients seront constitués de clients pionniers. Mais lors de la commercialisation à une clientèle de masse, l'innovateur devra se tourner vers ses clients.

1. Markides C., 1997.
2. Allen T.J. et Henn G.W., 2006.
3. Slater S. et Narver J., 1999.
4. Christensen C.M. et Overdorf M., 2000.

3 Le (long) cycle de l'adoption d'une innovation radicale

Les innovations de rupture sont également particulièrement difficiles pour les entreprises existantes car elles nécessitent beaucoup de temps, contrairement à ce que suggère la sémantique. D'après Geoffrey Moore[1], l'innovation doit en effet franchir trois étapes pour réaliser son plein potentiel de croissance : capter ses premiers clients, traverser l'abîme et convaincre les clients majoritaires (voir figure 5.13).

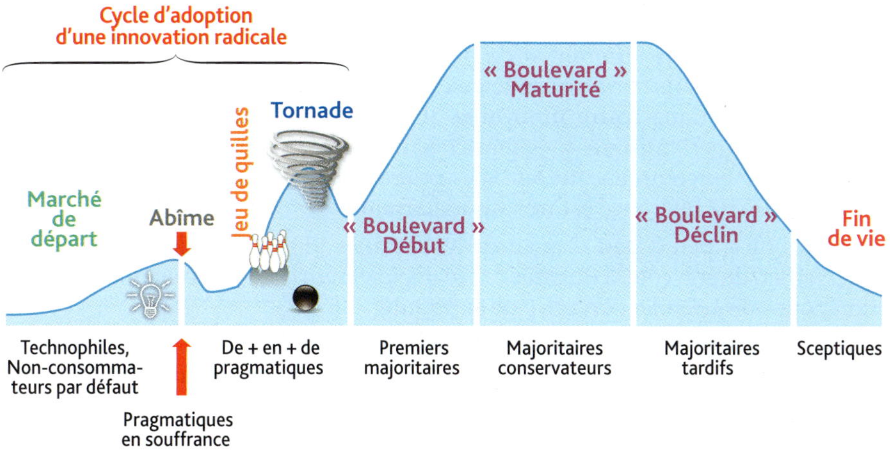

Source : Moore G.A., 1998.

Figure 5.13 Cycle d'adoption d'une innovation radicale

1. Moore G.A., 1991, 1998, 2004.

a. Identifier et capter les « clients pionniers » (*early adopters*)

L'innovation étant au départ sous-performante par rapport à l'offre de référence, son potentiel client initial est très limité. Il se restreint à deux types de cible :

- **Les « non-consommateurs par défaut »**, qui ne sont pas ou peu consommateurs de l'offre de référence pour des raisons de moyens, financiers essentiellement, et qui peuvent saisir l'opportunité de la nouvelle offre, moins performante mais moins chère.
- **Les « technophiles » ou « visionnaires »** qui survalorisent les caractéristiques spécifiques et distinctives de l'offre innovante tout en sous-valorisant certains attributs de valeur de l'offre traditionnelle.

Dans cette phase de démarrage, il est primordial pour l'entreprise innovatrice d'identifier ces clients pionniers et de construire une proposition de valeur qui leur soit adaptée, afin de pouvoir les capter rapidement et totalement. Airbnb a ainsi convaincu rapidement les « routards », qui découvraient une proposition de valeur conviviale et peu chère.

Remarquons que, contrairement aux idées reçues, les « technophiles » ne sont qu'un des groupes possibles. S'intéresser aux non-consommateurs peut être plus porteur.

b. Traverser l'abîme (*crossing the chasm*)

Chiffres clés

Les clients pionniers ne représentent, selon les secteurs, que **2 %** à **10 %** du marché global.

Les clients pionniers ne représentent, selon les secteurs, que 2 % à 10 % du marché global. Après leur captation, la croissance risque de stagner, voire de régresser dans le cas des biens durables. Il faut alors passer à ce que l'on nomme les « pragmatiques » et savoir les convaincre. C'est ce que Moore appelle « traverser l'abîme », parce que les attentes de ces deux segments sont très différentes et qu'en raison de ces différences, les clients pionniers ne sont pas forcément des référents pour convaincre les pragmatiques.

Les pragmatiques sont des clients de l'offre de référence. Pour changer, non seulement ils attendent un différentiel de performance significatif par rapport à cette offre, mais surtout, ils sont très soucieux de la fiabilité et des risques de transfert, qualités dont manque l'offre innovante. Il faut alors segmenter, cibler, prioriser, adapter et conquérir progressivement chacun des segments de la population des pragmatiques. En commençant par les « pragmatiques en souffrance », ceux pour lesquels l'offre de référence est très insatisfaisante.

Ainsi, Airbnb a peu à peu convaincu les familles plus aisées de l'intérêt de son offre. Netflix, de son côté, a dû attendre le déploiement d'un Internet nouvelle génération pour voir décoller son offre de streaming.

Cette amélioration se fait progressivement, grâce au volume et à l'apprentissage engrangés au fur et à mesure des cibles conquises. C'est ce que Moore appelle le phénomène de « jeu de quille » : un segment conquis permet d'aborder et de conquérir les segments adjacents et proches qui « tombent » comme des quilles. Il faut essayer, à ce stade, de générer la « tornade », c'est-à-dire la phase d'hypercroissance où les pragmatiques adoptent massivement l'offre innovante, qui s'améliore avec l'expérience et le volume. Cette phase est donc particulièrement critique.

c. Convaincre la « majorité » du marché traditionnel

La majorité des clients est surtout sensible à des arguments économiques. Elle est également très soucieuse des coûts de transfert, perçus et pas nécessairement réels. Les « majoritaires » surévaluent ce qu'ils ont l'habitude de posséder. Ils sous-estiment les gains de la nouveauté et surévaluent significativement les pertes qu'ils endureront s'ils doivent passer à ce qui est nouveau et inhabituel[1].

En moyenne, ces consommateurs potentiels surévaluent leurs pertes, en cas de transfert, d'un facteur de 3. Et comme les innovateurs surévaluent les gains relatifs de leur offre d'un facteur de 3 également, on en arrive au paradoxe de l'innovation ou « l'effet 9 × »[2].

Ce chiffre est confirmé par de nombreux auteurs qui estiment que, pour réussir, une innovation radicale doit proposer une performance de 5 à 10 fois supérieure à celle de l'offre de référence[3].

Andy Grove, le fondateur d'Intel, conseille quant à lui d'ambitionner un facteur de progrès de 10. Ce sont des résultats que l'on peut constater dans le secteur des équipements de santé (IRM par exemple). En bref, non seulement l'innovation doit avoir un potentiel d'amélioration fort mais, pour pénétrer cette cible et les suivantes, les entreprises innovantes doivent être capables de le démontrer en progressant (régulièrement ou par sauts) et en complétant l'innovation radicale par toute une série d'innovations de produit ou de processus. Le succès passe donc par une réconciliation de tous les types d'innovation.

Chiffres clés

- Les consommateurs potentiels surévaluent leurs pertes d'un facteur de **3**.
- Les innovateurs surévaluent leurs gains relatifs d'un facteur de **3**.
- En découle l'effet **9** ×.

Chiffres clés

Pour réussir, une innovation radicale doit proposer une performance de **5** à **10** fois supérieure à celle de l'offre de référence.

CONTROVERSE

Les entreprises existantes devraient-elles faire des innovations de rupture ?

Les innovations radicales paraissent tellement difficiles pour les entreprises existantes que certains auteurs en arrivent à la conclusion qu'elles ne devraient pas en faire[1] car cela reviendrait à apprendre à un éléphant à danser. Elles devraient au contraire se concentrer sur les innovations incrémentales, déjà bien difficiles à stimuler, et gérer l'innovation de rupture en faisant du *corporate venturing*.

Le *corporate venturing* permet d'identifier et d'investir dans des start-up présentant des proximités avec l'activité de l'entreprise. Certaines de ces start-up mettront au point des innovations de nature radicale, et à ce moment-là, l'entreprise existante pourra les acquérir pour finalement déployer l'innovation.

•••

1. Gourville J.T., 2006 ; Kahneman D., Knetsch J.L. et Thaler R.H., 1991.
2. Gourville J.T., 2006.
3. O'Connor G.C. et Rice M.E., 2001.

•••

On peut en effet considérer que l'innovation est un processus en trois phases :

- La phase « d'idéation » consiste à élaborer de nouvelles idées.
- La phase, d'expérimentation consiste à tester la nouvelle idée, de préférence à petite échelle.
- Si ce test est concluant, il ne reste qu'à déployer l'innovation.

Or, l'idéation et l'expérimentation nécessitent de la souplesse, de l'agilité et une capacité à apprendre très développée, ce qui n'est pas, en général, le point fort des grandes organisations, mais qui est caractéristique des start-up. En revanche, la phase de déploiement nécessite des grands moyens, financiers et humains, ainsi qu'une organisation bien huilée, qui correspond plus naturellement aux grandes entreprises.

1. Markides C., 2009.

CONCLUSION

En conclusion, malgré l'attractivité des innovations de rupture, il ne faut pas négliger le fait que, si elles peuvent créer un avantage concurrentiel à un moment donné, elles aboutissent rarement à des avantages durables et défendables.

Le concept de *fast fashion* introduit par Zara est devenu un standard de l'industrie du prêt-à-porter. Les hôtels classiques offrent aujourd'hui de plus en plus de chambres avec cuisine ou des packages incluant la restauration pour faire face à Airbnb.

L'innovation dans les *business models* est en effet rarement protégeable par les moyens légaux (brevets) dans la plupart des pays, (cela commence aux États-Unis). Et quand bien même elle le serait, il ne serait pas difficile d'en faire des imitations créatives.

Les stratégies de rupture, en introduisant de nouveaux *business models*, n'ont donc par nature qu'une durée momentanée, dont il s'agit de profiter en tant que premier entrant (*first mover*). Ensuite, les plus réussies deviennent le nouveau modèle dominant sur le marché, que les concurrents se mettent à imiter. Les innovateurs sont donc condamnés très vite à en revenir à une approche classique de la *business strategy*, celle qui consiste à rechercher un avantage concurrentiel à base de coût et de différenciation par rapport à l'offre de référence, comme l'illustrent très bien les conséquences de l'arrivée de Free sur le marché de la téléphonie mobile en France. La recherche d'un avantage concurrentiel est donc certainement une quête sans fin, alternant ruptures et environnements plus stables.

À RETENIR

Qu'est-ce que l'innovation ?

- On peut distinguer l'innovation selon son degré (**incrémentale** ou **radicale**) ou son effet sur le *business model* :
  - les **innovations de continuité** visent à augmenter la valeur perçue et/ou à réduire les coûts d'un *business model* donné ;
  - les **innovations disruptives** (ou de rupture) consistent à créer un nouveau *business model* : elles sont aussi parfois qualifiées d'innovations stratégiques.
- L'économiste autrichien Schumpeter est à l'origine de l'expression « **destruction créatrice** » : l'innovation détruit souvent l'existant afin de créer du nouveau.
- Les **innovations de rupture** (pas nécessairement technologiques) sont le plus souvent introduites par des start-up, car elles sont difficiles pour les entreprises existantes qui doivent remettre en cause leur logique dominante.

Construire un *business model* innovant

- Créer un nouveau *business model* revient à :
  - **innover sur la proposition de valeur**, en s'interrogeant notamment sur le véritable besoin du client (« *job to be done* » ou besoin brut) : la **courbe de valeur** est un outil utile pour ce faire ;
  - et/ou **innover sur l'architecture de valeur**, en réaménageant partiellement la chaîne de valeur ou en la remettant entièrement en cause.
- L'innovation stratégique se traduit soit par une **domination** ou un **partage** du marché existant, soit par la **création d'un nouveau marché**, (« **océan bleu** »).

Les spécificités des *business models* de plateforme

- Le ***business model* de plateforme** (aussi appelé biface ou multiface), consiste à mettre en relation deux ou plusieurs groupes d'utilisateurs (acheteurs et vendeurs, conducteurs et passagers, artistes et auditeurs...) en facilitant et en organisant, souvent grâce à la technologie, l'échange de données ou de valeur.
- Les *business models* de plateforme reposent sur des **effets de réseau** et des **communautés** spécifiques ; ils offrent de nombreuses opportunités de *pricing* originales et présentent différents types de concurrence.

Oser les innovations de rupture ?

- Les innovations disruptives sont difficiles pour les entreprises existantes qui doivent surmonter de nombreux obstacles et faire face au **dilemme de l'innovateur**.
- De plus, contrairement à ce que la sémantique laisse entendre, ces innovations peuvent prendre beaucoup de **temps**.

Partie 2

La *corporate strategy*

La *corporate strategy*

La *corporate strategy*, ou stratégie de croissance, concerne la composition et le management du portefeuille d'activités de l'entreprise. Alors que le but de la *business strategy* est de maximiser la performance de l'entreprise dans une industrie donnée, l'objectif de la *corporate strategy* est de créer de la valeur en modifiant les frontières de l'entreprise, c'est-à-dire en choisissant d'une part les domaines d'activité (industries, marchés, zones géographiques) et d'autre part les modes de développement dans ces domaines d'activité (croissance organique, fusions-acquisitions, alliances).

En faisant ces choix de *corporate strategy*, les dirigeants de l'entreprise deviennent des intermédiaires entre les actionnaires qui investissent dans l'entreprise et les patrons des *business units* qui mettent en œuvre la *business strategy* dans chaque domaine d'activité. En effet, ils collectent les ressources des investisseurs pour les allouer entre les différentes *business units*, au lieu de laisser les investisseurs investir eux-mêmes dans les industries correspondantes.

Le défi de la *corporate strategy* est donc de prouver son utilité à la fois par rapport aux différentes *business units* (exemple : qu'apporte à Canal+ le fait d'appartenir au groupe Vivendi ?) et par rapport aux actionnaires (pourquoi ne pas investir directement dans Canal+ plutôt que dans le groupe Vivendi qui est présent dans bien d'autres activités que la télé ?). La réponse est dans les synergies : l'ensemble du portefeuille d'activités doit avoir une valeur supérieure à la somme des valeurs que les différentes activités auraient si elles étaient indépendantes. Cette idée est souvent résumée par la formule : 2 + 2 = 5.

Contrairement à certaines idées reçues, la *corporate strategy* ne concerne pas uniquement les grands groupes diversifiés. Toute entreprise, qu'elle soit petite ou grande, spécialisée ou diversifiée, peut (et doit) se poser la question de sa croissance hors de son métier de base ou hors de sa zone géographique d'origine, même si c'est pour y répondre négativement. Par exemple, les entreprises mono-activité qui se trouvent confrontées à la maturité, voire au déclin de leur métier de base, peuvent se poser la question de redéployer leurs ressources dans de nouvelles activités, au lieu de rendre ce qui reste du capital aux actionnaires. C'est ainsi que le groupe industriel métallurgique allemand Preussag est devenu le grand groupe de voyage et de tourisme international TUI à partir de la fin des années 1990.

La seconde partie de *Strategor* est organisée autour de ce questionnement. Nous examinerons d'abord le lien entre croissance et création de valeur (chapitre 6), puis nous explorerons les voies et modes de développement (voir tableau B.1) dans les chapitres 7 à 11. En croisant voies et modes de développement, le tableau B.1 montre que les entreprises peuvent emprunter chaque voie à travers chaque mode, même si certaines combinaisons sont plus fréquentes que d'autres.

Modes de développement / Voies de développement	Croissance interne (ou « organique »)	Croissance externe (fusions et acquisitions)	Coopération
Dans le *core business* (croissance horizontale)	*Business strategy*	Concentration	Alliances horizontales
Vers de nouvelles zones géographiques (internationalisation)	Implantation autonome à l'étranger	Acquisitions internationales	*Joint-ventures* internationaux
Vers d'autres métiers (diversification)	Diversification organique	Diversification par acquisition	Partenariats intersectoriels
En amont ou en aval (croissance verticale)	Intégration verticale	Intégration par acquisition	Partenariats verticaux et externalisation

Tableau B.1 **Les voies et modes de développement**

Les voies de développement

Croissance horizontale

La croissance « horizontale », c'est-à-dire la croissance dans l'industrie où l'entreprise est déjà présente, est la première voie de développement possible. De nombreuses entreprises ont bâti leur puissance et leur renommée en concentrant leur développement sur un seul métier, qu'elles ont cherché à rendre aussi performant que possible. Tel est le cas de Boeing dans l'aéronautique ou d'Intel dans les semi-conducteurs. Tant que cette croissance se fait de manière organique, elle consiste pour l'entreprise à croître par ses propres moyens, dans son métier de base et sur son marché de référence. Il s'agit donc d'une question de *business strategy*, que nous avons largement traitée dans la première partie de *Strategor*. Les autres options de croissance horizontale sont les concentrations et les alliances entre concurrents.

Diversification

La diversification, c'est-à-dire l'entrée dans de nouvelles industries, est la question centrale de la *corporate strategy*. Se lancer dans de nouveaux métiers exige de nouvelles ressources et compétences à acquérir et à intégrer, et les synergies ne sont jamais garanties. On distingue habituellement deux types de diversification :

- **La diversification conglomérale**, qui consiste à entrer dans des secteurs sans aucun lien entre eux.
- **La diversification liée**, qui repose sur un partage de compétences entre les anciennes et les nouvelles activités de l'entreprise.

Ainsi, certains domaines d'activité de Bouygues sont liés à ses compétences de base dans le BTP (Bouygues Immobilier), les autres ont un aspect purement congloméral (TF1).

L'évaluation des synergies entre le domaine d'activité traditionnel et le nouveau constitue une étape particulièrement délicate dans le choix d'une diversification liée. Une surévaluation de ces synergies peut en effet conduire à l'échec.

Intégration verticale et externalisation

Une entreprise s'intègre verticalement lorsqu'elle entre dans l'industrie de ses fournisseurs (intégration amont) ou dans celle de ses clients / distributeurs (intégration aval). Ainsi, un producteur de pétrole comme Total qui dispose de ses propres stations-service est intégré en aval. Le mouvement inverse s'appelle l'externalisation.

La plupart des entreprises considèrent l'intégration et l'externalisation comme des moyens d'optimiser la chaîne ou le réseau de valeur d'un métier donné, dans le but d'améliorer l'avantage concurrentiel. Cette vision, qui ramène l'intégration verticale à une question de *business strategy*, incite à sous-estimer les problèmes de gestion de portefeuille d'activités que génèrent l'intégration verticale et l'externalisation.

En effet, une fois la décision d'intégration mise en œuvre, l'entreprise se retrouve de fait diversifiée (dans le secteur en amont ou en aval de son activité principale) et doit donc faire face à de nouveaux concurrents et se doter de nouvelles compétences. Vue sous cet angle, l'intégration est une forme de diversification et les questions de synergie deviennent centrales. Symétriquement, l'externalisation est en fait une stratégie de recentrage.

Développement international

Alors qu'il est souvent vu comme un prolongement naturel du métier de base, et donc comme une question de *business strategy*, le développement international pose souvent de délicates questions d'adaptation aux conditions locales. La plupart du temps, les entreprises étrangères souffrent d'un handicap par rapport à leurs concurrents locaux. Les synergies entre l'activité de base et ses prolongements à l'étranger ne vont pas de soi. Dans certains cas, l'internationalisation se rapproche davantage d'une diversification que d'une croissance horizontale. En revanche, dans certains secteurs, l'internationalisation est une nécessité pour survivre dans une industrie mondiale.

Les modes de développement

Les avantages et inconvénients des différents modes de développement sont résumés dans le tableau B.2.

	+	–
Croissance interne	• Pas de remise en cause des frontières et de l'équipe dirigeante de l'entreprise • Utilise les compétences internes existantes • Pas de problèmes de compatibilité	• Lenteur • Barrières à l'entrée • Coût d'acquisition des compétences nécessaires
Croissance externe (fusions-acquisitions)	• Rapidité • Contrôle total • Augmentation instantanée de la taille	• Coût de la prime de contrôle • Asymétrie d'information pour l'évaluation de la cible • Problèmes de compatibilité et d'intégration de l'entreprise absorbée
Coopération (alliances)	• Périmètre limité • Réversibilité • Partage des investissements • Apprentissage	• Partage des profits • Conflits avec le partenaire • Perte de contrôle • Effet boomerang

Tableau B.2 Les avantages et inconvénients des différents modes de développement

La croissance interne, dite aussi « organique »

La croissance interne consiste à développer l'entreprise par ses propres moyens et de manière autonome, sans opérer de rapprochement avec d'autres entreprises (ni fusion-acquisition ni coopération). Elle est, par nature, souvent lente et coûteuse à mettre en œuvre, ne serait-ce qu'à cause des nouvelles compétences à acquérir et des éventuelles barrières à l'entrée dans la nouvelle activité.

La croissance externe

À l'inverse, la croissance externe, c'est-à-dire la croissance par fusions-acquisitions, peut être très rapide : une fois les négociations effectuées, le rachat peut se faire rapidement. Dans le cas de la croissance horizontale, les fusions sont un moyen rapide et efficace de concentrer l'industrie, ce qui réduit le niveau de rivalité concurrentielle et renforce le pouvoir de marché collectif, tout en améliorant la position concurrentielle du nouveau groupe constitué, deux facteurs très favorables à l'augmentation des marges et des profits.

La croissance externe présente deux risques majeurs :

- **Le coût du rachat**, qui est souvent très (trop) élevé.
- **Les problèmes d'intégration organisationnelle et culturelle** qui ne manquent pas de se manifester lors de la mise en œuvre du rapprochement.

La coopération et les alliances

La coopération apporte des solutions à certains des problèmes que créent les autres modes de croissance, mais elle présente aussi certains inconvénients très significatifs.

- **Avantages** : le fait de pouvoir circonscrire la coopération à des projets précis permet d'éviter la plupart des problèmes de mise en œuvre des fusions. Par ailleurs, les alliances sont plus réversibles que les acquisitions. Par rapport à la croissance interne, la coopération permet de partager le fardeau des investissements avec un partenaire. Elle crée également un contexte favorable à l'apprentissage. Dans une alliance, il est relativement aisé de capter les compétences apportées par le partenaire. La coopération facilite donc l'accès aux ressources nécessaires à la croissance, ce qui est souvent un problème dans la croissance organique.
- **Inconvénients** : les alliances sont particulièrement difficiles à gérer à cause du partage du contrôle et des conflits possibles entre alliés. De plus, le partenaire peut capter les compétences de l'entreprise et se renforcer à ses dépens. Une alliance a donc souvent un effet « boomerang » : l'ancien partenaire vient concurrencer l'entreprise sur son propre marché.

La responsabilité sociale et environnementale de l'entreprise

Si la création de valeur pour l'actionnaire reste un objectif primordial à l'heure actuelle, des pressions nouvelles s'exercent pour remettre en cause cette logique.

L'exploitation des ressources naturelles (énergie, eau…) sur laquelle reposait le modèle de développement économique spectaculaire des pays développés au cours des cinquante dernières années est aujourd'hui remise en question par la raréfaction de ces ressources. Il s'agit dès lors de poursuivre ce développement sans menacer l'équilibre de la planète, ou encore d'inventer un modèle de développement durable, qui permettrait de « *répondre aux besoins du présent sans compromettre la capacité des générations futures à répondre aux leurs* » (selon la définition des Nations Unies). Nous discuterons cette question au chapitre 12.

Plan de la partie

Chapitre 6 Croissance, création de valeur et gouvernance

Une entreprise se doit-elle de croître ? Ne pourrait-on pas considérer que, si l'entreprise a réussi à construire un avantage concurrentiel durable dans son industrie, elle pourrait simplement exploiter cet avantage tant qu'il existe, de manière à se constituer une rente stable ? Le problème est que la plupart du temps, les gains qu'une entreprise peut générer si elle limite sa croissance à celle de son métier de base sont déjà pris en compte dans sa valeur telle qu'elle est. En effet, la valeur d'une entreprise reflète ses gains futurs, tels que peuvent les prévoir les investisseurs susceptibles d'acheter ou de vendre des actions de cette entreprise. Pour créer de la valeur, il faut donc aller chercher des perspectives de croissance au-delà de leurs attentes actuelles.

Croissance et profits entretiennent des rapports ambigus. La croissance n'entraîne pas nécessairement une amélioration de la rentabilité économique. Elle peut même conduire à une augmentation du coût du capital. C'est pourquoi depuis les années 1990, sous la pression des actionnaires et notamment des investisseurs institutionnels, la course à la taille, objectif majeur des décennies précédentes, a été reléguée au second plan. L'objectif prioritaire de la *corporate strategy* n'est plus la croissance des volumes ou du chiffre d'affaires, mais la croissance du profit et des cash-flows, la seule qui crée de la valeur pour les actionnaires.

Après avoir exposé la notion de création de valeur et ses mécanismes, nous discuterons de l'influence des actionnaires sur la *corporate strategy*, ce qui nous conduira à examiner les règles de gouvernance, dont le but est d'aligner les intérêts des dirigeants de l'entreprise sur ceux des actionnaires.

Plan du chapitre

SECTION 1

LA CRÉATION DE VALEUR, OBJECTIF FONDAMENTAL DE LA *CORPORATE STRATEGY*

La question de la création de valeur est cruciale pour la *corporate strategy*, alors qu'elle est seulement sous-jacente dans un contexte de *business strategy*.

1 Distinguer *business* et *corporate strategy*

a. *Business strategy* et création de valeur

Le but de la *business strategy* est de créer un avantage concurrentiel qui permette à l'entreprise d'avoir des performances significativement et durablement supérieures à celles de ses concurrents. Comme on raisonne au niveau d'une seule industrie, on considère que le coût du capital et le potentiel de rentabilité sont *a priori* les mêmes pour tous les concurrents, tout l'art de la stratégie se résumant à capter une part supérieure de la performance collective.

Dans ce contexte, une entreprise qui réussit à se doter d'un avantage concurrentiel crée forcément davantage de valeur que ses concurrents puisqu'elle génère une meilleure rentabilité pour un coût du capital équivalent. Il suffit donc de comparer les niveaux de rentabilité des entreprises pour évaluer leur performance relative. Remarquons par ailleurs que, même dans les industries globalement destructrices de valeur, il existe toujours des entreprises dont la rentabilité dépasse le coût du capital. Pour qu'il en soit autrement, il faudrait que toutes les firmes présentes dans l'industrie détruisent de la valeur, ce qui devrait normalement entraîner la disparition de l'industrie par défection des investisseurs.

b. *Corporate strategy* et création de valeur

En matière de *corporate strategy*, le problème de la création de valeur est plus complexe. Comme l'entreprise croît, s'internationalise ou se diversifie, elle entre dans des activités dont les perspectives de rentabilité économique peuvent être totalement différentes de celles de son métier d'origine, soit parce qu'elles sont plus risquées, soit parce qu'elles sont moins rentables. En effet, comme nous l'avons vu au chapitre 1, le coût du capital et le potentiel de rentabilité varient très significativement d'une industrie à l'autre. Ajoutons qu'ils varient tout aussi fortement d'une zone géographique à l'autre.

De ce fait, la performance d'une multinationale diversifiée comme Vivendi ou General Electric est beaucoup plus difficile à « lire » pour les investisseurs que celle d'une entreprise spécialisée sur une activité dans un pays donné, comme Southwest Airlines dans le transport aérien aux États-Unis.

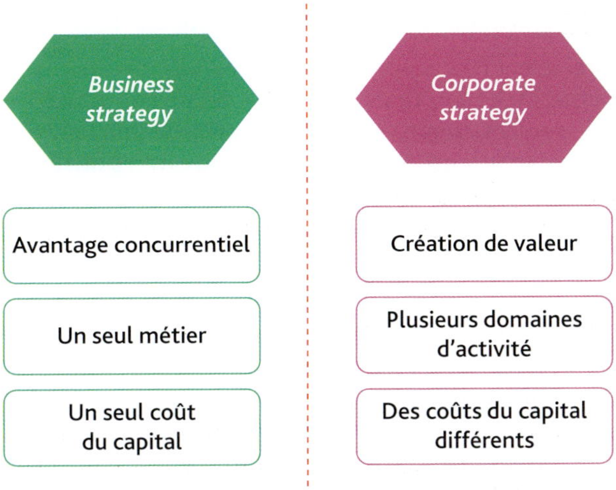

Figure 6.1 Les distinctions entre *business* et *corporate strategies*

c. Les spécificités des groupes diversifiés

• Une performance difficile à lire

L'activité d'un groupe diversifié et/ou multinational amalgame plusieurs branches et divisions dont les coûts du capital ne sont pas identiques. Considérer la rentabilité économique globale du groupe est donc peu pertinent puisque le coût du capital, et donc la barre à passer pour créer de la valeur, peut être complètement différent d'une division à l'autre. Comment juger de la performance de General Electric, qui fabrique des locomotives, des moteurs d'avion, des ampoules électriques, des équipements médicaux, des réseaux intelligents, des appareils électroménagers… tout en étant présent dans la télévision (NBC) et les solutions de financement (GE Capital) et ainsi de suite ? Et comment la comparer à celle de Vivendi, qui fait également de la télévision, mais aussi des jeux vidéo, de la musique (Universal), de l'édition (Editis), des télécommunications… ?

• Créer des synergies

De plus, rien ne garantit que des managers qui ont réussi dans un contexte donné réussissent aussi bien dans une nouvelle activité ou un nouveau pays. En d'autres termes, non seulement le coût du capital n'est pas le même dans toutes les activités, mais en plus rien ne permet d'affirmer qu'une entreprise présente dans plusieurs activités parvient à créer des synergies, c'est-à-dire faire mieux que des concurrents spécialisés sur chaque métier. Les actionnaires pourraient considérer qu'il vaut mieux investir dans plusieurs entreprises spécialisées et diversifier eux-mêmes leur portefeuille plutôt que de mettre de l'argent dans une entreprise qui s'est diversifiée à leur place.

Démontrer aux actionnaires qu'ils ont intérêt à laisser leur argent dans l'entreprise, voire à y investir davantage, ne va pas de soi : il est crucial de leur démontrer que l'entreprise crée de la valeur.

2 Qu'est-ce que la création de valeur ?

Pour poser correctement la question de la création de valeur, il est important de faire une petite incursion dans la théorie financière (sans trop entrer dans la formalisation mathématique, et donc au prix de quelques simplifications). Le lecteur intéressé par le sujet pourra se référer aux livres de finance qui nous ont servi de source[1].

a. Le principe de création de valeur

Créer de la valeur, c'est tout simplement enrichir les propriétaires de l'entreprise, qui ne sont autres que les actionnaires. Pour enrichir les actionnaires, il faut leur donner de l'argent, c'est-à-dire leur verser des dividendes, ou bien faire en sorte que leur patrimoine augmente. Pour les entreprises cotées en Bourse, ce patrimoine est tout simplement la capitalisation boursière (le cours de l'action multiplié par le nombre d'actions).

Les actionnaires ont donc accès à deux types de gains :

- **les dividendes qui leur sont versés par l'entreprise** ;
- **les gains en capital**, c'est-à-dire les plus-values qui résultent de l'augmentation de la valeur des actions qu'ils détiennent.

En principe, les actionnaires considèrent ces deux types de gains comme équivalents : d'une part, ils encaissent leurs dividendes et peuvent les investir où ils veulent ; d'autre part, ils peuvent revendre leurs actions pour réaliser leurs plus-values.

b. Le TRS

La somme des dividendes et des gains en capital s'appelle la rémunération totale des actionnaires ou TRS (*Total Return to Shareholders*).

Pour maximiser la richesse des actionnaires, il faut donc maximiser le TRS. À titre d'illustration, on trouvera le TRS sur dix ans de quelques grands groupes internationaux dans la figure 6.2. Comme on peut le voir, les écarts sont très significatifs : sur les dix dernières années, les actionnaires d'Airbus et de L'Oréal ont vu leur richesse croître de plus de 10 % par an en moyenne, alors que ceux de Deutsche Bank ont subi une perte de plus de 10 % par an.

1. Quiry P., Le Fur Y., Vernimmen P., 2019 ; Koller T., Goedhart M. et Wessels D., 2005.

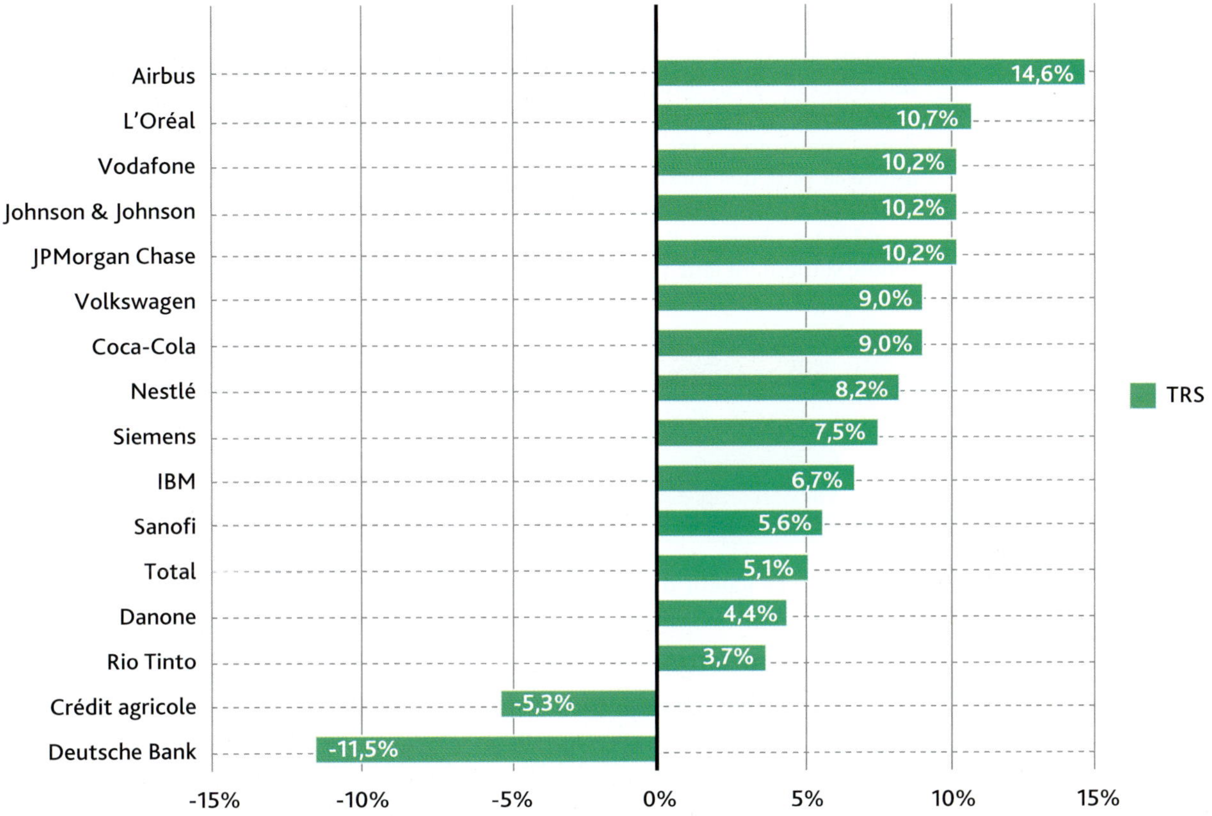

Source : Quiry P., Le Fur Y., Vernimmen P., 2019.

Figure 6.2 **Les TRS de quelques grands groupes internationaux sur la période 2008-2018**

c. Les variations des gains en capital

La provenance des dividendes est claire : versés en espèces sonnantes et trébuchantes, ils sont prélevés sur le cash-flow que génère l'entreprise. En revanche, les gains en capital ont quelque chose de mystérieux. Chaque jour à la Bourse, le cours de l'action change, au gré de phénomènes parfois difficiles à interpréter. 1 % ou 2 % de variation, cela semble peu, mais si on les ramène à la capitalisation boursière, cela peut représenter des sommes astronomiques.

Ainsi, les capitalisations boursières de Total et LVMH, les deux plus grosses capitalisations du CAC 40, étaient respectivement de 144 et 146 milliards d'euros en septembre 2018. 1 % de variation sur l'une ou l'autre de ces deux valeurs représente donc près d'un milliard et demi d'euros qui disparaît ou apparaît comme par enchantement à l'ouverture de la Bourse Euronext !

d. La valeur d'une entreprise

Comme la plupart des entreprises sont endettées, les actionnaires ne peuvent pas récupérer la valeur totale de l'entreprise, même s'ils vendent l'intégralité du capital. La dette, qui reste due aux banques, vient en déduction de la valeur totale et ramène donc le patrimoine des actionnaires à ce qu'on appelle les « capitaux propres », c'est-à-dire la part des fonds de l'entreprise qui ne sont pas dus à des tiers (banques, fournisseurs, etc.). Au bilan, ces capitaux propres incluent principalement le capital social et les réserves. En Bourse, ils correspondent à la capitalisation boursière, qui reflète seulement leur valeur et non la valeur totale de l'entreprise.

La valeur d'une entreprise est égale à la somme de sa capitalisation boursière et de sa dette nette[1].

Figure 6.3 La valeur d'une entreprise

e. La valeur actualisée des cash-flows

La valeur de l'entreprise correspond par ailleurs à la valeur actualisée des cash-flows que l'entreprise va générer dans le futur, car ce sont ces liquidités qui reviendront tôt ou tard aux actionnaires sous forme de dividendes et de plus-values. Les investisseurs ne sont pas intéressés par les performances passées de l'entreprise, qui ne leur rapportent plus rien. Ils ne s'intéressent pas non plus à la valeur des actifs que l'entreprise détient (par exemple les avions pour une compagnie aérienne). En effet, cette valeur ne correspond qu'à l'argent qu'ils pourraient éventuellement récupérer si l'entreprise cessait son activité.

En fonction des informations dont ils disposent, les actionnaires se font une opinion sur la capacité de l'entreprise à générer le cash qui les enrichira dans le futur et, sur cette base, ils décident d'acheter ou de vendre des actions. Par le jeu de l'offre et de la demande, le prix de l'action se fixe donc de telle sorte que la valeur de l'entreprise corresponde à la valeur actuelle des flux de liquidités qu'elle est susceptible de générer dans le futur. Cette valeur dépend directement des attentes des actionnaires, c'est-à-dire des « rêves » de rentabilité future que l'entreprise est capable de provoquer dans l'esprit des investisseurs.

Ainsi, investir dans une compagnie aérienne n'est pas équivalent à acheter des avions, c'est faire un pari sur la capacité future de la compagnie aérienne à générer des profits qui feront mieux que couvrir le prix des avions. Cette capacité, qui détermine la valeur de l'entreprise, est inconnue. On ne peut qu'essayer de la deviner en fonction des annonces que fait l'entreprise sur sa stratégie. Un investisseur qui pense que cette valeur est en fait supérieure au cours de Bourse va acheter des actions. Un investisseur qui croit qu'elle est plus faible va vendre.

1. La dette nette est la dette diminuée du cash disponible (celui-ci est compté dans les capitaux propres).

3 Risque, coût du capital, profit économique et valeur de l'entreprise

a. Risque et coût du capital

Comme on l'a vu au chapitre 1, les actionnaires attendent de leur investissement une rentabilité économique au moins égale au coût du capital, ce dernier étant d'autant plus élevé que le risque est fort. En effet, les actionnaires n'acceptent de courir un risque plus élevé que s'ils peuvent espérer des gains plus importants.

Pour bien saisir cette notion, on peut se référer à la notion de pari : dans une course hippique, on gagne davantage en jouant « gagnant » (on parie que le cheval arrivera premier) que « placé » (on parie que le cheval arrivera dans les trois premiers). Cette différence de gain provient du fait que le risque de se tromper, c'est-à-dire le risque de perdre sa mise, est plus fort quand on joue gagnant. Si le rapport était le même (c'est-à-dire si, à mise égale, la rémunération était la même) tout le monde jouerait placé. Pour attirer le joueur dans un jeu plus hasardeux, il faut donc lui faire miroiter un rapport supérieur (par exemple 15 contre 1 au lieu de 5 contre 1).

Il en va de même pour les actionnaires : pour leur faire accepter un investissement plus risqué, il faut leur offrir des perspectives de gains plus élevés. Les banquiers font le même raisonnement. En finançant l'entreprise, ils prennent le même type de risque que les actionnaires. Ils vont donc appliquer des taux d'intérêt d'autant plus élevés que le risque est grand.

b. Les déterminants du risque

Le coût du capital a donc deux composantes qui varient dans le même sens : le coût des capitaux propres et celui de la dette. Comme le coût du capital est déterminé par le niveau de risque de l'investissement, il dépend essentiellement des caractéristiques économiques du secteur d'activité de l'entreprise.

• La sensibilité de l'activité à la conjoncture économique

Certains secteurs amplifient naturellement les variations de l'économie comme le transport ou le bâtiment. Ils ont donc un coût du capital plus élevé que ceux qui atténuent ces variations (la distribution d'eau ou de produits alimentaires de base).

• La prévisibilité de l'activité

Entre une foncière qui gère un portefeuille immobilier dont les rendements varient peu et une société de production cinématographique qui est incapable de savoir combien tel ou tel film va rapporter, la seconde a forcément un coût du capital plus élevé que la première.

• Le taux de croissance des résultats

Plus la croissance est forte, plus la valeur de l'entreprise est impactée par des flux financiers éloignés dans le temps, donc plus incertains, ce qui augmente son coût du capital. C'est ce qui explique le coût du capital élevé de certaines entreprises d'Internet (voir la rubrique Étude de cas ci-après).

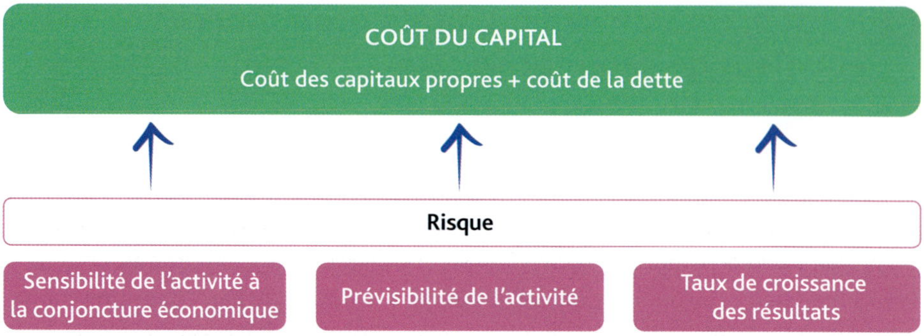

Figure 6.4 Les déterminants du coût du capital

Chiffres clés

- Le taux sans risque mondial est d'environ **2 %**.
- En moyenne mondiale, la prime de risque est de **7,5 %**.

c. Évaluer le coût du capital

Le coût du capital s'impose donc aux dirigeants de l'entreprise comme une donnée externe, déterminée par l'environnement économique. Ce coût peut être évalué à partir du taux sans risque (autour de 0,25 % en Europe et de 2,7 % aux États-Unis début 2019), auquel vient s'ajouter la prime de risque spécifique à chaque secteur d'activité. La figure 6.5 montre l'évolution du coût du capital et de la rentabilité économique (ROCE) des entreprises composant l'indice Eurostoxx 600, c'est-à-dire les 600 plus grosses capitalisations boursières en Europe.

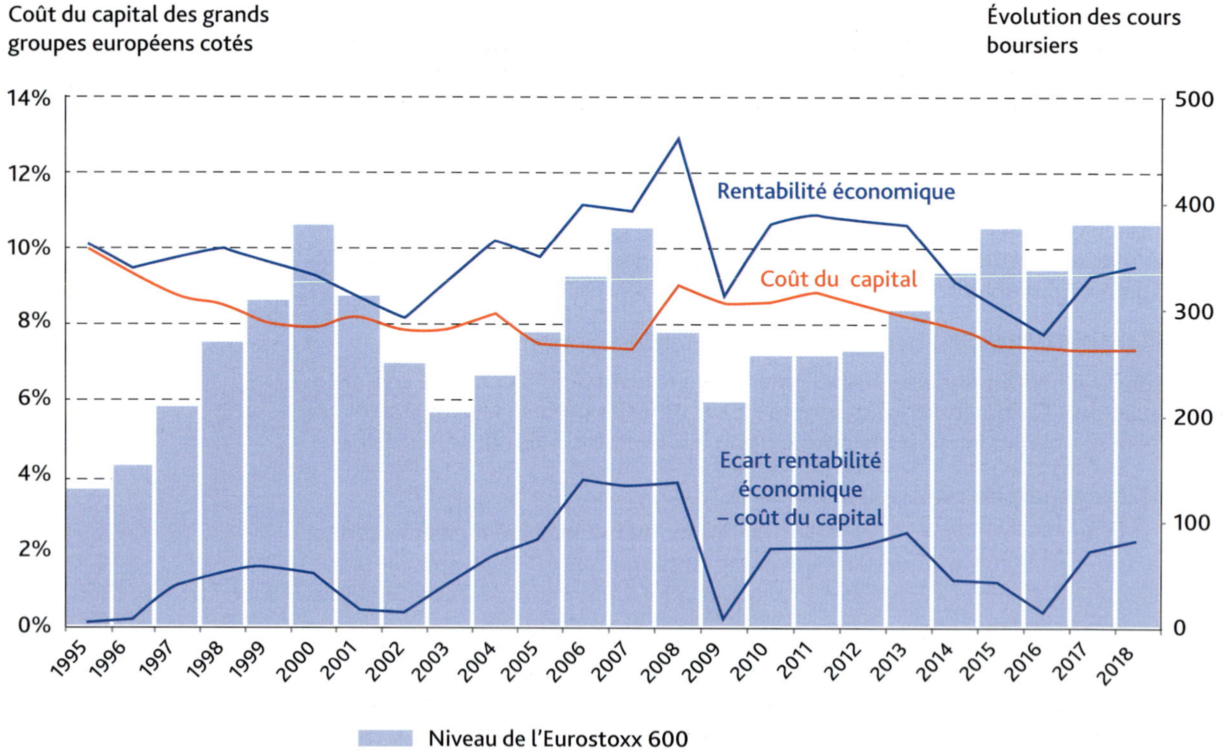

Source : Exane BNP Paribas, Factset dans Quiry P., Le Fur Y. et Vernimmen P., 2019.

Figure 6.5 La rentabilité économique

On voit que le coût du capital moyen se situe autour de 8 % en Europe en 2018, contre 10 % en 1995. La trace de la crise des *subprimes* en 2008 est visible, tant sur le coût du capital que sur la rentabilité économique des entreprises, et donc sur la valeur qu'elles ont créée sur la période concernée.

Chiffres clés

Le coût du capital moyen se situe autour de **8 %** en Europe en 2018, contre **10 %** en 1995.

EN PRATIQUE

Comment calculer le coût du capital (WACC) d'une entreprise ?

Pour estimer le coût du capital d'une entreprise en particulier, on calcule un « coût moyen pondéré du capital », appelé WACC (en anglais *Weighted Average Cost of Capital*).

Le WACC est la moyenne pondérée du coût des capitaux propres et du coût de la dette pour l'entreprise considérée.

Ce mode de calcul pourrait laisser croire que le coût du capital est déterminé par la structure financière de l'entreprise, c'est-à-dire le ratio dette sur capitaux propres, et qu'on peut donc le changer en changeant ce ratio. Mais c'est faux : un gain sur le coût de la dette se traduit par une hausse du coût des capitaux propres et réciproquement.

En théorie, le WACC a donc la même valeur que le coût du capital, tel que nous l'avons défini, c'est-à-dire la rentabilité économique minimale que les actionnaires attendent de l'entreprise. Il n'est pas forcément égal à celui de l'industrie, notamment parce que les entreprises plus endettées ont davantage de risque de faire défaut, ce qui augmente leur coût du capital.

1. Calculer la part de dette et de capitaux propres

La première étape consiste à calculer la part de dette et la part de fonds propres dans les capitaux de l'entreprise. Ces chiffres doivent être exprimés en valeurs de marché. La valeur des capitaux propres est donc la capitalisation boursière de l'entreprise et non la valeur nominale des capitaux propres au bilan. La dette est la dette nette (trésorerie disponible déduite).

Supposons que l'entreprise ait une capitalisation boursière de 8 millions d'euros et une dette nette de 2 millions d'euros. Sa valeur est donc de 10 millions d'euros. La part des capitaux propres est de 80 % et celle de la dette est de 20 %. Ces chiffres vont servir à pondérer le coût des capitaux propres et celui de la dette dans le WACC.

2. Se procurer les informations adéquates

La deuxième étape est de se procurer les autres informations nécessaires au calcul du WACC. Pour les entreprises cotées en Bourse, ces données sont disponibles auprès d'agences comme Moody's, Standard & Poor's, etc. Ainsi, pour évaluer le coût de la dette, on peut connaître chaque jour le taux d'intérêt qui s'applique à telle ou telle entreprise, en fonction du risque que présente l'entreprise pour les banques. Ce risque est évalué par le *rating* (l'évaluation) de l'entreprise, qui est généralement exprimé par une notation en lettres (AAA, AA, A, BBB +...).

3. Déterminer le coût de la dette

Appelons i le taux d'intérêt qui s'applique à l'entreprise considérée. Comme les frais financiers passent en charges dans le compte de résultat, ils sont déductibles des impôts. Le coût de la dette est donc i diminué de l'économie d'impôt générée par l'endettement. Si t est le taux d'impôt sur les sociétés, le coût de la dette est : $i\,(1 - t)$.

•••

4. *Évaluer le coût des capitaux propres*

Pour évaluer le coût des capitaux propres (*cost of equity*), il faut tenir compte du niveau de risque pour les actionnaires. Le MEDAF (Modèle d'évaluation des actifs financiers) ou CAPM (*Capital Asset Pricing Model*) estime ce coût à partir de la rentabilité des placements sans risque auquel on ajoute une prime de risque spécifique à l'activité.

Cette prime de risque se calcule à partir d'un taux que les financiers appellent le β, ou risque non diversifiable, que l'on mesure par la volatilité du cours de Bourse de l'entreprise par rapport au marché boursier dans son ensemble.

Ainsi, une activité présente un très fort risque non diversifiable si ses variations amplifient les variations du marché boursier (β > 1). Elle est par contre peu risquée si elle reste insensible aux variations du marché (β ≈ zéro).

Pour information, le tableau 6.1 donne les β caractéristiques de certaines industries. Certaines entreprises peuvent avoir un β plus fort ou plus faible que celui de l'industrie, car leur exposition au risque peut être plus ou moins forte, par exemple à cause des pays où elles opèrent ou à cause du type de contrats qu'elles ont avec les clients. En outre, ce β doit être corrigé pour tenir compte du niveau d'endettement de l'entreprise (plus celui-ci est élevé, plus le β est fort).

β de l'actif économique					
Distribution d'eau	0,36	Casinos	0,70	Pharmacie	0,90
Foncières	0,42	Matériaux de construction	0,95	Production pétrolière	1,01
Télécommunications	0,49	Cinéma	0,79	Automobile	1,01
Agroalimentaire	0,56	Hôtellerie	0,79	Logiciel	1,01
Restauration	0,58	Tous secteurs	0,79	Chimie	1,14
Tabac	0,59	Défense et spatial	0,82	Compagnies aériennes	1,25
Distribution alimentaire	0,62	Transport maritime	0,84	Équipementiers automobiles	1,25
Spiritueux	0,64	Publicité	0,87	Acier	1,28
Banques	0,68	E-commerce	0,87	Semi-conducteurs	1,36

Source : BNP Paribas Corporate Finance, équipe BVT, juin 2018, dans Quiry P., Le Fur Y. et Vernimmen P., 2019.

Tableau 6.1 Exemples de β dans différentes industries

En reprenant les données mentionnées au chapitre 1, si on suppose que le taux sans risque est 2 % par an et que la prime de risque moyenne du marché boursier est de 7,5 %, le coût des capitaux propres se calcule de la manière suivante :

2 % + β . 7,5 %

• • •

À la différence du coût de la dette, le coût des capitaux propres n'est pas déductible des impôts, il ne doit pas être corrigé du taux d'imposition.

5. Établir le WACC

Pour évaluer le WACC, il ne reste plus qu'à calculer la moyenne pondérée entre le coût de la dette et celui des capitaux propres, soit :

$WACC = 20\ \% \,.\, i\,(1 - t) + 80\ \% \,.\, (2\ \% + \beta \,.\, 7{,}5\ \%)$

d. Le coût du capital : une contrainte externe offrant peu de prise

Les dirigeants d'entreprise ne peuvent pas faire grand-chose pour baisser leur coût du capital de manière significative. Même s'ils arrivent à obtenir des banques un taux d'intérêt plus bas, ce gain va se compenser par une inflation du coût des capitaux propres, et réciproquement.

En revanche, ils peuvent l'augmenter malgré eux s'ils gèrent mal l'entreprise, par exemple s'ils s'endettent trop, ce qui augmente le risque, puisqu'une entreprise très endettée a plus de chance de faire faillite. On sait bien que les banquiers demandent des intérêts d'autant plus forts que l'entreprise est déjà fortement endettée.

Les dirigeants peuvent toutefois réduire le coût du capital à la marge en limitant le risque de leur entreprise par rapport au reste de l'industrie, par exemple en signant des contrats de long terme dans une industrie très cyclique, ou en développant une forte part de *business* récurrent avec des clients fidèles. Ils peuvent aussi réduire les coûts fixes en externalisant certaines activités de leur *business model*, ce qui leur permet de mieux s'adapter aux aléas de la conjoncture.

Le coût du capital change aussi avec l'internationalisation. Il est évident qu'un investissement d'une entreprise française en Russie ou en Chine est plus risqué que le même investissement en France. Les actionnaires en attendent donc un rendement plus élevé et les banquiers vont prêter à un taux plus fort. Par comparaison, le développement sur des marchés moins risqués réduit le coût du capital.

e. Le profit économique ou EVA

Il en résulte que le profit à prendre en compte pour savoir si une entreprise crée de la valeur n'est pas le résultat net ou le profit comptable. En effet, même si le profit comptable tient compte de la plupart des coûts supportés par l'entreprise (achats, salaires, frais financiers, impôts, etc.), il ne tient pas compte du coût du capital. Il est calculé comme si les fonds fournis par les actionnaires étaient gratuits et pouvaient se contenter de n'importe quel niveau de rémunération. Or les actionnaires ne s'enrichissent que si la rentabilité de l'entreprise fait mieux que compenser le coût du capital. D'où la notion de profit économique, c'est-à-dire le profit qui reste une fois que tous les coûts ont été couverts, y compris le coût du capital.

Le profit économique est nul lorsque la rentabilité économique (mesurée par le ROCE) est égale au coût du capital. Il devient positif lorsque la rentabilité dépasse le coût du capital, et négatif dans le cas opposé.

> Le profit économique, également appelé EVA (*Economic Value Added*) mesure la valeur que l'entreprise a créée dans l'année. Il se calcule en multipliant les capitaux engagés par la différence entre le ROCE et le coût du capital[1] :
>
> Profit économique = EVA = CE . (ROCE – WACC)

À titre d'information, le tableau 6.2 présente les EVA de 24 groupes européens en 2017.

Société	EVA 2017 (en M€)	Société	EVA 2017 (en M€)
Roche	8 848	Proximus	196
Nestlé	5 066	BIC	175
L'Oréal	2 482	Peugeot	76
Shell	2 366	Criteo	56
AstraZeneca	1 552	Carlsberg	0
BASF	1 270	Bonduelle	(51)
Heineken	1 060	ArcelorMittal	(681)
Adidas	934	Heidelberg Cement	(839)
Michelin	664	Deutsche Telekom	(1 234)
RTL	476	LafargeHolcim	(1 544)
Carrefour	331	Telecom Italia	(1 556)
E.ON	275	ENI	(2 870)

Source : Exane BNP Paribas, FactSet.

Tableau 6.2 L'EVA de 24 grands groupes européens en 2017

f. Le lien entre valeur et profit économique

Le lien entre création de valeur et profit économique apparaît sur la figure 6.5. On peut en effet y remarquer la corrélation frappante entre d'une part l'indice Eurostoxx 600, qui reflète l'évolution des 600 capitalisations boursières européennes, et d'autre part l'écart (ROCE – coût du capital), qui retrace l'évolution du taux de profit économique moyen de ces mêmes entreprises. Le profit économique influence bien la capitalisation boursière, et donc la valeur des entreprises.

Il n'en est pas le seul déterminant, puisque les anticipations des investisseurs sur les cash-flows futurs peuvent aussi varier. Néanmoins, toutes choses étant égales par ailleurs, le profit économique correspond bien à une création de valeur qui vient augmenter la capitalisation boursière, d'où le nom d'*Economic Value Added* (EVA) qu'on lui donne en anglais[2].

1. Le ROCE se calcule en divisant le résultat opérationnel après impôt (NOPAT : *Net Operating Profit After Tax*) par le montant des capitaux engagés (CE) : ROCE = NOPAT / CE.
On peut donc calculer l'EVA à partir du NOPAT : EVA = NOPAT – WACC x CE.
2. La notion d'EVA a été mise en avant par le cabinet Stern Stewart & Co, qui en a fait une marque déposée pour labelliser sa méthodologie. Mais mathématiquement, l'EVA n'est autre que le profit économique.

g. Actualiser les cash-flows

Le coût du capital est un coût d'opportunité. En investissant dans l'entreprise, l'actionnaire a renoncé à un autre investissement dans une autre entreprise ou dans un support sans risque. Il compare ces alternatives sur la base de leur coût du capital respectif et ne considère que celles qui lui promettent une rentabilité économique supérieure à ce coût. Pour calculer la valeur de l'entreprise à partir d'une prévision de ses cash-flows futurs, il faut donc actualiser ces cash-flows au coût du capital. La méthode utilisée, dite DCF (*Discounted Cash Flows*) est décrite dans la rubrique En pratique ci-après.

EN PRATIQUE

Comment calculer la valeur de l'entreprise avec la méthode DCF ?

La méthode la plus courante pour calculer la valeur d'une entreprise est la méthode des cash-flows actualisés (méthode DCF, *Discounted Cash Flows*)[1].

Valeur de l'entreprise

Le cash-flow annuel d'une entreprise est son flux de trésorerie disponible. On peut le calculer en réintégrant les amortissements à son résultat opérationnel après impôts (NOPAT : *Net Operating Profit After Tax*) et en déduisant les investissements de l'année.

Dans la méthode DCF, on utilise le WACC comme taux d'actualisation des cash-flows annuels, ce qui permet de diminuer la valeur des cash-flows prévus à mesure qu'ils s'éloignent dans le temps en fonction du coût d'opportunité du capital.

Si on note CF_k le cash-flow prévu pour l'année k ; la valeur de l'entreprise V_E s'élève à :

$$V_E = \sum_{k=0}^{\infty} \frac{CF_k}{1+\text{WACC}^{\;k}}$$

Valeur terminale

En pratique, on ne peut évidemment pas prédire les cash-flows annuels à l'infini. On utilise la formule ci-dessus sur une période de prévision explicite (dix ans par exemple), puis on utilise une approximation appelée valeur terminale (ou valeur finale) pour valoriser les cash-flows qui seront produits au-delà. Cette valeur terminale V_T est estimée sur la base d'un cash-flow normatif, CF_N (le cash-flow annuel qu'on est censé obtenir au-delà de la dixième année) et d'une hypothèse de croissance g de ce cash-flow[2] :

$$V_T = \frac{CF_N}{\text{WACC} - g}$$

La formule de calcul de V_T correspond à la valeur d'une activité dont les cash-flows augmenteraient régulièrement et indéfiniment d'un pourcentage constant g.

En l'absence de prévision précise des cash-flows annuels, on peut utiliser cette formule comme première approche simple de la valeur totale d'une entreprise à partir de son cash-flow annuel courant et de son taux de croissance prévisible.

●●●

Calculer la valeur de l'entreprise

Si on travaille sur une période de prévision explicite de dix ans, on actualise V_T à la onzième année de prévision. La formule de valorisation de l'entreprise devient :

$$V_E = \sum_{k=0}^{10} \frac{CF_k}{(1+WACC)^k} + \frac{V_T}{(1+WACC)^{11}}$$

La valeur d'une entreprise est la somme de sa capitalisation boursière et de sa dette. Donc, en soustrayant de V_E la valeur de la dette, on doit retrouver la capitalisation boursière de l'entreprise. Si on constate un écart, on peut en déduire que les investisseurs sous-évaluent ou surévaluent les profits économiques futurs de l'entreprise. C'est sur ce genre d'analyse que s'appuient les analystes financiers pour recommander d'acheter ou de vendre un titre.

Induire les hypothèses de cash-flows et de croissance

Cependant, pour analyser la *corporate strategy* d'une entreprise, on utilise plutôt la méthode dans l'autre sens. À partir d'une capitalisation boursière observée, on essaie de déterminer quelles hypothèses réalistes de cash-flows et de croissance il faut faire pour justifier la valeur de l'entreprise. Cela permet de décoder les attentes des investisseurs et de voir comment l'entreprise peut les satisfaire, ou les modifier, en faisant évoluer sa stratégie.

Évaluer les sous-ensembles de l'entreprise

Enfin, la méthode DCF permet d'évaluer les parties (filiales, nouvelles activités) de l'entreprise qui ne sont pas cotées en tant que telles et dont la valeur est amalgamée dans la valeur totale de l'entreprise. C'est donc cette méthode qui est utilisée pour évaluer la *corporate strategy* d'une entreprise en vérifiant si sa valeur totale (dette plus capitalisation) est supérieure ou inférieure à la somme de ses parties (chaque *business unit* étant évaluée par son DCF).

1. Les formules sont reprises de Quiry P., Le Fur Y. et Vernimmen P., 2019.
2. Nous citons ici la formule la plus simple et la plus couramment utilisée. Il existe d'autres formules plus précises pour estimer la valeur terminale.

En résumé, retenons trois lois fondamentales :

- **La valeur d'une entreprise** est la somme de ses cash-flows futurs actualisés au coût du capital.
- Une entreprise ne crée de la valeur sur une période donnée que si **son profit économique est positif**, c'est-à-dire si sa rentabilité des capitaux investis est supérieure à son coût du capital (ROCE > WACC).
- Pour qu'il y ait création de valeur pour l'actionnaire, le TRS généré par l'entreprise doit **dépasser le coût des capitaux propres**, sinon, les actionnaires n'ont pas un retour conforme à leurs attentes et sont incités à investir ailleurs. Autrement dit, si les actionnaires ne reçoivent pas de dividendes, ils s'attendent à ce que le cours de Bourse de l'entreprise augmente chaque année d'un pourcentage au moins égal au coût du capital. C'est le minimum vital. La loi du marché est dure mais c'est la loi !

4 Croissance et création de valeur

a. La stratégie « Jeff Bezos »

Certaines entreprises affichant un ROCE inférieur au WACC sur plusieurs années peuvent néanmoins être attractives pour les actionnaires et faire un beau parcours en Bourse, si elles soutiennent des taux de croissance très élevés.

Ces entreprises privilégient la croissance en acceptant des pertes à court terme : elles doivent convaincre les investisseurs que leur stratégie sera génératrice de profits économiques futurs très importants, même s'ils sont invisibles aujourd'hui.

Cette stratégie, théorisée par Jeff Bezos, le fondateur d'Amazon (voir la rubrique Étude de cas ci-après), ressemble fort à une fuite en avant : pendant qu'on brûle le cash des actionnaires en leur promettant des bénéfices qui ne se matérialisent pas encore, il faut les convaincre en permanence qu'ils sous-estiment ces bénéfices futurs, de manière que la valeur de l'entreprise ne cesse d'augmenter.

Un tel tour de force n'est pas donné à tout le monde. Une des recettes est de convaincre les investisseurs que la croissance fulgurante de l'entreprise, c'est-à-dire la croissance de ses volumes (et éventuellement de son chiffre d'affaires), entraînera un jour une croissance du profit économique au-delà des espérances actuelles.

C'est de cette façon que certaines entreprises « stars » d'Internet, comme WhatsApp ou Instagram, sont valorisées à plusieurs milliards d'euros sur la base de la croissance de leur nombre d'utilisateurs, et non sur celle d'une anticipation des cash-flow proprement dits.

ÉTUDE DE CAS

Amazon : une stratégie unique qui porte ses fruits

Amazon est une entreprise de e-commerce créée en 1994 aux États-Unis et introduite en Bourse en 1997, à 1,50 dollar par action.

Histoire de l'entreprise

Initialement vendeuse en ligne de livres, elle s'est rapidement diversifiée dans d'autres produits, à la fois culturels (disques, appareils photo numériques, téléchargement de musique, liseuses...) mais également dans l'équipement de la maison. Amazon fait partie, avec Google, Apple, Facebook et Microsoft de ce que l'on appelle les GAFAM, acronyme des cinq géants d'Internet. Mais Amazon se distingue notamment par ses performances financières, qui tiennent plus de la start-up que de l'entreprise établie.

•••

•••

Performances financières

En effet, Amazon concilie depuis sa création à la fois des résultats nets très faibles, longtemps négatifs, et un cours de Bourse surperformant le marché. En 2018, son cours de Bourse a dépassé les 2 000 dollars, faisant de Jeff Bezos, le fondateur qui détient toujours 16 % du capital, la personne la plus riche du monde (voir photo page précédente).

Au passage, la capitalisation boursière d'Amazon franchissait le seuil faramineux des 1 000 milliards de dollars à l'été 2018. Il faut dire qu'avec un bénéfice par action de plus de 5 dollars, la performance d'Amazon dépassait les attentes des analystes, qui en espéraient à peine la moitié. Il est intéressant de constater que ces résultats positifs proviennent des activités « cloud », c'est-à-dire de stockage de données sur Internet, et non de l'activité historique de commerce en ligne, qui reste déficitaire.

Destruction ou création de valeur ?

Du reste, même s'ils sont supérieurs aux attentes, les profits d'Amazon restent en fait très faibles dans l'absolu, surtout si on les compare au coût du capital. Un actionnaire qui achèterait une action Amazon à 2000 dollars en 2018 pour récupérer 5 dollars au bout de l'année réaliserait un gain annuel de 0,25 %, ce qui est ridicule comparé à un coût des capitaux propres qui dépasse largement les 10 %.

Et la situation était bien pire autrefois, car l'entreprise a imperturbablement publié des résultats comptables négatifs pendant ses vingt premières années d'existence. Amazon détruit donc de la valeur ! Pour autant, le titre Amazon est régulièrement placé parmi ceux qui offrent le meilleur TRS (*Total Return to Shareholders*).

De fait, un actionnaire qui aurait acheté en 2009 une action valant 2 000 dollars en 2018, l'aurait payé 100 dollars à l'époque, soit un rendement annuel de près de 40 %, trois ou quatre fois le coût du capital !

Une stratégie de croissance

En fait, toute la stratégie d'Amazon repose sur la croissance au détriment assumé de sa rentabilité à court terme, comme l'illustre l'emblématique figure 6.6, attribuée à Jeff Bezos lui-même et connue de tous les employés d'Amazon.

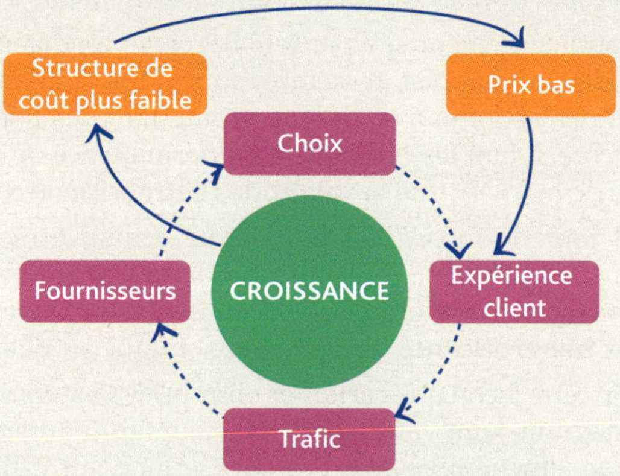

Figure 6.6 Schématisation de la stratégie d'Amazon attribuée à Jeff Bezos

Afin d'assurer la croissance, l'entreprise offre le choix le plus large, visant à assurer la meilleure expérience client, celle-ci générant le trafic qui à son tour attirera un maximum de vendeurs et de fournisseurs sur la plateforme. En effet, outre son propre référencement, Amazon est également une place de marché, permettant à de nombreux fournisseurs de vendre sur son site, assurant par là même l'offre la plus riche au client.

Par ailleurs, la croissance permet d'amortir les importants coûts fixes liés aux systèmes informatiques et aux dépôts logistiques (structure de coût) : les économies d'échelle ainsi réalisées assurent des prix bas, qui bénéficient à leur tour au client. La boucle est bouclée et résume de manière simple toute la stratégie d'Amazon.

L'exception à la règle

Dès sa première lettre aux actionnaires, en 1997, Bezos insiste sur le fait qu'Amazon vise avant tout à satisfaire ses clients, grâce à une approche proactive (et non en

•••

•••

réagissant à ce que font les concurrents), ce qui ne peut se faire qu'en investissant massivement (en R&D, dans les infrastructures logistiques, dans les systèmes informatiques) et donc en pariant sur le long terme.

En sacrifiant le profit, il a clairement refusé dès le départ de se plier à l'orthodoxie financière qui consiste à maximiser les résultats à court terme, prêtant le flanc aux critiques qui ont souvent annoncé la mort imminente de l'entreprise.

Pourtant, Amazon fait partie des rares survivants des premiers temps d'Internet et le doit certainement à la vision tenace et audacieuse de son dirigeant. Certes, année après année, elle ne crée pas de valeur à proprement parler puisque son profit économique a toujours été négatif (ROCE < WACC), mais la ténacité de Bezos a permis aux actionnaires de « rêver », et ce depuis plus de vingt ans !

L'évolution très favorable du cours de Bourse d'Amazon montre que les actionnaires restent convaincus de la capacité de l'entreprise à générer d'importants cash-flows dans le futur et donc de créer de la valeur à long terme. De fait, même sans dividendes, les actionnaires sont satisfaits de leur TRS puisque le cours de Bourse continue son ascension.

Amazon reste donc, vingt-cinq ans après sa création, dans la dynamique d'une start-up. À ce titre, elle fait figure d'exception.

QUESTIONS

Corrigés en ligne sur dunod.com

1. Que penser de la stratégie d'Amazon fondée sur la croissance au détriment des profits ?
2. Que pourrait-il se passer si les actionnaires perdaient confiance en cette stratégie ?
3. Est-il habituel pour des dirigeants de se positionner ainsi sur le long terme ?

b. La pression des marchés financiers

Le cas d'Amazon est aux antipodes du problème de création de valeur que rencontre la plupart des entreprises évoluant dans des secteurs plus traditionnels, dont la croissance est stable et prévisible. Leur problème est plutôt que leurs perspectives de croissance prévisibles sont déjà prises en compte dans leur valorisation. Il leur est donc difficile de se reposer entièrement sur la *business strategy* pour faire « rêver » leurs actionnaires et créer davantage de valeur que ce que le marché a déjà pris en compte dans le cours de Bourse actuel.

Du reste, si les perspectives de gains se limitent à l'exploitation d'un avantage concurrentiel dans un environnement stable, elles risquent fort de se détériorer au cours du temps car l'avantage concurrentiel a de toute manière tendance à s'éroder progressivement sous la pression des concurrents.

D'une certaine manière, les mécanismes du marché financier mettent donc la pression sur l'entreprise pour que celle-ci se pose la question de sa *corporate strategy*, c'est-à-dire de sa croissance hors de son métier et de son marché de base.

Cependant, cette pression est ambiguë. D'une part, les investisseurs poussent au développement hors des sentiers battus pour trouver de nouvelles voies de création de valeur. Mais d'autre part, comme on l'a vu, ces mêmes investisseurs se méfient de la diversification, parce qu'elle rend la performance de l'entreprise beaucoup moins lisible, et parce que rien ne garantit que l'entreprise arrivera à créer des synergies significatives entre ses différentes activités.

c. La valorisation des groupes diversifiés

Le fait que le coût du capital puisse être très différent d'une activité à l'autre contribue à brouiller les cartes.

Certes, on peut calculer un WACC global pour une multinationale ou un groupe diversifié. On peut comparer ce WACC au ROCE du groupe dans son ensemble, et donc apprécier la création de valeur qui s'en dégage. On peut aussi utiliser ce WACC global dans un calcul de type DCF pour analyser les hypothèses sous-jacentes de rentabilité et de croissance qui justifient le cours de Bourse. Mais ces calculs risquent de masquer de fortes disparités entre les activités.

En effet, le coût du capital moyen ne peut pas être appliqué à toutes les branches d'activité et à tous les pays si ceux-ci ne présentent pas le même niveau de risque. Il faut donc mener une réflexion spécifique à chaque division du groupe. Non seulement il est probable que les marges soient plus faibles dans les activités de croissance que dans le métier de base (baisse du ROCE), mais surtout, le risque y est souvent plus fort (augmentation du WACC), ce qui peut conduire à un profit économique négatif, ou du moins très inférieur à celui du métier de base, même si cela ne se voit pas dans les bilans comptables.

C'est pourquoi les analystes financiers évaluent les groupes diversifiés en évaluant chacune de leurs activités séparément et en comparant la somme de ces évaluations à la valeur totale de l'entreprise. Ce genre d'exercice révèle soit des synergies (si la valeur de l'ensemble est supérieure à la somme des parties), soit une décote de conglomérat (dans le cas contraire).

Exemple

Synergie des activités ou décote de conglomérat

- Supposons qu'une entreprise spécialisée dans la distribution d'eau en France se diversifie dans la production cinématographique aux États-Unis. Venant d'un secteur où le risque est particulièrement faible (β = 0,36 selon le tableau 6.1), elle a un coût du capital très faible, d'autant plus que le taux sans risque est actuellement très faible en Europe (0,25 %). Hors endettement, on peut évaluer le coût des capitaux propres à :

$$0{,}25\ \% + 0{,}36\ .\ 7{,}5\% = 2{,}95\%$$

- L'activité de cinéma a un β de 0,79 et le taux sans risque américain est de 2,7 % actuellement. Donc, hors endettement, le coût des capitaux propres de cette activité se monte à :

$$2{,}7\ \% + 0{,}79\ .\ 7{,}5\% = 8{,}63\%$$

- Autrement dit, la rentabilité d'un investissement dans le cinéma doit être près de trois fois supérieure à celle d'un investissement dans l'eau pour rémunérer les actionnaires. Utiliser l'argent gagné dans la distribution d'eau pour l'investir dans le cinéma, c'est donc forcer des actionnaires qui jouaient « placé » à jouer « gagnant », ce qui pose le problème de la liberté de choix des investisseurs. Ajoutons que la concurrence est féroce dans le cinéma alors qu'elle est très feutrée dans la distribution d'eau (on reproche souvent aux compagnies des eaux de se partager le territoire national au lieu de réellement s'affronter pour décrocher les contrats). Donc le ROCE a de fortes chances d'être plus faible dans le cinéma que dans la distribution d'eau. En plus de la liberté de choix des actionnaires, c'est leur rémunération que l'on met en péril.

C'est pourtant ce qu'avait fait Jean-Marie Messier en fusionnant **Vivendi** (ex-Générale des Eaux) avec **Universal** à l'aube du millénaire. Les conséquences de cette opération ont été désastreuses sans même parler de l'absence totale de synergie entre les deux activités, qui a entraîné une décote de conglomérat très significative !

d. Les rôles respectifs des dirigeants et des actionnaires

Normalement, les investisseurs devraient être libres de faire eux-mêmes ce genre d'allocation de ressources entre activités, en diversifiant leur portefeuille de placements dans un panel d'activités clairement identifiées, sur la base d'une appréciation du coût d'opportunité du capital. Seules des synergies très significatives pourraient faire pencher la balance en faveur de l'intégration de ces activités dans une même entreprise.

Le rôle des dirigeants est en principe de gérer l'entreprise, pas de confisquer le pouvoir des actionnaires pour prendre des décisions de diversification de portefeuille à leur place. La *business strategy* est, de plein droit, du ressort du management d'entreprise. En revanche, la légitimité des dirigeants en matière de *corporate strategy*, c'est-à-dire d'allocation de ressources entre domaines d'activité, peut être contestée en permanence par les actionnaires.

- **Dans une entreprise mono-activité**, les fonctions de *corporate* et de *business strategy* sont confondues. Autrement dit, les responsables de la stratégie concurrentielle de l'entreprise sont en contact direct avec les actionnaires.
- **Dans un groupe diversifié ou multinational** en revanche, les dirigeants de l'entité *corporate* ne sont pas directement responsables des *business units*. Ce sont donc seulement des intermédiaires entre les actionnaires et les patrons opérationnels d'unités. Leur rôle et leur valeur ajoutée sont donc contestables. Ils doivent démontrer qu'ils apportent quelque chose à la fois aux patrons d'unités et aux actionnaires.

Or, les dirigeants peuvent perdre de vue l'objectif de maximisation de la valeur, le seul qui intéresse les actionnaires, et utiliser le contrôle qu'ils ont sur les ressources de l'entreprise pour consolider leur propre position à la tête de l'organisation, renforcer leur pouvoir, maintenir des équilibres politiques internes, agrandir leur territoire, accroître le chiffre d'affaires au détriment de la rentabilité économique, développer certaines activités au détriment des autres, investir dans des activités qui les intéressent personnellement, éviter les offres publiques d'achat (OPA), etc. Autant de manœuvres qui consolident la position du dirigeant et augmentent généralement sa rémunération, mais qui peuvent appauvrir les actionnaires au lieu de les enrichir.

C'est cet antagonisme potentiel entre les objectifs des dirigeants et ceux des actionnaires que tentent de résoudre les règles de gouvernance.

SECTION 2

LA GOUVERNANCE D'ENTREPRISE

Les questions de « gouvernance » – notion souvent traduite en français par « gouvernement d'entreprise » – ont fait l'objet depuis une trentaine d'années de nombreux débats et ont entraîné plusieurs réformes juridiques provoquées par différents « scandales » qui ont marqué la vie des affaires.

Le gouvernement d'entreprise a pour objet de définir les organes et les mécanismes qui fixent les droits et les obligations des différentes parties prenantes à l'entreprise afin de maximiser la valeur créée et d'assurer sa répartition de manière équitable.

Sans la mise en place de mécanismes appropriés, les dirigeants géreraient l'entreprise en fonction de leurs intérêts propres, qui peuvent sensiblement différer de ceux des actionnaires. Les pratiques de bonne gouvernance consistent donc à établir des mécanismes de contrôle et d'incitation qui permettent d'aligner l'action des dirigeants avec les intérêts des actionnaires.

1 Perspective historique

Pour bien comprendre pourquoi la création de valeur actionnariale est devenue le paradigme dominant du capitalisme, et comment les problèmes de gouvernance sont devenus stratégiques, notamment pour les entreprises cotées, il faut remonter au début du siècle dernier.

a. Les dynasties industrielles

Jusqu'au début du xxe siècle, la propriété de l'entreprise reste principalement dans les mains de familles propriétaires, les « dynasties industrielles » dont les noms sont encore célèbres : Krupp, de Wendell, de Dietrich, Schneider, Carnegie, etc. Quand il y a identité entre la famille actionnaire et les dirigeants gestionnaires, la distance entre les deux parties est fortement réduite du fait de l'implication de l'actionnaire familial dans le contrôle de la stratégie et de la gestion de l'entreprise.

Andrew Carnegie, l'un des principaux acteurs de l'essor de l'industrie de l'acier aux États-Unis, 1913

b. La propriété sans contrôle

Au tournant du siècle, cette forme d'entreprise a du mal à subsister. En particulier, les besoins en capitaux nécessaires au financement des investissements industriels se révèlent trop importants pour les capacités financières des actionnaires familiaux. Ceux-ci se trouvent contraints d'ouvrir le capital à de nouveaux investisseurs. En 1932, dans leur ouvrage pionnier demeuré célèbre, Adolf Berle et Gardiner Means[1] décrivent l'émergence d'une nouvelle forme de propriété, la « propriété sans contrôle », née de la séparation entre les fonctions de propriété et de gestion, qui étaient jusque-là dans les mêmes mains.

1. Berle A.A. et Means G.C., 1932.

c. L'émancipation des dirigeants

Dans un nombre croissant d'entreprises, la dispersion de l'actionnariat devient telle qu'aucun actionnaire n'est en mesure ni de désigner ni de contrôler les dirigeants. Beaucoup d'entreprises deviennent en effet de grandes sociétés cotées à actionnariat dispersé, où les dirigeants ne détiennent pas une part significative du capital. Cette situation favorise l'émancipation des dirigeants qui, dans les faits, ne sont pratiquement plus contrôlés.

Mais parallèlement, et alors que la taille des entreprises augmente, de nouvelles formes d'organisation et de nouveaux modes de gestion se généralisent. C'est l'émergence du management « scientifique » et de la « technostructure[1] » qui contribuent à imposer la légitimité du « dirigeant professionnel » et son statut dominant au sein de l'entreprise. Marquée par le développement des grands groupes et des multinationales, la période de croissance qui suit la Seconde Guerre mondiale consacre le pouvoir, désormais presque sans partage, de ces dirigeants professionnels. Les actionnaires sont les oubliés de l'Histoire.

d. Le retour des actionnaires

Ils vont faire un retour fracassant dans le dernier quart du xxe siècle. Ce retour est dû en grande partie à la modification structurelle de la forme de détention des actions, liée elle-même au développement de l'épargne collective. Aux États-Unis, d'où le phénomène est parti, le système de financement des retraites par capitalisation a fait des fonds de pension et des compagnies d'assurances les premiers intervenants des marchés financiers.

Phénomène devenu mondial, la mutualisation de l'épargne actionnariale a conduit à la montée en puissance des « investisseurs institutionnels », ce qui a contribué à transformer profondément la nature des relations entre actionnaires et dirigeants. En effet, la détention directe d'actions par les individus s'accompagnait d'une dilution du contrôle. À l'inverse, la concentration des titres entre les mains de gestionnaires de fonds professionnels, soumis à un devoir de bonne gestion des intérêts des épargnants, a conduit à un plus grand activisme de la part de ces investisseurs[2].

e. Les investisseurs institutionnels

Le terme « investisseur institutionnel » désigne un investisseur professionnel qui gère l'épargne d'un groupe d'individus, d'une autre organisation ou d'un groupe d'organisations, et qui investit à leur profit.

Il existe trois grands types d'investisseur institutionnel (voir figure 6.7) :

- **Les banques et les assurances**, investisseurs institutionnels traditionnels.
- **Les fonds d'investissement** (*mutual funds*, ou organismes de placement collectif en valeurs mobilières, OPCVM) dont le capital est constitué par les souscripteurs et dont l'objet social exclusif est de placer l'argent collecté en titres d'entreprises. Il existe une grande diversité de fonds d'investissement, notamment en France, deuxième pays au monde pour ce type de placement derrière les États-Unis.

1. Galbraith J.K., 1967.
2. Peyrelevade J., 1999.

- **Les fonds de pension**, ou **caisses de retraite**, publics et privés, qui gèrent des fonds dont les bénéficiaires sont des salariés ou des retraités. Ces fonds participent donc indirectement à l'actionnariat salarié et constituent un groupe puissant, bien qu'hétérogène.

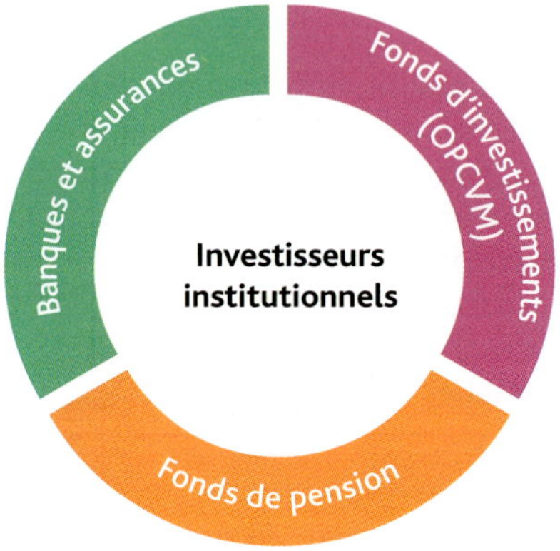

Figure 6.7 **Les trois grands types d'investisseur institutionnel**

Le poids de ces différents types d'investisseur institutionnel est très variable suivant les pays. Aux États-Unis, les fonds de pension dominent. Au Japon, la première place revient aux assurances. En France, elle revient aux OPCVM.

f. Le contrôle des dirigeants

Deux voies sont théoriquement ouvertes aux investisseurs institutionnels pour exercer leur influence sur les dirigeants des entreprises dont ils sont actionnaires :

- La première, sans ingérence dans la gestion de l'entreprise, consiste à **vendre leurs actions**, faisant ainsi baisser le cours du titre (*exit strategy* ou « vote avec les pieds ») lorsqu'ils sont mécontents des dirigeants et de la stratégie suivie.
- La seconde consiste, sans vendre les titres, à **faire pression sur le management** en s'assurant que ce dernier respecte bien leurs intérêts (*voice strategy*). L'interventionnisme des investisseurs institutionnels s'exerce alors par différents moyens et à divers degrés : publication de « listes noires » des entreprises ou des dirigeants les moins performants, contacts directs auprès des dirigeants, vote et propositions de résolutions soumises à l'assemblée générale des actionnaires, etc.

À titre d'exemple, le fonds CalPERS (*California Public Employees Retirement System*), fonds de retraite des fonctionnaires de l'État de Californie, a fait figure de pionnier en matière d'activisme actionnarial, notamment dans le cadre des assemblées générales d'actionnaires.

g. La valse des dirigeants

Ces actionnaires d'un genre nouveau, plus regardants que naguère sur la rentabilité de leurs investissements, se mettent à exiger la présence d'administrateurs actifs et indépendants dans les conseils d'administration et, quand cela leur paraît nécessaire, n'hésitent plus à « demander la tête » des dirigeants d'entreprises concernés.

On assiste donc, dès la fin des années 1980, notamment aux États-Unis, à une valse des dirigeants à la tête des grands groupes, accompagnée d'une série de raids boursiers visant à prendre le contrôle de grands groupes diversifiés pour les démanteler et les revendre « par appartements ». Les actionnaires reprennent le pouvoir que les dirigeants leur avaient « confisqué » et ils exigent que les entreprises aient pour objectif essentiel de créer de la valeur afin de les enrichir.

h. Scandales financiers et réformes de gouvernance

Alors que cette reprise de pouvoir est en cours, plusieurs scandales financiers viennent ternir la réputation de plusieurs entreprises en vue et de leurs dirigeants. Le débat sur la gouvernance est lancé.

En 1991 et 1992, les pertes records affichées de manière inattendue par plusieurs grands groupes américains mettent en défaut le système de surveillance assuré par le conseil d'administration et conduisent au remplacement des dirigeants de certaines des plus grandes entreprises américaines : IBM, General Motors, Kodak, American Express… À la même époque, au Royaume-Uni, l'effondrement du groupe de presse Maxwell et plusieurs cas de faillites (Polly Peck, BCCI) contribuent à alimenter la controverse.

Devant la faillite, constatée ou supposée, des mécanismes traditionnels de gouvernance, et en particulier du conseil d'administration, un mouvement de réformes s'organise. D'abord concentré aux États-Unis, il s'étend progressivement à l'Europe puis au reste du monde en donnant lieu à d'intenses débats.

Aux États-Unis, la découverte de paiements illicites réalisés à l'insu du conseil d'administration dans plusieurs sociétés conduit la *Securities and Exchange Commission* (SEC) à intervenir en réformant l'organisation et le fonctionnement des conseils d'administration. Ceux-ci doivent créer trois comités spécifiques pour mieux contrôler les dirigeants et leur gestion : le comité d'audit, le comité de rémunération et le comité de nomination.

Dans certains cas, l'initiative vient des entreprises elles-mêmes, des organismes professionnels ou des institutions internationales telles que l'OCDE, en prenant la forme de codes de « bonne conduite ». Sans valeur légale, de tels codes tirent leur force de l'image renvoyée et de la publicité qui est donnée dans le cas où les entreprises respectent ou non ces codes. Dans certains pays, des règlements contraignants sont mis en place par les autorités de régulation des marchés financiers, tels que l'AMF (Autorité des marchés financiers) en France.

Partout, les réformes vont dans le même sens et portent sur les mêmes thèmes (voir figure 6.8) :

- le rôle du conseil d'administration, sa composition, l'organisation de ses travaux ;
- la clarification des responsabilités au sommet de l'entreprise à travers la séparation des fonctions de président du conseil d'administration et de directeur général exécutif ;

– l'amélioration de la transparence de l'information envers les actionnaires, notamment en matière de rémunération des dirigeants ;
– le renforcement des moyens de défense et d'intervention des actionnaires par une politique d'activation des droits de vote attachés aux titres qu'ils détiennent.

Principaux thèmes des réformes de gouvernance

- Renforcement des moyens d'intervention des actionnaires
- Amélioration de la transparence de l'information
- Clarification des responsabilités
- Rôle et composition du conseil d'administration

Figure 6.8 Les réformes de gouvernance

i. La remise en cause du fonctionnement des marchés financiers

En 2000, sur fond de crise économique mondiale, la faillite retentissante de la société Enron (voir la rubrique Étude de cas ci-après) marque une nouvelle inflexion majeure dans le débat sur la gouvernance.

ÉTUDE DE CAS

L'affaire Enron : manipulations financières complexes

Le 2 décembre 2001, la société Enron est placée sous la protection du chapitre 11 de la loi américaine sur les faillites. Ce qui semble au départ constituer une faillite « ordinaire » devient à partir du mois de janvier 2002 le « scandale Enron », et relance la réflexion sur la gouvernance.

La *success story*

La société Enron naît en 1985 au Texas (voir l'ancien siège en photo ci-contre), de la fusion de deux distributeurs de gaz naturel, Houston Natural Gaz et Internorth. Dans un contexte de restructuration profonde du secteur de l'énergie, Enron devient un acteur important de la libéralisation des marchés de l'énergie. Au départ, Enron est une société traditionnelle de transport d'énergie, gérant des *pipelines*, qui développe progressivement des activités d'amont et d'aval pour se transformer radicalement et devenir une société de négoce. Cette activité consiste à offrir aux producteurs et distributeurs de gaz et d'électricité une place de marché électronique et des instruments leur permettant d'effectuer des transactions

●●●

•••

et de se protéger des fluctuations de prix. D'abord concentrée sur le secteur de l'énergie, Enron diversifie ensuite ses activités pour couvrir de nouveaux marchés : capacités Internet à haut débit, émissions polluantes, semi-conducteurs…

Pour avoir « repoussé les frontières » de son métier, la société Enron est célébrée comme une icône de la nouvelle économie. En 2000, Enron est la septième capitalisation boursière des États-Unis. Son chiffre d'affaires dépasse les 100 milliards de dollars et elle compte plus de 20 000 salariés dans le monde. Pendant cinq années consécutives, Enron est élue « la compagnie la plus innovante » par le magazine *Fortune*.

La nature des activités de négoce d'Enron lui impose de tenir le rôle de contrepartie afin d'assurer le bon dénouement des transactions effectuées sur sa plateforme électronique de négoce. Pour cela, la société doit disposer d'importantes lignes de crédit et elle s'expose à d'importantes fluctuations de ses bénéfices selon les trimestres. Ces fluctuations risquent de peser sur la notation de la société, notation qui influe à son tour sur son coût du capital et donc sur sa capacité à obtenir des financements et à attirer des investisseurs. En vue de s'assurer une notation attractive, Enron commence à mettre l'accent sur l'augmentation de son cash-flow, la réduction de son endettement et le « lissage » de ses bénéfices publiés.

Parmi les pratiques d'Enron qui attireront le plus l'attention une fois que le scandale éclatera figurent les *Special Purpose Entities* (SPE). En effet, afin d'accroître la rentabilité apparente de ses capitaux, Enron entreprend de se désengager de ses investissements les plus lourds ou de ses engagements les plus risqués en les faisant porter par des filiales non consolidées. Les comptes publiés par Enron font ainsi apparaître une rentabilité très forte, avec des actifs limités et des niveaux de risque faibles. À la suite de la faillite de la société, les enquêtes menées révèlent un ensemble complexe de ces entreprises *ad hoc*, portant certains actifs de la société mais non consolidées et n'apparaissant donc pas dans les états financiers d'Enron.

Les raisons de la chute

Les raisons de la faillite d'Enron sont nombreuses et complexes. Seule une partie des pratiques mises au jour relève véritablement de comportement délictueux (délit d'initié, détournements de fonds, dissimulation et destruction de preuves…).

Ces pratiques ont été rendues possibles par des dysfonctionnements généralisés :

- des systèmes de contrôle interne et externe de l'entreprise dont la découverte a provoqué une perte de confiance et un mouvement de panique des investisseurs et des banquiers ;
- un manque d'indépendance et des négligences du conseil d'administration qui, bien qu'en général informé des stratégies et des projets de la direction, et malgré des signaux d'alerte, n'a pas réagi ;
- l'insuffisance de la supervision en interne ;
- un manque d'indépendance et d'objectivité du cabinet d'audit Arthur Andersen dans l'exercice de sa mission de commissaire aux comptes de l'entreprise, alors que ce cabinet fournissait par ailleurs à l'entreprise d'importants services d'audit interne et de conseil.

Arthur Andersen sera d'ailleurs une victime collatérale de la faillite d'Enron. En 2002, suite à une enquête menée par le département de la Justice, la firme d'audit est condamnée par le tribunal fédéral de Houston pour complicité dans la destruction de documents comptables. Cette mise en cause conduit à l'arrêt des activités d'Arthur Andersen aux États-Unis et au démantèlement du réseau international du cabinet.

QUESTIONS

Corrigés en ligne sur dunod.com

1. En quoi les conditions de la faillite d'Enron sont-elles dues à une défaillance de la gouvernance de l'entreprise ?
2. Quels mécanismes de gouvernance ont plus particulièrement failli ?
3. Pourquoi le cabinet d'audit Arthur Andersen a-t-il été entraîné dans la chute d'Enron ?

Première d'une série de scandales aux États-Unis (WorldCom, Adelphia, Global Crossing...) et en Europe (Parmalat, Ahold, Vivendi), de nature à ébranler durablement et profondément la confiance établie dans les marchés financiers, l'affaire Enron invite à une réflexion sur le fonctionnement de ces marchés. Parce qu'il est primordial de garantir la qualité de l'information financière transmise au marché, le débat sur la gouvernance se focalise sur l'organisation de la chaîne d'information financière. Sont ainsi réexaminés les rôles, les responsabilités et les modes de fonctionnement des professions de l'intermédiation financière : conflits d'intérêts au sein des banques, indépendance et pluralisme des analystes financiers, des agences de notation ou des sociétés d'audit (séparation entre les missions légales de contrôle et les activités contractuelles de conseil).

Inspirée directement par ces réflexions, la loi américaine Sarbanes-Oxley de juillet 2002 (souvent désignée par l'abréviation SOx) renforce l'indépendance et les responsabilités des administrateurs, tout en exigeant une certification personnelle sur l'honneur, assortie de sanctions pénales, de la véracité des comptes par le CEO (*Chief Executive Officer*, ou directeur général exécutif). En matière de profession financière, elle institue une structure publique de contrôle des firmes d'audit, placée auprès de la SEC. Parallèlement, elle interdit aux cabinets d'audit d'exercer des activités de conseil dans les sociétés dont ils certifient les comptes.

2 La théorie de la gouvernance

D'un point de vue théorique, la réflexion sur la gouvernance s'inspire très directement de la « théorie de l'agence » (voir la rubrique Fondements théoriques ci-après). Apparue à la fin des années 1970, cette théorie définit un certain nombre de concepts et de propositions utiles pour modéliser les problèmes de gouvernance. Elle analyse en effet les conflits qui apparaissent entre l'actionnaire (le principal) et le dirigeant (l'agent), et elle suggère des mécanismes de résolution de ces conflits.

FONDEMENTS THÉORIQUES

La théorie de l'agence

La théorie de l'agence de Jensen et Meckling définit l'entreprise comme un « réseau de contrats » permettant de gérer l'ensemble des relations entre les individus qui concourent à son activité. Selon les termes même des auteurs de la théorie de l'agence, « *la firme [...] est une fiction légale qui sert de lieu de réalisation à un processus complexe amenant l'équilibre entre les objectifs conflictuels d'individus [...] à l'intérieur d'un cadre de relations contractuelles*[1] ».

La notion de « relation d'agence » tient une place particulière dans cette approche. Jensen et Meckling la définissent comme « *un contrat dans lequel une personne (le principal) a recours aux services d'une autre personne (l'agent) pour accomplir en son nom une tâche quelconque, ce qui implique une délégation de nature décisionnelle à l'agent*[2] ».

•••

•••

Ainsi, le dirigeant non-propriétaire est l'agent des actionnaires et il reçoit de ces derniers une délégation du pouvoir normalement dévolu au propriétaire. Du fait de cette délégation, le dirigeant peut prendre toutes les décisions de stratégie et de management qui s'imposent au nom des propriétaires (les actionnaires) et, en principe, en fonction de leurs intérêts.

La tension entre principal et agent

Partant d'une hypothèse, classique en économie, selon laquelle chaque individu est avant tout motivé par la poursuite de son intérêt propre, la théorie de l'agence observe que des divergences d'intérêt peuvent opposer le principal et l'agent.

L'agent tendra en effet à profiter de la liberté décisionnelle qui lui est accordée pour gérer les affaires du principal dans un sens davantage favorable à ses propres intérêts qu'à ceux du principal, voire peut-être préjudiciable à ce dernier. Le simple fait qu'une telle situation puisse se produire suffit à créer le doute.

La résolution des conflits d'intérêts

- **Dans un univers d'information complète**, où les efforts déployés par l'agent seraient parfaitement observables, de tels conflits d'intérêts pourraient être résolus par un contrat obligeant l'agent à agir conformément aux intérêts du principal. En supposant qu'aucun coût ne soit associé à l'établissement et à l'exécution de ce type de contrat, le problème d'agence serait supprimé. La réalité de la vie des entreprises est cependant souvent marquée par la complexité, l'ambiguïté et l'imprévisibilité des actions des dirigeants.
- **Dans un univers où l'information est imparfaite**, le contrat qui lie les parties est nécessairement incomplet. De plus, il existe une asymétrie d'information entre les parties qui fait que le principal (le ou les propriétaires de l'entreprise) n'a pas les moyens de contrôler parfaitement et à peu de frais l'action de l'agent (le dirigeant). En effet, le dirigeant d'une entreprise connaît bien mieux la situation de l'entreprise et les détails de son activité que les actionnaires, surtout si l'actionnariat de l'entreprise est très fragmenté et qu'aucun actionnaire n'a une part significative du capital. Or, l'actionnaire est très vulnérable aux actions des dirigeants dans la mesure où, à la différence des autres créanciers (banques, salariés, fournisseurs, etc.) dont les risques sont limités par le fait qu'ils bénéficient d'une rémunération fixée à l'avance (taux d'intérêt, niveau de salaire, prix des fournitures, etc.), l'actionnaire ne dispose que d'un droit sur les revenus nets de l'entreprise.

C'est pourquoi on dit que les actionnaires ont le statut particulier de « créanciers résiduels » : ils ne sont rémunérés que si la stratégie de l'entreprise a permis de dégager un surplus.

1. Jensen M.C. et Meckling W.H., 1976.
2. *Ibid.*

a. Les conflits d'intérêts entre actionnaires et dirigeants

• L'horizon temporel

La première source de conflit entre dirigeants et actionnaires est qu'ils ne raisonnent pas en fonction du même horizon temporel. Tandis que les dirigeants agissent en fonction de l'échéance de leur contrat, les actionnaires agissent en fonction d'un horizon dépendant de leur propre stratégie d'investissement.

• La nature de l'investissement

Une deuxième source de conflit provient de la nature du « capital » que les deux parties engagent dans l'entreprise. Alors que le capital investi par les actionnaires est financier, et par là même « dissociable », le capital engagé par le dirigeant est avant tout humain.

De ce fait, un actionnaire peut morceler ses investissements entre plusieurs entreprises et ainsi diversifier ses risques. Le dirigeant, quant à lui, se consacre entièrement à une seule entreprise. Son sort personnel est directement lié à la survie et à la pérennité de l'entreprise. De là naît une divergence d'objectifs qui peut conduire le dirigeant à fixer des stratégies d'investissement et de financement sous-optimales pour les actionnaires.

• La prise de risque

Ainsi, il est le plus souvent dans l'intérêt des actionnaires qu'une entreprise s'engage dans des projets risqués mais potentiellement très rémunérateurs, alors que le dirigeant pourra préférer une politique plus prudente, même si cela conduit à renoncer à des opportunités intéressantes, mais risquées.

• La diversification

De même, les dirigeants peuvent être favorables à la diversification, qui permet de lisser les hauts et les bas des diverses activités et assure ainsi une plus grande stabilité à l'entreprise – et donc à la situation de ses dirigeants. Les actionnaires, en revanche, ont rarement intérêt à une telle diversification qui tend souvent à détruire de la valeur (voir le chapitre 7).

• Les préférences personnelles

De manière plus anecdotique, les dirigeants peuvent avoir une attirance particulière pour un secteur alors que celui-ci n'est pas particulièrement rentable ou au contraire une aversion pour certaines activités malgré leur rentabilité, et prendre en conséquence des décisions stratégiques qui accroissent leur propre satisfaction mais pénalisent les actionnaires. Les diversifications historiques de certaines entreprises industrielles dans les médias et la presse s'expliquent davantage par les préférences de dirigeants comme Lagardère et Dassault, qui ont par ailleurs donné leur nom à leur groupe respectif, que par un souci de création de valeur actionnariale.

• Les modes de rémunération

Une autre source de conflit vient de la latitude plus ou moins grande dont dispose le dirigeant pour prélever pour lui-même une part des ressources de la firme sous la forme de rémunération, bien sûr, mais aussi d'avantages en nature plus difficiles à contrôler (notes de frais, voitures de fonction, jet privé, etc.). En 2019, l'arrestation de Carlos Ghosn, le patron de Renault-Nissan, a été motivée de cette manière par le conseil d'administration de Nissan.

Figure 6.9 Les sources de conflit d'intérêts entre actionnaires et dirigeants

b. La stratégie d'enracinement

Les dirigeants tentent parfois de mettre en œuvre différentes stratégies pour protéger leur poste en échappant aux mécanismes de contrôle. Selon la théorie de l'enracinement[1], ils auraient pour objectif de maximiser la rentabilité de l'investissement en capital humain qu'ils engagent dans l'entreprise.

Dans le but d'accroître ce capital humain, le dirigeant, loin de subir passivement les systèmes de contrôle destinés à aligner son comportement sur les intérêts des actionnaires, développerait des stratégies actives visant à :

- rendre son remplacement particulièrement coûteux ;
- influencer favorablement la perception qu'ont les actionnaires de ses capacités, en les persuadant qu'il est le plus compétent pour diriger l'entreprise et qu'il consacre tous ses efforts à cette tâche.

Dans cette optique, un certain nombre de choix stratégiques classiques peuvent être interprétés comme résultant de stratégies d'enracinement. C'est le cas des investissements de croissance externe, qui accroissent la taille de l'entreprise et la rendent ainsi moins vulnérable aux tentatives de prise de contrôle, ce qui protège la position des dirigeants en place. C'est aussi le cas des investissements en recherche et développement dont la visibilité est généralement réduite. C'est enfin – encore ! – le cas des stratégies de diversification que les dirigeants sont suspectés de privilégier comme un moyen de brouiller le périmètre de l'entreprise, d'accroître sa complexité, d'opacifier l'information relative à sa gestion, de diminuer l'efficacité du contrôle interne, l'ensemble rendant le contrôle plus difficile et plus coûteux.

1. Shleifer A. et Vishny R.W., 1989.

3 Les règles de gouvernance

Influencée par l'évolution de l'actionnariat et inspirée par la théorie de l'agence, l'approche actuelle de la gouvernance consiste à renforcer les systèmes de contrôle et d'incitation des dirigeants afin d'éviter qu'ils ne prennent des décisions contraires aux intérêts des actionnaires. On distingue souvent les dispositifs « internes » et les mécanismes « externes » à l'entreprise.

a. Les mécanismes internes

Les mécanismes visant à aligner les actions des dirigeants avec les intérêts des actionnaires déterminent les « coûts d'agence ».

Les coûts d'agence incluent non seulement les coûts de surveillance des dirigeants, mais aussi un « coût d'opportunité ».

Également appelée « perte résiduelle », cette notion désigne l'écart entre le résultat de l'action réelle du dirigeant et ce qu'aurait donné un comportement conduisant à la maximisation des intérêts des actionnaires.

Une gouvernance efficace doit s'appuyer sur des systèmes d'incitation et de surveillance qui minimisent ces coûts d'agence.

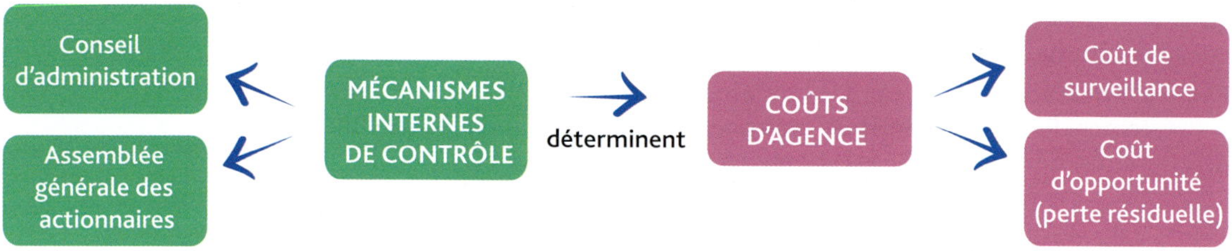

Figure 6.10 Mécanismes internes de contrôle et coût d'agence

- **Le conseil d'administration**

Le conseil d'administration est l'endroit où s'organise la confrontation entre les membres « internes » de l'entreprise, qui formulent et mettent en œuvre la stratégie, et les membres « externes », qui cherchent à contrôler et à influencer les membres internes[1].

Jouant un rôle crucial dans la gouvernance, le conseil d'administration est, avant tout, un organe de contrôle des dirigeants, puisqu'il est le « sommet » des systèmes de contrôle de l'entreprise.

Son rôle est d'une part de contrôler et de ratifier les décisions lancées et mises en œuvre par les dirigeants, et d'autre part de nommer, récompenser (à travers la politique de rémunération) et parfois révoquer les principaux dirigeants.

1. Mintzberg H., 1993.

Les recommandations de bonne gouvernance insistent sur :

- **La composition du conseil d'administration** : le conseil est en général constitué d'administrateurs internes (actionnaires, salariés de l'entreprise) et externes (administrateurs indépendants, libérés de l'influence des dirigeants mais aussi de préférence des actionnaires).
- **La constitution de comités spécialisés**, tels que le comité d'audit (chargé des relations avec les auditeurs externes), le comité de nomination (chargé de suggérer des successeurs pour les dirigeants ou administrateurs), le comité de rémunération (propose la politique de rétribution). Dans la mesure où les administrateurs internes en sont exclus, ces comités peuvent devenir un lieu d'expression libéré de l'influence des dirigeants.
- **Le contrôle et la ratification des décisions** : depuis longtemps, on s'interroge sur la qualité réelle du contrôle exercé par le conseil d'administration, suspecté de n'être qu'une chambre d'enregistrement des décisions des dirigeants, comme l'a montré le cas d'Enron. L'efficacité du contrôle exercé par le conseil d'administration dépend de sa capacité à détecter d'éventuelles insuffisances dans la gestion de l'entreprise, comprendre l'origine de ces insuffisances, définir les mesures correctrices pertinentes – voire les sanctions envers ceux qui sont à l'origine de ces insuffisances – et bien entendu imposer de telles mesures. L'exercice de ces tâches requiert, de la part des administrateurs, des qualités d'indépendance et d'objectivité et la capacité de porter un jugement éclairé et critique sur les propositions émises par la direction.

• L'indépendance du conseil d'administration

L'indépendance des administrateurs est souvent mise en avant comme le principal déterminant de l'efficacité du conseil d'administration. Si les administrateurs internes, familiers de l'entreprise et de son environnement, disposent de l'information pertinente pour évaluer sa gestion, ils peuvent manquer d'impartialité en raison, notamment, du lien de subordination qui les lie aux dirigeants. Mais, inversement, si les administrateurs externes, sans lien avec l'entreprise et ses dirigeants, sont supposés avoir les qualités d'indépendance et d'objectivité nécessaires à l'exercice d'un contrôle impartial de la direction, ils peuvent manquer de l'indispensable connaissance de l'entreprise.

Sans doute une approche adéquate, en matière de conseil d'administration, consiste-t-elle à :

- respecter un équilibre entre administrateurs internes et indépendants et penser le conseil d'administration comme un portefeuille de compétences afin de s'assurer la présence des personnalités dont l'expertise correspond aux défis stratégiques de l'entreprise ;
- s'interroger sur la motivation et les moyens de motivation des administrateurs ;
- éviter l'isolement du conseil par rapport aux systèmes de contrôle et d'information internes à l'entreprise.

CONTROVERSE

Une vision alternative du rôle du conseil d'administration

Un examen critique des missions du conseil d'administration conduit à envisager le rôle de ce dernier moins comme un organe de contrôle que comme un acteur de la stratégie de l'entreprise, tirant parti de sa position singulière à « l'interface » de l'entreprise et de son environnement.

Une telle vision est inspirée de la « théorie de la dépendance envers les ressources[1] ».

La dépendance envers les ressources

L'idée centrale dans cette théorie est que la survie et la réussite d'une organisation dépendent de sa capacité à acquérir et à renouveler les ressources qui sont essentielles à son fonctionnement : capital financier, ressources techniques, ressources humaines, information… Parce que la plupart de ces ressources sont hors de son contrôle, l'entreprise est en constante interaction avec son environnement pour obtenir ces ressources et, de ce fait, dépendante de cet environnement.

Dans un tel contexte, la « cooptation » est un moyen pour l'entreprise de prévenir et maîtriser les menaces qui résultent de cette dépendance et qui peuvent mettre en péril son existence ou sa stabilité. En intégrant à son conseil d'administration des individus qui vont l'aider à obtenir les ressources qui lui sont nécessaires, l'entreprise assure les conditions de son succès futur.

Exemple :

En faisant appel à d'anciens élus ou hauts fonctionnaires, l'entreprise va pouvoir bénéficier de leurs réseaux pour avoir plus facilement accès à des marchés publics. Avec des banquiers ou d'anciens banquiers, l'entreprise pourra plus facilement obtenir les ressources financières nécessaires à son développement. À cet égard, il est intéressant de constater qu'Al Gore, ancien vice-président américain, a été membre du conseil d'administration de Google. Tony Blair, ancien Premier ministre britannique, a été membre du conseil d'administration de J.P. Morgan Chase. En France, après l'annonce de son retrait de la vie politique, l'ancien Président de la République Nicolas Sarkozy est devenu administrateur du groupe Accor en février 2017. Et il ne s'agit là que de quelques exemples parmi tant d'autres.

•••

•••

Les bénéfices de la cooptation

Plus généralement, le conseil d'administration peut être vu comme un lieu privilégié de cooptation de personnalités qui peuvent apporter leur soutien à l'entreprise dans des domaines multiples :

- faciliter la collecte des ressources rares ;
- intervenir directement pour faciliter les négociations de l'entreprise avec certaines parties de l'environnement ;
- aider l'établissement à créer de nouveaux contacts en dehors de l'environnement immédiat de l'entreprise ;
- apporter une forme de conseil ;
- représenter une forme de caution, propre à renforcer la légitimité de l'entreprise et du dirigeant.

Cette approche opère en quelque sorte un retournement de perspective par rapport à l'approche traditionnelle du conseil d'administration comme organe de contrôle des dirigeants :

- le conseil d'administration n'a plus désormais une orientation essentiellement interne. Il est, également, un instrument, un portail d'accès, tourné vers l'extérieur ;
- il n'est plus seulement un organe de contrôle de la stratégie, il est une source de valeur ajoutée dans la conduite de la stratégie de l'entreprise par les informations et les ressources stratégiques qu'il met à la disposition de l'entreprise.

1. Pfeffer J. et Salancik G.R., 1978.

• L'assemblée générale des actionnaires

Réunie une fois par an (assemblée générale ordinaire) avec pour objet d'examiner la situation de l'entreprise et d'approuver les comptes de l'exercice écoulé, ou convoquée sur ordre du jour *ad hoc* (assemblée générale extraordinaire), l'assemblée générale est l'instrument de la souveraineté des actionnaires.

Mais la dispersion de l'actionnariat et la faible représentation des actionnaires aux assemblées ont souvent fait perdre à cet organe le rôle central qu'il doit normalement jouer dans l'expression du pouvoir des actionnaires.

Le mouvement en faveur d'une meilleure gouvernance a contribué à réhabiliter le rôle de l'assemblée. En particulier, la montée en puissance des actionnaires institutionnels s'est traduite par un degré plus fort d'implication de ces derniers. Ainsi, partout dans le monde, une même tendance impose aux gestionnaires de fonds d'exercer leurs responsabilités en votant pour le compte de leurs mandants. Cette évolution a été relayée par une prise de parole plus active des représentants des actionnaires minoritaires.

b. Les mécanismes externes

• La réglementation

La réglementation est une dimension essentielle du gouvernement d'entreprise. Aux yeux de la loi, les dirigeants sont susceptibles d'engager leur responsabilité pénale ou civile par leurs actes, ou l'absence de certains actes.

• La presse et les organismes spécialisés

Il convient également de noter le rôle plus diffus, mais essentiel, de la presse ou d'organismes spécialisés qui contribuent par leur action à imposer des règles et des normes de bon gouvernement d'entreprise.

• Le marché

Le marché, enfin, est un mécanisme externe essentiel pour garantir une bonne gouvernance :

- **Le marché concurrentiel des biens et services** qui sanctionne la qualité des décisions stratégiques.
- **Le marché de l'emploi**, et en particulier, le marché des cadres dirigeants, où la valeur du capital humain est appréciée à partir de la performance réalisée. La perspective d'être « jeté » sur le marché exerce une pression directe sur les dirigeants.
- **Le marché financier**, supposé exercer un effet disciplinaire important.

Dans un cadre libéral, le marché occupe une place centrale du fait de son rôle d'évaluation et de sanction de la qualité de la stratégie des entreprises. Mais, afin d'exercer efficacement leur pouvoir de discipline sur cette stratégie, les investisseurs doivent être correctement informés. La réforme des organes internes de gouvernance vise à promouvoir une plus grande transparence et une meilleure information du marché. La structure de gouvernement de l'entreprise est redessinée afin de garantir que toute l'information utile parvienne au marché, en veillant notamment à ce qu'elle ne soit pas manipulée par les membres internes de l'entreprise.

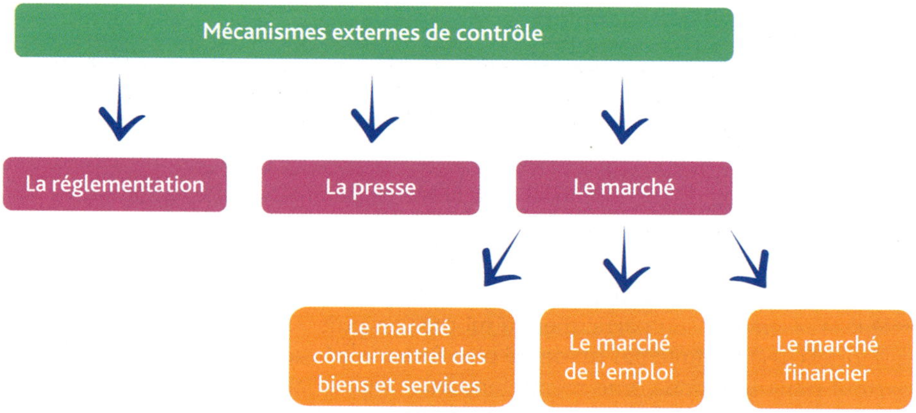

Figure 6.11 Les mécanismes externes de contrôle et d'incitation

4 Modèle universel ou particularismes locaux ?

Si les réformes des règles de gouvernance vont globalement dans le sens du paradigme dominant de la création de valeur pour l'actionnaire, certains particularismes locaux subsistent. Ainsi, on oppose traditionnellement deux grands modèles de gouvernance, selon qu'ils privilégient les mécanismes externes ou internes :

- le système « orienté marché » ou « externe » qui caractérise plutôt les pays anglo-saxons ;
- le système « orienté banques », « orienté réseaux » ou « interne » plutôt caractéristique de l'Europe continentale et du Japon.

Les deux systèmes se distinguent à plusieurs égards.

a. Le modèle « orienté marché »

Le modèle « orienté marché » est caractérisé par des marchés de capitaux développés et liquides reflétant le rôle prépondérant des financements boursiers par rapport aux financements bancaires. Par conséquent, ce modèle est généralement caractérisé par une base d'actionnariat dispersée.

Le suivi et le contrôle des dirigeants s'effectuent principalement par l'intermédiaire du marché de capitaux. En effet, la liquidité du marché permet aux actionnaires de se désengager facilement de leurs participations. En outre, un marché des prises de contrôle actif constitue une menace permanente pour les équipes dirigeantes en place. Un tel système favorise l'interventionnisme des actionnaires et suppose une grande qualité de l'information que l'entreprise transmet au marché financier. Dans des cas extrêmes, ce modèle peut conduire au démantèlement pur et simple des entreprises au profit des actionnaires.

Exemple

Le démantèlement de Yahoo

- Depuis la fin des années 2000, les revenus publicitaires de **Yahoo** se réduisaient comme peau de chagrin face à la concurrence de **Google** et de **Facebook**. Malgré les efforts de redressement menés par Marissa Mayer, la dirigeante de Yahoo, la valorisation boursière de l'entreprise a chuté d'un tiers fin 2015. Cela a conduit à une remise en cause du management de l'entreprise par le conseil d'administration, sous la pression des actionnaires. Ces derniers, appuyés par des fonds activistes, ont exigé que Yahoo cède ses activités Internet, c'est-à-dire tout son *core business* (portail, messagerie, moteur de recherche, régie publicitaire, site d'informations) tandis qu'ils demeuraient actionnaires d'une société d'investissement dénommée **Altaba**. Cette société regroupe les brevets de Yahoo, ainsi que ses participations dans **Alibaba** et dans Yahoo Japan. Les activités Internet ont été vendues à **Verizon** en 2016 pour seulement 4,8 milliards de dollars et fusionnées avec **AOL**. Ancien géant d'Internet, Yahoo a été complètement démantelé, pour se réduire finalement à un portefeuille de participations. Cette opération a eu pour effet de faire bondir l'action Yahoo de 7 % tandis que Marissa Mayer lâchait les commandes en échange d'un confortable parachute doré.

b. Le modèle « orienté banques et réseaux »

Le modèle « orienté banques et réseaux » est caractérisé par des marchés de capitaux moins développés et moins liquides. La base d'actionnariat des entreprises est davantage concentrée et structurée par des liens capitalistiques importants, voire des participations croisées, entre entreprises et entre entreprises et banques.

Ce système est plus flou sur la régulation du comportement des dirigeants. Alors que le faible développement du marché des capitaux crée un obstacle au libre jeu des mécanismes externes, les dirigeants « négocient » la manière dont ils sont contrôlés par leurs partenaires institutionnels (banques et actionnaires de référence, mais aussi pouvoirs publics). Des relations de long terme se développent entre ces différents acteurs. Plus internalisé, moins formalisé, un tel système peut se satisfaire d'une information moins standardisée et diffusée de manière plus restreinte.

Un des problèmes qu'il pose est que les dirigeants peuvent s'entendre avec leurs actionnaires de référence et autres partenaires aux dépens des actionnaires minoritaires. La question de la protection des minoritaires y est donc particulièrement cruciale.

c. Des modèles profondément distincts

- **Des conceptions de l'entreprise différentes**

Les deux systèmes se distinguent également par leur conception sous-jacente de l'entreprise. Dans le système « orienté marché », l'entreprise est essentiellement envisagée comme un instrument de maximisation de la richesse des actionnaires. Dans le système alternatif, une vision pluraliste de l'entreprise tend à faire valoir un intérêt commun qui impose de considérer simultanément l'ensemble des intérêts des différentes parties prenantes.

Modèle orienté marché	Modèle orienté banques et réseaux
Marchés de capitaux développés et liquides	Marchés de capitaux moins développés et moins liquides
Actionnariat dispersé	Actionnariat concentré
Transparence	Plus d'opacité
Contrôle des dirigeants par le marché financier	Contrôle des dirigeants négocié
Entreprise = instrument de richesse des actionnaires	Vision pluraliste de l'entreprise : intérêt commun

Figure 6.12 Les deux principaux modèles de gouvernance

• Une vision simpliste ?

Une telle distinction, esquissée à grands traits, ne doit être interprétée qu'avec prudence. Les systèmes de gouvernance sont en effet ancrés dans les caractéristiques plus générales du pays dans lequel ils s'insèrent : organisation des marchés financiers, tradition juridique et cadre légal, groupes de pouvoir dominants... Ces caractéristiques sont elles-mêmes issues de la culture du pays, de son histoire, et en particulier de l'histoire de son développement économique.

L'assimilation de systèmes nationaux, tels ceux de l'Allemagne, du Japon ou de la France, à un seul et même modèle est sans doute simpliste car chacun de ces pays a des caractéristiques spécifiques.

D'autre part, la dispersion de l'actionnariat, censée caractériser le modèle anglo-saxon, n'est pas toujours au rendez-vous dans les pays de culture anglo-américaine, notamment dans certaines industries.

Enfin, une telle analyse ignore les pays émergents, caractérisés par le poids des entreprises publiques et des entreprises familiales, ainsi que l'importance des réseaux et la faiblesse de l'information. La diversité est donc plus forte qu'on ne pourrait le croire.

• La remise en cause du modèle « orienté marché »

La globalisation des marchés financiers, parallèlement à l'internationalisation des entreprises, est censée contribuer à répandre le modèle orienté « marché » et ses règles de gouvernance. Pourtant, l'analyse du développement économique dans les principaux pays développés ne permet pas de relever de supériorité incontestable d'un modèle par rapport à un autre. La crise financière qui a éclaté en 2008 pourrait d'ailleurs provoquer à terme un certain retour vers les systèmes de gouvernance « interne », au détriment du système « orienté marché ». Certains experts jugent ce dernier responsable de cette crise, du moins en partie, parce qu'il n'a pas su contrôler les choix stratégiques des dirigeants des banques et institutions financières.

CONCLUSION

En règle générale, les réformes de gouvernance mises en œuvre au cours des trente dernières années traduisent une conception libérale et financière de l'économie et de l'entreprise. L'objectif poursuivi est clair : il s'agit de maximiser la richesse des actionnaires en valorisant au maximum le capital investi. De là à ce que la loi du marché financier s'impose partout, que toutes les entreprises diversifiées soient menacées en permanence de démantèlement, et donc que la notion même de *corporate strategy* devienne illusoire, il n'y a qu'un pas. C'est ce qui fait craindre à certains auteurs une « financiarisation de l'entreprise[1] ».

La diffusion de modèles de pilotage de l'entreprise par la création de valeur, comme l'approche EVA (*Economic Value Added*), développée par le cabinet Stern Stewart & Co., est un signe particulièrement criant de cette financiarisation. Le but de l'EVA est en effet de diffuser l'objectif de création de valeur à tous les niveaux de l'entreprise. Conceptuellement, l'EVA n'est rien d'autre que le profit économique,

1. Orléan A., 1999.

comme nous l'avons vu, mais la méthode consiste à l'appliquer à chaque activité de l'entreprise, voire comme critère de performance pour calculer le bonus de chaque manager opérationnel. Au lieu d'être le seul souci du dirigeant vis-à-vis des actionnaires, la création de valeur devient ainsi l'affaire de chacun à tous niveaux de l'organisation. Elle devient l'alpha et l'oméga de toutes les décisions prises dans l'entreprise.

Une telle évolution n'induit-elle pas un risque de « court-termisme » des dirigeants incités à présenter, trimestre après trimestre, des résultats flatteurs en termes de création de valeur immédiate ? Ce faisant, ne vont-ils pas différer, voire sacrifier, l'investissement, négliger le développement des compétences de l'entreprise, et compromettre ainsi sa croissance future ? Ne vont-ils pas renoncer à toute tentative d'exploration de nouveaux *business* et abandonner toute idée d'innovation aux start-up ? Ces comportements auraient un effet délétère sur l'économie.

À ces questions, les tenants de la régulation par le marché répondent que les investisseurs ne privilégient pas la rentabilité à court terme mais bien la valeur actuelle nette de tous les cash-flows futurs, et que si ce processus d'actualisation conduit bien à attribuer une valeur plus importante aux profits immédiats qu'à ceux qui apparaîtront à l'avenir, toute stratégie qui hypothéquera le futur de l'entreprise réduira ainsi la valeur des investissements qu'elle a reçus, et sera irrémédiablement sanctionnée par le marché boursier. Les tenants de ce point de vue en veulent pour preuve qu'il est fréquent que des entreprises annonçant des résultats excellents voient néanmoins leur cours de Bourse s'effondrer, lorsque les investisseurs voient dans ces résultats une hypothèque sur l'avenir. À l'opposé, la valeur de certaines entreprises qui accumulent les pertes ne cesse d'augmenter. Le débat sur la question reste ouvert.

À RETENIR

La création de valeur, objectif fondamental de la *corporate strategy*

- En *business strategy*, l'objectif de création de valeur se résume à surpasser les concurrents en matière de **rentabilité économique.**
- En *corporate strategy*, cet objectif est plus complexe : il s'agit de **créer des synergies** entre des domaines d'activité dont la rentabilité et le coût du capital diffèrent significativement.
- La « **création de valeur actionnariale** » consiste à enrichir les actionnaires de l'entreprise.
- Pour créer de la valeur, l'entreprise doit générer un **profit économique positif**, c'est-à-dire que la rentabilité des capitaux investis doit être supérieure au coût du capital.
- Le **coût du capital** est la rentabilité minimale qu'attendent les actionnaires de leur investissement. Il dépend du niveau de risque encouru (plus un risque est élevé, plus l'actionnaire s'attendra à un rendement élevé).
- La **valeur d'une entreprise** reflète la valeur de ses cash-flows futurs actualisés au coût du capital. Par ailleurs, la valeur d'une entreprise cotée est égale à la somme de sa capitalisation boursière et de sa dette nette.
- Il est très difficile de **créer de la valeur** sans croître, innover, s'internationaliser ou se diversifier, même si cette croissance représente un risque supplémentaire et augmente le coût du capital.
- La montée en puissance de la création de valeur pour l'actionnaire remet en cause les **stratégies de diversification**. En effet, si les marchés financiers sont efficients, l'actionnaire peut diversifier ses risques par lui-même. Seules de fortes synergies peuvent justifier la diversification de l'entreprise.

La gouvernance d'entreprise

- La montée en puissance des **investisseurs institutionnels** (banques, assurances, fonds d'investissement et fonds de pension) à la fin du XXe siècle leur a permis d'imposer la création de valeur actionnariale comme objectif pour les dirigeants, alors que ces derniers avaient « confisqué » le pouvoir jusque-là.
- Les principes de bonne **gouvernance** reposent sur la **théorie de l'agence**. Ils sont destinés à aligner les comportements des dirigeants sur les intérêts des actionnaires.
- Une bonne gouvernance s'appuie sur des **mécanismes internes** (dont le conseil d'administration) et des **mécanismes externes** (réglementation et pression du marché).
- Les **modèles de gouvernance** diffèrent selon les cultures et législations nationales.
- Les **mécanismes de marché** sont de plus en plus fréquemment remis en cause.

Chapitre 7

Diversification, recentrage et portefeuille d'activités

On définit la diversification comme le développement de l'entreprise dans des domaines autres que son métier de base. Ce mouvement peut se traduire par l'élargissement du portefeuille d'activités de l'entreprise vers une nouvelle industrie ou par la migration d'une industrie vers une autre lorsque le métier d'origine est en déclin. La diversification peut se justifier stratégiquement à condition de se déployer dans des activités propices à la mise en œuvre de synergies.

Inversement, une entreprise peut avoir intérêt à restreindre le champ des activités où elle est présente et à se recentrer. C'est le cas quand les entreprises sont confrontées à un contexte économique défavorable ou à une pénalisation de leur cours de Bourse en raison d'une diversification jugée trop large.

Ce chapitre présente les notions de diversification et de recentrage ainsi que les modèles d'analyse de portefeuille d'activités et comment ces derniers ont évolué pour se conformer aux exigences de création de valeur.

Plan du chapitre

SECTION 1

QU'EST-CE QUE LA DIVERSIFICATION ?

Dans les années 1970, la diversification a été considérée comme la réponse aux problèmes de croissance des entreprises. Dans les années 1990, elle a été critiquée par les investisseurs et les analystes financiers, au moment où la notion de création de valeur pour l'actionnaire s'est mise à dominer la pensée stratégique.

En effet, du point de vue des actionnaires, la diversification est suspecte car c'est une manœuvre par laquelle les dirigeants de l'entreprise leur imposent un investissement dans un nouveau secteur d'activité. Quand l'entreprise se diversifie, la volonté des dirigeants se substitue au pouvoir d'arbitrage des actionnaires. On retiendra donc que la théorie financière considère que c'est à l'actionnaire de diversifier son portefeuille d'actions et non à l'entreprise de diversifier son portefeuille d'activités.

La diversification a cependant été partiellement réhabilitée dans les années 2000 comme un moyen légitime de croître dans certains contextes économiques, notamment lorsque les marchés financiers sont peu efficients.

1 Comment définir une entreprise diversifiée ?

a. Notions et vocabulaire

La diversification est la décision d'une entreprise d'entrer dans un nouveau domaine d'activité. Une entreprise diversifiée est donc une entreprise présente dans au moins deux industries différentes.

Par « nouveau domaine d'activité », nous entendons un métier correspondant à une chaîne de valeur et à une structure de coût différentes. Le mot « industrie », quant à lui, fait référence au groupe de concurrents dont l'entreprise fait partie pour chacun de ses domaines d'activité. Lorsqu'elle se diversifie, l'entreprise a besoin de nouvelles compétences, elle s'adresse à de nouveaux clients et fait face à de nouveaux concurrents. La diversification va donc plus loin qu'une extension de la gamme de produits ou de services.

On peut parfois qualifier l'expansion internationale de diversification géographique lorsque le nouveau marché géographique implique de s'adresser à des clients différents, de se confronter à de nouveaux concurrents, de trouver de nouveaux fournisseurs, de modifier les canaux de distribution, de prendre en compte de nouvelles contraintes réglementaires. Par exemple, les facteurs clés de succès de l'industrie alimentaire sont très différents en Chine et en Europe même si les activités sont techniquement similaires. C'est ce qui explique les difficultés de Danone lorsqu'il s'est implanté en Chine (voir la rubrique Étude de cas, chapitre 11, section 3).

b. Intégration verticale et diversification

Cet argument est également valable pour l'intégration verticale qui peut être qualifiée de diversification. Sous l'angle de la *business strategy*, acheter un fournisseur ou s'intégrer en aval contribue à renforcer l'avantage concurrentiel de l'entreprise.

Mais ce mouvement stratégique est aussi une diversification. En effet, au sein d'une filière économique, chaque stade de la filière exige des compétences, des technologies, des chaînes de valeur différentes. Par exemple, lorsque LVMH achète Séphora, il suit une logique d'intégration verticale mais entre aussi dans un nouveau métier, celui de la distribution.

c. La complexité de la diversification

Ces exemples autour de la diversification renvoient à des questions complexes : à partir de quand une entreprise considère-t-elle qu'elle entre dans un nouveau domaine d'activité ? Selon quels critères définit-on la diversification ? Et lorsqu'on dit que l'entreprise entre dans un nouveau métier, qu'entend-on par « métier de base » ? Ces débats posent la question de savoir si un ensemble d'activités donné fait partie d'un même « métier » ou doit être segmenté en plusieurs domaines d'activité différents. Cela renvoie à la notion de segmentation stratégique.

Exemple

Suez, un groupe diversifié ?

- Comment considérer le groupe **Suez** ? Est-il diversifié ou ses activités relèvent-elles d'un même métier ? Ce groupe comprend des activités « eau » et des activités de gestion des déchets. Plus finement, dans l'activité « eau », on peut distinguer la distribution d'eau et le traitement de l'eau, qui sont des activités complémentaires mais qui utilisent des technologies différentes et qui font face à des concurrents différents. Dans les activités « propreté », on peut séparer la collecte de déchets pour les municipalités du traitement et du recyclage des déchets domestiques ou industriels. Ces deux activités ont une structure de coût différente et exigent des savoir-faire différents. Suez peut donc être vu comme un groupe diversifié.

2 Segmentation stratégique et diversification

On utilise plus ou moins indifféremment les termes « métier », « domaine d'activité » ou « segment stratégique » pour désigner chacune des activités qui composent le portefeuille d'activités. Il existe pourtant des différences.

« Métier » fait référence à un assemblage de compétences, « domaine d'activité » à l'offre et au marché, et « segment stratégique » à la démarche de segmentation stratégique.

a. Un ensemble homogène de facteurs clés de succès

On identifie généralement les segments stratégiques d'une entreprise à partir des compétences et des ressources requises pour être compétitif dans une activité donnée. Chaque segment doit correspondre à un ensemble homogène de facteurs clés de succès. La segmentation stratégique « découpe » donc l'espace concurrentiel en fonction de nombreux critères (concurrents, structure de coût, technologie, *process* de production, canaux de distribution, types de fournisseurs et bien sûr clients).

b. Des groupes de concurrents aux profils différents

Cette segmentation stratégique identifie des groupes de concurrents aux profils différents au sein d'une même industrie. En effet, comme on l'a vu au chapitre 1, l'espace concurrentiel n'est pas homogène et tous les concurrents au sein d'une même activité n'ont pas les mêmes structures de coût, les mêmes compétences, les mêmes clients ou les mêmes concurrents. Les entreprises ou les groupes stratégiques suivent donc des stratégies différentes. En ce sens, la segmentation stratégique relève plus d'une démarche propre à la *business strategy* puisqu'elle s'effectue au sein d'une même industrie.

c. Des synergies entre des domaines d'activité différents ?

Ainsi, il peut y avoir plusieurs segments stratégiques au sein d'une même activité. Par exemple, dans l'édition : le segment des livres d'art et celui de la littérature générale. Cette démarche de segmentation peut servir à analyser la diversification, en particulier la possibilité de partager des ressources et des compétences entre des métiers différents. Cela renvoie à la notion de synergies qui est au cœur de la diversification.

SECTION 2

LES DIFFÉRENTS TYPES DE DIVERSIFICATION ET LES SYNERGIES

L'entreprise doit se poser la question du rapport entre son métier d'origine et celui dans lequel elle souhaite entrer. Le nouveau métier peut être totalement différent ou présenter une certaine familiarité avec l'activité de base de l'entreprise. On parle alors d'une diversification liée ou bien d'une diversification conglomérale.

1 La diversification liée (ou concentrique)

La diversification liée (ou concentrique) consiste à exploiter plusieurs activités, certes différentes, mais qui présentent certains points communs entre elles.

La diversification tire ici sa pertinence stratégique de la possibilité de partager certains stades de la chaîne de valeur ou d'appliquer des compétences développées dans un métier à d'autres activités, ce qui constitue les « pivots » de la diversification. Ces derniers sont généralement de nature technologique ou commerciale et représentent un aspect important des synergies.

Lorsqu'elle se lance dans la diversification liée, l'entreprise doit analyser précisément ses ressources et ses compétences afin de les utiliser dans un autre domaine d'activité et d'obtenir ainsi une position concurrentielle avantageuse. Cette approche renvoie à la *Resource-Based View* (RBV) présentée dans le chapitre 2. Certaines ressources stratégiques à la source de l'avantage concurrentiel ont en effet une plasticité, qui permet de les déployer dans de nouveaux marchés.

2 La diversification conglomérale

Dans la diversification conglomérale, il n'existe pas de rapport opérationnel entre les activités. Celles-ci sont stratégiquement et organisationnellement indépendantes : les produits, les clients, les concurrents, les technologies, les processus de production sont différents. Les seuls liens entre les activités sont de nature financière.

Dans un conglomérat, les performances d'une activité n'ont pas d'influence sur les résultats des autres métiers du groupe mais les revenus excédentaires d'une activité permettent de financer le développement d'une autre activité ou de la renflouer en cas de difficulté. La diversification conglomérale peut néanmoins parfois s'appuyer sur le partage de certaines compétences managériales et de certains savoir-faire en gestion.

Exemple

Les activités diversifiées de United Technologies

- Le groupe américain **United Technologies** est présent dans les activités aéronautiques civiles et militaires (moteurs d'avions, aménagement des cabines) mais aussi dans les ascenseurs avec la marque Otis, dans les escaliers roulants ainsi que dans les climatiseurs, l'automation et les extincteurs avec la marque Sicli, et la détection des incendies. Son chiffre d'affaires total est d'environ 77 milliards de dollars, donc supérieur à celui de **Coca-Cola** ou de **Disney**.
- L'activité aéronautique génère environ 30 milliards de dollars ; c'est la première source de revenus du groupe mais elle représente moins de la moitié du chiffre d'affaires. Si les secteurs et les produits diffèrent, ils ont cependant pour point commun de générer une importante activité d'après-vente. Près de la moitié du chiffre d'affaires du groupe provient en effet des services après-vente.

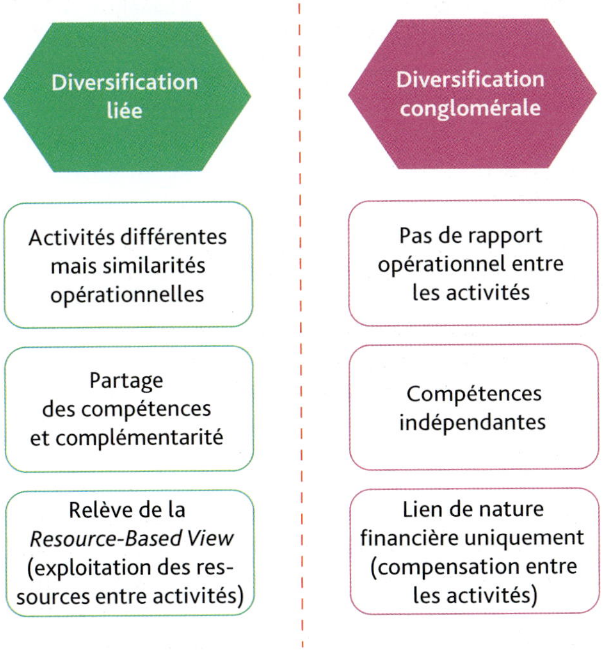

Figure 7.1 Les différents types de diversification

3 Pourquoi se diversifier ?

La diversification permet à une entreprise d'élargir son portefeuille d'activités ou de le modifier radicalement.

a. La diversification de développement

La diversification de développement consiste pour une entreprise à profiter de l'excédent de liquidités généré par une activité pour investir dans des domaines financièrement et/ou stratégiquement intéressants.

b. La diversification comme rééquilibrage stratégique

Dans la diversification comme rééquilibrage stratégique, une activité peut arriver à maturité, connaître une modification de ses facteurs clés de succès et être menacée par des produits de substitution. La diversification permet alors de partager le risque tout en préparant l'avenir. L'urgence du changement et l'intensité de la diversification diffèrent selon les cas.

Exemples

Orange et Groupama banque

- Confronté à une forte guerre des prix dans le secteur de la téléphonie, l'opérateur **Orange** a choisi non pas d'investir dans les contenus comme l'a fait son concurrent **SFR** mais de profiter de l'essor du digital pour se diversifier. Il a acquis 65 % du capital de **Groupama Banque**, la filiale bancaire du groupe d'assurance. Orange souhaite devenir une banque mobile et utiliser son savoir-faire pour développer des applications transformant les smartphones en agences bancaires. Orange bénéficie de la licence bancaire de Groupama et peut proposer des services bancaires personnalisés à ses 28 millions de clients. De même, les 530 000 clients de Groupama se voient proposer des services de téléphonie. La nouvelle entité compte aussi s'appuyer sur deux réseaux physiques pour convertir à moindre coût ses clients à ses services téléphoniques et bancaires.

Microsoft investit dans le *cloud*

- Les activités de **Microsoft** étaient très dépendantes de Windows et de la suite Office, deux activités dont la rentabilité se dégradait. Pour réduire cette dépendance, l'entreprise a investi dans l'informatique à distance et est devenue, avec Azure, numéro 2 mondial du *cloud*, derrière Amazon Web Services.

c. La diversification de survie

Dans la diversification de survie, il s'agit de quitter une activité en déclin et de se tourner vers un métier dont les perspectives de développement sont meilleures. Cette diversification permet à l'entreprise de survivre ou de connaître une seconde naissance.

Exemple

La Poste s'adapte

- Face à l'érosion de son métier historique, le transport de courrier, le groupe **La Poste** s'appuie désormais sur le transport de colis dont l'activité est portée par le fort développement du commerce en ligne. Le groupe développe aussi fortement ses activités bancaires et **La Banque Postale** entend désormais entrer dans le secteur de l'assurance.

4 Les avantages de la diversification

La diversification présente de nombreux avantages qui permettent de renforcer la position concurrentielle de l'entreprise.

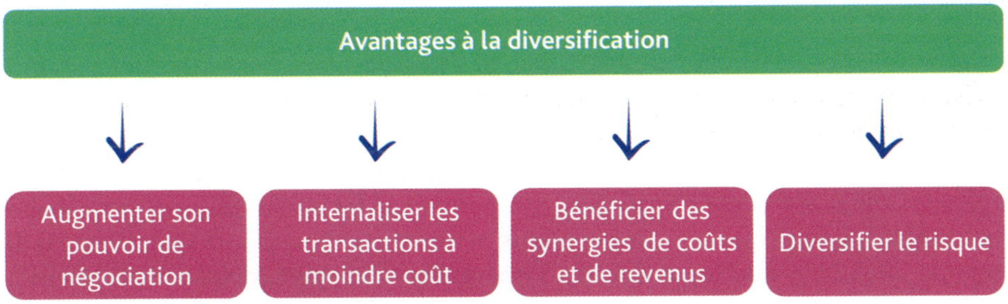

Figure 7.2 Les avantages de la diversification

a. Augmenter son pouvoir de négociation

Les groupes diversifiés s'appuient sur leur taille et la variété de leurs métiers pour renforcer leur pouvoir de négociation face à des fournisseurs ou des distributeurs. Ainsi, Procter & Gamble a explicitement présenté le rachat de Gillette comme un moyen de gagner en taille face à Walmart et aussi d'être présent dans une multitude de rayons du leader mondial de la distribution. La diversification est donc un moyen d'être moins sensible que les entreprises spécialisées au pouvoir des grandes chaînes de distribution.

b. Internaliser les transactions à moindre coût

La diversification permet d'internaliser certaines transactions à moindre coût. Ainsi, le rachat de fournisseurs ou de distributeurs peut permettre, en théorie, de réduire les coûts de distribution ou d'approvisionnement. De même, un groupe diversifié bénéficie d'une information plus complète et agit comme un mini-marché interne qui répartit ses ressources entre les différentes activités.

c. Bénéficier des synergies

La diversification permet aussi de bénéficier d'économies d'étendue ou de champ (*economies of scope*) ainsi que de synergies de revenus qui augmentent les revenus.

Les économies de champ sont une forme de synergie grâce à laquelle un groupe peut partager des matières premières, des technologies ou des réseaux de distribution entre plusieurs activités.

Dans les économies de champ, une même ressource peut être utilisée pour fabriquer des produits ou des services différents. Le coût de cette ressource est étalé sur plusieurs catégories de produits dans des secteurs différents et sur des volumes plus importants. Cela peut lui donner un avantage de coûts sur ses concurrents.

Exemple

Lactalis amortit ses coûts

▸ **Lactalis** est présent sur une large gamme de produits, du camembert jusqu'au beurre, à la crème, au lait de consommation, à la poudre de lait ou à la caséine pour les industriels. En étant présent dans tous les sous-produits du lait, Lactalis peut amortir ses coûts et réorienter son activité vers les produits les plus rentables lorsque les prix du lait varient.

d. Diversifier le risque

La diversification est aussi une façon de diversifier le risque lorsque les activités sont indépendantes : L'échec d'une activité (retournement de conjoncture, arrivée de nouveaux entrants...) peut alors être compensé par les autres métiers du groupe. On a ainsi constaté que les conglomérats avaient mieux supporté les effets de la crise de 2007-2008 que les entreprises spécialisées ou possédant un portefeuille d'activités très dépendantes les unes des autres.

5 Les synergies au cœur de la diversification

a. Les synergies opérationnelles

Chiffres clés

Un groupe présente des synergies lorsque la valeur de l'ensemble du groupe est supérieure à la somme de ses parties.

→ **2 + 2 = 5**

La diversification se justifie stratégiquement uniquement s'il existe des synergies entre l'activité dans laquelle l'entreprise se diversifie et celles déjà présentes au sein du groupe. On dit qu'un groupe présente des synergies lorsque la valeur de l'ensemble du groupe est supérieure à la somme de ses parties (d'où la formule imagée 2 + 2 = 5) c'est-à-dire si, du fait de leur appartenance à la même organisation, les activités ont collectivement une valeur supérieure à la somme des valeurs qu'elles auraient si elles étaient gérées par des entreprises indépendantes.

Les synergies transforment donc l'addition en multiplication de valeur grâce à la combinaison fructueuse des activités. Ce surcroît de valeur provient de liens opérationnels qui permettent de partager certains coûts entre plusieurs activités ou d'augmenter des revenus grâce au développement que les activités n'auraient pas si elles étaient hors du groupe. On distingue dès lors deux types de synergies : les synergies de coûts et les synergies de revenus.

Chiffres clés

Des activités différentes peuvent partager des éléments de leur chaîne de valeur et ainsi réduire leurs coûts.

→ **2 + 2 = 3**

- **Les synergies de coûts**

Les synergies de coûts correspondent à des économies de champ. Celles-ci proviennent de la mutualisation de la même ressource (technologie, logistique, systèmes d'information, marketing, force de vente ou fonctions administratives) dans des domaines d'activité différents. Des activités, bien que différentes, peuvent donc partager des éléments de leur chaîne de valeur et réduire leurs coûts : en quelque sorte, au niveau des coûts, on peut dire que 2 + 2 = 3.

Exemple

Bic mutualise

Bic a mutualisé ses achats et décliné sa technologie de moulage plastique, ses *process* de production dans des produits différents tels que les stylos, les rasoirs ou les briquets jetables ou même les équipements de sport tels que les planches à voile ou les *paddles*. Pour les briquets, les stylos et les rasoirs, qui sont des accessoires jetables, Bic utilise les mêmes compétences en marketing et en *merchandising*. Il mutualise aussi sa force de vente puisque ces produits sont vendus dans les mêmes canaux de distribution.

- **Les synergies de revenus**

Certaines activités peuvent aussi, tout en étant différentes, être complémentaires et s'adresser aux mêmes clients. Le développement d'une activité A sert alors au développement d'une autre activité B. Cela permet d'accroître les revenus issus des clients existants et de gagner de nouveaux clients. Il s'agit souvent de synergies commerciales croisées entre les activités. On parle de synergies de revenus.

Exemple

Les activités de Safran et de Zodiac Aerospace sont complémentaires

Safran est présent dans les moteurs d'avions, les trains d'atterrissage, les systèmes électriques et l'avionique tandis que **Zodiac Aerospace** produit des sièges d'avions, des aménagements de cabine ou des équipements de sécurité. Les deux entreprises ont les mêmes clients. En se rapprochant, elles proposent une offre complète qui peut leur permettre d'accroître leurs revenus.

Ainsi, au niveau des revenus et du chiffre d'affaires de chaque activité, on peut dire que 2 + 2 = 5. Il y a donc différence mais aussi complémentarité entre les activités.

- **Le prix des synergies**

Les synergies sont souvent séduisantes sur le papier ou dans les discours des dirigeants. Mais elles sont difficiles à mettre en œuvre. Elles exigent de mobiliser des équipes qui assureront la coordination entre les activités. Il faut donc dédier des ressources pour les exploiter et se doter d'une organisation qui encourage la transversalité et les échanges entre domaines d'activité différents. Les synergies ont donc un coût.

De même, une promotion croisée de deux produits amène à baisser les prix et il faut s'assurer que cela sera compensé par un accroissement du nombre de clients. Le lancement de promotions croisées exige aussi des investissements marketing pour faire connaître ces promotions.

Les synergies de coûts sont plus faciles à réaliser et produisent des économies rapides. Les synergies de revenus s'inscrivent dans une perspective de croissance mais elles combinent des activités différentes, ayant chacune leurs contraintes de fonctionnement et de développement. Elles sont donc plus difficiles à réaliser. Elles exigent aussi de mettre en place des équipes spécifiques gérant les complémentarités. Or, dans les grandes entreprises, les responsables de *business units* pensent souvent que les programmes transversaux imposés par la stratégie *corporate* créent des pertes de temps et d'efficacité[1]. La difficulté est donc de créer des incitations à l'exploitation des synergies. Ces difficultés de mise en œuvre expliquent en partie la performance incertaine de la diversification.

Exemple

La fusion AOL-Time Warner

- L'un des objectifs de la fusion entre **AOL** et **Time Warner** était de contrôler à la fois l'accès des abonnés à Internet ou au câble et le contenu des programmes. Grâce aux messages vantant les magazines comme Time ou Life sur le site d'AOL, Time espérait gagner 500 000 nouveaux lecteurs. De même, AOL voulait accroître le nombre de ses abonnés en insérant des disques de connexion dans les magazines de Time.
- Cependant, les synergies ont été difficiles à mettre en œuvre : les cultures des deux groupes étaient très différentes, les modèles économiques n'étaient pas convergents et les clients étaient réticents à l'offre groupée et aux promotions croisées. Les abonnés d'AOL consultaient déjà les informations disponibles sur Internet et ne se sont pas abonnés aux magazines dans les proportions attendues. De même, beaucoup de lecteurs des magazines de Time disposaient déjà de connexions Internet et n'ont pas été séduits autant que prévu par les promotions d'AOL.

b. Synergies non opérationnelles et synergies « financières »

• Les synergies de *best practices*

Ces synergies moins tangibles consistent à partager des savoir-faire et des *best practices* entre les différentes activités. Ces synergies sont difficiles à évaluer mais peuvent cependant être fructueuses et permettre d'être plus efficaces ou de sortir de nouveaux produits ou services.

• Les synergies non opérationnelles

Une entreprise diversifiée peut parfois avoir accès à de meilleures conditions de financement. Elle peut aussi accumuler des compétences, dans la fonction juridique ou l'immobilier, qui profiteront à ses différentes branches.

• Les synergies « financières »

La notion de synergie « financière » est plus controversée. Les synergies financières consistent à diversifier le risque, équilibrer son portefeuille et lisser ses résultats, sous prétexte que les actionnaires valorisent la stabilité des profits. La diversification conglomérale crée ainsi un marché interne des capitaux pour allouer le *cash-flow* en interne, lorsque les taux d'intérêt sont élevés, ce qui est censé réduire le coût du capital (au mépris de la théorie financière). De plus, les dirigeants de l'entreprise s'estiment mieux informés sur les opportunités que des investisseurs extérieurs et donc mieux en mesure d'allouer les ressources de façon optimale entre les différentes activités du groupe. Autrement dit, le groupe se sert des activités rentables comme d'une banque interne finançant les autres métiers.

1. Goold M., Campbell A. et Alexander M., 1998.

Toutefois, comme on l'a vu précédemment, les actionnaires peuvent diversifier leur portefeuille eux-mêmes et, puisque les marchés financiers sont censés être transparents et efficients, les investisseurs ont collectivement davantage d'informations que n'importe quel dirigeant d'entreprise individuel. Il n'y aurait donc de synergie « financière » que si le marché financier n'est pas efficient. C'est pourquoi, dans la réalité, les seuls marchés où l'on peut trouver de telles synergies sont les pays où le marché boursier est peu développé. Dans ces pays, les conglomérats se substituent à la Bourse et permettent aux entreprises de se financer et de se développer.

6 Diversification et collusion multisecteur (*multipoint competition*)

Selon cette théorie, les entreprises diversifiées ayant des portefeuilles d'activités comparables évitent des comportements agressifs sur un métier par peur de rétorsion du concurrent sur un autre métier[1]. Dès lors, se diversifier dans les mêmes activités que son concurrent principal est une forme de collusion implicite qui peut permettre d'augmenter les profits tout en diminuant le risque et la concurrence.

Cette théorie demeure cependant problématique car il est difficile de caractériser cette collusion implicite au contraire des ententes entre des entreprises mono-activités qui s'entendent illégalement pour maintenir un niveau de prix élevé[2].

SECTION 3

LA DIVERSIFICATION : CRÉATION OU DESTRUCTION DE VALEUR ?

Une question centrale est de savoir si la diversification est une stratégie pertinente, qui crée de la valeur, ou s'il ne serait pas préférable pour l'entreprise de se spécialiser.

1 Diversification et performance

Grâce aux synergies, les entreprises qui choisissent la diversification liée devraient obtenir des performances supérieures à celles qui optent pour la diversification conglomérale ou à celles qui demeurent spécialisées sur un seul métier.

a. Des résultats empiriques

Les résultats empiriques sur les liens entre diversification et performance demeurent pourtant problématiques. La plupart des études ne dégagent pas de différences de performance significatives entre les entreprises spécialisées et les entreprises

1. Karnani A. et Wernerfelt B., 1985.
2. Borenstein S., 1991 ; Gimeno J. et Woo C.Y., 1999.

diversifiées. Des études montrent aussi que la diversification liée n'est pas toujours plus performante que la diversification conglomérale. Ce paradoxe s'explique par des coûts *corporate* trop importants dans les entreprises diversifiées et par la difficulté à mettre en œuvre les synergies. Inversement, un conglomérat bien géré avec des frais de structure réduits au minimum et des objectifs de rentabilité imposés à ses divisions peut être performant.

b. Les facteurs d'écart promesse/résultat

Plusieurs facteurs peuvent expliquer l'écart entre les performances attendues et les résultats effectifs.

• Les caractéristiques sectorielles

La performance dépend du secteur dans lequel la diversification a lieu. Il faut prendre en compte le risque propre à l'industrie, et donc son coût du capital, mais aussi son potentiel de rentabilité économique : degré de concentration, intensité concurrentielle, croissance de l'activité, maturité, etc. Il faut donc réaliser une analyse précise de l'industrie visée et de son environnement avant d'entamer la diversification.

• Pertinence stratégique et ressources disponibles

Le succès de la diversification nécessite de bien choisir le nouveau champ d'activité. Même si des synergies sont envisagées, la diversification signifie l'entrée dans une activité moins connue, moins maîtrisée, et donc plus incertaine. Par ailleurs, si la diversification permet d'accroître les sources de revenus pour une entreprise, elle implique aussi un accroissement du nombre et de la diversité des concurrents : l'entreprise pourra-t-elle être compétitive dans chaque activité ?

• Les caractéristiques des firmes concernées

Le succès d'une diversification dépend de la taille, de l'âge, de la position concurrentielle de l'entreprise, de ses résultats et de son expérience passée dans des opérations de diversification. Elle dépend également de la capacité de la firme à fonder son développement sur des *core competences* valorisables, difficilement imitables par les concurrents et exploitables dans différents secteurs.

• L'étendue de la diversification

La variété et l'accroissement du nombre d'activités génèrent de la complexité. Il existe un seuil au-delà duquel la diversification devient trop complexe et trop lourde à gérer. Certaines entreprises préfèrent ainsi se recentrer sur un nombre limité de métiers.

- **Les caractéristiques du processus de diversification**

La diversification peut se réaliser par croissance organique. L'entreprise doit alors développer des compétences lui permettant d'être compétitive dans une nouvelle activité. La diversification peut aussi se réaliser par le biais d'acquisitions. C'est un moyen plus rapide d'acquérir des compétences et une masse critique dans une nouvelle activité. Or, le prix trop élevé d'une acquisition peut être pénalisé par la Bourse.

- **Surestimation et mauvaise exploitation des synergies**

Des activités peuvent apparaître complémentaires sur le papier mais difficiles à rapprocher concrètement. L'exploitation des synergies exige de gérer les interfaces entre les activités et entraîne une hausse des coûts administratifs.

- **La capacité managériale**

La gestion d'un groupe diversifié requiert des compétences distinctes (capacité à intégrer de nouvelles logiques de métier, composition pertinente de l'équipe de direction...). L'entité *corporate* qui manage le portefeuille d'activités doit être efficace et produire plus de valeur que les coûts qu'elle génère. Cela renvoie au rôle du *corporate* que nous allons étudier plus loin.

2 Diversification et décote de conglomérat

a. La mauvaise réputation de la diversification

Depuis que la création de valeur est devenue le *leitmotiv* de la stratégie d'entreprise, la diversification est devenue suspecte. De nombreuses études montrent que les entreprises ont tendance à être moins rentables sur leurs activités de diversification que sur leur *core business*.

Investir dans une entreprise diversifiée serait donc moins intéressant qu'investir dans une série d'entreprises spécialisées, sauf si le groupe diversifié crée davantage de valeur que ne le ferait un portefeuille d'actions d'entreprises spécialisées opérant dans les mêmes secteurs. C'est pourquoi les entreprises que les marchés financiers estiment trop diversifiées souffrent en général d'une décote de conglomérat (*conglomerate discount*), c'est-à-dire qu'elles sont cotées en Bourse pour une valeur inférieure à la somme des valeurs des activités qui les composent. Cette décote atteint souvent 10 % à 30 % de la valeur du groupe.

> **Chiffres clés**
> Les décotes de conglomérat atteignent souvent **10 %** à **30 %** de la valeur du groupe.

Les décotes de conglomérat fragilisent les groupes jugés trop diversifiés. Vers la fin des années 1980, plusieurs grandes entreprises ont été la proie de *raiders* qui ont encaissé de solides plus-values en prenant le contrôle du groupe pour le démanteler et le revendre « par appartements » à des entreprises soucieuses de se renforcer sur leur métier principal. La relève est prise aujourd'hui par des fonds activistes dont le souci premier est de contester la stratégie existante des groupes diversifiés et les amener à se réorganiser, à modifier leur stratégie et leur gouvernance et souvent à se scinder en entités plus homogènes ou spécialisées, tout cela en vue de maximiser la valeur pour l'actionnaire.

Exemple

eBay se sépare de PayPal

▸ En 2014, l'actionnaire activiste Carl Icahn a mis la pression sur **eBay** pour que l'entreprise se sépare de **PayPal** qu'elle avait racheté en 2002. Malgré l'apparente synergie entre les deux activités (les clients utilisant PayPal pour régler leurs achats sur eBay), l'argument d'Icahn était que la mainmise d'eBay nuisait au développement de PayPal, ce dernier renonçant implicitement à des opportunités de croissance hors de la clientèle d'eBay. Finalement, la scission s'est faite en 2015, pour le plus grand bénéfice de PayPal, dont le cours de Bourse a connu une belle envolée. Néanmoins les deux entreprises restaient liées par des accords commerciaux, PayPal restant le moyen de paiement privilégié sur eBay. Ces accords ont été rompus en 2018 quand eBay a décidé de remplacer PayPal par **Ayden**.

b. En période de crise

En revanche, en période de crise, il y a réduction du *discount* pour les conglomérats car la diversification est perçue comme un moyen d'amortir les chutes d'activité et de diversifier le risque. Les décotes ont ainsi été moins importantes pour les conglomérats lors de la crise de 2008. La diversification conglomérale peut donc conférer un avantage sur des groupes plus spécialisés et de taille moindre.

c. Les pays émergents

De même, dans les pays émergents, lorsque les marchés financiers ne sont pas assez structurés ou sécurisés, les conglomérats sont plus fréquents. Ils jouent le rôle de « mini-marchés financiers » et assurent le financement des entreprises en les intégrant dans leur portefeuille d'activités. C'est pourquoi on trouve encore beaucoup de conglomérats en Inde, avec le groupe Tata, par exemple, et en Asie.

En revanche, lorsque les marchés financiers fonctionnent mieux et assurent leur rôle de financement de l'économie, les pressions apparaissent sur les conglomérats pour qu'ils se scindent ou qu'ils procèdent à des cessions. Par exemple, depuis 2016, Samsung est contraint de se restructurer et le fonds spéculatif américain Eliott management pousse à la scission du géant coréen en deux entités.

d. L'exception à la règle

Paradoxalement, certains conglomérats peuvent afficher de bonnes performances boursières et ne pas être pénalisés par une décote. Cela peut s'expliquer par un management rigoureux consistant à alléger au maximum les coûts du *corporate* en réduisant la fonction *corporate* dirigeante à un petit nombre de personnes. Celle-ci impose aux différentes divisions des objectifs de rentabilité élevée mais n'intervient surtout pas dans le management opérationnel.

En revanche elle contrôle étroitement les investissements et les frais généraux des différentes divisions afin d'éviter tout dérapage. Les divisions sont responsables de leurs résultats et de leur dette. Si le conglomérat décide d'acquérir une nouvelle entreprise, on recherche des cibles ayant un potentiel de restructuration et opérant dans des secteurs matures ou stables technologiquement et concurrentiellement afin d'éviter une trop grande incertitude sur les résultats. Et si une division n'atteint pas ses objectifs, la direction du conglomérat n'hésitera pas à la revendre.

L'enjeu est donc de savoir si un groupe diversifié crée ou non de la valeur : l'entreprise s'efforce de réaliser les synergies et de convaincre les actionnaires tandis que les analystes financiers essaient de déterminer si des entreprises spécialisées ne seraient pas plus performantes qu'un groupe diversifié.

3 Les critères d'évaluation des synergies

a. L'évaluation interne

Les synergies peuvent être évaluées en interne par l'entreprise elle-même : il s'agit de savoir de combien les coûts pourront être réduits en mutualisant certains actifs communs aux entreprises, et combien de nouveaux clients seront acquis (ou de combien les revenus seront augmentés auprès des clients existants). Ces évaluations sont cruciales dans le cadre des fusions-acquisitions et donnent lieu à des calculs détaillés. Nous reviendrons sur ce point dans le chapitre 10.

b. L'évaluation externe

Si nous nous plaçons du point de vue des analystes financiers qui n'ont pas accès à des informations internes détaillées poste par poste, l'enjeu est d'évaluer les synergies par différence entre la valeur du groupe avant et après une diversification ou un recentrage.

- **La méthode chop-shop**

La méthode la plus utilisée pour évaluer les synergies au niveau d'un groupe est la méthode chop-shop[1]. Elle consiste à comparer la performance de l'entreprise diversifiée avec celle d'un portefeuille d'activités virtuel composé d'entreprises spécialisées dans chacun des domaines d'activité du groupe, chaque activité étant pondérée en fonction de son importance réelle dans le groupe. Idéalement, chaque entreprise spécialisée qui sert de base de comparaison devrait être de taille équivalente à celle de l'activité correspondante dans le groupe diversifié et elle devrait opérer sur les mêmes zones géographiques. Construire un portefeuille parfaitement comparable est donc souvent impossible mais on peut tenter de s'en approcher aussi près que possible.

1. Le Baron D. et Sperdell L., 1987.

- **Le calcul de la « somme des parties »**

Cette méthode est inspirée de celle qu'utilisent les analystes financiers pour savoir si la valeur boursière d'une firme diversifiée bénéficie d'une prime de synergie ou d'une décote de conglomérat. Les analystes financiers effectuent un calcul de la « somme des parties » en calculant la moyenne pondérée des cours de Bourse de concurrents spécialisés dans les mêmes secteurs que le groupe diversifié, puis, par comparaison avec la valeur de marché de celui-ci, évaluent la création ou la destruction de valeur au niveau du groupe.

c. Création de valeur ?

Jusqu'au début des années 1990, l'idée communément admise était que la diversification liée était potentiellement créatrice de valeur, par opposition à la diversification conglomérale. Au milieu des années 1990, plusieurs études utilisant la méthode chop-shop ont cherché à démontrer ce résultat, sans beaucoup de succès. Ces recherches ont en revanche montré que les groupes diversifiés sont généralement moins performants qu'un portefeuille équivalent d'entreprises spécialisées, même s'il existe des liens entre les activités[1].

Il a été démontré en outre que les entreprises diversifiées améliorent leur performance quand elles se recentrent sur un nombre d'activités plus faible[2]. Ainsi, des managers spécialisés sur la gestion d'une activité spécifique accumulent une expertise leur permettant de valoriser au mieux l'activité.

On peut donc penser que le discours sur les synergies serait utilisé par les dirigeants pour justifier leurs opérations de croissance aux yeux des investisseurs.

Toutefois, au début des années 2000, de nouvelles recherches ont montré que la diversification liée peut créer de la valeur[3]. Plus précisément, les *corporate strategies* fondées sur des diversifications liées par l'exploitation de ressources intangibles, telles qu'une image de marque ou une expertise technologique exclusive, seraient créatrices de valeur.

4 Les trois tests de Porter et la notion d'avantage parental (*parenting advantage*)

En raison des nombreuses objections adressées à la diversification, il est impératif de bien analyser le mouvement de diversification et de démontrer aux marchés financiers que ce mouvement se justifie stratégiquement et financièrement.

Selon Porter, toute entreprise envisageant de se diversifier devrait donc soumettre sa décision à trois tests[4] : le test de l'attractivité, le test du coût d'entrée et le test du surcroît de valeur (*better off test*).

1. Lang H.P. et Stulz R.M., 1994 ; Berger P.G. et Ofek E., 1996.
2. Bhagat S., Shleifer A., Vishny R.W., Jarrel G. et Summers L., 1990.
3. Campa J.-M. et Kedia S., 2002.
4. Porter M.E., 1987.

a. Le test de l'attractivité

Le secteur dans lequel l'entreprise se diversifie doit être attractif ou doit pouvoir le devenir du fait de l'action de l'entreprise : cette proposition renvoie à la nécessité d'évaluer le potentiel de rentabilité d'une industrie (par le modèle des cinq forces étudié au chapitre 1) et à la possibilité pour l'entreprise de construire un avantage concurrentiel et d'élever des barrières pour le protéger.

L'attractivité d'une industrie, c'est-à-dire sa capacité à générer une profitabilité économique supérieure au coût du capital, ne saurait donc à elle seule justifier une diversification. Non seulement il faut éviter de confondre attractivité et croissance, mais encore faut-il considérer que l'attractivité se paie.

b. Le test du coût d'entrée

Le coût de l'entrée dans le nouveau domaine d'activité ne doit pas excéder la valeur actualisée des *cash-flows* futurs que l'entreprise pourra en tirer. Si le domaine de diversification est attractif, il est probable que le coût à supporter pour entrer dans l'activité soit élevé.

Il s'agit donc de vérifier que l'on récupérera bien cet investissement initial grâce aux profits futurs de la nouvelle activité.

c. Le test du surcroît de valeur (*better off test*)

La nouvelle activité doit bénéficier de synergies avec le reste de l'entreprise, de manière que ses performances au sein du groupe soient supérieures à celles qu'aurait (ou qu'avait) l'activité hors du groupe. Si l'entreprise est capable d'exploiter des liens opérationnels entre ses activités existantes et le domaine de diversification, elle pourra améliorer les performances de sa nouvelle activité.

Il faut donc démontrer que l'entreprise est un « bon parent » de la nouvelle activité. Être un bon parent signifie aussi donner les moyens aux différentes activités de se développer et mettre en place des mécanismes permettant à ces activités de dégager plus de valeur ensemble que séparément.

Pour certains auteurs toutefois, le test du surcroît de valeur n'est pas suffisant. Selon Goold et Campbell[1], une diversification ne se justifie pleinement que si l'entreprise arrive à démontrer que non seulement elle apporte de la valeur à sa nouvelle activité, grâce aux synergies, mais encore qu'elle lui apporte davantage de valeur que n'importe quel autre parent possible.

Autrement dit, l'entreprise doit démontrer qu'elle est un bon parent mais aussi qu'elle est le meilleur parent possible de l'activité cible. C'est ce que les auteurs appellent le « *best parenting advantage* ».

Les groupes diversifiés sont donc en concurrence les uns avec les autres sur le marché du *corporate control*, c'est-à-dire le marché de la prise de contrôle des activités. Pour gagner le droit de gérer une activité, un groupe doit démontrer qu'il dispose d'un avantage sur ses rivaux. Au total, si l'on généralise ce principe à tout le portefeuille d'activités, le groupe doit prouver qu'il est le meilleur parent possible de chacune de ses activités.

1. Goold M., Campbell A. et Alexander M., 1995.

SECTION 4

LES STRATÉGIES DE RECENTRAGE

Les stratégies de recentrage visent à corriger les inconvénients de la diversification en focalisant les ressources sur un petit nombre d'activités et en tentant d'y acquérir un avantage concurrentiel significatif.

1 Pourquoi se recentrer

Une trop grande diversification s'avère risquée pour l'entreprise : dispersion des ressources et des compétences, investissement dans des activités avec lesquelles il est impossible ou trop coûteux d'exploiter des synergies, disparité de rentabilité entre les activités, complexité de la gouvernance… Cet excès est généralement pénalisé par la Bourse et l'entreprise doit se recentrer pour réduire sa décote de conglomérat.

Les groupes jugés trop diversifiés sont donc amenés à se séparer de certaines activités sous forme de cessions, de filialisations ou de scissions. IBM a ainsi vendu sa branche PC au chinois Lenovo et Sony a revendu ses ordinateurs Vaio à un fonds d'investissement nippon.

Le recentrage consiste donc à inverser le mouvement de diversification. L'entreprise se concentre sur quelques métiers dans lesquels elle dispose de compétences distinctives ou d'un avantage concurrentiel net.

Il n'implique pas nécessairement que l'entreprise se focalise sur un seul métier. Il existe plutôt une limite de diversification, un point où les bénéfices de la diversification sont compensés par les coûts de celle-ci[1]. Ce seuil n'est pas le même pour toutes les entreprises et il est difficile à identifier. Mais au-delà de ce seuil, la diversification affaiblit les performances d'ensemble. Le recentrage est donc conçu comme une correction des excès de la diversification par lequel l'entreprise élague son portefeuille d'activités au travers de cessions à des entreprises qui pourront être de « meilleurs parents ».

Exemple

Danone change de direction

- Le groupe **Danone** s'est recentré au cours des quinze dernières années, notamment sous la pression des marchés financiers et a procédé au total à une cinquantaine de cessions (de ses activités désormais jugées non stratégiques) ou d'acquisitions pour assurer son repositionnement sur les aliments offrant un bénéfice santé. Danone s'est délesté de l'épicerie, des plats cuisinés, de la bière… Le recentrage stratégique a aussi été marqué par la vente en 2007 de sa division biscuits (LU, Prince, Figolu, Pim's, Mikado, Pépito) à l'américain **Kraft Foods** qui a financé pour partie le rachat de la société néerlandaise Royal Numico, un des leaders mondiaux de la nutrition infantile et médicale. Le « Danone 100 % santé » est aujourd'hui articulé autour de quatre pôles : produits laitiers frais (numéro 1 mondial), eaux (numéro 2 mondial en volume), nutrition infantile (numéro 2 mondial) et nutrition médicale (numéro 1 européen).

1. Markides C., 1995.

Le recentrage ne doit pas être identifié à la spécialisation. Celle-ci consiste à concentrer toutes ses ressources et ses compétences sur une activité unique en vue d'obtenir la meilleure position concurrentielle possible. Une entreprise peut se spécialiser par croissance interne. Elle développe alors par elle-même ses capacités d'innovation, de production et de distribution. La croissance externe est un moyen de spécialisation qui permet, par l'acquisition de concurrents directs, de renforcer ses parts de marché ou de s'internationaliser, mais aussi d'acquérir des compétences qui font défaut en interne.

2 Recentrage et *core business*

De nombreux groupes industriels procèdent à des désinvestissements pour se dégager de leur diversification excessive et se recentrer sur leur métier principal. La question est alors de déterminer ce qui relève du *core business* de l'entreprise. Est-ce l'activité historique ? Celle qui génère la plus grande partie du chiffre d'affaires ? La plus prometteuse stratégiquement ? La plus rentable ? Celle où l'entreprise est leader ? Ou celle que l'on se refuse à vendre ?

Exemple

Philips cherche la lumière

- **Philips** s'est progressivement séparé de ses activités dans l'électronique grand public (télévision, chaînes hi-fi, lecteurs DVD), activités historiques qui avaient contribué à la renommée de la marque et lui avaient permis d'atteindre une réputation mondiale. Face à la concurrence de **Samsung** et de **LG Electronics**, la position de Philips dans les téléviseurs s'était en effet rapidement détériorée, avec des parts de marché passées de plus de 10 % à près de 5 % en quelques années. Les téléviseurs, qui représentaient encore 25 % du chiffre d'affaires total du groupe en 2005, ne pesaient plus que 13 % en 2010. Philips a donc cédé les téléviseurs au chinois **TP Vision**, au sein d'une co-entreprise dont Philips détient encore 30 %.
- Après la vente de la branche téléviseurs, le P-DG de Philips déclarait que le groupe avait un bon portefeuille d'activités, bien équilibré, avec 40 % du chiffre d'affaires réalisés dans la division santé, 35 % dans l'éclairage et 25 % dans la branche *consumer lifestyle* (appareils électroménagers, audio et hi-fi). Cette division était censée être bien intégrée dans l'axe stratégique du groupe, et les produits comme les stations d'accueil pour iPod et iPhone connaissaient un fort développement tout en affichant de belles marges. Finalement, quelques mois plus tard, en 2012, en raison de l'intensité concurrentielle et de la dégradation des marges, Philips a vendu pour 150 millions d'euros les chaînes hi-fi et les lecteurs DVD au groupe chinois **Funai**.
- Le groupe s'est donc recentré sur deux axes : l'éclairage et le petit électroménager à forte valeur ajoutée. En 2016, Philips a décidé d'introduire en Bourse son métier historique, l'éclairage, qui datait de 1891.

Système d'éclairage intelligent Philips utilisant des appareils à commande vocale, une application ou des accessoires de contrôle à distance

Il ne faut pas avoir une vision rigide du *core business*, les portefeuilles d'activités sont « vivants » : ils changent selon les circonstances, la concurrence, etc.

Certaines stratégies de diversification répondent au besoin pour un groupe de trouver des activités qui assureront sa pérennité. Ainsi, Zodiac a abandonné son métier historique de constructeur de bateaux gonflables et de matériel nautique pour s'orienter vers le secteur de l'aéronautique.

Exemple

La stratégie floue de Vivendi

- En 2012, **Vivendi** se demande s'il faut se concentrer sur les activités de télécommunication (activités générant la plus grosse partie du chiffre d'affaires, mais très concurrentielles) ou sur celles des contenus (activités disparates aux résultats soumis à une forte incertitude). Finalement, le groupe se désengage des télécommunications et cède Maroc Telecom et GVT, un opérateur brésilien. Dans la foulée, SFR, durement touché par l'entrée de Free sur le marché de la téléphonie mobile est revendu en 2015 à **Altice-Numericable** pour 17 milliards d'euros. Le groupe décide donc de se recentrer sur les contenus mais se déleste des jeux vidéo (qui, curieusement, ne sont plus présentés comme des contenus). Vivendi se recentre sur Canal+ et Universal Music, deux activités pour le moins différentes et entre lesquelles les synergies ne sont pas évidentes.
- Cependant, fin 2015, le nouveau dirigeant du groupe, Vincent Bolloré, prend le contrôle de Gameloft, éditeur de jeux pour mobiles et lance une OPA sur **Ubisoft**, opération finalement repoussée. Puis Vivendi monte à hauteur de 20 % au capital de Telecom Italia. L'objectif est, selon M. Bolloré, d'accéder à une nouvelle base de clientèle et de profiter des plateformes de distribution *via* les opérateurs télécoms. Vivendi réhabiliterait-il une stratégie de convergence entre distribution et contenus ? La lisibilité de la stratégie s'avère ardue, de même que la définition d'un *core business*.

Il apparaît donc que la définition du *core business* est à géométrie variable et dépend non seulement de facteurs historiques, des compétences et des ressources de l'entreprise accumulées dans le temps, mais aussi des événements qui rythment la vie de l'entreprise, de l'intensité concurrentielle, de la pression des actionnaires et bien sûr de la volonté parfois erratique des dirigeants.

De plus, il est possible d'analyser le portefeuille d'activités non plus seulement en termes de métiers mais aussi de *core competences*, des compétences clés qui sont source d'avantage concurrentiel car elles permettent de se démarquer des concurrents et constituent aussi des pivots de diversification. Redéployées, elles donnent en effet accès à une grande variété de marchés et d'industries : elles sont des racines qui permettent la diversification. Ainsi, la combinaison des compétences clés en mécanique de précision, en électronique et en optique a permis à Canon de rayonner sur plusieurs marchés (la photocopie, l'impression, les appareils médicaux, les scanners, les appareils photo) et d'y être, chaque fois, un des leaders.

Exemple

Amazon, une entreprise de distribution ?

- **Amazon** est présente dans la distribution de livres, de disques et désormais de toutes sortes de produits, y compris de denrées alimentaires. L'entreprise a donc développé des compétences pointues en logistique. Mais Amazon est aussi présente dans le *cloud computing* avec Amazon Web Services, le leader mondial du secteur. Cette diversification est-elle fondée ? L'approche par les compétences peut l'expliquer puisque Amazon loue ses capacités informatiques excédentaires à des entreprises soucieuses de stocker leurs données. En plus de la logistique, Amazon utilise donc ses compétences dans la gestion d'infrastructures technologiques et de *data centers* pour se diversifier à moindre coût. Dans ce prolongement, l'entreprise ne se contente plus de stocker les données mais propose aussi aux entreprises de les analyser, tout comme elle se sert de ses compétences dans le *big-data* pour analyser le comportement de ses clients. Amazon se définit donc non comme un distributeur mais comme une entreprise gérant les données et développant l'intelligence artificielle.

La difficulté demeure cependant dans l'identification des *core competences* et dans la construction d'une stratégie *corporate* claire à partir de leur articulation. Il n'est pas non plus aisé de convaincre les actionnaires du bien-fondé d'une stratégie de diversification lorsqu'elle est ancrée dans des compétences transversales difficilement identifiables et mesurables.

ÉTUDE DE CAS

Le recentrage de Saint-Gobain

En 2015, Saint-Gobain s'est totalement désengagé de sa branche conditionnement (contenants en verre, notamment bouteilles et pots de yaourt), pourtant numéro 3 mondial de son secteur. Ce recentrage rompt avec l'activité traditionnelle du groupe spécialisé depuis sa fondation en 1665 dans les métiers du verre.

Dès 2007, Jean-Louis Beffa, alors P-DG de Saint-Gobain, avait tenté une première fois de se séparer de cette filiale, mais la crise des *subprimes* avait fait échouer l'opération. En 2010, un projet d'introduction en Bourse avait été lancé avant d'être abandonné à cause de la trop grande volatilité des marchés. Pour faciliter la vente, Saint-Gobain avait alors cédé à l'été 2014 les activités nord-américaines de sa filiale à l'irlandais Ardagh, pour un montant de 1,5 milliard d'euros. Enfin, en 2015, le reste des activités de la branche conditionnement, rebaptisée Verallia, a été cédé au fonds d'investissement américain Apollo pour 2,9 milliards d'euros.

•••

•••

Verallia contribuait modestement aux résultats du groupe Saint-Gobain : elle a réalisé un chiffre d'affaires de près de 2,4 milliards d'euros en 2014 et un résultat d'exploitation de 230 millions d'euros (contre plus de 41 milliards de ventes pour Saint-Gobain et près de 2,8 milliards d'euros de résultat d'exploitation en 2014). « *La cession de Verallia achève le recentrage stratégique de Saint-Gobain sur la conception, la production et la distribution de solutions innovantes et de haute performance pour l'habitat et l'industrie, où le groupe poursuit son développement* » a déclaré le P-DG du groupe français, Pierre-André de Chalendar. Seule la partie verre « plat » (comme les pare-brise ou les fenêtres, par opposition au verre « creux » des bouteilles) de l'activité historique a donc été conservée, ce qui est en cohérence avec la stratégie du groupe qui vise à développer « *des solutions innovantes aux défis de la croissance, des économies d'énergie et de la protection de l'environnement* » dans le secteur de l'habitat. Le produit de la cession Verallia sera donc utilisé pour poursuivre la stratégie d'acquisition dans son cœur de métier.

QUESTIONS
Corrigés en ligne sur dunod.com

1. Comment expliquer historiquement l'existence de la branche conditionnement dans le groupe Saint-Gobain ?
2. Pourquoi le groupe a-t-il décidé de se désengager de cette activité ?
3. D'après vous, dans quel type d'activité Saint-Gobain va-t-il investir avec le produit de la vente ?

3 Les actionnaires contre la diversification : les fonds activistes à l'attaque

a. La création de valeur à tout prix ?

L'impératif de création de valeur dans la *corporate strategy* a fait évoluer l'approche de diversification. De nos jours, face au poids des marchés financiers, les dirigeants de grandes entreprises ont une marge de manœuvre plus limitée lorsqu'ils doivent décider de se diversifier. Cette pression se manifeste par une baisse du cours de l'action qui peut entraîner l'entrée au capital de fonds activistes désireux de modifier en profondeur la stratégie d'un groupe pour maximiser la valeur pour les actionnaires.

Ces interventions peuvent être ponctuelles, sous forme d'opérations spéculatives, ou stratégiquement plus amples, visant une restructuration en profondeur de l'entreprise. Elles sont désormais nombreuses, avec des cibles, des objectifs divers. La cible peut être par exemple un conglomérat pur, comme United Technologies que nous avons déjà mentionné. Le fonds d'investissement Third Point, après avoir pris une participation significative, a demandé à ce conglomérat de se scinder en trois activités distinctes (ascenseurs, moteurs d'avions, équipements aéronautiques), ce qui peut paraître logique, car ces activités n'entretiennent quasiment aucunes synergies entre elles.

En revanche, les fonds activistes peuvent jeter leur dévolu sur des entreprises diversifiées certes mais qui considèrent qu'il existe des synergies entre leurs activités.

Exemples

Trian met la pression sur Pepsi

- L'investisseur activiste Nelson Peltz et le fonds d'investissement **Trian** ont appelé en 2014 à une scission en deux entités distinctes de **Pepsi**Co : l'une qui serait dédiée aux boissons avec les marques Pepsi, 7-Up ou Tropicana et l'autre à l'alimentation (céréales Quaker, pop-corn Smartfood, Benenuts ou chips Lays et Doritos), cette dernière activité affichant une forte croissance des ventes et des marges plus élevées que les boissons. Pour Trian, l'écart de croissance et de rentabilité entre les deux activités était préjudiciable aux actionnaires. La scission, accompagnée d'une optimisation des activités (et de licenciements) pouvait supprimer la décote. Les nouvelles entités seraient moins bureaucratiques, plus réactives et plus compétitives.
- À cette annonce, l'action PepsiCo a progressé de 1,5 %. Indra Nooyi, la présidente de Pepsi, a cependant refusé cette scission, au nom du pouvoir de négociation nécessaire face à la grande distribution et des promotions croisées ou des offres groupées réalisées lors de grands événements comme le Superbowl.
- Dans le même temps, et dans la logique d'un grand Monopoly stratégique et boursier, Trian a également suggéré une fusion entre la branche snacking de Pepsi et **Mondelez**, géant du biscuit, maison mère de Cadbury et Nabisco avec des marques comme Prince, Philadelphia... Pour Trian, le rapprochement faisait sens en raison des synergies de coûts possibles (estimées à 3 milliards de dollars) et de la taille du nouveau groupe (pouvoir de négociation, ressources plus importantes pour le marketing et l'innovation). La direction de Pepsi a refusé un mouvement aussi important et risqué.
- En 2016, Trian s'est finalement retiré du groupe, jugeant que sous sa « bienveillante » pression, PepsiCo avait amélioré sa productivité, réduit ses coûts de structure, augmenté ses dépenses marketing et atteint de meilleurs résultats. Trian a revendu ses parts avec un bénéfice de 50 %. Le cours de l'action de PepsiCo a chuté à l'annonce du retrait de Trian.
- Même si Trian a revendu ses parts, pour les analystes, une scission des deux branches fait encore sens en 2018. En effet, les marques de boissons détenues par Pepsi sont encore rentables mais elles sont attaquées par de nouveaux concurrents et leur croissance est faible. En revanche, la branche snacking connaît d'excellents résultats en croissance et en rentabilité, deux fois supérieure à celle des boissons. Outre ces disparités dans les résultats, les analystes pointent que pendant les douze années de direction de Nooyi, l'action du groupe **Coca-Cola**, plus spécialisé que Pepsi, a augmenté de 108 % contre seulement 79 % pour Pepsi et que dans la même période, le S&P 500 a, lui, progressé de 112 %.

One Sony

- Selon la même logique, en 2013, le fonds d'investissement **Third Point** est devenu un des premiers actionnaires de **Sony**, détenant environ 7 % du capital. Pour remonter le cours de l'action, il était impératif, selon Third Point, de réduire le périmètre du groupe : les activités de Sony étaient trop nombreuses et offraient des niveaux de performance trop disparates. Ainsi, la division *entertainment* affichait de meilleurs résultats que les divisions composants et produits électroniques.

› Mais les performances de la division *entertainment* se révélaient cependant moins bonnes que celles des autres majors du cinéma. Il fallait donc, selon Third Point, scinder Sony Entertainment du reste du groupe afin de laisser cette branche se développer et retrouver une valeur boursière comparable ou même meilleure que celle de ses concurrents. Pour Third Point, Sony pourrait ainsi se focaliser sur l'électronique, les composants, les consoles, les téléphones, les appareils photo, c'est-à-dire son cœur de métier. La réponse de Kazuo Hirai, P-DG de Sony, a été négative au nom de la cohérence du groupe et d'une vision stratégique intitulée « One Sony », fondée sur les synergies entre les contenus, films, musique et les produits électroniques. Et pour M. Hirai, si la division électronique constituait le métier historique de Sony, elle avait résisté à la concurrence et à la guerre des prix justement parce que les résultats de la division *entertainment* avait porté le groupe. Face à ce refus, Third Point a revendu une grande partie de ses actions, réalisant au passage une plus-value de 20 %.

Ces exemples montrent combien les grands groupes diversifiés sont aujourd'hui soumis à la pression de fonds activistes qui se présentent comme les défenseurs des intérêts des actionnaires de ces entreprises. Si les demandes de ces fonds d'investissement sont souvent repoussées, elles forcent cependant les dirigeants à reformuler leur stratégie, réorganiser leur portefeuille, réduire fortement les coûts et gagner en efficience, souvent au prix de fermetures de sites et de licenciements, autant d'actions qui permettent de faire remonter le cours de Bourse et réduire l'éventuelle décote de conglomérat. Ces fonds sont souvent gagnants car, même si leur offensive n'aboutit pas entièrement, ils revendent les actions qu'ils avaient achetées avec de fortes plus-values, répondant ainsi aux attentes de leurs propres actionnaires.

Les cibles des fonds activistes ne sont donc plus seulement des conglomérats. Sont aujourd'hui visées par les attaques des fonds activistes des entreprises souffrant d'une décote de conglomérat mais aussi des groupes diversifiés affichant de bons résultats. L'objectif n'est donc plus seulement de corriger les excès de diversification ou un management peu performant mais de maximiser la création de valeur pour l'actionnaire.

b. Des recommandations à court terme ?

Il est nécessaire d'étudier plus en détail les résultats des groupes ayant repoussé les offensives activistes et ceux des groupes ayant suivi leurs recommandations.

Le cabinet Factset a ainsi analysé les performances boursières à la suite de 175 campagnes menées par des fonds d'investissement entre 2012 et 2016. Il s'avère que les entreprises résistantes aux activistes, surtout celles affichant un chiffre d'affaires important ou possédant une capitalisation boursière élevée, dégageraient des performances supérieures sur le long terme. Par exemple, les performances et les marges de la division boisson de PepsiCo ont augmenté régulièrement même après le retrait de Trian. En outre, les entreprises ayant suivi les stratégies activistes peuvent voir leur performance boursière reculer au bout de deux ou trois ans. Ces résultats ont été corroborés par des études de la banque Merrill Lynch.

Il faut donc analyser avec précaution les mesures proposées par les fonds activistes, qui, si elles ont souvent le mérite d'être claires et radicales, ne sont pas nécessairement performantes financièrement et stratégiquement sur le long terme.

Il faut aussi bien distinguer les cibles des fonds activistes et l'argumentation développée par ces derniers. Lorsque les cibles sont de purs conglomérats, les requêtes activistes font sens. En revanche, face à des groupes diversifiés qui mettent en avant les synergies entre les activités, les fonds activistes sont contraints de se livrer à une analyse stratégique fine et doivent démontrer que les plans stratégiques qu'ils proposent sont meilleurs que ceux du management existant. Ils ne peuvent donc rester les yeux rivés sur le cours de Bourse et sont obligés de faire de la stratégie, c'est-à-dire de voir leurs options stratégiques remises en question et confrontées à des alternatives plus pertinentes.

4 Les modalités du recentrage : cessions et scissions

Les entreprises trop diversifiées, peuvent être amenées à restructurer leur portefeuille d'activités et procéder à des cessions pures et simples ou recourir à des scissions.

Les *spins-off*, ou scissions, constituent pour un groupe diversifié le moyen de se scinder et de donner naissance à deux entreprises distinctes cotées en Bourse, chaque actionnaire recevant des actions de chacune des nouvelles sociétés.

En séparant les activités, les *spins-off* permettent de réduire la décote de conglomérat. Ils poursuivent donc un objectif financier en visant une valorisation des nouvelles entités semblable à celle des « *pure players* ». Les entreprises scindées offrent par ailleurs une meilleure visibilité de leurs résultats respectifs. Tout cela accroît la capacité à attirer de nouveaux actionnaires et facilite le financement auprès des banques. Mais les *spins-off* suivent aussi une logique stratégique : les entreprises scindées ont en effet des objectifs plus clairs, elles gagnent en autonomie et en réactivité grâce à un *business model* simplifié et des décisions d'investissement plus rapides. Le *spin-off* permet également aux managers de concentrer leur attention sur une seule activité, de se spécialiser et, logiquement, d'accroître les performances des deux entités.

Les *spins-off* ne sont cependant pas sans difficulté : techniquement, se pose la question de la valorisation de chaque entreprise. Quelle part de dette doit reprendre la nouvelle entité issue du *spin-off* ? De plus, il ne faut pas se tromper sur l'attribution des activités à telle ou telle entité. Si cela est facile lorsque les activités sont bien distinctes, cela peut être plus difficile quand les activités appartiennent au même secteur et entretiennent des synergies, comme ce fut le cas, lorsque, en 2015, Fiat a mis Ferrari en Bourse. Par ailleurs, le *spin-off* peut conduire à une perte de pouvoir de marché auprès des distributeurs. Il peut aussi entraîner une certaine confusion chez les clients qui ne savent plus vers quel interlocuteur se tourner. Et un *spin-off* n'est pas sans coûts puisque les nouvelles entités doivent recréer leurs infrastructures, réécrire les contrats clients, abandonner ou reformer des partenariats...

Exemple

Une séparation compliquée

- L'entreprise **Symantec** s'est scindée en deux entités, l'une dédiée aux activités de sécurité informatique, l'autre au stockage de données. Ces deux branches étaient confrontées à des environnements concurrentiels et commerciaux différents et devaient être gérées séparément afin de gagner en flexibilité. En revanche, ces activités étaient complémentaires et partageaient les mêmes infrastructures. Il existait aussi des dépendances entre les ventes, le marketing et les applications. Ainsi, après le *spin-off*, l'une des entreprises est devenue locataire de celle qui gardait les infrastructures. Les équipes des deux entités ont continué à travailler ensemble et à profiter de certaines synergies, même si celles-ci avaient pris la forme contractuelle d'un partenariat.

ÉTUDE DE CAS

Recentrage du groupe Accor

Dans les années 1990 et 2000, le groupe Accor s'est progressivement délesté des métiers acquis lors des différentes opérations de croissance externe réalisées dans les années 1980 (restauration collective, restauration autoroutière, restauration publique, agence de voyages, location de voitures, voyagiste) pour se concentrer sur deux métiers : l'hôtellerie et les titres de services comme le Ticket Restaurant.

Synergie faible entre deux activités

Bien que les métiers fussent différents et sans synergies opérationnelles, la direction générale leur trouvait une bonne complémentarité financière : les titres de services nécessitaient peu d'investissements mais dégageaient un *cash* important qui permettait de financer l'hôtellerie, activité d'autant plus capitalistique qu'Accor, à la différence de ses concurrents, possédait les murs des hôtels qu'il gérait.

Cependant, l'action Accor était l'une des plus mauvaises performances boursières du CAC 40. La rentabilité des capitaux investis d'Accor était jugée insuffisante par rapport aux standards du secteur. Beaucoup d'analystes considéraient que le groupe ne présentait pas de cohérence stratégique et qu'il ne pouvait optimiser sa présence sur les deux métiers, ce qui a provoqué sa décote conglomérale. C'est pourquoi l'idée d'une scission entre les services et l'hôtellerie a été envisagée.

Les investisseurs demandent une scission

L'objectif était d'accélérer le développement des deux activités et de renforcer leur position concurrentielle, les managers pouvant se consacrer entièrement au développement de chaque métier. Chaque activité, reposant sur un modèle économique fort, devait pouvoir attirer plus d'investisseurs et être ainsi mieux valorisée en Bourse.

•••

La scission était demandée par les deux plus gros actionnaires du groupe, les fonds Eurazeo et Colony Capital, qui détenaient plus de 30 % du capital d'Accor. Après être entrés massivement dans le capital, ils avaient été déçus par la faiblesse des résultats et du cours de l'action. Au moment de son entrée au capital en 2005, le fonds Colony espérait que l'action allait grimper dans les cinq ans pour atteindre une valeur supérieure à 75 euros. Avec des cours d'achat à 42 euros pour Colony Capital et 47 euros pour Eurazeo, un niveau d'action plafonnant à 38 euros ne pouvait être satisfaisant. La scission devait permettre de se rapprocher du cours d'achat.

La scission, effective en 2010, donna naissance à deux nouvelles entités : Accor Hospitality, centrée sur l'hôtellerie, et Edenred, spécialisée dans les titres de services prépayés. L'enjeu pour Edenred est dès lors de renforcer sa position face aux autres concurrents du secteur, en particulier la Sodexo, présente à la fois dans les titres de services et la restauration collective. Du côté d'Accor, la tâche est plus ardue puisque l'hôtellerie doit se financer de façon autonome. Pour cela, Accor Hospitality doit modifier son *business model* en s'appuyant sur un plan massif de cession des murs d'hôtels, en accélérant son développement en franchise et en devenant prestataire de services de gestion hôtelière.

QUESTIONS

Corrigés en ligne sur dunod.com

1. La cession des différentes activités du groupe Accor est-elle stratégiquement pertinente ? Le portefeuille d'activités détruisait-il de la valeur ?
2. Selon vous, à quelles motivations la scission entre l'hôtellerie et les titres de services répond-elle ?
3. Le nouveau groupe Edenred possède-t-il une bonne position concurrentielle face à la Sodexo ?

Se pose donc la question des liens entre les deux entreprises scindées, surtout lorsque le groupe s'est efforcé, avant le *spin-off* de développer des synergies, des liens commerciaux ou technologiques entre les activités. Faut-il arrêter toute collaboration ? Cela ne risque-t-il pas de nuire à l'une des deux entités ? Se pose enfin la question de la performance. Le *spin-off* bénéficie-t-il aux deux entités scindées et selon quelle proportion ? Les études montrent que le *spin-off* bénéficie souvent à l'entreprise scindée, ce qui n'est pas sans problème si on présente le *spin-off* comme un moyen de maximiser la valeur pour les actionnaires de l'entreprise choisissant de se recentrer.

SECTION 5

LES MODÈLES DE PORTEFEUILLE D'ACTIVITÉS

Les matrices de portefeuille d'activités constituent des outils d'aide à la décision et au management stratégiques des groupes diversifiés. Elles donnent une image des diverses activités et permettent de décider quelles activités renforcer ou abandonner.

1 Le principe des matrices

a. Notions historiques

Dans les années 1970, les grands cabinets de conseil en stratégie (McKinsey, BCG, Arthur D. Little), en collaboration avec certains de leurs clients, ont tenté de modéliser les décisions d'allocations de ressources au sein d'un portefeuille d'activités diversifié.

À l'époque, le modèle d'entreprise « gagnant » était le grand groupe diversifié, structuré en divisions ou en *strategic business units* (SBU), c'est-à-dire en domaines d'activité stratégiques. La *corporate strategy* consistait à décider dans quelles activités se diversifier, et comment allouer les ressources financières entre les différentes activités du portefeuille. Le but était essentiellement de croître (et non de créer de la valeur pour l'actionnaire) et la clé du succès était d'avoir un portefeuille d'activités équilibré, c'est-à-dire autofinancé au maximum, les activités à maturité dégageant suffisamment de ressources pour investir dans les activités de croissance. Les écarts de coût du capital n'étaient donc pas une préoccupation.

b. Une méthode commune

Le BCG (Boston Consulting Group), McKinsey ou d'autres, ont proposé des modèles visant à optimiser la gestion d'un portefeuille d'activités. La méthode, commune à tous ces modèles, peut se résumer en quatre phases.

1. Segmenter l'entreprise

Séparer l'entreprise en domaines d'activité aussi indépendants que possible.

2. Évaluer chaque segment stratégique retenu

L'évaluation se fait selon deux critères : l'attractivité du segment (qui relève de l'analyse externe) et la position concurrentielle de l'entreprise dans ce segment (qui relève de l'analyse interne).

- **L'attractivité du segment** indique le potentiel intrinsèque du domaine d'activité à générer des profits, indépendamment de la position de l'entreprise sur ce segment. Elle permet d'évaluer les priorités en termes d'allocation de ressources. Un segment très attractif génère des besoins financiers importants.
- **La position concurrentielle** mesure la compétitivité de l'entreprise sur le segment analysé, relativement à ses principaux concurrents. Cela permet de mesurer sa capacité à dégager une rentabilité supérieure à la moyenne de l'industrie dans chacun de ses domaines.

3. Positionner ces segments

Les segments sont représentés par des cercles de surface proportionnelle à leur part dans le chiffre d'affaires total de l'entreprise. Cela permet de déterminer la prescription stratégique à suivre.

4. Analyser la structure globale du portefeuille

Le but est d'élaborer la stratégie optimale d'allocation des ressources entre les domaines d'activité.

c. La difficulté des matrices

Toutes les matrices sont construites selon le même principe consistant à croiser l'attrait d'une activité et les atouts de l'entreprise. Elles mettent donc en rapport, d'une part, les forces ou les faiblesses de l'entreprise et, d'autre part, les facteurs environnementaux et concurrentiels.

L'utilisation d'un grand nombre de critères permet à la matrice d'être plus complète mais en rend la réalisation plus difficile. L'enjeu est donc double. Il faut choisir des axes pertinents aux activités. Et il faut que l'évaluation des atouts et des attraits soit suffisamment fine mais relativement simple pour ne pas nuire à l'instrumentalité de la matrice.

L'autre problème réside dans le niveau d'agrégation ou de division choisi pour analyser les activités. La segmentation doit être pertinente et s'appuyer sur des unités homogènes. Le danger est de ne pas suffisamment segmenter ou de diviser les activités de l'entreprise trop finement et d'encombrer la matrice.

2 La matrice du Boston Consulting Group

a. Les deux variables de la matrice du BCG

La matrice du BCG[1] est certainement la plus connue. Elle est construite autour des deux variables suivantes :

- **Le taux de croissance de chaque domaine d'activité**, qui opérationnalise l'attractivité des segments stratégiques.
- **La part de marché relative de l'entreprise dans chaque domaine d'activité**, qui opérationnalise le critère de position concurrentielle.

La part de marché relative est le ratio suivant :

$$\frac{\text{Part de marché de l'entreprise}}{\text{Part de marché du concurrent principal}}$$

Dans les domaines d'activité où l'entreprise est leader en volume, on divise donc sa part de marché par celle du concurrent qui est en deuxième position. On obtient ainsi un ratio supérieur à 1. Pour tous les autres domaines d'activité, on divise la part de marché de l'entreprise par celle du concurrent leader en volume et on obtient un ratio inférieur à 1. Le choix de cette variable fait référence à l'effet

1. Boston Consulting Group, 1980 ; Hedley B., 1977.

d'expérience (voir chapitre 4). En effet, selon cette théorie, l'entreprise qui a l'expérience la plus forte (approchée ici par la part de marché relative) a les coûts les plus bas. Et ces coûts sont d'autant plus bas que l'expérience est importante. La part de marché relative est donc un indicateur de la position de l'entreprise par rapport à ses concurrents sur l'échelle des coûts.

b. Le taux de croissance

Il est, dans ce modèle, le facteur essentiel de l'attractivité du segment stratégique. L'idée (souvent fausse !) est que les activités en croissance connaissent des baisses de coûts importantes et permettent la création d'avantages de coût-volume durables, à condition d'investir suffisamment pour développer la production. À l'inverse, dans les activités stables, les coûts, ainsi que les parts de marché, sont figés et il n'est pas pertinent d'investir.

c. Fonctionnement de la matrice du BCG

Chiffres clés

Dans la matrice BCG :

- La part de marché relative est mesurée sur une échelle logarithmique allant, de droite à gauche, de **0** à **10**.
- Le taux de croissance s'établit sur une échelle croissante, de bas en haut, allant de **0 %** à **20 %** (ou plus).

La part de marché relative est mesurée sur une échelle logarithmique allant, de droite à gauche, de 0 à 10, la valeur médiane se situant à 1 (voir figure 7.3). La césure sépare, à gauche, les activités où l'entreprise est leader en volume (part de marché relative supérieure à 1) de celles, à droite, où elle est dominée par au moins un concurrent plus gros (part de marché relative inférieure à 1).

Le taux de croissance s'établit sur une échelle croissante, de bas en haut, allant de 0 % à 20 % (ou plus). À la naissance du modèle, la valeur médiane était de 10 % ; elle est devenue par la suite le taux de croissance du PIB.

Les deux valeurs médianes permettent de constituer quatre quadrants, dans lesquels les domaines d'activité sont placés selon leurs caractéristiques.

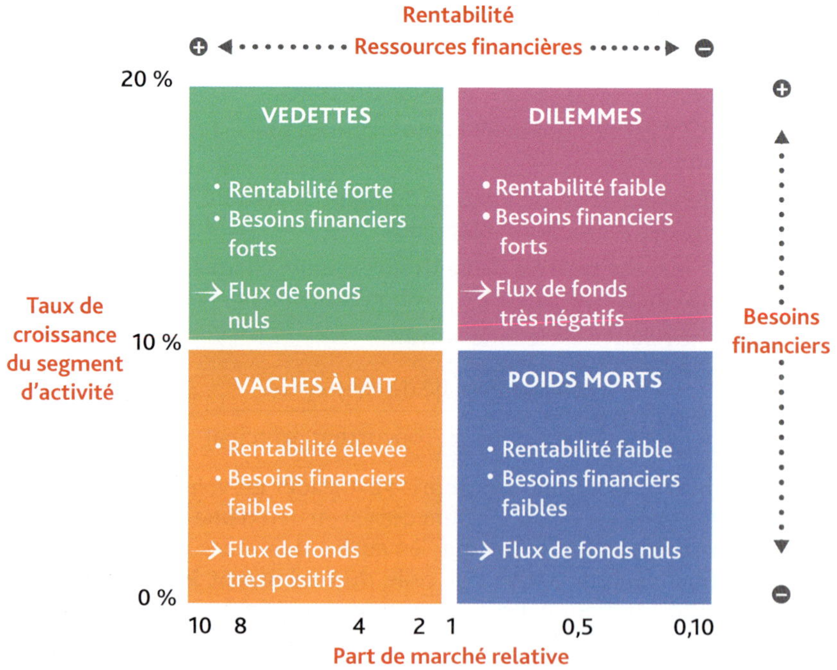

Figure 7.3 La matrice du BCG

- **Les « vedettes »**

Les activités « vedettes » dégagent un flux financier important mais celui-ci est consommé pour suivre le rythme de croissance du secteur. En investissant massivement pour augmenter autant que possible sa part de marché dans les « vedettes », l'entreprise prépare le futur, car ces « vedettes », en vieillissant, deviendront des « vaches à lait ».

- **Les « vaches à lait »**

Les « vaches à lait » sont des domaines d'activité à faible croissance qui exigent peu d'investissements nouveaux, tant en capacité de production qu'en financement du besoin en fonds de roulement. Des investissements de productivité pour maintenir l'avantage de coût sont cependant nécessaires. Ces activités dégagent un flux financier important, qui devra être réinvesti dans des activités « vedettes » ou « dilemmes ». Elles constituent en quelque sorte des « banques internes » au groupe.

- **Les « dilemmes »**

Les « dilemmes » sont aussi en croissance mais l'entreprise y occupe une position concurrentielle médiocre. Ce sont donc des activités peu rentables malgré leur croissance élevée. D'où le dilemme : faut-il investir massivement pour améliorer la position sur la courbe des coûts en profitant de la progression du marché et ainsi réduire l'écart avec les leaders, ou faut-il vendre l'activité parce que l'écart avec les concurrents est trop grand et qu'il sera trop difficile de transformer le dilemme en vedette ?

- **Les « poids morts »**

Les « poids morts » ont un faible potentiel de développement. Leur rentabilité est faible, voire négative. Dans le cas où l'activité n'est pas rentable, mieux vaut l'abandonner, en la vendant ou en la laissant mourir. Dans cette dernière hypothèse, il faut se désengager en pratiquant de façon sélective des prix assurant la meilleure rentabilité possible.

d. Les pièges de la matrice du BCG

La matrice du BCG étant un modèle simple, utilisant peu de variables, sa mise en œuvre est aisée. La difficulté réside cependant dans la segmentation stratégique. En effet, selon la manière dont on définit les contours d'un segment, il peut devenir une « vache à lait » ou un « poids mort », un « dilemme » ou une « vedette ». De même, définir les quadrants, c'est-à-dire la séparation entre les cases, et donc ce qui déterminera si une activité est par exemple, « dilemme » ou « vedette », est un exercice difficile.

Au-delà des problèmes de segmentation, l'utilisation de la matrice du BCG présente des pièges qu'il faut éviter.

- **Une seule variable pour mesurer la position concurrentielle**

Le premier postulat réside dans le choix d'une seule variable, la part de marché relative, pour mesurer la position concurrentielle.

Un défaut rédhibitoire de la matrice du BCG est de réduire l'analyse de l'avantage concurrentiel à une seule variable, le volume, en supposant que le coût en découle directement, et d'ignorer la différenciation, ce qui est antinomique avec la notion même d'avantage concurrentiel.

• Taux de croissance et attractivité

Le deuxième postulat réside dans le choix de la deuxième variable, le taux de croissance, pour mesurer l'attractivité du secteur. Ce choix est souvent erroné : il existe des secteurs à forte croissance qui ne sont pas du tout attractifs, ne serait-ce que parce qu'ils sont dépourvus de barrières à l'entrée. Le défaut de la matrice du BCG est donc de négliger l'analyse détaillée de l'environnement concurrentiel de chaque domaine d'activité.

• L'indépendance entre les domaines d'activité

Le troisième postulat est celui de l'indépendance totale entre domaines d'activité. La plupart des entreprises diversifiées sont présentes dans des domaines qui entretiennent entre eux des liens technologiques et/ou commerciaux. Le défaut est ici de nier l'existence des synergies, qui sont pourtant la raison d'être de la plupart des diversifications réussies.

• L'homogénéité ou l'absence du coût du capital

Le quatrième postulat est celui de l'homogénéité ou de l'absence du coût du capital. Dans la matrice du BCG, un euro gagné dans la distribution des eaux d'une collectivité a la même valeur qu'un euro investi dans la production cinématographique. Voilà qui justifiait la fusion Vivendi-Universal. C'est oublier que le niveau de risque est complètement différent. Dans le cinéma, il faut espérer que quelques films soient des succès planétaires pour compenser le nombre élevé d'échecs, alors que, dans la distribution d'eau, la rentabilité de chaque investissement est peut-être faible, mais elle est garantie par la stabilité du marché et par la durée du contrat passé avec la municipalité. Le défaut de la matrice du BCG est de prescrire des allocations de ressources alors qu'elle ne prend pas en compte leur coût !

3 Les matrices McKinsey et Arthur D. Little

D'autres cabinets de conseil ont mis sur le marché des modèles permettant de remédier à certaines des limites que nous venons de soulever.

Ainsi, Arthur D. Little[1] (ADL) et McKinsey[2] ont proposé des matrices qui évaluent la position concurrentielle de l'entreprise de façon qualitative et complexe, au lieu de s'en tenir à la notion de part de marché relative. Ces approches reconnaissent que la compétitivité ne se fonde pas uniquement sur les coûts et les prix, mais sur une multiplicité de facteurs déterminant la force relative de l'entreprise par rapport à ses concurrents (qualité des produits, image de marque, maîtrise technologique, accès au réseau de distribution…).

1. Wright R., 1973.
2. McKinsey-Royal Dutch Shell, 1972.

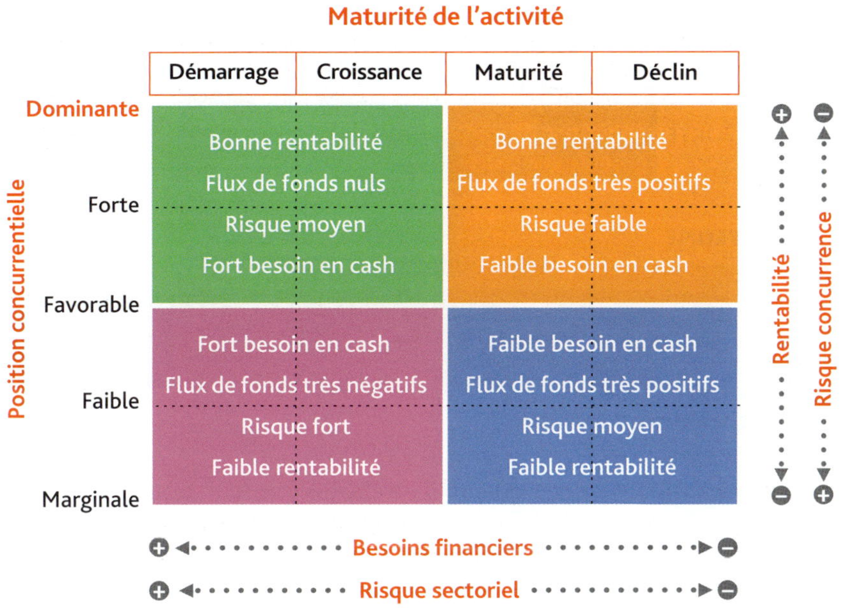

Figure 7.4 La matrice ADL

Les modèles ADL et McKinsey tentent également de mieux apprécier la mesure de l'attractivité des segments stratégiques : la matrice ADL utilise pour ce faire le degré de maturité de l'activité. Ce critère est fondé sur les quatre phases du cycle de vie de l'industrie : démarrage, croissance, maturité et déclin. Intégrant le taux de croissance de l'activité, il mesure les besoins financiers des activités, qui sont importants dans les deux premières phases du cycle et déclinent par la suite. Mais il donne également une indication sur le niveau de risque sectoriel, c'est-à-dire de la probabilité de variations importantes ou de ruptures imprévues de l'activité (réglementations nouvelles, innovations technologiques, explosion du marché). Une activité en démarrage est en effet davantage sujette à ce type de mutations qu'une activité mûre et stable.

Quant à la matrice McKinsey, elle se veut plus exhaustive en mobilisant un grand nombre de critères que ce soit pour évaluer l'attractivité d'un secteur ou la position concurrentielle d'une entreprise. Elle mesure l'attractivité du secteur grâce à de multiples variables (intensité concurrentielle, degré de maturité, instabilité technologique…). Elle prend aussi en compte sa valeur relative, qui correspond à l'intérêt que l'activité représente pour l'entreprise. Par ce moyen, la matrice reconnaît l'existence de synergies au sein du portefeuille. De plus les forces de l'entreprise sont évaluées par de multiples critères (rentabilité, notoriété, capacité d'innovation…) et pas seulement par la part de marché relative.

Valeur de l'activité (colonnes) / **Position concurrentielle** (lignes)

	FORTE	MOYENNE	FAIBLE
FORTE	Maintenir la position de leader coûte que coûte	Maintenir la position, suivre le développement	Rentabiliser (« traire »)
MOYENNE	Améliorer la position	Rentabiliser prudement	Se retirer sélectivement (segmenter)
FAIBLE	Doubler la mise ou abandonner	Se retirer progressivement et sélectivement	Abandonner, désinvestir

Figure 7.5 La matrice McKinsey

En contrepartie de leur richesse qualitative McKinsey et ADL n'ont pas le caractère instrumental de la matrice du BCG. De plus, les consultants sont amenés à pondérer les critères et à noter les segments avec une certaine subjectivité, ce qui rend forcément les conclusions plus discutables.

4 Matrices et stratégie *corporate*

Au-delà de ces considérations pratiques, il est paradoxal de constater que les modèles de portefeuille d'activités, qui sont censés être des modèles de *corporate strategy*, évaluent les segments stratégiques de façon indépendante et selon deux critères essentiellement issus de la *business strategy* et, plus précisément, du modèle SWOT (force de l'entreprise et opportunité de l'environnement). Il s'agit donc d'un résumé des analyses menées au niveau de chaque *business*.

Autrement dit, une analyse de portefeuille n'est que le résumé et l'assemblage des analyses menées dans chaque domaine d'activité. Or, s'en tenir là serait nier l'apport de la *corporate strategy*, puisque ce serait dire d'une part que la performance de l'entreprise est la somme des résultats obtenus par ses différents domaines d'activité et que, d'autre part, la seule mission stratégique du *corporate* est d'allouer le *cash-flow* entre des activités indépendantes. Les matrices ne prennent donc pas en compte la notion centrale de la *corporate strategy*, celle de synergie ! Elles sont des additions de *business units* et ne visualisent ni les interactivités entre les activités ni l'apport du *corporate* aux différentes *business unit*s. Les matrices de portefeuille négligent donc la notion de création de valeur.

5 Le modèle MACS

Le modèle MACS (*Market Activated Corporate Strategy*) est un modèle de portefeuille d'activités reposant sur le principe du *parenting advantage*. Il a pour but d'orienter les choix d'allocation de ressources en vue de maximiser la valeur de l'entreprise.

Il s'agit d'une matrice où l'on peut positionner les domaines d'activité d'une entreprise en fonction de deux critères :

- la valeur intrinsèque de chaque activité (axe horizontal) ;
- la capacité du groupe à accroître cette valeur (axe vertical).

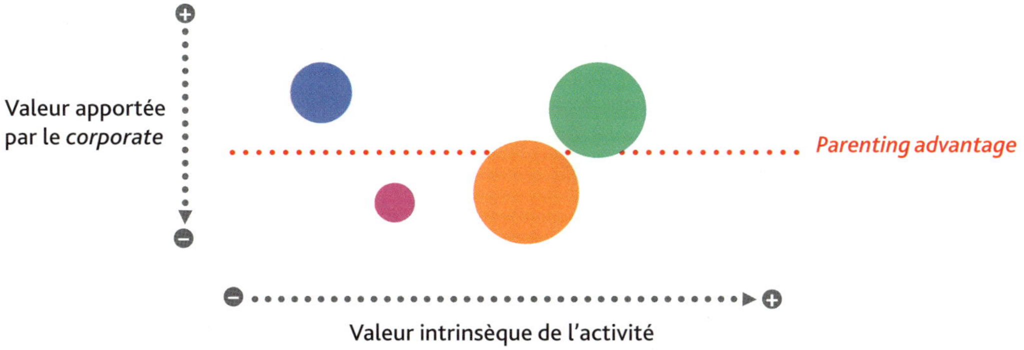

Figure 7.6 Le modèle MACS

a. La lecture du modèle MACS

Ces axes correspondent au premier et au troisième test de Porter discutés précédemment. La question du coût d'entrée (deuxième test) n'est pas posée car le modèle est avant tout un outil de diagnostic du portefeuille existant. Il ne traite pas des activités dans lesquelles le groupe pourrait envisager de se diversifier.

• L'axe horizontal

L'axe horizontal est en quelque sorte la diagonale des axes des anciennes matrices de portefeuille. Il synthétise en effet les deux dimensions des anciens modèles, la position concurrentielle et l'attractivité du secteur, en une seule : la valeur intrinsèque de l'activité. La valeur intrinsèque de chaque activité est mesurée par la valeur actualisée des *cash-flows* futurs que l'activité peut générer en tant que telle, indépendamment de son appartenance au groupe.

• L'axe vertical

L'axe vertical sert à évaluer le surcroît de valeur que le groupe apporte à chaque activité, autrement dit le niveau de synergie entre chaque activité et le reste du portefeuille. Cette dimension est plus difficile à quantifier, puisqu'il s'agit d'isoler et de valoriser les partages de coût et les opportunités de croissance que chaque activité doit à son appartenance au groupe. Cela renvoie à la valeur ajoutée par le *corporate*, c'est-à-dire à la capacité du groupe à développer les activités en leur apportant des ressources dont elles ne disposeraient pas toutes seules.

Les fonctions *corporate* sont souvent critiquées parce qu'elles ponctionnent des ressources issues des différentes activités, ressources qui ne sont pas redistribuées aux actionnaires. Mais elles peuvent jouer un rôle au-delà du contrôle et de la coordination entre les différentes activités. Les fonctions centrales permettent d'entretenir les ressources et les compétences, de les renouveler, que ce soit par acquisitions d'entreprises ou par innovation en interne, en favorisant l'apprentissage organisationnel, en mettant en place des équipes transversales chargées non seulement d'exploiter des synergies entre activités mais aussi de créer de nouvelles compétences. Les fonctions centrales ont donc une fonction contributive.

- **Le meilleur parent**

Dans la matrice MACS, la ligne horizontale qui coupe la matrice en deux correspond au critère du meilleur parent. Le groupe dispose d'un *parenting advantage* pour les activités situées au-dessus de cette ligne. En revanche, il existe un meilleur parent que l'entreprise considérée pour les activités situées au-dessous.

b. Applications

Les activités dans lesquelles l'entreprise doit se développer en priorité sont les activités à forte valeur dont elle est le meilleur parent. Au-delà de cette recommandation tautologique, le modèle MACS aboutit dans certains cas à des conclusions qui peuvent paraître paradoxales. MACS préconise en effet de désinvestir des activités dont le groupe n'est pas le meilleur propriétaire, ce qui peut conduire à abandonner des activités à forte valeur intrinsèque. En effet, certaines activités de grande valeur peuvent trouver à l'extérieur un meilleur parent, qui serait capable de les valoriser encore mieux que le propriétaire actuel, en faisant jouer des synergies plus importantes.

Ce parent potentiel est donc probablement prêt à payer une prime de contrôle élevée, ce qui fait que l'activité peut être cédée pour un prix dépassant significativement sa valeur intrinsèque dans le groupe actuel.

La réciproque est également vraie : il est pertinent de conserver des activités à valeur relativement faible si le groupe en est le meilleur parent possible, car on détruirait de la valeur en les cédant à un moins bon propriétaire.

Exemple

Le recentrage des laboratoires pharmaceutiques

- Les laboratoires pharmaceutiques préfèrent se séparer des activités de nutrition infantile qui ont peu de synergies avec leur activité principale, qui nécessitent de gros investissements en marketing mais peu de R&D et qui, au final, sont moins rentables que les médicaments. Cette stratégie de recentrage est demandée par les marchés financiers pour qui l'activité de nutrition infantile (tout comme celle de la nutrition animale) est mieux valorisée à l'extérieur des grands groupes pharmaceutiques. En revanche, les groupes agroalimentaires tels que **Nestlé** ou **Danone** sont considérés comme de meilleurs parents pour les activités de nutrition infantile qui constituent désormais un de leurs axes de développement stratégique et qui génèrent une forte rentabilité.

Malgré son intérêt, le modèle MACS est peu utilisé à cause des difficultés pratiques de valorisation financière de chaque activité et des apports du *corporate*. Et il est difficile de déterminer la ligne de l'avantage parental. On retiendra toutefois le message fondamental de ce modèle : pour créer de la valeur, l'entreprise ne doit pas hésiter à procéder à des cessions ou à des *spins-off* d'activités parfois très rentables mais dont elle est incapable d'exploiter pleinement le potentiel. Elle peut aussi bénéficier des apports du *corporate* pour créer de la valeur.

SECTION 6

LA VALEUR APPORTÉE PAR LE *CORPORATE*

Au cœur de la stratégie de groupe se pose la question de savoir comment organiser les synergies entre les activités et comment la structure *corporate* peut aider les différentes divisions ou bénéficier de leurs résultats pour améliorer son avantage concurrentiel groupe.

1 La structure *corporate* détruit-elle ou crée-t-elle de la valeur ?

Nous avons vu que les entreprises trop diversifiées et les conglomérats peuvent subir une décote de conglomérat. Celle-ci s'explique par l'absence de synergies suffisantes ou par des coûts de structure *corporate* trop élevés. Certains actionnaires considèrent qu'il est complexe et coûteux en personnel et en procédures administratives de piloter et de coordonner trop de *business units* et que cela nuit à la compétitivité de ces dernières. Deux solutions sont alors possibles : ou bien réduire au maximum le *corporate* afin de réduire les coûts ; ou bien veiller à ce que le *corporate* soit efficace et ajoute vraiment de la valeur sans générer trop de coûts.

a. Réduire le *corporate*

L'idée de réduire au maximum le *corporate* a l'avantage de décentraliser et de donner beaucoup d'autonomie aux divisions afin qu'elles soient plus réactives aux évolutions de leurs marchés et de la concurrence. Cette réduction de la structure *corporate* explique pourquoi certains conglomérats peuvent afficher de bonnes performances boursières alors qu'ils ne profitent pas de synergies ! En effet, les conglomérats sont libérés de coûts de coordination puisque les activités sont indépendantes.

Et lorsqu'ils sont gérés avec rigueur, réduisant au maximum les dépenses centrales et contrôlant les demandes d'investissement faites par les différentes *business units*, ils peuvent afficher de bonnes performances. Dans ce cas, le *corporate* assigne des objectifs de rentabilité aux différentes divisions et joue uniquement le rôle d'un contrôleur financier. Il n'intervient pas dans la stratégie des divisions et ne cherche surtout pas à profiter d'éventuelles synergies entre les *business units*. Le conglomérat est donc géré comme un mini marché financier. Le *corporate* y joue le rôle de l'actionnaire mais a l'avantage de disposer d'une meilleure information que celle disponible sur les marchés boursiers.

b. La structure *corporate* comme amplificateur de valeur

L'autre option consiste à considérer le *corporate* comme un amplificateur de valeur. Celui-ci trouve alors dans son épaisseur organisationnelle, le moyen de créer une valeur supérieure aux coûts qu'il génère. Son rôle n'est alors pas de s'effacer mais d'allouer les ressources entre les divisions en fonction des priorités stratégiques, de coordonner les stratégies respectives des différentes divisions et de concrétiser les synergies entre les activités. La structure *corporate* a donc pour fonction de mettre en œuvre les partages de coûts, les promotions croisées, et de favoriser l'accroissement mutuel des revenus.

L'enjeu pour le *corporate* est aussi de compenser l'érosion des compétences au sein des différents métiers en favorisant leur renouvellement et en développant le *knowledge management* et l'échange de connaissances entre les divisions, crucial pour la concrétisation de synergies et pour l'innovation. Cela permet la création d'un avantage concurrentiel au niveau du groupe. La structure *corporate* doit aussi s'attacher à entretenir des *core competences* qui assureront la pérennité du groupe et constitueront les pivots de la future diversification. Le *corporate* doit assurer la formalisation, le développement, la solidité et la continuité des compétences. Par exemple, le groupe Canon a développé des *core competences* dans la mécanique de précision, l'optique et l'électronique, ce qui lui a permis d'être présent dans les domaines des photocopieurs, des imprimantes, des scanners mais aussi de la photographie, dont il est leader mondial, et de l'imagerie médicale.

La structure *corporate* peut donc être créatrice de valeur et être comparée à une *business unit* dont le rôle serait de faciliter la coordination entre les activités, d'entretenir leurs compétences, de mettre en œuvre les compétences et de développer une culture de groupe porteuse de cohérence.

Markides et Williamson[1] précisent ainsi que le *corporate* doit contribuer au partage des coûts des ressources entre métiers grâce aux économies de champ (*asset amortization*), à l'amélioration des compétences des différentes *business units* (*asset improvement*), à la création de compétences clés pouvant irriguer les métiers existants et fonder la future diversification (*asset creation*) et à la diffusion des connaissances et des compétences et création d'une culture de groupe au travers d'universités d'entreprise ou de processus de transfert des *best practices* (*asset fission*). Campbell et Whitehead[2] soulignent aussi l'importance des fonctions *corporate*. Celles-ci mobilisent certes des équipes transversales, génèrent des coûts de coordination et de mise en œuvre, mais elles permettent aussi un accroissement de valeur de chaque *business unit* qui bénéficie à l'ensemble du groupe.

ÉTUDE DE CAS

Synergies et cohérence au sein du groupe Disney

Disney est une entreprise diversifiée présente dans le cinéma d'animation et d'acteurs, la télévision, la presse, la distribution de vidéos, les parcs d'attractions, les jouets et autres produits dérivés, les jeux vidéo, les magasins avec les Disney Stores ou les hôtels (situés dans les parcs). Les activités de vente de DVD et les parcs d'attractions sont parmi les plus rentables du groupe.

•••

1. Markides C. et Williamson P.J., 1994.
2. Campbell A., Whitehead J. *et al.*, 2014.

●●●

Exploitation des personnages

Beaucoup de ces activités sont liées par l'exploitation des mêmes ressources, à savoir les personnages des dessins animés Walt Disney. Les personnages, leur histoire, la musique qui leur est associée sont exploités simultanément dans ces multiples activités. Cela entraîne d'importantes économies de champ puisque le coût de la création de ces personnages est amorti sur un important volume d'activités. De plus, les dépenses de marketing sont partagées entre les activités ou se recoupent lors de la sortie d'un film par exemple. Au sein du groupe, il existe aussi, des synergies qui permettent d'accroître les revenus. Même si les activités telles que l'animation, les parcs, les licences et les produits dérivés ont des chaînes de valeur, des structures de coût, des rentabilités différentes et réclament des compétences diverses, on peut estimer que ces activités sont complémentaires, s'adressent aux mêmes clients et sont créatrices d'un surcroît de valeur en se renforçant les unes les autres.

Mise en œuvre des synergies et acquisitions

La mise en place de ces interdépendances opérationnelles exige de s'appuyer sur des équipes de plusieurs centaines de personnes chargées de mettre en œuvre les synergies. Ces équipes mettent en place les promotions croisées, organisent les sorties couplées des produits (films, jeux vidéo, produits dérivés...). Cette savante interdépendance des activités permet d'accroître les revenus de chaque activité : le succès d'un film a des effets positifs sur les attractions, les ventes de jouets ou de produits dérivés. Réciproquement, le succès d'une attraction ou d'un DVD peut avoir des effets en retour sur la fréquentation des salles ou les ventes de figurines.

Ainsi, Disney a acquis le groupe Pixar, spécialiste de l'animation par ordinateur en 2006, ce qui lui a permis de renouveler ses compétences et de profiter de synergies. Par exemple, les films *Toy Story* ont donné lieu à des attractions dans les différents parcs du groupe. Un jeu vidéo sur Wii est sorti en 2009 et les ventes de DVD de *Toy Story 3* ont rapporté plus de 600 millions de dollars. La licence *Toy Story* est restée la troisième licence des Disney Stores pendant plusieurs années. De même, après l'acquisition par Disney de Lucas Film, on estime que les revenus issus du *Star Wars VII, Le Réveil de la Force* (box-office, produits dérivés, jouets et vêtements...) ont été cinq fois supérieurs à ce qu'ils auraient pu être si Lucas Film n'avait pas appartenu à Disney.

Le pôle télévisé de Disney

Le groupe Disney, suite à une série d'acquisitions, possède aussi des chaînes de télévision généralistes comme ABC (informations, séries comme *Desperate Housewives*, *Grey's Anatomy* et jeux télévisés comme *Qui veut des millions ?*) ou ESPN qui est dédiée à la diffusion d'événements sportifs et qui connaît un grand succès. Si ces activités génèrent des revenus plus importants que l'animation et sont très rentables (publicité, abonnements...), certains analystes émettent des doutes sur l'existence de synergies entre ces activités et le reste du groupe. Disney a par ailleurs finalisé en 2019 l'acquisition de la 21st Century Fox pour 53 milliards de dollars, ce qui lui permet d'enrichir son catalogue et de se renforcer face à ses concurrents.

QUESTIONS

Corrigés en ligne sur dunod.com

1. Pourquoi les personnages sont-ils des ressources stratégiques pour Disney ?
2. Le groupe Disney s'appuie-t-il d'abord sur des synergies de coûts ou sur des synergies de revenus ?
3. Disney est-il un bon parent, voire le meilleur des parents pour Pixar et Lucas Film ?
4. Le groupe Disney est-il stratégiquement cohérent ou souffre-t-il d'une trop grande diversification ?
5. Quel est le *core business* du groupe Disney ?

Au sein des groupes diversifiés, les dirigeants doivent avoir une vision précise de la manière de gérer l'ensemble des métiers et des divisions. Il est possible de distinguer plusieurs configurations des rôles du management selon que le degré d'interventionnisme du *corporate*. Ces configurations (planification stratégique, contrôle stratégique et contrôle financier) sont détaillées au chapitre 15.

Exemple

Le *corporate* au sein du groupe Apple

- En guise d'illustration, pensons au rôle du *corporate* au sein du groupe **Apple**, qui aujourd'hui ne se contente plus de fabriquer des ordinateurs et des systèmes d'exploitation comme à ses débuts. Le *corporate* joue le rôle d'un chef d'orchestre très directif puisqu'il détermine quels produits à fort potentiel doivent être développés en priorité ; il contrôle et organise la chronologie de sortie des produits. Il développe des *core competences* qui constituent des principes organisateurs des différentes catégories de produits, qui toutes doivent répondre à des exigences d'expérience client, de simplicité, de qualité, de design, de performance et de service. Il s'assure aussi du développement de la marque.
- L'entreprise s'efforce ainsi d'avoir une combinaison la plus harmonieuse possible entre ses systèmes d'exploitation et ses divers appareils. Apple est très attentif à la qualité des matériaux, de l'assemblage, des composants, et entreprend aujourd'hui de s'intégrer verticalement en amont, dans les composants, afin de mieux maîtriser la qualité de ses produits. Ces exigences peuvent sans doute être décentralisées dans les différentes divisions mais l'impulsion et le contrôle sont assurés par le *corporate*. Apple opte donc pour un développement et un management très intégrés.

La bonne coordination des différentes divisions et un rôle actif du *corporate* contribuent donc à l'avantage concurrentiel groupe et permettent d'exploiter l'avantage parental que nous avons présenté précédemment.

2 « L'hexagone » de McKinsey

Pour résumer les principaux points de la démarche *corporate*, nous présentons ici la démarche en six étapes du cabinet McKinsey[1] qui permet de restructurer les activités d'un groupe diversifié dans le but de maximiser sa valeur.

1. Koller T., Goedhart M. et Wessels D., 2005.

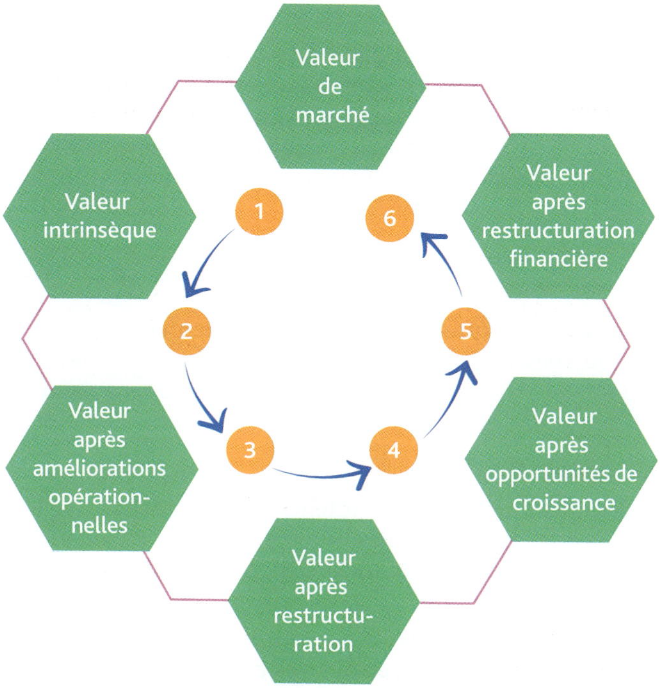

Figure 7.7 **« L'hexagone » de McKinsey**

a. La valeur de marché de l'entreprise

Le point de départ est la valeur de l'entreprise au moment où on commence l'analyse. Cette valeur est égale à la capitalisation boursière (nombre d'actions multiplié par le cours de l'action) augmentée de la dette nette (dette moins *cash*).

b. La valeur réelle de l'entreprise

En principe, la valeur de marché de l'entreprise devrait être égale à la valeur actualisée de ses *cash-flows* futurs. Or, il se peut que les anticipations du marché reposent sur une perception défavorable ou favorable du potentiel de rentabilité future, et que la valeur réelle de l'entreprise soit différente de sa valeur de marché.

c. La valeur potentielle après améliorations opérationnelles

Cette valeur peut être atteinte en procédant à des changements stratégiques et organisationnels dans chacune des activités du groupe, de manière à augmenter les *cash-flows* générés par ces activités. Il s'agit de rechercher les opportunités stratégiques non exploitées ou de réorganiser l'entreprise pour réduire les coûts dans l'ensemble de ses activités. Cette étape correspond à une remise à plat de la *business strategy* dans chacun des domaines d'activité de l'entreprise.

d. La valeur potentielle après restructuration du portefeuille

Une fois déterminée la valeur potentielle de chacune des activités, par comparaison avec la valeur de l'ensemble du groupe, il faut évaluer si une restructuration du portefeuille d'activités, notamment des désinvestissements, peut créer de la valeur. La question clé est de savoir si certaines activités, une fois améliorées, pourraient être cédées à un prix supérieur à leur valeur potentielle interne au groupe.

e. La valeur après mise en œuvre de quelques opportunités de croissance, par le biais d'acquisitions ou d'alliances

L'enjeu dans les fusions-acquisitions est alors de bien déterminer le différentiel entre la valeur de l'entreprise après actualisation des *cash-flows* futurs et cette même valeur augmentée des synergies ou des apports de l'acquisition.

f. La valeur optimale du groupe restructuré

Il s'agit de la valeur maximale que peut atteindre l'entreprise si, une fois les perceptions du marché corrigées, les activités rationalisées et le portefeuille restructuré, on optimise en plus sa structure financière en jouant sur l'endettement et le coût du capital.

À travers cette méthode, proche de celles qu'utilisent les firmes de *private equity* lors des LBO, le message envoyé aux dirigeants des grandes entreprises diversifiées est très simple : comportez-vous comme un *raider* avec votre propre entreprise… avant qu'un véritable *raider* ne le fasse.

CONCLUSION

Comme nous l'avons vu, la diversification doit être justifiée stratégiquement et prendre en compte les exigences de création de valeur sous peine d'être pénalisée par la Bourse sous forme d'un discount conglomérал ou de la pression de fonds activistes. Il ne suffit plus d'être un « parent acceptable » de ses activités et de s'assurer que la *business strategy* est correctement formulée et mise en œuvre dans chaque entité du groupe. Il faut démontrer que l'appartenance de ces activités au groupe leur apporte effectivement une valeur supplémentaire, démonstration souvent bien difficile à réaliser. L'identification des différents types de synergies et leur mise en œuvre ainsi qu'une structure *corporate* performante permettant l'entretien et la diffusion des compétences peuvent contribuer à la création de valeur.

Les enjeux de la diversification des entreprises renvoient donc aux relations complexes entre les marchés financiers, les managers, les entrepreneurs, les propriétaires et les actionnaires des entreprises. Et ces questions mettent en exergue les relations difficiles de complémentarité et parfois de divergence, voire de conflit entre les perspectives stratégiques et financières. Les actions des fonds activistes soulignent ces frictions en posant des questions radicales même si les réponses proposées ne sont pas toujours convaincantes.

À RETENIR

Qu'est-ce que la diversification ?

- La **diversification** est la décision d'une entreprise d'entrer dans un nouveau domaine d'activité. Une entreprise diversifiée est donc une entreprise présente dans au moins deux domaines d'activité différents.

Les différents types de diversification

- La **diversification liée** consiste à exploiter plusieurs activités différentes mais qui présentent certains points communs entre elles.
- Dans la **diversification conglomérale**, il n'existe pas de rapport opérationnel entre les activités qui sont stratégiquement et organisationnellement indépendantes.
- On dit qu'un groupe présente des **synergies** lorsque la valeur de l'ensemble du groupe est supérieure à la somme de ses parties (essentiellement synergies de coûts, de revenus).

La diversification et les stratégies de recentrage

- Les entreprises trop diversifiées souffrent souvent d'une **décote de conglomérat** et peuvent subir l'assaut de **fonds activistes** qui souhaitent maximiser la valeur pour l'actionnaire.
- Selon Porter, toute entreprise envisageant de se diversifier doit se soumettre à trois tests pour vérifier que la diversification crée de la valeur : le test de l'**attractivité**, le test du **coût d'entrée** et le test du **surcroît de valeur** (*better off test*).
- Pour compenser la décote de conglomérat, les entreprises peuvent **recentrer** leur portefeuille d'activités (*core business*), faire des **cessions** ou recourir à des **scissions** (*spins-off*).

Les modèles de portefeuille d'activités

- Les **matrices** constituent des outils d'aide à la stratégie *corporate*. Elles aident à déterminer où allouer les ressources, quelles activités renforcer ou céder (BCG, ADL, McKinsey, modèle MACS).

La valeur apportée par le *corporate*

- Les entreprises diversifiées peuvent
  - **réduire** au maximum les **coûts *corporate*** ;
  - opter pour un ***corporate* créant de la valeur** (organiser les synergies, entretenir et renouveler les compétences et favoriser la dissémination des compétences entre les divisions).

Chapitre
8 Intégration verticale et externalisation

De tout temps, les entreprises se sont posé la question de ce qu'elles devaient faire elles-mêmes et de ce qu'elles devaient laisser faire à des prestataires, des fournisseurs ou des distributeurs indépendants. Cette question, souvent résumée par la formule « *make or buy?* », est en fait celle du choix entre l'intégration verticale et son opposé, l'externalisation. Une telle décision, qui affecte le périmètre de l'entreprise, a des conséquences très significatives en termes de performance, de rentabilité et de création de valeur. C'est l'une des décisions les plus importantes de *corporate strategy*.

Dans ce chapitre, nous présenterons les implications du choix d'intégrer ou d'externaliser une activité. Nous examinerons ensuite les raisons qui poussent à l'intégration verticale ou à l'externalisation, ainsi que les critères sur la base desquels la décision doit être prise. Puis nous discuterons les avantages et inconvénients de l'intégration verticale – et donc, par opposition, de l'externalisation. Enfin, nous analyserons les différentes options qui s'offrent à l'entreprise quant à la position qu'elle entend occuper sur la filière de production.

Plan du chapitre

SECTION 1

MARCHÉ ET HIÉRARCHIE

1 Intégration verticale et externalisation : définitions

On dit d'une entreprise qu'elle s'intègre verticalement lorsqu'elle choisit de mettre en œuvre elle-même des activités qui étaient jusque-là mises en œuvre par des prestataires extérieurs, fournisseurs ou acheteurs. Lorsque l'activité dans laquelle l'entreprise choisit d'entrer correspond à celle de certains de ses fournisseurs, on dit que l'entreprise s'intègre en amont ; quand il s'agit d'activités exercées par des clients ou distributeurs, on dit qu'elle s'intègre en aval.

Ainsi, le rachat d'Alcan (un leader de l'aluminium) par Rio Tinto, l'un des plus grands groupes miniers mondiaux, est une intégration en aval. Lorsque Netflix décide de produire des séries comme *House of Cards* ou *Marseille*, ou des films comme *Roma*, c'est de l'intégration en amont. Netflix se fournit en interne plutôt que de s'adresser à des producteurs de contenus indépendants.

L'externalisation – ou *outsourcing* – de certaines activités correspond au mouvement inverse par lequel l'entreprise abandonne certaines des activités qu'elle exerçait jusque-là pour désormais s'adresser à des fournisseurs, ou vendre à des acheteurs ou distributeurs, indépendants.

Exemple

L'externalisation des activités aval de ConocoPhillips

- **ConocoPhillips**, l'un des majors du pétrole, était, comme la plupart de ses concurrents, **Exxon**, **Shell**, **BP** ou **Total**, présent dans toutes les activités de la filière pétrolière, de l'exploration à la distribution en stations-service, en passant par l'exploitation et le raffinage. Le groupe a décidé en 2012 d'externaliser les activités de raffinage et de distribution et a créé une société indépendante qui a repris tous les actifs de ConocoPhillips dans ces domaines. Cette nouvelle entreprise, baptisée Phillips 66, la marque des stations-service du groupe, est devenue une société indépendante, cotée en Bourse séparément de ConocoPhillips et libre de s'adresser à son ancienne société sœur ou à d'autres producteurs pour s'approvisionner en pétrole brut.

2 La hiérarchie, alternative au marché

En s'intégrant verticalement, une entreprise va remplacer un recours au marché par des activités gérées en interne. Lorsque l'entreprise a recours à des fournisseurs indépendants ou fait affaire avec des acheteurs, le « marché » détermine les conditions dans lesquelles la transaction va s'effectuer. Ce sont les mécanismes du marché qui fixent le prix que paiera l'entreprise au fournisseur – ou qu'elle fera payer au client – en fonction de l'ensemble des caractéristiques de la prestation attendue. Ceci se produit dans un contexte de concurrence entre fournisseurs et entre clients. Si un autre fournisseur est capable d'offrir la prestation à un prix inférieur ou si un autre client est disposé à payer un prix supérieur, c'est avec ce partenaire mieux disant que s'effectuera la transaction. Le « marché » organise donc les échanges entre l'entreprise et ses fournisseurs ou clients.

a. Le marché disparait

Lorsque l'entreprise choisit de s'intégrer, le marché disparaît. L'activité en amont et l'activité en aval sont liées l'une à l'autre par leur appartenance à la même entreprise. Il n'en demeure pas moins que ces deux activités doivent se coordonner pour que le composant fourni par l'amont corresponde aux besoins de l'activité aval en termes de spécifications, de performances techniques, de qualité et de coût. Par exemple, un constructeur automobile comme Renault doit s'assurer que les moteurs qu'il produit sont adaptés aux modèles de véhicule qu'il souhaite commercialiser et que ces mêmes modèles sont conçus de façon à tirer parti des caractéristiques des moteurs.

Dans une situation de marché, c'est en choisissant le composant acheté, et donc le fournisseur, que la coordination amont-aval s'effectue. Dans un contexte d'intégration verticale, c'est la direction générale de l'entreprise, en d'autres termes la « hiérarchie », qui va préciser les conditions dans lesquelles l'activité située en amont va fournir à l'activité située en aval, le composant ou la prestation dont cette deuxième unité a besoin pour mettre en œuvre son activité.

S'intégrer verticalement consiste donc à faire disparaître le marché entre deux activités successives dans une filière de production pour le remplacer par un management centralisé, ayant autorité à la fois sur l'activité amont et sur l'activité aval et pouvant ainsi imposer la solution – c'est-à-dire tant les caractéristiques du composant que celles du produit final – que les dirigeants auront jugée optimale.

Si on reprend l'exemple de Renault, ce sont les dirigeants qui vont dicter les caractéristiques des moteurs comme des véhicules et ainsi garantir leur compatibilité.

Sur la base de cette observation, l'un des principaux théoriciens de l'intégration verticale, Oliver E. Williamson, lauréat du prix Nobel d'économie 2009, a justement donné à son livre le plus connu le titre *Markets and Hierarchies* (voir la rubrique Fondements théoriques ci-après).

b. L'efficience du marché en question

Les décisions d'intégration verticale et d'externalisation consistent à choisir entre le marché et la hiérarchie – c'est-à-dire le management de l'entreprise – pour coordonner les échanges entre une activité en amont, productrice d'un composant ou d'une prestation, et une activité en aval utilisatrice de ce composant ou de cette prestation. Plus le marché sera efficace – les économistes parlent d'efficience du marché – moins l'intégration sera souhaitable. À l'inverse, plus le marché connaîtra de défaillances, plus cette intégration sera bénéfique.

Or, il ne s'agit pas ici de porter un jugement d'ensemble sur l'efficience des marchés mais plutôt de reconnaître que chaque marché individuel a une efficience qui lui est propre et qui est fonction d'un certain nombre de facteurs qui serviront à guider les choix d'intégration verticale, facteurs que nous examinerons en détail dans la section 2.

Par exemple, si l'entreprise fait face à un petit nombre d'acheteurs très puissants, ceux-ci seront en position d'imposer leurs conditions, très défavorables à l'entreprise. Un tel marché est très peu efficient. C'est très précisément le problème que rencontrent les producteurs agricoles face à la grande distribution. Vendre en direct sur les marchés urbains, c'est-à-dire s'intégrer vers l'aval dans la distribution, est une tentative de réponse à ce problème.

EN PRATIQUE

Mesurer le degré d'intégration verticale et interpréter la position dans la filière

Le calcul du taux de valeur ajoutée

Soit la valeur ajoutée, VA = CA – CI, avec CA le chiffre d'affaires et CI l'ensemble des consommations intermédiaires, qui correspondent à la somme des achats aux fournisseurs et des consommations de prestations (audit, services informatiques et comptables, assistance fiscale et juridique...).

On obtient le taux de valeur ajoutée de la manière suivante :

$$\text{Taux de VA} = \frac{VA}{CA} = \frac{(CA - CI)}{CA}$$

Taux de valeur ajoutée et position dans une filière

Supposons une filière de production comprenant exclusivement trois stades :

- extraction de matières premières ;
- transformation de ces matières en produit ;
- distribution du produit aux clients.

Supposons qu'à chaque stade de la filière, la valeur ajoutée soit la même, soit un tiers du total. Chaque stade vendant son produit à celui qui se situe immédiatement en aval, son chiffre d'affaires correspond aux consommations intermédiaires du stade aval.

On a donc les données suivantes :

Stades de la filière	CA	CI	VA	Taux de VA
Matières premières	33,3	0	33,3	100,0 %
Transformation	66,7	33,3	33,3	50,0 %
Distribution	100	66,7	33,3	33,3 %

Tableau 8.1 Le taux de valeur ajoutée selon les stades de la filière

L'analyse conduit à deux constats (toutes choses étant égales par ailleurs, notamment le nombre d'entreprises opérant à chaque stade de la filière) :

- le taux de valeur ajoutée d'une entreprise est d'autant plus élevé qu'elle est située en amont de la filière ;
- un même niveau absolu de la valeur ajoutée ne dit rien sur la position de la firme dans la filière, seul le taux de VA indique le degré d'intégration verticale, et donc la position vraisemblable de l'entreprise le long de la filière.

Le taux de VA est un indicateur utile pour interpréter les choix d'une entreprise en matière d'intégration verticale, ainsi que l'évolution de ces choix au cours du temps. En effet, le taux de VA croît avec le degré d'intégration verticale de la firme.

c. Le coût de l'intégration

Le recours à la hiérarchie, c'est-à-dire l'intégration dans une même organisation des échanges entre deux activités situées à des stades successifs dans la filière de production, a toujours un coût relativement élevé. Il s'agit bien sûr du coût du management lui-même, mais c'est surtout la disparition des incitations créées par le marché qui fait de l'intégration verticale une solution coûteuse, à n'envisager qu'en cas de défaillance du marché.

En effet, dans une entreprise intégrée, l'activité amont n'est plus soumise à la concurrence et sait que l'activité aval devra utiliser le composant ou la prestation qu'elle lui fournit. L'activité en aval, quant à elle, sait qu'elle sera livrée quoi qu'il arrive et qu'elle devra se satisfaire de ce qui lui est fourni en interne. La division « moteurs » chez Renault sait bien que tous les modèles de la marque seront équipés de l'un ou l'autre de ses produits. De leur côté, les responsables de telle ou telle gamme de véhicules savent qu'ils ne peuvent pas aller s'adresser à un fournisseur extérieur pour trouver un meilleur moteur mais doivent faire avec ceux qui leur sont proposés en interne.

Envisager pour l'amont de vendre à l'extérieur de l'entreprise au détriment du « client » interne, ou pour l'aval de se fournir à l'extérieur, créerait une crise grave ! En conséquence, il s'installe souvent dans les entreprises intégrées verticalement une forme de défaitisme et de découragement conduisant le système de coordination interne à devenir assez bureaucratique.

Pour finir sur un clin d'œil, notons que si la coordination des échanges par une hiérarchie était toujours plus efficace que le marché, le système économique optimal serait celui de l'économie planifiée, et donc de l'Union soviétique ! Mais si le marché était toujours plus efficace qu'une coordination par le management, les entreprises n'existeraient pas : la société serait constituée d'une multitude d'acteurs économiques indépendants conduisant entre eux des transactions de marché. En effet, dès lors qu'une entreprise est créée, elle supprime des transactions sur un marché pour les remplacer par des coordinations hiérarchiques.

FONDEMENTS THÉORIQUES

Intégration verticale et coûts de transaction

La théorie des coûts de transaction (TCT) a été développée par Ronald Coase[1] (prix Nobel d'économie en 1991) et Oliver E. Williamson[2] (prix Nobel d'économie en 2009). Ces deux auteurs font observer que l'activité économique n'est pas seulement affaire de coûts de production, comme avaient tendance à le considérer jusque-là les économistes, mais qu'elle engendre aussi des coûts de transaction. Sous certaines conditions, ces coûts de transaction peuvent être très élevés et donc conduire les acteurs économiques à les éviter en ayant recours à l'intégration verticale.

Les coûts de transaction se composent de deux parties

1. **Les coûts *ex ante*** : ils recouvrent les coûts de prospection liés à la recherche, puis à la sélection de fournisseurs ou acheteurs, les coûts associés à la négociation des conditions d'achat et de vente puis, enfin, les coûts relatifs à la rédaction d'un contrat.
2. **Les coûts *ex post*** : ils sont composés des coûts relatifs au contrôle de la bonne exécution du contrat, les coûts de résolution des litiges éventuels, les coûts de

la renégociation éventuelle du contrat et, enfin, les coûts et risques induits par la dépendance dans laquelle pourrait se retrouver soit le fournisseur soit le client une fois le contrat signé.

Sur cette base, la théorie avance que les entreprises cherchent à minimiser non pas seulement les coûts de production, mais plutôt la somme des coûts de production et des coûts de transaction. Selon Williamson, l'intégration verticale tend à accroître les coûts de production en supprimant les incitations très fortes à la performance que crée le marché, mais réduit les coûts de transaction et peut donc être justifiée en cas de coûts de transaction très élevés.

Les deux postulats essentiels de la théorie des coûts de transaction

1. **La rationalité limitée des acteurs** (inspirée des travaux de H. Simon). Les acteurs économiques ne peuvent connaître toutes les situations possibles ni prévoir toutes les évolutions futures. La rationalité limitée renvoie donc à l'incapacité des individus à appréhender de façon parfaite leur environnement économique. Ils prennent donc leurs décisions dans l'incertitude et, de ce fait, les contrats qu'ils passent ne peuvent envisager tous les cas de figure possibles et ne peuvent préciser de façon exhaustive les obligations des parties : les contrats ainsi rédigés sont qualifiés d'incomplets.
2. **L'opportunisme.** Il correspond à la poursuite de l'intérêt personnel par chacune des parties prenantes, ce qui peut conduire l'une ou l'autre à user de tromperie ou à faire de la rétention d'information. L'opportunisme caractérise le comportement des individus désireux de réaliser des gains supérieurs à ceux spécifiés lors de la rédaction du contrat, lorsque les circonstances le leur permettent, c'est-à-dire lorsqu'émerge une situation qui n'était pas envisagée dans le contrat, du fait de son incomplétude.

Alors que la rationalité limitée empêche les co-contractants de rédiger des contrats complets, l'opportunisme les incite à agir uniquement dans leur propre intérêt. Lorsque le marché est défaillant, ceci engendre des coûts de transaction qui peuvent être très importants.

Les trois attributs qui accroissent les coûts de transaction

Williamson identifie trois attributs des transactions qui vont contribuer à accroître les coûts de transaction.

1. **La fréquence**. On distingue deux types de transactions :
   - les transactions occasionnelles ;
   - les transactions récurrentes.

   Seules les transactions très fréquentes qui génèrent des coûts récurrents peuvent justifier une intégration verticale.
2. **La spécificité des actifs**. Des actifs sont dits spécifiques lorsqu'ils sont mis en place spécialement pour effectuer une transaction avec un partenaire particulier. On distingue généralement :
   - la spécificité de site, qui apparaît lorsque des équipements ont été implantés par un fournisseur à proximité des activités de son client ;
   - la spécificité des actifs physiques, qui existe lorsqu'un fournisseur a développé des équipements qui ne peuvent être utilisés que pour satisfaire les besoins d'un client particulier ;
   - la spécificité des actifs humains, qui se matérialise lorsqu'un fournisseur a développé des compétences humaines qui n'intéressent qu'un client en particulier.

Plus une transaction repose sur la mise en place d'actifs spécifiques, plus il est recommandé d'intégrer l'activité correspondante de façon à éliminer cette transaction.

3. **L'incertitude**. Elle a deux origines :
   - l'asymétrie d'information entre le client et le fournisseur ;
   - l'impossibilité de prévoir tout ce qui va advenir pendant la durée de vie du contrat.

   De ce fait, les contrats ne peuvent efficacement garantir les droits et obligations des parties à la transaction. C'est pourquoi en règle générale, plus le niveau d'incertitude est élevé, plus l'intégration est recommandée.

1. Coase R., 1937.
2. Williamson O.E., 1975.

SECTION 2

POURQUOI INTÉGRER OU EXTERNALISER CERTAINES ACTIVITÉS ?

Tout d'abord, force est de constater que la plupart des dirigeants d'entreprise abordent la question de l'intégration verticale de manière fortement idéologique. Certains affirment que « *contrôler l'ensemble de la filière permet de réduire la dépendance vis-à-vis de fournisseurs ou partenaires extérieurs et de réduire les coûts tout en maîtrisant mieux la qualité* ». D'autres, à l'inverse, font valoir que l'entreprise doit se focaliser sur ce qu'elle sait faire le mieux et laisser à d'autres le soin d'accomplir les activités qui ne sont pas son « cœur de métier ».

Cependant la question pertinente n'est pas de savoir s'il convient d'être très intégré ou d'externaliser au maximum mais de décider, au cas par cas, quelles activités intégrer et quelles activités externaliser. Remarquons tout d'abord que les justifications traditionnellement mises en avant pour justifier un mouvement d'intégration verticale ne sont pas très solides.

1 Les arguments courants mais fallacieux en faveur de l'intégration verticale

a. « Faire nous-mêmes nous donne un meilleur contrôle sur l'activité intégrée. »

• Une affirmation discutable

Si cette affirmation semble frappée au coin du bon sens, elle est, à la réflexion, beaucoup plus discutable qu'il n'y paraît. Posséder une usine ou un magasin ne garantit en rien que cette usine ou ce magasin va fonctionner comme on le souhaite, ni surtout au niveau de performance espéré. Cette observation se vérifie aussi sur un plan personnel : faire soi-même la cuisine ne garantit pas un repas de meilleure qualité que lorsque l'on va au restaurant !

- **L'illusion du contrôle**

Lorsque l'activité est collective, comme le sont la plupart des activités économiques, c'est-à-dire lorsqu'elle est mise en œuvre par un ensemble de salariés et de managers, l'observation ci-dessus est vérifiée encore davantage : même lorsqu'on en a le pouvoir, il ne suffit pas de donner des ordres pour que ceux-ci soient entendus, compris et exécutés comme on le souhaite. Le contrôle formel sur les personnes et la propriété des outils, machines et équipements divers ne garantit en rien que l'on obtiendra le produit ou service nécessaire dans les conditions souhaitées, avec le niveau de qualité requis et au coût espéré. Il est souvent plus facile d'obtenir exactement ce que l'on veut en l'achetant tout fait et à un prix que l'on connaît précisément qu'en le faisant soi-même ou en le faisant faire par un ensemble de personnes sur qui l'on a autorité.

b. « Nous allons transférer notre position forte dans notre métier d'origine aux activités en amont ou en aval. »

Si une telle affirmation peut, de prime abord, sembler raisonnable, bien souvent elle ne résiste pas à une analyse plus approfondie. Pourquoi un constructeur automobile performant serait-il capable de produire et de vendre de l'acier ? Un constructeur aéronautique de gérer avec succès une compagnie aérienne ? Ou pire, une compagnie aérienne de développer et fabriquer des avions ?

- **L'illusion de connaître l'activité de l'autre**

Être client ou fournisseur d'une activité ne permet en général pas d'acquérir l'ensemble des compétences nécessaires à la mise en œuvre de cette activité. Pourtant, la proximité que procure la relation fournisseur-client donne souvent l'illusion que l'on connaît suffisamment bien l'autre activité pour la mettre en œuvre avec succès. Et ce d'autant plus que le client perçoit très directement toutes les imperfections dans le travail de son fournisseur et s'imagine pouvoir y remédier facilement ; de même que le fournisseur peut observer les mauvaises utilisations que le client fait de ses fournitures et pense pouvoir mieux faire.

- **Le « syndrome du spectateur »**

Or, ni le client ni le fournisseur ne perçoivent clairement l'ensemble des difficultés que l'autre partie doit surmonter pour exercer son activité de manière performante. Chacun surestime donc grandement ses chances de succès dans l'activité de l'autre. C'est le syndrome du spectateur d'un match de football qui, assis sur son canapé devant la télévision, pense que, s'il était lui-même joueur, il aurait fait mieux que le joueur qui vient de rater une passe ou un but !

c. « Réduire le nombre d'acteurs indépendants au sein de la filière permet de réduire les coûts. »

- **Une croyance répandue…**

Cette croyance, très répandue, se fonde souvent sur l'idée que lorsque l'on produit pour soi-même, il n'est pas nécessaire de faire un bénéfice sur l'activité que l'on a intégrée puisque c'est sur le métier principal de l'entreprise que la rentabilité de l'ensemble est assurée.

Si un fabricant de PC s'intègre dans la production de composants électroniques, il peut se les vendre à lui-même à prix coûtant puisque c'est sur son activité principale de fabricant de PC qu'il doit asseoir sa rentabilité. S'il ne doit pas accumuler de pertes sur cette activité en amont, il n'a pas non plus à faire de profit dessus puisqu'il n'exerce cette activité que pour obtenir les composants dont il a besoin.

Un producteur indépendant, en revanche, doit faire des bénéfices suffisants sur cette activité puisque c'est sa seule source possible de rentabilité. Il sera donc amené à ajouter dans son prix une marge dont une entreprise intégrée peut se passer. Ainsi, plus il y aurait d'acteurs indépendants successifs dans une filière, plus on accumulerait des marges intermédiaires qu'un producteur intégré pourrait éviter.

- **… mais erronée**

Cette logique est malheureusement totalement erronée ! Comme nous l'avons vu au chapitre 6, le profit vient rémunérer les capitaux employés. Dès lors que l'entreprise investit pour s'intégrer, que ce soit par croissance interne ou par croissance externe, il lui faut augmenter proportionnellement ses profits pour rémunérer les capitaux supplémentaires investis.

En fait, les exigences en termes de profit au sein d'une filière sont déterminées par les investissements effectués dans les différentes activités mais ne dépendent en rien de qui possède ces activités. De ce point de vue, réduire le nombre d'opérateurs indépendants ne permet en rien de réduire les coûts !

d. « Nous intégrer en amont ou en aval nous permet de capter une part plus importante de la valeur ajoutée. »

Les dirigeants d'entreprise ont souvent le sentiment de produire un composant essentiel aux performances et au succès commercial d'un produit fini alors qu'ils ne reçoivent en retour qu'une faible part du chiffre d'affaires généré.

Exemple

Les tour-opérateurs

- Par exemple, les tour-opérateurs (TO), qui organisent voyages et vacances, ont le contact avec les clients, orientent leur choix vers tel ou tel service, mais ne touchent que quelques pourcents du prix payé : l'essentiel du chiffre d'affaires va aux transporteurs aériens et aux hôteliers qui fournissent les prestations représentant la plus grande part du coût total. En d'autres termes, les TO touchent le total du prix mais en reversent presque immédiatement la plus grande partie aux hôteliers et transporteurs.
- Pour conserver davantage de cette « valeur ajoutée », il peut être tentant de chercher à offrir soi-même ces prestations. Nombre de tour-opérateurs se sont ainsi intégrés verticalement dans le transport aérien, l'hôtellerie et les villages de vacances.

Exemple

Microsoft s'intègre avec la gamme Surface

- **Microsoft** fournit l'un des éléments les plus critiques des PC, le système d'exploitation, sans lequel aucun client n'achèterait de PC. Pourtant, Microsoft ne perçoit que quelques dizaines d'euros pour chaque licence vendue quand le PC lui-même coûte plusieurs centaines d'euros. Il est probable que cette constatation soit pour quelque chose dans la décision de Microsoft de s'intégrer en aval en lançant sa gamme de PC et tablettes Surface. Malheureusement, celle-ci n'a pas connu le succès escompté et Microsoft ne semble pas avoir augmenté sa rentabilité grâce à cette intégration vers l'aval.

En effet, les profits ne sont pas répartis le long de la filière d'une manière uniforme, proportionnelle à la part de la valeur ajoutée – et des coûts – que représente chaque activité. Certaines activités ne représentent qu'une très faible part du coût total d'un produit mais sont extrêmement rentables alors que d'autres comptent pour une part conséquente du coût total mais ne sont guère rentables, voire déficitaires. Le transport aérien pèse lourd dans le prix d'un voyage ou séjour organisé mais il est très peu rentable. Le système d'exploitation Windows d'un PC ne représente qu'une très faible part du coût d'un ordinateur mais est anormalement rentable du fait du quasi-monopole dont jouit Microsoft.

Mieux vaut donc se cantonner à une activité à forte rentabilité, même si elle ne représente qu'une faible part de la valeur totale d'un produit ou service complet, que de chercher à s'intégrer vers des activités au poids plus important mais dont la rentabilité est faible.

e. « ... et puis ne vous inquiétez pas, cela ne changera rien à la façon dont nous opérons. »

À court d'arguments, les dirigeants ayant décidé de procéder à un mouvement d'intégration verticale affirment souvent que cela ne changera rien et que les deux activités concernées continueront à opérer comme si elles étaient indépendantes. « *L'activité en amont cherchera à vendre ses produits ou services à tous les clients potentiels et ne favorisera en rien sa société sœur située en aval. De même, l'activité en aval n'achètera à l'activité intégrée en amont que si celle-ci offre des conditions supérieures à celles du marché* ».

• La réaction des concurrents

Même lorsqu'ils sont sincères, les dirigeants qui tiennent ce discours oublient que les concurrents ne le verront probablement pas ainsi. Ces concurrents seront réticents à traiter avec un fournisseur ou distributeur qui appartient désormais à un rival.

Exemple

L'intégration de Pepsi dans le *fast-food*

- Lorsque **PepsiCo** s'est intégré en aval dans le *fast-food* en prenant le contrôle de Pizza Hut, KFC et Taco Bell, la première conséquence visible de ce mouvement a été le passage de Burger King, un client Pepsi de longue date, chez **Coca-Cola**.

Surtout, au-delà de cette réaction somme toute logique des concurrents, l'affirmation de l'autonomie préservée des activités intégrées ne résiste en réalité jamais aux difficultés qu'est susceptible de rencontrer à un moment ou un autre soit l'activité amont, soit l'activité aval.

- **Gérer les relations entre activités**

Afin de faire vivre une activité qui fait maintenant partie de l'entreprise, on demandera à l'activité aval d'acheter à sa société sœur des produits moins performants et/ou plus chers que ceux disponibles sur le marché, affaiblissant ainsi la position de cette activité en aval. De la même façon, on demandera souvent à l'activité amont de livrer la société sœur en priorité ou de lui réserver les composants et produits intermédiaires les plus performants, au risque de fragiliser la réputation de l'activité amont, et affaiblissant ainsi sa position concurrentielle.

Exemple

General Motors et ses filiales

- **General Motors** qui, pendant des décennies, a été très intégré dans les composants automobiles, a beaucoup souffert des coûts élevés et de la mauvaise qualité des composants fournis par ses filiales, qui se sont répercutés sur la qualité et le coût de ses véhicules.

Nous défendons au contraire dans ce chapitre l'idée selon laquelle on s'intègre verticalement pour transformer les relations entre les deux activités amont et aval concernées, par exemple en instituant entre elles des liens exclusifs, en les localisant à proximité l'une de l'autre, en accordant à l'activité aval un droit de premier refus sur les composants proposés par l'amont, ou à l'activité amont un accès prioritaire aux débouchés internes en aval, à condition de respecter un cahier des charges prédéfini.

2 Les facteurs rationnels qui poussent à l'intégration verticale

Comme nous l'avons vu précédemment, c'est lorsque le marché est inefficient qu'il faut envisager un mouvement d'intégration verticale. Cette inefficience du marché se traduit par le fait que l'activité aval ne peut pas se procurer un composant correspondant à ses besoins à un prix « raisonnable ». Quant à l'activité amont, elle ne peut pas se mettre en situation de bien servir l'activité aval sans hypothéquer sa rentabilité future. Or, ce sont certaines des caractéristiques des composants ou prestations échangés qui empêchent le bon fonctionnement du marché et donc un recours efficace à des fournisseurs ou distributeurs indépendants.

Notons que l'intégration verticale ne se justifie que pour des composants ou prestations pour lesquelles les activités amont et aval effectuent des transactions très fréquentes. Si l'entreprise cliente n'achète une prestation que de loin en loin, de manière irrégulière, les investissements exigés par l'intégration de la nouvelle activité ne pourront pas être rentabilisés. L'intégration verticale n'aurait pas de sens.

Figure 8.1 **Les facteurs qui poussent les entreprises à l'intégration verticale**

Exemple

Intégrer un cabinet d'architecte

- Sauf à avoir de nouveaux bâtiments à construire de manière très régulière, il n'y a guère de raison pour une entreprise d'intégrer un cabinet d'architecte à qui elle ne pourrait fournir suffisamment de nouveaux projets pour occuper le personnel à temps plein. Mieux vaut faire appel à un cabinet indépendant qui pourra plus efficacement occuper l'ensemble de son personnel en travaillant pour plusieurs maîtres d'ouvrage.

a. Un besoin spécifique au client

Pour tous les composants et prestations standardisés pour lesquels existent à la fois de nombreux fournisseurs et de nombreux clients, nul besoin de s'intégrer verticalement. Le marché est très efficient et, du fait de la concurrence, il sera facile de trouver des fournisseurs fiables pratiquant des prix compétitifs.

En revanche, lorsque les besoins de l'entreprise cliente sont spécifiques, il est impossible d'acheter le composant « sur étagère ». L'entreprise cliente est seule à réclamer ce composant et aucun fournisseur potentiel ne va le produire avant d'avoir obtenu une commande.

Pire, si pour produire ce composant, un éventuel fournisseur doit faire des investissements spécifiques, c'est-à-dire des investissements qu'il ne pourra pas réutiliser pour servir d'autres clients, l'entreprise cliente risque de ne trouver aucun prestataire disposé à produire le composant demandé. En effet, une fois l'investissement spécifique réalisé, le fournisseur va se retrouver captif d'un client unique. Il pourra être contraint de vendre aux conditions dictées par le client pour essayer de rentabiliser tant bien que mal l'investissement spécifique auquel il aura consenti. Dans ce cas de figure, les fournisseurs potentiels préféreront renoncer à faire l'investissement, privant ainsi l'entreprise cliente d'une source externe.

Et même si un fournisseur externe consent à faire cet investissement, il cherchera à en minimiser la part spécifique, privant ainsi l'entreprise cliente d'un composant ou d'une prestation correspondant totalement à ses besoins. Pour obtenir ce dont elle a besoin, l'entreprise cliente n'aura pas d'autre option que de s'intégrer verticalement.

Exemple

L'Apple Store de Regent Street, à Londres

Le réseau Apple Store

- Pour créer un réseau de magasins exclusifs, aménagés et décorés en cohérence avec l'image que souhaite projeter la marque, **Apple** n'avait guère d'autre option que de créer elle-même ce réseau. Les magasins sont en effet conçus pour mettre en valeur les produits Apple et offrent un excellent service dédié à ces produits. Un distributeur indépendant voulant ouvrir un magasin pour la marque à la pomme devrait investir de manière importante et risquerait ensuite de tout perdre en cas de conflit avec Apple ou de changement de la politique d'Apple.

Nous verrons que les contrats de franchise ou les contrats à long terme, qui ne correspondent ni à de l'intégration verticale complète, ni à une pure relation de marché, permettent de surmonter cette difficulté sans en arriver à une intégration totale.

b. Une concurrence insuffisante entre fournisseurs ou entre clients

• Le risque de « *hold-up* »

Pour qu'une entreprise puisse efficacement avoir recours au marché pour ses approvisionnements ou pour sa distribution, il faut que ce marché soit suffisamment concurrentiel, qu'il existe un niveau de rivalité élevé entre les divers fournisseurs ou distributeurs potentiels. Si tel n'est pas le cas, l'entreprise se retrouvera à la merci d'un petit nombre – voire d'un seul – fournisseur qui sera alors capable d'imposer ses conditions et de pratiquer des prix élevés. C'est ce qui est souvent qualifié de « situation de *hold-up* ». Dans une telle situation, l'intégration verticale est une alternative séduisante, pour peu qu'elle soit possible.

Exemple

L'intégration verticale des systèmes d'exploitation et des microprocesseurs

- S'ils en avaient la capacité, tous les grands fabricants de PC comme HP, Dell ou Lenovo seraient ravis de se soustraire à la domination de deux fournisseurs pratiquement incontournables : Intel pour les microprocesseurs et Microsoft pour le système d'exploitation Windows. Mais la situation de domination dont jouissent Intel et Microsoft résulte justement de la difficulté pour de nouveaux concurrents à entrer dans leurs activités respectives, et donc pour les clients à s'intégrer en amont dans ces deux domaines.
- Quant à Apple, qui développe son propre système d'exploitation Mac-OS, cela résulte davantage de l'historique du groupe, qui a dès l'origine conçu à la fois le *hardware* et le système d'exploitation de ses ordinateurs. Cependant, lorsque nombre de ses concurrents, en premier lieu IBM, ont décidé de se tourner vers Microsoft, Apple a fait le choix délibéré de ne pas externaliser cette activité et de rester ainsi le seul fabricant de PC intégré sur le système d'exploitation.

• Profiter de son intégration pour dominer le secteur

Notons d'ailleurs que lorsque le fournisseur ou l'acheteur en position dominante est aussi l'un des concurrents sur l'activité principale, ce concurrent peut tenter d'user de son intégration sur un composant important pour s'assurer une domination sur le secteur. Par exemple, producteur presque exclusif de certains composants incontournables de smartphones, Samsung est en position d'exercer une certaine pression sur ses concurrents, qui n'ont d'autre choix possible que de passer par lui.

Exemple

La position dominante du groupe Swatch

- Le groupe **Swatch**, qui possède notamment les marques Breguet, Omega et Tissot, est devenu autour de l'an 2000 le principal fabricant – avec 70 % de part de marché – des mouvements automatiques pour l'horlogerie, mouvements qui font la réputation du label Swiss Made. Avec sa filiale Nivarox, il était même en situation de quasi-monopole sur le spiral, l'un des composants essentiels des montres. De ce fait, Swatch mettait en quelque sorte sous tutelle ses concurrents **Richemont** (qui possède Cartier et Baume & Mercier), **LVMH** (Tag Heuer, Zenith, Hublot), **Rolex**, **Audemars Piguet** ou **Patek Philippe**, qui n'avaient d'autre choix que de passer par lui pour se fournir en mouvements.

- Le problème est devenu d'autant plus grave que Swatch a annoncé en 2009 vouloir cesser progressivement d'approvisionner les autres fabricants parce que, selon les dires du P-DG du groupe, « *toutes les marques concurrentes ont profité de nous en achetant nos mouvements. Elles doivent désormais investir dans leur outil industriel et ne plus se contenter de faire du marketing* ». De plus, Swatch a fait savoir que durant la phase de transition, il souhaitait être sélectif dans le choix de ses clients et en privilégier certains au détriment de certains autres, faisant craindre qu'il sanctionne ainsi les marques faisant le plus d'ombre au groupe. Cette annonce a provoqué une réaction de la Commission suisse de la concurrence, qui a ouvert une enquête contre le numéro 1 mondial de l'horlogerie pour violation de la loi sur les cartels et abus de position dominante. La commission a par ailleurs imposé à Swatch de continuer ses livraisons aux concurrents au moins jusqu'en 2019, le temps pour ces concurrents d'investir dans la production de leurs propres mouvements ou de trouver des sources alternatives.

• Les mouvements de concentration dans les activités amont ou aval

Le critère de l'intensité de la concurrence dans les activités amont ou aval est surtout pertinent à examiner lorsque des bouleversements se produisent dans ces activités et au sein de la filière. Si l'activité amont ou aval connaît un mouvement de concentration susceptible de réduire la concurrence, l'entreprise devrait envisager une intégration tant que c'est encore possible.

Exemple

Le secteur des médias aux États-Unis

- Le secteur des médias aux États-Unis a connu depuis 2015 de nombreux regroupements entre diffuseurs et producteurs de contenu, avec notamment le rachat par AT&T de Time Warner en 2019 ou celui des studios Fox par Disney, par ailleurs déjà propriétaire de la chaîne de télévision ABC. Dans ce contexte, il risque de devenir de plus en plus difficile pour un producteur de contenu indépendant de diffuser ses films ou ses séries s'il n'a pas de liens capitalistiques avec un diffuseur. Réciproquement, un diffuseur aura du mal à accéder à des contenus de qualité s'il ne possède pas ses propres studios et filiales de production. Il n'est pas étonnant, dans ce contexte, que Netflix ait choisi d'assurer au moins en partie la production de ses propres contenus pour éviter d'être trop vulnérable vis-à-vis de producteurs externes, appartenant désormais pour la plupart à des concurrents !
- Notons toutefois que le secteur avait déjà connu un tel mouvement d'intégration avec la fusion d'AOL et de Time Warner en 2000. Cette fusion, à l'époque la plus importante jamais effectuée, s'était terminée en fiasco, la nouvelle société intégrée détruisant l'essentiel de sa valeur boursière et AOL perdant sa place dominante dans la diffusion de contenu par Internet. Les activités de diffusion et de production de contenu étaient à l'époque fragmentées et concurrentielles. Une intégration verticale entre ces deux activités ne se justifiait pas. AOL et Time Warner ont eu le tort d'avoir raison trop tôt !

c. L'incertitude

Les défaillances du marché provoquées par le caractère particulier du composant ou de la prestation nécessaire au client et qui exigent du fournisseur de réaliser des investissements spécifiques sont aggravées lorsqu'il existe une forte incertitude quant aux caractéristiques techniques précises du composant ou au potentiel de marché du produit final, et donc du composant lui-même.

- **Incertitude technique et innovation**

Plus il est difficile de spécifier au fournisseur ce que l'on attend précisément de lui, plus celui-ci sera réticent à s'engager. C'est une situation que l'on rencontre fréquemment dans les projets innovants : certaines des caractéristiques essentielles du nouveau produit dépendent d'innovations qui seront introduites dans les composants et peuvent donc difficilement être définies dès le départ.

Cependant, pour développer des composants adaptés et innovants, il faut être capable de préciser les caractéristiques du produit en aval. Dans ce cas, il vaut mieux intégrer les deux activités de façon que les équipes puissent travailler simultanément et en coordination étroite sur les composants et sur le produit complet. En l'absence d'une définition précise *ex-ante* des caractéristiques d'un composant, il est impossible de fixer le prix auquel il sera vendu au client ultérieurement.

Et si l'innovation est conjointement produite par le fournisseur et le client dans le cadre de relations de travail très étroites et très imbriquées, il est difficile d'attribuer à chacun la part de cette innovation, et donc la part des profits, qui lui revient.

- **L'incertitude sur les débouchés**

De façon très similaire, dans le cas d'une incertitude sur les débouchés, il est difficile de demander au fournisseur de s'engager sur des prix de vente sans qu'il sache sur quels volumes il pourra amortir les investissements spécifiques qu'il aura engagés.

Ces difficultés, provoquées par l'incertitude technique ou commerciale, expliquent que très peu d'entreprises choisissent d'externaliser une part significative de leurs activités de R&D, sauf des activités de R&D très formalisées et standardisées, comme le sont par exemple les études cliniques avant la mise sur le marché de produits pharmaceutiques.

- **L'incomplétude des contrats**

L'incertitude rend en outre très difficile la rédaction d'un contrat entre client et fournisseur puisqu'il est impossible de spécifier ce à quoi chaque partie s'engage, alors même que vouloir envisager tous les cas de figure possibles dans ce contrat serait un travail titanesque et aboutirait à un document comportant des milliers de clauses ! L'incertitude engendre en effet ce que l'on nomme « l'incomplétude des contrats ».

d. Un besoin d'ajustement très rapide

Si l'activité en amont et l'activité en aval ont besoin de pouvoir s'ajuster de façon fréquente et rapide, revenir vers des fournisseurs ou des prestataires externes peut se révéler trop lent. En effet, dès lors qu'il faut modifier les paramètres d'un composant, d'une commande ou d'une prestation, retourner voir les divers fournisseurs possibles, négocier avec eux, en sélectionner un, rédiger un contrat puis mettre en place la transaction va prendre trop de temps et nuira à l'efficacité de l'entreprise.

Exemple

Les Quotidiens et les imprimeries

Si les journaux quotidiens ont souvent été propriétaires de leurs imprimeries, c'est parce que, de temps en temps, un événement très important mais imprévisible – une catastrophe soudaine, l'assassinat d'un chef d'État... – peut survenir après le bouclage, rendant nécessaire le tirage d'une édition spéciale. Or, la décision de lancer cette édition spéciale doit être prise en quelques minutes. Attendre un devis de l'imprimeur, négocier avec lui, etc., prendrait bien trop de temps, rendant caduque l'édition spéciale en question. De plus, il est difficile de prévoir une clause « édition spéciale » dans le contrat de plus long terme avec l'imprimeur car chaque situation est spécifique : le coût de l'édition spéciale dépendra du nombre de pages, de l'heure de lancement, du tirage prévu, et même du tirage déjà effectué pour l'édition courante, etc.

Dans de telles situations, les managers ayant autorité sur les deux activités peuvent en quelques instants décider de la réponse appropriée et la faire appliquer tant par l'activité amont que par l'activité aval. Le recours au marché impose des délais dont la hiérarchie peut s'affranchir.

e. La difficulté à faire respecter les engagements du fournisseur ou du client

Lorsqu'il est difficile de faire respecter ses engagements à l'une des parties, un recours au marché rend l'autre partie très vulnérable à un comportement opportuniste de celui qui sait qu'il pourra manquer à ses obligations sans en subir de conséquences.

Si, par exemple, il est très difficile d'observer un défaut de qualité dans un composant ou une prestation, l'entreprise cliente n'aura guère de recours en cas de manquement de l'autre partie. Ici encore, la R&D illustre une telle situation. Le prestataire peut s'engager à faire « tout son possible » pour développer une nouvelle technologie ou un nouveau procédé, mais il sera ensuite bien difficile de juger objectivement si cela a été le cas ou non et, de ce fait, le client ne pourra pas exiger réparation. Mieux vaut dans ce cas avoir recours à l'intégration verticale et faire la R&D en interne. L'intégration verticale des entreprises du luxe sur certaines matières premières « sensibles », comme les peaux pour les maroquiniers, suit la même logique : mieux vaut contrôler le fournisseur que de courir le risque qu'il s'écarte des hauts standards de qualité et de RSE (responsabilité sociétale et environnementale) imposés par la maison de luxe (voir la rubrique Étude de cas ci-après).

Si les caractéristiques du système institutionnel et légal en vigueur ne permettent pas de poursuivre la partie qui ne respecte pas ses engagements, le marché ne pourra pas fonctionner correctement. Dans certains pays, les plaignants étrangers sont presque systématiquement déboutés. Si tel est le cas, avoir recours à un agent ou à un partenaire local est bien risqué et mieux vaut s'intégrer en créant une filiale locale.

ÉTUDE DE CAS

L'intégration verticale de la maroquinerie de luxe dans les peaux de crocodile

Les industriels de la maroquinerie de luxe ont, depuis quelques années, opéré un mouvement d'intégration en amont vers les activités de tannerie et même d'élevage. Dans un contexte caractérisé par une plus grande sensibilité du public à la souffrance des animaux, voire par un refus complet de l'utilisation de matières d'origine animale, un tel mouvement a de quoi étonner.

Hermès

Hermès a racheté une trentaine de tanneries à travers des prises de contrôle totales ou partielles, notamment la Tannerie d'Annonay en 2013. Cette entreprise, spécialiste des peaux de veau, fournissait depuis longtemps Hermès en cuir box, une matière caractéristique des collections de la maison. L'entreprise a aussi fait l'acquisition de deux tanneurs de peaux de crocodile ainsi que d'une ferme de crocodiles. Dans le même temps, l'entreprise a dû faire face à une controverse sur les conditions d'abattage des crocodiles dont les peaux sont utilisées pour la fabrication des célèbres sacs à main Birkin, puis a même été interpellée par Jane Birkin elle-même.

Chanel

Chanel, de son côté, a acheté son tanneur historique Bodin-Joyeux en 2013. C'est un achat stratégique pour Chanel puisque Bodin-Joyeux est l'un des rares fournisseurs qui maîtrise l'approvisionnement et la transformation des peaux d'agneau. Chanel se distingue cependant de ses principaux concurrents en renonçant en 2018 à utiliser des peaux d'animaux exotiques (crocodiles, serpents et lézards) dans ses créations.

Gucci

Kering, à travers sa marque Gucci, a racheté en 2011 la tannerie Caravel Pelli Pregiate, spécialisée dans les peaux précieuses et plus particulièrement le crocodile. Le groupe a poursuivi ses achats avec l'acquisition de France-Croco en 2013, l'une des principales tanneries en France, afin de compléter ses capacités de production. France-Croco est spécialisée non seulement dans le tannage et le traitement des peaux pour des produits de luxe mais aussi dans l'approvisionnement, ce qui permet à Kering d'être maître de toute la chaîne, de l'achat des matières premières à la distribution.

LVMH

Enfin, LVMH a racheté en 2012 les Tanneries Roux, basées dans la Drôme, afin de s'assurer un accès prioritaire à leurs cuirs de veau. Le groupe avait aussi pris le contrôle de l'entreprise singapourienne Heng Long en 2011, un tanneur spécialisé dans les peaux de crocodile. Par le biais de Heng Long, LVMH est remonté d'un cran dans la filière en prenant le contrôle de fermes de crocodiles en Australie et aux États-Unis notamment.

•••

•••

Cette intégration amont des maroquiniers de luxe dans le cuir, et en particulier dans les peaux de crocodile, intervient à un moment où les questions de bien-être animal, de préservation des espèces en voie d'extinction, de respect des communautés locales, de conditions de travail et de respect de l'environnement prennent de plus en plus d'importance. Dans ces conditions, la traçabilité des cuirs et peaux précieuses est absolument essentielle.

QUESTIONS

Corrigés en ligne sur dunod.com

1. Pourquoi les grandes maisons de maroquinerie de luxe s'intègrent-elles en amont dans la production de cuirs et peaux précieuses ?
2. Pourquoi ne pas acheter ces peaux au fournisseur offrant la meilleure qualité au prix le plus bas ?
3. En quoi les préoccupations en matière de traçabilité ont-elles pu influencer cette décision ?

Tous les facteurs poussant à l'intégration verticale créent en fait des défaillances du marché qui empêchent l'entreprise de se tourner de manière efficace vers des fournisseurs ou prestataires externes. Mais, même lorsqu'elle est rendue souhaitable par les défaillances du marché, l'intégration verticale présente des inconvénients dont il faut être bien conscient avant d'opter pour cette stratégie.

ÉTUDE DE CAS

L'intégration verticale dans le secteur pétrolier

Cinq grands stades composent la filière pétrolière : la prospection, l'extraction, le négoce, le transport, le raffinage-distribution. Cette filière est caractérisée par la coexistence de grandes compagnies intégrées, présentes à tous les stades, et de sociétés spécialisées sur un stade particulier. Il n'est donc pas rare que les mêmes acteurs se retrouvent à la fois fournisseurs-clients et concurrents.

Les cinq étapes de la filière pétrolière

- **Prospection**. La prospection est la première étape de la filière du pétrole. Les compagnies pétrolières font largement appel à des entreprises spécialisées qui réalisent des études géologiques. En géophysique, les principales sont : CGGVeritas, WesternGeco, PGS, BGP et Fugro. Après étude, la décision de pratiquer ou non des forages appartient aux grands donneurs d'ordre. La technicité,

•••

•••

la précision et la justesse des méthodes d'analyse géologique déterminent la probabilité plus ou moins forte de trouver du pétrole. En cas de découverte d'un gisement, l'ensemble des infrastructures nécessaires à l'extraction du pétrole, à son stockage et à son transport reste à construire.

- **Extraction.** La phase d'extraction est réalisée par les compagnies pétrolières internationales, nationales ou locales. La rentabilité économique de l'extraction est largement tributaire des prix du pétrole brut. Les prix sont fixés sur le marché international et varient constamment. Ils hypothèquent la rentabilité de certaines exploitations au coût de production élevé : extraction dans des zones difficiles d'accès, en *offshore* ou nécessitant un traitement complexe avant l'obtention de pétrole brut. Beaucoup des entreprises d'extraction de pétrole sont des sociétés d'État : Lukoil (Russie), Petrobras (Brésil), Saudi Aramco (Arabie Saoudite), StatoilHydro (Norvège), PDVSA (Venezuela), Pemex (Mexique), NNPC (Nigeria), etc.
- **Négoce.** Ces entreprises vendent le pétrole qu'elles extraient dans le cadre de contrat d'État à État ou bien sur le marché international. Des négociants achètent et revendent ce pétrole. Parmi les plus importants, on trouve les sociétés suivantes : Vitol (Pays-Bas), Glencore (Suisse), Addax, (Pays-Bas), Cargill-Alliant Energy (États-Unis), Trafigura (Suisse), Arcadia Petroleum (Royaume-Uni, filiale de Mitsui, Japon).
- **Transport.** Le transport du pétrole brut se fait de deux manières : sur terre, par oléoduc, et sur mer, par tanker. Le transport sur terre peut également se faire par chemin de fer ou par camions mais le coût est élevé par rapport à l'oléoduc. Le pétrole de Russie, dont la principale destination est l'Europe, est transporté par oléoduc ; il en est de même des échanges entre le Canada et les États-Unis. Pour le transport par pétroliers, les voies maritimes principales partent du Golfe Persique à destination de l'Asie, de l'Europe et de l'Amérique.
- **Raffinage-Distribution.** L'industrie du raffinage assure la transformation du pétrole brut en produits pétroliers. C'est une activité à la rentabilité faible. La distribution des produits pétroliers fait intervenir des revendeurs différents suivant les pays. Ainsi, en France, en Allemagne et au Royaume-Uni, la grande distribution concurrence fortement les réseaux de stations-service des grandes marques. En Italie, aux Pays-Bas et aux États-Unis, la distribution se fait presque exclusivement *via* des stations-service appartenant aux groupes pétroliers ou indépendantes. En France, la grande distribution contrôle environ 40 % de la consommation totale, contre 50 % pour les raffineurs intégrés et 10 % pour les indépendants.

Notons que dans les pays producteurs de pétrole, les sociétés d'État qui assurent l'extraction mettent souvent en œuvre le raffinage et la distribution sur leur marché domestique. Certaines de ces sociétés d'État ont également tenté de descendre vers l'aval dans des pays étrangers, comme Kuwait Petroleum qui a créé le réseau des stations-service Q8 en Europe de l'Ouest ou encore Lukoil dans certains pays d'Europe du Nord et de l'Est.

Des sociétés complètement intégrées

Au début des années 1980, il existait une quinzaine de grandes compagnies pétrolières intégrées : six majors et neuf indépendants. En 2019, le marché international est dominé par cinq compagnies privées : Exxon, qui produit 3,8 millions de barils par jour, Shell (3,7 millions), BP (3,7 millions), Chevron (3,6 millions), et Total (2,8 millions). En termes de capitalisation boursière, les grands groupes d'hydrocarbures ont longtemps dominé la liste des entreprises cotées et continuent de figurer dans le haut du classement.

•••

Figure 8.2 La filière pétrolière

L'intégration verticale dans le secteur pétrolier a longtemps été justifiée sur la base des arguments suivants :

- L'extraction est l'activité à partir de laquelle se sont créées les grandes compagnies. La sécurité des approvisionnements exige qu'elles y demeurent, alors que la présence dans le raffinage et la distribution garantit les débouchés.
- L'extraction et le raffinage-distribution ne connaissent pas exactement les mêmes cycles économiques. Alors que la rentabilité de l'extraction dépend du prix du brut au niveau international, celle du raffinage et de la distribution est davantage liée à des considérations plus locales : croissance économique des divers pays, taxation…
  Les grandes compagnies pétrolières affirment que l'intégration verticale leur garantit davantage de stabilité dans leurs bénéfices. À l'inverse, les compagnies spécialisées, soit sur l'amont, soit sur l'aval, connaissent des risques sectoriels plus élevés, du fait de leur spécialisation.

Malgré cela, le secteur pétrolier semble connaître depuis quelques années un mouvement d'externalisation. Comme nous l'avons évoqué, Conoco-Phillips a choisi de se scinder en deux entreprises distinctes et indépendantes, spécialisées l'une sur l'amont et l'autre sur l'aval. Par ailleurs, les rumeurs font état d'un possible désengagement de BP du secteur du raffinage et de la distribution. L'intégration verticale aurait-elle fait son temps dans le secteur pétrolier ?

QUESTIONS

Corrigés en ligne sur dunod.com

1. Pourquoi l'intégration verticale a-t-elle été le modèle dominant dans l'industrie pétrolière tout au long du xxe siècle ?
2. Que pensez-vous des arguments en faveur de l'intégration verticale mis en avant par les majors ?
3. Que pensez-vous des stratégies d'externalisation mises en œuvre récemment par certains des acteurs du secteur ?
4. À quelles conditions ces stratégies d'externalisation sont-elles appropriées ? Pensez-vous que ces conditions soient aujourd'hui réunies ?

SECTION 3

LES INCONVÉNIENTS DE L'INTÉGRATION VERTICALE

L'intégration verticale est une stratégie appropriée face à des situations où dépendre du marché empêche d'obtenir les composants ou prestations dont l'entreprise a besoin dans de bonnes conditions. Mais s'intégrer verticalement présente des inconvénients (voir figure 8.3).

Figure 8.3 Les inconvénients de l'intégration verticale

1 Un accroissement du poids des actifs et des capitaux employés

Tout d'abord, s'intégrer verticalement accroît le poids des actifs de l'entreprise et donc ses capitaux employés. S'il s'agit d'une intégration amont, il faudra investir dans les usines et outils de production nécessaires à la fabrication du composant considéré, peut-être dans de la R&D, ainsi que dans le fonds de roulement associé à l'activité. Dans une intégration vers l'aval, il faudra investir dans les actifs de l'activité cliente, par exemple dans un réseau de distribution. Ceci créera une pression supplémentaire pour dégager les profits requis et rentabiliser le surcroît de capital investi.

De plus, l'intégration verticale accroît le risque économique assumé par l'entreprise. En effet, l'activité d'origine et l'activité désormais intégrée se trouvent dans la même filière, ce qui les rend dépendantes l'une de l'autre. Toute contraction de la demande affectera simultanément les deux activités, rendant l'entreprise plus vulnérable à un retournement du marché.

2 Une moindre flexibilité

Directement lié au point précédent, l'intégration verticale prive l'entreprise d'une grande part de sa flexibilité. En cas de fluctuations du marché, l'entreprise devra s'adapter simultanément sur l'activité amont et l'activité aval. En cas de changement technique ou lorsque les préférences des clients évoluent, il lui sera plus difficile de faire évoluer son offre si celle-ci est en partie déterminée par la nature des activités en amont.

Exemple

Les moteurs diesels de Peugeot Citroën

- **Peugeot Citroën**, qui jouit d'une forte position dans les véhicules diesels et qui produit ses propres moteurs, pourrait avoir davantage de difficultés à ajuster son offre face au renforcement des normes anti-pollution, très défavorable au diesel, et à la désaffection des clients pour ce type de motorisation.

3 Un recours plus difficile aux sources de compétence et de compétitivité externes

En s'intégrant verticalement, l'entreprise se prive de la possibilité de faire appel, à chaque moment, au prestataire qui offre les prix les plus bas ou la meilleure qualité sur le marché. Quelle que soit l'activité, il est rare que la même entreprise soit de toute éternité le meilleur prestataire.

Avoir recours au marché permet de changer de prestataires en fonction de l'évolution de leur performance relative. En s'intégrant, non seulement l'entreprise s'interdit de changer de fournisseur ou de prestataire, mais elle fait même le pari que l'activité gérée en interne sera toujours plus performante que n'importe lequel des prestataires externes possibles ; ou en tout cas que l'écart de performance sera suffisamment faible pour être totalement compensé par les bénéfices liés à l'intégration (ces bénéfices étant eux-mêmes dus aux défaillances du marché).

4 La réduction des économies d'échelle sur l'activité intégrée

En intégrant une activité, une entreprise va presque inévitablement la dimensionner sur la base de son activité d'origine et bénéficiera d'économies d'échelle proportionnelles à sa propre taille. Un fournisseur externe, quant à lui, peut souvent combiner les volumes de plusieurs clients et ainsi bénéficier d'économies d'échelle substantiellement plus importantes sur le composant ou la prestation.

Exemple

Les économies d'échelle de Windows *vs.* Mac OS

- Les clients de Windows, comme **Dell**, **HP** ou **Lenovo**, tirent parti du fait que ce système d'exploitation équipe près de 90 % des PC dans le monde. Les coûts unitaires de **Microsoft** sont donc très bas et cela se répercute au moins en partie sur les prix des licences payés par les fabricants de PC. De son côté, **Apple** est intégré et développe son propre système d'exploitation qui n'équipe que ses propres ordinateurs, dont la part de marché mondiale n'est que d'environ 7 %. Quand on sait que le coût de développement d'une nouvelle version d'un système d'exploitation est de 1 à 2 milliards de dollars et que cela représente presque exclusivement un coût fixe, on peut en déduire que Mac OS a sans doute un coût près de dix fois supérieur à celui de Windows.

5 Une dispersion des efforts et de l'attention des dirigeants

Comme pour toute extension des activités de l'entreprise, l'intégration verticale va réduire la focalisation de tous sur le cœur de métier. Les priorités seront moins claires et l'efficacité d'ensemble risque d'en souffrir. Surtout, l'une des activités risque d'être mise au service de l'autre, quitte à sacrifier son développement à long terme.

Exemple

Les diamants bruts De Beers

- **De Beers**, le leader mondial de la production de diamants bruts, doit-il réserver ses plus belles gemmes à sa propre activité de joaillerie, créée il y a peu, au risque d'affaiblir sa position sur le marché des diamants bruts, ou chercher plutôt à préserver sa position sur son activité historique ?

6 La transformation de coûts variables en coûts fixes

L'un des inconvénients les plus importants de l'intégration verticale est de transformer des coûts variables en coûts fixes. Les achats de composants ou de prestations sont des coûts variables. L'entreprise n'achète des composants entrant dans la fabrication de ses produits qu'à hauteur de ses perspectives de ventes. Si les ventes augmentent, elle achète davantage de composants ; si les ventes se réduisent, elle diminue ses achats d'autant. Il en va de même des commissions versées à des distributeurs indépendants.

Mais dès lors que l'entreprise s'intègre, elle doit supporter les coûts de l'activité intégrée quels que soient ses volumes de vente et donc ses besoins en composants ou en prestations. Les coûts de structure du réseau de distribution devront être supportés dans leur totalité et constituent désormais des coûts fixes. Par cette transformation de coûts variables en coûts fixes, l'entreprise s'est rendue davantage vulnérable à toute contraction de la demande.

7 Une connaissance moins précise des coûts

L'intégration verticale rend l'évaluation des coûts beaucoup moins précise. Lorsqu'elle achète un composant, l'entreprise connaît au centime près le prix qu'elle a payé et donc le coût que représente le composant dans sa structure de coût. Lorsque l'entreprise produit elle-même ce composant, elle a bien sûr une certaine estimation de l'ensemble des coûts qu'elle a supportés, mais cette estimation est inévitablement assez approximative et en partie arbitraire.

a. Coûts directs et coûts indirects

Ce que les contrôleurs de gestion appellent les coûts « directs » (coûts des matières utilisées dans chaque composant par exemple) ne pose pas trop de difficultés d'estimation. Il en va tout autrement des coûts dits « indirects » qui concernent en partie le composant considéré, mais aussi un ensemble d'autres produits de l'entreprise. On peut penser ici à des activités de R&D ayant des applications dans plusieurs domaines, au coût des services fonctionnels transversaux comme la direction financière, les ressources humaines ou le service juridique, mais aussi au loyer du siège social ou… au salaire du P-DG !

Au total, ces coûts indirects peuvent représenter une part significative des coûts totaux et il n'y a malheureusement pas de façon idéale de les répartir sur l'ensemble des activités de l'entreprise. Or la méconnaissance des coûts peut avoir de graves conséquences.

b. L'impact sur la performance

Si on affecte au composant considéré un coût trop bas, on va sous-estimer le coût total du produit dans lequel il est incorporé et, potentiellement, fixer un prix de vente trop bas. Cela pourra conduire également à lancer des produits en pensant à tort qu'ils seront rentables parce que l'on a artificiellement minoré certains de leurs coûts.

Si l'on surestime le coût d'un composant, on risque à l'inverse de fixer un prix trop élevé qui empêchera le produit de trouver son marché ; on renoncera à lancer des produits potentiellement rentables ou pire, on cessera la production et la commercialisation de produits dégageant pourtant des marges positives.

Plus l'entreprise sera intégrée verticalement, moins elle aura une connaissance précise des coûts de chacun de ses produits ou activités et plus il lui sera difficile de mettre en œuvre une stratégie pertinente pour chacun d'entre eux. Par exemple, toutes choses égales par ailleurs, un constructeur automobile produisant ses propres moteurs aura plus de difficulté à anticiper la rentabilité d'un nouveau modèle équipé d'un moteur déjà utilisé sur d'autres véhicules que Boeing ou Airbus lorsqu'ils lancent un nouvel avion. En effet, le coût des moteurs peut être évalué sans ambiguïté puisqu'il s'agit du prix pratiqué par les fournisseurs, General Electric, Pratt & Whitney ou Rolls-Royce.

Exemple

L'analogie avec une *business school*

- Une *business school* recourant exclusivement à des conférenciers extérieurs pour assurer les cours connaîtrait beaucoup mieux le coût de chacun des programmes qu'elle offre qu'une *business school* employant un corps professoral permanent. Elle serait donc mieux à même de décider des frais de scolarité à faire payer, quels nouveaux programmes lancer et quels programmes supprimer. Une *business school* dotée d'un corps professoral permanent aurait bien du mal à allouer le salaire de chacun de ses professeurs à ses enseignements à la Grande École, au MBA, à divers programmes d'*Executive Education*, mais aussi à ses activités de recherche, aux tâches administratives qu'il ou elle assure ou… à la rédaction de *Strategor* !

ÉTUDE DE CAS

Pourquoi les constructeurs automobiles produisent-ils leurs moteurs et pas les constructeurs aéronautiques ?

Tous les grands constructeurs automobiles dans le monde conçoivent et fabriquent les moteurs dont ils équipent leurs véhicules. Sous le capot d'un modèle Volkswagen il y a un moteur Volkswagen et

•••

sous le capot d'une Fiat il y a un moteur Fiat ! Si l'on demande au dirigeant d'une entreprise automobile pourquoi il en est ainsi, il est fort probable que l'on se verra répondre qu'il ne peut évidemment pas en être autrement. Le moteur est un élément bien trop important dans une voiture pour que l'on puisse en confier la conception et la production à un fournisseur extérieur. Le moteur conditionne les performances du véhicule, le plaisir de la conduite et les clients eux-mêmes ne comprendraient pas que la marque délègue la responsabilité de le produire à des tiers. Notons au passage que ces préoccupations n'empêchent pas les constructeurs de se vendre les uns aux autres des types de moteur particuliers.

Dans le secteur aéronautique, en revanche, aucun des grands constructeurs d'avions comme Boeing ou Airbus ne produit les moteurs qui équipent leurs modèles, préférant acheter ces moteurs à des fabricants comme General Electric, Rolls-Royce, Pratt & Whitney ou Safran. Si on suit la logique précédente, ce doit être parce que les moteurs sont un élément de bien moindre importance sur un avion que sur une automobile… Ce raisonnement est évidemment absurde ! Une panne de moteur sur un avion a souvent des conséquences autrement plus graves que sur une voiture. Il faut donc chercher ailleurs l'explication de cette différence entre les deux secteurs.

Il peut être intéressant de savoir qu'à l'origine, les constructeurs d'avions achetaient leurs moteurs à des constructeurs automobiles. Ce n'est que plus tard, dans les années 1930 et 1940, lorsque la technologie des moteurs d'avions et d'automobiles a divergé, qu'a émergé une industrie séparée des moteurs d'avion. Les grands constructeurs automobiles, en revanche, étaient avant tout des fabricants de moteurs et de châssis qui ont progressivement intégré la fabrication de la carrosserie et l'assemblage final.

Aujourd'hui, si un constructeur automobile souhaitait externaliser la production de moteurs, il ne trouverait comme fournisseurs potentiels que des concurrents. Comme tous les constructeurs automobiles sont intégrés, aucune entreprise spécialisée dans la production de moteurs n'a pu voir le jour, faute de débouchés. Et en l'absence de fournisseur de moteurs indépendant, aucun constructeur ne veut renoncer à produire ses moteurs, ce qui fait perdurer le caractère intégré de l'industrie automobile. L'émergence et la diffusion des véhicules électriques pourraient cependant remettre rapidement en cause cette intégration.

Dans la construction aéronautique, par contre, la production de moteurs par les industriels de l'automobile a évité l'intégration des constructeurs d'avion. L'existence de débouchés a ensuite permis l'émergence de fournisseurs de moteurs d'avions spécialisés.

QUESTIONS

Corrigés en ligne sur dunod.com

1. Pourquoi les constructeurs d'avions n'ont-ils pas produit dès l'origine leurs propres moteurs ?
2. En quoi cela a-t-il permis l'émergence de fournisseurs de moteurs d'avions spécialisés ?
3. Pourquoi les constructeurs automobiles sont-ils intégrés dans la production des moteurs ?
4. Que nous révèle le fait que les constructeurs automobiles se vendent les uns aux autres des moteurs sur la spécificité réciproque des véhicules et des moteurs ?

SECTION 4

LES DANGERS DE L'EXTERNALISATION

Si l'intégration verticale présente de nombreux inconvénients, l'externalisation, quant à elle, n'est pas sans risque. Quel que soit le choix de stratégie que l'on fera sur la base d'un diagnostic de l'efficience du marché, les inconvénients de l'intégration verticale correspondent aux avantages de l'externalisation. Réciproquement, les risques de l'externalisation renvoient aux avantages de l'intégration. Outre les risques associés aux défaillances du marché que nous avons discutés précédemment, notamment les risques de dépendance ou de *hold-up* si la concurrence entre fournisseurs ou entre acheteurs est trop faible, ou encore la difficulté à obtenir des composants ou prestations véritablement adaptés en cas de besoins spécifiques, l'externalisation peux présenter trois inconvénients majeurs.

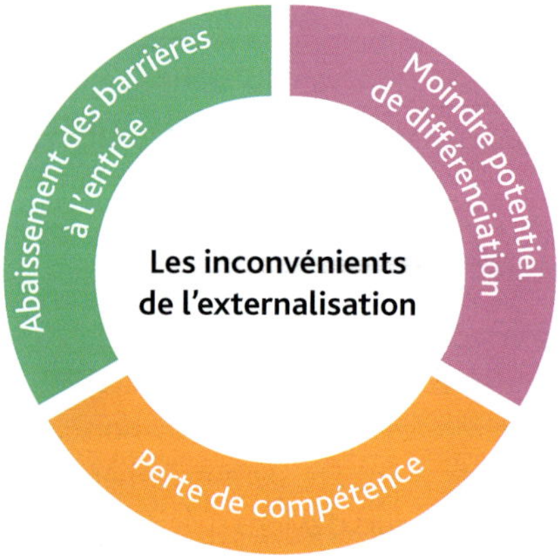

Figure 8.4 Les trois inconvénients de l'externalisation

1 Un abaissement des barrières à l'entrée

Plus un secteur est intégré, plus l'entrée de nouveaux concurrents dans le secteur sera difficile. En effet, tout nouvel entrant devra soit entrer simultanément dans toutes les activités de la filière, soit passer des accords d'approvisionnement ou de distribution avec des concurrents installés. Entrer dans toutes les activités de la filière exige de créer un éventail de compétences très large et de mobiliser des ressources financières et humaines considérables. Quant à passer des accords avec des concurrents en place, cela risque d'être difficile et surtout de se traduire par une dépendance à long terme.

Exemple

L'entrée de Free dans un secteur intégré

- L'une des difficultés principales que **Free** a dû surmonter pour devenir le quatrième opérateur mobile en France (derrière **Orange**, **SFR** et **Bouygues**) est l'accès à un réseau de relais, d'émetteurs et de tours afin de pouvoir assurer une couverture suffisante du territoire. Faute de pouvoir se doter en propre d'un réseau suffisamment large dans un délai restreint, Free a passé un accord avec Orange, accord auquel Orange n'a consenti qu'en échange de conditions favorables. Si la diffusion du signal avait été assurée par des prestataires indépendants offrant leurs services à tous les opérateurs mobiles, l'arrivée de Free en aurait été grandement facilitée.

2 Un moindre potentiel de différenciation

Lorsqu'une entreprise a recours au marché et cherche à profiter de la flexibilité qu'offre celui-ci, elle se réserve la possibilité de changer de fournisseur ou de prestataire, sinon à tout instant, au moins à relativement court terme. En contrepartie, il lui est difficile d'exiger du fournisseur une quelconque exclusivité. En conséquence, tous ses concurrents pourront s'adresser au même fournisseur et obtenir le même composant (voir la rubrique Étude de cas ci-après).

Dès lors qu'une activité est externalisée, il est difficile de s'appuyer sur le composant ou la prestation correspondant pour en faire un élément de différenciation de l'entreprise. Plus une entreprise externalise d'activités, moins elle conserve de leviers pour se différencier. Évidemment, si le composant est une commodité ne présentant aucun caractère particulier, il ne pourra pas être source de différenciation et l'entreprise doit envisager de l'externaliser.

ÉTUDE DE CAS

L'externalisation des microprocesseurs et du système d'exploitation prive IBM de sa domination sur les PC

Lorsqu'IBM décide de lancer son premier ordinateur personnel, le célèbre IBM PC (voir photo ci-contre), dont la commercialisation débute en 1981, elle a pris beaucoup de retard sur ce segment du marché informatique. Des concurrents tels qu'Atari, Commodore ou Tandy, et bien sûr Apple, occupent ce créneau depuis le milieu des années 1970. Seulement, IBM, pourtant leader incontesté de l'informatique à cette époque, n'a pas cru à ce produit, y voyant un jouet pour « geeks » et non un outil de travail ayant des applications professionnelles. IBM doit donc combler son retard très rapidement s'il ne veut pas être définitivement évincé de ce segment.

De l'externalisation aux « clones »

Contrairement à son habitude qui est de produire en interne un maximum de composants, IBM va externaliser tout ce qui peut l'être afin d'accélérer le développement de son produit et d'arriver sur le marché le plus vite possible. Il va acheter sur étagère à Intel le microprocesseur (le « cerveau » du PC) et à un jeune inconnu nommé Bill Gates, qui vient de créer une start-up du nom de Microsoft, le système d'exploitation MS-DOS. IBM, dont la réputation auprès des entreprises n'est plus à faire, rencontre un succès fulgurant avec son PC. Vers 1985, l'entreprise vend près du tiers des PC dans le monde en nombre d'unités, et près des deux tiers en valeur.

Mais IBM n'a pas perçu le rôle structurant du microprocesseur et du système d'exploitation sur les caractéristiques et la performance des PC. Rapidement, de nouveaux venus sur le marché comme Compaq achètent le même microprocesseur et le

•••

●●●

même système d'exploitation et développent des PC aux performances comparables à celle du PC d'IBM, mais vendus beaucoup moins cher. Ces PC concurrents sont tellement similaires au PC d'IBM qu'ils sont communément appelés des « clones ».

L'externalisation du microprocesseur et du système d'exploitation permet à pléthore de concurrents d'acheter eux aussi ces composants essentiels aux mêmes fournisseurs, Intel et Microsoft, et prive IBM de toute différenciation significative. L'entreprise est de plus en plus contrainte de se battre sur les prix. Sa part de marché commence à stagner puis se réduit progressivement, jusqu'à la vente de l'activité PC au Chinois Lenovo en 2005.

On peut penser que, si IBM avait pris quelques mois de plus pour développer en interne son propre microprocesseur et son système d'exploitation, elle continuerait encore aujourd'hui à dominer le marché des PC. Et personne n'aurait jamais entendu parler de Bill Gates ou de Windows ! IBM a d'ailleurs tenté de réintégrer le système d'exploitation en lançant en 1987 OS2, un système développé en interne et disponible exclusivement sur les machines de la marque. Malheureusement pour l'entreprise, ce lancement est intervenu trop tard, alors que de nombreux concurrents étaient déjà bien installés.

QUESTIONS

Corrigés en ligne sur dunod.com

1. Pourquoi l'entreprise IBM a-t-elle acheté à Intel et Microsoft le microprocesseur et le système d'exploitation de son PC au lieu de développer ces composants en interne ?
2. Pourquoi cela a-t-il empêché IBM de se différencier ? Pourquoi ne pas avoir joué sur le prestige de la marque ?
3. Pourquoi IBM a-t-elle lancé son propre système d'exploitation OS2 en 1987 ? Pourquoi la manœuvre a-t-elle échoué ? Qu'aurait-il fallu faire ?

3 La perte de compétences

Même lorsque le composant externalisé n'est pas une source possible de différenciation, il peut arriver que la production de ce composant repose sur des compétences utiles à l'activité principale de l'entreprise.

Exemple

Les compétences utiles d'Apple et de Samsung

- Développer son propre système d'exploitation, Mac OS, permet peut-être aux ingénieurs d'**Apple** de mieux comprendre les interactions complexes entre *hardware* et *software* et, sur cette base, de concevoir des PC plus performants.
- Développer et produire des composants pour smartphones – qui ne peuvent être des éléments de différenciation puisqu'ils sont vendus à tous les concurrents qui en font la demande – peut favoriser la compréhension qu'a **Samsung** des effets de ces composants sur la performance d'ensemble, et donc l'aider à concevoir de meilleurs smartphones.

Sur la base de telles observations, certains considèrent que l'externalisation d'un trop grand nombre d'activités conduit à vider l'entreprise d'une grande partie de sa substance, à en faire un simple assembleur ou « packageur » de composants et de sous-ensembles maîtrisés par d'autres. De telles « entreprises creuses », ou *hollow companies*, seraient bien entendu très vulnérables aux changements techniques, aux évolutions du marché et aux attaques de prestataires produisant les composants les plus critiques dans la chaîne de valeur.

Donc, même si l'externalisation s'est considérablement développée au cours des dernières décennies, les échecs restent nombreux. Pour connaître le succès, il est impératif d'éviter les « sept péchés capitaux » présentés dans la rubrique En pratique ci-après.

EN PRATIQUE

Les sept péchés capitaux de l'externalisation[1]

Lorsqu'une entreprise décide d'externaliser une activité jusque-là effectuée en interne, soit en la vendant à un prestataire existant, soit en la rendant indépendante par le biais d'un *spin-off*, elle doit s'assurer qu'elle ne se crée pas des difficultés pour l'avenir et, pour cela, éviter sept écueils majeurs.

1. Externaliser des activités qui ne devraient pas l'être

Seules les activités périphériques peuvent être externalisées. Les activités stratégiques doivent impérativement être conservées en interne. La distinction stratégique/périphérique peut également être appliquée au niveau d'une activité. On parle d'externalisation « sélective » lorsque l'on externalise uniquement les composantes les moins sensibles d'une activité.

2. Choisir un mauvais prestataire

Choisir un bon prestataire est crucial pour le succès d'une opération d'externalisation. Il ne suffit pas de choisir le fournisseur ou le prestataire le « moins-disant ». Il doit également être capable d'améliorer le fonctionnement de l'activité externalisée.

Deux types de critères peuvent être utilisés pour identifier un bon fournisseur ou un bon prestataire :

- des critères intrinsèques (ressources et compétences, solidité financière...) ;
- des critères relationnels (compatibilité avec le client, volonté de développer une relation de long terme...).

3. Rédiger un mauvais contrat

Le contrat est essentiel. De nombreuses opérations d'externalisation échouent parce que le contrat n'a pas protégé l'entreprise externalisatrice de l'opportunisme de son prestataire. Un bon contrat présente plusieurs caractéristiques. Il doit être :

- précis (en spécifiant les obligations du fournisseur ou du prestataire) ;
- aussi complet que possible (pour réduire le nombre de renégociations) ;
- équilibré (car les contrats léonins finissent par se retourner contre l'entreprise externalisatrice) ;
- flexible (pour prendre en compte l'évolution de l'environnement).

•••

• • •

4. Sous-estimer les questions liées au personnel

Une bonne gestion des aspects humains de l'externalisation est vitale. Les employés concernés par une opération d'externalisation se sentent souvent rejetés. Pour éviter que le niveau de performance de l'activité ne diminue trop fortement, il faut veiller à conserver en interne les employés les plus importants. Il faut également s'assurer que les employés transférés vers le fournisseur ou le prestataire resteront suffisamment motivés.

5. Perdre le contrôle sur l'activité externalisée

La perte de contrôle est l'un des plus grands risques de l'externalisation. De nombreuses entreprises ont recours à l'externalisation parce qu'elles pensent qu'il est plus facile de gérer un prestataire extérieur qu'un service interne. Ce n'est pas toujours le cas. Pour garder le contrôle sur un prestataire, il est impératif d'assurer un suivi très strict. Cela nécessite notamment de mettre en place une véritable cellule de pilotage.

6. Sous-estimer les coûts cachés de l'externalisation

L'externalisation induit souvent des coûts cachés. On peut en distinguer deux types :

- les coûts de recherche et de contractualisation avec le fournisseur ou le prestataire (intervenant avant le début de l'opération d'externalisation) ;
- les coûts de gestion et de suivi du prestataire (intervenant pendant l'opération d'externalisation).

Ces coûts peuvent faire échouer une opération d'externalisation. Pour les réduire, il est préférable de ne pas externaliser d'activités trop sensibles.

Une étude a montré par exemple qu'externaliser le dépôt de brevets engendre à terme des problèmes importants. À court terme, confier le dépôt de brevets à un prestataire spécialisé dans le domaine de la propriété intellectuelle présente deux avantages :

- la prestation coûte moins cher qu'en interne ;
- les demandes de brevets sont plus fréquemment accordées.

À long terme, les résultats sont beaucoup plus nuancés. En effet, l'étude a montré que les entreprises qui externalisent le dépôt des brevets parviennent beaucoup moins bien à les faire respecter. L'explication est simple : elles ne disposent plus des connaissances dont elles auraient besoin pour détecter les violations de propriété intellectuelle commises par leurs concurrents[2].

7. Ne pas prévoir la sortie d'une relation d'externalisation

Les entreprises qui externalisent sont souvent réticentes à envisager la fin de la relation avec le partenaire. C'est une erreur car elle doit être anticipée dès la signature du contrat. Des clauses de sortie doivent être intégrées dans le contrat pour mieux contrôler le fournisseur ou le prestataire.

1. Barthélemy J., « The Seven Deadly Sins of Outsourcing », 2003.
2. Reitzig M. et Wagner S., 2010.

SECTION 5

ENTRE LE MARCHÉ ET LA HIÉRARCHIE

Nous avons raisonné jusqu'à présent comme si les entreprises devaient inévitablement effectuer un choix binaire entre *make or buy*, entre l'intégration ou l'externalisation. La réponse est en fait plus nuancée. Il existe tout un éventail de possibilités entre l'externalisation complète et l'intégration en bonne et due forme. Nous allons maintenant examiner les principales formes intermédiaires de stratégies verticales.

1 L'intégration verticale profilée

L'intégration profilée fait référence à l'intégration – ou à l'externalisation – partielle d'une activité. L'entreprise décidera ainsi de faire à la fois du *make* et du *buy* pour le même composant ou la même prestation.

Exemple

Les multiples réseaux de distribution utilisés par Apple

- **Apple** s'est doté d'un réseau de plus de 500 Apple Stores (en 2018) pour distribuer en propre ses produits, mais n'en continue pas moins à passer simultanément par des distributeurs externes comme la **Fnac** en France ou **Best Buy** aux États-Unis. On estime d'ailleurs qu'en 2018, seulement 10 % des iPhones, 20 % des iPads et 40 % des Macs ont été vendus dans des Apple Stores. Même en ce qui concerne les ventes en ligne, Apple fait cohabiter sa propre boutique en ligne avec des distributeurs généralistes comme **Amazon**.

L'intégration verticale profilée permet de mettre en concurrence des fournisseurs ou des distributeurs externes à l'entreprise avec l'organisation interne et créer ainsi une émulation réciproque.

Exemple

Décathlon : produire pour concurrencer les équipementiers

- **Décathlon**, qui est avant tout un distributeur d'articles de sport, activité dont il est leader européen avec plus de 400 magasins, s'est également lancé dans la conception et la fabrication de certaines gammes. En produisant ainsi certains équipements ou en en rebadgeant d'autres, achetés à des fournisseurs externes, sous ses propres marques de distributeur (comme Artengo, B'Twin, Quechua ou Tribord, pour les plus connues), Décathlon concurrence les grands équipementiers sportifs. Cette stratégie lui permet d'accroître encore son pouvoir de négociation envers ses fournisseurs.

Dans une intégration profilée, le prestataire interne comprend que ses débouchés ne sont pas totalement garantis, même si, comme nous l'avons vu précédemment, il est extrêmement difficile de sacrifier une activité interne lorsque sa performance se révèle insuffisante. Les fournisseurs ou acheteurs externes, quant à eux, savent qu'ils ne seront sélectionnés que s'ils font mieux que les prestataires internes.

Au-delà de ce rôle d'aiguillon, l'intégration verticale profilée constitue un instrument de *benchmarking* permettant de savoir si l'organisation interne a une efficacité suffisante ou si des prestataires externes ne profitent pas indûment d'une position de force. Elle permet aussi de mieux gérer les fluctuations du marché en faisant supporter aux prestataires externes les variations de volume sur le composant considéré.

Malgré ses avantages, l'intégration verticale profilée n'est pas une panacée. Elle est un choix hybride. En cela, elle ne maximise pas les avantages de l'intégration si les caractéristiques du composant considéré peuvent conduire à privilégier cette stratégie. Mais elle ne permet pas non plus de bénéficier à plein des avantages du marché si celui-ci est très efficient. C'est donc une option qui revient à « ménager la chèvre et le chou » et qui est surtout appropriée lorsque le diagnostic que l'on peut porter sur l'efficience du marché est ambigu.

2 La quasi-intégration

Dans le cas d'achat de composants ou de prestations spécifiques à l'entreprise, ce qui devrait conduire à l'intégration de l'activité considérée, il est parfois possible d'éviter cette intégration en bonne et due forme en recourant à ce que l'on nomme la « quasi-intégration ».

La quasi-intégration consiste à nouer des contrats de long terme avec des fournisseurs, ce qui leur garantit des débouchés et rend acceptable pour eux le risque associé à des investissements spécifiques. Quant à l'entreprise cliente, cela lui permet de se fournir en composants spécifiques sans avoir à immobiliser les capitaux correspondants.

Ce faisant, elle préserve une relative flexibilité pour s'adapter à des retournements éventuels du marché ou en cas de changement, notamment technologique, qui pourraient la conduire à changer de fournisseur. La flexibilité est moindre qu'en cas d'externalisation classique, puisque l'entreprise s'engage à continuer à acheter à son fournisseur sur le moyen terme. Mais en cas de changement important, l'entreprise sera davantage en mesure de réorienter ses approvisionnements. L'entreprise quasi-intégrée étend son périmètre d'activités et sécurise ses approvisionnements en nouant des relations de long terme avec certains fournisseurs ou prestataires, mais sans acquérir les droits de propriété correspondants et donc sans investir par elle-même. Elle évite ainsi de supporter les coûts afférents à la prise de contrôle des activités en amont ou en aval.

3 La double source

L'instauration de relations de moyen et long terme avec des fournisseurs peut parfois s'accompagner d'une mise en concurrence de deux de ces fournisseurs : c'est ce que l'on appelle la « double source ».

Dans le cadre d'une quasi-intégration, le fournisseur est conduit à investir dans des équipements ou des processus industriels spécifiques en échange d'un engagement sur un volume d'achat annuel et sur une certaine durée d'approvisionnement.

Toutefois, en ayant recours à la double source, même s'il s'engage sur des volumes d'achats, le donneur d'ordre ou l'acheteur évite une relation de dépendance trop forte, puisqu'il divise son marché d'approvisionnement entre deux fournisseurs. Il obtient ainsi un comparatif tant pour la structure de coût que pour la performance opérationnelle, ou encore pour la qualité obtenue par ses fournisseurs. La double source maintient donc une concurrence entre les deux fournisseurs et vient compléter une quasi-intégration.

4 La franchise

a. Le contrat de franchise

La franchise est également une forme intermédiaire entre l'intégration et l'externalisation qui s'emploie essentiellement dans les relations vers l'aval.

Un contrat de franchise est un accord par lequel un franchiseur accorde un droit d'utilisation de sa marque et des procédés qu'il a mis au point à un franchisé qui lui verse une rémunération pour cela. Surtout, le contrat de franchise définit un ensemble d'obligations que le franchisé s'engage à respecter.

Ces obligations ont pour but de garantir la qualité des prestations fournies par le franchisé et ainsi de protéger la valeur de la marque. En contrepartie, s'il respecte ses obligations, le franchisé peut difficilement être évincé ou remplacé. De son côté, le franchiseur renonce en partie à la flexibilité que lui offrirait une externalisation plus classique.

b. Contrôle et protection du franchisé

Un contrat de franchise donne un grand contrôle au franchiseur sur la façon dont le franchisé va mettre en œuvre son activité, presque autant que si le franchiseur était intégré et exerçait lui-même l'activité en ayant une autorité hiérarchique sur les employés dans l'activité franchisée. Cependant, le franchiseur n'a pas à faire tous les investissements correspondant à l'activité franchisée, bien que ces investissements soient très spécifiques à sa marque et aux procédés qu'il a mis au point. La protection durable que le contrat de franchise offre au franchisé, pourvu que celui-ci respecte ses obligations, lui permet de réaliser ces investissements spécifiques sans avoir trop à craindre un comportement opportuniste de la part du franchiseur.

Surtout, le franchisé n'est pas un salarié mais un entrepreneur dont la rémunération est directement liée à sa propre performance. La franchise permet donc d'éviter le risque de bureaucratisation caractéristique des relations hiérarchiques. Elle crée des incitations proches de celle d'un prestataire indépendant qui ne peut espérer être choisi qu'en offrant à tout instant la meilleure prestation possible, au prix le plus bas. Ainsi, la franchise permet d'offrir certains des avantages de l'intégration en les combinant avec d'autres avantages propres à l'externalisation.

c. La « franchise profilée »

Notons par ailleurs que la plupart des grands franchiseurs comme McDonald's, KFC ou Domino's Pizza ont en fait recours à de l'intégration profilée, ou plus exactement à de la franchise profilée : ils ont à la fois des magasins ou restaurants qu'ils gèrent eux-mêmes et des points de vente franchisés. Les magasins en propre leur permettent d'être au plus proche des opérations, d'accumuler des connaissances sur cette activité et ainsi de perfectionner leurs procédés et d'améliorer leur système de franchise.

5 La gestion par la confiance

La gestion par la confiance fait référence au développement de relations de confiance entre le fournisseur et l'acheteur.

a. Le rôle de la confiance

Parier sur de telles relations de confiance, c'est faire l'hypothèse que ni le fournisseur ni l'acheteur ne se comporteront de manière opportuniste l'un avec l'autre, quels que soient les circonstances et les intérêts en jeu. La confiance n'est nécessaire que lorsque le marché est peu efficient. Lorsque les risques qui entourent une relation de marché sont faibles, les mécanismes contractuels sont suffisants. Tout peut être spécifié dans le contrat et il est très facile de changer de prestataire si celui-ci ne donne pas satisfaction ou se comporte de manière opportuniste.

En revanche, lorsque le marché est défaillant, tant le fournisseur que l'acheteur savent qu'en s'engageant dans une transaction, chacun se rend vulnérable à des décisions potentiellement dommageables de la part de l'autre partie. Par exemple, le fournisseur sera amené à faire des investissements spécifiques que les agissements du client pourraient l'empêcher de rentabiliser, alors même que le client craindra d'être trop dépendant d'un fournisseur unique. C'est la raison pour laquelle l'intégration verticale est le choix « naturel » dans une telle situation, malgré ses inconvénients.

b. Contourner les défaillances du marché

Or, si le fournisseur et le client se font suffisamment confiance, nul besoin de s'intégrer. L'activité considérée peut être externalisée sans danger – tant que chacun respecte non seulement la lettre, mais surtout l'esprit des accords passés – ce qui évite certaines des pesanteurs de l'intégration. Notons tout de même que, pour se montrer digne de la confiance dont chacun bénéficie de la part de l'autre, le fournisseur comme l'acheteur doivent renoncer à la flexibilité créée par l'externalisation et s'abstenir de changer de partenaire lorsque de meilleures opportunités se présentent, lorsque la technologie change ou lorsque les fluctuations du marché réduisent les volumes achetés. Compter sur la confiance pour éviter l'intégration ne supprime donc pas tous les inconvénients auxquels doit faire face une entreprise intégrée !

6 Les partenariats verticaux

a. Une relation non exclusive, de confiance et de long terme

Les relations clients-fournisseurs portant sur une palette de composants ou de prestations qui combinent des accords à long terme avec une bonne dose de confiance sont souvent qualifiées de « partenariats verticaux ». Dans le cadre de tels partenariats, le fournisseur et le client s'engagent à travailler ensemble sur le long terme, mais en général de façon non-exclusive, et sans que cette relation ne puisse faire l'objet d'un contrat en bonne et due forme précisant dans le détail les obligations de chaque partie.

Tous deux s'engagent à ne pas réagir de façon brutale aux évolutions du marché : le client ne changera pas du jour au lendemain de fournisseur parce qu'une offre plus attractive est apparue sur le marché, mais s'efforcera de travailler avec le fournisseur pour faire évoluer l'offre de celui-ci afin qu'elle redevienne compétitive. Le fournisseur, quant à lui, ne privera pas le client de fournitures essentielles parce qu'une offre supérieure lui aura été faite.

De plus, chaque prestation de l'un ou de l'autre n'aura pas à être facturée de manière précise, la confiance permettant un ajustement mutuel au fil du temps, de façon que les deux parties soient satisfaites au bout du compte de leur relation. Dans un partenariat vertical, l'équilibre de la relation et son caractère positif pour les deux parties importe davantage que l'équité de chacune des transactions individuelles qui s'inscrivent dans cette relation.

b. Les fournisseurs-partenaires

Les constructeurs aéronautiques comme les constructeurs automobiles travaillent ainsi avec tout un réseau de fournisseurs-partenaires avec qui ils entretiennent des relations de long terme et avec lesquels ils collaborent dès le développement des produits. La performance de ces partenaires sera très largement dépendante du succès rencontré par le donneur d'ordre avec qui ils auront choisi de travailler. Réciproquement, la qualité et la performance du produit final sont très fortement influencées par les contributions de ces partenaires. Ceux-ci collaborent avec le donneur d'ordre dans un processus de co-conception auquel ils apportent leurs technologies, leurs savoir-faire et leur capacité d'innovation. Certains fournisseurs-partenaires investissent même directement dans les usines de leur client.

Exemple

Partenariats verticaux chez L'Oréal et dans l'automobile

- Par exemple, L'Oréal conçoit le *packaging* des produits de beauté en partenariat avec ses fournisseurs d'emballage. Ceux-ci installent ensuite leurs propres équipements dans les usines de cosmétiques du groupe de manière à intégrer le *packaging* dans le processus de production. Dans l'automobile, les apports d'équipementiers partenaires comme Bosch ou Valeo vont bien au-delà de la simple capacité à fournir les composants demandés au niveau de coût et de qualité requis.

- Ces entreprises sont de véritables partenaires qui proposent des solutions techniques et des innovations, en collaboration avec les équipes de développement et de production du constructeur. Il n'est pas rare qu'elles investissent dans des équipements de production installés au sein des usines du constructeur. Réciproquement, pour certains composants spécifiques, il arrive que le constructeur dispose de ses propres immobilisations dans les unités de production du fournisseur-partenaire.

Au total cependant, la notion de partenariat vertical est assez floue. Surtout, elle a été largement galvaudée par le fait que, dans le discours managérial ambiant, le terme « fournisseur » a pris une connotation péjorative. De ce fait, les entreprises ont eu tendance à rebaptiser « partenaires » tous leurs fournisseurs, sans que, dans la plupart des cas, la réalité de la relation corresponde à ce que nous venons de décrire.

CONCLUSION

Les choix d'intégration verticale ou d'externalisation sont des choix de *corporate strategy* qui ont des conséquences importantes et directes en termes de *business strategy*. En effet, ces choix jouent directement sur les coûts et sur la valeur perçue de l'offre de l'entreprise. Externaliser une activité rend plus difficile la recherche d'une différenciation associée au composant externalisé. S'intégrer verticalement a généralement des effets non négligeables sur les coûts de l'activité que l'entreprise a décidé d'intégrer et donc, par ricochet, sur la structure de coût de l'entreprise.

L'intégration verticale, comme l'externalisation, sont des décisions à prendre au cas par cas, sur chaque composant ou activité en amont ou en aval de l'activité principale. L'intégration verticale, comme l'externalisation, ne sont pas affaire de préférence d'ensemble, de philosophie des dirigeants : l'une comme l'autre ne sont ni toujours souhaitables, ni toujours à éviter.

Pour chaque composant ou prestation, c'est lorsque le marché est déficient qu'il faut envisager l'intégration, et lorsqu'il est efficient qu'il faut se poser la question de l'externalisation. Enfin, une entreprise qui choisit d'intégrer une activité en amont ou en aval doit transformer la relation entre cette activité et son activité principale, par exemple en créant des liens d'exclusivité. Ce n'est surtout pas pour continuer à « opérer comme avant ».

À RETENIR

Marché et hiérarchie

- L'**intégration verticale** est un mouvement stratégique consistant à rassembler et à faire gérer au sein de la même entreprise deux activités techniquement séparables, placées à deux stades successifs dans le processus de production.
- L'**intégration verticale amont** consiste à entrer dans une activité qui produit des matières premières ou des composants qui sont ensuite incorporés dans l'activité d'origine de l'entreprise.
- L'**intégration verticale aval** conduit l'entreprise à prendre le contrôle d'une activité qui utilise, distribue ou vend ses produits ou services.

Pourquoi intégrer certaines activités ?

- Les principaux facteurs qui doivent pousser les entreprises à s'intégrer verticalement sont :
  - L'existence d'un **besoin spécifique** qui empêche le client de se fournir « sur étagère » ;
  - Une **concurrence insuffisante** entre fournisseurs ou entre acheteurs qui met l'entreprise en situation de « *hold-up* » ;
  - Une **grande incertitude** sur les caractéristiques attendues du composant ou de la prestation ;
  - Un **besoin de réactivité** que ne permet pas un recours à des prestataires externes ;
  - La **difficulté à faire respecter ses engagements** à l'une des parties.

Les inconvénients de l'intégration verticale

- L'intégration verticale se traduit par un **accroissement du poids des actifs** et des capitaux engagés.
- Elle **limite la flexibilité et la réactivité** de l'entreprise aux changements du marché et rend plus difficile le recours à des sources de compétence externes à l'entreprise.
- Elle peut **réduire les économies d'échelle**, conduit à une dispersion de l'attention et des efforts des dirigeants, transforme les coûts variables en coûts fixes et aboutit à une **connaissance moins précise des coûts**.

Les dangers de l'externalisation

- Parce que l'intégration verticale dans un secteur constitue une barrière à l'entrée, l'**externalisation** facilite l'**arrivée de nouveaux concurrents**.
- L'externalisation réduit les **facteurs de différenciation** sur lesquels peut s'appuyer l'entreprise.
- Elle risque de se traduire par une **perte de savoir-faire** préjudiciable à l'activité principale.

Entre le marché et la hiérarchie

- Il existe de nombreuses **formes intermédiaires** entre l'intégration verticale et l'externalisation, parmi lesquelles on peut citer l'intégration verticale profilée, la quasi-intégration, la double source, la franchise, la gestion par la confiance et les partenariats verticaux.

MONGOLIA
CHINA
INDIA
BAY OF BENGAL
Chennai
SRI LANKA
SEA OF OKHOTSK
Kuril Islands
Hokkaido
Honshu
JAPAN
Bonin Islands
Wake Island
MARSHALL ISLANDS
Sumatra
Jakarta
OCEAN

Chapitre 9 | Globalisation et stratégies internationales

L'internationalisation des activités et de la concurrence est devenue depuis quelques décennies un défi considérable pour les entreprises. La croissance lente que connaissent la plupart des marchés développés traditionnels leur impose d'aller chercher de nouveaux clients à l'étranger. Malheureusement, l'entrée dans de nouveaux marchés est difficile et coûteuse, et se traduit, au moins à court terme, par une détérioration de la rentabilité. Par ailleurs, les frontières politiques sont de moins en moins protectrices et les entreprises doivent affronter une concurrence étrangère nouvelle, souvent originaire de pays émergents et disposant d'atouts significatifs. Face à ce contexte difficile, comment affronter la globalisation et concevoir des stratégies internationales performantes ?

Dans ce chapitre, nous examinerons les forces qui poussent vers la globalisation, puis nous analyserons leur impact sur la dynamique concurrentielle. Nous étudierons ensuite les stratégies qui permettent aux entreprises de se forger un avantage compétitif dans un contexte de concurrence mondialisée. Enfin, nous nous interrogerons sur l'avantage dont semblent disposer certains pays et le succès de leurs entreprises dans la concurrence mondiale.

Plan du chapitre

SECTION 1

LES MOTEURS DE LA GLOBALISATION

La globalisation, ou mondialisation, désigne un phénomène économique et social caractérisé avant tout par le développement des échanges internationaux : échanges de biens et services, flux d'investissements, d'information, flux migratoires.

Pièces d'or chinoises datant de la dynastie Han, durant laquelle s'ouvrit la route de la soie vers 100 av. J.-C.

La globalisation n'est pas un phénomène récent. Dans l'Antiquité, les marchandises circulaient d'un bout à l'autre de la Méditerranée et même au-delà, comme l'attestent les vestiges des nombreux comptoirs phéniciens découverts tant au Proche-Orient que sur la côte atlantique du Maroc. On a retrouvé des monnaies romaines jusqu'au Vietnam actuel, preuve que des échanges avaient lieu entre l'Empire romain et l'Extrême-Orient. Au Moyen Âge, la route de la soie faisait transiter des marchandises sur des milliers de kilomètres, les acheminant de la Chine au Moyen-Orient, puis jusqu'en Europe. Plus tard, la Compagnie des Indes orientales britannique, qui organisait le commerce entre ce qui allait devenir l'Empire britannique et la Grande-Bretagne, peut être considérée comme l'une des toutes premières entreprises multinationales.

Beaucoup de grandes entreprises multinationales comme Unilever, Shell, Procter & Gamble, Ford, Philips, General Motors, General Electric, etc. ont entamé leur expansion internationale dès les années 1930. Si l'on ne parle véritablement de « globalisation » que depuis le début des années 1980, c'est parce que le phénomène s'est accéléré et amplifié au cours des quarante dernières années. L'arrivée des réseaux de communication modernes, d'Internet et du digital a parachevé ce mouvement en éliminant pour partie certains des effets de la distance géographique.

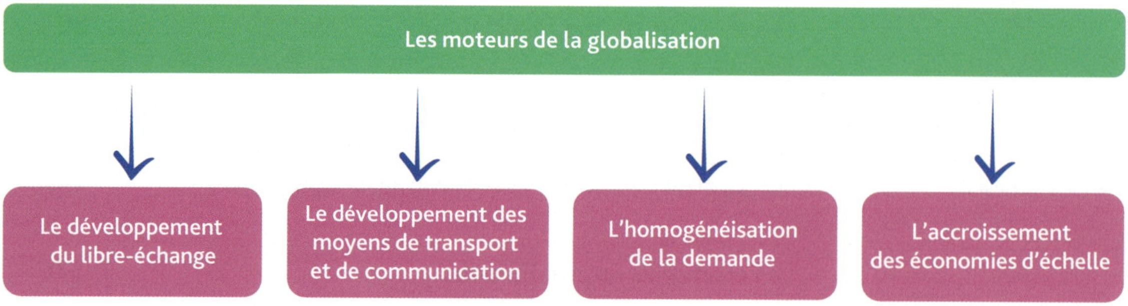

Figure 9.1 Les moteurs de la globalisation

1 Le développement du libre-échange

a. Le libéralisme économique

La diffusion progressive des théories économiques libérales à partir de la fin des années 1970, symbolisée par l'arrivée au pouvoir de Margaret Thatcher au Royaume-Uni (1979) puis de Ronald Reagan aux États-Unis (1980), a conduit à un démantèlement progressif des barrières douanières entre pays développés. La fin du communisme en Europe de l'Est a ensuite fait basculer un ensemble de pays, auparavant largement isolés du reste de l'économie mondiale, dans cet univers de libre-échange. Enfin, de nombreux pays émergents, comme la Chine, l'Inde, le Brésil, l'Indonésie, le Mexique, etc., autrefois adeptes d'un protectionnisme assumé, ont, à des degrés divers, évolué vers une bien plus grande ouverture au commerce international et aux investissements en provenance de l'étranger.

b. La mise en place d'institutions internationales

Ces transformations se sont accompagnées de la mise en place d'institutions chargées de réglementer les échanges internationaux, soit au niveau régional, soit au niveau mondial. Sur le plan régional, des institutions comme l'Union européenne, l'ALENA (Accord de libre-échange nord-américain, en anglais NAFTA, *North American Free Trade Agreement*), le Mercosur (réunissant les pays du cône sud de l'Amérique latine) ou encore l'ASEAN (*Association of South East Asian Nations*) ont contribué à l'essor du libre-échange. L'Organisation mondiale du commerce (OMC, en anglais WTO, *World Trade Organisation*) a quant à elle été créée en 1995 pour limiter les entraves au commerce international, garantir un traitement identique des firmes étrangères et des firmes locales par les États signataires et, plus généralement, promouvoir le libre-échange.

De fait, la grande majorité des habitants de la planète vit désormais sous un régime de relatif libre-échange. Cette évolution a ouvert en quelques années de nombreux marchés et a ainsi créé d'immenses opportunités d'expansion pour toutes les entreprises des pays concernés. En outre, elle a permis l'arrivée de nouveaux concurrents sur des marchés où les entreprises locales jouissaient auparavant d'une certaine protection.

2 Le développement des moyens de transport et de communication

Les progrès en matière de transport et de communication ont amélioré l'efficacité des échanges internationaux tout en réduisant leur coût dans des proportions significatives. Il est désormais possible de concevoir un vêtement en Europe ou en Amérique du Nord, faire instantanément parvenir les spécifications à un fournisseur en Chine, en Tunisie ou à l'île Maurice, faire fabriquer les quantités voulues et livrer la marchandise en quelques jours aux points de vente disséminés aux quatre coins de la planète.

Les entreprises peuvent ainsi localiser leurs diverses activités là où les conditions de production sont optimales : R&D aux États-Unis, fabrication de composants sophistiqués en Irlande, production de sous-ensembles en Chine et assemblage final au Mexique, par exemple. La facilité des communications et des déplacements, même si elle n'a pas totalement éliminé les effets de la distance géographique[1], a rendu plus aisé le management d'activités dispersées et a diminué les coûts associés à cette dispersion.

3 L'homogénéisation de la demande

L'expansion internationale des entreprises a été facilitée par une certaine homogénéisation de la demande à travers le monde. Même si des différences notables subsistent, les préférences des consommateurs dans de nombreux domaines comme les équipements de confort ou de loisirs (électroménager, électronique grand public…), les habitudes en matière d'habillement et même les habitudes alimentaires se sont considérablement rapprochées au cours des trois dernières décennies. Ce rapprochement a été provoqué par la multiplication des voyages et déplacements mettant en contact des populations qui auparavant ne se rencontraient quasiment jamais, par la diffusion de la télévision et du cinéma et, à travers elle, de programmes qui véhiculent un modèle culturel – et donc de consommation – dominant.

Cette homogénéisation de la demande a été accentuée par l'expansion des entreprises multinationales qui ont diffusé leurs produits et services partout où ceux-ci pouvaient trouver des débouchés. Beaucoup de consommateurs abandonnent leurs préférences locales traditionnelles lorsqu'apparaît un produit ou un service nouveau, de qualité, à un prix attractif. Cela ne signifie pas que les spécificités locales sont vouées à disparaître – en particulier dans les secteurs d'activité liés à la culture, à la langue, aux comportements… – et donc que l'on ne peut pas bâtir des stratégies fondées sur ces spécificités.

4 L'accroissement des économies d'échelle

Chiffres clés

Dans la pharmacie, on considère qu'un investissement de **1** à **2 milliards** d'euros en R&D est nécessaire pour mettre sur le marché un nouveau médicament.

Dans de nombreux secteurs, les économies d'échelle s'accroissent de manière significative. Le phénomène s'est accéléré depuis les années 1960 en raison des dépenses croissantes de R&D et de l'automatisation toujours plus poussée de la production dans un grand nombre de secteurs. Dans la pharmacie par exemple, on considère qu'un investissement de 1 à 2 milliards d'euros en R&D est désormais nécessaire pour mettre sur le marché un nouveau médicament.

Cette augmentation des coûts fixes de R&D et de production pousse donc les entreprises à accroître les volumes vendus, notamment en recherchant des débouchés à l'étranger. Les entreprises locales qui ne bénéficient pas d'une présence internationale étendue souffrent de coûts plus élevés, ou sont condamnées à réduire leurs coûts de R&D.

1. Ghemawat P., 2001.

Exemple

Internationalisation des groupes automobiles

- Dans le secteur automobile, la plupart des concurrents locaux ont soit disparu, soit été absorbés par des rivaux de plus grande taille et dotés d'une plus grande couverture internationale. C'est le cas des constructeurs britanniques comme Austin, Morris, Triumph, MG, qui ont progressivement été regroupés dans le groupe **Rover**, ce dernier finissant lui-même par disparaître faute d'une taille et d'une présence internationale suffisantes. Le groupe **PSA Peugeot Citroën** a longtemps souffert de sa taille insuffisante et d'une trop faible présence internationale, en particulier dans les pays émergents. Afin d'accroître sa taille en Europe, PSA a repris en 2017 **Opel-Vauxhall**, la filiale européenne de **General Motors**, et a augmenté ainsi sa part du marché européen de près de 70 %. En s'alliant avec un constructeur local, Dongfeng, Peugeot essaie par ailleurs d'accroître sa présence en Chine, désormais le premier marché automobile mondial.

ÉTUDE DE CAS

L'émergence de leaders mondiaux chinois

Longtemps cantonnée dans le rôle « d'usine du monde », la Chine s'est réveillée dans les années 1990-2010. Les entreprises chinoises ne sont plus seulement des sous-traitants pour les groupes étrangers en mal de délocalisation de leurs activités à fort contenu de main-d'œuvre ; de plus en plus de groupes chinois mettent désormais en œuvre des technologies avancées et développent des produits sophistiqués. De plus, les grands groupes chinois se sont engagés dans une stratégie d'expansion internationale, allant chercher de nouveaux débouchés au-delà de leurs frontières, d'abord dans les pays émergents, notamment en Afrique, puis de plus en plus dans les pays développés où certaines entreprises chinoises arrivent désormais à faire jeu égal en matière de technologie et d'innovation avec les leaders américains et européens. Ces entreprises n'hésitent pas à faire de grosses acquisitions pour accélérer ce processus. Parmi les entreprises emblématiques de cette transformation de l'économie chinoise, on peut citer Haier, Huawei ou Lenovo.

Haier

Fondé en 1984, le groupe Haier est devenu en quelques années le leader mondial du gros électroménager dans le monde, avec une part de marché supérieure à 10 % en 2019. Haier produit des réfrigérateurs, congélateurs, climatiseurs, fours à micro-ondes, lave-linge, lave-vaisselle, téléviseurs, téléphones portables et ordinateurs. En 2018, le chiffre d'affaires mondial de Haier s'élevait à près de 40 milliards de dollars, avec une présence commerciale dans plus de 160 pays.

•••

•••

Le processus d'internationalisation a conduit Haier en Indonésie dès 1996, puis aux Philippines, en Malaisie, et en Serbie en 1997. Haier s'est ensuite installé aux États-Unis en 1999 en créant une usine d'appareils électroménagers en Caroline du Sud, et a ouvert un siège social à New York avant de tenter, sans succès, de racheter le géant américain de l'électroménager Maytag. Haier est présent en Europe depuis 2001 grâce à l'acquisition d'une usine de production de réfrigérateurs en Italie près de Padoue. En Inde, Haier a racheté en 2007 la division électroménager d'Anchor Daewoo et son usine de fabrication de réfrigérateurs située à Pune, dans l'État du Maharashtra. En 2016, Haier a racheté la division électroménager de General Electric pour 5,4 milliards de dollars.

Huawei Technologies

L'entreprise Huawei Technologies, basée à Shenzhen, a été créée en 1988 dans le giron de l'armée populaire chinoise. Huawei est désormais le premier équipementier en télécommunications et réseaux dans le monde et a réalisé en 2018 un chiffre d'affaires de près de 100 milliards de dollars. Entré plus récemment dans le secteur des téléphones mobiles, Huawei est devenu le deuxième producteur mondial de smartphones, derrière Samsung mais devant Apple.

Il s'agit d'une société privée dont le capital est entièrement détenu par ses employés. En 2019, Huawei avait pour clients 45 des 50 plus gros opérateurs de télécoms mondiaux, et une part très importante de son chiffre d'affaires provenait de marchés hors de Chine. Ses principaux centres de R&D sont situés en Chine mais aussi en Suède, à Dallas et dans la Silicon Valley aux États-Unis, à Bangalore en Inde, et en Russie. Huawei Technologies est considéré comme l'un des leaders mondiaux de la technologie 5G. Au cours de son développement, Huawei s'est appuyé sur de nombreuses alliances et *joint-ventures* avec des partenaires tels que 3Com, Siemens, Nokia, Motorola ou Leica.

Lenovo

Lenovo est une entreprise chinoise de haute technologie qui a racheté l'activité PC d'IBM en 2005. Depuis, Lenovo gère l'activité PC du groupe japonais NEC à travers un *joint-venture* dans lequel elle est majoritaire. Elle est en 2019 le premier producteur mondial de PC, en nombre d'unités vendues. Elle a symboliquement installé son quartier général à New York. Les principaux centres d'exploitation de l'entreprise sont situés à Pékin, à Paris, dans le *Research Triangle Park* en Caroline du Nord et à Singapour. Les principaux centres de recherche sont installés au Japon, en Chine (Beijing, Shanghai et Shenzhen) et aux États-Unis (Raleigh – Caroline du Nord). La fabrication et l'assemblage des PC sont entièrement effectués en Chine dans les usines de Shenzhen, Huiyang, Beijing et Shanghai, mais la production de composants est largement dispersée dans le monde.

En 2018, Lenovo a réalisé un chiffre d'affaires d'environ 45 milliards de dollars. L'actionnaire majoritaire du groupe Lenovo est Legend, lui-même contrôlé par l'Académie des sciences chinoises. En 2019, Lenovo a des activités industrielles dans 60 pays et vend ses produits dans plus de 160 pays. Outre son activité principale dans les PC, Lenovo produit des téléphones portables, des tablettes, des serveurs et des télévisions.

QUESTIONS

Corrigés en ligne sur dunod.com

1. Quel est l'objectif principal que poursuit chacune des entreprises décrites, au travers de sa stratégie internationale ?
2. Quels sont les différents modes de développement utilisés par ces entreprises ?

5 Un retour en arrière ?

Depuis la crise dite des *subprimes* en 2008, la marche en avant vers davantage d'ouverture internationale semble marquer le pas. À l'instar de Donald Trump aux États-Unis, des leaders politiques ayant des tentations protectionnistes sont arrivés au pouvoir dans plusieurs pays.

Par ailleurs, les transports de personnes ou de biens sur longue distance sont accusés de contribuer au réchauffement climatique et un mouvement incitant à consommer « local » tend à se développer. Même l'homogénéisation des comportements, des modes de consommation et, plus généralement, des cultures, est remis en cause au nom des particularismes locaux et de la protection des spécificités culturelles dans le monde.

Enfin, l'émergence de nouvelles technologies associées à l'intelligence artificielle, à la photocopie 3D, à l'Internet des objets et à l'utilisation massive des données pourrait à terme remettre en cause l'ampleur des économies d'échelle dans de nombreux secteurs. À tel point que certains, encore minoritaires, prédisent pour l'avenir un vaste mouvement de dé-globalisation.

SECTION 2

INDUSTRIES « MULTIDOMESTIQUES » ET INDUSTRIES « GLOBALES »

Dans certains secteurs d'activité, les « règles du jeu » ne varient guère d'un pays à l'autre, d'une région du monde à l'autre. Dans ce contexte, lorsqu'une entreprise a réussi à se doter d'un avantage concurrentiel dans son pays d'origine, cet avantage va lui permettre de se créer une position forte ailleurs dans le monde.

Dans d'autres activités, en revanche, les règles du jeu concurrentiel sont très différentes d'un pays à l'autre. Pour se développer dans un nouveau pays, une entreprise devra transformer radicalement sa façon d'opérer, modifier en profondeur la nature des produits et services qu'elle met sur le marché et en définitive réinventer presque entièrement son avantage concurrentiel.

Sur cette base, on identifie deux contextes différents : les industries « multidomestiques » et les industries « globales ». Beaucoup de secteurs se situent en réalité entre ces deux extrêmes.

1 Les industries globales

Une industrie est dite « globale » lorsque la concurrence dans cette industrie se joue au niveau international. En d'autres termes, c'est la position concurrentielle d'une entreprise au niveau mondial qui importe plus que sa position dans un pays particulier.

Dans une industrie globale, une entreprise disposant d'un avantage concurrentiel significatif dans un pays peut aisément se développer dans un autre pays en s'appuyant sur les mêmes leviers. Les moteurs d'avion ou les microprocesseurs sont des activités globales.

Exemple

Des activités globales

- Lorsque **General Electric**, **Pratt & Whitney** ou **Rolls-Royce** développent un moteur d'avion compétitif, cet avantage est exploitable auprès de toutes les compagnies aériennes du monde. De même, la supériorité en termes de performance et de coût de ses diverses familles de microprocesseurs a permis à **Intel** de dominer ses concurrents **AMD**, **Samsung**, **Texas Instruments** ou **STMicroelectronics**, partout dans le monde. Dans la construction aéronautique civile, **Boeing** ou **Airbus** communiquent essentiellement sur le nombre total de commandes reçues ou de livraisons effectuées dans le monde, sous-entendant par-là que les succès ou échecs dans tel ou tel pays n'ont guère d'importance au regard de la performance globale.

2 Les industries multidomestiques

Une industrie est considérée comme « multidomestique » lorsque la concurrence se joue essentiellement pays par pays. La position concurrentielle d'une entreprise dans un pays est alors indépendante de sa position dans d'autres pays. La même entreprise peut jouir d'une position forte d'un côté de la frontière et être en position de grande faiblesse, voire totalement absente, de l'autre côté.

Dans une industrie multidomestique, l'avantage concurrentiel est donc spécifique à chaque pays. C'est pourquoi l'expansion internationale dans les secteurs multidomestiques se fait souvent par le biais d'acquisitions : en prenant le contrôle d'une entreprise locale, une multinationale acquiert une marque reconnue localement, un accès aux réseaux de distribution et plus généralement les diverses composantes d'un avantage concurrentiel dans le pays cible.

Exemple

La presse, un secteur multidomestique

- Les principaux journaux quotidiens dans un pays, par exemple *Le Monde*, *Le Figaro* ou *Libération* en France, *El Pais*, *El Mundo* ou *ABC* en Espagne, ou encore *La Stampa* ou *Il Corriere della Sera* en Italie, ne cherchent pas à se créer un marché dans les pays voisins. Et pour s'internationaliser, le groupe espagnol **PRISA**, propriétaire du journal *El Pais*, a choisi de prendre une participation dans *Le Monde*.

Beaucoup d'activités dans les produits de grande consommation ont également un caractère multidomestique très affirmé. La majorité des produits vendus sont spécifiques à chaque pays et, lorsque sont proposés des produits de même nature, ils le sont avec des formulations différentes, des marques spécifiques, des emballages adaptés...

3 Les déterminants du caractère global ou multidomestique de l'industrie

Ce qui détermine le caractère plus ou moins global ou multidomestique d'une industrie est l'influence combinée de deux facteurs principaux aux effets opposés : les économies d'échelle et le besoin d'adaptation au contexte local.

a. Les économies d'échelle

Lorsqu'un secteur se caractérise par des économies d'échelle très importantes, une entreprise dominante dans son pays d'origine et déjà bien présente dans un certain nombre d'autres pays arrive dans tout nouveau marché local avec l'avantage de coût que lui confère sa taille mondiale. Face à des concurrents locaux aux volumes de production limités par la taille du marché local, une entreprise multinationale bénéficie des économies d'échelle découlant du volume de ses ventes au niveau mondial. Elle peut par exemple s'appuyer sur sa présence dans de nombreux marchés pour investir davantage, notamment en R&D, tout en amortissant ces dépenses sur tous les marchés où elle est présente.

Bien sûr, le bénéfice de la taille associé à une présence dans de multiples marchés ne se matérialise que si les produits et services vendus sont suffisamment homogènes pour permettre des économies d'échelle importantes.

b. Le besoin d'adaptation au contexte local

Si la nature de l'activité exige que les entreprises adaptent leur façon d'opérer ainsi que leur offre au contexte local, cela limite l'étendue de ce qu'elles peuvent transférer d'un pays à l'autre lors de leur expansion internationale. Supporter des coûts de transport élevés, surmonter des barrières réglementaires imposées par le pays cible, modifier la conception du produit pour le rendre compatible avec les préférences des clients locaux, créer des réseaux de distribution dans le nouvel environnement local, établir la notoriété d'une marque auprès d'acheteurs qui n'en ont jamais entendu parler, sont autant d'obstacles qui réduisent la portée de l'avantage lié à la taille.

Dans les cas extrêmes, l'entreprise est obligée de se réinventer entièrement pour pouvoir opérer dans un nouveau pays. Face aux concurrents locaux, une entreprise multinationale n'a guère d'autre choix que de devenir elle-même « locale » en développant des produits spécifiques pour le marché visé, en implantant sur place des capacités de production, en investissant pour établir la notoriété de sa marque, ou même en promouvant une nouvelle marque mieux adaptée à l'environnement local. L'entreprise est ainsi amenée à recréer localement un nouvel avantage concurrentiel, assez différent de celui dont elle a pu disposer dans son pays d'origine.

c. Le positionnement sur l'axe global-multidomestique

Deviennent donc globaux les secteurs dans lesquels les économies d'échelle sont importantes et l'emportent sur les besoins d'adaptation ; les secteurs multidomestiques sont ceux où les besoins d'adaptation sont très forts et les économies d'échelle trop limitées pour justifier une standardisation de l'offre.

Cependant, presque tous les secteurs se caractérisent à la fois par un besoin d'adaptation au contexte local et par des économies d'échelle non négligeables et ne sont donc ni totalement globaux, ni purement multidomestiques, mais se positionnent entre ces deux extrêmes.

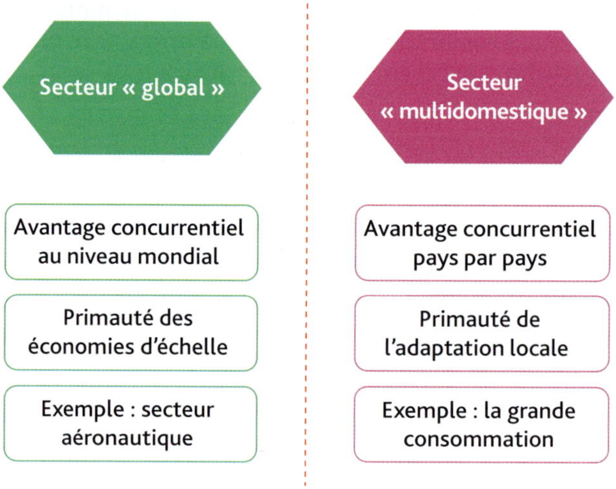

Figure 9.2 Les caractéristiques des secteurs globaux et multidomestiques

4 Le désavantage d'être étranger (*liability of foreignness*)

Il est important de noter que si, du fait du caractère multidomestique de son activité, une entreprise multinationale doit totalement transformer ses produits et sa façon d'opérer, à tel point qu'elle ne peut s'appuyer sur rien de ce qui fait sa force dans son pays d'origine, elle va se trouver désavantagée par rapport à des concurrents locaux. En effet, elle va souffrir de ce que l'on appelle *the liability of foreignness*, le désavantage d'être étrangère.

a. Les handicaps des multinationales face aux concurrents locaux

Le désavantage d'être étranger inclut tous les handicaps dont souffrent les entreprises multinationales vis-à-vis de leurs concurrents locaux.

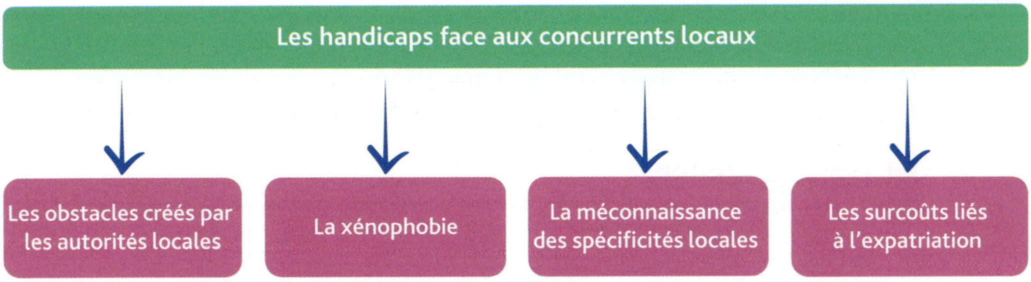

Figure 9.3 Quatre types de handicap face aux concurrents locaux

- **Les obstacles créés par les autorités locales**

Cela peut commencer par les obstacles que mettent sur leur chemin les autorités du pays d'accueil. Les barrières douanières ou réglementaires font partie de ces obstacles.

- **La xénophobie**

Les entreprises étrangères peuvent également être victimes d'une forme de xénophobie de la part des consommateurs locaux. En Chine, Toyota et Nissan sont par exemple régulièrement la cible de campagnes de dénigrement, voire d'actes de vandalisme à l'encontre de leurs concessions, dès que les relations diplomatiques entre Japon et Chine se tendent.

- **Une méconnaissance des spécificités locales**

Une entreprise étrangère aura par ailleurs une moins bonne connaissance des spécificités locales, des caractéristiques du marché, des préférences des consommateurs, des réseaux de distribution, du marché de l'emploi, etc. Confrontée à un environnement qu'elle ne connaît pas parfaitement, l'entreprise aura tendance à reproduire les comportements qui sont les siens dans son pays d'origine, sans se rendre compte que ces comportements sont inadaptés, ou pire, inappropriés, dans le pays cible.

- **Les surcoûts liés à l'expatriation**

Enfin, comparée à une entreprise locale, une entreprise étrangère doit supporter des coûts supplémentaires, par exemple les rémunérations et avantages divers des personnels expatriés, des contraintes et contrôles exercés par la maison mère et, souvent, un besoin d'exemplarité en ce qui concerne les politiques sociales, environnementales ou les conditions de travail.

b. Standardisation et adaptation

L'ensemble de ces inconvénients, que subit, à des degrés divers, toute entreprise étrangère, constitue un handicap que les entreprises multinationales doivent plus que compenser en s'appuyant sur des avantages qui leur viennent des opérations dans leur pays d'origine d'abord, puis de leur présence dans de nombreux autres pays.

L'atout principal des entreprises multinationales est justement de pouvoir bénéficier d'économies d'échelle sans commune mesure avec celles de leurs concurrents locaux. Mais pour réaliser des économies d'échelle substantielles, il faut que les produits reposent sur les mêmes technologies, soient issus des mêmes efforts de R&D et soient fabriqués dans les mêmes usines. S'il y a trop d'adaptation locale, une grande partie des économies d'échelle est perdue et l'entreprise ne parviendra pas à surmonter le désavantage d'être étranger. Il est donc plus aisé de compenser le désavantage d'être étranger dans des activités globales que dans des activités multidomestiques.

CONTROVERSE

Le monde se globalise-t-il vraiment ?

« *The Globalization of Markets* »

Theodore Levitt, professeur de la *Harvard Business School*, a écrit en 1983 un article prémonitoire, devenu célèbre, intitulé « *The Globalization of Markets*[1] ». La thèse de l'auteur est qu'un mouvement irréversible vers la globalisation des marchés s'est mis en marche et que plus rien ne peut l'arrêter. Ce mouvement a été mis en branle par le développement technologique : la facilité avec laquelle voyagent désormais les personnes, l'information et les idées aurait créé chez tous les habitants de la planète une soif insatiable pour les produits et services modernes dont, même dans les endroits les plus reculés de la planète, tous ont entendu parler.

En standardisant leur offre, les firmes véritablement globales peuvent tirer parti des économies d'échelle pour réduire leurs coûts, offrir des biens plus sophistiqués et à des prix plus faibles, que même les populations à faible pouvoir d'achat pourront s'offrir. Selon Levitt, cette évolution va marginaliser les concurrents locaux ou multinationaux qui gaspillent des ressources à essayer d'adapter leur offre aux différents marchés locaux. Pire encore, les prix très bas des produits standardisés vont faire voler en éclat les préférences locales, les habitudes particulières et les coutumes spécifiques de telle région ou tel groupe de consommateurs, renforçant encore la domination des entreprises globales.

Les traditions locales

À l'opposé de cette thèse, Susan Douglas et Yoram Wind affirment que cette idée de globalisation est une chimère ou, au mieux, un phénomène limité à quelques secteurs ou marchés particuliers[2]. Tout d'abord, selon eux, la préférence pour des produits standardisés à l'échelle mondiale est l'apanage d'une toute petite minorité de consommateurs qui, quel que soit leur pays d'origine ou de résidence, sont prêts à acheter des montres Rolex, des parfums Dior ou des sacs Vuitton.

L'immense majorité de la population mondiale préfère en réalité acheter des produits d'usage quotidien correspondant à leurs habitudes et traditions, qui varient donc fortement d'une région à l'autre du monde.

•••

•••

De plus, la thèse sur le caractère inéluctable et universel de la globalisation postule un accroissement significatif et continu des économies d'échelle du fait de l'évolution technologique. Or, constatent Douglas et Wind, les progrès technologiques se traduisent souvent par une réduction des coûts fixes de conception et de production ainsi que par une plus grande flexibilité dans les processus de production. Dans ces conditions, nul besoin de fabriquer en grande quantité le même produit pour tous ; produire des offres adaptées aux préférences variées de consommateurs très divers ne se traduit pas nécessairement par des niveaux de coûts prohibitifs. Et cela est d'autant plus vrai que dans nombre de secteurs d'activité, les coûts de production ne représentent qu'une part minoritaire du coût total.

Vers une « dé-globalisation » ?

Plus récemment, d'autres auteurs se sont joints au débat en insistant sur la nécessité pour les entreprises de s'adapter localement et sur les avantages qui pouvaient être retirés d'une telle adaptation[3]. Ghemawat montre en particulier que, pour de nombreuses activités économiques, les flux internationaux ne représentent en général que 5 % à 15 % de l'activité totale, ce qui semble contredire l'idée d'une globalisation généralisée de toute l'activité économique[4].

Certains experts vont même jusqu'à prédire que les tensions protectionnistes provoquées par la crise financière internationale de 2008 pourraient entraîner un retour en arrière et une « dé-globalisation » de l'économie mondiale.

1. Levitt T., 1983.
2. Douglas S. et Wind Y., 1987.
3. Ghemawat P., 2001, 2003 ; Rigby D.K. et Vishwanath V., 2006.
4. Ghemawat P., 2006.

5 *Think global, act local ?*

Le besoin d'adaptation locale et l'étendue des avantages découlant d'une standardisation mondiale évoluent dans le temps. Une activité multidomestique peut devenir globale en quelques années si, du fait de l'évolution technique, les économies d'échelle s'accroissent soudainement et massivement. Et les entreprises qui n'auront pas anticipé, ou du moins accompagné, ce mouvement se trouveront marginalisées.

Exemple

La globalisation de l'électronique grand public

- Dans l'électronique grand public, on estime que les coûts de développement des produits ont été multipliés par dix entre 1975 et 1990, ce qui a rendu impossible la survie d'entreprises à la présence essentiellement locale comme **Continental** ou **Ducretet** en France, **Grundig** ou **Telefunken** en Allemagne, **RCA** aux États-Unis ou encore **Gradiente** au Brésil.

Dans le même temps, du fait des évolutions culturelles et sociales, la demande dans de nombreux secteurs tend à s'homogénéiser, les réseaux de distribution à se rapprocher, les barrières réglementaires à s'atténuer, et donc les besoins d'adaptation à se réduire. De ce fait, les entreprises frappées par la globalisation de leur activité perdent la relative protection dont elles pouvaient bénéficier sur leur marché local et se retrouvent dans une situation de vulnérabilité extrême, condamnées à se vendre à un concurrent global ou à disparaître.

L'effet conjugué de ces deux évolutions, accroissement des économies d'échelle et homogénéisation de la demande, explique que de plus en plus d'industries tendent à se globaliser au cours du temps.

Il n'en demeure pas moins que, dans la plupart des secteurs d'activité, s'il est important de bénéficier d'économies d'échelle significatives, adapter son offre aux spécificités des divers contextes locaux et aux préférences des clients des différents pays reste primordial. Ce besoin conjugué d'économies d'échelle et d'adaptation locale crée pour les entreprises des exigences contradictoires. De fait, le slogan « *think global, act local* » n'a guère de signification réelle : une entreprise ne peut pas facilement maximiser les économies d'échelle tout en s'adaptant au contexte local. Tout au plus peut-elle tenter de trouver un compromis acceptable entre ces deux exigences contradictoires.

SECTION 3

TYPES D'ACTIVITÉ ET MODES D'INTERNATIONALISATION

Un deuxième volet de la stratégie internationale consiste à choisir les modes d'internationalisation privilégiés pour chaque activité constituant la chaîne de valeur de l'entreprise et à décider de la localisation géographique de ces activités.

L'internationalisation des activités se produit à travers deux modes essentiels : l'exportation de biens et services d'une part et les investissements directs à l'étranger permettant une production sur place d'autre part. En réalité, beaucoup d'entreprises combinent à des degrés divers ces deux modes, par exemple en exportant des composants et en effectuant l'assemblage localement. Il n'en demeure pas moins que le mode d'internationalisation dominant varie considérablement d'un secteur d'activité à un autre.

Certains secteurs s'internationalisent avant tout par le biais d'exportations.

Exemple

Le secteur aéronautique exporte

- Dans la construction aéronautique, la très grande majorité des avions **Boeing** ou **Airbus** vendus à l'étranger sont assemblés respectivement à Everett et à Toulouse et exportés vers les pays dont les compagnies aériennes ont passé commande à l'un ou à l'autre des deux grands constructeurs mondiaux.

D'autres secteurs, à l'inverse, s'internationalisent avant tout par investissement direct à l'étranger.

Exemple

Le secteur de la brasserie investit sur place

- Dans le secteur de la brasserie, les leaders mondiaux du secteur comme **Anhauser Busch InBev**, **SAB-Miller** ou **Carlsberg** vendent leurs produits dans de très nombreux pays du monde, mais exportent en définitive très peu.
- AB InBev produit et vend, entre autres, les bières Stella en Belgique, les marques Antartica et Brahma au Brésil, Budweiser aux États-Unis et Tsing Tao en Chine.
- Et la plupart des consommateurs français ignorent que c'est le brasseur d'origine danoise Carlsberg qui fabrique et commercialise les bières Kronenbourg et 1664 en France !

	Investissements directs à l'étranger limités	Investissements directs à l'étranger importants
Exportations significatives	**Activités globales exportatrices :** • Construction aéronautique • Production agricole • Viticulture • Horlogerie-joaillerie	**Activités globales complexes :** • Automobile • Électronique • Électroménager • Pharmacie
Exportations limitées	**Activités locales :** • Transport ferroviaire • Banque de détail • Coiffure • Presse quotidienne	**Activités multidomestiques :** • Brasserie • Hôtellerie • Grande distribution • Audit et conseil

Source : Grant R.M., 2015.

Tableau 9.1 Secteurs d'activité et modes d'internationalisation

1 Les activités locales

Les activités locales sont peu affectées par la globalisation. Dans chaque pays, les entreprises opérant dans ces activités sont pour l'essentiel des entreprises originaires du pays considéré.

Il peut s'agir tout d'abord de secteurs réglementés, encore fermés à la concurrence étrangère, comme les services postaux, les transports urbains… Un changement de réglementation peut alors provoquer l'ouverture de ces secteurs à la concurrence internationale, comme cela s'est produit en Europe pour les services téléphoniques, le transport ferroviaire ou la distribution de gaz et d'électricité.

Les activités locales peuvent aussi être des secteurs fragmentés dans lesquels :

- les économies d'échelle sont limitées ;
- les spécificités locales fortes ;
- les avantages dont jouissent les premiers installés difficiles à rattraper ;
- le transport des produits ou la délocalisation des services peu aisés.

La presse quotidienne, par exemple, reste ainsi contrôlée par des groupes de presse nationaux, alors que beaucoup de services de proximité (plomberie, coiffure, blanchisserie, services de santé, etc.) sont fournis par des prestataires locaux.

2 Les activités multidomestiques

Les activités multidomestiques sont des industries internationales dans lesquelles la concurrence se joue avant tout pays par pays, où les produits sont fortement différenciés d'un pays à l'autre.

L'hôtellerie de haut de gamme est certes dominée par des chaînes internationales telles Hilton, Sheraton, Sofitel… mais la nature de leur activité impose de gérer des établissements dans tous les endroits où elles souhaitent être présentes. De même, dans la grande distribution, des enseignes comme Walmart, Carrefour, Metro ou Tesco n'ont d'autre choix que d'ouvrir des magasins dans les pays où elles veulent réaliser des ventes.

3 Les activités globales exportatrices

Les activités globales exportatrices sont des secteurs où des entreprises effectuent l'essentiel de la production dans un endroit précis, mais vendent cette production à travers le monde.

Elles peuvent être des secteurs sujets à de fortes économies d'échelle, produisant des biens peu différenciés d'un pays à l'autre et faciles à transporter. Dans ces conditions, une entreprise a intérêt à concentrer toute la production à un endroit et à exporter vers tous les marchés.

Ce peut être aussi des activités dans lesquelles les conditions naturelles locales sont essentielles à la production d'un bien donné : le vin de Bordeaux ou de Bourgogne ne peut être produit que dans la région correspondante – pas seulement pour des raisons d'appellations protégées, mais aussi en raison de conditions climatiques et de terroir.

4 Les activités globales complexes

Les activités globales complexes se caractérisent par des économies d'échelle importantes et par une demande relativement homogène, avec à la fois beaucoup d'investissements directs à l'étranger et beaucoup de commerce international.

Dans ces secteurs, le commerce intra-entreprise est très important. Les entreprises localisent alors une partie de la production dans les marchés qu'elles servent ou bien spécialisent les divers sites localisés dans les différents pays, et redistribuent ensuite la production entre ces pays.

Exemple

L'automobile, une activité globale complexe

- Dans l'automobile par exemple, des entreprises comme **Toyota** ou **Volkswagen** ont des unités de production dans des pays aussi divers que le Brésil, le Mexique, la Chine, etc. Mais ces unités sont surtout des usines d'assemblage qui servent le marché local et travaillent avec des pièces, des composants ou des sous-ensembles provenant d'autres pays. Certaines usines dans ces pays sont spécialisées sur un modèle ou une famille de modèles et exportent une partie de la production vers le reste du monde. Ainsi, l'usine Volkswagen de Puebla, au Mexique, a longtemps été la seule au monde à produire la célèbre Coccinelle, pourtant vendue dans le monde entier.

Si la logique d'ensemble qui sous-tend le tableau 9.1 semble s'appliquer de manière uniforme à chaque secteur d'activité, il convient de remarquer que, dans un même secteur, diverses entreprises peuvent faire des choix différents en matière de dosage de la part d'exportations et d'investissements directs à l'étranger. Par exemple, une entreprise comme Porsche a choisi d'exporter les véhicules qu'elle vend partout dans le monde depuis ses usines allemandes de Zuffenhausen et de Leipzig. À l'inverse, Ford opère en Europe, en Chine ou au Brésil, à partir des bureaux d'études, des usines et autres installations implantées sur place.

De plus, la même entreprise peut faire des choix différents sur les différentes fonctions qui constituent sa chaîne de valeur.

Exemple

Boeing, Airbus et Mercedes investissent dans l'assemblage

- Dans la construction aéronautique, **Boeing** comme **Airbus** réalisent des investissements à l'étranger pour créer des bureaux commerciaux ou des bases de service après-vente. Airbus a même choisi d'investir dans une chaîne d'assemblage de son modèle A320 à Tianjin en Chine pour mieux servir les compagnies aériennes chinoises qui sont d'importants clients pour cette famille d'appareils.

- De même, **Mercedes** a privilégié l'exportation par rapport aux investissements directs à l'étranger. L'entreprise choisit néanmoins d'investir dans des usines d'assemblage pour certains de ses modèles dans des pays comme les États-Unis, l'Afrique du Sud ou la Chine, tout en continuant à exporter vers ses propres installations à l'étranger la plupart des composants qui entrent dans la fabrication de ses voitures.

SECTION 4

LES STRATÉGIES INTERNATIONALES

Les décisions en matière de stratégie internationale concernent donc d'une part la standardisation ou l'adaptation de l'offre de l'entreprise, et d'autre part le recours plus ou moins important aux exportations et/ou aux investissements directs à l'étranger.

1 Adaptation ou standardisation de l'offre

Le premier grand volet de la stratégie internationale concerne l'équilibre entre la standardisation des activités de l'entreprise au niveau mondial et l'adaptation de ces activités aux divers contextes locaux.

a. Dans une industrie globale

Si le secteur est global, alors la standardisation produira des effets en termes de coûts tels qu'il sera difficile à une offre même mieux adaptée au contexte local de supporter la concurrence de produits mondiaux. Surtout, plus un secteur évoluera vers davantage de globalisation et plus la position de concurrents locaux deviendra précaire. À l'inverse, en optant pour davantage d'adaptation locale, l'entreprise répond mieux aux préférences des consommateurs et aux exigences de l'environnement dans chaque pays. Cela lui permet d'accroître ses ventes dans chacun des pays où elle est présente.

Exemples

Bel adapte La Vache qui rit et ses autres fromages

- Fondée en 1865 dans le Jura, **Bel** est une entreprise fromagère qui possède des marques mondiales comme **La Vache qui rit**, **Kiri**, **Babybel**, **Leerdammer** ou **Boursin**. Elle s'est internationalisée dès les années 1930, d'abord au Royaume-Uni et en Belgique. Bel connaît désormais un vif succès dans les pays émergents ainsi qu'aux États-Unis où les petites portions de fromage sont vues comme un moyen de contrôler son poids.
- Afin d'accroître ses ventes à l'international, Bel adapte ses produits : par exemple, Boursin se décline en apéritif au jambon fumé pour le marché européen, les tranches de Leerdammer existent en version carpaccio et le Kiri se consomme en saveur Labneh[1] au Proche-Orient.

1. Lait fermenté concentré traditionnel.

- La Vache qui rit est adaptée en fonction des habitudes alimentaires et présente une variété de goûts et de textures d'un pays à l'autre. Les Américains apprécient une formule plus douce, allégée, à base de cheddar. Outre les versions tomate-mozzarella, bleu ou piment, il existe aussi aux États-Unis une version à la fraise ou à la cannelle. Les Belges apprécient une crème riche en emmental qui renforce le goût du fromage, tandis que dans les pays de l'Est, La Vache qui rit est souvent aromatisée au paprika ou aux herbes.
- Bel adapte aussi son positionnement, son prix et sa distribution. L'entreprise s'est ainsi implantée en 2013 au Vietnam avec un produit d'entrée de gamme à moins de 10 centimes d'euros qui est vendu à la pièce dans les rues. Par ailleurs, après avoir longtemps exporté ses produits, le groupe a développé, par la création de filiales, une stratégie de localisation de la production au plus près des consommateurs. Bel ouvre ou rachète des usines locales qui sont ensuite adaptées. Le groupe a également implanté une usine La Vache qui rit au Vietnam et réalisé aux États-Unis un investissement très important avec la construction d'une usine Mini Babybel dans le Dakota du Sud.

L'adaptation très – trop ? – poussée d'Unilever en Inde

- **Hindustan Lever**, la filiale indienne d'**Unilever**, a poussé très – trop ? – loin l'adaptation locale de ses activités : l'entreprise vend dans ce pays des produits spécialement conçus pour les consommateurs indiens. **Surf**, par exemple, est une marque de lessive qui est commercialisée en très petits sachets afin de réduire au maximum le prix et de s'adapter au pouvoir d'achat très réduit de la population rurale indienne. Hindustan Lever a également développé une crème cosmétique « éclaircissante », baptisée Fair & Lovely, qui exploite le souhait de certains consommateurs qui veulent avoir la peau claire ; l'entreprise a d'ailleurs été critiquée pour exploiter ainsi des formes de discrimination latentes dans la société indienne. Enfin, Hindustan Lever n'est pas une filiale à 100 % d'Unilever et une partie de son capital est cotée à la Bourse de Mumbai, en faisant ainsi une entreprise indienne[1], au moins en partie, aux yeux des autorités locales.

b. Dans une industrie multidomestique

Le choix des stratégies possibles dans un secteur « multidomestique » est plus large. En effet, si l'adaptation locale y est une stratégie naturelle, il est néanmoins possible d'opter pour une stratégie de standardisation. L'entreprise renonce alors à conquérir une part de marché importante dans chaque marché local. Mais si elle parvient à capter une part de marché même faible auprès de clients moins sensibles à l'adaptation locale, voire manifestant une préférence pour une offre identique d'un pays à l'autre, alors cette stratégie peut se révéler payante.

1. Karnani A., « Doing Well by Doing Good – Case Study: "Fair and Lovely" Whitening Cream », 2007.

Exemple

Heineken, un produit standardisé

- Dans le secteur de la bière, que nous avions évoqué comme un exemple d'industrie multidomestique, **Heineken** parvient à vendre un produit standardisé dans pratiquement tous les pays du monde. Pour ce faire, le brasseur néerlandais cible les segments de clientèle les moins attachés aux spécificités locales : voyageurs internationaux dans les aéroports et les hôtels de luxe, classes aisées, etc. La part de marché de la marque Heineken dans chacun des nombreux pays où elle est présente est en général faible, mais les volumes vendus dans le monde par l'entreprise sont au total très importants.

c. Modulation du choix standardisation/adaptation dans l'architecture de valeur

La plupart des entreprises modulent l'arbitrage standardisation mondiale/adaptation locale en fonction des diverses activités de leur architecture de valeur. Ainsi, il est rare qu'une entreprise choisisse de localiser ses activités de R&D sauf s'il est nécessaire de répondre à un marché très spécifique par des produits conçus et développés pour ce marché. Essilor (leader mondial du verre correcteur) a par exemple installé un centre de recherche à Singapour pour travailler sur les spécificités du marché, les Asiatiques souffrant d'un fort taux de myopie. De même, en 2011, le laboratoire pharmaceutique Johnson & Johnson a ouvert en Chine un centre de recherche pour les médicaments OTC (*over the counter*, c'est-à-dire en accès libre) et pour les dispositifs médicaux. Cette implantation locale de la R&D permet d'être plus réactif aux évolutions du marché.

Exemple

L'Oréal concilie mondialisation, recherche et adaptation

- **L'Oréal** a ouvert à Chicago un laboratoire pour les cosmétiques destinés aux populations afro-américaines et a inauguré à Shanghai un centre de recherche sur les spécificités des peaux et des cheveux asiatiques. Le groupe a aussi créé une division spécifique qui vise à mieux cerner les besoins de chaque population et à créer des produits parfaitement adaptés.
- Par ailleurs, L'Oréal entend profiter des innovations développées hors de France. Grâce au travail de sa filiale japonaise, l'entreprise a élaboré une nouvelle génération de fard à paupières présentant une texture plus douce, mais dans des conditionnements variés. Cette innovation est généralisée à toutes les marques, en Europe et aux États-Unis. L'entreprise concilie ainsi mondialisation, spécialisation de sites de recherche et adaptation des produits aux spécificités des marchés.

Le marketing est rarement standardisé au niveau mondial, beaucoup d'entreprises donnant au contraire aux filiales locales l'autonomie et les ressources pour mettre en œuvre des politiques de distribution, de prix et de communication adaptées aux clientèles, à la concurrence et aux contraintes locales.

En matière de fabrication, il est courant que les entreprises standardisent les composants mais autorisent une certaine adaptation locale dans les caractéristiques du produit final. C'est par exemple le cas dans l'automobile, où plus aucun constructeur ne peut se permettre de développer des modèles totalement spécifiques pour les différents marchés locaux, en raison des coûts de développement élevés et de la recherche d'économies d'échelle. Ils imposent donc aux filiales locales d'utiliser les mêmes plateformes, motorisations et composants principaux, mais permettent des variantes locales, surtout au niveau de la carrosserie et des aménagements intérieurs.

Exemple

Peugeot et Citroën en Chine

- **Peugeot** et **Citroën** assemblent et vendent en Chine des modèles que l'on retrouve dans la plupart des autres marchés où ces marques sont implantées, notamment les Peugeot 208, 308 et 508 et les Citroën C3 et C5. Cependant, en Chine, plusieurs de ces modèles ont, pour un observateur européen, un « look » un peu étrange. En particulier, ils se voient augmentés d'un coffre et transformés en véhicules « trois volumes » (compartiment moteur, habitacle et coffre) alors qu'en Europe ce sont des « deux volumes » (compartiment moteur et habitacle incluant l'espace coffre) ; ils sont décorés d'ornements chromés et ont été rebaptisés « Élysées » ou « Triomphe ». Les tableaux de bord sont pourvus de nombreux cadrans et couverts d'indicateurs lumineux.
- Ces adaptations sont destinées à satisfaire la préférence des clients chinois pour les véhicules trois volumes, ainsi que leur goût pour un style résolument high-tech et une ornementation appuyée. Si Peugeot et Citroën consentent à réaliser ces adaptations, c'est à la fois parce qu'elles conditionnent fortement l'accueil réservé à leurs modèles par le marché chinois et parce qu'elles ne remettent que très faiblement en cause les économies d'échelle obtenues sur ces modèles au niveau mondial.

ÉTUDE DE CAS

La stratégie internationale de McDonald's

McDonald's est souvent considéré comme l'archétype de la « *world company* », firme mondialisée, ayant comme ambition de faire manger à la planète entière le même hamburger « *made in the USA* ». De fait, cette ambition semble être devenue réalité puisqu'en 2019, le n° 1 mondial du *fast-food* contrôle plus de 36 000 restaurants à l'enseigne du célèbre M jaune, implantés dans plus de 100 pays, et qui servent 69 millions de repas par jour. Tous ces restaurants dans le monde sont tenus de respecter les règles de fonctionnement très strictes de l'entreprise, qu'il s'agisse de la charte visuelle s'appliquant à la marque, des exigences en matière d'entretien et de propreté des locaux, des principes en matière d'hygiène dans la préparation et la conservation des aliments, etc.

À chaque pays son menu

Mais la réalité est beaucoup plus complexe. 80 % des restaurants de la chaîne sont gérés par des entrepreneurs locaux qui ont choisi de devenir franchisés de la marque. Si tous ces restaurants – ou presque – servent le même menu de base composé d'un burger et de frites, accompagné d'un *soft drink*, il existe néanmoins d'importantes variations par pays.

•••

•••

Dans les pays musulmans, les restaurants McDonald's ne servent pas de burger au bacon – ni aucun autre produit à base de porc –, et toute la viande de bœuf ou de poulet servie en Israël est kasher. En Inde, c'est la viande de bœuf qui est bannie et la marque ouvre désormais des *fast-foods* végétariens.

Plus généralement, beaucoup des plats servis sont spécifiques à chaque pays. En France, des croissants, pains au chocolat et pains aux raisins sont proposés pour le petit déjeuner. Et aujourd'hui, McDonald's propose aussi des sandwichs faits avec des baguettes de pain. En Inde, une place de choix est faite aux « Veggie Burgers » et aux sauces très épicées. Au Mexique, McDonald's sert des tortillas, burritos et molletes ; et au Japon, des… hot dogs ! Dans certains pays, comme l'Espagne, l'Italie ou la France, il est possible de consommer de la bière, alors que dans la plupart des autres pays, toute boisson alcoolisée est proscrite.

Des cibles de clientèle différentes

Outre les menus, le « cœur de cible » en termes de clientèle est différent d'un pays à l'autre. Aux États-Unis, McDonald's s'adresse en priorité aux segments de la population à revenus modestes, aux automobilistes sur les aires d'autoroutes, ou bien aux familles avec de très jeunes enfants (entre 3 et 8 ans). Dans les pays émergents, comme l'Inde, l'Indonésie ou la Colombie, la clientèle principale est constituée d'adolescents et de jeunes adultes des catégories sociales aisées.

Alors que le client moyen des États-Unis recherche avant tout un repas rapide et bon marché, l'adolescent de Jakarta ou de Mumbai recherche une ambiance et un endroit où retrouver ses amis. Il n'est donc pas surprenant de constater que le temps moyen que passe un client dans un restaurant varie considérablement en fonction du pays : de quelques minutes, en général entre cinq et dix, aux États-Unis, jusqu'entre trente et quarante-cinq minutes dans les pays émergents.

Ces différences ont inévitablement une influence significative sur la localisation, la taille, l'apparence et la disposition des restaurants dans les différentes régions du monde. Les restaurants aux États-Unis sont avant tout situés dans des quartiers populaires et sont pour l'essentiel un comptoir de vente avec un petit nombre de tables au confort spartiate où les quelques clients qui le souhaitent peuvent s'asseoir brièvement le temps d'avaler leur burger. À l'inverse, les restaurants dans la plupart des pays émergents sont localisés sur des artères commerçantes, animées, où les jeunes viennent se promener ou faire du shopping ; la décoration est beaucoup plus soignée et le confort meilleur ; enfin, la taille des établissements et leur capacité d'accueil sont beaucoup plus importantes.

L'impact sur les coûts et les prix

Ces différences ont à leur tour un impact important sur les coûts, et les prix doivent donc être modulés en conséquence. Paradoxalement, c'est dans les pays en développement, où le revenu par habitant est plus faible, que les prix de McDonald's sont les plus élevés, au moins lorsque l'on tient compte du pouvoir d'achat relatif. En effet, ces prix doivent permettre de couvrir des coûts immobiliers bien plus élevés, beaucoup de restaurants étant situés en centre-ville.

QUESTIONS

Corrigés en ligne sur dunod.com

1. De quel côté de l'axe global/multidomestique est positionnée l'activité du *fast-food* ?
2. Comment la stratégie de McDonald's tient-elle compte de cette caractéristique de son secteur d'activité ?

2 Exportations ou investissements directs à l'étranger : configurer l'architecture de valeur internationale

Dans sa stratégie d'internationalisation, l'entreprise doit encore décider du mode d'expansion à l'étranger qu'elle va privilégier et donc de la localisation de ses activités dans le monde.

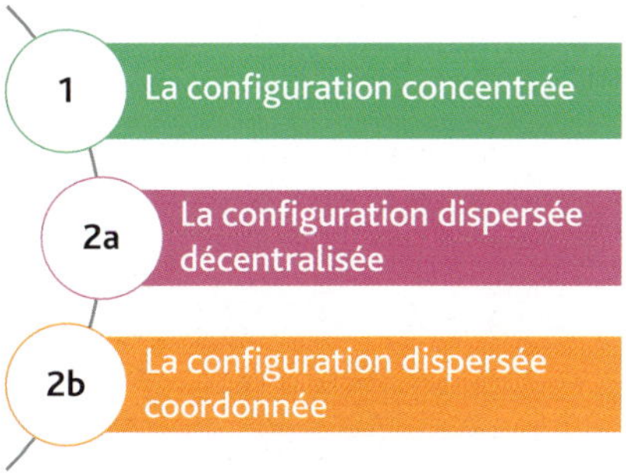

Figure 9.4 Configurations d'activités internationales

a. La configuration concentrée : priorité aux exportations

Le recours prioritaire aux exportations depuis un lieu de production principal va déboucher sur ce que l'on appelle une configuration concentrée : l'entreprise concentre toute sa production, ainsi que l'essentiel de ses autres activités (recherche, conception et design des produits, développement, marketing, activités de support, parfois même service après-vente...), à un endroit, en général dans son pays d'origine, puis sert l'ensemble des marchés à l'étranger par le biais d'exportations.

Exemple

Caltepillar, made in the USA

- Une entreprise comme **Caterpillar**, le leader mondial du matériel de travaux publics, a longtemps basé l'essentiel de ses activités, et notamment toutes ses activités de production, à Peoria, exportant depuis cette petite ville de l'Indiana ses bulldozers et autres machines de terrassement à travers le monde.

Une telle configuration concentrée permet de maximiser les économies d'échelle en réunissant au même endroit tous les individus, mais aussi tous les équipements, machines et autres actifs qui participent à l'activité ; il n'y a ainsi aucune duplication d'activités au sein de l'entreprise. Cette configuration réduit les besoins de coordination entre les activités tournées vers le marché domestique et celles qui servent les marchés étrangers. Elle simplifie au maximum la gestion en donnant à la direction un contrôle direct et immédiat sur l'architecture de valeur de l'entreprise.

La configuration concentrée élimine le risque politique en limitant les investissements hors du pays d'origine, notamment dans les pays à risque. Enfin, si la localisation d'origine de l'entreprise est source d'avantages (proximité de sources de matières premières, accès privilégié à des personnels qualifiés, à un réseau de sous-traitants compétents, etc.), la configuration concentrée lui permet de maximiser l'avantage comparatif qui en résulte. En revanche, cette configuration fait apparaître l'entreprise comme « étrangère » dans les pays où elle cherche à vendre et rend difficile les adaptations aux divers contextes locaux. Elle n'est donc adaptée qu'à des activités globales.

b. La configuration dispersée : priorité aux investissements directs

Une stratégie internationale privilégiant les investissements directs à l'étranger renvoie à une configuration dispersée. L'entreprise installe alors des activités dans les pays où elle cherche à se développer.

Cela lui permet de gagner la faveur des autorités et de l'opinion publique locales en participant au progrès économique du pays. Une configuration dispersée protège également l'entreprise des variations de taux de change puisqu'une part de ses coûts est libellée dans la même devise que le chiffre d'affaires réalisé localement. De plus, l'entreprise profite de la proximité des clients et comprend mieux leurs attentes.

• La configuration dispersée décentralisée

Lorsqu'une entreprise opte pour une configuration dispersée, elle va souvent chercher à limiter les exportations et importations et doit alors rendre ses implantations dans les divers pays aussi autonomes que possible. On parle alors de configuration dispersée décentralisée.

La configuration dispersée décentralisée conduit à gérer les activités dans les divers pays comme s'il s'agissait d'entreprises indépendantes.

L'entreprise qui choisit une telle configuration cherche par ce biais à maximiser l'adaptation au contexte local ainsi que la réactivité aux changements intervenant dans ce contexte. Chaque filiale à l'étranger dispose de l'ensemble des ressources nécessaires à son activité et à son développement, peut prendre en toute indépendance toutes les décisions de gestion sur la base des conditions locales, et ses relations avec la maison mère s'apparentent à celle d'une entreprise indépendante avec ses actionnaires.

La gestion mondiale d'une entreprise optant pour une telle configuration est simplifiée : tant qu'une filiale locale ne réclame pas de ressources supplémentaires, affiche des résultats satisfaisants et reverse de temps en temps des dividendes au siège, il n'y a pas à se mêler de sa gestion. Une telle configuration est donc bien adaptée aux activités multidomestiques.

Exemple

Philips sur le marché français

- Le groupe néerlandais **Philips** a longtemps géré ses activités internationales de cette manière : la filiale française pouvait, dans le secteur électroménager, lancer des produits propres au marché français qu'elle estimait mieux adaptés à la demande locale ; c'est ainsi que Philips a longtemps fabriqué en France des machines à laver à chargement par le haut, très demandées par les clients français mais pratiquement inconnues en Europe du Nord.

La configuration dispersée décentralisée a malheureusement deux inconvénients majeurs :

- elle limite les économies d'échelle dont pourrait bénéficier l'entreprise du fait de sa taille mondiale ;
- elle rend difficile toute action concertée s'étendant au-delà des limites d'un seul pays.

L'autonomie accordée à chaque filiale, à l'origine de sa réactivité, empêche toute stratégie véritablement mondiale. Les diverses filiales vont, par exemple, adopter pour leurs produits des positionnements en termes de prix distincts, vont parfois utiliser des marques différentes, ou même, vont faire évoluer une même marque dans des directions contradictoires.

Exemples

Même lessive : luxe en France, économique en Allemagne

- **Procter & Gamble**, qui gérait autrefois ses diverses filiales en Europe selon un modèle dispersé décentralisé, s'est aperçu au bout de quelque temps que la même marque pouvait être positionnée sur le haut de gamme dans un pays et comme marque à bas prix dans un autre. C'est ce qui est arrivé avec la marque de lessive liquide **Vizir**, présentée comme marque haut de gamme en France mais comme marque économique en Allemagne.

Acheter son véhicule à l'étranger

- En raison de politiques de prix décidées pays par pays, de nombreuses sociétés automobiles ont été confrontées au problème des clients qui vont acheter des véhicules à l'étranger parce qu'ils peuvent y bénéficier de conditions nettement plus avantageuses : au début des années 2000, un même modèle **Volkswagen** pouvait ainsi être de 20 % à 25 % moins cher en Italie qu'en Allemagne, parce que la filiale italienne cherchait à gagner des parts de marché dans la péninsule et consentait donc à des rabais importants.

Problème de coordination chez Philips

- Lorsque **Philips** a cherché à imposer son standard vidéo V2000 dans les années 1980, il a considéré comme judicieux de l'introduire simultanément dans tous les grands marchés du monde avant de s'apercevoir que sa filiale aux États-Unis avait acheté la licence du système VHS de **Matsushita** et commercialisait déjà des magnétoscopes sous ce standard concurrent !

• La configuration dispersée coordonnée

Les inconvénients de la configuration dispersée décentralisée ont conduit beaucoup d'entreprises à évoluer vers une configuration dispersée coordonnée.

L'adoption d'une configuration dispersée coordonnée a pour objectif :
- l'optimisation des choix de localisation des diverses activités ;
- la réalisation d'économies d'échelle significatives ;
- la mise en œuvre de politiques coordonnées au niveau international ;
- l'adaptation aux caractéristiques de l'environnement local et la réactivité face aux évolutions de cet environnement.

Avec une configuration dispersée coordonnée, une entreprise peut avoir des activités significatives dans de nombreux pays et ainsi apparaître comme une firme au moins en partie « locale ». Mais au lieu d'effectuer dans le pays lui-même tout ce qui concerne le marché local, elle peut localiser chaque activité dans un pays différent : la R&D dans le pays A, la fabrication de composants dans le pays B, l'assemblage dans le pays C, etc. L'architecture de valeur sera ainsi décidée en fonction des atouts disponibles sur place : les activités à fort contenu de main-d'œuvre seront installées dans des pays à bas coûts salariaux alors que les activités de recherche iront vers des pays ou des régions disposant de formations de pointe dans le domaine considéré.

Exemple

Localiser l'activité en fonction des atouts disponibles sur place

- Beaucoup d'entreprises choisissent depuis quelques années de localiser à Bangalore ou à Hyderabad, en Inde, certaines de leurs activités de programmation et de développement de logiciels parce qu'il est facile de recruter sur place des ingénieurs et programmeurs très qualifiés. Les *call-centers* des entreprises servant des marchés francophones sont souvent situés en Afrique du Nord ou en Afrique de l'Ouest parce que l'on y trouve une main-d'œuvre relativement peu onéreuse et parlant français alors que les *call-centers* des entreprises servant des marchés anglophones se trouveront plutôt au Bangladesh ou en Inde.

Une configuration dispersée coordonnée exige ensuite un très important flux d'échanges intra-entreprise puisque chaque filiale est spécialisée dans une activité donnée et dépend des autres pays pour les autres activités. Cette dépendance réciproque crée un contexte favorable à l'harmonisation des stratégies mises en œuvre dans les différents pays. Les dirigeants des différentes filiales sont obligés de communiquer et de coordonner leurs actions très régulièrement, ce qui réduit les risques de voir des politiques contradictoires être appliquées dans les divers pays. Cette coordination entre filiales favorise en outre les apprentissages réciproques et permet à l'entreprise de transférer les innovations issues d'un pays vers les autres.

Une configuration dispersée coordonnée est donc particulièrement adaptée aux activités globales qui exigent néanmoins un certain degré d'adaptation locale. Il convient cependant de noter que la filiale locale, dans une configuration dispersée coordonnée, doit, pour s'adapter, obtenir l'accord et surtout le soutien des autres filiales locales dont elle est dépendante pour mettre en œuvre sa stratégie.

3 Choisir la configuration des activités et les pays d'implantation

Dans la définition de sa stratégie internationale, l'entreprise doit donc tenir compte des contraintes que lui imposent les caractéristiques du secteur d'activité. Elle dispose cependant d'une marge de manœuvre lui permettant de décider quels arbitrages effectuer entre standardisation et adaptation locale.

	Investissements directs à l'étranger limités	Investissements directs à l'étranger importants
Exportations significatives	**Activités globales exportatrices** **Stratégie internationale :** • Standardisation mondiale • Configuration concentrée	**Activités globales complexes** **Stratégie internationale :** • Compromis standardisation/adaptation différents suivant les éléments de la chaîne de valeur • Configuration dispersée coordonnée
Exportations limitées	**Activités locales** **Stratégie internationale :** • Adaptation locale • Configuration dispersée décentralisée	**Activités multidomestiques** **Stratégie internationale :** • Adaptation locale • Configuration dispersée décentralisée, mais certaines ressources intangibles sont coordonnées (technologie, marques, etc.)

Tableau 9.2 Types d'industrie, modes d'internationalisation et stratégies internationales dominantes

L'entreprise doit également choisir avec soin et dans une vision à long terme les pays hôtes dans lesquels elle entend se développer ; sur cette base, elle doit investir de manière durable, quels que soient les soubresauts de la conjoncture locale. Rien n'est pire, en effet, que de s'installer dans un pays hôte pour s'apercevoir au bout de quelque temps que la rentabilité n'est pas au rendez-vous, se retirer, puis, parce que le pays représente un marché trop important pour être ignoré, chercher à revenir au bout de quelques années. Lorsque l'entreprise a établi des bases solides dans de nombreuses régions du monde, elle peut coordonner ses actions au niveau international et utiliser sa présence mondiale pour combattre des concurrents moins internationalisés en attaquant agressivement là où ils sont le plus vulnérables par le biais de « subventions croisées » (*cross-subsidization*) entre les diverses implantations géographiques.

Plus le secteur d'activité se globalise, plus l'entreprise doit se préoccuper de sa part de marché mondiale plutôt que des parts de marché locales dans tel ou tel pays. Un tel changement de perspective et de mode de management pose bien entendu de difficiles problèmes de structure et d'organisation.

SECTION 5

STRATÉGIES INTERNATIONALES ET ORGANISATION DES ENTREPRISES

Des études menées sur le processus d'internationalisation montrent que celui-ci progresse à travers plusieurs phases (voir la rubrique Fondements théoriques ci-après). Au fur et à mesure que l'entreprise s'internationalise, elle adapte son organisation pour suivre cette évolution.

FONDEMENTS THÉORIQUES

Les théories du commerce international et de la firme multinationale

Les théories classiques

Bien que déjà évoquée par Adam Smith dès 1776 dans son ouvrage sur la richesse des nations[1], la question du commerce international et de la spécialisation des activités économiques par pays n'a commencé à être véritablement étudiée et conceptualisée qu'avec David Ricardo au début du XIXe siècle. L'une des contributions essentielles de Ricardo est la notion d'avantage comparatif[2].

Ricardo utilise cette notion pour démontrer qu'un pays, quelle que soit sa compétitivité, doit se spécialiser dans la production des biens pour lesquels il dispose de l'avantage le plus important ou du désavantage le plus faible. Le corollaire de cette spécialisation est, pour Ricardo, le libre-échange, qui permet de profiter au mieux des avantages comparatifs des divers pays et de maximiser ainsi la production collective, mais aussi la production de chacun des pays concernés.

La théorie du cycle de vie du produit

Une avancée importante dans la compréhension de l'investissement direct à l'étranger, et donc de l'existence des firmes multinationales, est la théorie du cycle de vie du produit due à Raymond Vernon[3]. Selon Vernon, qui a étudié dans les années 1960 les formes d'expansion internationale des grandes firmes américaines :

- les produits innovants sont d'abord introduits à un prix élevé dans leur marché domestique, où le pouvoir d'achat est supérieur ;
- dans un deuxième temps, l'augmentation des volumes de production et l'accroissement de la concurrence font baisser les prix, rendant possibles les exportations vers des pays à pouvoir d'achat plus faible ;
- ces exportations entraînent, dans un troisième temps, l'apparition de concurrents étrangers, aux coûts plus faibles, obligeant par là même les firmes américaines à délocaliser la production pour bénéficier des mêmes conditions de coût ;
- dans une dernière phase, le produit considéré cesse d'être fabriqué aux États-Unis et la demande intérieure américaine est servie par des importations qui sont le fait soit d'entreprises étrangères, soit des filiales à l'étranger de firmes américaines.

Cette analyse est très datée puisqu'elle fait référence à une époque où la domination économique et technique des firmes américaines était incontestable. Mais son intérêt est de proposer une explication simultanée des flux de marchandises et des flux d'investissement organisés par les entreprises.

•••

•••

La théorie éclectique

Une autre approche des entreprises multinationales est celle dite « éclectique » mise en avant par John Dunning[4]. Cette théorie a été qualifiée d'éclectique parce qu'elle combine les apports de plusieurs courants de pensée, notamment celui des avantages inhérents à la firme, celui de l'avantage comparatif des pays, et celui des coûts de transaction. Selon Dunning, les entreprises deviennent multinationales lorsque les trois avantages « OLI » sont réunis :

- **O** désigne le *ownership advantage*, c'est-à-dire les avantages spécifiques que possède la firme et qui fondent son avantage concurrentiel ;
- **L** désigne le *localization advantage*, c'est-à-dire l'avantage dérivé d'une présence locale dans un pays donné et qui est produit par les avantages comparatifs de ce pays ;
- **I** désigne *l'internalization advantage*, c'est-à-dire l'avantage obtenu, en présence de coûts de transaction significatifs, en conservant l'activité au sein de l'entreprise plutôt qu'en cédant à une firme locale les composantes du *ownership advantage* (sous forme de licence par exemple) qui permettrait à cette firme locale d'être aussi efficace que l'entreprise étrangère.

En l'absence de l'un de ces trois avantages, l'entreprise ne peut se multinationaliser : s'il lui manque l'avantage O, elle ne dispose pas de l'avantage concurrentiel lui permettant de se développer à l'étranger ; en l'absence de l'avantage L, elle n'a aucune raison d'implanter des activités à l'étranger ; en l'absence de l'avantage I, elle tirerait davantage de profit de la cession de ses ressources (technologie, marque, savoir-faire, etc.) que de leur exploitation en propre dans le pays cible.

Les étapes du processus d'internationalisation

Une dernière approche de l'expansion internationale des entreprises met l'accent sur les étapes du processus de développement international. Cette approche est proposée par des chercheurs suédois de l'université d'Uppsala[5]. Johanson et Vahlne ont ainsi distingué quatre phases dans le processus d'internationalisation des firmes qu'ils ont étudiées :

- une première phase d'exportations irrégulières, engendrées par des opportunités apparues sur des marchés « étrangers » ;
- une deuxième phase d'exportations plus régulières, effectuées par le biais d'agents indépendants ;
- une troisième phase caractérisée par la création à l'étranger de filiales commerciales ;
- une quatrième phase dans laquelle l'entreprise s'implante de manière significative et durable en créant à l'étranger des filiales de production.

Dans ce modèle, l'entreprise accroît son engagement dans un pays étranger au fur et à mesure que sa compréhension de l'environnement local augmente.

---

1. Smith A., 1776.
2. Ricardo D., 1817.
3. Vernon R., 1966.
4. Dunning J., 1980.
5. Johanson J. et Vahlne J.-E., 1977.

1 Les structures de coordination internationale

Quand les activités à l'étranger prennent de l'ampleur, apparaît un besoin de coordonner l'architecture de valeur internationale. L'entreprise crée alors une direction internationale qui supervise l'activité des responsables de tel ou tel marché à l'étranger (ou des filiales locales lorsqu'il y en a).

a. Les responsables de pays ou zones

Au fur et à mesure de la croissance et de la diversification des activités, on introduit des échelons intermédiaires : responsables de pays et responsables de zones. Ces managers ont pour mission de gérer les diverses composantes de l'activité de l'entreprise dans un pays ou une zone donnés. Ils assurent ainsi l'adaptation de l'offre au contexte local et mettent en place des moyens pour adapter les activités aux caractéristiques du contexte local. Peu à peu, ces filiales locales deviennent de véritables « entreprises dans l'entreprise », se dotant de moyens propres et mettant en œuvre des stratégies spécifiques et quelquefois divergentes.

b. Les responsables de produits mondiaux

Si l'entreprise opère dans un secteur multidomestique et si elle a opté pour une configuration dispersée décentralisée, cette évolution peut lui convenir. Mais si le secteur tend à se globaliser et si l'entreprise veut coordonner ses activités internationales, il lui faut alors faire évoluer son organisation. Des responsables de produits avec des compétences mondiales viendront se superposer aux responsables de zone. Leur mission sera de maintenir une certaine cohérence dans les politiques mises en œuvre sur une famille de produits dans les divers pays. Ces responsables de produits mondiaux chercheront à optimiser les activités de fabrication en évitant des duplications trop dommageables aux économies d'échelle et à limiter les divergences entre les produits vendus dans les différents pays.

c. Équilibrer le pouvoir en fonction de l'arbitrage standardisation/adaptation

En fonction de l'arbitrage entre adaptation et standardisation, on pourra donner davantage de poids aux responsables de pays et de zone ou, au contraire, aux responsables de produits mondiaux.

• Primauté aux responsables pays ou zones

Si l'on donne la responsabilité principale en matière de chiffre d'affaires et de résultat aux responsables par pays, l'entreprise aura tendance à faire primer les préoccupations locales dans sa stratégie internationale.

• Primauté aux responsables produits

Si, au contraire, on donne un pouvoir de décision supérieur et les responsabilités en matière de résultats financiers aux responsables de produits ou par fonction, la standardisation, la recherche d'économies d'échelle et la cohérence des politiques au niveau international l'emporteront.

Si l'entreprise considère que la logique de son développement est liée à des impératifs en matière de technologie, de production et de coût, et que ces impératifs transcendent les exigences propres aux divers contextes locaux dans lesquels elle opère, alors les responsables de la coordination par produit deviendront de véritables directeurs de division à vocation mondiale. Les responsables par pays seront dans ce contexte de simples « ambassadeurs » de l'entreprise, chargés de gérer un bureau de représentation local et de centraliser les relations avec les autorités administratives et politiques.

- **La structure matricielle**

Si l'entreprise refuse d'opérer un arbitrage général entre standardisation et adaptation locale, préférant laisser les décisions se prendre au cas par cas en fonction des circonstances, elle pourra opter pour une structure matricielle dans laquelle tout responsable opérationnel relèvera simultanément de deux lignes hiérarchiques, l'une représentant dans le monde entier la famille de produits ou la fonction concernée et l'autre le pays ou la zone dans laquelle opère ce responsable.

2 Les *joint-ventures* de multinationalisation[1]

La mise en œuvre des stratégies internationales a donné lieu à l'émergence d'une forme organisationnelle originale, le *joint-venture*. En s'alliant avec des partenaires locaux, les entreprises multinationales tentent de surmonter plus facilement les obstacles à l'entrée dans des marchés étrangers. La formation de *joint-venture* leur permet de faire apparaître leurs opérations dans le pays hôte comme davantage intégrées au tissu économique et social local et, par le biais de leur partenaire, les aide à mieux comprendre les besoins d'adaptation de leurs produits ou services et leur donne un accès plus facile aux réseaux de distribution dans le pays (voir le chapitre 11).

Un *joint-venture* de multinationalisation est une filiale locale commune créée par une entreprise étrangère conjointement avec une société originaire du pays hôte. L'objectif d'un *joint-venture* est de faciliter la pénétration commerciale de l'entreprise multinationale dans une nouvelle zone géographique grâce à l'aide d'un partenaire local. Dans la plupart des cas, ce partenaire local n'est pas un concurrent dans le secteur d'activité dans lequel le *joint-venture* est formé ; c'est ce qui distingue les *joint-ventures* de multinationalisation des « alliances stratégiques ».

a. Le *joint-venture* imposé

Dans certains pays, la formation d'un *joint-venture* de multinationalisation est imposée par la législation locale à toute entreprise souhaitant investir dans le pays hôte. En Chine, par exemple, toute entreprise étrangère souhaitant investir dans le pays ne pouvait le faire que dans le cadre d'un *joint-venture* détenu en majorité par le partenaire chinois ; suite à l'entrée de la Chine dans l'OMC, cette législation a été assouplie et seuls les secteurs dits « stratégiques » sont concernés. Lorsque le *joint-venture* est créé uniquement pour des raisons légales, le partenaire local n'est souvent qu'un *sleeping partner*, dont la motivation est surtout financière.

1. Garrette B. et Dussauge P., 1995.

b. Le *joint-venture* d'apprentissage

Dans d'autres cas cependant, le partenaire local espère, par le biais du *joint-venture*, acquérir des compétences, notamment technologiques, qui en feront à terme un acteur à part entière du secteur considéré.

Exemple

Zhong Hua et BMW

- **Zhong Hua**, l'un des constructeurs automobiles chinois, a ainsi mis à profit sa coopération avec BMW – les véhicules **BMW** vendus en Chine étaient assemblés dans un *joint-venture* contrôlé en majorité par Zhong Hua – pour développer une gamme de voitures « indigènes ». Ces véhicules ont indéniablement un air de famille avec les BMW, notamment le modèle haut de gamme du constructeur chinois baptisé Brilliance. Si ce modèle n'a eu que peu de succès en Europe en raison de performances médiocres, son prix très compétitif lui a ouvert des marchés dans des pays émergents, en particulier en Afrique.

c. Le *joint-venture* stratégique

Parfois, la contribution du partenaire local est essentielle au succès de la multinationale dans le pays hôte. C'est notamment le cas lorsque les circuits de distribution locaux sont difficiles à comprendre et à pénétrer, ou lorsque le recours à une marque locale connue est un facteur de succès important.

Exemple

Danone en Chine

- Le succès initial de **Danone** en Chine – le chiffre d'affaires réalisé dans le pays ayant compté pour près de 10 % du CA total du groupe – doit beaucoup aux relations établies par son partenaire local avec une multitude de distributeurs, de grossistes et de détaillants dans la « Chine de l'intérieur », une région beaucoup moins développée que la Chine du littoral et que les multinationales ont eu beaucoup de mal à pénétrer. La marque du partenaire, **Wahaha**, a également joué un rôle important dans le succès de Danone… du moins jusqu'à ce que la rupture avec Wahaha en 2007 ne vienne tout remettre en cause (voir la rubrique Étude de cas au chapitre 11).

d. Choisir le « bon » partenaire

Comme dans toute alliance, le choix d'un « bon » partenaire est un élément critique lors de la décision de former un *joint-venture* de multinationalisation.

- Un « bon » partenaire est d'abord capable de bien gérer les relations avec les pouvoirs publics, possède des unités de production dans des localisations appropriées ou permet de les développer, maîtrise des réseaux de distribution, a une connaissance approfondie du marché local, etc.
- En deuxième lieu, ce partenaire ne doit pas avoir des objectifs à moyen terme qui entrent en conflit avec ceux de la firme étrangère.
- Enfin, la compréhension et l'estime réciproque sont des atouts importants pour éviter les conflits.

3 Origine géographique et avantage concurrentiel

Certaines entreprises semblent tirer de leur origine géographique des atouts qu'elles peuvent ensuite utiliser dans la concurrence internationale.

Exemple

Des conditions favorables pour Emirates

- Les principales compagnies aériennes mondiales reprochent à **Emirates**, la compagnie aérienne qui a connu le taux de croissance le plus élevé entre 2000 et 2015, de s'approvisionner en kérosène à des conditions extrêmement favorables, tout simplement parce qu'elle est originaire des Émirats arabes unis, l'un des principaux pays producteurs de pétrole.

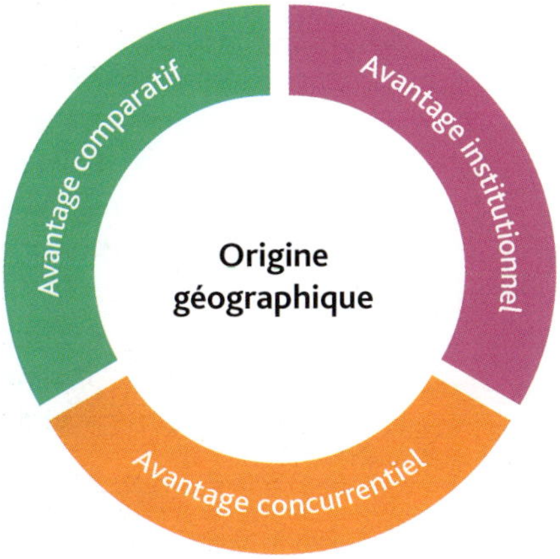

Figure 9.5 **Trois types d'avantage lié à l'origine géographique**

a. L'avantage comparatif

De nombreuses entreprises bénéficient ainsi d'avantages comparatifs, mais ces avantages peuvent être récupérés par une entreprise étrangère acceptant de venir s'implanter sur place. Beaucoup d'entreprises occidentales ont ainsi profité des bas coûts de main-d'œuvre chinoise en installant des unités de production en Chine. Ce faisant, elles parvenaient à réduire les avantages dont profitaient les entreprises chinoises. Depuis que les coûts de main-d'œuvre en Chine ont significativement augmenté, de nombreuses entreprises multinationales ont à nouveau délocalisé leur production vers le Vietnam, l'Indonésie, le Bangladesh, etc.

Toutes les grandes compagnies pétrolières ont installé des capacités de raffinage au Moyen-Orient afin de bénéficier de coûts d'approvisionnement en pétrole plus compétitifs.

b. L'avantage institutionnel

Dans certains cas, l'avantage obtenu par des entreprises du fait de leur origine géographique tient moins à la disponibilité d'un facteur de production dans des conditions plus favorables qu'à un soutien ou une aide des pouvoirs publics. On parle alors d'avantage institutionnel.

Comme les avantages comparatifs, les avantages institutionnels ne sont guère durables puisque les accords commerciaux internationaux imposent de plus en plus aux États signataires de traiter sur un pied d'égalité toutes les entreprises opérant dans le pays, quelle que soit leur origine. Il suffit donc, là aussi, de s'installer sur place pour bénéficier des mêmes avantages institutionnels.

c. L'avantage concurrentiel

Beaucoup plus durables sont les avantages concurrentiels que certaines entreprises parviennent à créer grâce à un environnement local favorable. Porter a ainsi conceptualisé le lien entre les conditions particulières de l'environnement local et l'avantage concurrentiel que certaines entreprises semblent tirer de cet environnement[1]. Dans le modèle dit du « diamant de Porter », un environnement qui stimule la compétitivité internationale des entreprises locales doit comporter quatre groupes de facteurs favorables :

1. Porter M.E., 1990.

- **Des facteurs de production disponibles localement dans des conditions favorables** : il s'agit de facteurs qui, pris isolément, sont susceptibles de créer pour les entreprises un avantage comparatif (matières premières abondantes et bon marché, conditions climatiques ou de terroir, main-d'œuvre qualifiée, etc.).

Exemple

Le climat, la composition des sols et l'exposition des terroirs en Bourgogne ou dans la région bordelaise contribuent incontestablement à la compétitivité des entreprises viticoles originaires de ces deux régions.

- **Une demande locale sophistiquée et exigeante**, qui pousse les entreprises à innover et à constamment améliorer leur offre, à la fois en termes de coût et de qualité.

Exemple

La présence en France d'un marché important pour des vins de qualité serait ainsi de nature à favoriser la compétitivité des vins français. De même, on peut considérer que c'est l'intensité de la concurrence dans le secteur des restaurants gastronomiques en France qui a poussé Alain Ducasse à perfectionner les savoir-faire sur la base desquels il a implanté des restaurants étoilés à travers le monde.

- **Des activités complémentaires** bien développées dans l'environnement local immédiat.

Exemple

L'existence d'entreprises susceptibles de fournir aux viticulteurs de Bourgogne ou du Bordelais tous les produits complémentaires essentiels à leur activité (fûts en chêne, bouchons, équipements de récolte, de pressage, de fermentation…) serait un élément méconnu mais essentiel de leur compétitivité internationale.

- **Une forte rivalité entre tous les concurrents locaux** garantit une émulation continue qui seule permet de se maintenir à la pointe de l'évolution dans l'activité considérée.

Exemple

De ce point de vue, la classification des grands crus de Bordeaux, établie en 1855 et jamais révisée depuis, est un frein à une émulation entre toutes les entreprises du secteur et pourrait provoquer à terme un déclin face à des concurrents qui, eux, sont contraints de se renouveler et se dépasser pour réussir dans la compétition internationale.

L'existence simultanée de ces quatre groupes de facteurs est essentielle, selon Porter, à l'émergence de ce que l'on a appelé des « *clusters* locaux » ou des « districts industriels », c'est-à-dire des régions concentrant une grande part des entreprises qui, dans le monde, dominent un secteur d'activité. C'est le cas, par exemple, de la Silicon Valley. Pour une entreprise, être originaire d'un tel *cluster* favorise la compétitivité internationale. Il convient cependant de remarquer que les entreprises originaires d'un *cluster* ne parviennent pas toutes à devenir des concurrents dominants à l'échelle mondiale.

À RETENIR

Les moteurs de la globalisation

- La **globalisation** désigne un phénomène économique et social caractérisé avant tout par le développement des échanges internationaux.
- Les **principaux facteurs favorisant la globalisation** sont : le développement du libre-échange, le développement de moyens de transport et de communication, l'homogénéisation de la demande, l'accroissement des économies d'échelle.

Industries « globales » et industries « multidomestiques »

- On considère comme « **globaux** » les secteurs d'activité dans lesquels les économies d'échelle sont très importantes et l'emportent de manière manifeste sur les besoins d'adaptation.
- Les secteurs « **multidomestiques** » sont ceux où les besoins d'adaptation sont très forts et les économies d'échelle trop limitées pour justifier, face à ces besoins d'adaptation, une standardisation de l'offre.

Types d'activité et modes d'internationalisation

- L'internationalisation de l'économie se produit à travers deux mécanismes essentiels : le **commerce international** d'une part et les **investissements directs à l'étranger** d'autre part.

Les stratégies internationales

- La formulation d'une **stratégie internationale** consiste, d'une part, à arbitrer entre **standardisation** de l'offre et **adaptation** locale et, d'autre part, à choisir la configuration des activités de l'entreprise à l'échelle mondiale.
- Il existe trois types de configuration :
  - **concentrée** (toute la production et autres activités au même endroit) ;
  - **dispersée décentralisée** (activités significatives dans les pays où l'entreprise cherche à se développer et chaque filiale locale est autonome) ;
  - **dispersée coordonnée** (activités significatives dans les pays où l'entreprise cherche à se développer avec des filiales spécialisées par activités et dépendantes les unes des autres).

Stratégies internationales et organisation des entreprises

- L'organisation de l'entreprise doit refléter les parts respectives de la standardisation mondiale et de l'adaptation locale dans la stratégie.
  - Si la standardisation est vue comme prioritaire, les **directions mondiales** par produit doivent dominer les unités locales.
  - Si l'adaptation est le facteur critique, les **unités locales** doivent avoir le dernier mot et être responsables des objectifs financiers.
- L'entreprise peut tirer de son **origine géographique** trois types d'avantage : comparatif, institutionnel et concurrentiel.

Chapitre 10 La croissance externe : les fusions-acquisitions

La croissance externe consiste à développer l'entreprise en rachetant (ou en fusionnant avec) une ou plusieurs autres entreprises. Les fusions-acquisitions sont souvent « horizontales », c'est-à-dire qu'elles associent des concurrents dans un mouvement de consolidation de l'industrie. Toutefois, la croissance externe peut s'appliquer à toutes les autres voies de développement (internationalisation, intégration verticale, diversification). Malgré les difficultés et les échecs de nombreuses opérations, les entreprises continuent à recourir aux fusions-acquisitions car c'est le mode de croissance le plus rapide et souvent le plus efficace, bien que son coût soit parfois excessif.

Ce chapitre présente les logiques économiques qui sous-tendent les acquisitions et étudie dans quelle mesure ces dernières sont susceptibles d'améliorer les performances de l'acquéreur. La section 1 présente les différents types de fusions-acquisitions. La section 2 est dédiée aux motivations et aux avantages attendus de cette forme de croissance. La section 3 aborde les limites des fusions-acquisitions. Enfin, une dernière section traite des différentes étapes du processus d'acquisition.

Plan du chapitre

SECTION 1

QU'EST-CE QU'UNE FUSION-ACQUISITION ?

1 Définition et tendances actuelles

Qualifiées d'opérations de « croissance externe » par opposition à la croissance interne, les fusions-acquisitions engagent deux entreprises, qui mettent en commun leurs ressources pour ne plus en former qu'une seule à la suite de l'opération.

Cette caractéristique fondamentale distingue les fusions-acquisitions des alliances. Dans les alliances, les partenaires préservent leur autonomie, alors que dans les fusions, ils se « fondent » dans la même entité. La nouvelle entreprise ainsi constituée peut adopter la raison sociale de l'une des entreprises d'origine ou décider d'en utiliser une nouvelle.

Exemple

Une nouvelle identité ?

- En raison de la force de sa marque, **Gillette** a conservé son nom suite à son rachat par **Procter & Gamble**, alors que d'autres opérations aboutissent à la création d'une nouvelle identité, qu'il s'agisse d'une association des deux précédentes – **BNP Paribas** par exemple – ou d'une création pure, à l'image de ce qu'ont réalisé, dans l'industrie pharmaceutique, **Sandoz** et **Ciba-Geigy** en se rebaptisant **Novartis**. L'objectif est alors de souligner la logique de fusion et de construction d'un nouveau groupe animé par une nouvelle stratégie.

Le nombre et la valeur des opérations dépendent de la conjoncture économique et financière. Après un net ralentissement au début des années 2000 lié à l'éclatement de la bulle Internet, encore aggravée par les événements du 11 septembre 2001, le volume des fusions-acquisitions, tant international qu'européen, a repris sa croissance. La crise des *subprimes* de 2008 et ses conséquences économiques ont ensuite limité les capacités d'endettement des entreprises. Le nombre d'opérations de croissance interne s'est alors fortement réduit. Toutefois, la crise a aussi créé des opportunités d'acquisition. Elle a en effet dévalué brutalement le capital de certaines entreprises, ce qui en a fait des cibles très bon marché.

Depuis les années 2000, le marché des fusions-acquisitions est caractérisé par quatre grandes évolutions :

- **L'internationalisation des opérations**, la majorité des acquisitions étant désormais transfrontalières. Ce mouvement va de pair avec l'entrée de nouveaux pays investisseurs tels que la Chine ou l'Inde qui réalisent un nombre croissant d'acquisitions, y compris dans les pays occidentaux.
- **Le recours aux fusions-acquisitions horizontales** pour accroître le pouvoir de marché et les économies d'échelle, autrement dit pour réduire les coûts tout en limitant la pression concurrentielle.

- **Le recours aux acquisitions hors du métier de base** pour acquérir des technologies nouvelles. Ce retour de la diversification se justifie par l'irruption des technologies d'Internet dans tous les secteurs, y compris les plus traditionnels, et par le besoin des entreprises de maîtriser ces technologies pour construire de nouveaux *business models*.
- **La montée en puissance des fonds d'investissement** ou fonds de LBO (voir la rubrique Controverse ci-après), qui a néanmoins connu une éclipse brutale en 2008 avec l'assèchement du crédit.

CONTROVERSE

Les LBO sont-ils vraiment rentables ?

Le mécanisme du LBO (*Leveraged Buy Out*) permet aux fonds d'investissement de prendre le contrôle d'entreprises grâce à l'effet de levier (*leverage*), c'est-à-dire par un accroissement significatif de leur dette.

Naguère réservé à des conglomérats peu rentables ou à des PME en difficulté, ce type de reprise s'applique maintenant à tout type de cible. Les priorités d'un LBO sont claires : pour rembourser sa dette et en payer les intérêts, l'entreprise doit impérativement générer des *cash-flows* importants, améliorer sa rentabilité et faire croître son activité. Elle augmente alors sa valeur et, au bout de quelques années, le fonds la revend pour encaisser une plus-value significative. C'est ainsi que les firmes de *private equity* (appelées « *general partners* ») créent de la valeur et enrichissent leurs bailleurs de fonds (*limited partners*). Les *general partners*, comme Blackstone ou KKR, sont des prestataires de services qui lèvent les fonds auprès des *limited partners* qui sont généralement des banques, des sociétés d'assurance et des fonds de pension.

Certains fonds de *private equity* affichent des retours sur investissement de plus de 50 % par an ! De ce fait, les investisseurs leur allouent des sommes de plus en plus importantes. En 2007, les LBO représentaient plus du quart de la valeur totale des fusions-acquisitions effectuées dans le monde (et un bon tiers aux États-Unis). L'engouement des investisseurs pour les LBO est-il justifié ?

La rentabilité des LBO

En comparant les performances des fonds de *private equity* à celles du marché boursier, deux chercheurs d'HEC et de l'Insead[1], Oliver Gottschalg et Ludovic Phalippou, ont évalué les résultats de 852 fonds levés entre 1980 et 1993 pour les comparer avec la rentabilité que l'on obtiendrait en investissant le même capital dans l'indice Standard & Poor's 500, en achetant et en revendant les titres aux mêmes dates[2]. Dans leur ensemble, les fonds de *private equity* ont créé davantage de valeur que le marché boursier, puisque leur rentabilité avant frais de gestion dépasse celle du S&P 500 d'environ 4 % par an sur la période considérée.

•••

Chiffres clés

- Certains fonds de *private equity* affichent des retours sur investissement de plus de **50 %** par an !
- En 2007, les LBO représentaient plus d'**1/4** de la valeur totale des fusions-acquisitions effectuées dans le monde.

La répartition de la valeur créée

L'étude analyse aussi comment la valeur créée dans un LBO est répartie entre le *general partner* et le *limited partner*. Les *general partners* se rémunèrent en facturant des frais de gestion et une commission à leurs bailleurs de fonds. Le total annuel de ces frais s'élève en moyenne à environ 7 % du montant du capital effectivement investi dans des LBO pendant la période considérée. Les fonds de *private equity* génèrent 4 % de valeur de plus que l'indice boursier, mais comme ils facturent 7 % de frais aux *limited partners*, la rentabilité réelle nette pour ces derniers est inférieure de 3 % par an à celle qu'ils auraient pu obtenir en investissant leur argent dans l'indice S&P 500 ! La recherche montre donc qu'investir dans des LBO est bien moins rentable qu'on ne le croit.

1. Institut européen d'administration des affaires.
2. Gottschalg O. et Phalippou L., 2007.

2 Les aspects juridiques des fusions-acquisitions

En matière juridique, le terme même de fusion-acquisition relève d'un abus de langage dans la mesure où la quasi-totalité des opérations réalisées en France et en Europe sont de « simples » acquisitions. En effet, si le droit américain prévoit un dispositif juridique spécifique pour la fusion véritable entre deux entreprises, il n'en est pas de même pour l'essentiel des droits européens, et en particulier les droits français, anglais ou allemand.

Exemple

Les « fusions-acquisitions » en France

- En France, les fusions sont presque inexistantes, à l'exception de quelques cas très spécifiques comme **Safran**, issu de la fusion entre **Sagem** et **Snecma**. Les autres cas, même qualifiés de fusions, sont des acquisitions au sens juridique du terme, c'est-à-dire un rachat de titres de la société acquise, qui devient alors filiale de la société acquéreuse. Ainsi, la « fusion » PSA-Opel est en réalité un rachat d'**Opel** à **General Motors** par **PSA Peugeot Citroën**.

Parmi les opérations d'acquisition, il convient de distinguer celles qui concernent les entreprises cotées. L'acquisition d'une entreprise cotée peut être réalisée sous forme d'OPA (offre publique d'achat) amicale ou hostile (en contrepartie de numéraire) ou sous forme d'OPE (offre publique d'échange), c'est-à-dire en échange de titres, ou encore par combinaison des deux modalités. L'acquisition d'entreprises non cotées repose sur une négociation d'un contrat d'acquisition de gré à gré entre l'acquéreur et la cible.

Dans ce chapitre, nous ne tiendrons pas compte des distinctions juridiques et emploierons indifféremment les termes « acquisition », « rachat » ou « fusion-acquisition ».

3 Les différents types de fusion-acquisition

On peut distinguer les acquisitions en fonction du type d'acquéreur et de leur objectif :

- **Les opérations réalisées par des acteurs dits « industriels »** visent à améliorer la position concurrentielle de l'entreprise en exploitant les effets de taille et les synergies entre les activités de la cible et celles de l'acquéreur.
- Par contraste, **les prises de contrôle réalisées par des acteurs financiers** ont pour objectif de revaloriser l'entreprise acquise afin de réaliser des plus-values financières lors d'une revente à court terme. C'est notamment la logique des LBO mentionnés précédemment.

Du point de vue de la *corporate strategy*, les acquisitions peuvent servir de véhicule à toutes les voies de développement (concentration, internationalisation, intégration, diversification). C'est pourquoi nous distinguerons les acquisitions horizontales, d'expansion géographique, verticales et de diversification (liée ou conglomérale). Soulignons toutefois que certaines fusions-acquisitions relèvent de plusieurs types à la fois.

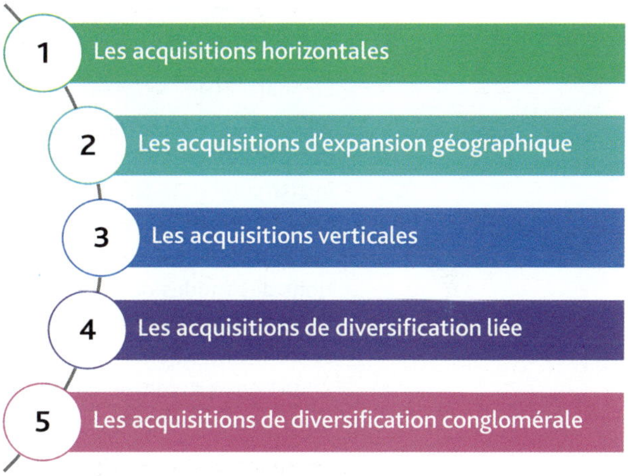

Figure 10.1 Les différents types de fusion-acquisition

a. Les acquisitions horizontales

Les acquisitions horizontales consistent à se développer dans une industrie donnée en prenant le contrôle de concurrents plus ou moins directs.

Elles permettent à l'entreprise de renforcer sa position concurrentielle en augmentant sa taille, son pouvoir de négociation et ses parts de marché. Ces opérations permettent d'acquérir de nouvelles marques, d'élargir la gamme de produits et d'être présent sur de nouveaux segments en croissance, voire de s'internationaliser plus rapidement.

Exemple

Danone s'implante dans le bio

- **Danone** a acquis **WhiteWave** en 2016, pour 12,5 milliards de dollars. Grâce à cette opération, Danone devient le leader du segment du bio et des protéines laitières végétales alternatives au lait d'origine animale. Ce marché est en pleine croissance et les innovations y sont nombreuses. WhiteWave contrôle des marques à forte notoriété aux États-Unis telles que Silk, Horizon Organic ou Earthbound Farm. Avec cette acquisition, Danone double la taille de son activité nord-américaine, qui atteint plus de 6 milliards de dollars de chiffre d'affaires.

Nombre d'acquisitions horizontales se produisent dans des secteurs d'activité à maturité, caractérisés par une situation de surcapacité. Ces secteurs, tels que l'automobile ou la sidérurgie, sont en général anciens, à forte intensité capitalistique et composés d'un nombre limité de gros acteurs. Dans ce contexte, les opérations de fusions-acquisitions visent à la rationalisation des capacités et des moyens, ce qui passe souvent par des restructurations qui impliquent des « géants » de leur secteur d'activité et se traduisent par des fermetures de sites et des vagues de licenciements.

Exemple

La fusion Heinz-Kraft Foods

- En mars 2015, le groupe **Heinz**, leader mondial du ketchup et de la mayonnaise, mais aussi propriétaire de Weight Watchers, a pris le contrôle de **Kraft Foods**, l'un des principaux fabricants de produits d'épicerie en Amérique du Nord, présent dans la charcuterie, le café (Maxwell), le fromage (Philadelphia) ou le beurre de cacahuète. Les deux entreprises rencontraient des difficultés dues à la hausse du prix des matières premières, au vieillissement de leurs marques, au manque d'innovation et aux évolutions des modes de consommation vers des produits plus diététiques. Ce rapprochement a donné lieu à d'importantes réductions de coûts résultant d'économies d'échelle et de licenciements massifs. Dès août 2015, le groupe annonçait la suppression de 2 500 postes, soit environ 5 % de sa masse salariale, dont 700 emplois au siège de Kraft Foods dans l'Illinois.
- Grâce à la fusion, Kraft Heinz est devenu numéro 3 américain et numéro 5 mondial du secteur agroalimentaire avec un chiffre d'affaires de 23 milliards d'euros en 2018, mais encore loin des 80 milliards d'euros de **Nestlé**. Cependant, certains ont jugé cette fusion trop centrée sur le marché mature nord-américain. Ce rapprochement semblait peu propice à l'innovation face aux changements d'habitudes alimentaires et à la progression des produits naturels et biologiques. Kraft Heinz a donc proposé une fusion en 2017 avec l'européen **Unilever** qui a rejeté l'offre de fusion, affirmant n'y voir aucun intérêt stratégique ou financier.

Les acquisitions ou fusions horizontales permettent non seulement de renforcer les parts de marché, d'accéder à de nouvelles zones géographiques, mais aussi d'élargir la gamme de produits et d'acquérir des compétences. En effet ce n'est pas parce que les entreprises appartiennent à la même industrie qu'elles possèdent les mêmes savoir-faire ou les mêmes technologies.

Exemple

Carrefour développe ses activités de commerce en ligne

- Après **Casino**, qui avait pris le contrôle de Cdiscount en 2011, **Carrefour** a acquis en 2015 le site de vente en ligne Rue du Commerce dont le chiffre d'affaires reposait en majorité sur des produits high-tech. Carrefour renforçait ainsi ses activités de commerce en ligne, où le groupe était déjà présent avec Ooshop (alimentaire) et Carrefour.fr. C'était un moyen de rattraper son retard sur Leclerc et Casino et de se développer sur le marché du non alimentaire. Rue du Commerce permet également à Carrefour de renforcer ses compétences dans le numérique afin de pouvoir résister à **Amazon**.

b. Les acquisitions d'expansion géographique

Les acquisitions d'expansion géographique concernent des entreprises appartenant au même secteur d'activité mais qui opèrent dans des zones géographiques différentes.

Elles permettent de s'implanter sur de nouveaux marchés et d'accroître les revenus tout en bénéficiant d'effets de taille.

Exemples

Kraft Foods met la main sur Cadbury

- Le rachat de la division biscuits **LU** de **Danone** par **Kraft Foods** en 2007 a permis au groupe américain de faire passer la part de l'international de son chiffre d'affaires de 33 % à 40 %. En 2010, l'OPA hostile sur **Cadbury** a permis à Kraft de se renforcer dans des marchés où l'entreprise était relativement peu présente comme le Royaume-Uni, la Russie, l'Afrique du Sud ou l'Inde. Cadbury était par exemple numéro 1 en Inde avec une part de marché de 31,8 % pour la confiserie et 70 % pour les chocolats. Grâce à l'acquisition, Kraft s'est appuyé sur le réseau indien de distribution de Cadbury pour renforcer sa position face à **Nestlé**, **Britannia** et **Unilever**.

Bonduelle se conserve au frais

- Après plusieurs acquisitions au Canada et aux États Unis, **Bonduelle**, leader mondial des légumes prêts à consommer, a acquis début 2017 l'américain **Ready Pac Foods**, spécialiste des salades en portions individuelles. Cette acquisition renforce l'internationalisation du groupe et accroît sa présence dans les produits frais, activité en plus forte croissance que les conserves.

Si les marchés géographiques sont bien distincts, la réussite de ces opérations repose sur la capacité de l'entreprise acquéreuse à faire jouer les synergies avec l'entreprise acquise tout en préservant sa culture et ses ressources clés (managers, base de clients établis…). Cette logique s'applique tout particulièrement aux opérations dans des industries multidomestiques (voir chapitre 9) telles que les agences de publicité, les prestataires logistiques ou les banques. Dans des industries plus globales, il s'agit de constituer des groupes d'envergure internationale. Le rachat de KLM par Air France a ainsi permis au nouveau groupe d'élargir la palette de destinations couvertes et de réduire certains coûts à travers une mise en commun de fonctions (moyens informatiques, achats, programmes de fidélité, base de données clients…).

c. Les acquisitions verticales

Les acquisitions verticales consistent à racheter une entreprise en amont ou en aval de la filière où opère l'entreprise (voir chapitre 8).

Elles visent à améliorer les profits de l'acquéreur en intégrant en son sein une relation qui auparavant se réalisait sur le marché, afin de réduire les coûts ou de renforcer les barrières à l'entrée.

Exemples

Des verres à la monture

- **Essilor** et **Luxottica** ont affiché en 2017 leur volonté de fusionner afin de créer le leader intégré de l'optique combinant les deux leaders mondiaux, respectivement dans les verres de lunettes et les montures. Selon Essilor et Luxottica, l'intégration verticale permettra une amélioration de la qualité de service aux consommateurs. En termes de R&D, le rapprochement sera l'occasion de concevoir la totalité de la lunette et de co-développer la monture et le verre. Il constitue aussi une réponse à l'intrusion d'**Amazon** et de **Google** dans le secteur de l'optique, l'un avec sa puissance de vente, l'autre avec sa puissance technologique. La question est de savoir si le projet va entraîner une hausse des prix et une diminution du choix pour les opticiens et au final pour les consommateurs. Le nouveau groupe pourrait en effet utiliser les marques puissantes de Luxottica (Persol, Ray Ban ou Oakley) pour convaincre les opticiens d'acheter, par l'intermédiaire de ventes groupées, des verres Essilor, ce qui évincerait les autres fournisseurs de verres.

ATT intègre les contenus de Time Warner

- En 2015, l'opérateur de télécommunication américain **ATT** s'était déjà offert la chaîne de télévision payante **Direct TV** pour près de 50 milliards de dollars. Deuxième opérateur de téléphonie mobile et de télévision payante et deuxième fournisseur d'accès à Internet aux USA, ATT a ensuite acquis pour 85 milliards de dollars le géant des médias **Time Warner**. Il s'agit d'une intégration amont vers les contenus. Le but est de lutter contre les nouveaux entrants tels que **Netflix** ou **Amazon** qui investissent dans les contenus et s'arrogent une part croissante des abonnements.
- ATT accède aux contenus de Time Warner, qui possède HBO, CNN ainsi que les studios de cinéma et de télévision Warner Bros. Le nouveau groupe compte près de 40 millions d'abonnés à ses offres de TV payante et 144 millions de clients pour la téléphonie mobile. En combinant la connaissance de tous ces clients, ATT Time Warner pourra mieux cibler la publicité, améliorer le rendement des annonces et mieux attirer les annonceurs afin de contrer **Google**.

Certaines entreprises peuvent acheter un fournisseur ou un distributeur pour surveiller les évolutions de l'environnement, des technologies et des coûts, ce qui les place dans une position plus favorable dans la négociation avec les autres fournisseurs ou distributeurs. Le rachat d'entreprises situées en aval (prescripteurs ou distributeurs, par exemple) permet de créer une demande captive et représente une barrière à l'entrée pour les concurrents potentiels de l'entreprise acquéreuse. Néanmoins, de telles acquisitions posent un problème de conflit d'intérêts vis-à-vis des autres fournisseurs du distributeur acquis, puisqu'ils sont aussi des concurrents.

Exemple

Le rachat de Sephora par LVMH

- Le rachat de **Sephora** par le groupe **LVMH** a souligné ce type de difficulté puisqu'offrir des conditions privilégiées à ses propres marques (telles que Dior ou Givenchy) pouvait conduire à une détérioration des relations avec d'autres fournisseurs, tels que Chanel ou Hermès, et donc nuire aux intérêts de Sephora.

d. Les acquisitions de diversification liée

Les acquisitions de diversification liée visent à étendre le champ d'activité de l'entreprise en termes de produit ou de marché.

Lorsque les activités de l'entreprise acquise présentent des liens de nature technique, commerciale ou logistique avec celles de l'acquéreur, l'opération permet de partager certains coûts ou savoir-faire, c'est-à-dire de mettre en œuvre des synergies. Ces synergies permettent de réduire les coûts en partageant des actifs (matières premières, force de vente, systèmes d'information, managers…) ou d'accroître les revenus en s'adressant aux mêmes clients qui peuvent ainsi bénéficier d'offres groupées ou de promotions croisées.

Exemples

Le groupe Bel se diversifie dans la compote

- Le groupe **Bel**, numéro 3 mondial des fromages de marque, avec un chiffre d'affaires de 2,9 milliards d'euros en 2015 et leader du fromage en portion avec des marques comme La Vache qui rit, Babybel, Kiri, Apéricube…, a pris le contrôle du groupe **Mom** détenant les marques Materne (Pom'Potes) et Mont Blanc. Mom, qui affiche alors un chiffre d'affaires de 362 millions d'euros et dont la marque de yaourt à boire GoGo squeeZ connaît un beau succès aux États-Unis, fait entrer Bel dans le domaine en plus forte croissance des compotes en gourdes. L'objectif est de mutualiser la distribution et s'appuyer sur la complémentarité des gammes. S'adressant aux mêmes clients, les deux entreprises espèrent partager des techniques marketing développées pour vendre les produits en portions à destination des enfants. L'objectif de cette opération est moins de réduire les coûts que de développer des synergies permettant d'accroître les revenus grâce au lancement de nouveaux produits tels que des produits lactés en gourde.

Safran et Zodiac

- **Safran** est l'un des trois grands fabricants mondiaux de moteurs d'avions qui équipent les Airbus A320 et les Boeing 737. L'entreprise est aussi présente dans les trains d'atterrissage, les roues et freins, les systèmes électriques et l'avionique. Safran a racheté **Zodiac Aerospace**, présent dans le domaine des sièges, des aménagements de cabine, de la répartition de puissance, des circuits d'éclairage, d'alimentation en carburant, d'oxygène, ainsi que des équipements de sécurité. Les deux entreprises ont les mêmes marchés, les mêmes clients, les mêmes processus de certification. Cependant, Zodiac est directement en prise avec les besoins marketing des compagnies aériennes, tandis que Safran intervient beaucoup plus en amont sur les moteurs d'avion, en lien étroit avec les constructeurs aéronautiques. Le nouvel ensemble, désormais numéro 2 mondial des équipements aéronautiques réalise plus de 21 milliards d'euros de chiffre d'affaires et propose une offre complète à ses clients.

Certaines de ces acquisitions permettent de faire évoluer les frontières d'un secteur, au bénéfice des acteurs les plus dynamiques. Si les années 1990 et 2000 ont vu prédominer une logique de consolidation et de fusions-acquisitions horizontales, on assiste aujourd'hui au retour en force d'opérations de diversification liée. Cela s'explique par l'irruption de nouvelles technologies telles que l'impression en 3D, les objets connectés ou par l'impact des technologies d'Internet qui viennent brouiller les frontières sectorielles traditionnelles et qui offrent des opportunités de développer de nouveaux services et des *business models* innovants.

Exemple

Orange Bank, synergies entre la téléphonie et la banque

- En 2016, l'opérateur de télécommunications **Orange** est entré en négociation avec l'assureur **Groupama** pour le rachat de sa filiale bancaire. L'opération a abouti au lancement d'Orange Bank en novembre 2017. En fait, l'acquisition n'est pas totale, puisque Groupama conserve 35 % du capital de la nouvelle entité. On pourrait donc y voir une alliance (voir chapitre 11) entre Orange et Groupama plutôt qu'une acquisition, mais Orange Bank apparaît bien plus comme la banque en ligne d'Orange que comme une filiale commune avec Groupama. La stratégie d'Orange est de créer une banque digitale en utilisant les mobiles des particuliers non seulement comme système de paiement mais aussi comme moyen d'accès à des services de banque et d'assurance, notamment les crédits immobiliers. L'idée est de créer des synergies entre services bancaires et de téléphonie mobile en combinant les bases clients, les canaux de distribution et les savoir-faire afin d'offrir un service personnalisé et de gagner de nouveaux clients dans les deux activités.

e. Les acquisitions de diversification conglomérale

Lorsque les acquisitions impliquent des entreprises présentes sur des activités sans aucun lien entre elles ou ayant très peu de points communs, on parle de diversification non liée (*unrelated*) ou conglomérale.

De telles opérations s'inscrivent dans une stratégie de groupe dont l'objectif est de parvenir à un équilibre financier global. Dans une logique de portefeuille d'activités, ces acquisitions permettent d'équilibrer les flux de *cash-flow* entre activités. Les conglomérats peuvent aussi partager certaines compétences managériales ou bénéficier de certaines synergies non opérationnelles entre les différentes activités.

Les regroupements congloméraux ont été analysés comme un moyen de recréer ou d'internaliser un « mini marché financier » au sein de l'entreprise, ce qui permet de réduire les coûts de transaction. Néanmoins, nous avons vu dans le chapitre 6 que la théorie financière conteste cet argument en préconisant aux actionnaires de diversifier eux-mêmes leur portefeuille d'actions. Ils peuvent ainsi arbitrer eux-mêmes entre les différentes opportunités d'investissement et économiser la « prime de fusion » que l'entreprise acquéreuse est souvent obligée de payer pour prendre le contrôle de la firme convoitée.

ÉTUDE DE CAS

Hanson Trust, conglomérat et acquéreur en série

Hanson Trust était un conglomérat britannique qui s'était constitué à partir du début des années 1970 en effectuant pas moins de soixante-dix raids boursiers en vingt ans.

Une compétence distinctive

Dans les années 1980-1990, il affichait une rentabilité sur capitaux propres de 40 % en moyenne. L'optimisation financière (cessions d'actifs non stratégiques, placements de trésorerie, protection contre les retournements conjoncturels grâce à la diversité des activités) ne suffit pas à expliquer ces résultats spectaculaires.

La compétence distinctive de Hanson Trust résidait dans sa capacité à redresser les entreprises acquises. Hanson s'était doté d'une équipe d'une centaine de personnes chargées de diagnostiquer les « vices cachés » des cibles et de mettre en place des politiques de redressement adaptées.

Imperial Tobacco

Par exemple, les mesures de redressement qui ont été appliquées à Imperial Tobacco, ex-leader britannique des cigarettes suite à son rachat en 1985, ont été drastiques : réduction de 50 % des effectifs, fermeture des usines les moins rentables, réduction de moitié du nombre de marques, rationalisation des structures de commercialisation, réduction des stocks. Par ailleurs, une compression des niveaux hiérarchiques, une décentralisation des responsabilités et un système basé sur l'intéressement aux résultats ont permis de renforcer la motivation des cadres, pourtant soumis à forte pression.

De nouveaux instruments de contrôle ont été élaborés. Ainsi, les dirigeants des filiales n'étaient plus évalués sur l'augmentation du chiffre d'affaires mais sur le bénéfice par action. Au total, la productivité a quasiment triplé au cours des dix années durant lesquelles Imperial Tobacco a été détenue par Hanson Trust, qui a réintroduit l'entreprise en Bourse en 1996 en encaissant une importante plus-value.

Le démantèlement du groupe

Mais ce coup d'éclat fut le dernier. La revente d'Imperial Tobacco est allée de pair avec un démantèlement du groupe en plusieurs entités, dont Hanson PLC qui s'est spécialisée sur les matériaux de construction (béton et agrégats). Cette entreprise a été rachetée par Heidelberg Cement en 2007. Heidelberg a fini par céder sa filiale britannique Hanson Building Products au fonds de *private equity* Lone Star en 2014.

QUESTIONS

Corrigés en ligne sur dunod.com

1. À quelle(s) catégorie(s) appartiennent les acquisitions de Hanson Trust ?
2. L'histoire de Hanson Trust est-elle cohérente avec la perspective historique sur la création de valeur et la gouvernance présentée au chapitre 6 ?

SECTION 2

POURQUOI FUSIONNER ?

Par opposition à la croissance organique, le principal avantage de la croissance externe est la rapidité. L'entreprise accède en très peu de temps à des positions déjà acquises (part de marché, marque, portefeuille de clients, réseau de distribution, implantation internationale) et à des compétences déjà développées (savoir-faire technologique ou managérial). La taille et le portefeuille de ressources de l'entreprise s'en trouvent instantanément améliorés. Reste à exploiter ce nouveau potentiel pour créer de la valeur et compenser ainsi la prime d'acquisition que les actionnaires de l'entreprise acquéreuse ont accepté de payer aux actionnaires de la société acquise.

D'un point de vue économique, une fusion-acquisition crée de la valeur lorsque le rapprochement entre les deux entreprises produit, grâce aux synergies de coûts et de revenus, une richesse qui n'aurait pas existé sans fusionner. L'exploitation des synergies est donc une motivation centrale dans la plupart des fusions-acquisitions. C'est généralement cette motivation qui est mise en avant, car elle va de manière évidente dans l'intérêt des actionnaires. Mais d'autres motivations sont possibles. Indépendamment de toute synergie, les acquisitions peuvent permettre d'extraire de la valeur de la cible en améliorant les performances de celle-ci[1]. On est alors dans une situation similaire à un rachat d'entreprise par une firme de *private equity*, qui va revendre sa cible quelques années plus tard en empochant une forte plus-value. Enfin, comme on l'a vu au chapitre 6 avec la discussion sur la gouvernance et la théorie de l'agence, les dirigeants de l'entreprise sont parfois mus par des motivations qui ne correspondent pas nécessairement aux intérêts des actionnaires. Certaines fusions-acquisitions peuvent donc répondre à des motivations non économiques.

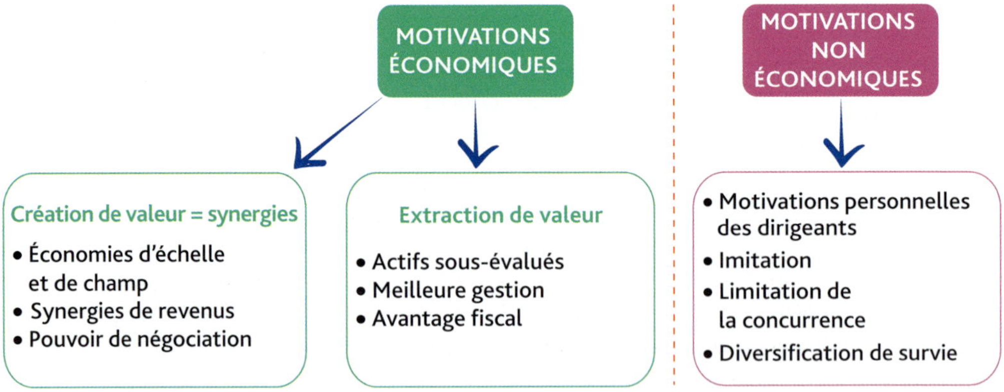

Figure 10.2 Les motivations des fusions-acquisitions

1. Boston Consulting Group, 1980 ; Hedley B., 1977.

1 Les motivations de nature économique

a. Créer de la valeur grâce aux synergies

Les synergies sont les justifications économiques essentielles des fusions-acquisitions dans la mesure où elles permettent de valoriser l'ensemble fusionné au-dessus de la somme des valeurs des entreprises d'origine, d'où la formule 2 + 2 = 5.

Les synergies de coûts créent de la valeur par la mutualisation de certaines fonctions (opérationnelles ou support) des deux chaînes de valeur. Les synergies de revenus, quant à elles, s'appuient sur la complémentarité des ressources qui permet de créer des offres nouvelles, d'attirer de nouveaux clients et de conquérir de nouveaux marchés. Les deux types de synergie peuvent coexister dans une même opération et il est parfois difficile de les distinguer. En effet, la mise en commun de certaines ressources dans une fusion, comme les savoir-faire marketing ou technique, permet à la fois de réduire les coûts et de créer des offres nouvelles, donc de nouvelles sources de revenus.

Exemples

Air Liquide acquiert Airgas

- Avec l'acquisition d'**Airgas** (distributeur de gaz industriels américain) pour 12,5 milliards d'euros en 2015, **Air Liquide** a réalisé l'opération de croissance externe la plus importante de son histoire, ce qui a accru son chiffre d'affaires de 30 % (environ 18 milliards d'euros). Grâce à cette acquisition, Air Liquide est redevenu numéro 1 mondial des gaz industriels devant l'allemand **Linde** et a rééquilibré son centre de gravité vers l'Amérique du Nord. Airgas propose par ailleurs des services en fournissant des équipements et des accessoires nécessaires à l'utilisation des gaz (bouteilles, casques...). L'entreprise possède 1 100 magasins en propre à travers les États-Unis, où les professionnels peuvent venir acheter leur équipement de sécurité. Airgas a également développé une plateforme d'e-commerce où elle réalise 10 % de son chiffre d'affaires. Avec cette acquisition, Air Liquide a accéléré sa stratégie de désintermédiation et a élargi son offre pour se rapprocher de ses clients finaux en s'appuyant sur le réseau de distribution multicanal le plus développé du marché américain.

Microsoft se connecte

- **Microsoft** a acquis **Skype** en 2011 pour 8,5 milliards de dollars. Les synergies consistaient à combiner les services de voix et de vidéo sur Internet de Skype avec les solutions de visioconférence et de messagerie instantanée incluses dans Office. En 2016, Microsoft rachetait **LinkedIn**, le leader des réseaux sociaux professionnels, pour 26 milliards de dollars. Cette opération permet d'exploiter plusieurs types de synergie : connecter les bases d'utilisateurs et les logiciels bureautiques, donner accès aux informations des profils LinkedIn aux correspondants dans la messagerie Outlook, valoriser les contenus de formation en ligne développés par LinkedIn dans les applications Microsoft, développer des offres groupées de logiciels commerciaux, etc.

Si les synergies constituent un objectif majeur des fusions-acquisitions, l'enjeu essentiel est que ces synergies soient suffisamment importantes pour justifier le prix de l'acquisition et les coûts d'intégration. Or, les synergies sont souvent difficiles à évaluer (surtout les synergies de revenus) et encore plus difficiles à réaliser. Par ailleurs, la mise en œuvre des synergies exige en elle-même des investissements. Il faut mobiliser des équipes pour identifier et exploiter les synergies, il faut investir en R&D et en marketing pour combiner les offres et les faire connaître… et tous ces investissements s'additionnent pour placer encore plus haut la barre en termes d'objectifs de revenus. L'enjeu est donc de bien évaluer les revenus futurs, les économies réalisées, les coûts induits et mettre ces données en rapport avec le prix payé. Ce ratio déterminera si l'opération est créatrice de valeur ou non.

- **Faire des économies d'échelle et de champ**

Les acquisitions permettent de dégager des économies d'échelle lorsque les entreprises qui fusionnent fabriquent ou commercialisent les mêmes produits. L'accroissement des volumes leur permet d'étaler les coûts fixes sur des quantités plus importantes et de baisser le coût de revient unitaire. Les économies d'échelle concernent donc essentiellement les fusions-acquisitions horizontales (concentration de l'industrie) et les acquisitions d'expansion géographique.

Chiffres clés

Dans les secteurs à fort contenu technologique, les frais de R&D peuvent représenter jusqu'à **20 %** du chiffre d'affaires.

Ainsi, dans des secteurs à fort contenu technologique (aéronautique, électronique de défense, télécommunications, pharmacie), les fusions permettent d'amortir sur le volume les frais de R&D qui peuvent représenter jusqu'à 20 % du chiffre d'affaires. Le renchérissement de la technologie explique donc la consolidation et la globalisation de ces industries.

Dans les acquisitions de diversification liée, les synergies résultent d'économies de champ (*economies of scope*[1]). Les entreprises fusionnées mettent en commun des ressources de même nature servant à produire des offres différentes, liées par leurs ressources partagées, mais non concurrentes. Cela permet à la fois de réduire les coûts et d'augmenter les revenus.

- **Renforcer le pouvoir de négociation**

L'effet de taille induit par les fusions-acquisitions horizontales confère souvent un pouvoir de négociation accru qui permet d'obtenir de meilleures conditions auprès des fournisseurs ou des acheteurs, ce qui permet à la fois de réduire les coûts d'approvisionnement et d'augmenter le chiffre d'affaires.

1. Panzar J.C. et Willig R.D., 1981.

Exemple

Les équipementiers aéronautiques plus rentables que les avionneurs

- Ces dernières années, les équipementiers aéronautiques de premier rang comme **UTC** ou **Safran** se sont beaucoup concentrés pour augmenter leur pouvoir de négociation face aux puissants acheteurs de **Boeing** et **Airbus**. Ils sont maintenant devenus plus rentables que leurs clients avionneurs, notamment grâce à leur activité de service après-vente, qui leur assure des profits plus élevés que la vente d'équipements pour les avions neufs, et qui s'étend sur tout le cycle de vie d'un avion, soit plusieurs dizaines d'années.

Les fusions-acquisitions horizontales réduisent mécaniquement le nombre de concurrents et accroissent la concentration relative de l'industrie par rapport aux autres acteurs de la filière économique, ce qui permet d'augmenter sa rentabilité par renforcement du pouvoir de marché (voir au chapitre 1, les « cinq forces de Porter »).

Les acquisitions verticales vont souvent dans le même sens. Elles renforcent le pouvoir de négociation de l'entreprise acquéreuse en lui permettant de contrôler la filière et ainsi d'évincer ses concurrents. L'entreprise intégrée verticalement peut créer des barrières à l'entrée, se réserver l'accès à certaines matières premières, verrouiller les réseaux de distribution ou vendre par exemple, des matières premières à ses concurrents à un prix bien supérieur à celui réalisé en interne au sein de la même entreprise. C'est pourquoi les autorités de la concurrence sont très vigilantes sur tous les types de fusion qui pourraient déséquilibrer le pouvoir de négociation dans la filière. Nous y reviendrons dans la section 3.

- **Acquérir et combiner des compétences complémentaires**

Les acquisitions peuvent être utilisées comme moyen d'accéder à de nouvelles compétences ou d'acquérir des technologies nécessaires pour maintenir ou renforcer la position concurrentielle de l'entreprise. Elles deviennent alors un substitut à la R&D interne, de manière à accroître la vitesse de mise sur le marché de nouveaux produits ou à résister à de nouveaux concurrents. Ces acquisitions concernent particulièrement les activités à forte intensité technologique, dans lesquelles certaines compétences seraient trop longues et trop coûteuses à développer en interne. Il peut s'agir d'acquisitions horizontales car des entreprises opérant dans la même industrie peuvent avoir des compétences ou savoir-faire différents. Dans d'autres cas, ces opérations relèvent davantage de la diversification liée.

À l'heure actuelle, la digitalisation des activités traditionnelles pousse les entreprises établies vers ce type d'acquisition. Elles cherchent ainsi à se doter des compétences qui leur manquent pour résister aux attaques des start-up et prendre de l'avance (ou combler leur retard) sur le digital.

Exemple

Les banques achètent leurs compétences digitales

- Face à l'émergence des nouvelles technologies digitales qui viennent bouleverser le secteur bancaire, de nombreuses banques ont choisi d'acquérir des Fintech. Elles accèdent ainsi aux compétences qui leur manquent, renforcent leur capacité d'innovation et renouvellent leur modèle bancaire. **BNP Paribas** a acquis Compte Nickel. **La Banque Postale** a pris le contrôle de KissKissBankBank, une plateforme de *crowdfunding*.

- De son côté, **Natixis** a acquis Dalenys, une entreprise spécialisée dans les paiements en ligne, et PayPlug, start-up qui propose aux TPE, micro-entreprises et petits commerçants, des systèmes de paiement en ligne par carte bancaire sans terminal bancaire dédié.
- Quant à la **Société Générale**, elle a acquis Lumo, une plateforme de financement participatif dans les énergies renouvelables ainsi que Treezor, une entreprise qui fournit des services d'ouverture de compte et de paiement à des entreprises n'ayant pas forcément de licence bancaire, telles que les néobanques, les e-commerçants ou les plateformes collaboratives. En retour, la Société Générale entend apporter à Treezor ses capacités industrielles et les moyens d'enrichir son offre.

Les opérations visant à acquérir des savoir-faire ou des technologies permettent d'améliorer la position concurrentielle de l'entreprise acquéreuse si et seulement si celle-ci arrive à combiner les ressources de la cible avec les siennes. Ce n'est pas toujours facile, en raison de problèmes d'intégration.

Exemple

Enjeux et complications d'intégration

- Lorsque **Disney** a racheté **Pixar**, l'enjeu était de ne pas détruire les compétences créatives de Pixar en intégrant le studio Pixar au sein d'un groupe tentaculaire comme Disney.
- Le groupe **Vivendi** a lancé une OPA hostile sur l'éditeur de jeux vidéo **Ubisoft**. Face à la résistance des fondateurs et au risque de voir partir bon nombre de développeurs, Vivendi a dû faire marche arrière.
- La banque **BPCE** a acquis en 2016 la prometteuse néo banque allemande **Fidor** pour 140 millions d'euros. Or Fidor, qui comptait déjà 160 000 clients en Allemagne, avait réalisé des placements risqués dans des crédits à la consommation, ce qui a contraint la BPCE à recapitaliser la banque allemande et à doubler le prix d'acquisition. De plus, l'intégration opérationnelle et informatique des services de Fidor à ceux de la BPCE s'est révélée complexe. Finalement, contrairement aux objectifs, Fidor n'a pas été lancée en France et BPCE envisage désormais de céder l'entreprise.

Parfois, l'intégration suscite aussi une hostilité au sein même des équipes de l'acquéreur qui craignent de se voir déposséder de leur pouvoir ou qui se réfugient dans une culture rejetant l'innovation venue de l'extérieur (cela se traduit par le syndrome « *Not invented here* »).

b. Extraire de la valeur et revendre l'entreprise acquise

Différents cas de figure permettent à l'acquéreur d'extraire de la valeur d'une acquisition, c'est-à-dire de s'approprier une valeur latente mais non exploitée. L'objectif est alors d'améliorer le management et la stratégie de la cible pour augmenter sensiblement ses performances, indépendamment de toute synergie avec le groupe acquéreur. Certains acquéreurs « en série » sont passés maîtres dans l'art du *turnaround* : ils savent améliorer la productivité de leurs cibles en appliquant des méthodes de gestion éprouvées et particulièrement efficaces, tant d'un point de vue opérationnel que stratégique. Ce type d'opération se traduit généralement par des restructurations, des licenciements et une forte pression sur les employés et les managers.

De nos jours, les fonds de LBO sont devenus les spécialistes de l'extraction de valeur (voir la rubrique Controverse, section 1). Un fonds d'investissement peut, grâce à un LBO et de fortes incitations financières, favoriser non seulement un *turnaroud* classique, mais aussi une démarche plus entrepreneuriale et relancer une entreprise assoupie. Certaines entreprises passent même par plusieurs LBO successifs pour se restructurer et relancer leur stratégie. Malheureusement, ces opérations ne réussissent pas toujours, loin de là. Certains échecs défraient la chronique et ajoutent à la réputation sulfureuse des LBO dans l'opinion.

Exemple

Les déboires de Vivarte

- **Vivarte** (anciennement **Groupe André**) était un groupe d'entreprises français spécialisé dans la distribution de prêt-à-porter et de chaussures, avec des marques comme **Caroll**, **Chevignon**, **Kookaï**, **La Halle**, **Minelli**, **Naf Naf** ou **Pataugas**. À partir de 2000, le groupe change de mains plusieurs fois et connaît plusieurs restructurations. De nombreux P-DG se succèdent, restant parfois quelques mois seulement en poste. Vivarte est revendu une première fois en 2004, puis effectue un nouveau LBO en 2006. Celui-ci aggrave considérablement la situation en imposant à l'entreprise une dette excessive qui grèvera son développement sur une bonne dizaine d'années.
- Dès les années 2010, dans un contexte de marché du prêt-à-porter défavorable, Vivarte tarde à réagir face à la concurrence d'autres enseignes, l'essor d'Internet et l'image vieillissante de certaines de ses marques. Vivarte passe sous la coupe de plusieurs fonds d'investissement en 2014 mais la baisse du chiffre d'affaires et des résultats continue.
- Finalement, en 2016, Vivarte est à nouveau restructuré par un nouveau propriétaire. Plusieurs marques sont cédées et le groupe est « vendu à la découpe ». Les analystes s'accordent pour penser qu'au-delà des problèmes du secteur et des erreurs stratégiques de Vivarte, le LBO de 2006, avec sa dette trop élevée et son plan stratégique irréaliste, est l'une des causes majeures des déboires de l'entreprise.

2 Les motivations « non économiques »

Les motivations personnelles des dirigeants et les facteurs liés à la dynamique concurrentielle jouent aussi un rôle dans le déclenchement des fusions-acquisitions, même si elles n'ont parfois rien à voir avec les intérêts économiques des actionnaires.

a. Les motivations personnelles des dirigeants

Dans les fusions-acquisitions, aux motifs purement économiques s'ajoutent parfois des motivations d'un autre ordre, par exemple le statut professionnel des dirigeants (être aux commandes d'une entreprise plus grande, s'enrichir personnellement ou protéger son poste…). En effet, la finalisation des opérations de croissance externe implique souvent un intéressement financier des dirigeants. Par ailleurs, la réalisation d'une opération de fusion-acquisition confère un prestige fort pour des managers en quête de pouvoir supplémentaire et de notoriété (voir la discussion sur cette question au chapitre 6).

Exemple

Des acquisitions par ambition

- Le groupe allemand **TUI** a réalisé plus de 20 acquisitions qui lui ont permis de devenir le leader mondial du *tour operating*. Il a ainsi acquis **Hapag Lloyd**, **Thomas Cook**, **Thomson** et **Nouvelles Frontières**. Si ces acquisitions peuvent être pertinentes stratégiquement, une étude[1] a montré que le dirigeant de l'entreprise avait bénéficié d'une hausse de salaire de 217 % et d'une explosion de ses bonus (ceux-ci étant fixés selon la taille et la quantité d'actifs à gérer). Le dirigeant a aussi bénéficié de gains « symboliques » et relationnels : il a fait son entrée dans le conseil d'administration de sept entreprises dont deux appartenant au CDAX. Il a été nommé président du conseil d'administration d'une filiale de la Deustche Bahn et a été contacté pour devenir CEO de Deutsch Telecom ou de l'électricien RWE.

b. L'effet d'imitation

Les entreprises ont souvent tendance à imiter les stratégies de leurs concurrents. On assiste ainsi à des vagues de fusions dans certains secteurs, l'objectif des différents acteurs étant de ne pas se faire distancer par leurs concurrents, que ce soit en termes de taille ou de portefeuille de technologies.

Exemple

La course à la taille

- La fusion entre **BP** et **Amoco** en 1999 a sans doute inspiré le rapprochement entre **Exxon** et **Mobil** la même année, puis, quelques mois plus tard, celui d'**Elf** et **Total-Fina**, soucieux de ne pas se laisser distancer dans la course à la taille.

c. Limiter la concurrence

Les acquisitions peuvent être utilisées pour affaiblir ou même faire disparaître un concurrent.

Exemple

Facebook rafle WhatsApp

- L'acquisition de **WhatsApp** par **Facebook** est une stratégie visant à accroître les revenus de Facebook mais aussi à soustraire la cible à un autre acquéreur potentiel, notamment **Google** ou **Microsoft**.

Les acquisitions peuvent aussi permettre de bloquer l'accès d'un marché donné à un concurrent.

Ces motivations sont « stratégiques », dans la mesure où elles résultent de la dynamique concurrentielle dans l'industrie. Le but est de contrer les mouvements des concurrents qui pourraient mettre en péril la stratégie, et surtout la performance, de l'entreprise. Mais, en limitant la concurrence, ces opérations favorisent en fait le *statu quo* et les positions acquises.

1. Dittman I., Maug E. et Schneider C., 2008.

d. Se diversifier pour survivre

Certaines entreprises font des acquisitions pour renouveler en profondeur leur portefeuille d'activités et de compétences, de manière à se réorienter stratégiquement. Dans certains cas, il y va de la survie de l'entreprise. Le groupe finlandais Nokia, connu aujourd'hui pour ses activités de télécommunication, a commencé dans le caoutchouc et les câbles, suite à une fusion dans les années 1960, puis s'est développé dans l'informatique en rachetant une filiale d'Ericsson. En France, Kering est l'avatar du groupe Pinault-Printemps-Redoute, spécialisé à l'origine dans la distribution et devenu depuis les années 2000 un géant du luxe à coups d'acquisitions. Ce genre d'objectif serait pratiquement impossible à atteindre par croissance organique.

Exemple

Dell se renforce grâce aux activités de stockage

- En 2015, **Dell** a fait l'acquisition d'**EMC**, une entreprise spécialisée dans le stockage de données pour un montant de 67 milliards de dollars. Cette acquisition vise à transformer Dell en profondeur et à déplacer le centre de gravité de son portefeuille d'activités.
- Dell subit en effet depuis le milieu des années 2000 le déclin des ventes de PC, en recul au profit des tablettes et des smartphones. Dell s'est donc efforcé de réduire sa dépendance au PC. Sa diversification dans les smartphones, les tablettes ou les lecteurs MP3 ayant échoué, l'entreprise a choisi de se tourner vers les services aux entreprises, où la croissance et les marges sont plus fortes. Dell a progressivement diversifié son portefeuille en acquérant des spécialistes des logiciels et des services aux entreprises tels que **Compellent**, **Ocarina Networks** ou **Credant Technologies**. Mais en 2014, Dell générait encore 27,3 milliards de dollars de chiffre d'affaires dans les PC et 8,9 milliards dans les serveurs. Aussi l'acquisition d'EMC est-elle un véritable saut stratégique et organisationnel. Après ce rachat, le nouvel ensemble devient leader dans les serveurs et le stockage privé. Dell est également présent dans la sécurité informatique avec **RSA**, qui générait 1 milliard de dollars de ventes.
- La position de Dell est-elle sortie renforcée de l'acquisition d'EMC ? Le stockage de données dans les serveurs de « *data centers* » et les logiciels de traitement de données sont des activités en croissance. Mais Dell-EMC est confronté à la concurrence d'**IBM**, **HP** ou **Microsoft**, ainsi qu'à celle de **Google** ou **Amazon** qui offrent désormais des services de *cloud* public très performants. EMC a d'ailleurs vu sa croissance ralentir ces dernières années car les entreprises comme Amazon Web Services, Microsoft ou Google, ne s'adressent pas à EMC pour leur matériel de stockage. Elles préfèrent acquérir du matériel standard, qu'elles font tourner sur des logiciels « *open source* », moins coûteux. Tout cela pourrait compliquer la renaissance de Dell.

Un *data center* utilisant les technologies de stockage Dell en Malaisie

Les réorientations majeures de portefeuille d'activités qui résultent de ces opérations sont certainement cruciales pour pérenniser l'entreprise, voire assurer sa survie. Ce sont des fusions-acquisitions à haute teneur stratégique. Mais, d'un point de vue économique, elles consistent d'une certaine façon à confisquer le pouvoir aux actionnaires, car les dirigeants choisissent eux-mêmes les secteurs dans lesquels ils veulent investir, au lieu de laisser les investisseurs retirer leurs « billes » d'une activité en difficulté pour les remettre dans un secteur de leur choix. Même si la loi du marché les a condamnées, les entreprises (et leurs dirigeants) ne veulent pas mourir !

SECTION 3

LES DIFFICULTÉS DES FUSIONS-ACQUISITIONS

Les résultats des fusions-acquisitions s'avèrent souvent mitigés. Ces difficultés sont attribuables à deux types de facteur. Les premiers se manifestent dès la transaction : les problèmes liés au droit de la concurrence et la prime de prix, souvent très élevée. D'autres se révèlent plus tard, lors des phases d'intégration post-fusion : il est souvent plus difficile que prévu de tirer pleinement parti des actifs acquis.

1 Les limites posées par le droit de la concurrence

Les fusions-acquisitions peuvent conduire à des abus de position dominante ou autres comportements anticoncurrentiels. C'est pourquoi elles sont encadrées par le droit de la concurrence.

a. Le principe antitrust

Comme on l'a vu précédemment, certaines opérations, notamment les fusions horizontales et verticales, réduisent mécaniquement le nombre de concurrents et accroissent le niveau de concentration relatif par rapport aux autres acteurs de la filière. La réglementation de la concurrence (dite antitrust), plus ou moins contraignante selon les pays, cherche à éviter un pouvoir de marché excessif (voir chapitre 1). Un pouvoir de négociation trop élevé, se rapprochant du pouvoir monopolistique ou oligopolistique, fausse en effet la concurrence et se réalise au détriment du client final qui se voit imposer un prix sans possibilité de choix.

Exemple

TNT prisé par UPS et DHL

- Au début de l'année 2012, **UPS**, leader mondial de la messagerie, a renoncé à acquérir son concurrent néerlandais **TNT**, numéro 2 en Europe derrière **DHL**, filiale de Deutsche Post. L'acquisition aurait fait d'UPS le leader européen de la distribution de colis et aurait renforcé sa position de numéro 1 mondial face à **FedEx**. Cette OPA amicale s'est heurtée à l'opposition de la Commission européenne qui craignait que la concurrence dans le secteur de la distribution des petits colis ne fût faussée par la réduction du nombre d'opérateurs et la formation d'un duopole UPS-DHL en Europe.
- FedEx a ensuite tenté d'acquérir TNT pour 5,2 milliards d'euros en 2013 (soit un premium de 33 %), ce qui lui aurait donné la deuxième place en Europe derrière DHL. Mais la Commission européenne s'est de nouveau opposée à l'opération. De son côté, UPS a déposé un recours et réclamé 1,742 milliard d'euros d'indemnités à l'Union européenne pour avoir empêché le rachat de TNT en appuyant sa décision sur un modèle économétrique différent de celui utilisé lors d'échanges initiaux avec le groupe américain.

b. Les facteurs pris en compte par les autorités de la concurrence

Les autorités de la concurrence prennent en compte de nombreux facteurs. Elles analysent tout d'abord l'impact d'une opération de fusion-acquisition sur les concurrents (l'opération se fait-elle au détriment des petits concurrents ?) et sur les clients (l'opération va-t-elle entraîner une hausse des prix ?). Ces analyses sont complexes car il est nécessaire de déterminer le marché pertinent : quel est le marché qui va être impacté par un rapprochement ? Par exemple, une fusion entre deux compagnies aériennes traditionnelles, opérant sur des lignes domestiques et internationales, porte-t-elle préjudice seulement aux entreprises ayant le même profil ? Impacte-t-elle aussi le trafic des concurrents domestiques *low cost*, voire celui des lignes ferroviaires ? Et quels aéroports doit-on prendre en compte ?

L'objectif essentiel des autorités de la concurrence est de protéger les consommateurs. Or les fusions-acquisitions ont souvent des effets ambivalents en la matière. Une fusion qui augmente la concentration et donc le pouvoir de marché peut faire monter les prix, mais elle peut aussi entraîner des baisses de coûts, qui à leur tour permettent des baisses de prix. De plus, une fusion-acquisition peut rendre la nouvelle entité plus performante et créatrice de valeur pour les clients, grâce à des innovations, une amélioration du service, des offres groupées… Son développement peut même entraîner la création d'emplois.

c. Peser « le pour et le contre » d'une fusion-acquisition

Il faut donc mettre en balance l'effet potentiellement négatif sur les prix et l'effet positif sur l'innovation, qui profite aux clients mais aussi à l'ensemble de la société. Les innovations peuvent en effet créer des emplois et améliorer le bien-être économique global. Si les fusions-acquisitions, surtout les opérations horizontales, se traduisent souvent par des licenciements massifs, certaines entreprises retournent l'argument en disant que le coût de la non-fusion serait plus grand encore puisqu'il pourrait mettre en péril l'existence même des entreprises et se traduire par plus de licenciements encore.

De même, l'argument sur l'innovation est ambigu. Une fusion peut nuire à l'innovation, en mettant en danger des entreprises plus petites mais innovantes. La question est donc de savoir comment seront répartis les gains de la fusion-acquisition : bénéficieront-ils aux seuls actionnaires et dirigeants, ou aux salariés de l'entreprise, aux clients, à l'ensemble de la société ?

Pour essayer de trancher, les autorités de la concurrence étudient des scénarios alternatifs, en regardant si la position dominante peut être remise en cause par des ruptures technologiques, ou si les gains d'efficience promis par la fusion-acquisition pourraient ne pas être atteints sans le rapprochement. Pour cela, elles s'appuient sur des modèles économétriques et sur des analyses sectorielles. Elles se réfèrent aussi aux opérations passées, déjà réalisées dans le même secteur, et analysent si ces opérations se sont traduites par une hausse des prix, un accroissement ou une diminution des services aux clients, une disparition des petits concurrents.

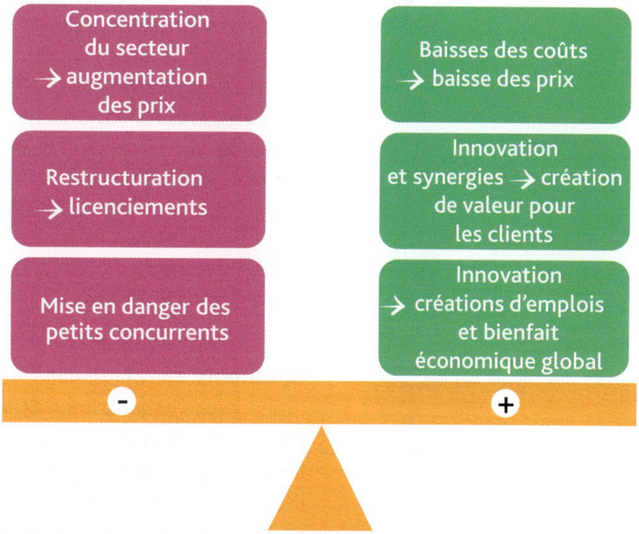

Figure 10.3 **Les aspects négatifs et positifs potentiels d'une fusion-acquisition**

Exemple

La fusion Office Depot et Staples recalée

- **Office Depot** et son proche concurrent **Staples** ont tenté de fusionner en 2015 pour former une entreprise dont le chiffre d'affaires aurait dépassé les 35 milliards de dollars et qui aurait été mieux armée pour résister à la concurrence d'**Amazon**. L'opération a cependant été empêchée par l'autorité de la concurrence américaine qui estimait que la fusion allait réduire la concurrence, entraîner une hausse des prix et diminuer la qualité pour les entreprises se fournissant chez ces deux distributeurs.

d. Rééquilibrage

Quand elles n'interdisent pas purement et simplement les fusions, les autorités de la concurrence contraignent l'entreprise acquéreuse à désinvestir de certaines de ses activités pour éviter de se retrouver en position dominante sur certains marchés. Ainsi, les acquisitions les plus importantes sont souvent suivies d'une série de cessions pour rééquilibrer les parts de marché entre concurrents.

2 Des actifs moins intéressants que prévu

Certaines acquisitions se révèlent décevantes en raison d'une surestimation du potentiel de la cible, ce qui conduit à des gains insuffisants par rapport au prix de l'acquisition. Par ailleurs, malgré l'étape d'évaluation financière, stratégique, organisationnelle et culturelle de la cible, l'entreprise ne sait jamais tout à fait ce qu'elle achète avant que le marché ne soit conclu.

Le prix d'acquisition est influencé par « l'asymétrie d'information », c'est-à-dire le fait que le vendeur détient davantage d'informations que l'acheteur sur l'entreprise cible. L'entreprise acheteuse ne connaît jamais tout à fait la valeur de ce qu'elle achète, ce qui devrait l'inciter à la plus grande prudence sur le prix. Parfois, derrière la vitrine se cachent des problèmes insoupçonnés qui nuiront à la performance du nouvel ensemble. Dans le meilleur des cas, l'acquéreur connaît d'abord des résultats passés, alors qu'il achète, souvent au prix fort, la promesse hypothétique de meilleurs résultats dans le futur. Or ceux-ci dépendent de la mise en œuvre des synergies mais aussi de l'évolution du contexte de l'industrie et de l'économie.

Exemple

Un rachat déficitaire pour HP

- En 2011, **HP** a racheté pour 10,2 milliards de dollars l'éditeur de logiciels britannique **Autonomy**, spécialisé dans la recherche et l'analyse de données complexes. Quelques mois après l'acquisition, HP a été contraint de déprécier la valeur de cet actif pour près de 9 milliards de dollars après avoir découvert des manipulations comptables. Les dirigeants d'Autonomy ont été accusés d'avoir sciemment trompé HP en gonflant les profits. Ils auraient notamment assimilé à des ventes de logiciels des ventes de matériel, peu rentables mais qui représentaient jusqu'à 15 % du chiffre d'affaires. En dix-huit mois, l'acquisition a perdu 85 % de sa valeur. À cette annonce, le cours de Bourse de HP a perdu plus de 10 % en une séance.

Les mesures de restructuration peuvent, en outre, entraîner le départ de managers et d'employés détenteurs de savoirs managériaux ou techniques précieux pour l'entreprise. Elles entraînent aussi une perte de motivation d'une partie des salariés, qui peuvent se sentir lésés par les changements souhaités par l'acquéreur ou menacés par les restructurations à venir.

3 Les surcoûts des opérations de croissance externe

Si les fusions-acquisitions peuvent améliorer la situation stratégique d'une firme, elles sont aussi un outil de croissance coûteux et risqué. En effet, la transaction d'acquisition suppose le paiement d'une prime de contrôle qui vient s'ajouter à la valeur intrinsèque de la cible. De plus, cette prime s'accroît avec le nombre d'acquéreurs potentiels, qui sont poussés à réviser leur offre à la hausse pour remporter l'entreprise convoitée. Les résultats des fusions-acquisitions s'avèrent donc souvent mitigés, notamment pour l'acquéreur. Paradoxalement, les gagnants de ces opérations sont, la plupart du temps, les actionnaires de l'entreprise acquise, qui perçoivent cette prime de contrôle, alors que le principe même d'être racheté est en général considéré comme un échec stratégique.

De nombreuses études montrent que le prix payé par les acquéreurs est souvent trop élevé pour pouvoir être compensé par les synergies. D'où la tentation pour l'acquéreur de rechercher rapidement des synergies de coûts et des restructurations, alors même que celles-ci peuvent conduire à détruire de la valeur dans la cible. Et lorsque les doublons entre les deux entreprises et le potentiel de synergies sont trop faibles, l'acquéreur peut être tenté de compenser la prime de contrôle aux dépens de sa propre organisation, en la restructurant et en licenciant dans ses propres équipes.

Le processus d'intégration exige en outre de mobiliser des ressources en interne qui ne sont alors plus dédiées à la lutte concurrentielle ou à la satisfaction des clients. En se concentrant sur l'intégration de la fusion, on néglige les évolutions du marché et les mouvements des concurrents, ce qui peut se traduire par une détérioration de la position concurrentielle de l'entreprise.

4 La difficulté à mettre en œuvre l'intégration

Même si le prix payé n'est pas trop élevé, même si la cible répond aux critères stratégiques fixés, beaucoup des échecs des fusions-acquisitions peuvent s'expliquer par la difficulté à intégrer les deux entreprises, à ajuster les deux organisations, à combiner leurs systèmes, leurs pratiques, leurs technologies, leurs modes de fonctionnement et leur culture. L'exemple de Daimler-Chrysler (voir la rubrique Étude de cas ci-après) illustre les différents problèmes rencontrés dans le cadre des fusions-acquisitions. Il met en évidence la question de l'évaluation de la cible, ainsi que les difficultés liées à l'intégration post-fusion de deux entreprises très différentes.

ÉTUDE DE CAS

La fusion Daimler-Chrysler, autopsie d'un échec

On estime que la fusion entre l'américain Chrysler et l'allemand Daimler-Benz, réalisée en 1998, a coûté plus de 12 milliards de dollars en termes de destruction de valeur au cours de ses neuf années d'existence, c'est-à-dire jusqu'à la scission d'août 2007. Cette perte de valeur a affecté Chrysler, acheté par Daimler-Benz pour 36 milliards de dollars et revendu pour 7,4 milliards de dollars au fonds d'investissement Cerberus. Elle a aussi pesé sur Daimler, dont les résultats financiers se sont détériorés au cours de la période.

Objectifs attendus de la fusion

Au moment de la transaction, en 1998, le rapprochement était jugé pertinent. Daimler-Benz se présentait comme l'exemple même de la réussite dans l'industrie automobile européenne, notamment sur les produits haut de gamme grâce à la marque Mercedes. De son côté, Chrysler se relevait de ses difficultés passées et mettait en avant une bonne rentabilité, supérieure à celle de ses concurrents. Les activités des deux entreprises apparaissaient alors complémentaires, tant au niveau géographique qu'au niveau des gammes. L'objectif était de créer un géant international de l'automobile, avec un chiffre d'affaires consolidé de 1 000 milliards de dollars.

Parallèlement, nombre de synergies futures avaient été mises en avant pour justifier cette opération largement saluée par les analystes : mise en commun des achats, de la distribution, de la recherche-développement et mise en place de plateformes communes avec des pièces identiques pour les deux marques…

Échec de la mise en œuvre

Cette fusion fut un échec retentissant. Différents arguments, liés à des problèmes de mise en œuvre, d'intégration et de départs de ressources clés,

combinés à un retournement de la conjoncture économique, expliquent ce constat. L'échec observé est d'autant plus important que le prix payé par Daimler-Benz pour acquérir Chrysler était très élevé : il représentait une prime de 28 % par rapport au prix de l'action, prix justifié par la bonne santé du constructeur américain à l'époque.

Or, les cultures et les organisations des deux groupes étaient difficilement compatibles : l'organisation stricte des Allemands contrastait avec l'autonomie des Américains. Les différences culturelles, pourtant anticipées, ont été mal gérées. Les ingénieurs allemands craignaient de voir baisser la qualité de leurs modèles s'ils développaient trop intimement des modèles avec Chrysler tandis que les Américains mettaient fièrement en avant leurs bons résultats, oubliant les faiblesses structurelles de Chrysler.

Les synergies ont donc été difficiles à mettre en œuvre. Les projets initiaux de plateformes communes n'ont pu être réalisés en raison de différences trop importantes entre les modèles Chrysler, à traction avant (ou à quatre roues motrices pour les Jeep), et l'essentiel des modèles Mercedes, à propulsion arrière. En outre, les dirigeants de Chrysler, sur lesquels Daimler comptait s'appuyer pour transmettre un savoir-faire spécifique, ont quitté l'entreprise. Les cultures d'entreprise et les manières de travailler, très différentes, n'ont pu se combiner.

•••

•••

Enfin, des problèmes de gouvernance ont contribué à l'échec. En particulier, la volonté affichée de Daimler-Benz de réaliser une « fusion entre égaux » s'est avérée trompeuse, Chrysler devenant une simple division du groupe. Et Mercedes, en tentant de rapprocher certains modèles, a perdu en réactivité et en qualité, ce qui a profité à ses concurrents directs, BMW et surtout Audi.

Source : Steinmann L., 2001.

QUESTIONS

Corrigés en ligne sur dunod.com

1. À quel type de fusion-acquisition appartient l'opération Daimler-Chrysler ? Quelles en étaient les motivations ?
2. En termes de stratégie, de structure et d'identité, quelles sont les principales raisons de cet échec ?
3. Comment se fait-il que les entreprises n'aient pas anticipé les difficultés de mise en œuvre ?
4. Un rapprochement Daimler-Chrysler aurait-il pu réussir ? Comment ?

a. L'intégration, un processus à part entière

Le processus de rapprochement rajoute des coûts d'intégration au prix d'acquisition, coûts qu'il est impératif d'anticiper. L'intégration des entreprises et la réalisation des synergies ne sont pas automatiques et exigent de mobiliser des équipes dédiées, parfois de s'appuyer sur des consultants. Certains projets peuvent être retardés ou même stoppés par le processus d'intégration. La rationalisation des gammes de produits peut entraîner une baisse des revenus. De même, la réalisation d'économies d'échelle au niveau de la production exige souvent une centralisation de la production sur un site unique, ce qui entraîne la fermeture ou la restructuration des autres sites et donc des licenciements dont le coût social et humain peut être lourd.

Les difficultés de mise en œuvre peuvent donc retarder les bénéfices attendus et apparemment faciles à atteindre sur le papier. Par ailleurs, les problèmes d'intégration sont d'autant plus élevés que les firmes acquises sont de grande taille ou de taille comparable.

b. Deux logiques d'intégration

Dans la phase d'intégration, il existe plus particulièrement une tension entre deux logiques : d'un côté, une intégration étroite est nécessaire pour mettre en œuvre les synergies ; de l'autre, il est crucial de ne pas détruire de valeur dans la cible et de préserver ses compétences (sinon pourquoi l'acheter si cher ?), ce qui peut nécessiter une intégration précautionneuse ou même imposer de maintenir une certaine indépendance entre les deux entreprises.

De façon générale, les fusions-acquisitions peinent à faire bénéficier l'acquéreur de l'intégralité des ressources acquises et des bénéfices liés à la taille. C'est pourquoi on peut dire que les fusions-acquisitions souffrent de « déséconomies de compression du temps » (voir chapitre 2), c'est-à-dire qu'elles ne parviennent pas à tirer correctement parti de la croissance qu'elles ont réalisée trop rapidement. À croissance égale, il arrive fréquemment que les fusions-acquisitions coûtent plus cher que la croissance interne – la prime d'acquisition en représente l'une des matérialisations – et elles aboutissent rarement au même niveau d'optimisation des ressources. En termes d'arbitrage coût/bénéfice, les fusions-acquisitions optent donc pour la rapidité de la croissance au détriment de son coût.

SECTION 4

METTRE EN ŒUVRE LES FUSIONS-ACQUISITIONS

Le processus d'acquisition comprend différentes phases qui commencent par une formulation de la stratégie de l'acquéreur, suivie par la sélection et l'analyse des cibles potentielles. Une fois ces préliminaires réalisés, le processus d'acquisition se poursuit avec une évaluation stratégique et financière de la cible (*due diligence*) et se termine par une négociation du prix et des conditions d'acquisition avant clôture de la transaction. Une fois la transaction réalisée, commencent la prise de contrôle et le processus d'intégration[1].

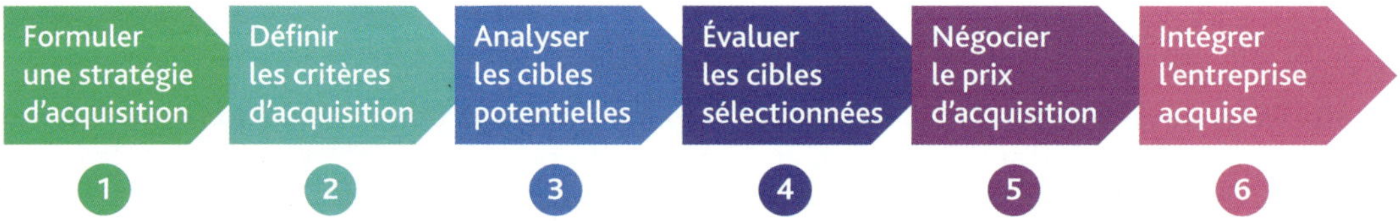

Figure 10.4 Les six phases du processus d'acquisition

1 Formuler une stratégie d'acquisition

Cette étape consiste à analyser la position concurrentielle de l'entreprise sur ses différentes activités et à déterminer les voies et les modalités de développement : croissance interne, alliance ou croissance externe. Il est en effet nécessaire d'évaluer la pertinence d'une acquisition par comparaison aux autres modes de développement possibles. D'autres modes de croissance (alliances, contrats…) ne seraient-ils pas plus pertinents pour atteindre les mêmes objectifs ?[2]

2 Définir les critères d'acquisition

La deuxième étape consiste à déterminer des critères permettant d'opérer une première sélection des cibles intéressantes pour l'entreprise (pratique du *screening*)[3]. Les critères varient selon le type d'acquisition réalisé et les objectifs recherchés.

1. Morosini P. et Steger U., 2004.
2. Capron L. et Mitchell W., 2012.
3. Ebeling H.W. et Doorley T.L., 1983.

De façon générale, différents critères relatifs à la cible peuvent être pris en considération :

- taille relative (seuil minimal et maximal de chiffre d'affaires) ;
- zone géographique ;
- type de clientèle ;
- type de technologie utilisée ;
- part de marché ;
- composition des gammes ;
- potentiel technologique, industriel, commercial ou financier ;
- risque financier.

3 Analyser les cibles potentielles

a. L'attractivité des cibles

L'évaluation de l'attractivité de chaque cible comporte une analyse financière et une analyse stratégique, souvent complétées par un bilan social (organisation humaine, politique de rémunération, pratiques en matière de syndicalisation…) et un diagnostic fiscal, juridique et informatique.

b. L'analyse financière des cibles

L'étude de l'attractivité de la cible se limite dans la plupart des cas à l'analyse financière classique. Ce travail est généralement pris en charge par les banques d'affaires, chargées d'organiser la transaction entre l'offreur et la cible. Mais il faut réaliser en parallèle une analyse stratégique de la cible.

L'analyse financière permet de vérifier si l'entreprise est saine sur le plan financier, et éventuellement si elle offre des opportunités de réalisation de plus-values financières pour l'acquéreur (capacité d'endettement inutilisée, accès à des liquidités importantes, parc immobilier sous-évalué, par exemple).

EN PRATIQUE

L'analyse financière de la cible

L'analyse financière de la cible consiste à étudier sur plusieurs années :

- **Le compte de résultat**. Il permet d'analyser l'évolution du chiffre d'affaires, de la valeur ajoutée, de divers soldes intermédiaires de gestion, du résultat net.
- **Le tableau des emplois et ressources**. Il permet de connaître la politique d'investissement, la capacité d'autofinancement, l'évolution des fonds propres et la politique d'endettement de la cible.
- **Le bilan**. Il permet de connaître la structure du capital ainsi que la composition des immobilisations nettes, des stocks et de la trésorerie.
- **L'analyse des ratios d'exploitation**. Elle permet de comparer la cible par rapport à la moyenne de l'industrie. On peut notamment analyser la marge (résultat net/chiffre d'affaires), la rentabilité économique (ROCE), le niveau d'endettement (endettement/capitaux propres).

c. Analyse stratégique des cibles

Plusieurs éléments sont à considérer dans l'analyse stratégique de la cible :

- la position concurrentielle de l'entreprise sur ses différents marchés (part de marché, risque de nouveaux concurrents, qualité de la gamme, durabilité de l'avantage compétitif, analyse de la structure de coût) ;
- le potentiel de développement de l'entreprise par ses propres ressources (qualité du management, ressources technologiques, industrielles, commerciales et financières) ;
- le potentiel de synergies entre l'acquéreur et la cible et les rationalisations envisageables (existence d'actifs redondants, potentiel d'économies d'échelle, complémentarité des zones géographiques).

d. La disponibilité des cibles

Pour chaque cible, il est crucial de s'assurer qu'il est possible d'en prendre le contrôle. Le secteur auquel appartient la cible peut être protégé par l'État, par exemple s'il appartient à une industrie stratégique (aéronautique, électronique de défense). La réglementation relative aux concentrations d'entreprises ou aux investissements transnationaux constitue également un facteur à prendre en compte.

Exemple

Electrolux souhaite s'offrir le marché américain

Le groupe suédois **Electrolux**, avait soumis une offre de 3,3 milliards de dollars en septembre 2014 pour racheter la division électroménager de **General Electric**. Cette opération devait permettre à Electrolux d'accroître son chiffre d'affaires de 17 milliards à 22,5 milliards de dollars. Mais le projet a été bloqué par le département de la justice américain qui estimait que cette acquisition entraînerait des hausses de prix sur des produits comme les gazinières ou les plaques de cuisson. Plus fondamentalement, Electrolux détenant déjà 40 % du marché américain, cette acquisition risquait de lui donner une position dominante et de réduire l'industrie à un duopole Electrolux-**Whirlpool**. C'est finalement le fabricant chinois **Haier** qui a pu racheter cette branche.

Par ailleurs, la structure de l'actionnariat peut être un obstacle à la prise de contrôle. Deux éléments sont à prendre en compte :

- les types d'actionnaire (individu, famille, groupe, institutionnel, public) ;
- le degré de concentration du capital (part des principaux actionnaires, part des actions cotées, répartition des droits de vote).

4 Évaluer les cibles sélectionnées

Suite à l'analyse de la cible, il faut procéder à son évaluation financière. Deux valeurs sont à prendre en considération : la valeur intrinsèque de la cible d'une part, et la valeur relative de l'acquisition d'autre part.

- La valeur intrinsèque de la cible correspond à la valeur de l'entreprise en l'état, indépendamment des effets de la fusion, c'est-à-dire sans prise en compte de synergies éventuelles avec l'acquéreur, ni de la mise en œuvre d'une politique de redressement ou de revente d'actifs avec plus-values financières.

• La valeur relative intègre, en plus de la valeur intrinsèque, le potentiel de création de valeur. Il existe plusieurs valeurs relatives pour une même cible qui dépendent de la capacité de l'acquéreur à agir sur les revenus et les coûts de fonctionnement de la cible. La valeur relative varie donc en fonction des ressources financières, technologiques et commerciales de l'acquéreur.

a. La valeur intrinsèque

Comme nous l'avons vu au chapitre 6, la valeur d'une entreprise est la somme de ses capitaux propres et de sa dette. Pour prendre le contrôle de l'entreprise, il faut acheter le capital aux actionnaires. Pour les cibles cotées, la valeur des capitaux propres est reflétée par la capitalisation boursière (cours de Bourse multiplié par le nombre d'actions). C'est théoriquement le prix minimal à payer pour prendre le contrôle d'une société. Pour les entreprises non cotées en Bourse, il est indispensable de disposer d'autres méthodes d'évaluation.

• Méthodes comptables et financières

Cependant, même pour les cibles cotées, la capitalisation boursière ne donne pas toujours une évaluation satisfaisante pour l'acheteur et le vendeur. En effet, de nombreuses transactions résultent du fait que l'acheteur et le vendeur estiment que la cible n'est pas suffisamment valorisée par la Bourse. Bien sûr, le vendeur a intérêt à maximiser cet écart alors que l'acheteur a intérêt à le minimiser. Compte tenu des asymétries d'information, l'acquéreur doit procéder à sa propre estimation de la valeur intrinsèque de l'entreprise.

Exemple

Une acquisition jugée trop chère

Le prix de 12,5 milliards d'euros payé par **Air Liquide** pour l'acquisition de **Airgas** a été jugé trop élevé par de nombreux analystes financiers. Les actionnaires d'Airgas ont reçu une offre de 143 dollars par action. Ce prix représentait une prime de 50 % par rapport à la valeur moyenne du groupe Airgas au cours du mois précédant l'annonce de l'opération et une prime de 20,3 % par rapport au cours le plus élevé de l'action sur les 52 dernières semaines. De plus, c'était presque trois fois plus que le prix proposé par **Air Products** en 2010. Le marché a donc accueilli frileusement l'acquisition et le lendemain de l'annonce de l'opération, le cours de Bourse d'Air Liquide a baissé de 7 %.

EN PRATIQUE

Calculer la valeur intrinsèque de la cible

Plusieurs méthodes ont été élaborées pour estimer la valeur intrinsèque. Parmi celles-ci, on distingue les méthodes comptables, fondées sur la valeur patrimoniale de l'entreprise, et les méthodes financières, fondées sur la valeur de marché de l'entreprise. Pour une même opération, il est conseillé d'appliquer différentes méthodes.

1. Les méthodes comptables

L'évaluation patrimoniale évalue l'entreprise en fonction de ses actifs. La valeur comptable des actifs, telle qu'elle apparaît dans le bilan, reflète généralement mal la réalité économique. C'est pourquoi on évalue les actifs en estimant soit leur coût de remplacement, soit leur valeur de revente sur le marché secondaire.

• • •

•••

- Dans le premier cas, on cherche à évaluer ce que coûterait à l'acquéreur la constitution d'actifs identiques : cette méthode est appropriée aux décisions d'arbitrage entre croissance interne et externe.
- Dans le second cas, la valeur de revente des actifs peut être estimée par la valeur à la casse (vente des actifs dans des conditions de liquidation les plus défavorables), la valeur de liquidation (valeur marchande des actifs en cas de cessation d'activité) ou par l'actif net réévalué.

L'actif net réévalué est la méthode comptable d'évaluation des entreprises la plus fréquemment utilisée et consiste à réévaluer (ou déprécier) des éléments de l'actif, et éventuellement du passif, en fonction de leurs plus-values (ou moins-values) latentes (actifs de production invendables, augmentation de la valeur d'un immeuble depuis son inscription à l'actif, vétusté de certains locaux).

Généralement, on ajoute à cette valeur patrimoniale des éléments qui ne figurent pas au bilan, mais qui apportent à l'entreprise une capacité distinctive qui génère une rentabilité supérieure. Il s'agit d'actifs incorporels tels que la marque, le fonds de commerce, la notoriété, le potentiel de développement humain, un emplacement géographique favorable. Cette survaleur qui s'ajoute à la valeur patrimoniale correspond à la notion de *goodwill*.

2. Les méthodes financières

Contrairement aux méthodes comptables, qui ne prennent en compte que les performances passées, les méthodes financières intègrent les perspectives de développement de la cible puisqu'elles évaluent les entreprises à partir de leur rentabilité prévisionnelle. L'entreprise est donc évaluée fonction des flux de liquidités qu'elle sera à même de générer suite au rachat.

La méthode la plus fréquemment utilisée est l'actualisation des *cash-flows* espérés (DCF : *Discounted Cash Flows*) décrite au chapitre 6. Elle consiste à évaluer les flux de liquidités futurs qui seront générés par les actifs de l'entreprise sur une période déterminée, à les actualiser au coût du capital de manière à estimer leur valeur présente, à laquelle on ajoute une valeur finale également actualisée. Cette méthode implique de déterminer les paramètres suivants :

- **Les flux prévisionnels de liquidités** : résultat d'exploitation, majoré des dotations aux amortissements et des autres charges non déboursées, et diminué des investissements et de l'augmentation du besoin en fonds de roulement.
- **La période de prévision** : il est rare qu'elle soit supérieure à dix ans.
- **Le taux d'actualisation** : il est lié au risque de l'investissement, on s'appuie sur le coût du capital. Celui-ci détermine le taux de rendement exigé par les actionnaires : c'est la somme d'un taux sans risque (celui des bons du Trésor) et d'une prime de risque qui dépend de la volatilité du titre, considéré par rapport au marché (bêta) et de la prime de risque du portefeuille de marché.
- **La valeur terminale** (dite aussi finale ou résiduelle) : elle peut être estimée à partir du bilan prévisionnel ou des *cash-flows* de la dernière année, par exemple. Notons que plus la période de prévision est courte, plus le poids de la valeur terminale est important. Il est très fréquent que les prévisions soient réalisées sur trois à cinq ans, ce qui conduit à reporter sur la valeur terminale près des deux tiers de la valeur totale.

• Méthode des « multiples » ou des « comparables »

- **Multiple du niveau de profit annuel**. Compte tenu des difficultés d'application des méthodes comptables et financières, de nombreux banquiers d'affaires se contentent de calculer une valeur intrinsèque approximative en considérant que celle-ci est un « multiple » du niveau de profit annuel. On estime ainsi qu'une société « vaut » dix ans de résultat opérationnel ou quinze ans de résultat net. Il arrive même que l'on estime le prix en fonction du chiffre d'affaires : « dans tel secteur, les entreprises valent environ un an de chiffre d'affaires » !
- **Multiple de l'EBITDA ou de l'EBIT**. Les fonds d'investissement, qui rachètent principalement des entreprises non cotées, font un raisonnement analogue lorsqu'ils estiment la valeur des cibles par un multiple de l'EBITDA (*Earning Before Interest, Taxes, Depreciation and Amortization*, c'est-à-dire le *cash-flow* brut, calculé en prenant le résultat avant frais financiers, impôts, amortissement et dépréciations) ou de l'EBIT (*Earning Before Interest and Taxes*) qui correspond à la notion de résultat opérationnel.
- **Multiplier le résultat prévisionnel par le PER**. Le calcul le plus fréquemment effectué consiste à multiplier le résultat prévisionnel de l'entreprise par un facteur appelé PER (*Price/Earning Ratio*) qui est le quotient du prix de l'action sur le bénéfice par action. Plus les perspectives futures sont favorables, plus le PER est élevé. En effet, un PER élevé signifie que les investisseurs estiment que les gains futurs sont supérieurs aux gains actuels.

Dans toutes ces approches, les multiples utilisés sont estimés à partir de « comparables », c'est-à-dire d'entreprises qui ont deux caractéristiques :

- leurs activités et leur structure sont assez semblables à celles de la cible ;
- leur valeur est connue, soit parce qu'elles sont cotées, soit parce qu'elles ont été acquises récemment.

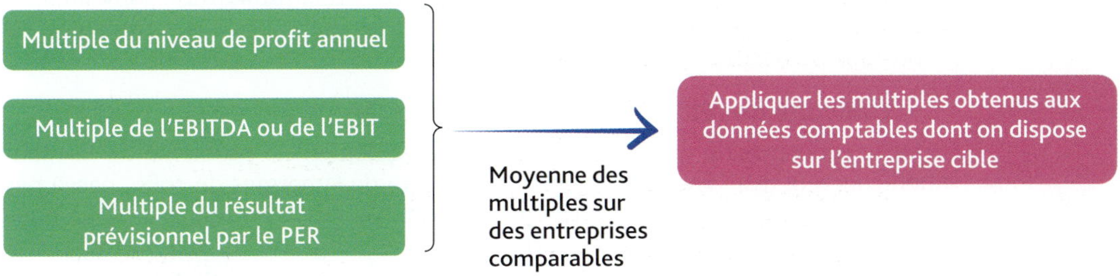

Figure 10.5 Méthode des « multiples » ou des « comparables »

On calcule donc une moyenne des multiples sur des entreprises comparables, puis on applique les multiples obtenus aux données comptables dont on dispose sur l'entreprise cible. La méthode des « multiples » est la plus rapide et la plus facile à comprendre pour les personnes impliquées dans la transaction.

b. La valeur relative

Il est également important d'estimer la valeur relative de la cible en prenant en compte les caractéristiques de l'acquéreur. Cette étape permet de déterminer un seuil maximal de prix à payer, au-delà duquel toute chance de réaliser une acquisition rentable risquerait d'être compromise. Le paiement d'une prime d'acquisition aux actionnaires de la cible en sus de la valeur intrinsèque ne se justifie en effet que si le potentiel de création de valeur de l'acquisition est suffisamment élevé pour compenser ce surcoût.

Exemple

Nestlé et Danone en compétition pour les petits pots de Pfizer

- En 2012, **Nestlé** et **Danone** étaient en concurrence pour acquérir la branche de petits pots pour bébés et d'aliments pour enfants de **Pfizer**. Le groupe suisse l'a finalement emporté pour 11,85 milliards de dollars. Malgré l'intérêt stratégique de l'acquisition, Danone a estimé que le montant proposé par Nestlé dépassait les limites qu'il s'était imposées et qu'il lui serait difficile d'amortir financièrement une telle opération.

• Des difficultés d'évaluation

La valeur relative de la cible varie en fonction du potentiel de création de valeur que chaque offreur sera à même de créer. Ainsi, une cible sera plus ou moins attractive pour chaque acheteur, ce qui explique les surenchères auxquelles on assiste dans les cas d'acquisitions hostiles. De façon générale, la méthode des *cash-flows* actualisés suppose de prendre en compte un certain nombre d'hypothèses quant au potentiel de création de valeur futur, et notamment des synergies créées. Par conséquent, la prudence est de mise : les résultats obtenus sont soumis à toutes sortes d'erreurs, souvent à cause d'hypothèses trop optimistes sur l'évolution de l'activité ou sur le potentiel de synergies.

Même en prenant des hypothèses conservatrices, l'évaluation du potentiel de création de valeur manque fréquemment de fiabilité, à cause de l'asymétrie d'information entre l'acquéreur et la cible et de la difficulté de quantifier certains gains. Si les économies relatives aux services fonctionnels ou administratifs peuvent être assez bien estimées, les synergies de revenus et les gains liés à des transferts de savoir-faire sont difficiles à évaluer.

• Difficulté de réalisation des synergies

Outre le problème de quantification, se pose également le problème de la réalisation concrète des synergies. La mise en œuvre de synergies de coûts passe par des mesures de consolidation physique ou administrative douloureuses. La mise en place de mesures de rationalisation physique comporte un risque important (résistance aux changements, plans sociaux, transfert physique de personnel). Les fusions de réseaux commerciaux sont également risquées, car des phénomènes de « cannibalisation » entre les produits peuvent interférer et avoir des effets délétères sur les parts de marché.

• Plus-value parfois réduite pour les actionnaires acquéreurs

Difficultés d'évaluation et de réalisation sont donc deux sources de surévaluation de la valeur relative de la cible qui expliquent en partie les échecs constatés dans la mise en œuvre des fusions-acquisitions. En outre, la création de valeur ainsi calculée ne garantit pas forcément un enrichissement des actionnaires de l'acquéreur à hauteur de cette création de valeur. En effet, le marché a souvent anticipé le rachat et les synergies correspondantes, de telle sorte que le prix de l'entreprise prend déjà en compte une partie de l'effet lié à la création de valeur de l'acquisition. Dans ce cas, la plus-value pour les actionnaires de l'acquéreur s'en trouve réduite.

- **Mécanismes de création de valeur**

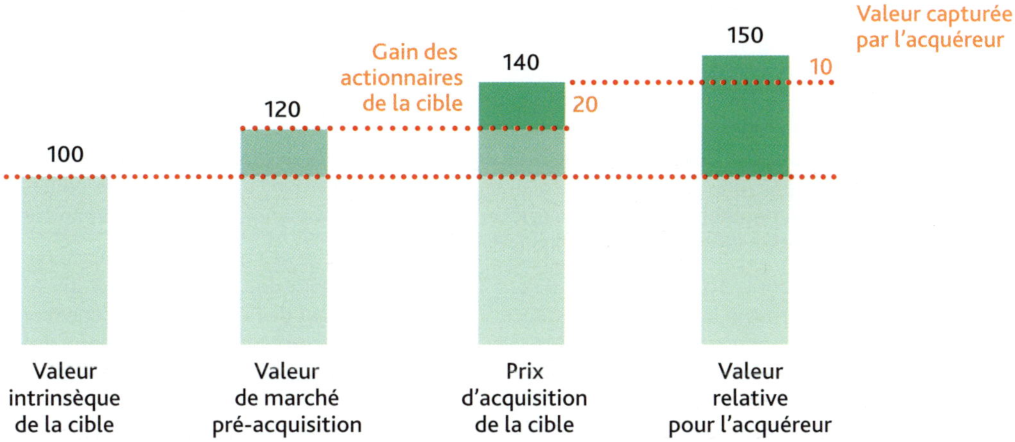

Figure 10.6 Valeur intrinsèque, prix d'acquisition et valeur relative

La figure 10.6 résume les mécanismes de création de valeur pour les différents acteurs. Dans l'exemple présenté, la valeur créée par l'acquisition est de 50 (différence entre la valeur intrinsèque de la cible et la valeur relative pour l'acquéreur). Mais la valeur réellement captée par l'acquéreur n'est que de 10, soit la différence entre la valeur relative et le prix payé (150 – 140 = 10). En pratique, il n'est pas rare que la valeur captée par l'acquéreur soit nulle, voire négative, même si l'acquisition en elle-même crée de la valeur. Remarquons que les actionnaires de la cible gagnent de toute manière l'écart entre le prix d'acquisition et la valeur de marché pré-acquisition (20 dans le cas présenté).

5 Négocier le prix d'acquisition

Le prix payé doit se situer entre la valeur intrinsèque de l'entreprise et sa valeur relative. Toutefois le prix d'acquisition se détermine en fonction de l'offre et de la demande, car le marché des firmes est un marché concurrentiel où plusieurs entreprises peuvent se disputer le droit de prendre le contrôle d'une entreprise[1]. Dans les situations où cette concurrence est forte, l'acquéreur est souvent obligé de surenchérir. Il faut alors qu'il se fixe un montant maximal s'il souhaite rentabiliser son investissement. En revanche, il existe des cas où l'offre est supérieure à la demande. Il s'agit souvent d'acquisitions dans des secteurs en déclin (textile, construction mécanique), où des entreprises sont mises en vente pour un nombre limité de repreneurs potentiels.

1. Eccles R.G., Lanes K.L. et Wilson T.C., 1999.

Exemple

L'acquisition de WhatsApp par Facebook au prix fort

- En 2013, **Facebook**, qui avait acquis **Instagram** en 2012 pour moins de 1 milliard de dollars, a essayé de racheter **Snapchat**, l'application de partage éphémère de photos et de vidéos pour 3 milliards de dollars. Le prix a été jugé trop faible et l'opération a échoué. En revanche, en 2014, Facebook a fait l'acquisition de la messagerie instantanée **WhatsApp**, pour le montant de 22 milliards de dollars !
- WhatsApp, entreprise créée en 2009 et regroupant une soixantaine de personnes au moment de l'acquisition, avait développé une messagerie instantanée qui permettait d'envoyer, *via* les connexions Internet des smartphones, des messages, des vidéos ou des messages audio. Cette messagerie avait déjà franchi la barre de plus de 700 millions d'utilisateurs par mois. Et son chiffre d'affaires s'élevait seulement à 16 millions de dollars environ. WhatsApp, qui avait privilégié une stratégie de croissance, connaissait des pertes d'exploitation de l'ordre de 26 millions de dollars.
- Pour Facebook, acheter WhatsApp était l'occasion d'acquérir une énorme base d'utilisateurs, de trouver un relais de croissance auprès des jeunes et de renforcer sa présence sur les smartphones et les tablettes. Mais le prix était élevé : le montant de l'acquisition valorisait WhatsApp à 42 dollars par utilisateur, alors que Facebook avait acheté Instagram pour seulement 24 dollars par utilisateur. Facebook justifiait le montant de l'acquisition par la valeur stratégique de WhatsApp. L'acquisition était aussi le moyen de neutraliser un concurrent potentiel, de contrer des rivaux directs comme **WeChat**, **Line** ou **Viber** et également d'anticiper la possibilité d'une acquisition de WhatsApp par **Google**.
- La question reste cependant de savoir comment Facebook peut mettre en œuvre des synergies et gagner de nouveaux utilisateurs grâce à WhatsApp. L'enjeu est de monétiser son audience auprès des entreprises. Facebook envisage donc d'introduire des publicités entre les statuts des contacts des utilisateurs ou sur le fil d'actualités. Les utilisateurs de smartphones étant géolocalisables et leurs comportements analysés au plus près, on peut imaginer des campagnes publicitaires ciblées. L'objectif est donc d'attirer les entreprises sur WhatsApp en leur montrant la valeur qu'elles peuvent créer grâce à une communication directe avec leurs clients. Mais ces synergies demeurent encore hypothétiques.

6 Intégrer l'entreprise acquise

a. Différents objectifs, différents modes d'intégration

L'intégration de l'entreprise acquise dépend des objectifs poursuivis par l'acquéreur. Si celui-ci souhaite extraire de la valeur purement financière, il s'attachera à redresser la cible avant de revendre. En revanche, si l'acquisition est un moyen de réaliser des synergies, une intégration entre l'acquéreur et la cible sera alors nécessaire. Cette intégration est plus ou moins forte selon le type de synergies attendues. Par exemple, l'exploitation de synergies opérationnelles exige une consolidation physique des actifs, alors que le renforcement du pouvoir de négociation ne demande qu'une centralisation administrative de certains services.

La mise en œuvre des fusions est un exercice délicat, car elle s'opère généralement dans un climat tendu où les salariés de la cible ou même de l'acquéreur s'inquiètent de leur sort individuel et collectif. De plus, l'acquisition est souvent perçue comme la sanction d'une mauvaise gestion, ce qui favorise l'apparition de relations de type vainqueur/vaincu : d'un côté se manifeste un sentiment d'arrogance et de supériorité ; de l'autre se développe un complexe d'infériorité qui limite l'engagement. D'autres facteurs, comme la perte d'identité ou la redistribution des pouvoirs, constituent aussi des obstacles à la mise en œuvre du changement souhaité par l'acquéreur.

Le départ de l'entreprise de cadres clés représente une menace forte pour le bon déroulement de la fusion. C'est notamment le cas dans les sociétés de services telles que les agences de publicité, les cabinets de conseil ou les éditeurs de jeux vidéo dont les résultats sont fortement tributaires du capital humain.

Dans le processus, souvent qualifié de PMI (*Post-Merger Integration*), la démarche d'intégration varie en fonction du degré souhaité de combinaison des organisations et des stratégies de l'acquéreur et de la cible. Dans la pratique, on distingue quatre grands modes d'intégration des acquisitions (voir la rubrique En pratique ci-après).

EN PRATIQUE

Les différents modes d'intégration des acquisitions[1]

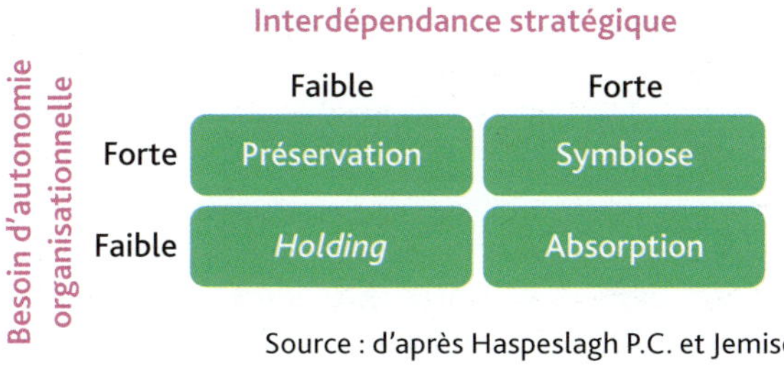

Source : d'après Haspeslagh P.C. et Jemison D.B., 1991.

Figure 10.7 Les modes d'intégration des acquisitions

La matrice ci-dessus montre que le choix du mode d'intégration dépend du type d'acquisition considéré.

1. L'absorption

L'absorption est adaptée aux acquisitions qui impliquent une forte interdépendance stratégique et une étroite combinaison organisationnelle. Ce mode d'intégration est caractéristique des acquisitions horizontales d'assainissement et de consolidation. La création de valeur dépend dans ces contextes de la capacité de l'acquéreur à réduire les coûts à partir d'une rationalisation des actifs (assainissement) ou à dégager des synergies par un rapprochement opérationnel des différentes entités (consolidation).

2. La préservation

La préservation maintient une forte autonomie organisationnelle de la cible et le rapprochement entraîne peu d'interdépendances au niveau stratégique. Le succès de l'acquisition dépend en effet d'une préservation des compétences et spécificités de la cible. Ce mode d'intégration est adapté aux acquisitions verticales et à certaines acquisitions d'extension de marché.

●●●

3. La symbiose

La symbiose est un mode d'intégration hybride délicat à mettre en œuvre. L'acquéreur préserve l'autonomie organisationnelle de la cible tout en tentant d'améliorer sa position stratégique. L'acquéreur cherche aussi à acquérir des compétences spécifiques dont la valeur dépend de la préservation de leur contexte d'origine. Ce mode d'intégration peut être particulièrement adapté aux opérations d'acquisition de compétences, ainsi qu'à de nombreuses acquisitions d'extension produits ou marché.

Exemple :

L'acquisition d'une entreprise de biotechnologie par un laboratoire pharmaceutique peut échouer si les chercheurs concernés quittent l'entreprise suite au rachat. Pour éviter ce comportement, il faut préserver leur environnement d'origine et ne pas les regrouper avec le département de recherche du laboratoire. Néanmoins, pour tirer parti de l'acquisition, le laboratoire doit savoir « importer » le savoir développé par la cible pour l'appliquer aux activités de l'entreprise.

4. Le mode holding

L'acquéreur se comporte en *holding*, c'est-à-dire qu'il choisit de ne pas intégrer la cible et de lui laisser une totale autonomie organisationnelle et stratégique. Cette approche correspond généralement aux acquisitions à faible synergie, dont la motivation essentielle est l'extraction de valeur. Elle est typique des fonds d'investissement.

Haspelagh P.C. et Jemison D.B., 1991.

b. Combiner synergies et compétences spécifiques

Le processus d'intégration doit combiner la recherche de synergies et la nécessité de ne pas détruire les compétences de l'entreprise acquise, voire d'en profiter. L'objectif est que le nouvel ensemble soit plus performant et que sa position concurrentielle soit meilleure.

Exemple

Symbiose entre Unilever et Ben & Jerry's

- Lors de l'achat de **Ben & Jerry's** par **Unilever** en 2000, l'intégration a été précautionneuse afin de ne pas détruire les compétences de Ben & Jerry's. L'entreprise américaine, de bien plus petite taille qu'Unilever, était spécialisée dans les glaces de qualité produites à partir d'ingrédients naturels et de liens étroits avec les fournisseurs locaux du Vermont. Elle affichait des valeurs de responsabilité sociale et de protection de l'environnement auxquelles les clients sont attachés. Unilever tenait à préserver ces compétences et même à adopter certaines valeurs de préservation de l'environnement.
- Le groupe devait aussi mettre en œuvre des synergies, par exemple faciliter l'internationalisation de Ben & Jerry's, lui faire bénéficier de ses canaux de distribution ou de ses compétences marketing. Ce n'était pas si évident puisque Ben & Jerry's s'approvisionnait uniquement auprès de producteurs laitiers du Vermont et refusait de faire de la publicité à la télévision. De plus, les résultats de Ben & Jerry's se dégradant, il était nécessaire pour Unilever d'être plus interventionniste, de restructurer la cible et d'améliorer son fonctionnement et sa compétitivité.

Au bout de plusieurs mois, Unilever a ainsi intégré une partie des fonctions administratives de Ben & Jerry's dans son siège nord-américain puis a rationalisé la logistique ainsi que sa production et ses processus d'innovation. Avec le temps, et afin de profiter des synergies, la préservation s'est transformée en symbiose et l'intégration a été plus prononcée sans pour autant devenir une absorption. Au total, l'acquisition, malgré les risques encourus, a été un succès à la fois pour Unilever, qui a accru ses revenus et sa présence sur le segment premium, et pour Ben & Jerry's qui s'est fortement internationalisée et a amélioré ses résultats et son processus d'innovation.

La configuration du nouvel ensemble peut évoluer en fonction de l'environnement et des concurrents. Le processus même de rapprochement est complexe et l'intégration du capital humain nécessite des équipes dédiées et un savoir-faire managérial qui s'acquiert généralement avec l'expérience. De nombreuses études ont en effet montré que les entreprises apprennent avec l'expérience à maîtriser les pièges de l'intégration. Au-delà de la formalisation de certaines pratiques d'intégration, il n'existe pas de recette miracle pour la phase de mise en œuvre. Chaque acquisition reste un événement unique, qui se gère comme un projet spécifique.

ÉTUDE DE CAS

Procter-Gillette, ou comment combiner deux géants de la grande consommation

En rachetant Gillette en octobre 2005, Procter & Gamble est devenue la première entreprise de biens de grande consommation dans le monde, devant Unilever, avec un chiffre d'affaires combiné de plus de 68 milliards de dollars en 2006, et de plus de 83 milliards de dollars en 2012. Pour Procter & Gamble, groupe dont la culture est plutôt tournée vers la croissance interne, cette opération a été la plus importante acquisition jamais réalisée.

Des attentes modérées

Les deux entreprises avaient des activités complémentaires au niveau géographique, Procter & Gamble étant très présent en Asie et Gillette davantage en Amérique du Sud. Les gammes de produits (piles, rasoirs et petit électroménager pour Gillette ; produits d'hygiène, beauté, pharmacie, entretien de la maison et alimentaire pour Procter & Gamble) étaient différentes mais toutes deux distribuées en grande surface.

Par ailleurs, les deux entreprises étant considérées comme des modèles de bonne gestion et d'optimisation des ressources, le potentiel d'amélioration était jugé faible au moment de la fusion. Quant aux synergies, elles paraissaient limitées car les sites

•••

•••

de production des deux groupes fabriquaient des produits différents et il était alors peu probable que le rapprochement puisse affecter leur rentabilité.

Des objectifs dépassés

Deux ans après l'opération, les observateurs s'accordaient pourtant à dire que la fusion était un succès puisque les objectifs fixés au moment de son annonce avaient été atteints, que le groupe dans son ensemble poursuivait sa croissance et affichait de bons résultats dans toutes ses activités. En effet, malgré les coûts engendrés par l'acquisition, la marge opérationnelle avait continué à croître, pour atteindre 20,2 % en 2007, contre 19,4 % en 2006. Pour cela, l'intégration a porté sur la force de vente, les réseaux de distribution et les systèmes d'information et de facturation. Le nouveau groupe a aussi dégagé des économies en jouant de son pouvoir de négociation vis-à-vis des fournisseurs et des acheteurs, et en rationalisant certaines ressources (informatique, service client, comptabilité, etc.).

Une intégration réussie mais…

Le nouveau groupe a aussi travaillé à une meilleure exploitation de la complémentarité des compétences et des gammes des deux entreprises. Ainsi, des crèmes de soin Gillette ont été lancées en combinant les compétences de Procter & Gamble en matière de soins et les ressources de Gillette en termes de marque et de connaissance de la cible masculine.

Au début du processus, le départ de talents clés a été limité. Des ex-dirigeants de Gillette ont été nommés à des positions clés dans l'organigramme du groupe telles que les divisions des déodorants, des soins bucco-dentaires ainsi que la division commerciale, marketing et média d'Amérique du Nord. Pour la première fois dans l'histoire de Procter & Gamble, de telles responsabilités étaient exercées par des salariés n'ayant pas commencé leur carrière chez Procter & Gamble. En revanche, au bout de quelques mois, des différences difficilement conciliables sont apparues et ont entraîné le départ de certains responsables du marketing. Par exemple, alors que Procter & Gamble souhaitait une segmentation très fine chez ses clients masculins, le marketing de Gillette avait toujours fonctionné sans trop segmenter ses clients hommes. De même, la lourdeur bureaucratique de Procter et la résistance de certains top managers soucieux de garder leur pouvoir ont poussé des cadres issus de Gillette vers la sortie. Peu d'innovations fortes ont été lancées par Gillette depuis 2005. Et Gillette n'a pas réagi efficacement à l'arrivée de nouveaux entrants tels que Dollar Shave Club ou Harry's qui proposent des abonnements et la livraison à domicile. Au total, Gillette perd des parts de marché, ce que certains attribuent à une perte de réactivité causée par l'acquisition.

Source : Neff J., 2007.

QUESTIONS
Corrigés en ligne sur dunod.com

1. À quel type de fusion-acquisition appartient l'opération Procter-Gillette ? Quels en étaient les motivations et les risques ?
2. Pourquoi le succès de cette fusion a-t-il dépassé les espérances des analystes ?
3. Quelles leçons peut-on en tirer en matière de stratégies de croissance externe et de management de l'intégration post-fusion ?

À RETENIR

Qu'est-ce qu'une fusion-acquisition ?

- Une **fusion-acquisition** est une opération de croissance externe engageant deux entreprises qui mettent en commun leurs ressources pour ne plus former qu'une seule entreprise à la suite de l'opération.
- Deux grandes évolutions caractérisent la période récente : l'**internationalisation** des acteurs et la montée en puissance des **fonds d'investissement** ou fonds de LBO.
- Les **différents types d'acquisition** du point de vue de la *corporate strategy* sont les acquisitions horizontales, d'expansion géographique, verticales, de diversification liée ou de diversification conglomérale.

Pourquoi fusionner ?

- **Motivations de nature économique** : créer de la valeur *via* des synergies de coûts et de revenus ; extraire de la valeur (avantages fiscaux, amélioration de la gestion de l'entreprise cible).
- **Autres motivations** : motivations personnelles des dirigeants, effet d'imitation, désir d'affaiblir ou de préempter un concurrent.

Les difficultés des fusions-acquisitions

Les difficultés rencontrées lors des fusions-acquisitions sont dues à deux types de facteur :

- Les premiers se manifestent dès la **transaction** : les problèmes liés au droit de la concurrence et la prime de prix, souvent très élevée pour des actifs parfois moins intéressants que prévu.
- D'autres se révèlent plus tard, lors des **phases d'intégration post-fusion** : les surcoûts des opérations de croissance externe et les difficultés à mettre en œuvre l'intégration.

Mettre en œuvre les fusions-acquisitions

Le processus de mise en œuvre des fusions-acquisitions comprend six phases :

- Formuler une **stratégie d'acquisition** : évaluation de la pertinence d'une acquisition par comparaison aux autres voies possibles.
- Définir les **critères d'acquisition**.
- **Analyser les cibles**, du point de vue de leur attractivité (analyse financière et stratégique).
- **Valoriser les cibles** sélectionnées : évaluer leur valeur intrinsèque et leur valeur relative.
- **Négocier le prix** d'acquisition, qui doit en principe se situer entre la valeur intrinsèque de l'entreprise et sa valeur relative.
- Choisir un **mode d'intégration** de l'entreprise acquise en fonction des objectifs poursuivis par l'acquéreur : l'absorption, la préservation, la symbiose, l'approche *holding*.

Chapitre 11 | Les alliances stratégiques

Une erreur couramment répandue consiste à confondre les alliances stratégiques avec les fusions-acquisitions. Or, la plupart des recommandations sur le management stratégique des fusions-acquisitions ne sont pas valables pour les alliances. Ce sont en effet deux types de rapprochement très différents : dans une fusion-acquisition, les entreprises impliquées se fondent au sein d'un même groupe, doté d'un actionnariat commun et contrôlé par une hiérarchie unique ; alors que dans une alliance stratégique, les entreprises partenaires coopèrent de manière ciblée, sur des projets précis, en conservant une hiérarchie propre et une autonomie totale sur les activités qui restent en dehors de l'alliance.

Ce chapitre présente non seulement les formes et les objectifs des alliances, mais aussi leurs inconvénients et leurs pièges. Ces pièges sont particulièrement dangereux et difficiles à déjouer lorsque l'alliance associe des entreprises concurrentes ou potentiellement concurrentes, situation bien plus fréquente qu'on ne pourrait le croire.

Plan du chapitre

SECTION 1

QU'EST-CE QU'UNE ALLIANCE STRATÉGIQUE ?

Le thème des alliances stratégiques n'est apparu qu'au début des années 1990. Auparavant, le phénomène de la coopération restait assez marginal, à part dans certains secteurs d'activité, comme la construction aéronautique. Depuis cette époque, les alliances se sont généralisées à la plupart des industries, sous l'effet de la globalisation (l'ouverture des marchés mondiaux a stimulé les alliances internationales), de l'évolution technologique (l'explosion des coûts de R&D a poussé les entreprises à coopérer) et d'un certain assouplissement du droit de la concurrence.

C'est ainsi que le fait de coopérer avec d'autres entreprises – parfois même avec des entreprises concurrentes – est devenu de nos jours une option parfaitement normale dès qu'il s'agit de réduire les coûts, d'alléger les investissements, d'innover, d'accéder à de nouvelles technologies ou de mondialiser les activités.

Cependant, le mot « alliance » est souvent employé à tort et à travers. Par exemple, lorsque l'on entend dire qu'une entreprise « cherche une alliance industrielle », c'est souvent un euphémisme pour dire qu'elle cherche un repreneur, donc une acquisition et non une alliance. Commençons donc par définir ce que l'on entend par « alliance stratégique ».

1 Définition

Une alliance stratégique est une coopération :

- À moyen/long terme, décidée au plus haut niveau et revêtant une importance stratégique pour les entreprises impliquées.
- Généralement bilatérale (ou limitée à un petit nombre de partenaires).
- Souvent nouée entre des entreprises concurrentes ou potentiellement concurrentes (condition non nécessaire mais fréquemment vérifiée).
- Focalisée sur un projet concret et bien défini : les autres activités des partenaires restent en dehors du cadre de l'alliance.
- Mise en œuvre en coordonnant les compétences et les ressources des partenaires pour développer, produire et/ou commercialiser des produits et des services : certaines alliances sont limitées à la R&D ou à la commercialisation par un allié d'un produit développé par l'autre ; d'autres couvrent toute la chaîne de valeur, du développement jusqu'à la commercialisation d'une offre commune.
- Fondée sur le partage du pouvoir de décision entre les entreprises alliées : il n'y a pas de lien de subordination ou de contrôle entre les partenaires, ceux-ci restent autonomes et libres de leur stratégie et de leur organisation.
- Dotée d'une clause d'exclusivité réciproque : chaque partenaire s'engage à ne pas concurrencer directement les activités de l'alliance, que ce soit de manière autonome ou à travers d'autres alliances.

Le *joint-venture* Nestlé-General Mills (voir la rubrique Étude de cas ci-après) est une alliance stratégique. Elle porte sur un domaine d'activité précis – les « céréales » pour le petit déjeuner –, elle remplit toutes les conditions énoncées ci-dessus et joue un rôle significatif dans la stratégie des deux entreprises alliées, alors que ces entreprises restent autonomes sur toutes les activités non couvertes par l'alliance.

ÉTUDE DE CAS

Cereal Partners Worldwide : une alliance Nestlé-General Mills

Cereal Partners Worldwide (CPW) est une co-entreprise qui associe General Mills et Nestlé dans le domaine des céréales pour petit déjeuner depuis 1990, chaque partenaire détenant 50 % du capital.

Une alliance de grande envergure

En 2018, CPW a réalisé un chiffre d'affaires de 1,7 milliard de dollars et un résultat opérationnel d'environ 170 millions. La co-entreprise commercialise une gamme de 50 produits dans 130 pays. Elle emploie 4 200 personnes et dispose de 17 usines et de 4 centres de R&D.

Les deux maisons mères ont des profils différents : Nestlé, premier groupe agroalimentaire mondial, est originaire de Suisse, alors que General Mills, qui fait les deux tiers de son chiffre d'affaires en Amérique du Nord, est une société essentiellement centrée sur les États-Unis.

Les deux groupes sont en concurrence dans plusieurs domaines, notamment les produits laitiers, les biscuits et les plats cuisinés. Ils ont choisi de former une alliance stratégique dans l'activité des céréales pour le petit déjeuner. Ces produits sont commercialisés sous les marques Golden Grahams, Cheerios, Chocapic, Nesquik, etc. Cette alliance couvre tous les marchés du monde, à l'exclusion des États-Unis et du Canada où General Mills opère de manière complètement autonome. Bien qu'elle soit de grande envergure, l'alliance n'a pas conduit à une fusion, ni à des prises de participation significatives entre les deux groupes.

Pour la mettre en œuvre, les entreprises partenaires combinent les compétences et ressources nécessaires, chacun prenant appui sur les points forts de l'autre : General Mills a apporté la plupart des produits (Weetos, Cheerios, etc.) ainsi que les compétences marketing ; Nestlé, de son côté, a apporté l'outil industriel et surtout l'accès aux réseaux de distribution hors Amérique du Nord, notamment en Europe. Les produits commercialisés par l'alliance sont, à quelques exceptions près, les mêmes que ceux de la gamme General Mills aux États-Unis. La seule différence est l'apparition de la signature Nestlé sur le packaging. Malgré une restructuration en 2017, due à un retournement du marché ces dernières années, l'alliance *Cereal Partners Worldwide* est considérée de part et d'autre comme un succès. Les premiers profits sont apparus en 1999, avec un an d'avance sur le plan initial. Depuis, la co-entreprise a toujours affiché une bonne rentabilité.

Des enjeux stratégiques importants

Au-delà de son succès économique, cette alliance représente un enjeu stratégique significatif pour les deux partenaires.

Nestlé avait fait auparavant plusieurs tentatives pour lancer seul ses propres produits (comme Chocapic en France par exemple) et n'avait connu que des demi-succès. Devant les difficultés à tenir les objectifs de rentabilité exigés par le groupe, l'activité aurait probablement été abandonnée si Nestlé n'avait pas trouvé un partenaire pour la développer.

•••

•••

Fort de son expérience américaine, General Mills a convaincu Nestlé de mettre en œuvre une politique marketing ambitieuse, fondée sur les marques des produits et non pas sur la marque ombrelle Nestlé, et une stratégie de volume appuyée par des investissements massifs dans de grandes unités de production. Ces deux éléments, qui allaient à l'encontre de la stratégie antérieure de Nestlé dans cette activité, ont fortement contribué au succès de l'entreprise.

De son côté, General Mills, malgré sa forte part de marché aux États-Unis, avait accumulé un retard important en matière d'internationalisation par rapport à son concurrent principal, Kellogg's, leader mondial sur le marché des céréales. Sans réaction de General Mills, Kellogg's aurait pu jouir d'une domination sur les marchés internationaux où la croissance était la plus forte. L'expérience plus que centenaire de Nestlé en matière d'internationalisation des produits alimentaires a été d'un grand apport pour permettre à General Mills de surmonter son handicap.

QUESTIONS

Corrigés en ligne sur dunod.com

1. Pourquoi Nestlé et General Mills n'ont-ils pas fusionné au lieu de faire cette alliance ?
2. Les contributions, les positions et les gains des deux partenaires vous semblent-ils équilibrés ?
3. À terme, qu'est-ce qui pourrait conduire à une rupture ? Quelle autre issue serait envisageable ?

2 Ne pas confondre alliance et fusion

Comme les fusions-acquisitions, les alliances sont des rapprochements stratégiques entre entreprises, décidés au plus haut niveau. Il est d'ailleurs fréquent qu'elles soient utilisées comme substituts à des acquisitions lorsque celles-ci sont trop difficiles à effectuer. Mais cette parenté est trompeuse. Dans une fusion-acquisition, l'entreprise acquise est complètement intégrée à l'organisation de l'entreprise acquéreuse, ce qui crée une hiérarchie unique pour l'ensemble. Dans une alliance au contraire, la collaboration est cantonnée à un projet précis et chaque partenaire garde son autonomie stratégique. Ces caractéristiques créent des problématiques de management stratégique très particulières.

a. La collaboration est limitée à un périmètre précis

Les alliances portent sur des projets précis. Elles permettent d'exploiter les synergies entre les partenaires en circonscrivant précisément le domaine de la collaboration, ce qui est un avantage significatif par rapport aux fusions-acquisitions. En effet, les fusions ont souvent l'inconvénient d'entraîner soit des diversifications non désirées, soit une concentration excessive du secteur. C'est pourquoi les fusions sont fréquemment suivies d'une phase de recentrage, longue et coûteuse, qui consiste à se débarrasser des activités trop éloignées du cœur de métier ou à réduire la part de marché dans le secteur cible pour répondre aux injonctions des autorités de réglementation de la concurrence.

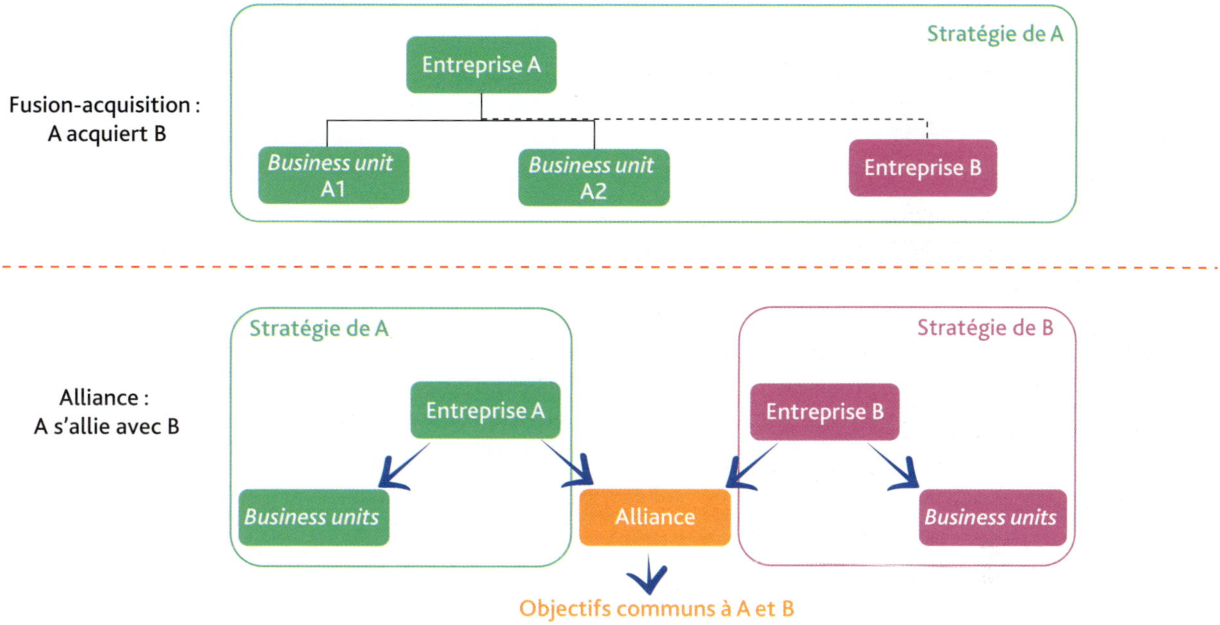

Figure 11.1 Acquisition et alliance

b. Les intérêts des partenaires peuvent diverger

L'absence de lien de subordination et le partage du contrôle qui caractérisent les alliances contraignent les partenaires à « négocier » constamment entre eux pour prendre des décisions. Aucun allié ne peut imposer son point de vue à l'autre. Chaque allié dispose d'une latitude suffisante pour défendre ses propres intérêts et pour mettre en œuvre sa propre stratégie. Dans une alliance, rien ne garantit donc que les stratégies et les objectifs des partenaires soient constamment convergents. Cette ambiguïté peut éventuellement entraîner les alliances dans une spirale de surcoût et d'inefficacité.

Le fait que les partenaires conservent leur autonomie présente toutefois des avantages. En effet, la protection d'une certaine marge de manœuvre stratégique se double d'une préservation de l'identité et de la culture interne des entreprises alliées, qui pâtissent généralement des fusions-acquisitions. Les alliances sont exemptes des coûteuses phases d'intégration qui suivent les fusions (voir chapitre 10).

c. La performance est difficile à évaluer

Alors que la performance et la création de valeur des fusions-acquisitions sont des préoccupations évidentes et cruciales pour les actionnaires, la performance des alliances reste souvent indéchiffrable pour les investisseurs et les observateurs extérieurs. Il n'y a pas de prime d'acquisition dans les alliances, le chiffrage des synergies n'est pas rendu public et la performance elle-même est rarement communiquée. Ainsi, nul ne connaît le niveau de profit de l'alliance entre General Electric et Safran sur les moteurs d'avion CFM (voir la rubrique Étude de cas ci-après) alors qu'il s'agit d'une opération de grande envergure dont le chiffre d'affaires annuel dépasse les 10 milliards d'euros.

Non seulement la performance de l'alliance reste souvent confidentielle, mais plus fondamentalement, elle est difficile à mesurer. En effet, les alliances impliquent généralement une répartition des investissements, des coûts et des tâches entre les entreprises partenaires et une éventuelle filiale commune. Les entreprises alliées peuvent être prestataires de services à la filiale commune qui peut elle-même revendre sa production aux sociétés mères. Les entreprises alliées peuvent échanger des produits et services entre elles pour mener à bien le projet commun, etc. Chaque alliance crée donc un réseau de transactions complexe, dans lequel il est parfois difficile d'évaluer le niveau général de profit et sa répartition entre les différentes parties prenantes.

Ce problème d'évaluation de la performance est lié à celui de la gouvernance : il n'y a pas d'instance supérieure qui impose une mesure de performance et force les partenaires à aligner leurs intérêts et à maximiser la profitabilité du projet commun.

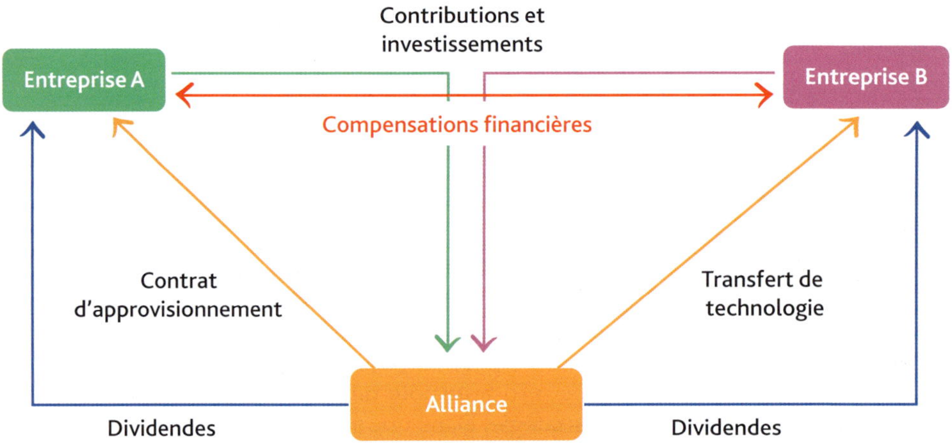

Figure 11.2 **Flux financiers et partage de valeur dans les alliances**

3 Les structures juridiques des alliances

a. Quatre outils juridiques

On assimile souvent les alliances stratégiques aux *joint-ventures* ou co-entreprises, c'est-à-dire aux filiales communes à plusieurs entreprises. Or la création d'une filiale commune n'est pas indispensable pour gérer une coopération, ce n'est qu'un choix de structure juridique parmi d'autres. Pour donner un cadre légal à une alliance stratégique, il existe en effet quatre types d'outil.

1. La signature de simples contrats de coopération entre les partenaires

Lorsque les alliances se limitent à des contrats et qu'il n'y a ni échange ni mise en commun de capital entre les partenaires, on parle d'alliances non capitalistiques.

2. La création d'une co-entreprise ou *joint-venture*

Une co-entreprise (ou *joint-venture*) est une société distincte des entreprises partenaires, dont celles-ci se partagent le capital.

Les résultats générés par la co-entreprise sont répartis entre les partenaires au prorata de la participation de chacun. Ces participations reflètent les contributions et les investissements des partenaires, et donc la part de profit qu'ils sont censés retirer de l'alliance. Elles sont généralement équilibrées (proche du 50/50 dans les *joint-ventures* bilatéraux) car, la plupart du temps, aucun des partenaires ne veut se retrouver en minorité vis-à-vis de l'autre.

D'un point de vue juridique, les *joint-ventures* sont des sociétés industrielles et commerciales comme les autres et ils adoptent les statuts autorisés dans les pays où ils sont créés. Leur seule particularité par rapport à des filiales classiques est que leur capital est détenu par plusieurs sociétés mères. En matière de droit de la concurrence, les co-entreprises sont soumises, vis-à-vis des autorités de la concurrence, aux mêmes obligations de notification et aux mêmes autorisations que les fusions-acquisitions.

3. La création d'une entité non capitalistique

L'alliance peut prendre la forme d'un GIE (groupement d'intérêt économique) en France, ou d'un GEIE (groupement européen d'intérêt économique) en Europe, c'est-à-dire une entité organisationnelle distincte des partenaires, mais non dotée d'un capital.

Les partenaires financent le fonctionnement de l'organisation commune en se répartissant les coûts, mais leurs dépenses ne sont pas capitalisées et le GIE ne génère ni profit ni perte. À la différence des trois autres outils cités dans cette liste, le GIE est une forme juridique réservée à la coopération interentreprises. D'un point de vue légal, les missions d'un GIE doivent être limitées à des activités venant en support des activités principales des partenaires.

4. La prise de participation minoritaire d'un partenaire au capital de l'autre

Ces participations peuvent être éventuellement croisées, à condition qu'aucun partenaire n'en vienne à exercer un contrôle total sur l'autre. L'entreprise qui devient actionnaire de son partenaire est intéressée aux résultats de celui-ci et peut, si la participation est suffisante, avoir un siège à son conseil d'administration. À elle seule, une prise de participation minoritaire ne peut constituer une alliance stratégique, puisque, par construction, elle ne définit pas sur quoi porte la coopération.

b. Des outils non exclusifs

Remarquons que ces quatre outils ne sont pas mutuellement exclusifs : plusieurs d'entre eux peuvent être utilisés simultanément pour mettre en œuvre une même alliance. Les entreprises partenaires peuvent prendre des participations au capital l'une de l'autre, tout en signant des contrats marchands sur certains aspects précis de leur collaboration (cession d'une licence ou fourniture de composants, par exemple) et tout en créant un *joint-venture* pour mettre en commun certains actifs (unités de production ou équipes de R&D par exemple).

Exemple

Renault-Nissan-Mitsubishi : un montage complexe

- L'alliance Renault-Nissan a été créée en 1999, lorsque **Renault** a sauvé **Nissan** de la faillite en prenant une participation à son capital. En 2019, Renault détient 43,4 % du capital de Nissan, et Nissan 15 % de celui de Renault. En parallèle, un *joint-venture* 50-50, Renault-Nissan BV, a été créé au Pays-Bas. Il s'agit d'une structure légère, dont le rôle se limite à la coordination stratégique entre les deux partenaires. Depuis la création de l'alliance, les deux groupes ont été dirigés par le même P-DG, Carlos Ghosn, ce qui a longtemps fait envisager la possibilité d'une fusion en bonne et due forme. Depuis l'arrestation de Carlos Ghosn au Japon fin 2018, sur soupçon de fraude fiscale et d'abus de bien social, l'hypothèse d'une fusion complète, dont Ghosn était le grand promoteur, semble plus ou moins écartée.
- Pour mettre en œuvre leur alliance, Renault et Nissan ont créé deux co-entreprises opérationnelles, RNPO (*Renault Nissan Purchasing Organization*) qui centralise les achats des deux groupes, et RNIS (*Renault Nissan Information Services*) qui coordonne et unifie leurs systèmes informatiques.
- **Mitsubishi**, dont la survie était en jeu à l'époque, a rejoint l'alliance en 2016, propulsant l'ensemble au rang de premier constructeur automobile mondial en 2017, au coude à coude avec **Volkswagen**. Nissan détient 34 % du capital de Mitsubishi, qui s'intègre de plus en plus aux activités de l'alliance.

ÉTUDE DE CAS

CFM International : une alliance devenue leader mondial

Le CFM56, qui motorise le Boeing 737 et l'Airbus A320, est le moteur d'avion le plus vendu au monde. En 2018, il équipe 11 000 appareils sur un total de 27 000 avions de ligne en service. Ce moteur, qui a été produit à 31 000 exemplaires au total, arrive en fin de carrière. Son successeur, le LEAP (*Leading Edge Aviation Propulsion*) a déjà enregistré plus de 14 000 commandes, soit une part de marché de 75 % dans sa catégorie, loin devant son seul rival direct, le PW1000 de Pratt & Whitney.

Le CFM56 et le LEAP sont commercialisés par CFM International, une co-entreprise 50-50 que General Electric et la SNECMA (maintenant intégrée au groupe Safran) ont formée en 1974, après plusieurs

•••

années de négociation. Depuis, une seule révision significative de l'accord a eu lieu, en 2008, pour lancer le développement du LEAP et étendre l'alliance à la maintenance et à la réparation des moteurs.

Rôle de la co-entreprise et répartition des revenus

Le *joint-venture* CFM International n'emploie pas plus de 60 personnes. Sa seule responsabilité est de facturer les clients et de coordonner les activités entre General Electric et Safran. Le chiffre d'affaires généré par les ventes de moteurs neufs est partagé à 50-50 entre les sociétés mères, après déduction des frais de fonctionnement du *joint-venture*. Les prix unitaires sont de 14,5 millions de dollars pour le LEAP et 9 millions pour le CFM56, ce qui représente environ 30 % du prix total des avions correspondants. Toutefois, les compagnies clientes obtiennent généralement de fortes remises.

Organisation industrielle

General Electric et Safran se sont réparti la charge de travail à égalité, chaque entreprise supportant intégralement le coût des opérations qu'elle effectue. General Electric est principalement responsable du développement et de la production du corps « haute pression », fabriqué à Evanston, près de Cincinnati (Ohio). Safran conçoit et fabrique les turbines et les parties « basse pression » à Villaroche, près de Paris. Comme l'accord stipule que chaque site doit assembler et tester 50 % des moteurs produits, la moitié des sous-ensembles fabriqués par chaque partenaire traverse l'Atlantique. Dans la mesure du possible, General Electric assemble les moteurs destinés à Boeing, et Safran ceux destinés à Airbus.

La vente et l'après-vente

Pour assurer les ventes et le support client, les partenaires se sont partagé le monde. Les commerciaux de General Electric traitent les compagnies aériennes opérant sur le continent américain, en Australie et en Extrême-Orient, y compris le Japon et la Chine. Ceux de Safran s'occupent des compagnies européennes, africaines, moyen-orientales, russes et indiennes. Dans la zone de Safran, General Electric dispose d'une force de vente de plus de 100 personnes pour commercialiser ses propres moteurs, alors que Safran ne commercialise pas de moteur dans la zone de General Electric.

CFM assure la maintenance d'environ 50 % des moteurs CFM56 et LEAP en service, l'autre moitié étant traitée par des ateliers indépendants ou les compagnies aériennes elles-mêmes. La plupart des compagnies clientes optent pour des contrats de maintenance couvrant toute la durée de vie de leurs moteurs (environ trente ans) et incluant des révisions régulières. Ces contrats sont vendus par CFM International qui répartit les moteurs à entretenir à égalité entre Safran et General Electric. En 2018, Safran avait cinq ateliers (France, Belgique, Maroc, Chine et Mexique) et General Electric quatre (États-Unis, Brésil, Pays de Galles et Malaisie).

Quelle stratégie pour Safran ?

L'alliance CFM génère la quasi-totalité des revenus et des profits de l'activité de motoriste civil de Safran, ce qui rend l'entreprise très dépendante d'un seul produit et d'un seul partenaire. Depuis le début des années 1990, Safran cherche à lancer des projets hors de son alliance avec General Electric pour remédier à ce problème. Ce faisant, Safran doit respecter une clause d'exclusivité très contraignante : si l'un des partenaires de CFM développe un moteur d'une puissance comprise entre 18 500 et 50 000 livres de poussée, il doit le faire *via* CFM ou bien sortir de l'alliance. Développer des projets hors CFM implique donc de se concentrer sur des moteurs soit très gros, soit très petits. Le marché des gros moteurs est saturé par les produits de Rolls-Royce, General Electric et Pratt & Whitney. En revanche, la croissance du transport aérien régional, notamment en Russie et en Chine, accroît la demande de moteurs à faible poussée.

•••

•••

Après des négociations infructueuses avec Pratt & Whitney et Rolls-Royce, Safran a annoncé en avril 2003 la création de PowerJet, un *joint-venture* 50-50 avec le motoriste russe UEC Saturn pour développer le SaM146, un moteur de 13 500 à 18 000 livres de poussée destiné au SuperJet, un jet régional de Sukhoï[1]. L'organisation de PowerJet rappelle celle de CFM : Safran fournit le corps haute pression, les systèmes de contrôle et la transmission, tandis que UEC Saturn produit la turbine et la section basse pression. Sukhoï projetait de produire 60 SuperJet par an, mais les chiffres réels tournent plutôt autour de 20-30. L'avion russe souffre de la concurrence de constructeurs plus compétitifs, notamment Embraer[2], dont les avions régionaux sont motorisés par le CF34 de General Electric.

QUESTIONS

Corrigés en ligne sur dunod.com

1. Pourquoi Safran et General Electric ont-ils formé CFM International ?
2. Comment pourrait-on en améliorer l'organisation et l'efficacité ?
3. En quoi l'alliance franco-russe PowerJet diffère-t-elle de l'alliance franco-américaine CFM ?
4. Quelle stratégie devrait adopter Safran pour devenir un des leaders mondiaux des moteurs d'avions de ligne ?

1. Sukhoï est l'un des principaux constructeurs aéronautiques russes.
2. Embraer est un constructeur aéronautique brésilien, spécialisé dans les avions civils de petite et de moyenne taille.

c. Pourquoi créer un *joint-venture* ?

La création d'un *joint-venture* est souvent nécessaire quand les entreprises alliées investissent conjointement dans de nouveaux actifs ou quand elles mettent en commun des actifs existants (usines communes, par exemple). Un autre avantage des *joint-ventures* réside dans la possibilité d'effectuer des opérations en capital. Cela facilite l'entrée de nouveaux partenaires dans l'alliance ainsi que la sortie – totale ou partielle – des partenaires initiaux : un partenaire peut racheter les parts de l'autre, vendre ses parts à un tiers, ou disposer d'une option d'achat ou de vente des titres qu'il possède dans la co-entreprise.

d. Tous les *joint-ventures* ne sont pas des alliances stratégiques

Certaines alliances stratégiques fonctionnent parfaitement sans *joint-venture*. Ainsi, Renault a collaboré de 1982 à 2003 avec Matra Automobile (racheté depuis par Pininfarina) sur les véhicules Espace et Avantime, sans créer de filiale commune et sans prendre de participation dans Matra, mais en signant simplement une série de contrats.

Réciproquement, la création d'une filiale commune à deux entreprises n'implique pas nécessairement que leur coopération soit une alliance stratégique. Les multinationales ont largement utilisé les *joint-ventures* pour s'implanter dans certains pays comme la Chine, l'Inde ou le Mexique, dont la législation exigeait que toute société opérant sur leur territoire soit majoritairement détenue par des capitaux locaux. Accepter la participation capitalistique de partenaires autochtones était le prix à payer par les entreprises étrangères pour avoir le droit d'installer une filiale dans ces pays. Cependant, le partenaire local n'apportait que son passeport et non des contributions au *business model* de l'alliance. Avec la globalisation, les contraintes légales sur les capitaux étrangers se sont considérablement relâchées (voir chapitre 9) et ce type de *joint-venture* laisse aujourd'hui la place à des coopérations plus équilibrées[1].

e. La coopération dépasse souvent le cadre de la structure commune

Soulignons enfin qu'assimiler une alliance à l'entité juridique (co-entreprise ou GIE) qui est éventuellement créée pour structurer cette alliance est la plupart du temps une erreur. Dans de nombreux cas, la collaboration entre les entreprises partenaires dépasse largement le cadre de cette structure commune.

Exemple

Des *joint-ventures* à responsabilité très limitée

- Le GIE **ATR** (Avion de transport régional) est uniquement chargé de la commercialisation et de l'après-vente des avions dont les sous-ensembles sont fabriqués et assemblés directement par les entreprises partenaires, **Airbus** et **Leonardo** (ex-Alenia). Toute l'activité industrielle générée par cette alliance est localisée au sein des entreprises alliées et non pas dans la structure commune.

SECTION 2

POURQUOI FORMER DES ALLIANCES ?

D'un point de vue économique, les alliances stratégiques créent de la valeur en exploitant des synergies entre les entreprises alliées. Ces synergies peuvent être de deux types : des synergies de coûts, fondées sur les effets de taille et les économies d'échelle, et les synergies de complémentarité, découlant des « liens » entre les activités des partenaires. Cette distinction entre échelle (*scale*) et lien (*link*) est à l'origine de la théorie économique de la formation des *joint-ventures* (voir la rubrique Fondements théoriques ci-après). Elle est souvent utilisée pour distinguer deux grands types d'alliances : les alliances additives (*scale alliances*) et les alliances complémentaires (*link alliances*).

1. Kale P. et Anand J., 2006.

FONDEMENTS THÉORIQUES

Une théorie économique de la formation des *joint-ventures*

À la suite des travaux de Williamson sur les coûts de transaction (voir chapitre 8), Jean-François Hennart a développé une théorie qui justifie économiquement la formation des *joint-ventures* par la minimisation des coûts de production et des coûts de transaction. Cette théorie distingue les alliances additives (*scale joint-ventures*) et les alliances complémentaires (*link joint-ventures*).

- Les *joint-ventures* additifs (*scale joint-ventures*) correspondent au même mouvement stratégique pour tous les partenaires impliqués. Ceux-ci contribuent à l'alliance en apportant des compétences et des actifs similaires. Une co-entreprise 50-50 qui produit des écrans pour deux fabricants de téléviseurs est un exemple de *joint-venture* additif.
- Dans les *joint-ventures* complémentaires (*link joint-ventures*), les partenaires effectuent des mouvements stratégiques différents en mettant en jeu des compétences et des actifs complémentaires. Une co-entreprise franco-japonaise qui fabrique et distribue en Europe des produits développés par le partenaire japonais est un *joint-venture* complémentaire.

Pourquoi former un joint-venture *additif ?*

Les entreprises forment des alliances additives quand elles n'arrivent pas à atteindre la taille minimum efficiente sur une de leurs activités, par exemple un des composants du produit ou un des produits de la gamme. Cette situation résulte en général de différences structurelles entre les tailles critiques à différents stades de la chaîne de valeur.

La taille minimum efficiente étant, par définition, le volume minimum à atteindre pour amortir les coûts de production, les entreprises produisant des volumes inférieurs ont forcément des coûts plus élevés que certains de leurs concurrents. Elles compensent ce handicap en coopérant avec d'autres entreprises confrontées au même problème.

Il s'agit là d'une condition nécessaire à la formation d'un *joint-venture*, mais ce n'est pas une condition suffisante : le problème de taille critique pourrait être résolu soit en fusionnant, soit en ayant recours au marché, c'est-à-dire en contractant avec un fournisseur extérieur.

Si les partenaires n'optent pas pour la fusion, c'est parce que le problème de taille critique ne touche qu'une partie très minoritaire de leur activité. S'ils ne font pas appel au marché, c'est à cause des coûts de transaction. Quand les composants sont trop spécifiques, il est dangereux d'en confier la production à un fournisseur extérieur. De même, s'il s'agit d'un produit considéré comme stratégique, ou particulièrement innovant, l'entreprise aura beaucoup de réticence à renoncer à en maîtriser la technologie. La solution pour minimiser les coûts de production et de transaction est d'investir conjointement dans les « actifs spécifiques » à l'activité concernée et donc de créer un *joint-venture*.

Pourquoi former un joint-venture *complémentaire ?*

Les entreprises forment des alliances complémentaires pour accéder à des compétences qu'elles n'ont pas mais qui leur sont nécessaires pour conquérir de nouveaux marchés.

Là encore, il s'agit d'une condition nécessaire mais pas suffisante pour expliquer la formation d'un *joint-venture* : les entreprises pourraient fusionner ou faire appel au marché (par exemple, l'une pourrait licencier sa technologie à l'autre).

Si une acquisition ne se produit pas, c'est soit pour les mêmes raisons que précédemment (la compétence visée ne représente qu'une petite partie des activités de l'entreprise cible), soit parce que l'acquisition de l'entreprise ne garantit pas l'acquisition de la compétence visée (il suffit que les personnes détentrices des talents clés quittent l'entreprise au moment de l'acquisition pour que l'acquéreur se retrouve avec une coquille vide entre les mains).

Si les partenaires ne font pas appel au marché, c'est parce que les coûts de transaction sont trop élevés pour les compétences que chacun apporte. C'est souvent le cas quand les deux partenaires cherchent à combiner des savoir-faire tacites, difficiles à codifier et à transmettre par des contrats. La seule solution est d'internaliser conjointement les opérations dans lesquelles se combinent ces compétences et donc de créer un *joint-venture*.

Source : Hennart J.-F., 1988.

Toutefois, les objectifs de taille et de complémentarité coexistent souvent dans la même alliance. Ainsi, CFM International a un aspect additif, car elle permet à Safran de partager les investissements avec General Electric et de faire des économies d'échelle impossibles à atteindre isolément par le motoriste français. Mais CFM exploite aussi les complémentarités géographiques entre les deux partenaires, ce qui permet de vendre et d'entretenir les moteurs CFM dans le monde entier.

En outre, dans la plupart des alliances, les objectifs d'échelle et de complémentarité se combinent avec d'autres buts stratégiques plus complexes et parfois implicites[1].

1 Faire des économies d'échelle

Les alliances stratégiques permettent d'obtenir certains des avantages que procurent habituellement les opérations de concentration, sans en subir les contraintes. Les entreprises alliées peuvent ainsi bénéficier, en unissant leurs forces sur une activité donnée, d'effets d'échelle et d'expérience réservés en principe à des groupes de plus grande taille, sans aliéner définitivement leur autonomie stratégique.

Figure 11.3 L'arbitrage entre autonomie stratégique et économies d'échelle

Les effets de taille sont particulièrement recherchés dans les alliances entre concurrents. Si tant d'alliances se sont nouées depuis la fin des années 1950 entre des firmes européennes dans l'aéronautique et l'armement, c'est parce que ces domaines sont très sensibles aux économies d'échelle, tout en étant soumis à des impératifs

1. Doz Y. et Hamel G., 1998.

d'indépendance nationale. Les économies d'échelle auraient dû favoriser la concentration, mais la contrainte politique a poussé au maintien de groupes nationaux autonomes en s'opposant aux projets de concentration internationale. Les alliances apparaissaient comme une réponse permettant d'atteindre la taille critique tout en évitant les fusions.

Même sans contrainte politique, dans des secteurs où la taille critique est très élevée sur certains éléments de la chaîne de valeur, comme la chimie ou l'automobile, les concurrents forment des alliances pour regrouper les volumes et rendre viables certains projets qui auraient été sous-dimensionnés s'ils avaient été lancés par une entreprise seule. Les grands groupes chimiques créent ainsi des usines communes pour fabriquer certains produits intermédiaires qui nécessitent des volumes très élevés. De même, les constructeurs automobiles investissent parfois conjointement dans des usines communes pour produire des moteurs ou même certains modèles de véhicules. Dans ce genre de situation, une alliance est préférable à une fusion, car la nécessité de collaborer ne porte que sur une partie de la chaîne de valeur des partenaires.

Exemple

Une alliance additive qui diverge très vite

- **La Française de Mécanique** a été créée en 1969 comme une co-entreprise à 50-50 par **Peugeot** et **Renault** pour fabriquer des moteurs en grande série. À l'origine, le but était de produire des moteurs communs, utilisés par les deux marques. Cependant, les stratégies des partenaires ont rapidement divergé et l'accord s'est transformé en un arrangement où chacun était censé utiliser 50 % de la capacité de l'usine pour faire ses propres moteurs. Devant les déséquilibres de plus en plus marqués en sa faveur, PSA a décidé de racheter les parts de Renault en 2013. Il s'agit donc maintenant d'une filiale 100 % PSA. En 2018, après plusieurs années de crise, la Française de Mécanique a fabriqué 900 000 moteurs (le double du niveau de 2016). Renault a prévu de prendre livraison de son dernier moteur fin 2019.

2 Combiner des compétences complémentaires

Les alliances stratégiques permettent aussi de combiner des compétences et des actifs complémentaires pour créer de nouvelles activités ou améliorer la performance d'activités existantes. Le cas de *Cereals Partners Worldwide*, décrit précédemment, illustre cette situation.

La complémentarité est souvent l'effet recherché dans les alliances entre des entreprises qui ne sont pas directement concurrentes, mais opèrent dans des secteurs connexes. Ces alliances complémentaires ont pour but de créer un nouveau *business* ou d'améliorer les performances d'un *business* existant, sans qu'il soit utile de fusionner les entreprises impliquées, souvent parce que le nouveau *business* créé grâce à l'alliance ne représente qu'une petite partie du portefeuille d'activités des protagonistes. Dans les industries à forte intensité de R&D, comme la pharmacie, les grands groupes sont souvent à la recherche d'alliances avec de petites entreprises innovantes pour stimuler leurs propres laboratoires de recherche et offrir de nouveaux produits. Il arrive assez fréquemment que ces alliances se soldent par des rachats.

3 Apprendre

Les alliances créent des opportunités étendues d'apprentissage et de transfert de compétences entre les entreprises alliées. Certains savoir-faire ne sont pas disponibles sur le marché. Ils ne peuvent pas être transférés en signant des contrats de transfert de technologie, ni en débauchant quelques personnes clés, soit parce qu'ils sont difficilement codifiables, soit parce qu'ils sont détenus par une organisation dans son ensemble. Intimement liés à la structure qui les possède, ils nécessitent de reproduire cette organisation pour être expérimentés et communiqués, d'où la nécessité de nouer des alliances.

Paradoxalement, les alliances facilitent davantage l'apprentissage que les fusions-acquisitions. Les opportunités d'apprentissage proviennent de l'existence de fortes différences de compétences entre les entreprises partenaires, différences qu'il s'agit de comprendre et de faire durer si l'on veut que l'apprentissage soit possible. Or les acquisitions ont tendance à réduire ces différences pour intégrer l'entreprise acquise dans l'organisation et les systèmes de l'entreprise acquéreuse, rendant plus complexe l'apprentissage mutuel. Intégrer une petite entreprise innovante et spécialisée dans une grande organisation, c'est courir le risque de tuer la poule aux œufs d'or. Il existe toutefois un débat entre les experts des alliances sur les bienfaits et les méfaits de la coopération en matière de transfert de compétences (voir la rubrique Controverse ci-après).

ÉTUDE DE CAS

Apprentissage et transferts de savoir-faire dans l'industrie automobile mondiale

C'est à travers des alliances avec leurs concurrents japonais que les constructeurs automobiles américains ont appris, dans les années 1980, les méthodes de management industriel – juste-à-temps, qualité totale, etc. – qui faisaient la supériorité des voitures japonaises à l'époque. Réciproquement, les constructeurs automobiles japonais ont appris comment commercialiser leurs produits sur le sol américain, ce qui leur a permis par la suite de s'implanter de manière autonome en Amérique du Nord.

NUMMI : un cas emblématique

Le cas de l'alliance General Motors-Toyota au sein du *joint-venture* californien NUMMI (*New United Motor Manufacturing Inc.*) en est l'exemple le plus connu. Les transferts de compétences réciproques y ont été très significatifs. On parlait même de cadres « nummisés » chez General Motors pour désigner les

•••

•••

responsables qui avaient fait leur apprentissage dans la co-entreprise et qui étaient donc censés diffuser le *Toyota Production System* dans les autres unités du groupe. En parallèle, Toyota a construit sur le savoir-faire accumulé dans NUMMI pour développer sa présence autonome aux États-Unis. Une fois ces objectifs atteints, l'alliance devenait inutile.

En 2010, l'usine NUMMI, rebaptisée Tesla Factory, a été cédée à Tesla pour un prix très inférieur au ticket d'entrée habituel dans la production automobile, ce qui lui a évité la fermeture. Cet achat subventionné a permis à Tesla de se lancer, à un coût acceptable mais au prix de quelques déboires, dans la production en grande série de voitures électriques.

Les constructeurs chinois prennent le relais

Pendant ce temps, les alliances d'apprentissage continuaient de plus belle dans l'automobile, sous la poussée des constructeurs chinois. Ceux-ci recherchaient en effet des alliés occidentaux pour développer leurs compétences industrielles. De leur côté, les constructeurs occidentaux y voyaient le moyen de prendre des positions sur un marché chinois en pleine expansion (le gouvernement chinois n'autorisait que les *joint-ventures*, à l'exclusion des sociétés à capitaux majoritairement étrangers).

Ainsi, FAW (*First Automobile Works*), spécialisée dans les camions et les berlines de luxe pour l'élite du Parti, s'est alliée dès 1987 avec Mercedes-Benz pour fabriquer un des grands succès de la firme allemande, le modèle W123 (voir photo page précédente). Quelques 800 exemplaires plus tard, Mercedes jetait l'éponge et décidait de se retirer de l'alliance, jugeant la qualité de la collaboration trop déficiente. Mais, dès 1990, FAW trouvait un autre partenaire en la personne de Volkswagen : coopération plus réussie puisque le gouvernement chinois a autorisé Volkswagen à augmenter sa part de *joint-venture* de 40 % à 50 % en 2015 (pour un investissement estimé à 5 milliards de dollars). En 2003, FAW nouait une autre alliance d'envergure avec Toyota, pour fabriquer des Corolla, RAV4, Land Cruiser et Prius. Fières de leur succès, les deux entreprises décidaient de lancer une nouvelle marque commune, Ranz, en 2013. Dans la foulée de l'accord avec Toyota, Mazda est devenu partenaire de FAW en 2005.

Un autre exemple frappant est celui de Dongfeng, allié de PSA Peugeot Citroën depuis les années 1990. La Dongfeng Fukang, produite dans l'usine de Wuhan n'est autre qu'une Citroën ZX. Dongfeng fabrique aussi des Citroën Picasso, C4, C5 et des Peugeot 206, 207, 307, 408, 508 et 3008. Mais Dongfeng a multiplié les *joint-ventures* avec nombre d'autres constructeurs, notamment Nissan, Honda et Renault. À travers ses coopérations, et en développant sa propre gamme de voitures, Dongfeng est devenu le deuxième constructeur chinois. En 2014, l'entreprise s'est même payé le luxe de voler au secours de son partenaire PSA Peugeot Citroën en prenant 14 % du capital du constructeur français ! L'élève dépasse certainement le maître.

Quant au premier constructeur chinois, SAIC (*Shanghai Automotive Industry Corporation*), il joue sur plusieurs tableaux. Dans le domaine des voitures particulières, ses co-entreprises l'associent respectivement à General Motors et Volkswagen, alors qu'il a racheté Rover et Nanjing Automobile. Dans le domaine des utilitaires, SAIC a créé un *joint-venture* avec Fiat et Iveco.

QUESTIONS

Corrigés en ligne sur dunod.com

1. Dans l'alliance NUMMI, qui a gagné la course à l'apprentissage : General Motors ou Toyota ?
2. Qui utilise la coopération comme un cheval de Troie : les constructeurs occidentaux pour entrer sur le marché chinois ou les constructeurs chinois pour développer leur propre activité ?
3. À terme, qui dominera l'industrie mondiale ? Quel rôle les alliances jouent-elles dans ce jeu international ? Quel rôle jouent les fusions-acquisitions ?

4 Augmenter le pouvoir de marché et la rentabilité de l'industrie

Dans les industries peu rentables ou nécessitant des investissements trop élevés pour les entreprises en lice, les alliances stratégiques permettent à des concurrents en position de faiblesse de former des coalitions pour améliorer collectivement leur pouvoir de marché. C'est le cas par exemple des compagnies aériennes.

ÉTUDE DE CAS

Les trois alliances globales entre compagnies aériennes

Confrontée à une rentabilité économique faible, des besoins d'investissement élevés, une fragmentation excessive du marché et une mondialisation galopante, l'industrie du transport aérien devrait se concentrer. C'est ce qu'elle a fini par faire, à son corps défendant, *via* les faillites en chaîne qui ont émaillé son histoire récente, notamment aux États-Unis. Mais la consolidation reste insuffisante pour rétablir la rentabilité économique.

Comme les fusions internationales sont rendues impossibles par les règlements et les politiques nationales qui limitent l'entrée de capitaux étrangers dans les compagnies aériennes, les entreprises ont formé de larges coalitions internationales. L'industrie du transport aérien est ainsi devenue le théâtre d'un affrontement entre alliances, plutôt que celui d'une concurrence directe entre entreprises autonomes.

Une concurrence mondiale structurée autour de trois alliances

Au niveau mondial, plus de soixante compagnies aériennes, et notamment les plus grandes, appartiennent à l'une des trois coalitions qui structurent le secteur : Star Alliance, Oneworld et SkyTeam. Au total, ces trois alliances concentrent plus de 70 % du trafic aérien mondial.

La première coalition, Star Alliance, lancée en 1997, regroupe aujourd'hui 28 compagnies dont Lufthansa, United, Air Canada, Singapore Airlines, Air India, Egyptair et SAS. Elle a été suivie en 1999 par Oneworld, créée par British Airways et American Airlines, qui comprend maintenant 15 membres (dont Cathay Pacific, Iberia, Japan Airlines, Qatar Airways, Quantas, Royal Air Maroc). En 2000, Air France-KLM et Delta ripostaient avec SkyTeam, qui a maintenant 19 adhérents (dont Aeroflot, Alitalia, China Eastern, China Airlines, Korean Air, Saudia).

Ces trois alliances se livrent une concurrence sans merci. En 2018, SkyTeam a ravi la première place à Star Alliance avec 730 millions de passagers contre 728. Oneworld restait troisième avec 528 millions de passagers.

Les grandes compagnies aériennes utilisent ces alliances pour s'internationaliser sans fusionner. Si les fusions entre compagnies d'un même continent sont

•••

•••

autorisées – comme c'est le cas d'Air France KLM –, les mariages transcontinentaux se heurtent à l'opposition des États et à la rigidité du cadre réglementaire. Tant que ces contraintes subsisteront, c'est-à-dire tant qu'Air France, par exemple, ne pourra pas créer une filiale en Asie ou racheter un transporteur asiatique, les compagnies aériennes devront recourir aux alliances pour mondialiser leur réseau et leur offre de service.

Le fonctionnement des alliances globales

Face à la demande des entreprises et des hommes d'affaires pour un service aérien continu desservant toutes les destinations du monde, les compagnies alliées créent une offre globale en combinant les réseaux des différents partenaires *via* leurs *hubs* (aéroports principaux où les grandes compagnies concentrent leur trafic et leurs connexions, comme Roissy pour Air France ou Heathrow pour British Airways).

En pratique, chaque membre de l'alliance peut utiliser les vols d'un autre pour élargir son offre. Pour ce faire, il recourt au *code share*, c'est-à-dire à la possibilité que lui donne l'alliance de mettre un numéro de vol qui lui est propre sur une liaison opérée par le partenaire. Ainsi, le même vol est offert sous plusieurs codes correspondant à des compagnies différentes. Chacun peut donc vendre à ses clients des sièges sur des destinations qu'il ne dessert pas, sans aucun investissement supplémentaire. En agrémentant l'offre de quelques éléments marketing (mise en équivalence des programmes de fidélité, accès réciproque aux salons dans les aéroports, etc.), chaque coalition fidélise sa clientèle affaires et évite qu'elle ne s'échappe vers la concurrence. L'effet global est donc de limiter la concurrence dans l'industrie : chaque passager peut faire tous ses déplacements n'importe où dans le monde en restant client d'une seule et même coalition.

Des alliances dans l'alliance

Au sein de chaque coalition, certaines compagnies poussent plus loin la coopération. Elles se mettent d'accord sur un plan de vols commun sur certaines destinations et en partagent intégralement les revenus et les coûts, donc les profits, tout en procédant à une harmonisation des forces commerciales et des prix. Ces alliances sont qualifiées de *joint-ventures* par les compagnies aériennes, car tout se passe comme si les activités concernées étaient gérées par une co-entreprise. En réalité cependant, ces alliances ne s'accompagnent pas de la création de filiales communes. Air France-KLM a créé un tel *joint-venture* en 2008 avec Delta Airlines sur les lignes transatlantiques. Ce *joint-venture* a été élargi en 2010 à Alitalia (dont Air France détenait 25 %) puis à Virgin Atlantic (dont Delta détient 49 % et Air France-KLM 31 %) en 2018.

Les pseudo-*joint-ventures* se sont multipliés dans les trois coalitions. Ainsi, dès 2008, Lufthansa, United et d'autres membres de Star Alliance ont emboîté le pas à l'alliance Air France-Delta en adoptant le même type d'arrangement sur l'Atlantique Nord, puis l'ont reproduit sur l'axe transpacifique avec All Nippon Airways.

QUESTIONS

Corrigés en ligne sur dunod.com

1. Pourquoi les alliances entre compagnies aériennes sont-elles multilatérales ?
2. Quels sont leurs effets sur la concurrence et leurs conséquences pour les clients ?
3. Pensez-vous qu'elles conduiront à des fusions en bonne et due forme ?
4. À quels types appartiennent les alliances décrites dans cette étude de cas ? En quoi cela permet-il de prédire leur évolution ?

Dans d'autres industries, c'est une fusion importante qui déclenche une vague de concentration par réaction en chaîne. Dans un tel contexte, certains acteurs peuvent réagir en optant pour des alliances plutôt que des acquisitions.

Ces stratégies défensives peuvent avoir des aspects anticoncurrentiels, éventuellement illicites. Des concurrents qui se sentent menacés par l'évolution de leur industrie peuvent en effet, sous couvert d'alliance stratégique, s'entendre sur les prix de vente, ou ériger des barrières à l'entrée artificielles, et ainsi cartelliser le marché. La différence entre une alliance stratégique et une entente anticoncurrentielle n'est pas toujours évidente, c'est pourquoi les autorités antitrust sont très vigilantes sur ce genre de rapprochement. Pendant longtemps, les autorités américaines ont d'ailleurs eu une attitude plus limitative sur les alliances entre concurrents que sur les fusions en bonne et due forme.

5 Créer une « option » stratégique pour l'avenir

a. Le mécanisme d'option

Les alliances n'étant pas des mariages irrévocables, elles autorisent un certain degré de réversibilité. Toute alliance crée – explicitement ou non – la possibilité pour chaque entreprise impliquée d'abandonner le projet au profit de son partenaire, ou au contraire de continuer seule la même activité.

Ce mécanisme d'option, qui s'apparente à celui des stock-options (droit d'acheter ou de vendre à l'avenir des actions à un prix fixé à l'avance), est clair dans certains *joint-ventures* où les « parents » s'entendent dès le départ sur des clauses de sortie spécifiant à quelles conditions chaque partenaire peut vendre ses parts ou acheter celles de l'autre. De telles clauses peuvent ouvrir les droits d'achat ou de vente à tous les partenaires, ou bien spécifier que seul l'un des partenaires a le droit de rachat. La principale difficulté dans la rédaction de ces clauses est de définir la méthode de valorisation des parts et les délais à partir desquels l'option peut être exercée.

b. Les alliances comme instrument de croissance

Grâce à cette logique d'option, les alliances peuvent devenir des instruments de mise en œuvre de la stratégie de croissance d'une entreprise dans des contextes de forte incertitude. Qu'il s'agisse de développer l'entreprise sur des marchés mal connus ou de la recentrer en abandonnant certaines activités difficiles à valoriser, former un *joint-venture* permet d'enclencher le processus immédiatement mais prudemment, en se réservant l'option de prendre le contrôle total, ou au contraire de désinvestir complètement, quand on jugera que le moment est propice.

- Dans le cas de **la conquête d'un nouveau marché**, l'alliance sert de projet pilote pour comprendre les conditions locales et tester les perspectives de croissance avant de se lancer en vraie grandeur quand l'incertitude se réduit[1].
- Dans le cas où **l'entreprise cherche à se retirer d'une activité**, l'alliance est une étape transitoire vers une cession complète, étape pendant laquelle le vendeur transmet son savoir-faire à l'acheteur. Celui-ci peut alors se faire une idée précise de la valeur de l'activité qu'il acquiert.

1. Kogut B., 1991.

Notons à ce propos qu'assimiler systématiquement à une stratégie du « cheval de Troie » les alliances qui se terminent par le rachat des parts d'un partenaire par l'autre serait erroné (voir la rubrique Controverse ci-après). Cette issue peut parfaitement correspondre au fait qu'un des alliés a exercé une option de rachat qui lui était contractuellement consentie.

CONTROVERSE

La « coopétition » : stratégie de la symbiose ou du « cheval de Troie » ?

Quand les alliances stratégiques associent des concurrents, ceux-ci se retrouvent en situation de coopétition, c'est-à-dire que leurs relations combinent coopération et compétition.

Coopétition, apprentissage et écosystème

Selon Nalebuff et Brandenburger, les inventeurs du concept[1], la coopétition a avant tout un aspect positif : les entreprises auraient tort de se limiter aux stratégies concurrentielles classiques, elles doivent également créer des opportunités à travers la coopération. « Mon concurrent d'hier peut donc devenir mon allié de demain, au moins sur certaines facettes de mon activité. » Cela favorise la compétition transparente, l'émulation, l'intelligence collective, la diffusion des meilleures pratiques. Comme dans la nature, où les organismes survivent et prospèrent grâce à la symbiose avec leur écosystème, les entreprises d'un même secteur ou d'une même filière peuvent vivre en symbiose les unes avec les autres.

Cette logique est voisine de celle de « l'entreprise étendue » ou de la « constellation d'entreprises[2] », qui rejoint la question des réseaux et de l'externalisation. Ainsi, certaines entreprises leaders, comme Benetton dans l'habillement, ou Toyota dans l'automobile, ont construit leur *business model* sur un réseau de valeur composé de partenaires avec lesquels ils collaborent étroitement pour concevoir et fabriquer leurs produits. L'entreprise au « centre stratégique » du réseau sélectionne ses partenaires, organise leur activité et les aide à se développer en leur transférant les technologies et les méthodologies nécessaires. Elle encourage ses partenaires à collaborer et à partager les technologies et les innovations entre eux, de manière à renforcer la compétitivité du réseau dans son ensemble[3]. Dans ce genre d'approche, l'apprentissage et le transfert de compétences entre partenaires sont vus comme des éléments positifs, qui bénéficient à toutes les parties prenantes.

•••

•••

La course à l'apprentissage

À l'opposé, certains auteurs, comme Doz, Hamel et Prahalad[4], analysent les alliances stratégiques comme une forme déguisée d'affrontement concurrentiel où, sous couvert de collaboration, un des partenaires s'arme délibérément pour affaiblir l'autre, comme dans le mythe du cheval de Troie. Selon eux, l'apprentissage et le transfert de savoir-faire sont les armes de ce conflit larvé. Chaque partenaire cherche à apprendre de l'autre, c'est-à-dire à lui subtiliser ses compétences les plus stratégiques, pour les utiliser contre lui par la suite. Du coup, chacun doit aussi chercher à protéger ses propres compétences pour éviter de créer ou de renforcer cet allié qui peut devenir un concurrent.

Il est intéressant de constater que la même entreprise, Toyota par exemple, peut adopter l'une ou l'autre des deux attitudes en fonction de la situation. D'un côté, Toyota transfère volontiers ses technologies à ses fournisseurs pour les encourager à l'innovation et favorise la collaboration entre fournisseurs sur les plateaux de développement de ses automobiles. Mais Toyota ne s'est pas comportée de la même manière avec General Motors dans le *joint-venture* NUMMI : cette alliance est rapidement devenue une « course à l'apprentissage » où chaque partenaire a cherché à tirer avantage de l'alliance pour se renforcer aux dépens de l'autre. General Motors cherchait à apprendre le *Toyota Production System* pour le transférer à ses propres usines, pendant que Toyota s'exerçait à gérer une usine en Amérique du Nord, pour y installer ses propres unités de production, apprendre le marché américain et y concurrencer General Motors.

Une arme à double tranchant

La confrontation de ces approches montre que, dans les alliances, l'apprentissage est une arme à double tranchant. Remarquons toutefois que l'image de la symbiose fonctionne bien pour décrire la coopération qui s'instaure entre un « centre stratégique » et l'ensemble des partenaires d'un réseau. À l'inverse, l'image du cheval de Troie caractérise les relations bilatérales entre des associés-rivaux qui coopèrent sur un pied d'égalité, ce qui correspond davantage à notre définition des alliances. Cela dit, l'image du cheval de Troie ne s'applique pas à toutes les alliances stratégiques, mais seulement à celles où des transferts de savoir-faire entre alliés sont susceptibles de renforcer significativement un partenaire aux dépens de l'autre.

---

1. Brandenburger A. et Nalebuff B., 1996.
2. Nohria N. et Eccles R.G., 1992 ; Normann R. et Ramirez R., 1993.
3. Lorenzoni G. et Baden-Fuller C., 1995.
4. Doz Y., Hamel G. et Prahalad C.K., 1989.

SECTION 3

LES PIÈGES DES ALLIANCES STRATÉGIQUES

Les alliances stratégiques sont loin d'être une panacée. Elles se caractérisent par une série de problèmes à résoudre et de pièges à éviter.

1 Sous-exploiter les synergies et créer des surcoûts

a. Un manque de rationalisation et d'efficience

Le premier inconvénient des alliances est qu'elles sont rarement des structures optimales du point de vue de l'efficience. De ce fait, même si les synergies potentielles entre alliés sont très élevées, la structure mise en place permet rarement de tirer tout le profit de ces synergies. Chaque partenaire a tendance à protéger ses actifs, ses technologies et son personnel, ce qui limite les rationalisations que l'on pourrait attendre d'un rapprochement. Pour arriver à des compromis satisfaisant toutes les parties prenantes, on laisse souvent subsister des duplications dans les opérations, ce qui limite les économies d'échelle et augmente les investissements nécessaires.

Ainsi, la plupart des programmes de coopération dans l'industrie européenne de la défense sont organisés de telle sorte que l'assemblage final des matériels développés en co-maîtrise d'œuvre est effectué simultanément par chacun des partenaires. On assemble le même avion ou le même système d'armes dans plusieurs usines situées dans des pays différents. Les entreprises s'entendent assez facilement pour se répartir entre elles le développement et la fabrication des sous-ensembles mais aucune ne veut lâcher l'assemblage du système complet car ce serait courir le risque d'apparaître comme un sous-traitant et de ne plus pouvoir fournir son armée nationale.

Exemple

Eurofighter : une organisation loin de l'optimum

- L'Eurofighter Typhoon, avion de combat anglo-germano-italo-espagnol, est assemblé sur quatre sites différents, un dans chaque pays partenaire. Cerise sur le gâteau, les deux ailes proviennent de deux usines situées dans deux pays différents, ce qui est unique au monde ! Dans ce programme, chaque partenaire a essayé de négocier des retombées technologiques et de renforcer ses compétences propres plutôt que d'optimiser la coopération pour assurer le succès du projet.
- Le concept de l'Eurofighter a été adopté en 1987 après quatre ans de discussions (et le retrait des Français, initialement associés au projet). Le premier vol a eu lieu en 1994. Il a fallu attendre 2004 pour la mise en service de l'avion. Affolées par les retards et les surcoûts, les armées de l'air clientes ont toutes revu leurs commandes à la baisse, quand elles ne les ont pas purement et simplement annulées. En 2018, seulement 540 appareils ont été produits. Les dernières livraisons sont prévues pour 2023.

Un Eurofighter Typhoon en vol

Les alliances étant des structures négociées, elles tolèrent facilement le compromis, les duplications et le manque de rationalisation. Cela peut permettre à des pratiques antiéconomiques de s'installer et d'entraîner l'alliance dans une spirale de destruction de valeur.

b. Des surcoûts de négociation, de coordination et de contrôle

En outre, au-delà de la sous-exploitation des synergies, la coopération crée des surcoûts systématiques de négociation, de coordination et de contrôle qui pèsent sur les performances des alliances. Nos propres recherches nous ont ainsi montré que les coûts de développement étaient généralement plus élevés pour les produits développés dans le cadre d'alliances entre concurrents que pour les produits développés de manière autonome[1]. Le développement en coopération prend en effet plus de temps car il nécessite davantage de discussion, de négociation sur la répartition des tâches, de définition des interfaces, de coordination du travail, etc., et donc des équipes de gestion de projet plus lourdes.

Le choix de l'alliance par rapport à une fusion-acquisition dépend donc du type de synergie recherché et de la capacité des partenaires à mettre en œuvre ces synergies.

	Alliance	Fusion-acquisition
Rationalisation et économies d'échelle	?	++
Combinaison de ressources complémentaires	++	?

Figure 11.4 Le choix entre alliance et acquisition

- **Si le but est de rationaliser l'industrie, de couper les coûts et d'augmenter les économies d'échelle**, un mouvement de concentration par fusion-acquisition s'avère généralement préférable[2]. En effet, il est souvent nécessaire de placer toutes les entités concernées sous une autorité unique pour les obliger à procéder aux rationalisations nécessaires. C'est ce qui a poussé les leaders européens de l'industrie aérospatiale à fusionner au sein d'Airbus au début des années 2000 plutôt que de continuer à travailler ensemble par le biais de coopérations multiples sur différents types de produit (avions, hélicoptères, missiles), comme ils le faisaient depuis les années 1960, au prix de nombreuses duplications et d'une sous-optimisation de l'ensemble des activités.
- **Si le but est de combiner des ressources et compétences complémentaires**, l'alliance peut être une meilleure option, car elle permet de préserver l'identité, la capacité d'innovation et les ressources spécifiques de chaque partenaire au lieu de les dissoudre dans un ensemble unifié. Cependant, le danger est que les entreprises alliées ne consacrent pas à l'alliance leurs meilleurs talents, de manière à en garder l'exclusivité. Si tous les partenaires se comportent de la sorte, tout le monde sous-investit, chacun protège ses compétences en essayant d'exploiter celles des autres, et l'alliance a bien du mal à atteindre ses objectifs.

1. Castañer X., Garrette B., Mulotte L. et P. Dussauge, 2014.
2. Garrette B., 1998.

2 Coopérer ou ne pas coopérer

Le fait que deux entreprises aient noué une alliance n'entraîne pas forcément les partenaires à coopérer loyalement et sans arrière-pensée. Le problème fondamental de la coopération est en effet que les partenaires sont constamment tiraillés entre la volonté de coopérer loyalement et la tentation de s'enrichir sur le dos du partenaire.

La coopération est nécessaire pour que l'alliance produise les effets désirés, mais elle est coûteuse et exige que chacun engage des investissements dont il ne contrôle pas entièrement l'usage. D'où la tentation de se comporter en « passager clandestin » (*free rider*), c'est-à-dire de profiter des contributions du partenaire en évitant d'investir soi-même. Le comportement ambigu qui en résulte dépend largement de la manière dont chaque partenaire anticipe le comportement de l'autre. Pourquoi coopérer loyalement si je pense que mon partenaire ne va pas le faire ?

Cette situation a été formalisée par la théorie des jeux, déjà présentée dans le chapitre 3, en particulier dans le modèle dit du « dilemme du prisonnier » (voir la rubrique Fondements théoriques ci-après).

FONDEMENTS THÉORIQUES

Le dilemme du prisonnier

Le modèle du « dilemme du prisonnier »

Ce modèle de théorie des jeux développé par Merrill Flood et Melvin Dresher en 1951 sous le nom de « dilemme du prisonnier » évoque la situation d'un gardé à vue qui hésite devant le marché que lui propose la police : dénoncer son complice (lui aussi détenu dans une autre cellule) en échange de la liberté. Dois-je dénoncer mon complice ou rester muet en espérant qu'il ne parlera pas non plus et que, faute de preuve, aucun de nous deux ne sera inquiété ? Le dilemme est d'autant plus cruel que la police propose le même marché à l'autre détenu. Si je crois que l'autre va parler, il vaut mieux le prendre de vitesse et parler le premier. Du coup, les deux avouent en espérant que la police sera clémente.

Alors que la coopération tacite bénéficierait aux deux complices, chacun agit de manière égoïste et essaie de doubler l'autre, ce qui conduit à une issue néfaste pour les deux. Le modèle du « dilemme du prisonnier » explique ce paradoxe.

L'incitation à tricher provient de la structure des gains que peuvent obtenir les joueurs selon qu'ils coopèrent loyalement ou non. Coopérer améliore la performance globale de l'alliance et oblige à partager les gains équitablement. Tricher réduit la performance de l'alliance mais permet au tricheur de s'approprier des gains plus importants, à condition que l'autre allié ne triche pas.

•••

Dans le « dilemme du prisonnier », la structure des gains est la suivante :

		Allié A	
		Coopère	Triche
Allié B	Coopère	3 / 3	5 / 0
	Triche	0 / 5	1 / 1

Les gains sont présentés sous la forme [gains de A / gains de B].

Tableau 11.1 Structure des gains dans le dilemme du prisonnier

Face à cette matrice de gains, la tentation est forte pour A de tricher pour « doubler » son partenaire. Au mieux, si B est assez naïf pour coopérer loyalement, A va gagner 5, alors qu'il ne gagnerait que 3 en coopérant. Au pire, si B triche aussi, A va gagner 1 au lieu de zéro s'il coopérait. Comme B fait le même raisonnement, il triche aussi et l'alliance ne rapporte au total que 2 (1 pour A et 1 pour B), alors qu'elle aurait rapporté 6 (3 pour A et 3 pour B) si les deux partenaires avaient coopéré loyalement.

La stratégie tit-for-tat

Robert Axelrod a proposé une « martingale » qui permet de résoudre le dilemme du prisonnier dans un jeu à plusieurs coups. Il s'agit de la stratégie *tit-for-tat*, ce que l'on pourrait traduire par « œil pour œil, dent pour dent ». Elle consiste à jouer en fonction du coup précédent que vient de jouer le partenaire : s'il a coopéré au coup précédent, je coopère ; s'il a triché, je triche. Ainsi, tant que mon partenaire coopère, je fais de même et nous obtenons les gains maximaux (3 pour chacun). Dès qu'il triche, je gagne zéro et il gagne 5, mais je triche aussi au coup suivant, ce qui me permet d'éviter que cette situation se reproduise et nous cantonne dans des gains de 1. Dès qu'il se remet à coopérer, il voit que je ferai loyalement de même et que, pour pérenniser ses gains, il a intérêt à coopérer lui aussi.

Les différents types de tricherie

La théorie économique distingue trois types de tricherie où chaque partenaire essaie de maximiser ses gains par rapport à l'autre, en dégradant de ce fait la performance de la coopération :

- **La sélection adverse** (*adverse selection*) est une forme de tromperie où un allié potentiel gonfle artificiellement la valeur de ses contributions, de manière à augmenter ses chances d'être sélectionné comme partenaire. Le risque pour l'autre entreprise est de s'allier avec le partenaire qui promet le plus, c'est-à-dire celui qui exagère le plus la valeur de sa contribution parce qu'il possède le moins de ressources, et non avec celui qui apporterait le plus en réalité et n'a donc pas d'incitation à mentir. Ainsi, dans une alliance internationale, le partenaire local peut être tenté de « survendre » sa connaissance du marché local ou ses connexions avec les autorités politiques, surtout si l'allié étranger ne connaît pas bien le pays concerné.

• • •

- **L'aléa moral** (*moral hazard*) désigne un effet pervers de la coopération qui pousse chaque allié à se comporter de manière plus désinvolte ou plus risquée qu'il ne le ferait s'il était seul aux commandes. Le partenaire adopte ce comportement parce qu'il se sent couvert par l'alliance et qu'il compte sur l'autre allié pour compenser ses faiblesses ou ses erreurs. Bien qu'il dispose des compétences nécessaires au bon fonctionnement de l'alliance, il ne les met pas à la disposition du projet commun. Il sous-investit ou affecte à l'alliance ses moins bons éléments, de manière à garder ses meilleures ressources pour lui-même.
- **L'extorsion** (*hold-up*) est une relation où un des alliés exploite économiquement l'absence d'alternative pour l'autre. Si un des alliés fait des investissements spécifiques à l'alliance, c'est-à-dire des investissements qui auraient une valeur très faible si l'alliance était rompue (par exemple un processus de production spécifique au design des produits conçus par l'autre allié) il s'expose à un risque d'extorsion. L'autre partenaire peut profiter de la situation pour exiger une part plus importante des gains générés conjointement. En effet, le partenaire qui a fait des investissements spécifiques perd moins en restant dans l'alliance qu'en la rompant.

Sources : Faulkner D., 2006 ; Axelrod R.M., 1984 ;
Barney J.B. et Hesterly W.S., 2006.

En fait, la seule solution pratique du dilemme est que les partenaires développent une relation de confiance, ce qui n'est possible que si la coopération dure suffisamment longtemps. La confiance conduit les alliés à privilégier les objectifs communs, qu'ils peuvent atteindre ensemble, par rapport aux objectifs particuliers de chacun, qu'ils n'atteignent souvent que l'un aux dépens de l'autre, ce qui finit par produire un résultat négatif pour tous.

3 Créer ou renforcer un concurrent

L'apprentissage, qui est un avantage des alliances, peut se muer en piège redoutable (voir la rubrique Controverse sur la coopétition, section 2). Ce partenaire qui, grâce à l'alliance que j'ai nouée avec lui, a accès à mes technologies, mes savoir-faire et mes partenaires, distributeurs ou fournisseurs, n'est-il pas en train d'apprendre à mes dépens et de devenir mon concurrent ? Les exemples d'alliances qui se transforment en affrontements entre concurrents au bout de quelques années sont légion.

Les entreprises chinoises, par exemple, ont formé des alliances avec des multinationales étrangères dans le but délibéré d'apprendre, de capter des technologies et des savoir-faire commerciaux, comme l'avaient fait avant elles les groupes coréens ou taïwanais.

L'industrie automobile chinoise s'est développée grâce à des alliances avec Volkswagen, General Motors ou Peugeot Citroën. Les constructeurs chinois sont maintenant capables de concurrencer leurs partenaires sur des marchés où ceux-ci se croyaient jusque-là à l'abri. Certaines alliances tournent au conflit ouvert et, une fois l'apprentissage effectué, la coopération de départ se transforme en compétition sauvage.

Le dilemme du prisonnier n'est plus du tout un dilemme pour le partenaire qui a capté les compétences de l'autre : il devient évident qu'il n'a plus aucun intérêt à coopérer, comme le montre le cas de Danone et Wahaha (voir la rubrique Étude de cas ci-après) .

Au total, il est indispensable de défendre ses compétences clés lorsque l'on coopère. Mais d'un autre côté, le désir de se protéger contre les dangers de transmission involontaire de compétences incite chaque partenaire à réduire son exposition, à filtrer les informations d'une manière excessive, à priver l'alliance de ses savoir-faire les plus avancés, ce qui peut nuire à l'efficacité de la coopération. Le dosage optimal entre protection et transparence est donc difficile à trouver : un degré trop faible de collaboration risque de nuire à la réalisation des synergies, mais trop de transparence peut aboutir à l'affaiblissement de la position de l'un ou l'autre partenaire.

ÉTUDE DE CAS

Danone-Wahaha, alliance ou concurrence larvée ?

Wahaha, une *success story* chinoise

Créé en 1987, le groupe Wahaha est devenu en trente ans le leader du marché chinois des boissons non alcoolisées, grâce à une stratégie de croissance externe agressive menée tambour battant par son fondateur Zong Qinghou. En 2008, le chiffre d'affaires de Wahaha représente 15 % des ventes totales de boissons en Chine. Sa gamme de produits comprend des eaux en bouteille, des sodas, des jus de fruit, des soupes, des boissons à base de thé, mais aussi des yaourts et des produits laitiers. Plus récemment, Wahaha s'est diversifié dans l'habillement, l'hygiène et la santé. Sous la marque Future Cola, Wahaha a commercialisé un soda longtemps considéré comme le concurrent le plus sérieux de Pepsi et de Coca-Cola sur le marché chinois.

L'alliance Danone-Wahaha

L'alliance de Wahaha avec Danone a joué un rôle clé dans le succès du groupe chinois. Cette alliance a commencé en 1996, quand Danone a investi 43 millions de dollars dans cinq usines Wahaha, créant ainsi cinq *joint-ventures*. Dans chaque co-entreprise, la part de Danone était de 51 % et celle de Wahaha de 49 %, mais la gestion des opérations était confiée au partenaire chinois. Danone a développé ces partenariats pendant une dizaine d'années, si bien qu'en 2007, la multinationale française détenait des parts dans 39 unités de production du groupe Wahaha, alors qu'une cinquantaine de filiales de Wahaha restaient hors de l'alliance. Au total, Danone possédait plus de 40 % des actifs du groupe chinois *via* ses co-entreprises, ce qui l'amenait à présenter Wahaha comme une de ses trois marques phares, au même titre qu'Évian et Danone.

•••

•••

Danone laissait même entendre que Wahaha était l'une de ses filiales. Mais Wahaha, qui a toujours insisté sur son indépendance, présentait l'alliance comme un simple investissement conjoint dans un nombre limité d'usines en *joint-venture*.

Les stratégies de croissance des deux partenaires

L'alliance avec Danone a permis à Wahaha de s'internationaliser. En 2004, les deux alliés ont créé un *joint-venture* en Indonésie (70 % Danone et 30 % Wahaha) pour produire une gamme composée de produits laitiers de Danone et de boissons lactées de Wahaha. Ce dernier s'est ensuite implanté commercialement en Thaïlande ainsi que sur la côte ouest des États-Unis où réside une importante communauté chinoise.

De son côté, Danone a noué des alliances avec d'autres partenaires chinois en formant des *joint-ventures* et en prenant des participations au capital de plusieurs entreprises locales. Ainsi, Danone possède 20 % de Shanghai Bright Dairy, un des principaux producteurs de produits laitiers, et contrôle Robust, un des leaders des eaux minérales et des boissons lactées.

Crise et dénouement de l'alliance Danone-Wahaha

En 2007, la tension monte entre Danone et Wahaha. Danone porte plainte contre son partenaire chinois qu'il accuse de développer, en parallèle à l'alliance, un réseau indépendant de production et de distribution de boissons identiques à celles commercialisées par la co-entreprise. Wahaha, de son côté, affirme que Danone ne lui a jamais interdit explicitement de concurrencer l'alliance par des activités parallèles. Danone propose un arrangement à l'amiable qui consisterait à réintégrer une vingtaine d'usines litigieuses dans l'alliance. Zong Qinghou refuse et démissionne de son poste de directeur de la co-entreprise. Il décide de poursuivre Danone devant la justice chinoise pour « activités illégales ». En septembre 2009, les deux groupes abandonnent les poursuites et signent un accord aux termes duquel Danone vend l'intégralité de ses parts dans les *joint-ventures* à Wahaha pour 500 millions de dollars, ce qui met un terme à deux ans de bataille juridique. Depuis, toutes les relations entre les deux firmes ont été rompues.

À la suite de la rupture de l'alliance, Danone a dû revoir toute sa stratégie de pénétration du marché chinois, et sa position sur ce marché s'en est trouvée très affaiblie. Wahaha, de son côté, a souffert de l'intensification de la concurrence sur le marché chinois et a vu sa position s'éroder. En particulier, Wahaha a décidé de se retirer du marché des sodas, laissant la voie libre à Coca-Cola et Pepsi.

QUESTIONS

Corrigés en ligne sur dunod.com

1. Comment Danone aurait-il pu éviter ce conflit ?
2. Du point de vue de Wahaha, était-il pertinent de développer des activités en propre, parallèlement à celles de l'alliance ?
3. Les alliances complémentaires de ce genre sont-elles inéluctablement instables ? Si oui, pourquoi les nouer ?

SECTION 4

COMMENT DÉJOUER LES PIÈGES DES ALLIANCES ?

Quelques principes généraux peuvent aider les entreprises à atteindre les objectifs des alliances tout en évitant leurs pièges. Pour formuler des recommandations plus précises, il faudra ensuite faire la distinction entre les différents types d'alliance stratégique.

1 Négocier l'alliance étape par étape

a. Commencer par la stratégie

Dès la négociation d'une alliance, le marchandage qui entoure le montage juridique et le partage du pouvoir élude très souvent les objectifs et implications stratégiques de la coopération pour se focaliser sur des questions de personnes ou des aspects contractuels, comptables et financiers, tels que la répartition du capital d'une éventuelle filiale commune, la négociation des prix de cession entre partenaires, la nomination des responsables du projet commun, etc. Ce marchandage peut même faire échouer la négociation.

En pratique, il est recommandé de différer les discussions sur le management opérationnel et les aspects juridiques de l'alliance jusqu'au moment où les partenaires se seront mis bien d'accord et se sentiront en confiance sur les objectifs stratégiques de chacun, le contenu du projet commun et ses chances de succès.

b. Procéder par petits pas

Les alliés commencent par échanger une lettre d'intention qui n'a pas de valeur contractuelle mais sert à mettre noir sur blanc leurs objectifs stratégiques, leur volonté de coopérer, ainsi que l'objet et les buts essentiels de la coopération. Par la suite, les entreprises approfondissent leur projet d'alliance en écrivant un *Memorandum of Understanding* (MOU) qui dessine plus précisément les contours de la coopération, ses règles et éventuellement sa structure juridique. La signature du MOU marque généralement la fin des négociations sur les éléments clés de l'alliance : objectifs stratégiques de chacun, objectifs et périmètre de la coopération, *business plan*, contributions des alliés, principes de gouvernance et de répartition des gains, etc. C'est seulement dans un troisième temps que l'on crée l'alliance pour de bon en signant les contrats définitifs et en créant éventuellement une co-entreprise, à grand renfort d'avocats.

c. Tenir le cap

Mais ce n'est pas parce que l'alliance est signée que les problèmes de management sont résolus. Par nature, une alliance laisse subsister tout au long de son existence des centres de décision multiples. Les prises de décision résultent souvent d'un compromis entre les points de vue des différents partenaires, chacun cherchant à défendre ses intérêts. De tels compromis peuvent conduire à de mauvaises décisions stratégiques, voire à une absence de stratégie pour l'alliance.

Il est donc indispensable de formuler clairement les objectifs stratégiques que poursuit l'alliance, de les rappeler quand le besoin s'en fait sentir, et de s'y tenir. Ces objectifs doivent être discutés en détail dès la rédaction de la lettre d'intention. Ils serviront de référence pour garder le cap et trancher entre les points de vue des partenaires.

2 Définir des objectifs stratégiques clairs de part et d'autre, se méfier du discours « *win-win* »

a. Des objectifs ambivalents

Dans la pratique, les discussions sur les objectifs de l'alliance sont souvent perturbées par le fait que les entreprises impliquées mélangent, sciemment ou non, leurs objectifs communs avec les objectifs spécifiques à chaque partenaire.

- D'un côté, **les partenaires affichent des objectifs communs et partagés**. Sans cette convergence, l'alliance ne se ferait pas : tous les dirigeants expérimentés en la matière insistent sur le fait que les seules coopérations viables sont les alliances *win-win*, c'est-à-dire celles où tous les partenaires ont quelque chose à gagner.
- D'un autre côté, comme les partenaires demeurent des entreprises autonomes et parfois concurrentes, **les alliances stratégiques sont aussi le vecteur d'objectifs particuliers**, potentiellement conflictuels, propres à chaque firme. Certains dirigeants, pressés de former une alliance, ont tendance à nier ces contradictions potentielles en se réfugiant dans un discours *win-win* simplifié : du moment que le projet commun réussit, les deux entreprises alliées y gagnent forcément en collaborant. C'est pourtant loin d'être toujours le cas, comme plusieurs exemples nous l'ont montré dans ce chapitre.

b. Trois catégories d'objectifs stratégiques

Pour formuler précisément les objectifs stratégiques d'une alliance, on peut les classer en trois catégories :

• Les objectifs « communs »

Ce sont les objectifs du projet mené en coopération, qui doivent être chiffrés autant que possible (par exemple, vendre telle quantité de produits, à telle échéance, etc.). Ces objectifs doivent être fixés comme on le ferait pour élaborer le *business plan* d'une activité quelconque, en mettant de côté le fait que le projet concerné soit mis en œuvre en alliance.

• Les objectifs individuels compatibles avec les objectifs communs

Il s'agit des objectifs propres à chaque partenaire qui sont cohérents avec les objectifs communs et/ou ne posent pas de problème à l'autre partenaire (par exemple, utiliser l'alliance pour se développer dans une activité non concurrente de celle du partenaire).

- **Les objectifs individuels nuisibles à la coopération**

Ce sont les objectifs spécifiques à chaque partenaire qui peuvent nuire à la coopération et/ou entrer en conflit avec les objectifs de l'autre partenaire (par exemple, capter tel savoir-faire et se développer à terme dans une activité concurrente de l'alliance).

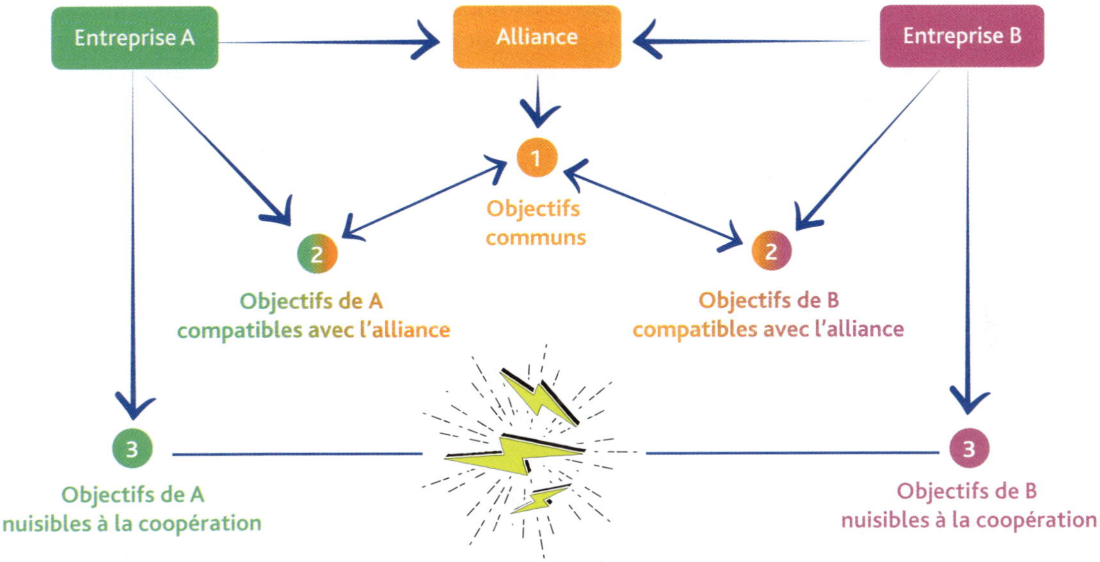

Figure 11.5 Les différents objectifs stratégiques dans une alliance

c. Discuter les objectifs ouvertement

Nous recommandons de discuter ouvertement et de trouver un accord sur les trois types d'objectifs avant de se lancer dans une alliance. En effet, dans de nombreuses négociations, les partenaires jettent un voile pudique sur les objectifs du troisième type, qui en restent au stade de « l'agenda caché », véritable poison des alliances. Or, quand les objectifs nuisibles à la coopération finissent par se manifester, il est en général trop tard. Il vaut mieux être clair sur ces sujets dès le départ, quitte par exemple à chiffrer et monnayer les compétences qu'un partenaire veut acquérir, écrire les clauses de sortie en conséquence, et proposer une contrepartie dans un autre domaine.

Encore faut-il s'accorder sur des critères clairs pour mesurer l'atteinte des objectifs. Il est surprenant de constater que, dans certaines alliances, les difficultés proviennent d'un simple malentendu : ce qui semble un succès satisfaisant pour un partenaire peut être vu comme un échec par l'autre, situation pourtant facile à éviter.

3 Se mettre d'accord sur le partage de la valeur, la structure, les processus de prise de décision et les échéances

a. Le partage de la valeur

Sachant que l'alliance ne sera jamais une structure totalement optimisée car chaque partenaire va l'utiliser pour atteindre non seulement les objectifs « communs », mais aussi ses objectifs individuels, la clé est de mettre en place un système de partage des investissements, des coûts et des gains qui distingue clairement ce qui est partagé de ce qui reste propre à chaque partenaire. L'exemple de CFM International est éclairant à ce sujet : les alliés ne partagent que le chiffre d'affaires et chacun prend en charge l'intégralité de ses coûts et de ses investissements, ce qui permet à chaque allié d'utiliser à ses propres fins les investissements qu'il fait dans le cadre de l'alliance.

b. La difficulté de prendre des décisions communes

Tous les responsables impliqués dans le management des alliances se plaignent des difficultés que crée la coopération dès qu'il s'agit de prendre des décisions, même sur la base d'objectifs clairs et explicites. La composition des comités de direction des *joint-ventures*, qui comprennent souvent un nombre égal de représentants des deux partenaires, le désir des dirigeants de noyauter autant que possible la structure en plaçant des « hommes à eux » pour surveiller les agissements du partenaire, sont autant d'éléments qui conduisent chaque allié à perdre de vue les objectifs de l'alliance pour défendre ses intérêts spécifiques.

Chiffres clés

La grande majorité des *joint-ventures* sont des accords à **50/50**.

Les études montrent que, quelle que soit la valeur relative des actifs apportés par les entreprises partenaires lors de la formation de l'alliance, l'écrasante majorité des *joint-ventures* sont des accords à 50/50, ou très proches de 50/50 (par exemple 51/49), ce qui montre bien que les entreprises n'acceptent de collaborer qu'à condition d'avoir un pouvoir suffisant dans les prises de décision. Cet équilibre du pouvoir a ses vertus, mais il conduit à des blocages lorsque les intérêts des partenaires commencent à diverger.

c. Une organisation autonome ou une instance d'arbitrage

Le remède consiste à mettre en place une organisation suffisamment autonome pour éviter les blocages et les conflits entre partenaires ou, au moins, une instance capable d'arbitrer lorsque ces blocages et ces conflits se manifestent. Les *joint-ventures* les plus performants sont souvent dotés d'un responsable autonome, capable de prendre des décisions dans l'intérêt du projet commun, en limitant au minimum les interférences des entreprises actionnaires. Dans certaines alliances, ce responsable détient une voix prépondérante au comité de pilotage de l'alliance, ce qui lui permet de débloquer les décisions sur lesquelles les représentants des actionnaires sont en désaccord.

d. Des échéances précises

En outre, il est important de prévoir des échéances auxquelles la stratégie de l'alliance peut être rediscutée ou remise en cause, et des échéances précises auxquelles l'alliance peut être dissoute ou renégociée. En dehors de ces échéances, l'alliance doit être aussi stable que possible.

Tous ces éléments de structure et de *process* font partie d'un savoir-faire stratégique de management des alliances. Les recherches montrent en effet que les entreprises qui développent ce savoir-faire obtiennent de meilleurs résultats en matière de collaboration que celles qui se contentent de gérer chaque alliance de manière spécifique et décentralisée[1].

4 Ne pas surestimer l'importance du contrat, mais soigner les clauses de sortie

Les alliances stratégiques sont ce que les économistes appellent des « contrats incomplets », c'est-à-dire des arrangements complexes où il est difficile d'envisager au départ tout ce qui va pouvoir se produire pendant la coopération. Il arrive souvent que les responsables des entreprises impliquées dans une négociation dépensent une énergie et un temps excessifs pour négocier chaque ligne d'un contrat couvrant des centaines de pages, tout en sachant que par la suite l'alliance va se développer de manière imprévisible.

Les dirigeants expérimentés s'accordent à reconnaître que, dans les alliances qui se passent bien, plus personne ne relit le contrat. Une fois l'alliance signée, dès que les équipes se mettent en place pour travailler ensemble, l'objectif principal devient de développer le projet commun quoi qu'il arrive, et non de respecter le contrat à la lettre. Ce n'est qu'en cas de crise aiguë que l'on se réfère à l'accord écrit. Et c'est en général mauvais signe, car si on le consulte, c'est généralement pour étudier les modalités de sortie. Il en va des contrats d'alliance comme des contrats de mariage : on ne les relit qu'en cas de divorce. C'est pourquoi les clauses de sortie y occupent en général une place de choix et qu'elles doivent être rédigées avec soin.

EN PRATIQUE

Rédiger les clauses de sortie

Pour rédiger les clauses de sortie dans un contrat d'alliance, on peut s'inspirer de clauses types, élaborées par des juristes. Voici les plus connues :

- **Option *call* ou *put*** : un allié a le droit de vendre (*put*) ou d'acheter (*call*) les parts de l'autre dans le *joint-venture* à une certaine échéance, pour un montant prédéfini ou calculé au moment de la vente selon une formule de valorisation (par exemple un multiple du chiffre d'affaires).
- ***Put* avec valorisation par un tiers** : une tierce partie neutre détermine la valeur des parts mises en vente par un partenaire au moment de sa sortie.
- **Droit de premier refus** : si un acheteur extérieur propose un prix pour les parts d'un des alliés, l'autre a le droit de préempter les parts en question au prix proposé.
- **Offres cachetées** : au moment de la rupture, chaque allié soumet une offre cachetée pour racheter le *joint-venture* et le mieux-disant gagne.
- **Enchères *shotgun*** : l'allié A offre un prix auquel il propose d'acheter les parts de l'allié B, mais si B refuse, A est obligé de lui céder ses propres parts à ce même prix.
- ***Revolving shotgun*** : un allié offre un prix auquel l'autre doit soit vendre, soit acheter en renchérissant de 5 % ; on continue jusqu'à la vente effective.

1. Kale P., Dyer J.H. et Singh H., 2002.

Rechercher les clés du succès d'une alliance stratégique dans le montage juridique, ce serait comme chercher la recette de l'harmonie conjugale dans un contrat de mariage. Les structures juridiques ne font que protéger les entreprises alliées contre les risques de tricherie d'un partenaire par rapport à l'autre. Elles ne garantissent pas que la stratégie qui a conduit à former l'alliance soit pertinente, ni que les projets communs des partenaires réussissent. Les montages juridiques sont indispensables pour former l'alliance et pour la défaire ; en revanche, ils ont généralement peu d'impact sur son développement et sa réussite. Le succès d'une alliance réside plutôt dans la stratégie des entreprises impliquées et dans l'organisation mise en place.

5 Anticiper l'évolution de l'alliance et ses conséquences stratégiques

Dans une alliance stratégique, chaque entreprise impliquée devrait anticiper l'évolution de l'alliance, son issue, et surtout ses effets à long terme pour elle-même et pour son alliée. Trop nombreuses sont les entreprises qui nouent des alliances pour atteindre des objectifs immédiats et limités, en sous-estimant les implications stratégiques à long terme.

a. Distinguer trois types d'alliance

Il est capital, dès la formation d'une alliance et tout au long de son existence, d'anticiper autant que possible les évolutions qu'elle est susceptible de subir, et les implications stratégiques de ces évolutions. C'est en menant cet exercice que l'on peut décider s'il faut nouer l'alliance ou pas et, par la suite, s'il faut la rompre, la prolonger ou en corriger les effets par d'autres mouvements stratégiques.

Plusieurs recherches ont montré que les évolutions des alliances stratégiques sont plus ou moins prédictibles en fonction du type d'alliance nouée au départ. Ainsi, les alliances additives, centrées sur des objectifs de taille critique, répondent généralement à des stratégies défensives, alors que les alliances de complémentarité, tournées vers la combinaison de ressources complémentaires, correspondent plutôt à des stratégies offensives.

En outre, nos recherches ont démontré qu'il est intéressant de distinguer deux sous-catégories dans le type additif : les co-intégrations et les pseudo-concentrations[1]. Les premières se limitent à une coopération en amont de la chaîne de valeur, avec un impact limité sur le marché, alors que les secondes engagent les alliés sur l'intégralité de leur chaîne de valeur, avec des effets proches de ceux de la concentration. Nous proposons donc de distinguer trois types d'alliance stratégique : les co-intégrations, les pseudo-concentrations et les alliances complémentaires.

1. Garrette B. et Dussauge P., 1995 ; Dussauge P. et Garrette B., 1999.

b. Comment gérer les co-intégrations ?

Les co-intégrations sont des alliances additives où la coopération est limitée à un stade amont de la chaîne de valeur, comme un projet de R&D en coopération ou la production d'un composant commun à deux entreprises, généralement concurrentes.

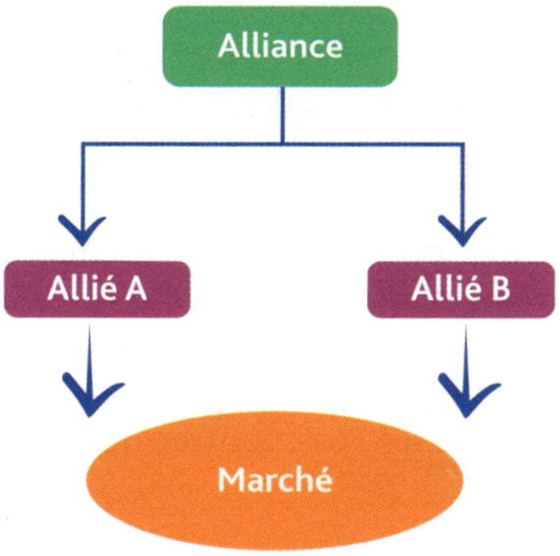

Figure 11.6 La co-intégration

Exemple

« Vu à la télé » : Sony et Panasonic

- **Sony** et **Panasonic** se sont alliés en 2012 pour développer conjointement des dalles « Oled » destinées aux téléviseurs à haute définition et aux moniteurs de grandes dimensions. Malgré ses promesses, la co-intégration a tourné court. Les deux firmes ont décidé, fin 2013, d'arrêter leur coopération, préférant développer des écrans à cristaux liquides conventionnels pour la future télévision à ultra haute définition (UHD). L'alliance, qui avait été formée dans le but de développer une technologie de production industrielle, d'atteindre des volumes suffisants et ainsi de baisser les coûts, n'a pas atteint ses objectifs. Les écrans Oled demeurent beaucoup plus chers que leurs équivalents LCD et se vendent mal. De plus, sur ce segment, et malgré l'alliance, ce sont leurs concurrents coréens, **LG** et **Samsung**, qui ont pris l'avantage.

L'objectif principal étant la taille critique, les entreprises alliées sont souvent conduites à investir conjointement dans des actifs en *joint-venture* (usines communes, par exemple) de manière à rationaliser au maximum les opérations à forts effets d'échelle. En revanche, pour protéger leurs compétences stratégiques, elles se répartissent certaines tâches à fort contenu technologique plutôt que de les mettre en commun.

- **La rigidité de la structure**

Au cours du temps, les co-intégrations ont tendance à rencontrer des problèmes d'efficience. Au bout de quelques années, il arrive souvent que les composants produits en *joint-venture* deviennent trop coûteux, inadaptés aux besoins des entreprises partenaires et obsolètes face aux évolutions technologiques du marché. En effet, dans les co-intégrations, les problèmes classiques de l'intégration verticale (rigidité, coupure avec le marché…) sont aggravés par des difficultés liées au partage du pouvoir entre alliés.

Il est difficile de restructurer l'activité et de prendre des décisions radicales parce que ces choix doivent être négociés et approuvés par les partenaires. Or ces partenaires sont souvent concurrents, et donc leurs intérêts tendent à diverger au cours du temps.

- **Le risque de l'inertie**

Une situation dans laquelle l'alliance ne remplit plus correctement son rôle peut perdurer plus ou moins longtemps. L'existence d'une co-entreprise disposant de ses propres installations et d'un personnel spécifique contribue à cette inertie. Elle peut devenir un obstacle à la dissolution de l'alliance.

Dans l'exemple de La Française de Mécanique déjà cité, l'usine commune a survécu malgré la divergence stratégique des alliés et leur incapacité à définir des composants communs. Il a fallu plusieurs années de crise pour que les alliés en tirent les conséquences. Cette évolution est fréquente : quand les actifs communs deviennent obsolètes, il est plus difficile de les restructurer que s'ils étaient détenus par une seule entreprise.

- **Nos recommandations pour éviter l'inertie et l'obsolescence**

- **Donner au départ la plus grande autonomie possible à la structure commune** et la doter d'un management indépendant des actionnaires, évalué sur les performances propres de l'unité commune.
- **Limiter la durée de la collaboration**, à condition que les clauses de sortie ne soient pas dissuasives.
- Quand cela est possible, **permettre à la co-entreprise de travailler avec d'autres clients que les maisons mères**. C'est là un gage de compétitivité sur le long terme. Mais cela est souvent illusoire car la plupart des co-intégrations sont formées pour produire des composants spécifiques aux entreprises alliées, donc difficiles à revendre sur le marché.

Bien souvent, au bout de plusieurs années, lorsque la compétitivité décline, la seule solution est de donner mandat à l'un des alliés pour reprendre en main la co-entreprise, la restructurer ou la liquider, évolution à prévoir dans les clauses de sortie.

c. Comment gérer les pseudo-concentrations ?

Les pseudo-concentrations sont des alliances additives où la coopération porte sur toute la chaîne de valeur. C'est donc un seul et même produit, commun à tous les alliés, qui est mis sur le marché.

Ces alliances sont très répandues dans le domaine aérospatial. Airbus est presque devenu un nom commun pour les désigner : à intervalles réguliers, les responsables politiques européens parlent de faire l'Airbus des télécoms, des composants électroniques, de l'intelligence artificielle, etc.

Pourtant, depuis la fusion des partenaires d'Airbus dans un seul et même groupe, cette pseudo-concentration s'est mutée en concentration en bonne et due forme. En revanche, des alliances comme Eurofighter ou CFM International, qui n'ont pas débouché sur des fusions, sont bien restées des pseudo-concentrations.

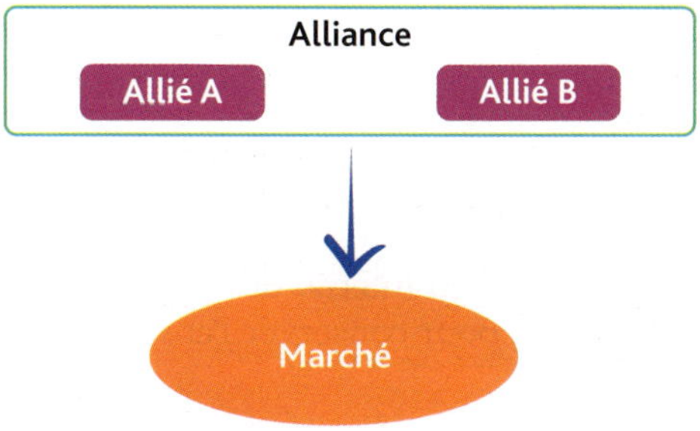

Figure 11.7 La pseudo-concentration

• Partager le travail

L'industrie de l'aérospatial et de l'armement est friande de pseudo-concentration car les entreprises de ce secteur, malgré leur taille souvent importante, ont du mal à faire face seules à l'ampleur de l'effort de R&D requis ainsi qu'au niveau élevé des investissements nécessaires à la production[1]. De telles alliances permettent de partager les dépenses et les investissements tout en élargissant les débouchés grâce à l'addition des marchés domestiques de chaque partenaire.

L'organisation de la coopération consiste la plupart du temps à découper le produit en sous-ensembles dont la maîtrise d'œuvre est confiée à chaque partenaire. La commercialisation du produit final peut être gérée par une co-entreprise ou confiée à chaque partenaire dans sa zone géographique.

• Un problème stratégique majeur : le désapprentissage

La répartition des sous-ensembles, voire des activités commerciales, entre les partenaires pose un problème stratégique crucial : celui d'une spécialisation industrielle et commerciale larvée. Si l'alliance prend une place trop importante dans son activité, chaque allié peut devenir incapable d'assurer les tâches qu'il n'effectue plus dans l'alliance.

Exemple

Lutter contre la perte de savoir-faire

- Après trente ans de collaboration avec **Airbus**, une entreprise comme **Aérospatiale**, maintenant fusionnée dans Airbus Group, s'était retrouvée au début des années 1980 dans une situation où elle n'avait plus développé ni fabriqué d'ailes d'avion de ligne depuis la Caravelle des années 1960. En effet, les voilures des différents modèles d'Airbus étaient la chasse gardée de **British Aerospace**.

1. Dussauge P. et Cornu C., 1998.

▸ Cette perte de savoir-faire risquait de condamner l'entreprise française à devenir un sous-traitant incapable d'assurer la maîtrise d'œuvre d'un avion complet. C'est une des raisons qui ont poussé Aérospatiale à accepter de développer l'avion de transport régional **ATR** en coopération avec l'avionneur italien **Alenia**. Dans cette alliance, Aérospatiale a exigé de prendre en charge la voilure de l'appareil, ce qui lui permettait de compenser son handicap dans Airbus.

Pour éviter les risques de spécialisation et de désapprentissage, les entreprises organisent une rotation des tâches entre elles ou participent à des alliances multiples dans lesquelles elles réalisent des sous-ensembles différents. Une autre parade, plus coûteuse, est de développer en interne des produits complets suffisamment semblables à ceux de l'alliance, pour conserver l'ensemble des compétences associées à ces produits.

d. Comment gérer les alliances complémentaires ?

Les alliances complémentaires associent des entreprises qui combinent des compétences et des ressources de nature différente pour créer une activité commune.

C'est le cas de l'alliance *Cereal Partners* entre General Mills et Nestlé et des alliances entre les constructeurs automobiles chinois et occidentaux (voir les rubriques Études de cas ci-avant). Les ressources apportées étant différentes et complémentaires, il peut être tentant pour chaque allié de capter les compétences de l'autre.

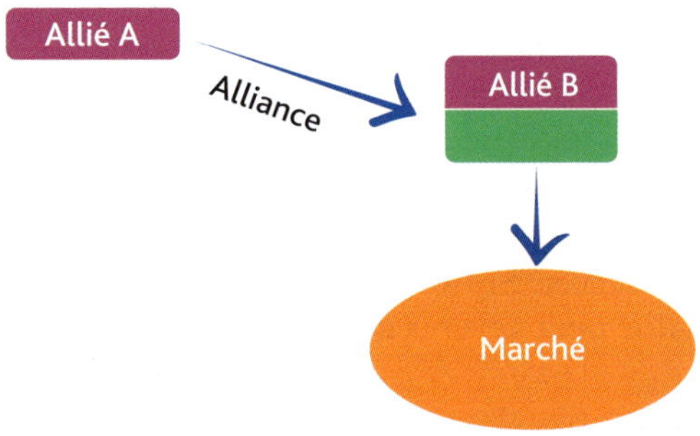

Figure 11.8 L'alliance complémentaire

• Des transferts de compétences

Au départ, l'organisation la plus naturelle est que chaque allié prenne la responsabilité des tâches liées aux ressources qu'il possède. Dans ce cas de figure, les alliés n'ont pas besoin de créer de filiale commune. De simples contrats non capitalistiques suffisent à coordonner l'ensemble. Toutefois, certaines alliances complémentaires donnent lieu à la création de co-entreprises au sein desquelles les équipes des entreprises alliées travaillent en commun.

Ces montages, qui ne sont pas *a priori* indispensables, sont recommandés lorsque les partenaires cherchent à organiser entre eux des transferts de compétences : grâce au travail en commun au sein de la structure en *joint-venture*, l'apprentissage sera facilité. C'est bien sûr le cas des co-entreprises entre constructeurs européens et chinois dans l'industrie automobile : les constructeurs chinois ne cachent pas qu'ils y apprennent leur métier.

• La course à l'apprentissage

Comme l'a montré l'étude de cas Danone-Wahaha (section 3), ces co-entreprises peuvent devenir des outils dangereux. En facilitant les transferts de compétences, elles peuvent provoquer des situations conflictuelles, où chaque partenaire accuse l'autre de s'approprier les activités de l'alliance.

Les « fuites de compétences » d'un allié à l'autre, qu'elles soient consenties ou non, réduisent la complémentarité qui avait justifié la création de l'alliance au départ. Ce faisant, elles peuvent avoir des conséquences cruciales sur la situation des entreprises alliées. Un des partenaires peut tomber dans une spirale de dépendance vis-à-vis de l'autre, ou au contraire chercher à se dégager de la coopération quand il a capté les ressources qui lui manquaient pour opérer de manière autonome. L'allié qui gagne la course à l'apprentissage n'est pas nécessairement celui qui gère le mieux l'alliance, c'est plutôt celui qui intègre le mieux les compétences acquises à sa propre organisation.

• Le syndrome du « cheval de Troie »

Le syndrome du « cheval de Troie », souvent évoqué pour décrire les intentions cachées de certains partenaires dans les alliances, est davantage présent dans les alliances complémentaires que dans les co-intégrations ou les pseudo-concentrations. Il est donc nécessaire de s'en prémunir, soit en négociant les transferts de compétences de manière consciente, rémunérée et organisée, soit en prévoyant des clauses de sortie qui permettent à tous les partenaires de tirer leur épingle du jeu en cas de rupture de l'alliance.

e. Les évolutions des trois types d'alliance

Des données plus générales sur les évolutions et les issues des alliances corroborent les conclusions que nous venons de présenter. Statistiquement, les alliances complémentaires conduisent plus souvent que les autres à des issues déséquilibrées, comme la reprise du *joint-venture* par un des partenaires[1]. En outre, les positions concurrentielles relatives des partenaires varient davantage dans le cas des alliances complémentaires que dans les cas des co-intégrations ou des pseudo-concentrations[2].

1. Dussauge P., Garrette B. et Mitchell W., 2000.
2. Dussauge P., Garrette B. et Mitchell W., 2004.

	Co-intégration	Pseudo-concentration	Alliance complémentaire
Problèmes principaux	• Perte d'efficacité • Obsolescence	• Spécialisation larvée • Désapprentissage	• Course à l'apprentissage • Renforcement d'un partenaire aux dépens de l'autre
Évolution probable	• Inertie • Restructuration • Faible impact sur la position concurrentielle des partenaires/ concurrents	• Rotation des rôles des partenaires • Concentration en bonne et due forme	• Reprise de l'activité par un des partenaires • Fort impact sur la position concurrentielle des partenaires/ concurrents
Recommandations	• Limiter la durée • Prévoir dès le départ des clauses de sortie bien précises (dissolution) • Viser constamment l'excellence opérationnelle	• Créer un portefeuille d'alliances avec plusieurs partenaires • Développer des projets autonomes semblables • Préparer une éventuelle concentration du secteur	• Identifier les compétences à apprendre et les compétences à protéger • Apprendre et diffuser les compétences nouvelles dans l'entreprise • Prévoir dès le départ des clauses de sortie bien précises (options de rachat)

Tableau 11.2 Le management stratégique des trois types d'alliance

CONCLUSION

Les alliances stratégiques sont des alternatives intéressantes, et plus répandues qu'on ne le croit, aux fusions-acquisitions. Elles permettent d'atteindre le même type d'objectif, à un coût souvent inférieur. Dans certains cas, les alliances sont même les seules options disponibles pour concentrer l'industrie et améliorer sa rentabilité.

Toutefois, les alliances restent des montages instables et des stratégies risquées. Même si certaines s'avèrent très durables, la longévité est plutôt l'exception qui confirme la règle. Alors qu'une fusion est un mouvement « définitif », une alliance est un arrangement évolutif, qui se transforme au cours du temps, au gré des changements de stratégie des partenaires et des transferts de compétences entre eux. Lorsqu'il s'agit de combiner des ressources stratégiques complémentaires, les alliances donnent souvent de meilleurs résultats que les acquisitions, mais elles peuvent aussi créer une course à l'apprentissage dont l'entreprise risque de sortir vaincue.

De manière générale, il est difficile de prédire au départ si une alliance va être rompue, renouvelée ou si elle va conduire à un rapprochement définitif. C'est pourquoi l'anticipation et la vigilance doivent être les maîtres mots du management stratégique des alliances.

À RETENIR

Qu'est-ce qu'une alliance stratégique ?

- Une **alliance stratégique** est une coopération qui revêt une importance stratégique pour les entreprises impliquées. Ces alliances sont généralement bilatérales et associent souvent des entreprises concurrentes ou potentiellement concurrentes.
- Contrairement aux fusions-acquisitions, les alliances préservent l'**autonomie stratégique** des entreprises alliées.
- La création d'une **co-entreprise** (*joint-venture*) n'est généralement pas indispensable et tous les *joint-ventures* ne sont pas des alliances stratégiques.

Pourquoi former des alliances ?

- Les alliances stratégiques servent à **créer de la valeur** en exploitant les **synergies** existantes entre les entreprises alliées.
- Les **alliances stratégiques** présentent plusieurs **avantages** : elles demandent moins d'investissements que les acquisitions ; évitent les problèmes d'intégration post-fusion ; créent des opportunités d'apprentissage et de transfert de compétences entre alliées ; créent une « option » stratégique pour l'avenir en autorisant une certaine réversibilité.

Les pièges des alliances stratégiques

- Les **intérêts des partenaires** peuvent facilement diverger et entraîner des problèmes d'efficience.
- La **performance des alliances** est difficile à évaluer, ce qui pose des problèmes de gouvernance.
- Les **partenaires** ne coopèrent pas forcément de façon loyale.
- L'apprentissage au sein de l'alliance peut transformer un **partenaire en concurrent**.

Comment déjouer les pièges des alliances ?

- Rédiger les **clauses de sortie** avec soin.
- **Se mettre d'accord** sur les objectifs stratégiques, la structure, les processus de prise de décision et les échéances.
- **Anticiper l'évolution** de l'alliance et ses conséquences stratégiques, selon son type :
  - Les **co-intégrations** (alliances additives dans lesquelles des concurrents coopèrent sur un stade amont de la chaîne de valeur) ont tendance à créer de l'inertie.
  - Les **pseudo-concentrations** (alliances additives qui associent des entreprises concurrentes sur l'ensemble de la chaîne de valeur) ont tendance à créer une spécialisation larvée chez chaque partenaire.
  - Les **alliances complémentaires** (qui associent des entreprises dont les compétences et les contributions sont de natures différentes) ont tendance à favoriser une course à l'apprentissage et une domination d'un partenaire par l'autre.

Chapitre

12 Stratégie et responsabilité sociétale des entreprises

Nous avons jusqu'ici considéré que l'objectif de l'entreprise était de créer de la valeur pour les actionnaires. Cette conception financière de la stratégie, qui s'est imposée au cours des trente dernières années, est de plus en plus remise en cause, tant par la société civile que par le monde des affaires, surtout après la crise de 2008. Les effets pervers de cette financiarisation sont en effet nombreux : focalisation sur le court terme, non prise en compte des externalités (pollution, impact de l'emploi précaire sur l'économie...), privatisation des profits et socialisation des coûts (santé, chômage...), etc.

L'interrogation sur le rôle des entreprises dans la société conduit à contester la logique même du capitalisme : peut-on le réinventer ? Peut-on imaginer une conception différente de l'entreprise, une approche alternative permettant de conduire à un développement plus durable, tant sur le plan environnemental que sociétal ? L'objectif de ce chapitre est de proposer une ouverture vers ces questions, qui ne manqueront pas de se poser avec de plus en plus d'acuité dans les années à venir.

Plan du chapitre

SECTION 1

STRATÉGIE, DÉVELOPPEMENT DURABLE ET RESPONSABILITÉ SOCIÉTALE

En 1987, un rapport remis à l'Assemblée générale des Nations unies, intitulé « Notre avenir à tous » (« *Our common future* »), popularise le terme « développement durable » en le définissant comme « *un développement qui répond aux besoins du présent sans compromettre la capacité des générations futures à répondre aux leurs* ».

Le rapport Bruntland – du nom de son auteur – présente une thèse selon laquelle le modèle de croissance économique suivi jusque-là risque d'hypothéquer le futur de la planète et de sa population. Si cette thèse est aujourd'hui largement partagée, on peut néanmoins s'interroger sur le rôle des entreprises dans ces questions : en effet, certains considèrent que c'est aux États, à travers la régulation, de résoudre ces problèmes. Après voir défini plus en détail ce que recouvre la notion de développement durable, nous verrons pourquoi les entreprises ont aujourd'hui tout intérêt à s'emparer de ces questions.

1 Qu'est-ce qu'un développement durable ?

Chiffres clés

L'enjeu central de la planète est le passage de **7,5 milliards** d'habitants à la fin des années 2010 à **9** ou **10 milliards** d'habitants en 2050.

L'enjeu central de la planète est le passage de 7,5 milliards d'habitants à la fin des années 2010 à 9 ou 10 milliards d'habitants en 2050, même si les efforts internationaux pour contrôler cette croissance démographique semblent porter quelques fruits. 9 milliards d'êtres humains pourront-ils vivre sur la Terre avec le même mode de vie que celui du milliard d'habitants actuels dans les pays industrialisés ?

a. Les enjeux d'un développement durable

D'ores et déjà, l'impact négatif des activités économiques sur l'environnement est largement connu : pollution, risque de surexploitation des ressources naturelles (notamment l'eau), disponibilité et coût de l'énergie, réduction de la biodiversité, changement climatique dû aux émissions de gaz à effet de serre, accumulation des déchets, etc. L'idée selon laquelle notre mode de développement économique actuel, en vigueur depuis le début de l'ère industrielle, n'est plus tenable, fait son chemin, même si elle demeure contestée.

Chiffres clés

L'extrême pauvreté a reculé :

- **2 milliards** de personnes en 1990 ;
- **740 millions** en 2015.

Cependant, la misère existe toujours : en 2015, plus de **26 %** de la population mondiale vivaient sous le seuil de pauvreté de **3,20** dollars par jour.

Cependant, renoncer à la croissance économique ne ferait qu'aggraver les problèmes de pauvreté. Dans les faits, l'extrême pauvreté[1] a spectaculairement reculé : elle touchait 2 milliards de personnes en 1990 et environ 740 millions de personnes en 2015, une évolution d'autant plus positive que, dans le même temps, la population mondiale a augmenté de près de 40 %. Or, c'est essentiellement l'accroissement de l'emploi industriel en Chine qui explique ce recul de la pauvreté. Mais la masse des populations vivant dans la misère reste considérable : en 2015, plus de 26 % des habitants de la planète vivaient encore sous le seuil de pauvreté de 3,20 dollars par jour[2]. La croissance économique reste le seul espoir pour tirer les populations les plus pauvres de la misère.

1. Le seuil d'extrême pauvreté retenu par la Banque mondiale est estimé à 1,90 dollar par jour et par personne.
2. Source : Banque mondiale.

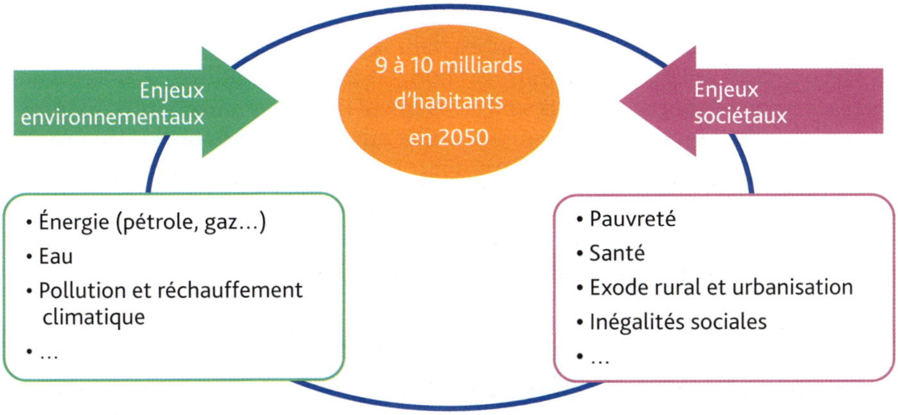

Figure 12.1 Les enjeux d'un développement durable

> Un développement durable est donc un développement qui permet à la fois de répondre aux enjeux environnementaux et sociétaux, tous deux impactés par l'accroissement exponentiel de la population mondiale dans les années à venir (voir figure 12.1).

Il revient à concilier des enjeux souvent opposés : comment assurer un développement économique permettant de réduire la pauvreté, sans pour autant dégrader de manière irréversible les ressources naturelles ?

b. La tension entre impératifs sociétaux et environnementaux

Si les liens entre les deux enjeux majeurs – environnementaux et sociétaux – sont bien entendu très complexes, les exemples ci-après, volontairement simplifiés, illustrent la tension potentielle qui existe entre eux et qu'un développement durable doit concilier.

Exemples

Cause à effet

- Afin de développer de nouvelles zones agricoles permettant de nourrir leur famille, de nombreux habitants d'Afrique, d'Asie ou d'Amazonie défrichent des forêts. Si cette déforestation répond à l'enjeu sociétal, elle a un effet amplificateur sur le réchauffement climatique, à la fois parce que les feux de forêt rejettent des gaz à effet de serre, mais surtout parce qu'elle détruit le gigantesque lieu de stockage du carbone que sont les forêts.
- Les agrocarburants représentent une piste intéressante pour faire face à la raréfaction des énergies fossiles et pour réduire les émissions de gaz à effet de serre. Cependant, leur développement se ferait au détriment de cultures alimentaires, déjà sous tension à cause de l'augmentation du nombre de personnes à nourrir sur la planète.
- Des fermetures d'usines polluantes permettent de lutter contre le réchauffement climatique, mais nuisent à la création ou même au maintien d'emplois.
- L'exploitation du gaz de schiste aux États-Unis a eu un tel impact positif sur la croissance économique que ses effets nuisibles sur l'environnement sont pour l'instant occultés.

c. Les 17 objectifs du développement durable

En 2016, le Programme des Nations unies pour le Développement (PNUD) a résumé ces enjeux en 17 objectifs à atteindre à l'horizon 2030 (voir figure 12.2). Également appelés « objectifs mondiaux », ils sont étroitement liés les uns aux autres : la réussite des uns favorise la réussite des autres. Fondés sur les Objectifs du Millénaire pour le développement, dont ils sont la continuité, ils sont devenus un référentiel utilisé également par les entreprises (voir la rubrique Étude de cas sur Danone, point 3.d.).

Figure 12.2 Les 17 objectifs du développement durable (ODD) du PNUD

2 La responsabilité sociétale des entreprises

La quête d'un développement durable concerne tout à la fois les gouvernements, les ONG, les individus et les entreprises. Tous peuvent avoir un rôle à jouer pour réussir à faire face à ces enjeux environnementaux et sociétaux. Pour les entreprises, ce rôle est appelé la « responsabilité sociétale des entreprises » (RSE), et devrait idéalement être combiné à la recherche de performance économique. La RSE induit deux questionnements : comment mesurer la valeur réellement créée par l'entreprise, et pour qui l'entreprise crée-t-elle de la valeur ?

a. La *triple bottom line* comme mesure de la performance

- **Origine et attributs de la *triple bottom line***

Une approche proactive de la RSE implique que la définition de la performance de l'entreprise ne saurait être unidimensionnelle et devrait prendre en compte au moins trois dimensions : le développement économique indispensable à la création de richesses, la préservation de l'environnement et l'équité sociale. En conséquence, l'entreprise devrait utiliser une mesure de performance intégrant cette triple perspective – économique, environnementale, sociétale –, parfois exprimée par la formule des 3P – *people, planet, profit*. On l'appelle aussi *triple bottom line*, en référence à la *bottom line* chère aux investisseurs : la ligne du bas d'un compte de résultat est celle du résultat net. En conciliant impératifs économiques, sociétaux et environnementaux, l'entreprise contribuerait à un développement durable (voir figure 12.3).

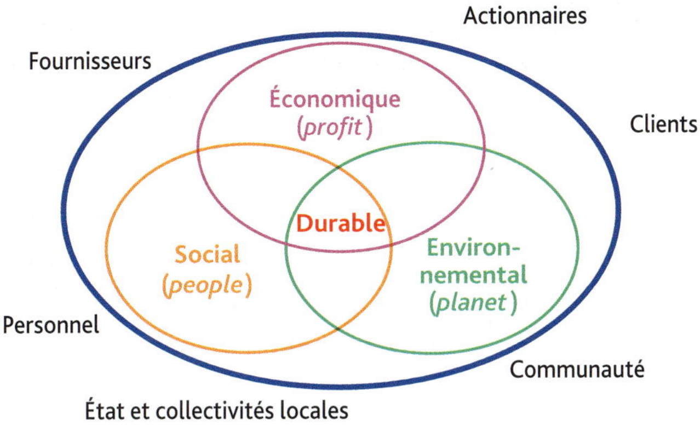

Figure 12.3 ***Triple bottom line* et parties prenantes**

Or, les mesures comptables de la performance ne prennent pas en compte ce qui est « externe » à l'entreprise. Ces externalités que génère l'activité de l'entreprise sont les conséquences externes induites telles que la pollution, la consommation de ressources non remplaçables, l'émission de gaz à effet de serre, la destruction d'emplois dans un pays, les nuisances pour les consommateurs, les employés ou les riverains. Elles ne sont pas intégrées dans la définition classique de la performance. Le coût de ces externalités reste à la charge de la collectivité : elles sont considérées comme « gratuites » par la comptabilité. Par conséquent, les efforts « écologiques » et les programmes d'intégration sociétale de l'entreprise ne sont considérés que comme des coûts et non comme des investissements à long terme.

- **Des initiatives pour mesurer la performance environnementale et sociétale**

Dans la pratique, il n'est pas évident de mesurer la performance environnementale et sociétale. Si, en France, les sociétés cotées en Bourse ont l'obligation de fournir un compte rendu de leur action sur les thèmes environnementaux et sociétaux dans leur rapport annuel depuis 2002, une nouvelle directive comptable européenne de 2014 a encore renforcé ces obligations. D'autres initiatives sont prometteuses et illustrent la nécessité d'ouvrir l'entreprise sur une vision sociétale de ses impacts : ainsi, la *Global Reporting Initiative* (GRI), développée par un groupe d'entreprises en collaboration avec les Nations unies, tout comme le mouvement de l'*Integrated Reporting* (IR) visent à développer des indicateurs d'information extra-financière.

Cependant, même Elkington, l'inventeur de l'expression « *triple bottom line* » en 1993, a regretté qu'en vingt-cinq ans d'utilisation, cette notion reste assimilée à un outil comptable. Cet outil ne serait compris que comme un nécessaire compromis à opérer entre les trois dimensions alors que l'auteur espérait provoquer une réflexion approfondie sur le futur du capitalisme, intégrant les trois dimensions[1], et renouvelant la question de l'objectif de l'entreprise.

1. Elkington J., 2018.

b. Quels objectifs pour l'entreprise ?

Comme nous l'avons vu au chapitre 6, le critère traditionnel de performance de l'entreprise est la création de valeur pour les actionnaires. Le grand mérite de cette définition purement économique de la performance de l'entreprise est de fournir un critère unique de décision et de pilotage stratégique : l'entreprise a pour seule fonction « la création de richesses » qui sont ensuite librement utilisées par les actionnaires. Mais de nombreuses voix s'élèvent contre cette approche, en souhaitant que l'entreprise prenne en compte les effets de son activité sur les parties prenantes autres que les actionnaires. Les parties prenantes (*stakeholders* en anglais ; voir figure 12.3) désignent tous ceux qui sont concernés par les décisions de l'entreprise.

Certaines parties prenantes sont directement affectées par l'activité économique de l'entreprise et ont en principe une capacité de négociation et de défense de leurs intérêts : les clients, les fournisseurs, les employés, les banques. D'autres n'ont pas nécessairement un lien contractuel direct avec l'entreprise mais elles représentent des intérêts spécifiques de la société civile. Ainsi, les villes, régions ou États dans lesquels les sites de production, de stockage ou des bureaux sont implantés sont concernés par toutes les conditions nécessaires à l'activité économique (formation, infrastructures, services), mais aussi par les conséquences (délocalisations, pollution) de l'activité économique sur la population locale.

• Le débat *shareholders/stakeholders*

La direction générale d'une entreprise se trouve ainsi confrontée à deux demandes potentiellement contradictoires :

- Maximiser la richesse des actionnaires (*shareholders*), en limitant tous les coûts non indispensables à l'activité de l'entreprise, en particulier les coûts sociétaux et environnementaux qui ne font pas l'objet d'une obligation légale ou contractuelle. Dans certains pays, notamment anglo-saxons, la direction générale et les administrateurs ont même l'obligation légale de servir les intérêts des actionnaires.
- Développer la capacité future de l'entreprise à exercer son métier en mettant en œuvre une approche de sensibilité aux besoins des communautés auprès desquelles elle intervient et en développant une approche responsable de son impact environnemental à travers une collaboration avec les parties prenantes (*stakeholders*), ce qui peut amener l'entreprise à accepter des surcoûts dont elle espère qu'ils porteront leurs fruits à long terme.

Ce débat *shareholders/stakeholders* oppose deux approches normatives de la stratégie d'entreprise[1]. Cependant, l'approche actionnariale (*shareholders*) ne se réduit pas à la maximisation du profit à court terme et doit être équilibrée par une vision « éclairée » de l'intérêt de l'entreprise à long terme. L'approche par les parties prenantes (*stakeholders*) ne peut se focaliser uniquement sur les responsabilités sociétales et environnementales de l'entreprise ; elle passe par la génération de profits pour assurer l'existence à long terme de l'entreprise. La situation n'est donc pas aussi « simpliste » qu'il n'y paraît, et depuis une ou deux décennies, une véritable mutation s'est effectuée dans la vision de l'objectif de l'entreprise.

1. Smith H.J., 2003.

- **La « raison d'être » de l'entreprise**

Friedman est le chef de file des tenants de la maximisation de la valeur pour les actionnaires, qui s'impose d'elle-même puisque selon lui, ces derniers sont les propriétaires de l'entreprise : ils disposent du droit de maximiser leur richesse. Cependant, cette perspective est erronée : l'entreprise n'existe pas en droit ; seule la société existe. Les actionnaires ne sont propriétaires que de titres représentant des fractions de capital social offrant certain droits (de vote, de participation à l'assemblée générale…). Les actionnaires sont seulement propriétaires de leurs actions, et non de l'entreprise ! Cette dernière est donc dotée d'une volonté propre et d'un intérêt propre distinct de celui de ses associés : l'entreprise a une « raison d'être ».

En France, le récent rapport dit Notat-Sénard[1] proposait ainsi de confier aux conseils d'administration et de surveillance la formulation d'une « raison d'être » visant à guider la stratégie de l'entreprise en considération de ses enjeux sociaux et environnementaux, un contrepoint utile au critère financier de court terme, qui ne peut servir de boussole. L'entreprise a un objectif propre, une raison d'être distincte de la seule création de valeur pour l'actionnaire.

Ce même rapport préconisait également de compléter l'article 1833 du Code civil « *Toute société doit avoir un objet licite et être constituée dans l'intérêt commun des associés* » par la phrase suivante : « *La société doit être gérée dans son intérêt propre, en considérant les enjeux sociaux et environnementaux de son activité.* »

Ce texte a été combattu en arguant que l'opposabilité juridique des choix stratégiques pris par les dirigeants judiciarise la conduite de l'entreprise, toute décision pouvant potentiellement léser une partie prenante qui pourrait alors saisir le juge.

3 Les pressions qui s'exercent sur les entreprises

Au-delà de ces débats, les actionnaires eux-mêmes envisagent fréquemment leur rôle sous un nouvel angle, et de nouvelles parties prenantes émergent. Par ailleurs, les réglementations et normes deviennent de plus en plus exigeantes. L'ensemble de ces pressions contribue à modifier les attitudes des entreprises envers le développement durable.

a. La pression croissante de nouvelles parties prenantes

- **L'influence des parties prenantes émergentes**

La vision historique de l'entreprise comme une communauté fermée s'occupant uniquement de ses propres intérêts économiques « face » à la société n'est plus possible. L'impact de l'activité des entreprises, tant sur le plan mondial que sur le plan local, est tel que de nombreuses parties prenantes (*stakeholders*) souhaitent faire entendre leur voix. Des parties prenantes jusqu'ici marginales deviennent influentes et ont une vision de la performance économique très différente du paradigme classique de la création de valeur pour les actionnaires (voir le tableau 12.1 ci-après).

1. *L'entreprise, objectif d'intérêt collectif*, rapport remis aux ministres de la Transition écologique et solidaire, de la Justice, de l'Économie et des finances et du Travail, mars 2018.

Parties prenantes traditionnelles	Parties prenantes émergentes
• Actionnaires majoritaires • Administrateurs • Clients, revendeurs, franchisés • Fournisseurs et sous-traitants, co-traitants • Employés, syndicats • Communauté financière • Banquiers • Assureurs • Concurrents	• Actionnaires minoritaires • Associations de consommateurs • Institutions scientifiques • Administrations techniques des gouvernements et villes (santé, environnement...) • Sociétés locales et communautés dépendant de l'activité économique de l'entreprise au sens large • Riverains des sites et établissements • Organisations non gouvernementales (ONG) • Fonds communs de pensions et retraites • Médias et presse

Tableau 12.1 **Les parties prenantes traditionnelles et émergentes**

Aux côtés des parties prenantes traditionnelles (employés, fournisseurs, etc.), d'autres parties prenantes, structurées en associations ou en ONG, défendent des causes spécifiques. Il peut s'agir de la protection de l'environnement (Greenpeace ou le WWF, *World Wildlife Fund*) ou de la défense de certaines catégories sociales (les consommateurs, la lutte contre le travail des enfants, la lutte contre le racisme ou en faveur de l'égalité homme-femme, la lutte contre l'abus du tabac, etc.).

Ces parties prenantes émergentes, dont l'influence a été grandissante au cours des années, sont actuellement plutôt dans un rapport de force avec l'entreprise, car l'activité et l'attitude des entreprises ont une influence déterminante sur l'évolution de leur cause. À travers des activités médiatiques, des attaques juridiques ou des partenariats contractuels, elles remettent en cause la légitimité de l'entreprise à fonctionner[1] si celle-ci n'accorde pas une attention suffisante aux aspects sociétaux et environnementaux de son activité.

Exemple

Le pouvoir de Yuka

Yuka est une application mobile qui permet de scanner les produits alimentaires et cosmétiques afin d'obtenir une information claire sur l'impact du produit sur la santé. L'évaluation des produits est indépendante des fabricants et s'appuie sur une base de données ouverte et collaborative (Open Food Facts). Lancée en janvier 2017, l'application a connu un succès fulgurant : plus de 10 millions de téléchargements en France en deux ans[2]. L'impact sur la décision d'achat du consommateur est tel que le score des produits influence les négociations entre grande distribution et industriels, et ces derniers ont commencé à adapter leurs recettes pour améliorer leur note.

1. Cette légitimité à fonctionner est appelée en anglais « *licence to operate* », un terme auquel les ONG font souvent appel.
2. Le principal défi de Yuka est maintenant de réussir à trouver un moyen de monétiser son offre, tout en restant indépendant.

ÉTUDE DE CAS

Le partenariat d'Unilever (Lipton) et Rainforest Alliance

Avec un siècle d'expertise, la marque Lipton est leader sur le marché mondial du thé. Elle achète environ 330 000 tonnes de thé et en produit 70 000 tonnes.

En 2007, Unilever, groupe propriétaire de Lipton, a annoncé qu'il s'engageait à n'acheter que des thés cultivés selon des « pratiques durables » respectueuses des standards de l'ONG Rainforest Alliance, qui supervise cet engagement public.

Rainforest Alliance est une ONG globale œuvrant pour la protection des forêts, zones dans lesquelles se trouvent beaucoup de plantations de thé. L'ONG est dotée d'un budget annuel de plus de 40 millions de dollars en 2017. Elle est notamment spécialisée dans la certification agricole et forestière et elle a une longue expérience dans des programmes concernant le café, le cacao, les bananes, l'exploitation forestière durable ou le tourisme responsable.

La certification de Rainforest Alliance repose sur une approche intégrée : s'occuper également d'éthique et d'environnement. Pour satisfaire les standards, les fermiers doivent s'engager à des améliorations continues de la situation sociale et économique de leurs ouvriers, de la gestion de la ferme et de la protection de l'environnement. Ils apprennent à améliorer leur productivité et à réduire leurs coûts en diminuant l'usage des pesticides, en éliminant les déchets et les pertes et en mettant en œuvre de meilleures techniques agricoles. Les ouvriers agricoles peuvent gagner des salaires décents et avoir accès à un habitat sain, à l'éducation et aux soins de santé.

Le directeur exécutif de Rainforest Alliance de l'époque, Tensie Whelan, commentait ainsi le partenariat avec Unilever : « *Nous sommes heureux de travailler avec une entreprise qui comprend la valeur de mettre le développement durable au cœur de son activité. En exigeant la certification Rainforest Alliance pour tout son approvisionnement en thé, Unilever fait un geste historique qui pourra bénéficier au final à des millions de producteurs de thé dans le monde.* »

« *Cette décision va transformer l'industrie du thé qui a souffert depuis de nombreuses années de surproduction et de sous-performance. Cela ne se fera pas du jour au lendemain, mais nous nous sommes engagés à le faire car c'est une bonne chose à faire pour les gens qui boivent notre thé, et tous les gens le long de notre chaîne d'approvisionnement* », déclarait de son côté Patrick Cescau, le P-DG d'Unilever en 2007.

L'objectif du groupe (que tous les sachets de thé Lipton vendus dans le monde soient certifiés par Rainforest) a été atteint en 2015 comme prévu.

Même si l'ONG est parfois critiquée pour son manque de contrôles, qui peut faire douter de sa capacité à faire respecter les critères imposés, le programme de certification Rainforest Alliance permet en général

•••

•••

aux agriculteurs d'obtenir des prix plus élevés pour leur production et d'améliorer leurs standards de vie de manière durable. De son côté, Unilever reconnaît que les thés certifiés valent 10 à 15 % plus cher que les prix moyens des marchés à enchères. Le pari est que cette augmentation du coût se traduise par une augmentation au moins proportionnelle de la valeur perçue par le consommateur.

QUESTIONS

Corrigés en ligne sur dunod.com

1. Quels sont les avantages et les risques d'appliquer cette démarche de certification et de commerce équitable à une aussi grande échelle ?
2. Quelles sont les principales difficultés de mise en œuvre qu'Unilever et Rainforest ont pu rencontrer ?

• L'adaptation des entreprises vis-à-vis des nouvelles parties prenantes

En fait, l'entreprise peut adopter quatre attitudes vis-à-vis des parties prenantes :

- effectuer une surveillance générale et se tenir informée de toutes les parties prenantes potentielles pour la mise en œuvre de la stratégie ;
- fournir une information régulière et adaptée aux parties prenantes tout en recueillant leurs opinions ;
- assurer une concertation régulière pour rechercher les opinions de la partie prenante et ses suggestions afin d'intégrer ces données dans la mise en œuvre de la stratégie et du projet ;
- créer un partenariat, qui associe la partie prenante dès la phase de planification du projet et jusqu'à sa mise en œuvre (voir la rubrique Étude de cas précédente).

La multiplication des associations locales et la grande variété des ONG imposent à l'entreprise une analyse systématique de ces parties prenantes. Des auteurs[1] proposent un modèle visant à évaluer les parties prenantes selon trois critères :

- leur puissance ;
- l'urgence de leurs préoccupations ;
- leur légitimité.

Il s'agit ensuite d'identifier en priorité les parties prenantes présentant des caractéristiques fortes sur les trois dimensions à la fois : l'entreprise doit rapidement entamer avec elles un programme d'action, voire de partenariat. De manière plus générale, l'entreprise souhaite avoir des parties prenantes qui comprennent bien ses projets, en sont correctement informées et les soutiennent activement.

b. Une réglementation et des normes de plus en plus exigeantes

À travers leurs actions, les nouvelles parties prenantes exercent des pressions sur les entreprises mais également sur les pouvoirs publics, et contribuent à faire évoluer la réglementation. Ces lois et normes, édictées par les États, constituent des *minima* applicables à toutes les entreprises d'une industrie avec un calendrier de mise en œuvre.

1. Mitchell R.K., Agle B.R. et Wood D.J., 1997.

Mais compte tenu de l'importance de l'activité économique internationale et de la puissance des entreprises multinationales par rapport à la taille de la plupart des pays, il est impossible de trouver une solution efficace aux problèmes économiques, financiers et sociétaux au niveau national. Les réglementations nationales et régionales sont de plus en plus le produit d'une réflexion internationale.

Exemples

Des rencontres internationales

- Les **Sommets de la Terre** sont des rencontres décennales entre dirigeants mondiaux organisées depuis 1972 par l'ONU, les plus emblématiques étant celles tenues à Rio (1992 et 2012). Symboles d'une prise de conscience au niveau mondial, leur objectif était de définir de manière collective les moyens de stimuler le développement durable au niveau mondial.
- La **COP21**, 21e conférence sur le climat qui s'est tenue à Paris en 2015, est le prolongement de la conférence de Kyoto de 2005. La COP21 a réuni 195 pays et abouti à un accord (non contraignant juridiquement) fixant comme objectif une limitation du réchauffement mondial entre 1,5 °C et 2 °C d'ici à 2100.

Dès les années 1990, des « permis d'émission de gaz à effet de serre négociables » ont été institués pour imposer une réduction annuelle des émissions par pays et par entreprise. Ces droits négociables permettent à l'entreprise de faire un choix économique entre :

- continuer à émettre un volume plus important que son quota de gaz CO_2 et acheter sur le marché européen les droits d'émission qui lui manquent ;
- investir dans des procédés de réduction des émissions de CO_2 qui apportent des résultats en ligne avec la réduction progressive de ses quotas, voire qui lui permettent de vendre sur le marché ses droits inutilisés.

À côté de ses objectifs de réduction des quotas d'émission de CO_2, l'Europe a imposé des normes de recyclabilité des voitures, des produits électroniques, ainsi que le respect de la réglementation REACH[1] pour les industries chimiques.

Les entreprises européennes doivent se plier à ces normes non seulement en Europe mais aussi sur les autres continents. Leur crainte est d'être défavorisées par rapport à leurs concurrents américains, chinois ou indiens.

De nombreuses normes et réglementations s'imposent donc aux entreprises pour faire face aux enjeux environnementaux. À travers la loi Pacte (Plan d'action sur la croissance et la transformation des entreprises) le gouvernement français a même cherché à imposer aux entreprises de s'interroger sur leur « raison d'être » (voir le point 2.b. de cette section). Mais le régulateur n'est pas le seul à réviser les règles du jeu. Les actionnaires eux aussi changent.

1. REACH est un règlement européen (règlement n° 1907/2006) entré en vigueur en 2007 pour sécuriser la fabrication et l'utilisation des substances chimiques dans l'industrie européenne (source : ministère de la Transition écologique et solidaire, 2019).

c. Des investisseurs socialement responsables ?

• L'investissement socialement responsable

L'opposition entre actionnaires exclusivement focalisés sur la performance financière et parties prenantes uniquement préoccupées d'impact sociétal ou environnemental s'est en fait estompée ces dernières années. Ainsi, Larry Fink, fondateur et dirigeant de BlackRock, le plus important gestionnaire d'actifs au monde, avec plus de 6 400 milliards de dollars d'actifs sous gestion, a jeté un pavé dans la mare en janvier 2018. Sa traditionnelle lettre aux actionnaires a pris cette année-là une tournure particulière : intitulée « *A sense of purpose* », que l'on pourrait traduire par « Pour un but commun », il fustige les entreprises trop focalisées sur le court terme, et les incite à développer une vision encourageante du futur.

Chiffres clés

- En 2016, les investissements socialement responsables représentent **22 890 milliards** de dollars dans le monde, soit **26 %** des actifs totaux sous management.
- En deux ans, ces montants ont augmenté de plus de **25 %**.

Par ailleurs, de multiples fonds d'investissement proposent aux investisseurs d'intégrer une approche financière rigoureuse et le respect de critères d'investissement éthiques, socialement responsables ou de développement durable. Cet ensemble de fonds constitue « l'investissement socialement responsable » (ISR). En 2016, les investissements socialement responsables représentent 22 890 milliards de dollars[1] dans le monde, soit 26 % des actifs totaux sous management. En deux ans, ces montants ont augmenté de plus de 25 %, démontrant la vitalité de ce type d'investissement. Partout dans le monde, l'investissement socialement responsable est en croissance exponentielle. La France, après plusieurs années de négociation, est parvenue à définir un label pour les produits ISR[2].

L'essor de ces fonds socialement responsables s'accompagne de la professionnalisation croissante des outils d'analyse *triple bottom line* et des méthodes de notation extra-financière. La rentabilité des investissements reste néanmoins une préoccupation majeure de ces investisseurs socialement responsables. Des indices éthiques sont également apparus comme le Footsie4Good, le Dow Jones Sustainability Index ou l'Aspi Eurozone de Vigeo.

• Les stratégies d'investissement des fonds socialement responsables

Les fonds socialement responsables mettent en œuvre différentes stratégies d'investissement. Ils peuvent en effet :

- **Utiliser des critères négatifs ou d'exclusion** concernant des produits (armement ou tabac par exemple), des pratiques (travail des enfants) ou certaines zones géographiques (l'Afrique du Sud au temps de l'apartheid).
- **Favoriser les pratiques de développement durable** au sein des entreprises. Le fonds est alors composé d'actions d'entreprises bien notées sur un plan social et environnemental.

1. Selon la *Global Sustainable Investment Alliance*.
2. Arjaliès D.L., et Durand R., 2018.

- **Privilégier l'engagement actionnarial**, en se préoccupant de l'exercice des droits de vote, en déposant des résolutions de vote en assemblée générale des actionnaires, et en pratiquant le dialogue managérial pour faire avancer les pratiques de l'entreprise en matière de gouvernance d'entreprise ou de respect des actionnaires minoritaires.
- **Pratiquer l'investissement « solidaire » ou de partage**. Les fonds de partage sont majoritairement placés en obligations et une part de leurs revenus est reversée à une organisation caritative ou d'intérêt général. Mais certains fonds investissent dans des entreprises d'insertion, de microcrédits ou d'autres projets solidaires. N'oublions pas les produits financiers solidaires classiques en France (livrets d'épargne, livrets développement durable, compte à terme) qui financent des projets d'utilité sociale.

• Responsabilité sociale et valeur de marché

L'une des questions essentielles pour les investisseurs est de savoir si l'investissement socialement responsable conduit à une performance financière nettement dégradée par rapport à un investissement plus classique. Aujourd'hui, les multiples études qui ont été menées sur le sujet aboutissent à une conclusion de plus en plus claire[1] : au total, l'investissement socialement responsable semble surperformer les portefeuilles équivalents d'investissement dans les entreprises aux stratégies moins durables. En outre, les entreprises les plus en pointe sur ces sujets bénéficient d'actionnaires de plus long terme que leurs jumelles moins visibles ou moins engagées sur ces thématiques[2].

D'un autre côté, l'investisseur classique (uniquement centré sur la performance financière) est aussi amené à prendre en compte certains aspects environnementaux et sociétaux. La valeur de marché d'une entreprise (calculée à partir de la valeur boursière de ses actions, voir le chapitre 6) est souvent très supérieure à la valeur comptable des actifs tangibles, ce qui repose sur une forte valorisation des actifs immatériels de l'entreprise (comme ses marques) et ses perspectives futures de performance financière.

Cette valeur de Bourse est donc très sensible aux risques et notamment les risques environnementaux ou le risque de réputation (comme l'a vécu à ses dépens la société Nike, accusée de tolérer le travail des enfants chez ses sous-traitants en Asie dans les années 1990, et régulièrement sous le feu des critiques des ONG à ce sujet). L'analyse financière traditionnelle prend donc de plus en plus en compte ces risques. Naturellement, ces derniers sont très différenciés selon les industries et la stratégie de l'entreprise. Les fonds d'investissement classiques rejoignent ainsi en partie les critères de sélection des fonds socialement responsables en écartant les entreprises présentant trop de risques environnementaux ou sociétaux.

1. Ioannou I., Serafeim G. 2015.
2. Durand R., Paugam L. et Stolowy H., 2019.

d. Les attitudes des entreprises envers le développement durable

Confrontées aux différentes pressions s'exerçant sur elles pour les inciter à adopter une attitude plus responsable face aux enjeux du développement durable, les entreprises ont pour la plupart créé des directions du développement durable (voir la rubrique Controverse ci-après) et peuvent adopter différentes attitudes. Certaines voient toute mesure liée au développement durable comme une contrainte supplémentaire qui entrave l'activité et les résultats de l'entreprise.

CONTROVERSE

Les directions du développement durable doivent-elles être durables ?

Depuis près de vingt ans, les grands groupes tout comme les PME se sont dotés d'une direction du développement durable (DDD). L'objectif était d'impulser et de promouvoir une démarche intégrant sociétal et environnemental tout en préservant la compétitivité et la rentabilité des organisations. Ces DDD ont été dotées progressivement de budgets, sont reconnues en interne, souvent rattachées au comité exécutif, et portent un sujet qui aujourd'hui a pour la grande majorité des organisations quitté définitivement le domaine du « prétexte à communication » et du *greenwashing* / *socialwashing*.

Une question se pose néanmoins : ces directions doivent-elles s'inscrire dans le temps ou ne sont-elles qu'une étape provisoire, un facilitateur de l'intégration d'objectifs fondamentaux au sein des autres directions ?

Vers la fin des DDD ?

Aux approches légalistes de départ s'est substituée une nouvelle approche : le développement durable est perçu *a minima* comme un « élément incontournable » de la pérennité de l'entreprise et pour les plus prospectives, un élément de compétitivité. Cela passe pour toute entreprise, et pas seulement dans le secteur industriel, par un partage de sa responsabilité au sein des différentes fonctions.

De manière encore plus générale, le développement durable ne peut se concevoir que dans une interaction permanente, anticipée et organisée avec l'ensemble des parties prenantes, quelles qu'elles soient : société dans son ensemble, administration et législateur, communautés d'implantations, fournisseurs et sous-traitants, clients, etc. Ces interactions n'appartiennent par essence à personne, et certainement pas exclusivement à la DDD !

•••

•••

Quels rôles doivent encore jouer les DDD ?

L'intégration de la dimension développement durable dans la stratégie et l'appropriation de cette dimension par l'ensemble des fonctions impliquerait donc la disparition des DDD. Cependant, celles-ci doivent encore jouer plusieurs rôles, et pourraient à ce titre se transformer progressivement :

- Achever la mutation d'un développement durable conçu comme quelque chose d'un peu extérieur au management, établi dans une logique de communication et d'image, à un développement durable qui soit une composante importante du management de la performance, suivi et piloté par l'ensemble de l'état-major, et donc par l'ensemble des directeurs, mais également par le conseil d'administration et rapporté aux actionnaires au titre de la performance globale de court et long termes. Il s'agit là d'un changement profond dans la gouvernance traditionnelle de l'entreprise.
- Dans une période de transition encore inachevée, sensibiliser aux enjeux liés à la durabilité en interne, apporter une expertise technique aux autres départements, contribuer à la mise en place des systèmes de *reporting* adaptés et enrichir l'approche « *triple bottom line* », aider chaque métier à identifier les éléments et acteurs clés de sa contribution à la prise en compte du développement durable dans la chaîne de valeur.
- Mesurer et améliorer le travail effectué par les différents métiers et fonctions, pour contribuer à implanter le développement durable au plus profond de la culture managériale, favoriser l'émergence d'idées nouvelles et diffuser un état d'esprit qui devienne pérenne, et bien entendu, contribuer à professionnaliser et institutionnaliser le dialogue avec les parties prenantes.

Telles sont les missions encore inachevées des DDD appelées à changer fondamentalement de nature pour se transformer en outil de pilotage et de *reporting*, notamment pour le suivi des indicateurs extra-financiers qui seront aussi importants que les financiers, et de veille stratégique, à l'instar, il y a quelques années, des directions qualité.

L'intégration du développement durable au cœur de la stratégie suppose une culture renouvelée du management et une approche globale du management de la performance. Cela suppose une impulsion politique et une rupture dans les habitudes managériales. Les DDD jouent sur ce plan un rôle transitoire de facilitateur. Durer avec leurs missions actuelles pourrait être un indicateur d'échec de la transformation fondamentale de l'entreprise.

Naturellement, les entreprises en difficulté ou dans des secteurs en récession auront plus facilement une attitude minimaliste, par peur des coûts engendrés ou par manque de moyens financiers. Pour ces minimalistes, c'est aux États de gérer les affaires collectives et aux entrepreneurs de décider dans quel État s'implanter.

Les légalistes ou « bons citoyens », quant à eux, comprennent et intègrent les nombreuses réglementations, se plient aux nouvelles normes de conception ou de fabrication des produits. Les industries de l'énergie (pétrole, nucléaire…), de la chimie, du ciment, des traitements de l'eau ou des déchets, du transport, sont par exemple soumises à de nombreuses normes écologiques et sociales qui ont des effets majeurs sur la manière de gérer leur activité. Respecter les normes et suivre leur rythme de développement est en soi une approche très significative de mise en œuvre du développement durable.

Enfin, certaines entreprises sont volontaristes et souhaitent aller au-delà des normes et règlements applicables à leur industrie. La conviction personnelle des dirigeants facilite l'intégration d'une démarche active de développement durable dans la stratégie par des programmes internes ambitieux : réduction de l'empreinte écologique de l'entreprise, développement d'approches sociétales et responsables, évaluation des managers sur des critères aussi bien environnementaux et sociétaux qu'économiques (voir la rubrique Étude de cas ci-après).

ÉTUDE DE CAS

L'intégration du développement durable dans la vision 2030 de Danone

Le groupe Danone, avec un chiffre d'affaires de près de 25 milliards d'euros en 2018, est le leader mondial dans le secteur des produits laitiers frais, numéro 1 européen de la nutrition médicale, numéro 2 mondial de l'eau embouteillée et de la nutrition infantile. Présent dans plus de 120 pays, sa mission est « *d'apporter la santé par l'alimentation au plus grand nombre* ».

30 ans d'avance

Danone s'est fixé pour ambition de construire un modèle de croissance équilibré, rentable et durable, en ligne avec le double projet à vocation économique et social introduit dès les années 1970 par Antoine Riboud.

•••

•••

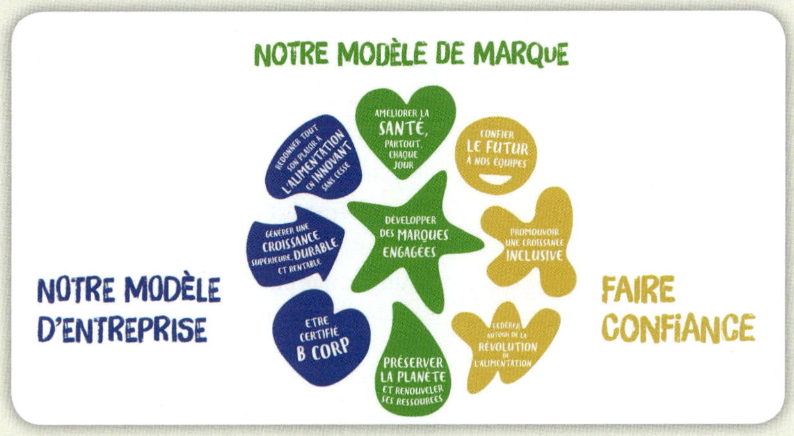

Figure 12.4 Les 9 objectifs de Danone pour 2030

P-DG de l'entreprise, ce dernier avait prononcé un discours remarqué devant ses confrères patrons : « *La responsabilité de l'entreprise ne s'arrête pas au seuil des usines ou des bureaux. Les emplois qu'elle distribue conditionnent la vie entière des individus. Par l'énergie et les matières premières qu'elle consomme, elle modifie l'aspect de notre planète. Le public se charge de nous rappeler nos responsabilités dans cette société industrielle. [...] La croissance ne devra plus être une fin en soi, mais un outil qui, sans jamais nuire à la qualité de vie, devra au contraire la servir.* »

Avec plus de 30 ans d'avance, Riboud pressent les problématiques auxquelles sont confrontés ses successeurs : son fils Franck et l'actuel P-DG, Emmanuel Faber. Ce dernier, connu pour ses positions en faveur d'un capitalisme responsable, affirme qu'une véritable révolution de l'alimentation est en marche. Les consommateurs, de plus en plus suspicieux envers les grandes marques, privilégient les marques locales, qu'ils jugent plus authentiques et plus saines. La raréfaction des ressources, quant à elle, conduit à s'interroger sur un mode de production centralisé et intensif. Il écrit : « *Les consommateurs ont soif de changement. Ils comptent sur de grandes entreprises comme Danone pour mettre leur puissance au service de la création d'un monde meilleur.* »

9 objectifs pour la vision 2030

Convaincu que la santé des hommes est indissociable de celle de la planète, Danone a structuré sa vision pour 2030 autour de 9 objectifs déclinés en 3 thèmes : « Notre raison d'être », « Notre modèle de marque » et « Faire confiance ». Ces 9 objectifs, non chiffrés, sont reliés aux 17 objectifs du développement durable du PNUD (voir figures 12.2 et 12.4). Il s'agit donc d'une stratégie « intégrée », qui prend en compte les dimensions économiques et sociétales (et non de deux stratégies juxtaposées).

Cette vision 2030 a été élaborée de manière collaborative en 2018 par des experts externes, le comité exécutif et une consultation des salariés, formés aux problématiques liés à la révolution alimentaire.

•••

•••

Chaque *business unit* doit décliner ces objectifs globaux dans son plan stratégique à moyen terme, en explicitant les actions qui y contribuent. Cette vision permet donc une allocation disciplinée des ressources dans le temps. L'entreprise s'assure ainsi de privilégier les opportunités de croissance créant de la valeur à long terme, plutôt que les allocations tactiques de court terme.

Une vision long terme sous tension

Mais cette vision long terme est confrontée à de nombreuses tensions au quotidien : notamment des salariés qui se sentent parfois tiraillés entre les exigences de rentabilité et celles de transformation sociétale. Elle peut par ailleurs aussi être remise en cause par les actionnaires, en particulier les fonds activistes (*hedge funds*), qui pratiquent une finance prédatrice. Ces fonds s'attaquent en général à des entreprises privilégiant le long terme, par exemple en faisant beaucoup de recherche et développement, et qui, par conséquent, distribuent moins de dividendes. Les fonds s'invitent au capital des entreprises et tentent alors d'imposer une stratégie qui maximise la valeur des actions en renonçant aux investissements de long terme. Leur présence rend donc plus difficile une vision qui peut s'avérer plus rentable dans le temps, ce qui n'intéresse pas les activistes, qui visent justement un profit à court terme.

L'équilibre entre rentabilité à court terme et vision à long terme est donc fragile : cette tension permanente est le lot des entreprises cotées qui cherchent à intégrer une perspective de développement durable dans leur stratégie.

QUESTIONS

Corrigés en ligne sur dunod.com

1. Quels sont les facteurs explicatifs de l'approche volontariste de Danone ?
2. À quel type de tensions l'entreprise doit-elle faire face ?
3. Pourquoi dit-on de son approche qu'elle est « intégrée » ?

Certaines entreprises ont même activement communiqué leur conviction auprès de leur clientèle pour se construire un réel avantage concurrentiel : c'est le cas des enseignes de distribution spécialisées Nature & Découvertes et The Body Shop, du fabricant de textile Patagonia ou des crèmes glacées Ben & Jerry's (groupe Unilever). Ces entreprises sont certifiées par B Corporation, un organisme d'origine américaine incitant les entreprises à ne plus chercher à être les meilleures du monde, mais les meilleures pour le monde. Ces volontaristes mettent en œuvre deux types de stratégie, que nous développerons dans la suite du chapitre :

- la « réparation du *business model* existant » en le transformant pour réduire son impact environnemental négatif et corriger des risques ou des insuffisances dans le domaine sociétal ;
- l'élaboration de nouveaux *business models* pour développer un nouvel avantage concurrentiel.

SECTION 2

INTÉGRER LE DÉVELOPPEMENT DURABLE AU *BUSINESS MODEL* EXISTANT

L'intégration du développement durable dans l'analyse stratégique peut conduire, au moins dans un premier temps, à maintenir le *business model* existant mais en essayant de corriger ses faiblesses les plus importantes en matière environnementale et sociétale. Deux approches complémentaires sont possibles : l'approche par l'analyse stratégique et le cycle de vie du produit.

1 L'intégration du développement durable dans l'analyse stratégique

Porter et Kramer[1] proposent d'utiliser les outils classiques de l'analyse concurrentielle pour les appliquer au développement durable. L'idée de base est que l'entreprise est en échange symbiotique avec les sociétés civiles et l'environnement dans lesquels elle opère. L'analyse de l'empreinte environnementale et sociétale de l'entreprise, ainsi que l'évaluation des exigences de la société font donc partie intégrante de l'analyse stratégique. Cette analyse peut se faire au niveau de chaque établissement ou filiale, dans chaque pays. Son but est double :

a. Évaluer l'impact des dimensions environnementales et sociétales sur la situation concurrentielle

Pour cela, il est nécessaire de se poser les questions suivantes :

- Les contraintes croissantes liées au développement durable vont-elles changer la structure ou la dynamique des industries ? Est-ce que cela peut faire arriver de nouveaux entrants dans des secteurs classiques ou changer la position concurrentielle relative ?
- Comment les thèmes environnementaux et sociétaux vont-ils impacter le positionnement stratégique de l'entreprise ?
- Comment l'image et la perception de l'entreprise par les parties prenantes clés de son activité vont-elles évoluer ?
- Comment faut-il modifier les *business models* existants en termes de gestion des risques et des impacts sociétaux, environnementaux et économiques ?

b. Analyser les impacts sociétaux et environnementaux de la chaîne de valeur de l'entreprise

Il s'agit de chercher à réduire, voire à éliminer l'impact de la chaîne de valeur de l'entreprise sur l'environnement et la société (voir figure 12.5). Au-delà de ces approches d'ensemble, l'entreprise peut également se focaliser sur le cycle de vie du produit.

1. Porter M.E. et Kramer M.R., 2006.

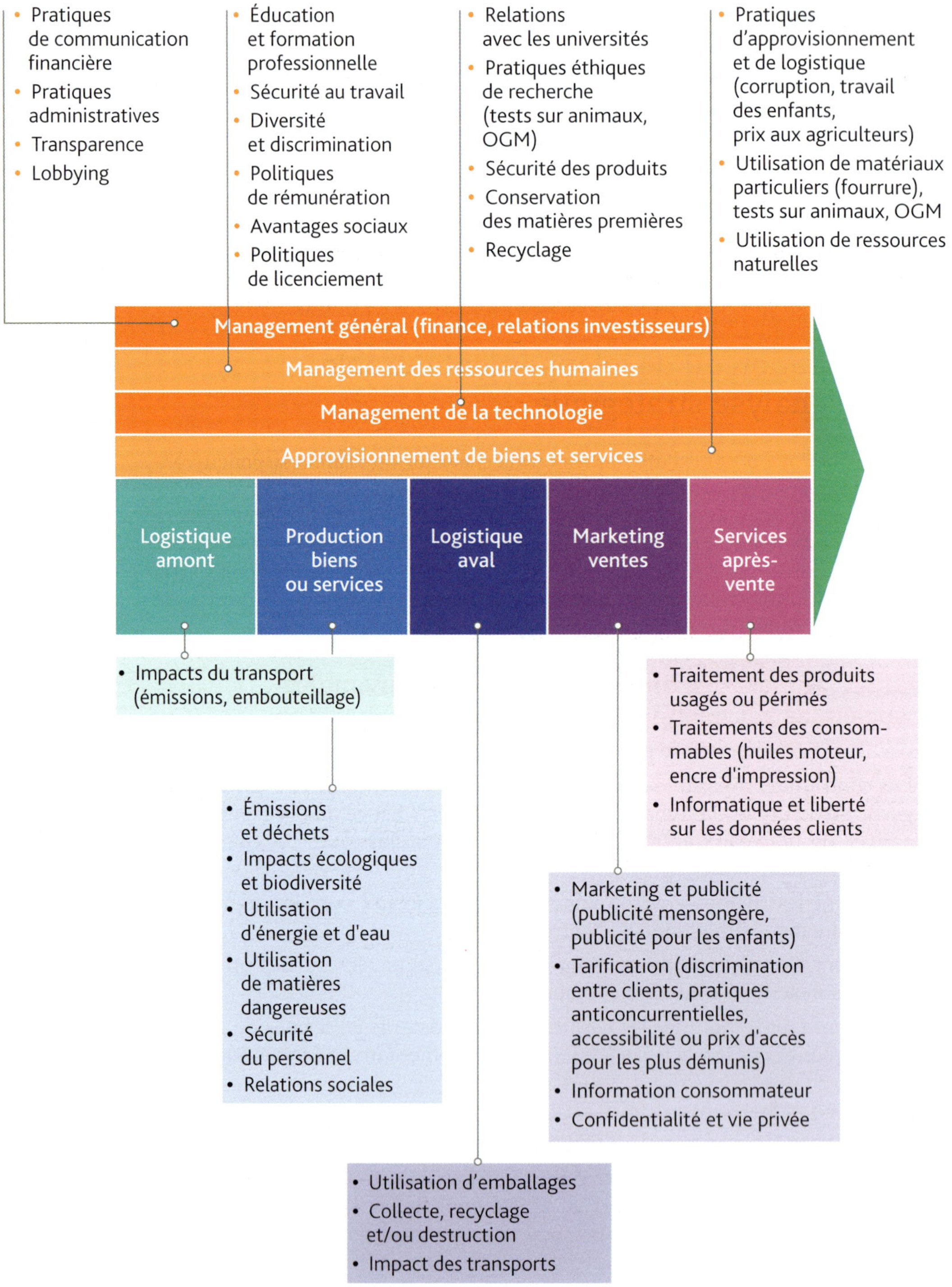

Figure 12.5 L'impact de la chaîne de valeur de l'entreprise sur l'environnement et la société

2 Les enjeux stratégiques du cycle de vie du produit

L'enjeu, ici, est de réévaluer la chaîne des impacts environnementaux des produits et services offerts sur l'ensemble de leur cycle de vie : prendre en compte dès leur conception les procédés de fabrication, l'utilisation chez le client et leur recyclage lors de leur fin de vie.

a. Prendre en compte l'ensemble de la vie du produit

Il est en effet nécessaire d'analyser ce qui se passe tout au long de la durée de vie du produit (jusqu'à sa destruction finale ou sa récupération ultime) et non pas seulement sur la phase industrielle de fabrication. L'exemple de l'analyse de la consommation thermique est à cet égard très parlant :

- pour un bâtiment, la construction et les matériaux utilisés représentent moins de 15 % du total de la consommation énergétique sur la durée de vie du produit, les 85 % restant étant dus au chauffage et à la production d'eau chaude sur trente ans ;
- pour un véhicule de taille petite à moyenne, l'énergie en équivalent pétrole pour le fabriquer ne représente que 12 % de l'énergie totale utilisée durant la vie du produit, les 88 % restant correspondant à la consommation du véhicule[1].

Chiffres clés

- Pour un bâtiment, **85 %** du total de la consommation énergétique sont dépensés après sa construction (chauffage et eau sur 30 ans).
- Pour un petit véhicule, **88 %** du total de l'énergie utilisée correspondent à sa consommation de pétrole durant sa vie.

b. Prendre en compte la fin de vie et le recyclage

Le cadre législatif européen assigne d'ailleurs une responsabilité de plus en plus grande aux entreprises en ce qui concerne la fin de vie des produits fabriqués, par exemple pour les piles et accumulateurs, les matériels électriques et électroniques, les pneus et les automobiles hors d'usage. Les entreprises ne peuvent plus se permettre de concevoir des produits en se désintéressant de ce qui advient durant la totalité de leur cycle de vie.

Il convient donc de faire des évaluations de l'impact du produit tout au long de sa vie, depuis la conception jusqu'au recyclage, mais aussi d'évaluer tous les services attachés à chaque étape et l'apport des différents acteurs le long de cette chaîne de vie (transport, distribution, collecte des emballages, récupération des produits usagés, conditions d'utilisation des produits chez les clients, etc.)[2].

Exemple

Le photocopieur Xerox réusinable et recyclable

Ainsi, **Xerox** a lancé dès 1998 son premier photocopieur entièrement digitalisé, le Document Centre 265, qui peut être recyclé à plus de 97 % et qui est réusinable à 90 %. Ce produit est composé de 200 pièces, ce qui est beaucoup moins que son prédécesseur. Selon le magazine *Fortune*, la possibilité de réusiner et la réduction des pertes ont permis à Xerox d'économiser environ 250 millions de dollars.

1. Chiffres cités par le cabinet de conseil BeCitizen.
2. *World Council for Sustainable Development*, 2000.

- **Réévaluer les relations avec clients et fournisseurs**

Cette approche intégrée du cycle de vie du produit impose également à l'entreprise de réévaluer ses relations avec clients et fournisseurs, non seulement sur les critères classiques du rapport qualité du produit/service/prix mais d'étendre son analyse à des critères de développement durable : l'information de l'utilisateur sur les caractéristiques du produit (composition du produit en termes écologiques, consommation énergétique à l'usage, etc.) gestion des procédures de collecte des produits usagés…

En fin de compte, si la réflexion sur le cycle de vie est menée à son terme, on aboutit souvent à la création d'un nouveau *business model*.

SECTION 3

CRÉER UN *BUSINESS MODEL* INNOVANT SUR LA BASE DU DÉVELOPPEMENT DURABLE

Les préoccupations environnementales et sociétales ont donné naissance à une floraison de nouvelles entreprises et activités. L'exploitation des énergies renouvelables constitue une opportunité à la fois pour des start-up et de grandes multinationales comme Total. Ces nouvelles activités s'appuient souvent sur des innovations technologiques, mais elles n'impliquent pas pour autant une réinvention radicale des modes opératoires. Ainsi la production d'énergie dans des fermes éoliennes s'apparente aux activités classiques des grandes entreprises du secteur de l'énergie.

En revanche certaines entreprises explorent des voies nouvelles qui remettent en cause de manière radicale les principes habituels d'opérations dans les industries concernées. Dans cette section, nous allons examiner ces nouveaux *business models*.

D'un point de vue environnemental, nous nous intéresserons aux *business models* fondés sur la vente de solutions au lieu de produits. D'un point de vue sociétal, nous présenterons plusieurs *business models* qui visent à réduire la pauvreté et qui interrogent chacun à sa manière le paradigme dominant de la création de valeur pour l'actionnaire.

1 Les *business models* de l'économie de fonctionnalité

Un type de *business model* qui s'est largement développé au cours des dernières années est celui centré sur l'usage plutôt que sur la propriété d'un produit.

Si une telle proposition de valeur est attractive pour le client, elle peut se combiner à l'économie circulaire : cette combinaison est appelée l'économie de fonctionnalité.

a. La proposition de valeur fondée sur l'usage et consommation collaborative

- **L'usage plutôt que la propriété**

Dans les *business models* fondés sur l'usage, la proposition de valeur consiste à donner accès à un produit ou à un service contre rémunération, au lieu de facturer un prix pour transférer la propriété du produit. C'est une véritable transformation de la proposition de valeur, puisque le raisonnement passe de « la valeur est dans l'objet vendu » à « la valeur est dans le service fourni par l'objet ».

Bien qu'il ait prospéré au cours des dernières années, ce type de *business model* existe depuis longtemps, à la fois dans les industries B to B et B to C.

Exemple

Des *business models* fondés sur l'usage

- Dans le secteur des moteurs d'avion, **Rolls-Royce** et ses concurrents offrent aux clients de payer un prix fixe par heure de vol depuis les années 1960. Ainsi, les compagnies aériennes n'achètent plus le moteur, mais paient en fonction du temps de fonctionnement du moteur.
- Le logiciel en tant que service (aussi appelé Saas, *software as a service*) est un autre exemple : plutôt que d'acheter le logiciel, les entreprises le louent pour un prix par utilisateur. **Zipcar**, **Drive now** par **BMW** et **Turo** ou **Ouicar**, les services de partage de voitures, ou **Spotify**, dans l'industrie de la musique, sont autant d'exemples plus récents dans le secteur du B to C.

L'attractivité de la proposition de valeur pour le client réside dans sa simplicité. En cas d'acquisition du produit, le client doit effectuer un paiement initial pour acquérir le bien, en assurer la maintenance et en subir les aléas. Avec une proposition de valeur fondée sur l'accès, le client échappe à l'investissement initial et ne paie que des frais en fonction de l'usage. La responsabilité de la maintenance et de la performance continue incombe au fournisseur : le client n'a plus de tracas et est assuré d'avoir toujours un produit qui fonctionne. Ainsi, dans l'industrie du logiciel, les modèles Saas s'engagent à fournir systématiquement la dernière version du logiciel.

Ces *business models* fondés sur l'utilisation ou l'accès sont également appelés « systèmes de service produit » ou PSS (*product service system*) : produits et services sont totalement imbriqués, et la part respective du produit et du service dans le prix disparaît aux yeux du consommateur.

On passe de la vente de produit et service à une vente de solution, comme l'illustre la rubrique Étude de cas ci-après.

Le client peut ainsi avoir accès au produit sans subir les inconvénients de la propriété : cette proposition de valeur attractive augmente la *willingness to pay* du client, ce qui peut se traduire par un avantage concurrentiel pour l'entreprise.

ÉTUDE DE CAS

Michelin Fleet Solutions

Depuis l'invention du pneu radial dans les années 1950, Michelin n'a cessé d'innover pour mettre au point des pneus présentant de nombreux avantages techniques, tels que la tenue de route, la longévité, les économies d'énergie. Si le prix d'achat est plus élevé au départ, ces caractéristiques techniques contribuent au final à baisser le coût d'utilisation au kilomètre. À titre d'exemple, si un pneu pour camion *low cost* coûte 250 euros, un pneu Michelin coûtera 400 euros. Mais la qualité de ce dernier lui permet d'être rechapé et recreusé, lui conférant au total une durée de vie beaucoup plus longue que le pneu *low cost* : le coût au kilomètre d'un pneu Michelin bien entretenu est inférieur au coût au kilomètre d'un pneu *low cost*. De plus, le choix et l'optimisation de l'entretien des pneus ont une incidence directe sur la consommation de carburant. Un entretien optimisé des pneus peut générer 3 à 5 % d'économie de carburant. Aussi, Michelin a historiquement fondé son argumentaire commercial sur ces caractéristiques.

Un nouveau *business model*

La flotte mondiale des camions consomme plus de 165 millions de pneus par an, dont plus de 140 millions de pneus pour le seul marché du remplacement. Au début des années 2000, Michelin décide de proposer un nouveau *business model* : en effet, son argumentaire commercial ne tient que si le pneu est effectivement bien entretenu. Or, le poste « pneu » n'est pas prioritaire pour les gestionnaires des flottes de camions : il représente 2 % du coût total, contre 27 % en moyenne pour le gasoil. Michelin a ainsi mis au point une offre de service assurant la gestion totale des pneus : au lieu de vendre des pneus, Michelin Fleet Solutions propose de facturer les pneus au kilomètre parcouru par le camion, tout en fournissant un *reporting* au client et en prenant en charge l'entretien et le remplacement des pneus, ainsi que la gestion des stocks de pneus pour l'ensemble de la flotte client.

Le client n'achète plus les pneus, il n'assure plus le gonflage régulier pour optimiser la consommation de carburant, il ne s'occupe plus des rechapages périodiques ni des remplacements à neuf. Il n'a plus besoin de personnel spécialisé pour ces travaux. Il n'a plus besoin non plus de stocks de pneus neufs ni d'immobiliser du capital dans 12 pneus par camion.

Cette proposition de valeur permet au client de simplifier la gestion de l'activité pneus en assurant une gestion européenne du poste pneus selon un processus standard. Elle permet aussi de garantir l'entretien et l'optimisation du poste pneus en variabilisant les coûts en fonction des kilomètres parcourus et donc des revenus, engendrant aussi une réduction des coûts fixes d'entretien de la flotte, une optimisation du poste carburant et une optimisation de la disponibilité des véhicules.

Mise en place du réseau

Mais Michelin est avant tout un manufacturier : son métier n'est pas d'assurer l'entretien des pneus. Afin d'offrir ce nouveau service, il a conclu des partenariats

●●●

•••

avec des distributeurs à travers l'Europe. Si la force de vente Michelin réalise la commercialisation de la solution, la maintenance est assurée par des distributeurs partenaires, qui refacturent leurs prestations à Michelin.

Ainsi, Michelin Fleet Solutions est devenu le leader européen dans l'offre de services intégrés concernant le management global des équipements pneumatiques pour les flottes de camions et autobus. Michelin Fleet Solutions compte un portefeuille de plus de 500 entreprises servies par 700 experts dédiés dans 21 pays européens.

QUESTIONS

Corrigés en ligne sur dunod.com

1. En quoi Michelin Fleet Solutions constitue un nouveau *business model* ?
2. Quels sont les avantages de ce *business model* pour les clients ?
3. Quels sont les avantages et les inconvénients pour Michelin ?

- **La consommation collaborative**

Si le client privilégie l'usage en lieu et place de la propriété, cet usage peut être optimisé en partageant le produit avec d'autres personnes : le produit est « consommé » de manière collaborative, c'est-à-dire partagé entre différents consommateurs. Ainsi, certaines études montrent qu'une voiture partagée pourrait remplacer sept à huit voitures détenues à titre individuel, puisque ces dernières ne sont utilisées en moyenne qu'à moins de 10 %.

Chiffres clés

Une voiture partagée pourrait remplacer **7** à **8** voitures individuelles car ces dernières ne sont utilisées qu'à moins de **10 %**.

Cette consommation collaborative permet également de partager le coût entre clients : le coût par heure de conduite est inférieur à ce qu'il serait si le client possédait effectivement la voiture. Pour le constructeur, le revenu généré par chaque voiture est plus élevé puisque la voiture est partagée entre plus de clients. Combiner usage et partage est donc vertueux à la fois pour le client et pour le fabriquant.

L'économie du partage s'est largement développée au cours des dernières années, pour au moins deux raisons. La première est technologique : Internet et téléphones mobiles facilitent la géolocalisation du produit, sa réservation et son paiement, simplifiant ainsi l'accès au bien. La seconde est plus sociologique : la crise dans les pays développés et la remise en cause de la société de consommation favorise ces nouveaux usages. Deux types de *business models* fondés sur l'accès ont émergé.

- *Des entreprises propriétaires du produit*

Dans certains cas, les entreprises possèdent le produit et supportent ainsi l'investissement de départ : c'est le cas des services de partage de véhicule à l'heure tel que Zipcar ou Drive Now, développé par BMW, des vélos en partage tel que Mobike, l'opérateur chinois inondant les grandes villes du monde avec ses vélos ou les très nombreux loueurs de trottinettes électriques. Un autre exemple est Hilti, un fournisseur d'outils spécialisés pour les professionnels de la construction, qui loue les outils plutôt que de les vendre.

Une Mini Cooper (groupe BMW) du service Drive Now à Berlin, 2018

- *Des particuliers mettant à disposition leur bien*

Les *business models* de partage entre pairs (dits *peer to peer*), le plus souvent, consistent en des sites web permettant aux utilisateurs de partager un produit qu'ils possèdent. Par exemple, Turo ou Ouicar permettent de louer votre voiture lorsque vous ne l'utilisez pas. Dans ce cas, l'entreprise ne possède pas l'actif et agit simplement comme une plateforme qui relie les utilisateurs et les propriétaires : ce sont des *business models* bifaces, comme nous les avons décrits dans le chapitre 5. Un autre exemple est Liquidspace, qui se définit comme l'Airbnb des salles de réunion : Liquidspace offre aux entreprises la possibilité de louer leurs salles de réunion à des personnes extérieures lorsqu'elles ne les utilisent pas.

Si une proposition de valeur fondée sur l'usage peut encourager la consommation collaborative, elle peut également inciter l'entreprise à imaginer une architecture de valeur radicalement différente, structurée de manière circulaire.

b. Vers l'économie circulaire

L'économie circulaire présente de nombreuses vertus sur le plan environnemental. Combinée à une proposition de valeur de consommation collaborative, elle aboutit à un modèle original appelé économie de fonctionnalité, en rupture avec de nombreux dogmes.

• Les principes et les vertus de l'économie circulaire

L'économie circulaire[1] vise à déconnecter croissance économique des entreprises et extraction et consommation de ressources premières. Pour cela, elle propose de récupérer la valeur résiduelle des produits en fin de vie et de la réintégrer dans un nouveau cycle de création de valeur (voir la figure 12.7). En fonction de leur état, les biens récupérés sont soit remis sur le marché après rénovation mineure, démontés pour en extraire les composants en bon état aptes à réintégrer un cycle de production, ou recyclés en cas d'usure avancée ou d'obsolescence technologique.

Figure 12.6 Cycle de vie d'un produit dans une approche linéaire

1. Appelée aussi approche « *cradle to cradle* », c'est-à-dire « du berceau au berceau », par opposition à « *cradle to grave* », c'est-à-dire du « berceau à la tombe ».

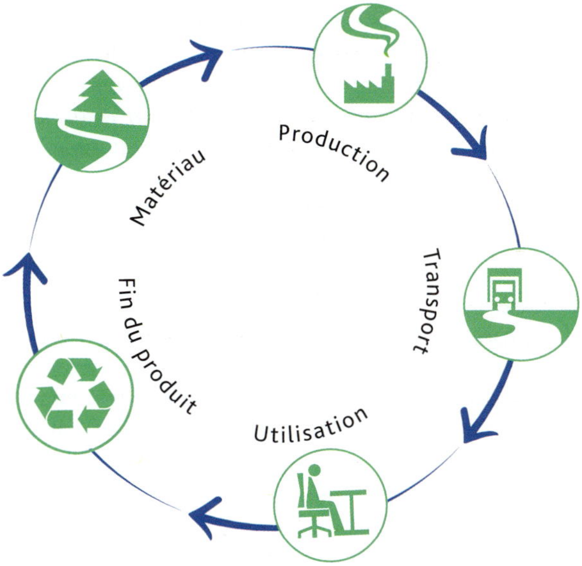

Figure 12.7 **Cycle de vie d'un produit dans une approche circulaire**

L'économie circulaire est souvent préconisée par les partisans de la durabilité, affirmant que le recyclage permet d'économiser des matières premières précieuses tout en préservant l'environnement. Cependant, il est généralement difficile de convaincre les entreprises de développer des produits recyclables, car cela n'est perçu que comme une augmentation des coûts n'entraînant qu'une augmentation très limitée dans la *willingness to pay* des clients.

Mais si la proposition de valeur est fondée sur l'usage, le fabricant demeure propriétaire du produit : dans ce cas, tout ce qui provient d'un ancien produit réutilisé pour en produire un nouveau réduira le coût des intrants. Il y a donc baisse des coûts sans changement dans la valeur perçue par le client. Ceci est particulièrement pertinent économiquement lorsque les coûts des matières premières augmentent, ce qui devrait être le cas dans le futur, étant donné la raréfaction des ressources.

Exemple

La moquette recyclable de Desso

- **Desso**, un producteur de moquette fondé en 1930 aux Pays-Bas, propose maintenant des moquettes presque 100 % recyclables, utilisées en majorité dans les locaux professionnels. Depuis 2007, l'entreprise met en œuvre une chaîne de valeur circulaire. Elle n'utilise que des matières premières pouvant être « surcyclées », c'est-à-dire recyclées de manière à créer plus de valeur. Chez Desso, la laine de la moquette sera dépolymérisée en caprolactame, pour produire des plastiques de haute valeur ou de la nouvelle laine. De plus, les clients n'achètent plus la moquette mais son utilisation. Ainsi, Desso garde la propriété du revêtement, peut le recycler facilement et a les moyens d'utiliser des matériaux plus chers, augmentant la durabilité des produits. Ce nouveau *business model*, combinant usage et économie circulaire, a permis à l'entreprise d'augmenter sa profitabilité de 1 % à plus de 9 % entre 2006 et 2010.

- **Vers la fin de l'obsolescence programmée**

L'économie circulaire présente une autre vertu au-delà des économies de coûts et de préservation de l'environnement. Dans un modèle de propriété, dans lequel une entreprise vend le produit à son client, le meilleur intérêt de l'entreprise est que le produit dure le moins possible : dans ce cas, le client achètera un nouveau produit plus souvent. Les fabricants trouvent même un intérêt économique à raccourcir artificiellement la durée de vie de leur produit pour en stimuler la consommation : c'est l'obsolescence programmée. Il existe deux types d'obsolescence programmée.

- **L'obsolescence programmée intentionnelle :** les entreprises conçoivent volontairement un produit de manière à raccourcir sa durée de vie, par exemple, en plaçant une puce dans une imprimante. Cette puce va bloquer le mécanisme d'impression après un certain nombre d'impressions, vous forçant à acheter une nouvelle imprimante. Ce mécanisme est à présent interdit en Europe.
- **L'obsolescence perçue :** elle est définie dès les années 1950 par Brooks Stevens, un designer industriel américain, comme « *instiller à l'acheteur le désir de posséder quelque chose d'un peu plus récent, un peu mieux, un peu plus tôt que nécessaire* ». La mode est le meilleur exemple d'obsolescence programmée perçue.

La logique qui sous-tend la conception de produits qui se cassent facilement et/ou qui disparaissent rapidement est d'augmenter le volume des ventes à long terme, en encourageant les achats répétés. Les mécanismes d'obsolescence sont aujourd'hui au cœur de la plupart des *business models*. Cependant, l'obsolescence programmée, qui finit par révolter le consommateur, augmente également l'utilisation de matières premières et génère des déchets, ce qui finit par nuire à l'environnement.

Or, les *business models* fondés sur l'accès vont à l'encontre de l'obsolescence programmée. L'entreprise est toujours propriétaire du produit : nous pourrions dire, d'une certaine manière, que le produit est un facteur de coût pour l'entreprise, et non plus un moteur de vente. De fait, cette entreprise est incitée à étendre l'utilisation d'un produit autant que possible. Plus la durée de vie du produit est longue, plus les ventes et le chiffre d'affaires générés avec ce produit donné seront élevés.

C'est ainsi qu'une proposition de valeur fondée sur l'accès couplée à une architecture de valeur d'économie circulaire parvient à déconnecter la création de valeur économique de l'utilisation des ressources naturelles et de l'impact environnemental. La durabilité assure à la fois un profit supérieur et une meilleure performance environnementale, des objectifs qui sont la plupart du temps opposés. Une économie fonctionnelle est celle qui optimise l'utilisation (ou la fonction) des biens et services et donc la gestion de la richesse existante (biens, connaissances et nature). L'objectif économique de l'économie fonctionnelle est de créer la valeur d'usage la plus élevée possible le plus longtemps possible tout en consommant le moins de ressources matérielles et d'énergie possible.

ÉTUDE DE CAS

La survie des constructeurs automobiles européens passera-t-elle par l'économie circulaire ?

Le système linéaire et la crise du secteur automobile

Depuis son émergence dans les usines Ford au début du XXe siècle, l'industrie automobile n'a cessé d'optimiser un système de production linéaire pour aboutir à d'excellentes performances industrielles. Ce système de production de masse consiste à extraire les ressources premières pour les transformer dans des ensembles industriels ultra-optimisés afin de proposer aux consommateurs des véhicules au contenu technologique toujours plus innovant à un prix abordable. Utilisés pendant cinq à dix ans en moyenne, ces véhicules finissent broyés, partiellement recyclés ou même délaissés dans la nature.

Or, le secteur automobile européen connaît actuellement une crise sans précédent, réduisant considérablement les marges des constructeurs. Déjà en surcapacité chronique, ceux-ci font face à une forte hausse des prix des matières premières. Côté consommateurs, la crise économique a provoqué une contraction de la demande en véhicules neufs dans les principaux marchés européens, contraignant les constructeurs à accorder de fortes remises.

L'approche circulaire dans le secteur automobile

Face à ces mutations majeures, les constructeurs comprennent les limites du modèle linéaire et commencent timidement à s'intéresser aux modèles d'économie circulaire. Ainsi, la plupart d'entre eux proposent déjà une offre de pièces de rechange reconditionnées vendues à 60 % du prix du neuf. De plus, comme l'imposent certaines directives européennes, une grande majorité des véhicules en fin de vie sont collectés et recyclés à 80 % de manière profitable par les acteurs des marchés des pièces de rechange et du métal recyclé.

Cette approche correspond, à un niveau macroéconomique, au modèle de l'économie circulaire. Cependant, l'offre « reconditionnement » concerne une gamme limitée de pièces et n'est pas systématiquement proposée aux clients par des concessionnaires qui préfèrent vendre des pièces neuves à plus forte marge, et le broyage des véhicules en fin de vie ne permet de récupérer qu'une part mineure de la valeur résiduelle des véhicules.

Du point de vue de la valeur proposée aux clients, la transition semble également enclenchée. Bien que simple vente différée du point de vue du constructeur, l'offre « leasing » permet aux consommateurs d'utiliser un véhicule dont ils ne détiennent pas la propriété, les entraînant ainsi vers un changement de paradigme, de la possession à celui d'utilisation de bien. Le marché de l'autopartage correspond également à ce nouveau schéma. Cependant, tant que le constructeur revend le véhicule à la fin de la période de leasing ou de service au sein du réseau d'autopartage, en transférant ainsi la propriété, il sort du modèle proposé par l'économie circulaire. En effet,

•••

sans propriété du bien, il devient très difficile pour le constructeur de maîtriser le flux des produits en fin de vie, et donc de les réintégrer dans des cycles de revalorisation.

Vers un véritable modèle circulaire ?

Un modèle complètement circulaire pour l'industrie automobile consisterait à louer les véhicules sur l'ensemble de leur vie par cycles de trois ou quatre ans, à des particuliers ou par flottes, uniques ou multiples (autopartage), et d'en garder la propriété (comme le fait BMW avec le programme Drive Now, fort de plus d'un million de clients dans 13 villes en Europe en 2018). À la fin de chaque cycle, les véhicules seraient récupérés par les constructeurs pour être remis à neuf en changeant les composants usés et équipés des dernières évolutions technologiques et stylistiques, avant d'être reloués pour un autre cycle.

Si cet objectif est pris en compte dans la conception du véhicule, il serait techniquement et économiquement faisable de remplacer les composants caractérisant la performance du véhicule (moteur, transmission, batterie) et son style (pare-chocs, phares, sièges, tableau de bord…) par de nouveaux éléments plus performants ou au goût du jour, permettant ainsi de limiter le coût et l'utilisation des matières premières. La baisse des emplois consacrés à la production serait compensée par des besoins de main-d'œuvre en démontage et recyclage.

De plus, les constructeurs pourraient se concentrer davantage sur le développement de services associés à l'utilisation de leurs produits. Les données collectées par les calculateurs des véhicules représentent une mine d'informations qui, agrégées entre elles, pourraient être valorisées en offrant de nouveaux services aux utilisateurs, mais également aux entités concernées par la mobilité de groupes de personnes (villes, entreprises, etc.).

Cependant, un certain nombre de changements majeurs seront nécessaires pour espérer une telle transformation du secteur. Il faudra en particulier dépasser la résistance des mentalités au sein des constructeurs dont la raison d'être depuis leur création a été de produire et de vendre toujours plus, et qui devront alors intégrer le concept de vendre moins pour créer plus de valeur.

Techniquement, la conception des véhicules devra être adaptée pour faciliter le démontage et l'interchangeabilité des composants, ce qui n'est pas toujours en accord avec les réglementations de sécurité et la tendance à la réduction de la masse des véhicules visant à en diminuer les émissions de CO_2. Pour finir, les consommateurs, qui perçoivent de plus en plus la voiture comme un outil au service du quotidien plutôt qu'un jouet statutaire, devront également changer la façon dont ils consomment la mobilité.

QUESTIONS

Corrigés en ligne sur dunod.com

1. Pour reprendre des termes familiers de l'industrie automobile, quels seront les potentiels moteurs et freins d'un tel changement de modèle économique ?
2. Pourquoi BMW s'engage-t-il sur le partage de voiture ?
3. Quels sont les facteurs de succès historiques de l'industrie automobile qui pourraient être utilisés en tant que force pour garantir le succès de la transition circulaire de l'industrie ?
4. Quels types d'alliance stratégique permettraient de réduire les risques d'une telle transition ?

2 Les modèles à la « base de la pyramide »

Confrontées à des marchés occidentaux saturés et marqués par une hypercompétition, pressées par leur actionnariat de trouver une croissance rapide et récurrente, accusées par les altermondialistes de générer leur développement aux dépens des pays du tiers-monde et de l'environnement, les entreprises multinationales se sont intéressées depuis une vingtaine d'années à la « base de la pyramide économique » (*base of the pyramid*, ou BOP ; voir figure 12.8), où plus de 3,5 milliards d'êtres aspirent à améliorer leur niveau d'existence en rentrant dans l'économie de marché. Après avoir décrit ce marché, nous présenterons quelques *business models* à succès, avant de nous intéresser à une forme particulière : le *social business*. Si ce marché est loin de remplir ses promesses pour les multinationales, tant sur le plan économique que sociétal, il présente néanmoins un certain nombre d'intérêts.

a. Le désintérêt historique des multinationales pour le BOP

• La pyramide des revenus

La population mondiale peut être décomposée en trois parties :

- au sommet de la pyramide des revenus (voir figure 12.8), se trouve 1 milliard de consommateurs nantis, vivant majoritairement dans les pays développés, avec des marchés saturés par l'abondance d'offre ;
- au milieu de la pyramide, 3 milliards de personnes vivent essentiellement dans des pays à économie émergente avec une urbanisation et une industrialisation galopante mais avec un faible pouvoir d'achat ;
- à la base de la pyramide (appelé BOP, *base* ou *bottom of the pyramid*) près de 3,5 milliards de personnes vivent dans la pauvreté, avec moins de 4 dollars par jour, pratiquement sans infrastructure. Leurs besoins en nourriture, logement, santé et éducation ne peuvent être satisfaits en l'absence de revenus supplémentaires.

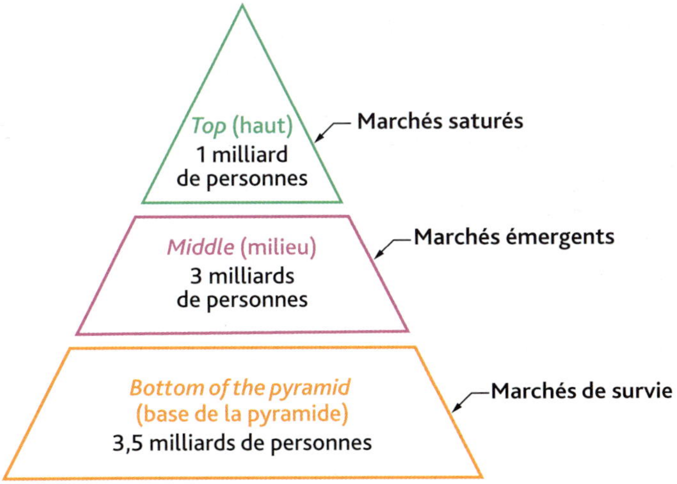

Figure 12.8 La pyramide des revenus

Si cette structure de revenus s'applique aussi bien à la population mondiale qu'à la population d'un pays donné, les proportions entre ces trois catégories varient selon le niveau de développement du pays.

- **Un marché pour le BOP ?**

Longtemps, les populations à la base de la pyramide ont fait l'objet de l'attention des ONG sur le thème de la santé, de l'éducation, de la malnutrition, etc. Mais la source majeure de leurs difficultés est l'insuffisance de revenus. Les multinationales, pour leur part, s'intéressent d'abord aux populations au sommet de la pyramide. Elles adaptent en partie leur approche aux consommateurs de la tranche intermédiaire en espérant une croissance rapide du pouvoir d'achat dans ces économies émergentes. Mais traditionnellement, elles s'intéressent peu à la population du BOP, jugée trop pauvre pour constituer une cible rentable.

Or, dans son ouvrage *Fortune at the Bottom of the Pyramid*[1], Prahalad invite les multinationales à changer leur attitude envers les plus pauvres afin d'en faire des clients. La promesse de Prahalad aux multinationales est alléchante : elles peuvent à la fois faire « fortune » et éradiquer la pauvreté ! Cependant, pour transformer le BOP en marché, Prahalad précise que les *business models* doivent être repensés sur des bases très différentes. Ces personnes ont en effet des revenus incertains, leurs besoins sont réels mais ne peuvent être satisfaits que si une offre est faite à proximité de chez eux, faute de moyens de transport, et dans des « portions » ou des « formats d'emballage » adaptés à une consommation en faible volume et à des prix accessibles.

Il s'agit aussi d'inventer des *business models* très générateurs d'emploi ou tout du moins de sources de revenus complémentaires ou d'une baisse des coûts (de santé ou de transport par exemple) pour un grand nombre de familles, de manière à contribuer à la lutte contre la pauvreté.

b. Des exemples de *business models* innovants à la base de la pyramide

L'approche proposée par Prahalad a suscité un véritable engouement de la part des multinationales au cours des dernières années, même si les objectifs et les réalisations sont largement controversés (voir la rubrique Controverse ci-après).

Exemples

Le savon Lifebuoy d'Unilever en Inde

- **Unilever** en Inde, avec son savon Lifebuoy : créé en Angleterre au XIXe siècle, c'est le savon « premier prix » le plus vendu en Inde. Unilever HLL a réussi depuis une vingtaine d'années à commercialiser ce savon également en zone rurale, aux populations les plus pauvres, grâce à plusieurs leviers. Le *packaging* a été revisité pour proposer le savon sous forme de sachets unidoses, à un prix par conséquent plus adapté au flux de revenus de cette population. La vente est quant à elle assurée à travers un réseau de femmes, en porte à porte, soutenues par des ONG promouvant un programme d'hygiène autour du lavage des mains, visant à réduire les épisodes de diarrhées.

1. Prahalad C.K., 2004.

Le marché téléphonique dans le BOP

- **GrameenPhone**, le principal opérateur téléphonique du Bangladesh, repose sur un partenariat entre **Telenor**, l'opérateur historique norvégien et **Grameen** (voir la rubrique Étude de cas ci-après). De manière générale, de nombreux opérateurs téléphoniques ont réussi à créer des marchés rentables sur le BOP, notamment parce que les bénéficiaires des abonnements en font eux-mêmes un marché en louant à d'autres individus leur téléphone à la minute.

Construire sa maison au Mexique grâce à Cemex

- **Patrimonio Hoy de Cemex**, l'entreprise de ciment d'origine mexicaine cible les zones rurales au Mexique, dont les habitants font de l'auto-construction. En combinant habilement microcrédit et livraison de matériaux, Cemex permet à travers ce programme à un groupe de villageois de terminer intégralement leur maison au bout de 70 semaines, en bénéficiant de conseils et de matériaux performants, tout en échelonnant les paiements.

M-Pesa, système financier digital au Kenya

- **M-Pesa**, filiale rentable de **Vodafone Kenya**, est un système de transfert d'argent par téléphone mobile, lancé en 2007 et utilisé fréquemment par plus de 80 % de la population kényane. M-Pesa permet notamment aux travailleurs d'envoyer à moindre coût de l'argent à leur famille restée en zone rurale mais aussi de payer des biens et des services. L'entreprise s'appuie sur un réseau d'agents revendeurs de crédit téléphonique. Il a permis à des millions de personnes d'accéder au système financier formel et incidemment de réduire la criminalité liée à l'échange d'argent liquide.

Mkopa, un éclairage plus performant à un meilleur prix au Kenya

- **Mkopa** est une start-up kényane connaissant une croissance exponentielle. En couplant produit et microcrédit, elle a donné accès à un ingénieux système de panneaux solaires individuel, alimentant trois lampes et un chargeur de téléphone, à plus de 600 000 foyers au Kenya depuis 2011. Après un paiement initial équivalent à 35 dollars, les clients peuvent installer très simplement ce système chez eux, et payent 35 centimes par jour (grâce à **M-Pesa** sur leur téléphone portable), l'équivalent de ce qu'ils dépensent habituellement en kérosène, source d'éclairage moins intense et très nocive. Après 365 paiements, le système leur appartient. Au bout d'une année, ils sont donc propriétaires d'un système d'éclairage plus performant et gratuit !

Ces quelques exemples emblématiques ne doivent pas masquer les principales critiques de ce modèle : les programmes BOP ne contribuent que peu à sortir les plus vulnérables de la pauvreté et de plus, ils ne génèrent en général pas de profit pour les multinationales qui les initient (à l'exception notable de M-Pesa et Grameen Phone). La promesse de Prahalad de créer de la valeur à la fois pour l'actionnaire et les plus pauvres est fallacieuse.

CONTROVERSE

La base de la pyramide, vaste marché ou vaste illusion ?

Selon Prahalad, « *le marché BOP ne peut pas être satisfait par des lancements de produits et de services exportés des pays développés vers les pays en développement* ». Sa conquête doit passer par le développement de nouvelles solutions ou de nouveaux produits spécifiques et adaptés aux contextes locaux[1]. Prahalad pense que « *les innovations en termes de méthodes de distribution sont aussi importantes que les innovations en termes de produits et de modes de fabrication* » et qu'« *innover pour les marchés BOP signifie aussi s'investir pour éduquer les consommateurs et leur apprendre les bénéfices et spécificités des produits et services* ». Il ajoute que « *pour servir le marché BOP, l'important n'est pas de baisser les prix, mais de développer l'enveloppe prix-performance du produit* ». Si les entreprises se plient à ces principes, elles peuvent trouver à la base de la pyramide des opportunités de croissance très attrayantes.

Toutefois de nombreuses critiques s'élèvent contre cette approche du BOP[2] :

- Beaucoup d'exemples qualifiés de *business models* BOP s'adressent non pas à des clients appartenant réellement à la base de la pyramide (moins de 3,50 dollars par jour) mais à des tranches supérieures de revenus. Ce point d'analyse est essentiel car les plus pauvres recherchent surtout des produits de première nécessité à des prix accessibles, alors que les tranches supérieures peuvent accéder à des besoins complémentaires (téléphone portable, moyen de transport, etc.).
- De plus, la plupart des *business models* BOP existants sont soit profitables mais présentant des bénéfices sociétaux très discutables (l'exemple emblématique étant un cosmétique vendu en Inde par Unilever pour blanchir la peau), soit bénéfiques pour les plus pauvres mais non profitables (comme le *social business*).
- Par ailleurs, la diminution des prix ne peut souvent être obtenue qu'en réduisant fortement la qualité du produit. Les changements de format (*packaging*) peuvent effectivement rendre l'achat d'un produit accessible par rapport au revenu journalier, mais cela ne correspond pas à une baisse de prix unitaire.
- Enfin, beaucoup de *business models* tablent sur la capacité des plus pauvres à être de véritables entrepreneurs. Or, l'entrepreneuriat n'est pas nécessairement plus développé chez les pauvres que dans le reste de la population. De plus, la prise d'initiative au niveau individuel ne permet pas de générer des économies d'échelle qui permettraient aux activités de croître.

•••

•••

En fait, tous ces modèles font prendre l'essentiel des risques économiques aux plus démunis, alors qu'ils supportent des coupures d'électricité, une absence de routes, des temps de transport importants, des coûts d'approvisionnement élevés, etc. Il ne faudrait pas que le « mirage » de la base de la pyramide fasse oublier les devoirs d'un État de créer une infrastructure correcte accessible à tous et ceux des entreprises de créer des emplois permanents avec des revenus réguliers.

1. Prahalad C.K., 2004.
2. Voir par exemple Karnani A., « The Mirage of Marketing to the Bottom of the Pyramid », 2007 ; Karnani A. et Garrette B., 2010.

En réalité, de nombreux exemples de stratégies BOP, comme Patrimonio Hoy, sont des *social business*, dont l'objectif est la maximisation de l'impact social, et non la performance financière.

c. *Social business* et microcrédit

Muhammad Yunus, fondateur de la Grameen Bank (pionnière du microcrédit) et Prix Nobel de la paix, définit le *social business* comme une entreprise qui ne fait pas de pertes, qui ne verse pas de dividendes et qui a un objectif sociétal[1]. Ce dernier est de maximiser l'impact positif sur la société tout en gagnant suffisamment pour couvrir ses coûts et, si possible, générer un surplus pour aider l'entreprise à grandir.

Le *social business* doit donc être autosuffisant pour maximiser les impacts sociétaux comme le nombre de patients traités, de maisons construites, ou de personnes couvertes par une assurance santé alors qu'elles n'en avaient jamais eue. Le propriétaire n'est pas motivé par le profit : comme dans une entreprise classique, il a un titre de propriété et peut récupérer son investissement dans le temps, mais il n'attend aucun dividende. Tous les profits doivent être réinvestis dans l'entreprise ou utilisés pour démarrer de nouvelles entreprises similaires… Un *social business* devrait être considéré comme un investissement pour lequel l'argent est rendu dans le temps mais l'intérêt est payé en dividendes sociétaux plutôt qu'en profits économiques.

L'actionnaire concède toute la valeur créée à l'objectif sociétal. Ainsi, alors qu'une entreprise « classique » et un *social business* visent tous deux à être profitables, le résultat net du *social business* est l'impact qu'il crée sur la société, et non pas ce qu'il rapporte aux investisseurs. Le capitalisme contribue ainsi à satisfaire les besoins sociétaux qui ne le sont pas encore. Yunus a développé ce concept de *social business* à partir de son expérience au Bangladesh, à travers le Grameen Group et notamment le microcrédit (voir la rubrique Étude de cas ci-après).

1. Yunus M. et Jolis A., 1997.

ÉTUDE DE CAS

Grameen Bank, une banque sociale dans la microfinance

Fondée au Bangladesh en 1983 par le professeur Muhammad Yunus, Prix Nobel de la paix (voir photo ci-contre), la Grameen Bank est spécialisée dans la microfinance.

Le Bangladesh est l'un des pays les plus densément peuplés au monde. Il compte 1 023 habitants au km². Le PIB par habitant n'y dépasse pas 2 000 dollars et la moitié de la population vit sous le seuil de pauvreté. La banque continue aujourd'hui de croître à travers le pays, en proposant des petits prêts aux pauvres des zones rurales. En 2018, elle compte près de 2 600 agences et travaille dans plus de 81 000 villages, couvrant 97 % du territoire.

Le fonctionnement de la Grameen Bank

Le microcrédit est proposé aux personnes défavorisées, généralement des femmes, qui ont besoin de petits montants pour développer les revenus de leur famille et échapper à la pauvreté.

La méthodologie de la Grameen Bank consiste à former des groupes de cinq personnes qui s'engagent mutuellement et fournissent de fortes garanties morales collectives, plutôt que de requérir un nantissement d'objets ou une hypothèque comme le font les banques conventionnelles. Initialement, seules deux personnes du groupe peuvent demander un crédit, les autres attendant le remboursement final pour pouvoir à leur tour être candidates à un crédit. Elles s'engagent par ailleurs à respecter 16 décisions (par exemple de ne pas vivre dans des maisons délabrées, de cultiver des légumes toute l'année ou encore de ne pas prendre de dot au mariage de leur fils).

En 2018, la banque compte plus de 9 millions d'emprunteurs dont 97 % de femmes. Depuis sa création, la banque a accordé l'équivalent de 18,2 milliards de dollars de prêts. La banque se réclame d'un taux de recouvrement de 96,7 %. Elle est détenue à 95 % par des emprunteurs et à 5 % par le gouvernement du Bangladesh.

Le développement de Grameen Group

Depuis une vingtaine d'années, le professeur Yunus a contribué à créer plus d'une cinquantaine d'entreprises (*social business*), parmi lesquelles on peut citer :

- Grameen Telecom, créée en 1995, pour développer des services téléphoniques dans les zones rurales. Telenor, l'opérateur norvégien, est ensuite devenu partenaire de Grameen Telecom et ensemble, ils ont créé Grameen Phone, le premier réseau de mobiles du pays.
- Grameen Shakti, créée en 1996, qui commercialise des panneaux solaires à bas prix afin de permettre à la population rurale de bénéficier de l'électricité.
- Grameen Danone Foods, créée en 2006 avec le groupe français Danone, vise à produire des yaourts à bas prix.
- Grameen Intel, créée en 2009 avec le groupe américain Intel pour concevoir des solutions digitales et informatiques à bas coût dans divers domaines tels que l'agriculture, la santé, le commerce ou l'éducation.

QUESTIONS

Corrigés en ligne sur dunod.com

1. Pourquoi demande-t-on aux emprunteuses de s'engager sur des principes moraux et des règles de vie ?
2. Comment expliquer que cette banque qui prête aux pauvres ait l'un des meilleurs taux de remboursement au monde ?

Le concept du microcrédit a été repris dans de nombreux pays, alors que l'industrie bancaire traditionnelle était restée enfermée dans des schémas mentaux reposant sur la solvabilité *a priori* des clients. Cependant, malgré l'enthousiasme incontesté que le microcrédit a soulevé (en 2017, plus de 114 milliards de dollars de prêt ont été accordés à plus de 139 millions de clients[1]), ses effets sur les populations pauvres sont controversés. Au niveau individuel, il existe bien des exemples de sortie de pauvreté et d'accès à un meilleur niveau de vie ; mais au niveau macroéconomique, les études les plus récentes n'arrivent pas à des conclusions probantes, en particulier pour les plus pauvres[2].

Chiffres clés

En 2017, plus de **114 milliards** de dollars de prêt ont été accordés à plus de **139 millions** de clients en microcrédit.

D'une manière plus générale, au-delà du seul microcrédit, l'avantage d'un *social business* est qu'il génère son propre revenu, car il a des clients et qu'il ne dépend donc pas du don pour survivre, contrairement aux *business models* reposant sur la philanthropie (comme certaines ONG).

En revanche, la croissance du *social business* peut poser problème : comme il ne rémunère pas ses actionnaires, il peut avoir du mal à les attirer pour financer son développement, contrairement à une entreprise classique. En ce sens, le *social business* représente simplement une optimisation de la philanthropie.

Ce bilan mitigé oblige à s'interroger s'il reste un intérêt pour les multinationales à développer des activités à la base de la pyramide.

d. Le BOP, laboratoire de *business models* innovants

En confrontant les multinationales à de nouveaux défis, les marchés du BOP peuvent constituer une opportunité d'apprentissage, les aidant à se transformer et à devenir plus innovantes. En effet, pour relever ces défis, ces entreprises doivent impérativement sortir de leurs modèles mentaux traditionnels et rompre avec l'existant. Les marchés BOP poussent ainsi les multinationales à se questionner, à ouvrir le champ des possibles : ils stimulent les capacités de remise en cause, et partant, d'innovation des entreprises. Cet apprentissage peut être de trois ordres.

1. Du BOP consommateur à l'inclusion

Les premières approches du BOP visaient à transformer les personnes pauvres en consommateurs. Cette approche fonctionne à condition que la proposition de valeur du nouveau *business model* permette au client de générer un revenu (grâce au microcrédit par exemple) ou de baisser ses coûts (par exemple, le transfert d'argent vers sa famille dans le cas de M-Pesa), entraînant ainsi une sortie de la pauvreté. Cependant, comme nous l'avons vu, les multinationales peinent à rentabiliser ce type de *business model*.

Or, une approche plus récente vise non plus à faire des pauvres des consommateurs, mais à les inclure dans une activité nouvelle ou existante, de manière à maximiser l'impact social. Ces approches permettent de créer des revenus complémentaires pour les populations pauvres qui y participent, sans pour autant générer de coûts liés spécifiquement à un *business model* totalement nouveau pour la multinationale.

1. *Microfinance barometer*, 2018.
2. Karnani A., 2011 ; Duflot E., Banerjee A., Glennerster R. et Kinnan C., 2015.

Exemple

Distribuer La Vache qui rit au Vietnam

- Comme de nombreuses entreprises de biens de consommation, le groupe **Bel** (**La Vache qui rit**, **Kiri**, **Babybel**, **Leerdammer**...) a développé à la fin des années 2000 un produit, appelé **Goody**, destiné spécifiquement aux enfants à la base de la pyramide au Vietnam. Accessible en prix, il était distribué en porte à porte, et n'a pas connu de succès : non seulement les clients n'en voulaient pas, mais le coût de distribution était prohibitif.
- Bel a alors choisi de vendre un produit déjà présent au Vietnam, La Vache qui rit, à travers des vendeurs de rue, une population très pauvre et vulnérable dans ce pays. En formant ces vendeurs et en leur donnant accès à des bénéfices pour récompenser leur fidélité (accès à de la micro-assurance, formation complémentaire, compte en banque), ce réseau de distribution complémentaire s'est révélé particulièrement efficace : les ventes de La Vache qui rit ont augmenté localement de plus de 15 %. Aujourd'hui, une cellule dédiée, nommée Bel Explorer, diffuse ce modèle dans plus de sept villes à travers le monde : Bel Explorer est un incubateur de *business models* inclusifs, visant à développer des *business models* profitables à fort impact social.

En privilégiant l'inclusion sociale, les entreprises peuvent imaginer et développer des *business models* innovants et profitables à la base de la pyramide. Ici, la contrainte sociale joue le rôle d'un catalyseur, obligeant à remettre en cause les pratiques habituelles. Ce type de laboratoire peut ainsi contribuer à stimuler les innovations de *business models* dans l'ensemble de l'organisation et développer les capacités d'exploration des entreprises.

2. Les vertus de l'innovation inversée

Par ailleurs, certaines entreprises exploitent l'apprentissage issu des marchés BOP pour les transférer à leurs marchés classiques, dans les pays développés, faisant ainsi de « l'innovation inversée » : en général, les produits sont développés pour les pays occidentaux, et ensuite adaptés aux pays émergents. Ici, le processus est inversé, et les produits développés dans le BOP se révèlent sources d'inspiration dans les marchés traditionnels.

Exemple

Un scanner portable General Electric

- C'est ce qu'a fait **General Electric** avec son scanner ultraportable : pour répondre aux besoins d'une vaste population rurale isolée auprès de laquelle les médecins doivent se rendre équipés, les équipes indiennes de General Electric ont entièrement conçu, élaboré et fabriqué le premier scanner ultraportable. Peu cher, portable et léger, afin d'atteindre les patients des zones les plus reculées, cet appareil fonctionne à piles pour faire face aux pannes de courant fréquentes.

Facile à utiliser, il répond à une grave pénurie de professionnels de santé formés. Pour assurer sa facilité d'entretien et en réduire les coûts, il est livré avec les composants disponibles dans le commerce (au lieu de pièces sur mesure et exclusives). General Electric s'est alors aperçu que ce produit pourrait également répondre aux besoins de certaines zones rurales de son pays d'origine (accès aux hôpitaux, prix de la consultation). Dès 2009, une version du scanner portable est lancée aux États-Unis, et General Electric a pris le risque de cannibaliser ses propres produits haut de gamme.

Cette innovation inversée permet de faire face aux « *emerging giants* », ces entreprises géantes issues des pays émergents, telles que Cemex, Tata et Huawai, menaçant la puissance des multinationales occidentales, grâce à leur *business model* innovants. Il s'agit d'anticiper la menace et d'éviter une concurrence dévastatrice sur les marchés occidentaux.

3. Une réflexion sur le rôle de l'entreprise dans la société

Au-delà de cette stimulation de l'innovation, les marchés BOP contribuent également à transformer les multinationales sur un autre plan. En effet, elles découvrent souvent, au travers des modèles BOP, une nouvelle manière de mettre en œuvre leur responsabilité sociale. Il ne s'agit plus de simple philanthropie, ou d'actions à la marge, souvent déconnectées de la stratégie et de l'activité de l'entreprise. Au contraire, elles réalisent qu'elles peuvent avoir un impact sociétal positif et contribuer à une économie plus inclusive, à deux niveaux. Au niveau des consommateurs, tout d'abord : en s'intéressant désormais à des catégories qui n'entraient pas dans leur « radar » jusqu'à présent, parce que considérées sans pouvoir d'achat, elles découvrent un marché potentiel de 3,5 milliards de consommateurs à la base de la pyramide. Elles portent dès lors un nouveau regard sur la pyramide, que ce soit dans les pays émergents ou les pays développés.

L'entreprise peut également développer une économie plus inclusive au niveau de l'emploi : en cherchant, pour contribuer au développement local des pays émergents, à donner du travail aux personnes pauvres (au travers d'approvisionnement local, de création de microfranchises…). Elles envisagent alors parfois de développer dans leur pays domestique des modèles avec des personnes en insertion. Pour les entreprises qui l'expérimentent, contribuer à une économie plus inclusive se révèle alors un levier puissant d'engagement des salariés. En résumé, les marchés BOP les incitent à repenser leur rôle dans la société !

SECTION 4

PEUT-ON CRÉER UN AVANTAGE CONCURRENTIEL À TRAVERS LE DÉVELOPPEMENT DURABLE ?

Une responsabilité sociétale des entreprises (RSE) volontariste remet en cause le paradigme dominant de la création de valeur pour l'actionnaire. Pourquoi les entreprises voudraient-elles aller plus loin qu'une approche « cosmétique » de la RSE ? Le *greenwashing* ou le *socialwashing* ne suffisent-ils pas pour remplir quelques pages du rapport annuel, et endormir les parties prenantes plus ou moins virulentes ? Après avoir présenté les principales critiques envers la RSE, nous montrerons en quoi elle pourrait permettre de créer un avantage concurrentiel.

1 Les critiques d'une RSE proactive

a. Un effort de coûts trop important

Les arguments contre la mise en œuvre d'une politique de RSE volontariste sont nombreux, surtout en période de crise. La plupart des dirigeants affirment que mener une politique de RSE proactive a un coût qui contribuerait à éroder encore plus leur compétitivité face à des concurrents, notamment issus de pays émergents, qui ne s'embarrassent pas de telles considérations et ne font pas face aux mêmes pressions de la part des ONG, de l'opinion publique ou des gouvernements.

La RSE représenterait donc un effort qui dégraderait les marges, car elle se concrétise par un coût qui, au mieux, se transformerait en profits à très long terme. De plus, en période de crise, le consommateur n'est pas prêt à payer plus pour un produit plus vert ou plus social. Il n'existe donc pas de possibilités de monétiser l'engagement RSE, en tout cas à court terme. Sachant que de plus, la durée moyenne des mandats des P-DG se raccourcit, pourquoi ces derniers s'intéresseraient-ils à un sujet qui, au mieux, aurait des impacts à long terme ?

b. Est-ce le rôle de l'entreprise ?

Par ailleurs, les demandes des différentes parties prenantes sont multiples et loin d'être uniformes. Comment choisir celle qu'il faut privilégier ? Ces choix peuvent être si difficiles et chronophages qu'à la fin, une RSE proactive peut être contre-productive, car elle distrait les dirigeants de la question essentielle, à savoir la survie de l'entreprise ! Enfin, pourquoi les entreprises devraient-elles volontairement œuvrer pour un développement durable ? Les États et les instances supranationales sont là justement pour leur imposer de multiples règles qui semblent déjà bien contraignantes à la plupart des dirigeants. C'est à ces institutions de fixer les règles du jeu communes à tous les acteurs.

Or, ce scepticisme face à une RSE proactive paraît démenti par les recherches les plus récentes, qui montrent un lien positif avéré avec la performance financière : la RSE proactive peut donc être source d'un avantage concurrentiel[1].

1. Eccles R.G., Ioannou I., et Serafeim G., 2014.

2 La RSE proactive, source d'avantage concurrentiel

Sur les 100 premières puissances économiques mondiales en termes de revenus, 71 sont des entreprises et 29 sont des États[1] (voir les 50 premières au tableau 12.2). D'après cette liste, Walmart, le premier distributeur mondial, dépasse l'Espagne !

	Pays/Groupe	Revenus*		Pays/Groupe	Revenus*
1	**États-Unis**	3363	26	**Mexique**	224
2	**Chine**	2465	27	**Suisse**	216
3	**Japon**	1696	28	Berkshire Hathaway (US)	211
4	**Allemagne**	1507	29	**Inde**	200
5	**France**	1288	30	**Norvège**	200
6	**Royaume-Uni**	996	31	McKesson (US)	192
7	**Italie**	843	32	**Russie**	187
8	**Brésil**	632	33	**Autriche**	187
9	**Canada**	595	34	**Turquie**	184
10	Walmart (US)	482	35	Samsung Electronics (KR)	177
11	**Espagne**	461	36	Glencore (CH/JE)	170
12	**Australie**	421	37	ICBC (CN)	167
13	State Grid (CN)	330	38	Daimler (DE)	166
14	**Pays-Bas**	323	39	UnitedHealth Group (US)	157
15	**Corée du Sud**	304	40	**Danemark**	157
16	China Nat. Petroleum (CN)	299	41	EXOR Group (IT/NL)	154
17	Sinopec Group (CN)	294	42	CVS Health (US)	153
18	Royal Dutch Shell (NL/GB)	272	43	General Motors (US)	152
19	**Suède**	248	44	Vitol (NL/CH)	152
20	Exxon Mobil (US)	246	45	Ford Motor (US)	151
21	Volkswagen (DE)	237	46	China Constr. Bank (CN)	150
22	Toyota Motor (JP)	237	47	**Arabie saoudite**	150
23	Apple (US)	234	48	AT&T (US)	147
24	**Belgique**	232	49	Total (FR)	143
25	BP (GB)	226	50	Hon Hai Precision Ind. (TW)	141

* en milliards de dollars

Source : Babic M., Heemskerk E., Fichtner J., 2018.

Tableau 12.2 **Les 50 premières puissances économiques mondiales en termes de revenus**

1. Le chiffre d'affaires est retenu pour les entreprises, tandis que les taxes collectées sont prises en compte pour les gouvernements. Source : Babic M., Heemskerk E., Fichtner J., 2018.

Le rôle des entreprises est donc essentiel, et leur engagement pour un développement durable est souhaitable car il aura un impact considérable même si cela ne doit pas faire oublier leur rôle aux gouvernements ! Les études empiriques montrent que les dirigeants s'impliquent dans des politiques proactives de RSE pour deux raisons majeures, non exclusives.

a. Une obligation morale

La première relève de l'éthique personnelle du dirigeant, qui considère la RSE proactive comme une obligation morale.

Exemple

Interface sur la voie de l'exemplarité

- Ray Andersen était l'emblématique patron d'**Interface**, une entreprise américaine de moquette de près de 1 milliard de dollars de chiffre d'affaires, cotée au Nasdaq. En 1996, il prend conscience des enjeux d'un développement durable, et a une soudaine révélation : son objectif est de rendre son entreprise, polluante et utilisant de nombreux produits chimiques, exemplaire sur le plan sociétal et environnemental. Jusqu'à sa mort en 2011, il cherchera à convaincre les dirigeants à travers le monde de le suivre sur cette voie.

b. Une opportunité pour l'entreprise

Cette première approche morale, qui relève de l'éthique des affaires, n'est pas incompatible avec la seconde raison : l'approche *business*, c'est-à-dire l'idée selon laquelle les stratégies de RSE proactives présentent un certain nombre d'opportunités pour l'entreprise.

• La baisse de coûts

Certaines démarches entreprises dans le cadre d'un respect de l'environnement conduisent au final à des baisses de coûts non négligeables.

Exemple

- **Interface** a chiffré à plus de 500 millions de dollars les économies cumulées sur quinze ans de ses efforts d'élimination des déchets, et a diminué de 40 % la consommation d'énergie par mètre carré de moquette produit grâce à son orientation environnementale.

Une RSE proactive peut également faire baisser le risque perçu de la part des investisseurs ou des assureurs par exemple.

Exemple

- La certification B Corp de la branche américaine de **Danone** lui a permis d'obtenir un prêt à un taux plus avantageux. En effet, la banque a considéré que le respect des critères imposés pour obtenir et conserver le label B Corp réduisait l'exposition au risque.

• L'attractivité aux yeux des salariés

De nombreuses études montrent que la RSE peut être très utile pour gagner la « guerre des talents[1] ». Elle constitue un outil précieux pour attirer, recruter et développer les compétences. Les jeunes en particulier sont motivés par des entreprises

1. Bhattacharya C.B., Korschun D. et Sen S., 2008.

qui prennent en compte leur impact sur l'environnement et la société, et n'ont pas pour unique but de créer de la richesse pour les actionnaires. Cette attractivité est considérée aujourd'hui par la plupart des acteurs comme un des intérêts majeurs d'une RSE proactive.

Exemple

- **Whole Foods Market**, la chaîne de supermarché américaine qui a bâti toute sa stratégie autour d'un développement durable, est citée régulièrement dans la liste des entreprises les plus admirées au monde et dans la liste des 100 meilleures entreprises où il fait bon travailler.

On pourrait dire qu'une politique RSE proactive représente une rémunération symbolique et crée donc de la valeur pour une des parties prenantes, les salariés. Elle contribue à donner du sens, au-delà de la création de valeur pour l'actionnaire.

• Le renforcement de la réputation aux yeux des clients

Une proposition de valeur intégrant des aspects RSE attire certains segments de clients sensibles à ce sujet.

Exemple

- Des entreprises telles que **Patagonia**, **Ben & Jerry's** ou la **Camif** se définissent comme des activistes sur des sujets environnementaux et/ou sociaux. La Camif, par exemple, ferme son site le jour du « *black friday* », renonçant ainsi volontairement à des ventes, pour marquer son opposition à la consommation à outrance.

• La création d'un nouveau marché

En adoptant une approche proactive, les entreprises peuvent découvrir et conquérir de nouveaux marchés. Tous les exemples de création de nouveaux *business models* à la base de la pyramide dans la section 3 de ce chapitre illustrent ce point.

• Le développement de capacités d'innovation

Nous avons souligné la difficulté pour une entreprise existante d'imaginer de nouveaux *business models* remettant en cause les logiques dominantes habituelles (voir chapitre 5). Or, en proposant un cadre de référence totalement différent, certaines entreprises considèrent qu'une stratégie RSE proactive permet de libérer la créativité et de développer les capacités d'innovation de l'entreprise. Les *business models* BOP sont considérés comme de véritables laboratoires d'exploration et de *reverse innovation*[1].

Exemple

- **Danone** estime que les différents *business models* imaginés à la base de la pyramide ont insufflé une nouvelle énergie dans l'entreprise, contribuant à remettre en cause les schémas habituels et donc à développer de nouvelles capacités d'innovation.

1. Faivre-Tavignot B., Lehmann-Ortega L. et Moingeon B., 2010.

Nous avons défini tout au long de cet ouvrage l'avantage concurrentiel comme l'écart entre coûts et valeur perçue. La baisse des coûts et l'attractivité aux yeux des salariés ont un effet sur le premier ; la réputation client contribue quant à elle à une valeur perçue. Ces trois effets d'une RSE proactive contribuent donc directement à la création d'un avantage concurrentiel. Le développement de capacités d'innovation constitue de nouvelles ressources pour l'entreprise (voir le chapitre 2), et peut être, à terme, à la base d'un nouvel avantage concurrentiel.

Exemple

« Unilever pour un mode de vie plus durable »

- Ainsi, Paul Polman, P-DG d'**Unilever** de 2009 à 2018, a adopté une approche résolument volontariste en plaçant le développement durable au cœur de sa stratégie. Il a obtenu de nombreux prix pour cet engagement. Sa vision ambitieuse pour Unilever est de découpler la croissance de l'entreprise et son impact environnemental global tout en augmentant son impact social positif. Il est convaincu que ce plan « Unilever pour un mode de vie plus durable » a largement contribué aux performances financières de son entreprise depuis son arrivée. Cette orientation RSE a probablement aussi joué un rôle dans le retrait de l'OPA hostile de **Kraft Heinz**. En effet, Unilever a réussi à convaincre un nombre suffisant de ses actionnaires, notamment à travers des arguments liés à l'impact social et environnemental, pour que l'entreprise américaine retire d'elle-même son offre.

CONCLUSION

Si elle est sincère, une RSE proactive invite donc à revisiter le débat sur la finalité de l'entreprise, au-delà de la création de valeur pour l'actionnaire, afin de créer ce que Porter[1] nomme la valeur partagée (*shared value*) : il s'agit de créer de la valeur tout en répondant aux besoins et aux défis de la société dans son ensemble. En ce sens, elle représente une véritable opportunité de repenser la stratégie de l'entreprise pour contribuer à un développement plus durable. Au lieu de représenter un problème pour un développement harmonieux, l'entreprise peut contribuer à trouver des solutions. Le poids économique des entreprises n'a cessé de progresser au cours des dernières décennies, et elles sont aujourd'hui plus puissantes que les gouvernements. Une RSE proactive est plus que jamais nécessaire pour tenter de sauver la planète.

1. Porter M.E., 2011.

À RETENIR

Stratégie, développement durable et responsabilité sociétale

- Le **développement durable** répond aux besoins du présent sans compromettre la capacité des générations futures à répondre aux leurs.
- La **croissance économique**, si elle menace l'environnement, paraît nécessaire pour lutter contre la pauvreté : il existe donc une tension entre les enjeux environnementaux et sociaux.
- La **responsabilité sociétale des entreprises (RSE)** est la prise en compte par les entreprises de la nécessité d'agir pour un développement durable.
- Une RSE volontariste se traduit par une approche ***triple bottom line*** (*people, planet and profit*) qui remet en cause la logique dominante de la création de valeur pour les actionnaires (*shareholders/stakeholders*).
- Les **nouvelles parties prenantes** exercent de nombreuses pressions sur les entreprises (ONG, collectivités locales, presse, États ou instances supranationales…).

Intégrer le développement durable au *business model* existant

- Les entreprises peuvent chercher à **réparer le *business model* existant**, en incluant les problématiques de développement durable dans leur analyse stratégique ou en imaginant un nouveau cycle de vie.

Créer un *business model* innovant sur la base du développement durable

- Côté environnemental, le *business model* plus connu est l'**économie de fonctionnalité** ; côté social, les **stratégies BOP** (*base of the pyramid*) visent à transformer les plus pauvres en consommateurs tout en les aidant à sortir de la pauvreté.
- Le ***social business*** est une entreprise qui génère des revenus, vise l'équilibre financier mais ne distribue pas de dividendes. L'actionnaire concède toute la valeur créée à l'objectif sociétal.

Peut-on créer un avantage concurrentiel à travers le développement durable ?

- Une **RSE proactive** peut être source d'**avantage concurrentiel** pour cinq raisons : la baisse des coûts, l'amélioration de la réputation aux yeux des clients, l'attractivité aux yeux des salariés, la création d'un nouveau marché, le développement de la capacité d'innovation.

Partie 3

Manager et transformer

Nous avons vu jusqu'ici comment l'entreprise analyse son environnement et ses compétences pour ensuite déterminer la meilleure stratégie et renforcer sa position concurrentielle, que ce soit au niveau des *business units* (*business strategy*) ou du groupe dans son ensemble (*corporate strategy*). Cette démarche a permis de souligner combien il était important que l'entreprise analyse les multiples paramètres concurrentiels pour prendre les meilleures décisions.

La troisième partie de cet ouvrage étudie comment l'entreprise s'organise pour traduire au mieux sa stratégie et ses objectifs autour des femmes et des hommes qui la constituent, dans les missions et valeurs qu'elle représente, dans la structure organisationnelle et les processus de décision en place et la conduite du changement constant nécessaire à sa survie. Cette partie s'attache à montrer que les options stratégiques retenues, aussi pertinentes soient-elles sur le papier, ne sont rien sans une bonne mise en œuvre. Pour cela, il est impératif de comprendre comment :

- les hommes incarnent l'entreprise ;
- les leaders fédèrent leurs équipes ;
- la structure conditionne la mise en œuvre opérationnelle ;
- les processus de décisions influencent les choix ;
- et la transformation est vécue par le groupe social qu'est l'entreprise.

Cette dernière partie présente dans un premier temps le rôle du leader en tant qu'incarnation de l'organisation et l'importance que revêt le rôle de fédérateur des différentes énergies et des multiples facettes de l'identité de l'entreprise (chapitre 13). Elle détaille les multiples formes d'organisation classique qui permettent aux entreprises de grandir tout en garantissant leur coordination et la qualité de leurs opérations (chapitre 14). Elle expose les caractéristiques des processus de décision au sein de l'entreprise et combien ils sont complexes et mobilisent des logiques parfois contradictoires (chapitre 15). Elle aborde enfin la question de la transformation continûment nécessaire à la survie de l'organisation, les freins qui la ralentissent, les leviers de la transformation et les modalités du changement organisationnel (chapitre 16). Toutes ces notions, essentielles pour bien comprendre comment fonctionne une entreprise, sont développées ici dans leur rapport à la stratégie, à sa formulation et sa mise en œuvre.

Incarnation, culture et identité

La formulation stratégique ne résulte pas d'un processus éminemment rationnel. Elle doit composer avec des éléments puissants qui font la cohésion de l'entreprise et expriment aussi les tiraillements entre les réalités du terrain et les messages portés par les leaders. Il est important pour les managers de comprendre ces dimensions organisationnelles et culturelles pour gérer au mieux les changements stratégiques, et au final pour améliorer la performance de l'entreprise et renforcer sa position concurrentielle. L'enjeu pour le dirigeant est de savoir comment il peut maîtriser la trajectoire stratégique de son entreprise et éventuellement la modifier.

Pour cela, le dirigeant doit comprendre ce que revêt le leadership, à travers les perspectives traditionnelles et celles plus récentes de ce que signifie diriger et incarner l'organisation. À ce titre, les capacités d'un dirigeant ne sont pas qu'intellectuelles et analytiques mais mobilisent aussi des émotions et des affects. Il lui revient de savoir motiver et entraîner ses équipes. C'est à cette condition que le dirigeant devient un leader.

Dans ce contexte, les multiples facettes de l'identité organisationnelle permettent de comprendre, par leurs relations et différences, les difficultés de l'exécution stratégique et de la transformation organisationnelle. Tandis que la culture (ou identité manifestée) s'exprime par des manifestations symboliques (mythes, rites, tabous) et par des règles souvent informelles, l'identité dans son ensemble renvoie à un « imaginaire organisationnel », c'est-à-dire aux représentations que les individus se font de leur entreprise et des valeurs qui la guident. Les autres facettes en sont donc l'identité professée, vécue, projetée, et attribuée. Dans son ensemble complexe, l'identité est donc ce qui distingue l'entreprise de toute autre et ce qui lui assure continuité et stabilité.

Le chapitre 13 est donc consacré au leadership et explique la nécessité pour le dirigeant de fédérer l'identité collective en s'appuyant sur des récits porteurs de sens dans lesquels les membres de l'entreprise peuvent se reconnaître et s'investir à long terme, au travers de relations de confiance, ce qui n'exclut évidemment pas les oppositions, les conflits et les luttes de pouvoir. Les résultats stratégiques de l'entreprise dépendent de cette capacité à donner du sens. Sans elle, la stratégie n'est qu'une manœuvre sans lendemain et l'entreprise une agrégation d'individus sans réelle cohésion.

Organiser et décider

Non seulement l'art de la stratégie implique d'analyser finement les conditions du marché et les ressources à disposition de l'entreprise mais il impose de bien concevoir l'organisation des opérations pour permettre la mise en œuvre stratégique. Le chapitre 14 détaille les dimensions qui caractérisent les structures organisationnelles et présente les avantages des structures les plus courantes : la forme fonctionnelle, les formes divisionnelles, les matrices organisationnelles, et la structure par projet. Pour atteindre ses objectifs stratégiques, il est indispensable de bien connaître les forces et faiblesses respectives des différentes formes organisationnelles.

De plus, face à des environnements qui changent rapidement et à l'apparition de concurrents nombreux et divers, la formulation de la stratégie s'avère une tâche sans cesse plus complexe. Il serait erroné de présenter la définition de la stratégie comme un processus linéaire, assimilable à un calcul pesant toutes les options possibles et retenant la plus rationnelle d'entre elles, avant de l'appliquer de façon transparente dans l'entreprise. Un modèle simpliste voudrait que le changement organisationnel obéisse à des objectifs clairement définis, à partir d'une analyse de toutes les solutions possibles, la meilleure d'entre elles étant finalement retenue. Un tel modèle appréhende la décision comme un calcul, ce qu'elle n'est pas, et néglige l'épaisseur organisationnelle, la complexité de ses processus et la diversité des agents qui interviennent à la fois dans la définition des objectifs et dans leur mise en œuvre concrète. Le chapitre 15 passe en revue les limites des processus simplifiés de décision stratégique reposant sur la planification pour s'attacher aux modes alternatifs de la prise de décision stratégique. Il présente en outre les avancées récentes de la psychologie cognitive et de l'économie comportementale qui permettent d'identifier la présence des biais de décision les plus courants, dont il convient de combattre les effets nocifs sur la prise de décision et sur la mise en œuvre de la stratégie.

Les multiples paramètres de la transformation

Cette partie s'achève avec un chapitre qui traite des difficultés inhérentes à la transformation stratégique. Elle se heurte à des résistances fortes, liées soit aux intérêts contrariés des membres de l'organisation, soit aux trajectoires pleines de l'inertie du passé, ou encore au système de croyances ancrées dans l'organisation. En effet, avec le temps, la stratégie se matérialise dans l'entreprise et se structure progressivement en fonction des objectifs, des allocations de ressources et des responsabilités assignées. Cette cristallisation de la stratégie dans l'organisation peut être un frein à la transformation rendue nécessaire par les évolutions visibles dans l'environnement concurrentiel.

Face à l'inadéquation entre la stratégie suivie par l'entreprise et les évolutions du marché et des concurrents, l'entreprise doit savoir réformer sa stratégie, en misant sur les leviers favorables à la transformation que sont les nouvelles technologies d'une part, et un ensemble de nouvelles approches de l'organisation d'autre part. Le chapitre 16 développe donc à la fois les freins et les leviers de la transformation stratégique.

Il se conclut par la présentation des approches classiques et renouvelées des démarches de conduite du changement. S'ouvrant sur la démarche classique vue comme un processus qui débute par le sentiment d'urgence de transformation et qui s'appuie sur une coalition de forces retirant à chaque étape du processus des « petites victoires », il détaille ensuite les approches fondées sur l'agilité organisationnelle et sur les valeurs profondes de l'organisation et des individus qui les constituent, envisageant chacun d'eux comme des personnes uniques dont l'authenticité témoigne de leur engagement et gage du succès de l'organisation.

Plan de la partie

Chapitre 13 | Incarner et fédérer

En plus des réflexions stratégiques et des décisions opérationnelles quotidiennes, le dirigeant doit conduire le changement organisationnel, gérer les dimensions culturelles et les articuler à la stratégie de l'entreprise. Il doit incarner l'entreprise, sa raison d'être, et veiller à la convergence des multiples facettes de son identité. Ces tâches sont plus difficiles dans un contexte général où la durée moyenne du poste tend à se raccourcir et où la pression s'accroît de plus en plus lorsque l'entreprise, cotée en Bourse, est surveillée par les actionnaires et les fonds d'investissement.

Nous débutons ce chapitre par la présentation des limites des conceptions traditionnelles du leadership, et proposons d'inscrire le rôle du leader dans sa capacité à orienter le collectif humain que constitue l'entreprise et à donner un sens à l'action collective. Le leader est une incarnation du collectif et à ce titre, il est le co-auteur d'un récit et d'une promesse pour l'organisation. Nous mettrons enfin en avant l'importance de fédérer, à savoir de travailler l'identité organisationnelle avec le collectif pour générer du sens partagé, de façon consciente et inconsciente.

La réflexion sort ici des modèles stratégiques et des analyses de l'organisation en termes de jeux de pouvoir ou d'intérêts économiques pour rentrer dans un champ plus incertain, celui de la gestion des facettes de l'identité organisationnelle.

Plan du chapitre

SECTION 1

LES LIMITES DU LEADERSHIP TRADITIONNEL

Dans cette première section, nous revenons sur les deux grandes approches classiques du leadership qui décrivent les dirigeants à partir :

- des caractéristiques personnelles qui les distinguent des autres individualités présentes dans l'entreprise ;
- des aptitudes spécifiques qu'ils développent.

Ces approches sont aujourd'hui grandement contestées : leurs limites reposent sur la faiblesse de leur explication du succès des stratégies déterminées et menées par des leaders définis à partir de ces éléments.

1 Les caractéristiques personnelles du leader

Les études historiques des grands dirigeants, qu'ils soient civils, politiques ou militaires, regorgent de détails sur leurs caractéristiques personnelles, ce que l'on appelle les « traits de caractère ». C'est donc naturellement que de nombreux travaux ont cherché à établir des corrélations entre la présence de certains traits de personnalité et le succès des organisations menées par ces leaders.

Exemple

Henry Ford

- Des études historiques ont montré à quel point la personnalité paranoïde de Henry Ford a structuré la stratégie de la **Ford Motor Company** au début du xxe siècle. La vision tayloriste, qui avait poussé l'entreprise à limiter sa production à un seul modèle de voiture, la fameuse Ford T, était au départ la raison principale de son succès.
- Alors que la demande évoluait vers des voitures urbaines plus luxueuses et des gammes plus variées, Henry Ford s'est entêté à poursuivre cette stratégie, ce qui était pour lui une manière de s'acquitter de sa dette psychologique envers l'Amérique rurale et traditionnelle qu'il avait contribué à industrialiser à marche forcée, et cela a bien failli coûter la vie à l'entreprise. Les cadres de la société, qui travaillaient tous les jours sous les ordres d'un tel leader, à la fois légitimé et aveuglé par son exceptionnel succès passé, se retrouvaient psychologiquement paralysés : ils auraient dû contredire le dirigeant pour sauver l'entreprise, mais ils n'osaient le faire car celui-ci traitait en traîtres tous ceux qui faisaient mine de s'opposer à lui.

Un timbre hommage à Henry Ford et la Ford T imprimé aux États-Unis en 1968

Le cas de Ford, ancien et emblématique, n'a rien perdu de son actualité. Il existe de nombreux exemples de dirigeants qui affichent une volonté farouche d'encourager l'innovation et l'initiative, mais qui, dans les faits, font tout pour décourager ou éloigner les collaborateurs qui, parce qu'ils innovent, s'opposent à l'ordre établi, et donc à eux-mêmes[1].

1. Larçon J.-P. et Reitter R., 1979.

Parmi les études ayant porté sur l'identification de traits marquants d'un leader, Warren Bennis et Burt Nanus[1] en repèrent quatre principaux :

1. **Être visionnaire**, c'est-à-dire l'aptitude à déceler des tendances fondamentales de l'environnement concurrentiel qui permettront à l'entreprise de rester performante.
2. **Communiquer cette vision**, soit par le discours soit par la création d'une architecture sociale (structure, système de gestion).
3. **Gagner la confiance** des membres de l'organisation.
4. **Comprendre ses points forts** et les exploiter en les faisant partager aux membres du groupe, c'est-à-dire l'autodéploiement, héritier du *self-achievement* de Maslow.

Quarante ans après cette étude, le tableau des qualités requises pour devenir un leader n'a cessé de s'enrichir, montrant en cela les limites de cet exercice. Sont mis en avant la nécessité d'être charismatique, la volonté de diriger, le jugement clair, des valeurs éthiques fermes, le sens de la décision et de la direction mais sans négliger l'ouverture aux autres, la capacité de communiquer, la flexibilité et l'absolue nécessité de libérer l'autonomie d'autrui. Au nombre des nouveaux traits de personnalité, la modestie et la patience illustrent une tendance à l'autocritique, ce qui est souvent difficile pour un dirigeant. La tolérance face à l'ambiguïté et la capacité à résister aux situations stressantes, aux zones d'inconfort, sont aussi remarquées.

Le catalogue des traits à posséder pour être un bon leader est donc très large et ressemble à un inventaire à la Prévert avec lequel il est difficile d'être en désaccord. Les résultats des recherches académiques sur le sujet montrent qu'il n'est pas possible de mesurer précisément l'impact de tel ou tel trait de personnalité sur la performance. En outre, les conditions d'exercice d'une caractéristique ou d'une autre varient constamment, rendant le nombre d'exceptions pour lesquelles il aurait mieux valu ne pas utiliser telle ou telle caractéristique aussi important que le nombre de cas où il aurait fallu appliquer la règle (voir la rubrique Controverse ci-après).

CONTROVERSE

Les styles de leadership

L'école des relations humaines a fait œuvre de pionnier en étudiant dès les années 1920 l'efficacité du travail de groupe sous trois « styles de leadership » : autoritaire, démocratique et laisser-faire. Selon ces études, le leadership autoritaire apparaissait légèrement plus efficace que le style démocratique mais produisait moins d'innovation. De cette école de recherche a émergé l'idée que le leadership s'adresse autant aux besoins et sentiments des membres du groupe qu'à la structuration des tâches à accomplir.

•••

1. Bennis W. et Nanus B., 1985.

•••

Des recherches qui ont suivi, il est ressorti quelques enseignements.

- Il existe une pluralité de styles de leadership :
  - **style analytique**, centré sur l'analyse de la situation, la production d'idées claires, et l'élaboration de plans détaillés ;
  - **style humaniste**, centré sur les relations entre membres de l'organisation, le fonctionnement interne, les valeurs et le soutien aux individus ;
  - **style visionnaire**, qui fournit un grand projet, des buts ambitieux à atteindre et suggère le dépassement de soi ;
  - **style opérationnel**, qui se nourrit de l'expérience métier, très proche du management au jour le jour ;
  - **style communicationnel**, tourné vers les parties prenantes externes, présentant une image favorable de l'entreprise.
- Chaque style est adapté à une situation définie par des variables en nombre restreint : la qualité des relations entre le leader et le groupe, la légitimité du leader, le caractère structuré ou non de la tâche à accomplir.
- Chaque leader a un style dominant, mais la clé du succès est de pouvoir passer d'un style à un autre en fonction des situations vécues et des interlocuteurs.

Ces enseignements sont aujourd'hui contestés comme étant trop descriptifs et peu opérationnels. Bien qu'utiles en première analyse pour brosser le portrait de tel ou telle dirigeant(e), les conditions de prévalence d'un style ou d'un autre et de passage d'un style à un autre demeurent peu claires et peu pratiques. Il faut donc aller au-delà de cette première analyse pour comprendre pourquoi un style de leadership fonctionne ou non.

2 Le leadership comme ensemble d'aptitudes

Tandis que les limites de l'approche focalisée sur les caractéristiques personnelles du dirigeant devenaient plus apparentes, une conception complémentaire du leadership stratégique s'est développée, centrée sur les compétences et aptitudes : il s'agit pour le dirigeant de mettre en place dans l'entreprise un ensemble d'aptitudes stratégiques, qui sont décrites, cette fois, de manière autant comportementale qu'organisationnelle.

a. L'intelligence émotionnelle

Ainsi, des travaux montrent que les capacités d'un leader ne sont pas que rationnelles ou intellectuelles. Parmi de nombreux auteurs, Daniel Goleman développe l'idée « d'intelligence émotionnelle[1] ». Les travaux de cet auteur montrent que 90 % de l'écart de performance entre les dirigeants ne proviendraient pas de leur intelligence cognitive mais de leur intelligence émotionnelle. Il en détaille les composantes essentielles :

- la capacité à contrôler ses affects et ainsi améliorer ses capacités cognitives ;
- la motivation intrinsèque – la passion du travail plutôt que de l'argent ou du statut ;
- l'empathie ;
- la capacité à entretenir des rapports humains normaux.

Chiffres clés

Selon Daniel Goleman, **90 %** de l'écart de performance entre les dirigeants ne proviendraient pas de leur intelligence cognitive mais de leur intelligence émotionnelle.

Une étude menée par J.P. Kotter d'Harvard a ainsi examiné sur vingt ans un échantillon d'entreprises, dans différents secteurs, ayant connu plusieurs dirigeants (CEO) pour mesurer l'impact du changement de leader sur la variation de performance des entreprises au cours du temps[2]. Tandis que le secteur dans lequel opère l'entreprise compte pour environ 20 % dans la variation de performance des entreprises, le dirigeant à lui seul en expliquerait 14 %, avec des écarts sectoriels importants. Par exemple, dans l'hôtellerie, le CEO expliquerait 41 % de la variation de la rentabilité de l'entreprise contre 4,6 % dans la fabrication de papier.

Chiffres clés

Selon une étude d'Harvard, le dirigeant explique en moyenne **14 %** de la variation de performance de l'entreprise.

b. De nombreuses aptitudes requises pour être un leader impactant

Aussi, au-delà des traits de personnalité, la capacité à développer les ressources stratégiques et les compétences de l'entreprise est cruciale. Le leader stratégique doit faire en sorte que l'entreprise puisse anticiper les évolutions de son environnement. La capacité à dénicher et retenir les talents individuels au service du collectif apparaît donc essentielle au développement des compétences clés. Une autre aptitude fondamentale concerne la capacité à s'entourer d'une équipe dirigeante opérationnelle, partageant les orientations stratégiques mais suffisamment diverse pour éviter les pièges de la pensée uniforme.

Un ensemble de travaux plus récents reprend cette tradition en détaillant les compétences essentielles du leader au service du déploiement des aptitudes organisationnelles. Ces méthodes de développement personnel du leader mettent en avant :

- la capacité à se connaître soi-même ;
- la capacité à comprendre les autres ;
- la capacité à entraîner l'organisation et au-delà, les parties prenantes.

Chaque capacité se décompose en compétences clés, telles que la création de sens, la mise en forme, la maîtrise de l'énergie psychique, la mise en lien avec les autres, et la force d'engagement[3].

1. Goleman D., 2002.
2. Kotter J.P., 1995.
3. Barsh J. et Lavoie J., 2014.

c. Les limites de l'approche par les aptitudes

L'approche par les aptitudes permet d'identifier les facteurs qui associent le dirigeant à des capacités d'action susceptibles d'avoir des impacts économiques plus évidents que l'approche par les caractéristiques personnelles. Le lien entre chaque capacité et les résultats opérationnels, positifs ou au contraire négatifs, peut être tracé plus fidèlement. Par exemple, les contradictions entre les dires et les actes réduisent la capacité à créer du sens et à entraîner les équipes, ce qui génère des incompréhensions, des conflits et une piètre utilisation des ressources disponibles. Malgré tout, l'approche par les aptitudes ne traite pas de ce qui fait la spécificité du groupe humain qu'est l'entreprise, de son identité, ni des différentes cultures internes qui coexistent et pour lesquelles chaque aptitude peut être perçue et jouer différemment.

SECTION 2

LEADERSHIP ET SENS : ÊTRE SOI, INCARNER LE COLLECTIF

Face aux impasses rencontrées par l'approche du leadership par les traits et les difficultés posées par l'approche liée aux aptitudes, sont apparus des questionnements plus profonds sur le travail du leader en tant que personne, en lien avec le collectif qu'il entraîne, c'est-à-dire l'organisation.

Il existe une multitude de points de vue sur ce questionnement fondamental qui interroge le sens du leadership. Les adjectifs pullulent : leadership aligné, authentique, centré, éthique, responsable, serviteur… Au cœur de cette multitude de propositions réside l'idée que le leader, pour permettre le développement, voire l'épanouissement de son entreprise, doit opérer un travail sur lui-même et sur l'organisation. Dans cette section 2, nous abordons les fondements de ce travail sur le sens du leadership pour le leader.

1 Être soi

La composante essentielle de l'approche renouvelée du leadership porte sur le sens : que signifie « être un leader », « diriger », « incarner l'entreprise » ? Être en position de leader, c'est générer des attentes de la part des autres membres de l'entreprise et des différentes parties prenantes. Ce rôle particulier dévolu au leader est notamment celui de l'exercice du pouvoir, qui met en jeu la personnalité tout entière. La conception de ce rôle s'incarne dans des actions publiques : prise de fonction, contacts personnels avec d'autres acteurs, communication, prises de décisions symboliques… en définitive, dans la mise en scène consciente ou non de la position de leadership. Celle-ci contribue à la formation des représentations chez les différents acteurs.

a. L'introspection du dirigeant

L'exercice du pouvoir n'est pas psychologiquement neutre. Le travail de prise de rôle s'effectue à l'articulation du psychique et du social. Avant d'entrer dans le rôle, d'accepter de prendre la position que requiert le groupe, le dirigeant doit passer par une introspection qui tourne autour de quelques questions liées à son « économie psychique », à sa prise de conscience des raisons sues ou tues qui l'amènent à être en mesure d'endosser le rôle et la fonction visible du pouvoir :

- Pourquoi suis-je là ? Quel est ce moi qui a la prétention de diriger les autres ?
- Que va m'apporter ce rôle ? Que vais-je apporter à l'organisation ?
- Jusqu'où irai-je dans mon identification au poste, à l'organisation ?

b. Les principes de l'approche « être soi »

La prise en considération des libertés que promet le pouvoir de diriger, décider, orienter, ne pas agir… va de pair avec les contraintes associées à la face invisible du leadership : avoir à connaître ce qui était caché, prendre des décisions qui pourraient aller à l'encontre de son moi profond, se confronter avec ce qu'on pouvait éviter auparavant. Pour supporter les multiples pressions qui exposent le leader, les approches centrées sur « être soi » convergent sur deux principes :

- **Se connaître et être soi**, c'est-à-dire ne pas jouer de jeux retors au sein de l'entreprise ni être clivé entre vie professionnelle et vie personnelle, réduit considérablement le poids psychique et physique du leadership, libère les énergies, et facilite les prises de décision.
- **Le leadership n'est ni centré ni concentré** : il peut rayonner, diffuser et, de ce fait, délocaliser les lieux de pressions, de négociations, de tensions.

Ces approches renouvelées s'adressent donc à des dirigeants qui sont à même de séparer le pouvoir qu'ils détiennent (en tant qu'actionnaires, que mandataires, délégataires par exemple) du leadership. Ce dernier répond à une connaissance intime de soi, des motivations qui poussent à accepter d'endosser le rôle de leader, et de ce qui déclenche ou empêche l'expression du leadership chez les autres.

EN PRATIQUE

Analyser son adaptabilité

Sans entrer dans des débats d'école, il est nécessaire de se poser des questions pratiques sur sa capacité psychique à supporter le travail sur soi que représente le rôle du leader. Les cinq principales fonctions du moi sont : la maîtrise des fonctions cognitives, la transformation des savoirs en décision, la tolérance à l'ambiguïté, le travail sur le temps et le contrôle des pulsions.

•••

•••

1. La maîtrise des fonctions cognitives (objectivité, recul, logique)

- Suis-je à même de comprendre comment mes sentiments affectent ma capacité d'appréhender le monde ?
- Ai-je accès, au-delà des idées reçues, à une spéculation intellectuelle riche d'idées et créative ?
- Suis-je au clair sur la compréhension des rapports entre les moyens et les fins qui m'animent ?

2. La transformation des savoirs en décision

- Concentration mentale : suis-je clair(e) quant aux raisons qui déterminent le choix de mes priorités et l'articulation des tâches à accomplir ?
- Empathie : suis-je à même de comprendre les sentiments d'autrui et de les replacer dans le contexte des décisions à prendre, au niveau individuel et organisationnel ?

3. La tolérance à l'ambiguïté et aux contradictions

- Quelle est ma tolérance par rapport aux dissonances cognitives, c'est-à-dire aux informations, opinions, émotions qui viennent heurter mes convictions ?
- Quelle est ma capacité à prendre en compte la complexité du réel et à ne pas me jeter impulsivement dans l'action ?

4. Le travail sur le temps

- Quelle est ma capacité, tout en m'affranchissant de mon propre passé, à en utiliser des éléments pour nourrir la réflexion et l'action présentes ?
- Quelle est ma capacité à mettre le temps entre parenthèses, à séparer l'urgence du temps long, à m'abstraire de ma position sans ressentir de malaise ou de peur ?

5. La canalisation des pulsions

- La sublimation : est-ce que je parviens à utiliser mes désirs pour construire une action socialement acceptable ? Ou suis-je limité(e) dans la recherche de la satisfaction de mes désirs ?
- Le contrôle : suis-je capable de me maîtriser et de ne pas agir impulsivement ?

Cette liste de questions permet une analyse des discours et des comportements. Pour peu qu'il y ait une demande de la part du dirigeant, que celui-ci accepte l'observation et la discussion avec le chercheur ou le « coach », on peut tenter de comprendre son action, en recherchant quelles dimensions il utilise au mieux, quelles sont ses faiblesses, quels manques, quels blocages, quelles hésitations reviennent dans l'analyse.

c. Les complexités psychiques liées au leadership

La littérature traditionnelle sur le leadership n'a guère été sensible à cette complexité. Assumer les responsabilités est toujours un combat équivoque. Le rapport aux subordonnés peut être très ambigu et les structures de pouvoir renvoient aux problématiques profondes de la dépendance, de la rivalité et de la capacité à engendrer des successeurs. Comme l'illustrent les deux controverses sur l'analyse psychanalytique du leader et la séparation entre leader et manager, les conceptions traditionnelles qui se contentent de lister les traits ou les aptitudes du leader évitent d'affronter les tensions psychiques inhérentes à ce rôle particulier qui peut être capté par un(e) seul(e) ou partagé entre plusieurs.

CONTROVERSE

Analyse psychanalytique du leader

La psychanalyse s'est emparée depuis longtemps de la figure du leader. Selon la psychanalyse, ce sont les pulsions de vie et de mort (pulsions sexuelles et d'autoconservation, et pulsions d'agression et d'emprise) de chaque individu qui déterminent les structures psychiques et leurs modes de relation à soi et aux autres. On peut distinguer plusieurs modes relationnels selon le degré de maturation psychique des individus.

De manière schématique, si l'on considère la relation à soi et la relation à autrui, on peut décrire quatre grands types de fonctionnement psychique et mental, et même si la transposition d'une analyse au niveau d'un individu à celui d'une organisation fait toujours débat, on peut distinguer ainsi quatre grands types de leader.

1. Le leader narcissique

L'investissement excessif dans la relation à soi donne naissance au leader narcissique. Les composantes de cette configuration narcissique sont un sentiment d'invulnérabilité, de toute-puissance et d'immortalité. Selon leur degré d'investissement, elles déterminent la qualité psychologique première du leader narcissique : mégalomanie, délire d'immortalité, impatience (le leader désire tout et tout de suite) ou omniscience (le leader tend à faire taire tous les « savants » de son entourage). Le leader narcissique se considère comme un aboutissement au sommet de la perfection, refusant toute filiation, et même toute causalité rationnelle. Le narcissique veut être aimé pour lui-même.

À l'opposé de cette relation très particulière qu'est le narcissisme, nous trouvons trois types différents de relation à autrui : la relation de possession, la relation de séduction et la relation de respect.

2. Le leader possessif

Face à autrui, considéré comme un objet d'amour et non plus de haine, le psychisme humain peut s'approprier autrui imaginairement, en utilisant une pulsion d'emprise, agissant à son compte et poursuivant des buts qui lui sont propres. On peut qualifier ce type de leader de « possessif ». Cela se traduit par une variété de comportements où l'agressivité est la marque dominante. La possession va de pair avec la jalousie. Alliées à la composante narcissique, ces qualités donneront des structures psychiques à caractère paranoïde, où le sentiment mégalomaniaque pousse le leader sur le chemin de la conquête et de la domination.

•••

•••

3. Le leader séducteur

Selon une autre configuration psychique, autrui n'est plus un objet physique indifférencié qui sollicite la pulsion d'emprise, mais un être à séduire. Cela renvoie au leader séducteur. Selon la nature des composantes psychiques de cette structure, on observe une gamme très variée de leaders séducteurs, allant de la séduction indifférenciée (quel que soit le type d'objet), sorte de quête éperdue, toujours insatisfaite, jusqu'à l'état de séduction passive. Le leader séducteur est complètement dominé par sa composante hystérique. Allié au narcissisme, cela peut produire des comportements exhibitionnistes. Le séducteur fait toujours plus d'efforts pour capter l'attention d'autrui, en vue de satisfaire les demandes toujours croissantes de ses pulsions.

4. Le leader sage

Enfin, avec la dernière configuration psychique, la plus équilibrée, on a affaire à un moi qui coordonne de façon satisfaisante l'ensemble pulsionnel sans être dominé par lui. Cette structure pulsionnelle renvoie au leader sage. La bienveillance et le respect d'autrui vont de pair avec une mise en œuvre satisfaisante des pulsions agressives, qui sont mises au service de l'organisation dans son ensemble. Le leader sage permet aux membres de l'organisation de grandir et de prendre, le moment venu, les rênes du commandement.

Structures narcissiques, possessives ou séductrices peuvent faire des ravages dans le fonctionnement des organisations : difficulté à voir la réalité du monde, incapacité à innover, à perpétuer l'institution. Devenir un leader ne nécessite pas seulement un travail intellectuel ou relationnel mais aussi un travail psychique : une confrontation avec soi-même pour être capable de faire vivre une institution porteuse de valeurs.

Les approches du leadership tournées sur la connaissance de soi interrogent chacun sur son rapport au pouvoir. Réduire la distance entre ses aspirations profondes en tant qu'individu et personne permet de répondre à des buts et finalités qui nous dépassent et nous accomplissent au sein de l'organisation[1]. L'entreprise, l'organisation, le collectif, sont des forces d'agir sur le monde bien plus puissantes que ce que peut réaliser un individu seul. Être leader, à l'image des icônes du monde des affaires contemporain – Mark Zuckerberg, Elon Musk ou Xavier Niel –, c'est proposer une ambition qui semble irréaliste à un collectif. Être un leader éclairé, c'est connaître les contours de sa psyché et les forces sous-jacentes à sa propre ambition, et de libérer les autres autour de soi dans l'organisation, pour qu'à leur tour ils expriment la puissance de leur individualité.

1. Durand R., 2013.

CONTROVERSE

Leaders et managers sont-ils différents ?

Dans « Managers and Leaders : Are They Different?[1] », Abraham Zaleznik s'appuie sur une idée simple : le leader n'est pas un manager. Le leadership, avait déjà proposé Selznick[2], c'est le travail qui transforme l'organisation banale en « institution », c'est-à-dire qui va lui permettre de devenir un corps social conscient de ses buts et de ses valeurs, capable de s'affirmer face aux autres et de résister si son identité est menacée. Le leader, donc, est celui qui légitime les buts et qui modèle l'architecture sociale tandis que le manager se coltine les difficultés à réconcilier les buts et valeurs énoncés par les dirigeants et les réalités vécues par les dirigés.

John Kotter a repris ce thème de la différence entre manager et leader dans un article fameux : « What Leaders Really Do[3] ». Alors que le manager gère la complexité, le leader prend en charge l'incarnation du changement dans la continuité de l'organisation. Dans cette perspective, deux tâches deviennent capitales : faire vivre la collaboration des acteurs en les motivant au service du but choisi et les aider à surmonter les difficultés rencontrées. La vraie tâche du leader est d'instaurer une « culture du changement ».

Ainsi, ces deux acteurs de l'entreprise ne diffèrent pas seulement par leur rôle ou leur conception de l'organisation. Managers et leaders sont différents dans leurs rapports interpersonnels au sein de l'organisation. Le leader est celui qui nourrit l'identité collective de son identité personnelle. Cela suppose de sa part une élaboration personnelle capable de transformer des talents particuliers en aventures collectives.

Toutefois, comme énoncé dans ce chapitre, aujourd'hui le leader est plus perçu comme une attribution, une délégation des dirigés aux dirigeants. Le travail sur les buts et sur l'architecture sociale ne relève pas seulement de l'économie ou de la psychologie sociale. Il passe aussi par un travail sur soi, et plutôt que sur l'orientation des fins et moyens pour les autres, d'une capacité à révéler un leadership conscient chez les autres. Dès lors, la distinction entre managers et leaders s'estompe. La séparation est moins claire, le leadership étant répercuté dans les multiples strates et groupes au sein de l'organisation. Tandis que le leadership traditionnel associe étroitement leadership et pouvoir, les approches plus récentes dissocient ces notions, le pouvoir n'étant qu'une facette possible mais pas nécessaire du leadership.

1. Zaleznik A., 2004.
2. Selznick P., 1957.
3. Kotter J.P., 2001.

2 Incarner le collectif

Dans la perspective renouvelée du leadership centrée sur la personne du leader, le lien aux autres et au collectif est fondamental. Le leader est à la fois moteur du changement pour les individus qui constituent le collectif et garant de l'histoire de cette organisation. Tâche difficile s'il en est. Au travers de ses multiples prises de parole, de ses visites, de ses entretiens avec les diverses parties prenantes de l'entreprise, le leader constitue un texte sans cesse amendé, celui du collectif et de son projet.

a. L'analogie entre l'action collective et un « texte organisationnel »

Le leader incarne le collectif, le projet, la mission, les produits, la marque, tout un ensemble de productions et d'actions mises en œuvre par l'organisation. On peut ainsi, par analogie, considérer l'action collective comme un texte écrit et raconté par le leader. Mais ce « texte organisationnel » acquiert nécessairement pour chaque lecteur ou auditeur une autonomie qui échappe au leader.

Cette idée de texte interprété par le collectif place le dirigeant dans la position d'un auteur qui aurait à écrire continuellement de nouveaux chapitres et épisodes à son histoire sans avoir complètement la liberté de l'inventer, puisqu'il lui faut tenir compte du temps qui passe, de la réalité des événements et du collectif qui infléchit son écriture. Écrire l'action collective est par ailleurs un processus indéfini et renvoie à un texte qui se réécrit sans cesse. Le leader doit convaincre les personnages, qui lui échappent nécessairement, de surmonter les péripéties qui pourraient remettre en cause leur identification. Il lui faut sauvegarder la crédibilité de l'action collective en train de se faire.

b. L'identité narrative

Changer en restant fidèle à soi-même, c'est l'enjeu de l'identité narrative, le récit que reconstitue chaque individu sur sa propre histoire, ses liens avec les autres, les rôles qu'il a joués. L'identité narrative fait le pont en rassemblant les deux modalités du soi, selon Paul Ricœur : la « mêmeté » et « l'ipséité »[1].

La mêmeté est la continuité dans le temps qui permet d'être identifié et reconnu.

Diriger une entreprise, c'est lui reconstruire une histoire qui n'oublie pas ce que les acteurs ont construit, ce en quoi ils croient, les systèmes symboliques qu'ils ont engendrés.

1. Ricœur P., 2000.
2. Durand R. et Calori R., 2006.

L'ipséité est la singularité, la capacité de continuer à être soi malgré et à cause des autres qui ne sont pas moi, qui me constituent dans l'interaction, qui m'obligent à être plus que le même, à m'engager, à promettre, à me projeter[2].

Une promesse est crédible si ceux à qui elle s'adresse peuvent avoir confiance en les capacités et la volonté de la personne qui l'émet d'être conforme demain à ce qu'elle était hier. Nul ne peut promettre de triompher de tous les aléas de l'action dans le monde mais chacun peut promettre de s'engager tout entier. La légitimité de l'engagement est accrue quand celui qui s'engage reconnaît comme garant de son engagement une instance qui le dépasse, à laquelle il se plie, et au nom de laquelle il peut demander à tous de subordonner leur intérêt personnel.

Selon Ricœur, le dirigeant, lorsqu'il incarne le pouvoir, doit éviter la domination et un mauvais usage du pouvoir qui annihile la liberté de l'autre de forger son propre récit identitaire. En outre, si les promesses ne sont pas tenues, alors s'installe la délégitimation du leader, le cynisme et les comportements individuels délictueux. Dans cette perspective, le leader est un narrateur de l'identité collective. Il doit sans cesse réaménager l'histoire, toujours la même et toujours différente. Il fait et raconte l'histoire afin de maintenir une cohérence qui fasse sens pour les acteurs de l'action collective, et qui soit légitimée par l'intérêt collectif dépassant les intérêts individuels.

c. Le leadership : une dialectique entre le collectif et l'individuel

Nous l'avons vu, le leader est plus que la somme de traits de personnalité ou d'aptitudes : il est celui qui fournit un travail sur lui-même et participe à l'écriture de ce qu'est et devient le collectif. Il énonce par ses actes et ses paroles un récit qui contribue à l'identification des autres membres du collectif à un projet, à une promesse.

Ainsi, au-delà de la connaissance de soi et de l'émancipation des autres, le leader incarne le collectif. Le dirigeant devient leader lorsque son récit embrasse les multiples facettes de l'identité de l'entreprise. Le leader sollicite la mémoire et la promesse. Il crée une sorte de transcendance qui permet le primat du collectif sur l'individuel et qui noue dans un même récit l'histoire individuelle et l'histoire collective.

Il est certes possible de se passer de leaders et d'envisager de ne conserver que des organisateurs sans souci d'identité collective et de ne considérer la stratégie que comme une affaire d'économiste. Mais alors comment espérer créer une entreprise ou une institution durable ? Sans la prise en compte de l'identité collective et des récits donneurs de sens, la stratégie n'est qu'une manœuvre sans lendemain.

SECTION 3

FÉDÉRER : LE TRAVAIL SUR L'IDENTITÉ ORGANISATIONNELLE

À travers le travail sur soi et l'incarnation du collectif, le leader personnifie et compose avec l'identité organisationnelle. Il doit comprendre les manifestations visibles de l'identité organisationnelle (la mission, les valeurs, la culture de l'entreprise) et s'appuyer sur les dynamiques existantes ou souhaitées entre les différentes autres facettes de l'identité organisationnelle pour fédérer les membres du collectif.

1 La culture comme manifestation visible de l'identité organisationnelle

L'une des premières tâches lors de la prise de fonction à la tête d'une entité est de comprendre et parfois de redéfinir la mission et les valeurs de cette entité. Il est frappant de constater la variété des finalités poursuivies par chaque entreprise et la multiplicité des pratiques tolérées, acceptées, ou encouragées qui révèlent beaucoup des valeurs tant du collectif que des leaders qui incarnent ce collectif.

Exemple

Peace, Love and Fairtrade Ice Cream

- L'entreprise américaine **Ben & Jerry's** définit précisément sa mission et les valeurs de l'entreprise : l'objectif est de fabriquer, distribuer et vendre les meilleures crèmes glacées avec des ingrédients naturels, dans un grand choix de parfums innovants. Ces buts doivent être atteints par des pratiques commerciales respectueuses de l'environnement. L'entreprise se fixe aussi une mission économique fondée sur la recherche d'une croissance durable qui augmente à la fois la valeur pour les actionnaires tout en multipliant les opportunités de développement pour ses employés. Enfin, l'entreprise s'assigne une mission sociale, « *afin de contribuer à un monde meilleur* » et d'améliorer « *la qualité de la vie des individus aux niveaux local, national et international* ».

- Ces objectifs pourraient paraître démesurés ou rhétoriques mais l'entreprise s'est efforcée de les traduire concrètement : elle s'est tenue à acheter du lait produit dans des coopératives du Vermont afin de faire vivre les petits producteurs de la région. De même, l'entreprise accorde beaucoup d'attention au recrutement de personnes issues de minorités ethniques, sexuelles ou socialement en difficulté. Et elle encourage ses employés à s'investir dans des causes humanitaires pendant leur temps de travail.

Le leadership doit fédérer le collectif pour établir et maintenir la cohérence des actions et la cohésion entre les membres du collectif. Comme mentionné précédemment, le leader participe à l'élaboration de l'identité de ce collectif qu'est l'entreprise. Il l'incarne et en écrit l'histoire particulière. En effet, l'identité est ce qui distingue l'entreprise de toute autre ; elle répond à la question : « qui » est l'entreprise ? Elle comporte plusieurs facettes, dont l'une, importante, étant la culture d'entreprise en tant que manifestation visible de l'identité – les autres facettes de l'identité seront examinées au point 2. de cette section.

Selon Edgar Schein[1], « *la culture est l'ensemble des hypothèses fondamentales qu'un groupe a inventé, découvert ou constitué en apprenant à résoudre ses problèmes d'adaptation à son environnement et d'intégration interne* ».

Le leader doit donc intégrer les quatre composantes de la culture de l'entreprise dans ses analyses, ses prises de parole, et ses actions pour parvenir à fédérer le collectif autour de promesses et d'objectifs qui non seulement font sens mais qui permettent l'identification de chacun à l'organisation, à ses buts et à ses représentations. Les quatre composantes de la culture se manifestent au travers des mécanismes symboliques traditionnels de l'anthropologie : croyances et valeurs, mythes, rites, tabous.

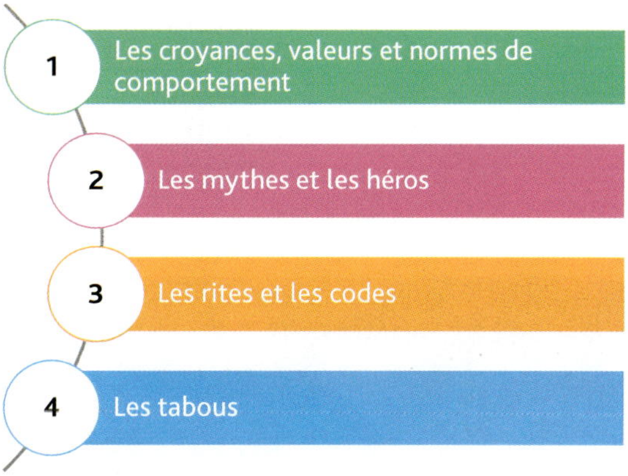

Figure 13.1 Les quatre composantes de la culture d'entreprise

a. Les croyances, valeurs et normes de comportement

L'idée que tout groupe a tendance à engendrer des croyances, des valeurs et des normes collectives qui ne sont pas toujours explicitées n'est pas neuve. La littérature des années 1960, engendrée par la fameuse étude Hawthorne de Mayo et Roethlisberger[2] a montré que chaque groupe de travail se constitue une conception du monde permettant à ses membres de comprendre et d'interpréter ce qui se passe à tout moment.

Cette vision du monde est composée de croyances, qui sont des propositions générales sur le fonctionnement du milieu pertinent pour le groupe. La vision du monde comporte aussi des valeurs, autrement dit des préférences collectives, et des normes, c'est-à-dire des règles spécifiques de comportement, qui s'appliquent à tous les membres du groupe.

Exemple

La force de Bang & Olufsen

- L'excellence du design technologique est une valeur qui a fait la force de **Bang & Olufsen**. Toutefois, elle l'a aussi égaré pendant une période de son histoire, mettant l'entreprise à l'écart des besoins réels de ses clients en privilégiant l'esthétique et l'excellence technique au détriment de la praticité de l'usage.

1. Schein E., 1985.
2. Roethlisberger F. et Dickson W., 1939.

Le membre du groupe qui ne respecte pas la norme court le risque d'être rejeté. La frontière entre croyances, valeurs et normes n'est certes pas toujours aisée à tracer, mais ces éléments constituent un cadre informel pour les membres du groupe, qui doivent s'y soumettre au risque d'encourir des sanctions. La culture est donc un puissant mécanisme d'intégration de l'individu.

b. Les mythes et les héros

Les mythes constituent un élément fondamental de la culture d'entreprise. Ils font référence à l'histoire de la firme, à ses succès, à ses époques héroïques. Histoire sans auteur désigné, le mythe produit un système de valeurs au travers d'une histoire qui véhicule une image idéale de l'organisation ou des comportements et qui donne du sens aux pratiques organisationnelles.

Pour beaucoup, le mythe est une fable. En fait, dans l'entreprise, le mythe raconte une histoire idéalisée à partir de faits réels, histoire qui a pour fonction d'être exemplaire. La fonction du mythe est donc d'unifier les croyances de tous et d'être un gage de consensus social.

Le mythe décrit un ordre du monde et joue, par son évocation répétée, un rôle de régulation sociale. Il a une fonction que Durand[1] a appelée ontologique : le mythe rassure ; si l'entreprise a toujours existé, c'est qu'elle existera toujours, quelles que soient les vicissitudes de la concurrence. À travers ses mythes, l'entreprise produit ses héros, qu'ils soient salariés ou dirigeants. Certains rôles sont magnifiés spontanément ou intentionnellement au sein de l'entreprise.

Exemple

Les héros du Club Med

- Avant son repositionnement, le **Club Méditerranée**, dont le concept de village de vacances est au cœur du succès stratégique, faisait de ses chefs de village des héros : managers, animateurs infatigables, créatifs et toujours souriants, les chefs de village incarnaient « l'esprit du Club » et bénéficiaient de la promotion interne dans l'entreprise. Lorsque le Club a changé de positionnement et a voulu faire évoluer sa culture, il est apparu que beaucoup de chefs de village promus ne disposaient pas d'une culture managériale et gestionnaire suffisante : ces héros n'étaient pas toujours en phase avec les nouveaux objectifs.

Derrière le consensus qu'ils incarnent, les mythes sont également un élément du contrôle social ou de rivalité. Le jeu des mythes et contre-mythes illustre par exemple les jeux de pouvoir. Ils sont un moyen de s'approprier l'histoire passée, d'oblitérer certains événements pour en valoriser d'autres. Parfois, les mythes sont sciemment utilisés pour diffuser de nouvelles valeurs ou légitimer une nouvelle orientation stratégique. Ces reconstructions de l'histoire, qui frôlent parfois la propagande et qui affichent trop clairement leur origine et leur auteur, ne réussissent généralement pas à s'ancrer dans l'entreprise et à fédérer les équipes.

1. Durand G., 1960.

c. Les rites et les codes

Les rites permettent l'expression des mythes. Ce sont des actes qui se répètent. Ils permettent de rassembler et les reproduire correspond à une volonté de se rassurer[1], en manifestant son appartenance à un groupe.

Toute technique de gestion peut être comprise comme un rite par l'entreprise[2]. Il suffit pour cela que les détenteurs du pouvoir théâtralisent cette pratique ou lui donnent de l'importance.

Exemple

Le rite de promotion chez Hermès

- Les promotions au sein de la branche sellerie d'**Hermès** se passent dans l'ancien bureau des fondateurs. Elles ont une forte charge symbolique qui contribue à renforcer l'attachement à l'entreprise et à ses valeurs de qualité et d'artisanat.

La participation aux rites, par exemple la « grand-messe » annuelle, au cours de laquelle sont présentés les résultats financiers ou les nouveaux produits, où l'on récompense les meilleures performances commerciales, etc., est un moyen d'afficher son appartenance à l'organisation. Si certains membres refusent de partager ces productions symboliques, ils prennent alors le risque de se retrouver marginalisés car une telle démarche s'apparente à une remise en cause des règles du jeu de l'organisation. L'entreprise peut aussi utiliser les rites pour stigmatiser certains de ses membres.

Exemple

Stigmatisation chez Stryker

- **Stryker**, une entreprise américaine de matériel médical, n'hésite pas à récompenser ses vendeurs performants lors de réunions annuelles (dîner à la table du président, badges distinctifs, primes) tandis que les vendeurs ayant eu moins de succès sont relégués près de la porte et ne portent pas de badge, façon explicite de montrer qu'ils ne font plus partie de la communauté pour très longtemps.

d. Les tabous

Les tabous renvoient à ce qu'il faut publiquement taire dans l'organisation. L'argent, le sexe opposé, le pouvoir et surtout l'échec d'un projet ou d'un dirigeant, peuvent constituer ainsi des thèmes qu'il est imprudent d'aborder, surtout de façon publique[3].

Certains auteurs[4] montrent comment certains événements catastrophiques peuvent infléchir les interprétations et définissent plusieurs types de tabou.

1. Barley S., 1983.
2. Reitter R. et Ramanantsoa B., 1985.
3. Anteby M., 2015.
4. Mitroff I. et Kilmann R., 1985.

- **L'événement maléfique venu du dehors**

Exemple

Tel fut le cas pour le **Tylenol**, en 1982, un antalgique produit par **Johnson & Johnson** dont certaines capsules avaient été imbibées mal intentionnellement d'une dose de cyanure, ce qui avait entraîné la mort de sept personnes et coûté 250 millions de dollars à l'entreprise. Celle-ci avait été confrontée à une baisse du chiffre d'affaires et avait dû rappeler les médicaments.

- **L'événement maléfique venu de l'entreprise**

Exemple

Cela arriva à **Procter & Gamble**, qui dut retirer de la vente un tampon périodique, **Rely**, que la rumeur soupçonnait de causer des affections graves.

e. Le diagnostic de la culture d'entreprise

Faire le diagnostic de la culture de l'entreprise permet d'expliquer certaines décisions stratégiques majeures ainsi que les réussites et les échecs de la mise en œuvre de la stratégie comme l'illustre le cas de Richard Fuld à la tête de Lehman Brothers (voir la rubrique Étude de cas ci-après).

EN PRATIQUE

Comment diagnostiquer la culture d'entreprise ?

Pratiquer le diagnostic de la culture d'une entreprise nécessite d'observer les pratiques et de dialoguer avec les membres de l'organisation en abordant certains thèmes significatifs.

1. Les croyances, valeurs et normes de comportement

- Qu'est-ce qui est au centre du discours de l'entreprise : le client, le produit, le profit ou autre chose ?
- Existe-t-il des valeurs affichées, promues par le groupe ? Comment ont-elles été énoncées, et par qui ?
- Y a-t-il des écarts entre les valeurs promulguées et les comportements effectifs ?
- En quoi les croyances et valeurs sont-elles reliées à l'offre de l'entreprise, à ses clients ?
- Quelles sont les perceptions des membres du groupe sur les valeurs, explicites et implicites, de l'entreprise ?
- Quels liens y a-t-il entre les dirigeants actuels et ces croyances explicites et implicites ?

2. Les mythes et les héros

- Quelle est la raison d'être de l'entreprise, sa mission affichée ?
- Qui sont les leaders emblématiques ayant porté le projet d'entreprise ?
- Qui incarne le mieux les valeurs de l'entreprise ou les comportements exemplaires ?
- Quelles sont ou étaient leurs valeurs ?
- Comment ont-elles été transmises au groupe, sont-elles toujours d'actualité ?
- Les héros du temps présent sont-ils les mêmes que ceux des temps anciens ?

•••

●●●

3. Les rites et les codes

- Quelles sont les pratiques courantes présentes dans l'organisation ?
- Y a-t-il des réunions annuelles, des séminaires d'intégration, des pots de départ ? Qui les organise ? Qui y parle ? Qui y est présent/absent ?
- Que révèlent ces pratiques et les acteurs qui y participent ?
- Quelles procédures prévalent pour le recrutement, le licenciement, la formation ou la promotion professionnelles ?
- Quel système de gestion des conflits est utilisé ?

4. Les tabous

- Quels sont les sujets sensibles dans l'organisation ?
- Qu'évoque la thématique de la crise, de la catastrophe pour les membres de l'organisation, pour l'équipe dirigeante ?
- En quoi cela impacte-t-il les règles et comportements des membres du groupe ?

ÉTUDE DE CAS

Lehman Brothers en crise

L'ère Fuld

En juin 2008, Richard S. Fuld, le patron de Lehman Brothers depuis près de quatorze ans (voir photo ci-contre), annonce la première perte de la banque depuis sa nomination, de près de 2,8 milliards de dollars sur un seul trimestre. Fuld a la réputation d'être un leader impitoyable, dégageant une énergie phénoménale et parvenant à s'imposer d'un seul geste.

L'ascension de Fuld a commencé plus de vingt ans auparavant. En 1983, le P-DG de l'époque, Peter Peterson, céda sa place à Lewis Glucksman, le premier trader à diriger la banque. Celui-ci avait la dent dure contre les banquiers issus de la *Ivy League* (Harvard, Columbia, Princeton, Yale, etc.), et parmi les équipes de Glucksman, un certain Richard Fuld épousa ce ressentiment à l'encontre des élites banquières. Ces dernières surnommèrent Fuld « le Gorille » en raison de son attitude peu amène et des grognements plutôt que des phrases qu'il adressait en réponse aux questions. Dix ans plus tard, reprenant les rênes de Lehman, Fuld fit installer une reproduction de gorille grandeur nature dans la salle de trading de la banque.

La rage de vaincre

Chez Lehman, on accordait des bonus importants mais toujours payables en actions Lehman à horizon de cinq ans. Cela signifiait, comme le rappellent des employés de l'époque, que « *soit vous vous investissiez pour que ça marche afin de toucher le pactole à la fin, soit vous sortiez tout de suite* ».

●●●

•••

Joseph Gregory, compagnon de route de Fuld depuis 1969, fut promu numéro 2 de Lehman, à la condition expresse de ne pas lorgner le poste de dirigeant. Fuld se consacra à la diffusion à l'extérieur de la parole de Lehman, Gregory fut en charge de tout ce qui concernait l'interne. Gregory croyait que la culture de Lehman était son meilleur atout pour surmonter les crises. Cette culture reposait sur une vision du combat, de l'agressivité, de l'impitoyable concurrence. « *C'est nous contre les autres, chaque jour est une nouvelle bataille, et vous devez tuer vos ennemis* » aimait à répéter Fuld à ses « troupes de combat ». « *Il faut leur montrer qu'il n'est pas bon de sous-estimer Lehman.* »

Cet esprit de conquête liait banquiers et traders, qui rejoignaient Lehman et qui en partaient peu (Lehman pouvait s'enorgueillir du taux de rétention de ses cadres le plus élevé de la place). Un sentiment de toute-puissance se diffusait à l'intérieur de la banque, qui parvint à se hisser au quatrième rang des banques d'affaires en quelques années, néanmoins au prix d'une prise de risque importante, car pour chaque dollar en compte, Lehman avait emprunté 32 dollars sur le marché pour ses opérations. Cet argent fut investi en grande partie sur des actifs immobiliers pendant plusieurs années.

La chute de Lehman

Pourtant, dès fin 2006, le patron de la branche immobilier, Michael Gelband, s'entretint avec Fuld pour lui indiquer qu'il était temps de changer de stratégie d'investissement. Fuld et Gregory insinuèrent que Gelband avait peur, que le problème ne venait sans doute pas du marché mais de Gelband lui-même. Le départ de Gelband fut suivi par celui de nombreux cadres historiques de Lehman.

Dans ce contexte, Gregory dut promouvoir des personnes moins expérimentées et n'ayant connu que les années de forte croissance, de liquidités abondantes et peu chères. Ces nouvelles têtes ne résistèrent pas longtemps aux mauvaises nouvelles qui s'accumulaient. Après l'annonce en juin 2008 de la perte de 2,8 milliards de dollars, suivie d'une autre en septembre de 3,9 milliards, l'action Lehman était au plus mal. Fuld et sa garde rapprochée répétaient que tous les problèmes pouvaient être surmontés par la volonté. Comme en 1998, après la chute du *hedge fund* LTCM, des rumeurs plaçaient Lehman sur la liste des entreprises susceptibles de sombrer. S'adressant directement à l'une des personnes qui propageait cette rumeur, Fuld aurait déclaré que, s'il tenait les responsables de cette mauvaise publicité, « *il leur enfoncerait ses mains dans la gorge et leur arracherait le cœur* ».

Cette fois-ci pourtant, le contexte financier général ne permit ni aux paroles réconfortantes ni aux menaces de porter. Dès juin 2008, un nouveau président chaperonne Fuld, et des anciens à qui on avait montré la porte reviennent régler leurs comptes. Le 15 septembre 2008, Lehman se déclare en faillite.

QUESTIONS

Corrigés en ligne sur dunod.com

1. Quels éléments de la culture de Lehman transparaissent dans ce récit ?
2. Quelles conséquences ont-ils eu lorsque la banque déclarait ses premières pertes ?
3. Quelles mesures auraient pu pallier les problèmes accentués par la culture de Lehman ?

La définition de la culture d'entreprise comme étant partagée par tous, cohérente et efficace, n'est que la face visible de ce qui constitue l'identité organisationnelle. Selon l'approche retenue ici, un travail essentiel du leader est de fédérer, c'est-à-dire de préserver, constituer, et amplifier les sources d'identification des membres de l'organisation afin de garantir les bases d'une œuvre commune.

En l'absence d'une source d'identification forte, l'essence même de l'entreprise passe progressivement au second plan. L'organisation remplit banalement des tâches mécaniques et se livre à la politique et au jeu des rapports de force. L'énergie des individus est détournée de la substance des problèmes au profit des processus de résolution de ces problèmes.

Chacun tend alors à s'identifier à des « idéologies » (l'excellence, la participation, ou l'efficacité). Or, un collectif organisé centré uniquement sur l'une de ces idéologies est voué à engendrer la déception en vidant de leur énergie les membres du collectif. L'excellence, la participation et l'efficacité trouvent rapidement leurs limites. Elles ne se suffisent pas à elles-mêmes. Les décisions ne sont plus prises en lien avec la raison d'être de l'entreprise, mais en fonction des alliances passagères et des bénéfices à en attendre à court terme.

2 Gérer les identités organisationnelles

Un numéro spécial de l'*Academy of Management Review* a lancé un débat académique sur la nature de l'identité. L'identité organisationnelle est-elle « plastique » et fluide ou bien durable et endurante ? Pratt et Foreman pensent que l'identité organisationnelle est multiple par nature et que les dirigeants ont même intérêt à maintenir une pluralité de sous-cultures à l'intérieur de l'entreprise[1]. D'autant plus qu'ils y voient une valeur future (une réduction de risque par exemple), et que certaines d'entre elles sont légitimes et soutenues par des parties prenantes internes ou externes puissantes.

Gioia, Schultz et Corley partent de la vision selon laquelle l'identité organisationnelle est centrale, distinctive et durable[2]. Mais sous la surface existe une instabilité importante dépendante des processus d'identification individuels. Par conséquent, bien qu'en surface les valeurs, normes et codes semblent perdurer, leur contenu est mobile et varie au cours du temps. Les images reçues par les membres de l'organisation et émises à l'extérieur du groupe (par les clients, la société, des concurrents) peuvent être ou non en accord avec l'identité organisationnelle telle qu'ils la ressentent.

En cas d'écart, un processus de réajustement s'opère, qui préserve vis-à-vis de l'extérieur un grand nombre de caractéristiques fondamentales de l'organisation (mythes, rites, tabous, etc.), tout en en changeant d'autres. Le paradoxe d'une identité à la fois durable et changeante semble en partie résolu par ces analyses. Non seulement avec les tenants d'une vision institutionnelle, l'identité de l'entreprise donne un sens à leurs propres actions et vie personnelle mais en plus elle permet aux membres de l'organisation de faire sens de leurs expériences et de faire face aux événements qui surviennent. L'identité organisationnelle se situe donc à un carrefour, à la fois comme ce qui perdure mais aussi comme construction sociale en constante renégociation.

On comprend d'autant mieux cette problématique de continuité et de changement si l'on décompose l'identité organisationnelle en ses cinq facettes[3].

1. Pratt M.G. et Foreman P.O., 2000.
2. Gioia D.A., Schultz M. et Corley K.G., 2000 ; Hatch M.J. et Schultz M., 2004.
3. Soenen G. et Moingeon B., 2002.

a. L'identité manifestée

La première facette, l'identité manifestée, est ce que nous avons décrit précédemment comme étant la culture de l'organisation.

L'identité organisationnelle se manifeste dans un ensemble de caractéristiques concrètes telles que sa mission, ses valeurs, et ses rites, mythes et tabous.

b. L'identité professée

Toute organisation produit sur elle-même un discours au travers duquel elle définit son identité : ce discours identitaire correspond à l'identité professée.

Elle porte sur les caractéristiques centrales, distinctives et stables de l'entreprise[1] :

- **Une caractéristique est centrale** lorsque sa remise en cause équivaut à remettre en cause la raison d'être de l'entreprise. En d'autres termes, l'identité correspond à ce à quoi l'entreprise n'est pas prête à renoncer.
- **Une caractéristique est distinctive** lorsqu'elle permet de distinguer l'entreprise de ses concurrents. Souvent, c'est une configuration spécifique de caractéristiques – et non les caractéristiques elles-mêmes – qui confère à l'entreprise sa spécificité.
- **Une caractéristique est stable** lorsqu'elle renvoie à une dimension pérenne de l'entreprise. Le discours identitaire porte souvent sur une dimension historique de l'entreprise. Lorsque le discours sur l'identité évolue, il demeure nécessaire de conserver une cohérence ; c'est pourquoi il est fréquent que des entreprises réinterprètent leur passé de façon à le rendre cohérent avec leur présent.

De plus, les éléments identitaires sont autoréférentiels (ils parlent de « soi » ou de « nous »).

Exemple

La valorisation de Citroën à travers DS

- Début 2009, le groupe **PSA** a décidé de lancer une nouvelle DS, faisant ainsi référence au véhicule emblématique de l'âge d'or de la marque **Citroën** entre 1955 et 1975. Le caractère si particulier du design évoque l'aspect distinctif, tandis que les valeurs d'innovation technologique associées à ce modèle évoquent les traits centraux de l'identité Citroën. Enfin, le fait d'utiliser le même nom pour la nouvelle gamme atteste de la volonté de capitaliser sur le passé et évoque la stabilité.

Différents modèles de Citroën DS originales

- Centralité, distinction, stabilité : la nouvelle DS représente pour Citroën plus qu'une simple opération de repositionnement de la marque vers le haut de gamme. C'est un exemple de valorisation de l'identité d'entreprise. En 2015, DS est ainsi devenue une marque à part entière au sein du groupe PSA. La forte identité des produits a donc donné naissance à une nouvelle marque, façon de reconnaître la forte identité de la gamme et de lui accorder un statut particulier.

1. Albert S. et Whetten D.A., 1985 ; Larçon J.-P. et Reitter R., 1979.

c. L'identité projetée

L'identité projetée[1] regroupe l'ensemble des communications qu'une entreprise mobilise pour se présenter à ses différents publics. Il s'agit, comme pour l'identité professée, d'un discours identitaire définissant la raison d'être et la mission de l'entreprise. Ce discours est relayé par des moyens de communication tels que la publicité ou les relations publiques, etc.

Les entreprises varient quant à leur capacité à orchestrer l'ensemble de ces éléments de façon cohérente. Van Riel[2] propose de bâtir une plateforme commune, une « histoire crédible », pour coordonner l'ensemble des communications de l'entreprise. Entrent dans cette catégorie les activités comme le *sponsoring*, le mécénat et les différentes formes de publicité (publicité institutionnelle, publicité produit...). La mise en œuvre d'une identité visuelle[3], les logos, uniformes, etc., sont autant de symboles, de marqueurs identitaires que l'entreprise utilise pour se singulariser et susciter l'identification.

d. L'identité vécue

L'identité vécue correspond à l'identité de l'entreprise telle qu'elle est perçue par ses membres. Il s'agit d'une représentation mentale que les membres construisent collectivement sur la base de leur vécu. Les critères de centralité, stabilité et distinction s'appliquent à l'identité vécue : celle-ci comprend les caractéristiques de l'entreprise que les membres jugent centraux, stables et distinctifs.

Cette représentation joue un rôle important dans l'orientation des conduites des membres puisqu'elle suggère ce qui est approprié, légitime et faisable, et à l'inverse ce qui ne l'est pas[4]. De plus, elle structure l'attention des membres en l'orientant de façon sélective vers certains éléments du contexte concurrentiel et certaines routines. Lorsque les salariés partagent une représentation commune de l'entreprise, leurs objectifs et ceux de l'entreprise sont en cohérence. Parvenir à un tel alignement est un important facteur de performance.

Tous les groupes qui la composent développent leur propre représentation de l'entreprise. Ces représentations peuvent diverger, ce qui entraîne des problèmes de coordination. Les divisions formelles ou informelles dans l'entreprise peuvent ainsi induire des représentations différentes de son identité. Il est fréquent aussi que la vision de l'entreprise qu'ont les membres du comité de direction diffère de celle des salariés. Il appartient aux premiers de comprendre la vision des seconds, de communiquer leur propre vision et de gérer l'inévitable tension entre les deux. C'est une tâche difficile, notamment parce que ces représentations ne sont pas toujours conscientes[5].

Soenen et Moingeon[6] définissent l'identité vécue comme une forme locale de représentation sociale. Cela permet de comprendre son caractère à la fois stable et flexible. Le noyau identitaire est constitué d'un ensemble de caractéristiques

1. De nombreux auteurs en marketing se concentrent sur cette facette de l'identité et utilisent le terme « *corporate identity* ».
2. Van Riel C.M.B., 1985.
3. Brun M. et Rasquinet P., 1996.
4. Elsbach K.D. et Kramer R.M., 1996.
5. Enriquez E., 1992.
6. Soenen G. et Moingeon B., 2002.

perçues comme uniques, distinctives et stables. Toucher à ces éléments risque de provoquer une forte résistance au changement. En effet, la fonction de ce noyau est d'orienter l'activité cognitive et les conduites des membres de l'entreprise.

e. L'identité attribuée

Tous les publics qui sont en relation avec l'entreprise développent leur propre représentation de celle-ci. Comme l'identité vécue, l'identité attribuée est souvent appelée « image de l'entreprise » – nous utilisons le terme « attribuée » pour souligner que cette image se compose d'attributions qui, à l'inverse de l'identité vécue, ne sont pas construites sur la base d'un rapport interne à l'organisation.

Tandis que l'identité vécue correspond à l'image de l'entreprise qu'en ont ses membres, l'identité attribuée renvoie à l'image que des groupes n'appartenant pas à l'entreprise ont de celle-ci.

f. L'interaction entre les identités

Ces cinq facettes coexistent et forment le système identitaire qui est soumis à des forces centrifuges et centripètes, pouvant modifier l'environnement et être modifié par lui. Les organisations étant composées de multiples collectifs, elles ont nécessairement des identités multiples. Chacune de ces identités est un système complet comportant cinq pôles. Les différents systèmes identitaires qu'abrite une organisation s'emboîtent pour constituer une identité organisationnelle *corporate*. C'est le plus souvent à ce composite que l'on pense lorsque l'on parle de l'identité d'une entreprise.

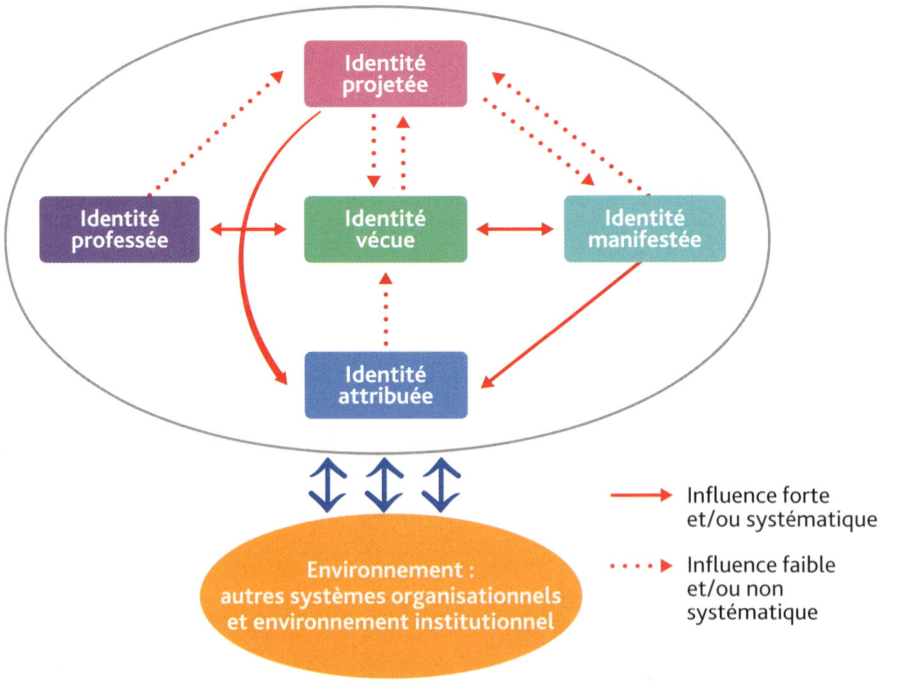

Source : Soenen G. et Moingeon B., 2002.

Figure 13.2 Les cinq facettes de l'identité organisationnelle, un système dynamique

ÉTUDE DE CAS

Quelle identité à la mort du Chef : Le cas Bernard Loiseau (2003)

En 2003, après le décès prématuré du grand cuisinier Bernard Loiseau, chef du restaurant trois étoiles La Côte d'Or, l'existence même de l'établissement est remise en question. Les équipes ont perdu le fondateur, le cuisinier créatif du restaurant mais aussi leur manager qui a fait accéder La Côte d'Or à l'élite de la restauration française et qui a développé un groupe coté au second marché, doté de plusieurs établissements et d'un hôtel luxueux.

Dominique Loiseau décide pourtant de poursuivre l'œuvre de son mari. De même, Patrick Bertron, le chef en second, qui travaille depuis longtemps avec Bernard Loiseau, décide de rester. Mais les écueils sont nombreux : baisse de fréquentation, départ de personnel qualifié (en salle ou en cuisine), difficulté à attirer de nouveaux talents cuisiniers, etc. Avec la disparition du chef, l'entreprise a perdu en quelque sorte son moteur, son inspirateur. C'est l'identité même de l'établissement qui doit être repensée.

Une identité multiple

Or cette identité renvoie à plusieurs dimensions. Il s'agit d'abord de l'identité du fondateur et de son style culinaire. La cuisine de Bernard Loiseau concilie nouvelle cuisine et tradition et repense des plats issus de produits du terroir. Bernard Loiseau mettait en avant leur goût et la force des saveurs. L'assiette, composée autour de trois produits, est conçue comme une trilogie : au produit principal s'ajoutent deux produits complémentaires, jamais plus, afin de ne pas diluer les sensations gustatives.

L'identité du restaurant est aussi fortement marquée par les qualités managériales de Bernard Loiseau. L'identité de l'entreprise était construite autour de lui et animée par lui dans le cadre d'un management informel. C'est une identité vécue par chacun dans ses comportements au travail.

Il existe également l'identité officielle, celle que Bernard Loiseau souhaitait communiquer aux différentes parties prenantes : fournisseurs, partenaires, prescripteurs et surtout clients. Pour ces derniers, la cuisine de Bernard Loiseau devait être certes innovante mais surtout attachée au terroir et loin de l'artifice. Le client devait se sentir accueilli de façon conviviale dans le restaurant.

Il y avait aussi l'identité institutionnalisée par les guides touristiques et culinaires, en particulier le guide Michelin qui constitue une norme pour les gourmets et les cuisiniers et dont les classements sont diffusés dans la presse nationale et internationale chaque année.

Composer une nouvelle identité

Après la mort de Bernard Loiseau, toutes ces dimensions sont remises en question : l'identité du style culinaire doit-elle changer ? Que faut-il préserver ? Comment évoluer tout en respectant les principes culinaires de Bernard Loiseau ? Il en va de même pour le management, la communication envers les clients et les guides. Dominique Loiseau et ses équipes vont donc s'efforcer de maintenir l'identité de l'établissement tout en la faisant évoluer.

•••

•••

L'établissement est rebaptisé et devient le Relais Bernard Loiseau, en mémoire du chef emblématique. Le terme « relais » est choisi en référence à l'ancien relais de poste qui abrite l'établissement, au Relais & Châteaux dont fait partie l'établissement et à la prise de relais par une nouvelle équipe. La formalisation des postes, une meilleure définition des missions ainsi que de nouvelles procédures sont introduites afin de clarifier les rôles, les processus de management et mieux contrôler les coûts. Il s'agit d'une petite révolution managériale. Le risque est de bouleverser les modes de fonctionnement, l'imaginaire organisationnel et les représentations des qualités idéales pour être un bon employé dans ce restaurant. La communication externe promeut le restaurant mais aussi l'hôtel. On s'efforce de rassurer les clients sur le fait que le restaurant ne reposait pas uniquement sur Bernard Loiseau mais aussi sur toute une équipe et des savoir-faire bien maîtrisés.

Dans un premier temps, la carte ne change pas. Garder la même ligne culinaire et respecter les principes édictés par Bernard Loiseau permet de respecter une continuité attendue tant par les clients que par le personnel et Patrick Bertron maîtrise très bien les plats et le style Loiseau. Mais Patrick Bertron est aussi convaincu que les clients, tout comme les critiques, attendront rapidement de la nouveauté ; le restaurant ne doit pas devenir un musée. Il est bientôt décidé de proposer un menu intégrant « les classiques de Bernard Loiseau » et de nouveaux plats. La carte est donc renouvelée petit à petit, de nouvelles techniques sont introduites et l'assiette présente désormais plus de produits, y compris des ingrédients que Bernard Loiseau n'aimait guère utiliser. L'innovation passe désormais par une redéfinition du style Loiseau afin de ne pas en donner une image figée. Le style Loiseau est défini de façon plus dynamique et l'identité de l'entreprise évolue doucement.

Tous ces changements ne se sont cependant pas faits sans rencontrer de résistance. Certains, au sein de l'établissement, estiment que l'identité est trahie, refusent les nouvelles procédures au nom de la tradition et de la loyauté à Bernard Loiseau. Certaines recettes sont jugées trop éloignées des principes du chef et rejetées par des membres du restaurant.

Cependant, grâce à la créativité de Patrick Bertron, aux orientations managériales impulsées par Dominique Loiseau et à une fine gestion des différentes facettes de l'identité de l'entreprise, le Relais Bernard Loiseau a retrouvé une forte cohésion de ses équipes et repris son développement.

QUESTIONS

Corrigés en ligne sur dunod.com

1. Sur quoi se construit l'identité de l'établissement ?
2. À travers quels processus s'est faite l'évolution de l'identité du groupe ?

3 Les dynamiques identitaires

Fédérer implique pour les leaders non seulement de distinguer les différentes facettes de l'identité organisationnelle mais aussi d'en comprendre les possibles dynamiques internes, entre facettes.

a. La dynamique interne du système identitaire

Dans la figure 13.2 bis, on observe que l'identité projetée peut être l'expression directe de l'identité professée (1), mais ce n'est pas systématique. L'identité projetée peut être l'expression de l'identité vécue (2) et/ou de l'identité manifestée (10) – ces relations sont, elles aussi, possibles mais non systématiques. Une entreprise décide si la face qu'elle présente à l'extérieur doit être une traduction fidèle de sa réalité interne, ou si, au contraire, il vaut mieux construire de toutes pièces une « image ».

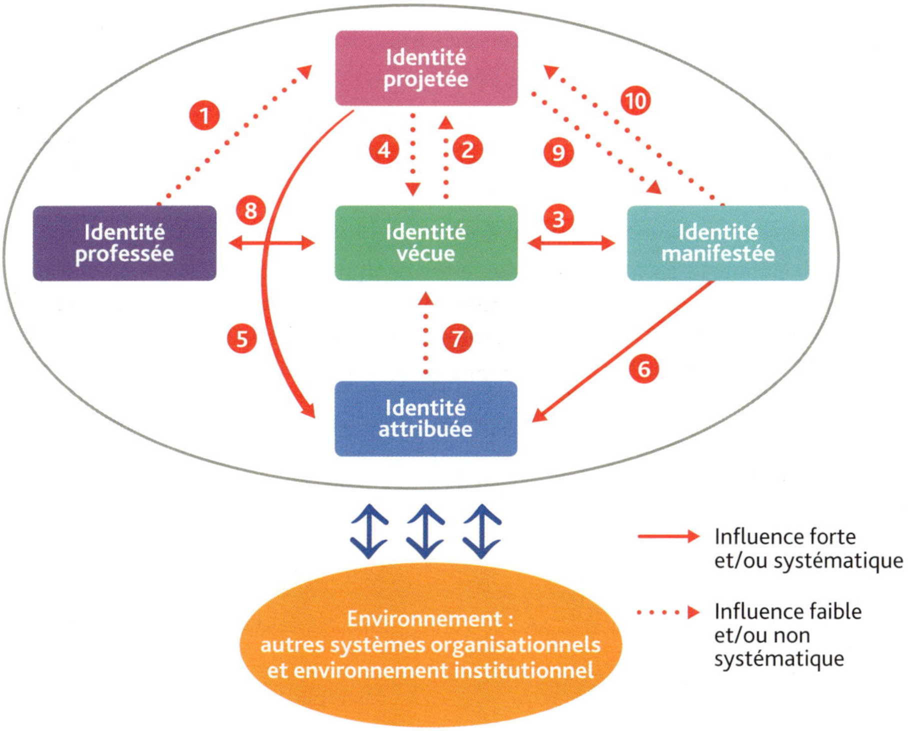

Source : Soenen G. et Moingeon B., 2002.

Figure 13.2 bis Les cinq facettes de l'identité organisationnelle, un système dynamique (avec numéros repères)

À l'inverse, la relation qui existe entre l'identité vécue et l'identité manifestée (3) est systématique : ces deux facettes s'influencent et co-évoluent. L'identité vécue est également affectée par l'identité projetée (4) – parfois, notamment dans les grandes entreprises, la publicité institutionnelle cible directement les salariés. Des slogans publicitaires utilisés par les entreprises pour accroître leur notoriété sont aussi destinés à façonner l'identité vécue de l'entreprise et à fédérer les employés.

Exemple

La culture d'entreprise Orange/France Télécom

- **Orange** s'est servi ainsi de la nouvelle marque de **France Télécom** pour tenter de faire évoluer la culture de l'entreprise, sans grand succès. Peu de salariés se reconnaissaient dans la marque et ce d'autant plus que celle-ci était associée à des changements organisationnels forts qui avaient déstabilisé la culture de l'entreprise.

L'identité attribuée est affectée par l'identité projetée (5), comme en témoignent les études marketing sur l'impact de la publicité. Toutefois, l'identité attribuée à une entreprise est impactée par son identité manifestée (6), c'est-à-dire la qualité relative de ses produits, le comportement de ses employés, etc. En retour, des modifications de l'identité attribuée à l'entreprise peuvent entraîner des changements au niveau du vécu identitaire de ses employés (7). Ainsi, si l'entreprise est décriée dans la presse, les employés peuvent être amenés à en réviser leur représentation.

Enfin, l'identité professée et l'identité vécue peuvent s'influencer mutuellement (8), tandis que sur le long terme, l'identité projetée peut altérer l'identité manifestée (9).

b. Identité d'entreprise et changement

• Les forces qui peuvent entraîner une évolution identitaire

En plus des dynamiques internes, le système identitaire est soumis à des influences externes. Le tableau 13.1 résume les principales forces qui peuvent contribuer à faire évoluer l'identité d'entreprise. Tout d'abord, des évolutions de l'environnement concurrentiel peuvent nécessiter un changement profond de l'identité d'entreprise, notamment de l'identité manifestée. Cette évolution requiert un changement des représentations collectives de l'entreprise, puisque ses compétences clés sont amenées à évoluer. L'évolution n'est pas toujours radicale et peut être progressive.

Forces entraînant l'évolution de l'identité d'entreprise	Facette(s) de l'identité directement ou indirectement affectées
Évolution de l'environnement concurrentiel nécessitant une évolution des compétences clés de l'entreprise.	Manifestée et vécue
Dynamique de la politique interne.	Manifestée et professée
Pression institutionnelle poussant les entreprises à adopter des systèmes de gestion standards.	Manifestée, professée et projetée
Turnover (arrivée de nouveaux employés aux propriétés sociologiques différentes).	Vécue (et manifestée)
Évolution des relations d'emploi.	Vécue (et manifestée)
Changement de positionnement des concurrents, arrivée de nouveaux entrants et modification de la position concurrentielle relative de l'entreprise.	Attribuée (et vécue)
Crise médiatique affectant l'image et la réputation de l'entreprise ou du secteur industriel dans son ensemble.	Attribuée (et vécue)

Tableau 13.1 Forces contribuant à faire changer l'identité d'entreprise

Les pressions institutionnelles peuvent aussi conduire une entreprise à changer son discours identitaire. Le *turnover* et l'évolution des relations d'emploi entraînent une évolution rapide de l'identité vécue, soit parce que les propriétés sociologiques des nouveaux employés diffèrent de celles des anciens, soit parce que les évolutions des relations d'emplois remettent en cause les contrats psychologiques en place.

Les attaques des concurrents ou l'arrivée de nouveaux entrants peuvent également modifier l'identité attribuée à l'entreprise : une entreprise qui était leader peut se retrouver du jour au lendemain en deuxième ou troisième position, ce qui modifie le vécu de ses membres. Les crises médiatiques qui ternissent la réputation d'un secteur industriel dans son ensemble affectent également les identités attribuées aux entreprises du secteur, ce qui a un impact sur le vécu identitaire de leurs salariés.

• Les risques engendrés par les écarts identitaires

Ces évolutions menacent la cohésion du système identitaire. Lorsque les facettes divergent, l'entreprise court différents risques, dus à ces écarts :

- **Écart « attribuée/manifestée »** : un trop grand écart entre l'identité attribuée à l'organisation et l'identité manifestée, c'est-à-dire l'écart entre la substance et l'image, fait courir à l'entreprise un risque de réputation.
- **Écart « professée/vécue »** : un écart entre l'identité professée par la direction et l'identité vécue par les membres de l'organisation peut conduire à une absence d'identification chez les salariés, qui, ultimement, conduit au cynisme et à une baisse de la motivation.

• Les forces qui maintiennent le système identitaire

Il existe aussi des forces qui contribuent au maintien de l'intégrité du système identitaire. Certaines fonctionnent de façon automatique, tandis que d'autres requièrent l'intervention du management (voir figure 13.3).

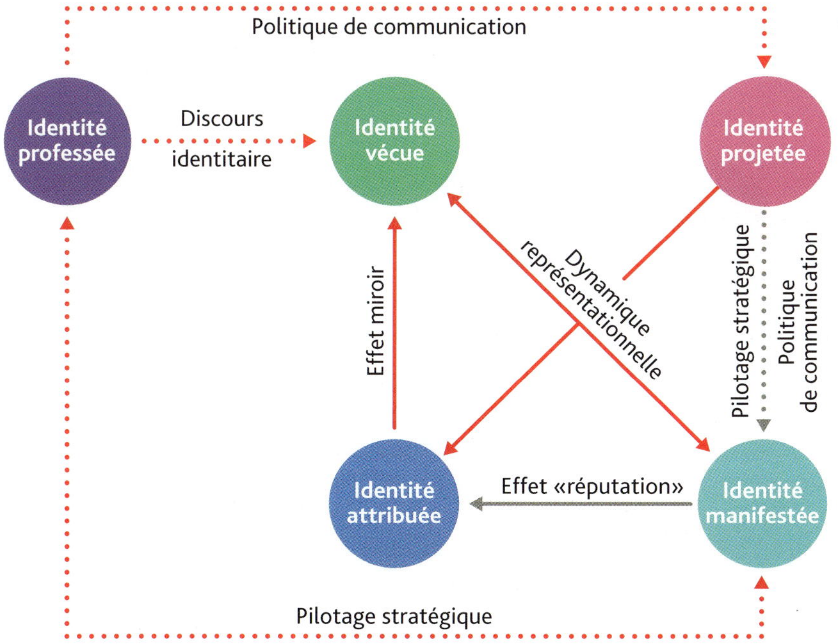

Figure 13.3 Forces contribuant à réduire l'entropie du système identitaire

Plusieurs phénomènes concourent au rééquilibrage du système identitaire. Tout d'abord, le discours identitaire a un effet performatif qui fait converger identité professée, identité projetée et identité vécue. L'étude de Gioia et Thomas[1] sur les universités américaines, (voir la rubrique Fondements théoriques ci-après), montre que le discours identitaire est créateur de sens et qu'il sert aux membres de l'organisation pour interpréter leur environnement.

FONDEMENTS THÉORIQUES

Rééquilibrage du système identitaire : effet miroir et effet de sens

Dutton et Dukerich et Port Authority

Dutton et Dukerich ont étudié Port Authority, un organisme public de transport dans l'État de New York[1]. Leur étude décrit les réactions de l'organisation face à l'augmentation du nombre de sans-abri utilisant comme refuges les terminaux de bus et les stations de train appartenant à l'organisation, entraînant des problèmes de salubrité et de sécurité pour les usagers comme pour le personnel. Dutton et Dukerich montrent que préalablement à la crise, l'identité de l'organisation se trouvait réfléchie dans l'opinion des médias et du public.

Suite à la crise, l'image renvoyée par ce miroir ne correspondait plus à l'identité ressentie par les membres de l'organisation, ni à l'identité qu'ils souhaitaient se voir attribuer. En effet, la presse présentait l'organisation comme froide, coupée de ses usagers et uniquement motivée par le profit, sans considération pour le bien-être communautaire. Cet écart précipita la réaction de l'organisation. Initialement, Port Authority avait considéré que le problème des sans-abri n'était pas de son ressort et qu'il devait être traité par la police. Avant la crise, l'organisation n'incluait pas les sans-abri dans sa « mission » ; mais suite à la réaction du public et au mécontentement du personnel, la charte d'entreprise ainsi qu'un certain nombre de dispositifs organisationnels furent modifiés afin de les inclure. Cet exemple montre donc le rôle de l'identité attribuée, l'image externe, sur l'évolution de l'identité interne vécue (ce décalage est représenté par la ligne en pointillé sur la figure 13.4).

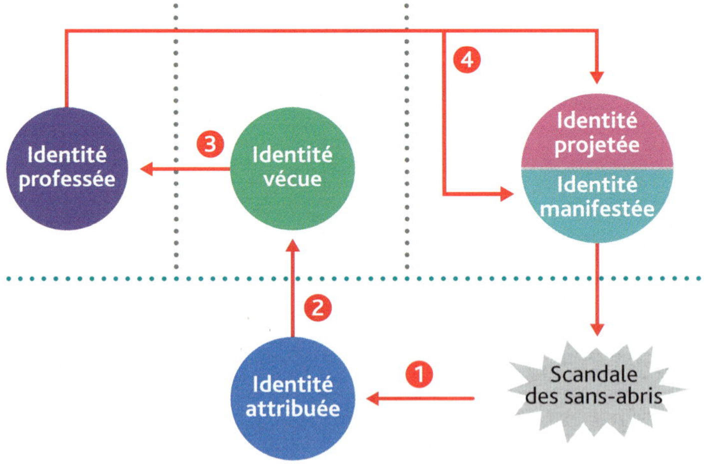

Figure 13.4 **Réinterprétation de l'étude de Dutton et Dukerich à partir du modèle des cinq facettes**

1. Gioia D.A. et Thomas J.B., 1996.

Gioia et Thomas et les universités américaines

L'étude de Gioia et Thomas constitue un autre exemple d'étude dynamique sur la relation identité-image[2]. Elle relate le changement stratégique entrepris par la direction d'une université américaine, et notamment la façon dont l'image désirée, à savoir « faire partie des dix meilleures universités américaines », a été utilisée comme moteur d'un changement organisationnel de grande ampleur. Cette image désirée (ou identité que l'on souhaite voir attribuer à l'organisation par certains publics) était utilisée comme « principe organisateur » dans les processus de décision de l'équipe dirigeante, ainsi que dans les communications avec le reste de l'organisation.

Les conclusions de cette étude portent sur la nécessité de créer un écart de perception entre la situation actuelle et la situation désirée qui soit suffisamment important pour mobiliser l'action, tout en veillant à ce qu'il ne soit pas trop grand afin de ne pas décourager les individus. Cette étude est cohérente avec celles portant sur les projets d'entreprise[3] et illustre le lien entre l'identité professée et les identités vécues et manifestées (voir figure 13.5).

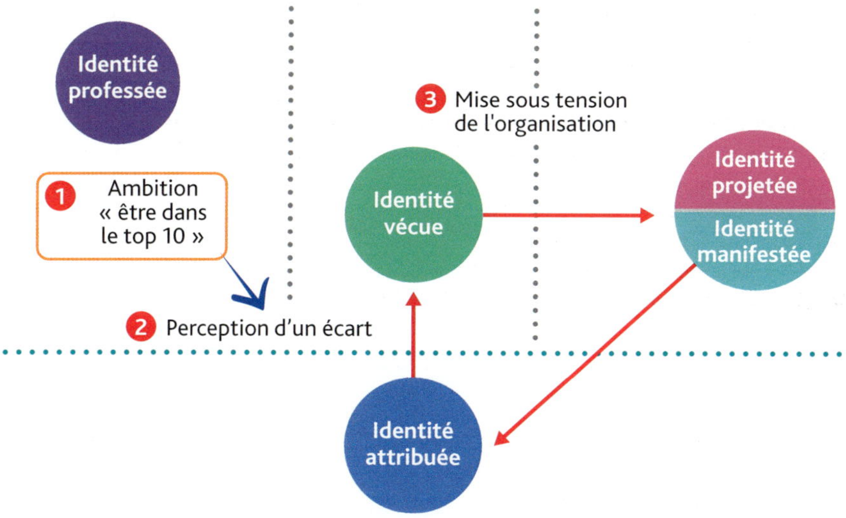

Figure 13.5 Réinterprétation de l'étude de Gioia et Thomas à partir du modèle des cinq facettes

1. Dutton J.E. et Dukerich J., 1991.
2. Gioia D.A. et Thomas J.B., 1996.
3. Reitter R., 1991.

Le management dispose de plusieurs leviers pour maintenir la cohérence du système identitaire. Tout d'abord, au travers des choix portant sur la stratégie, la structure ou les processus de l'entreprise (voir le chapitre 14), la direction peut transformer l'identité manifestée de l'entreprise. Cette évolution peut aller dans le sens d'un rapprochement entre l'identité professée – qui correspond alors à la vision stratégique de l'entreprise, et l'identité manifestée. Mais l'inverse peut également se produire : la direction peut prendre acte de l'évolution de l'identité manifestée de l'entreprise et mettre à jour l'identité professée et l'identité projetée (voir la rubrique En pratique ci-après).

Exemple

Intel redéfinit son identité

- Burgelman[1] montre comment la direction d'**Intel** a été capable de redéfinir l'identité de l'entreprise en réponse à l'importance graduelle acquise par la branche microprocesseurs. En annonçant publiquement qu'Intel était désormais *a chip company* et plus *a memory company*, Andrew Grove, co-fondateur de la société, a pris acte de la transformation identitaire de la firme.

À l'inverse, l'étude de Gioia et Thomas montre que l'identité professée peut être utilisée pour entreprendre un changement organisationnel qui n'a pas encore eu lieu en orientant l'activité des membres vers de nouveaux objectifs.

EN PRATIQUE

L'audit d'identité

Réaliser un audit de l'identité comporte trois étapes. La première consiste à expliciter le contenu des cinq facettes ; pour chacune, nous décrivons ci-dessous des méthodes d'analyse appropriées. La deuxième étape de l'audit consiste à analyser les interactions entre les facettes. Cette analyse doit établir si le système identitaire est en équilibre ou s'il existe des écarts entre les différentes facettes. Enfin, la troisième étape du diagnostic doit évaluer si les écarts identifiés contribuent à (ou à l'inverse dégradent) la performance de l'entreprise.

1. L'identité professée

- ***Méthode d'analyse***

La méthode la plus directe consiste à réaliser des entretiens avec les responsables de l'entreprise. L'objectif est d'établir la liste des caractéristiques centrales, stables dans le temps et qui, selon les personnes interrogées, distinguent l'entreprise de la concurrence et lui confèrent sa spécificité.

•••

1. Burgelman R.A., 1994.

Rappelons que nous sommes ici au niveau du discours. L'identité d'une entreprise se compose d'un entrelacs d'attributs qui, individuellement, peuvent s'appliquer à un grand nombre d'entreprises. C'est leur combinaison particulière qui constitue l'identité professée. Le discours sur l'identité de l'entreprise inclut souvent des éléments relatifs à son positionnement, ses valeurs et ses méthodes (en d'autres termes sa « culture »), ses frontières, son métier et ses compétences.

- ***Points de vigilance***

Le discours sur l'identité est-il clair ? Est-il facile pour les personnes interrogées de l'expliciter ? Y a-t-il consensus entre les personnes interrogées ? Le discours semble-t-il fondé sur un diagnostic stratégique, ou s'agit-il avant tout du rappel d'une identité historique ? Enfin, il peut être utile de comparer l'identité telle qu'elle est professée par différents groupes au sein de l'entreprise : la direction, le conseil de surveillance, les syndicats, les responsables des filiales, les responsables des grandes fonctions, etc. S'il existe des différences entre ces différents groupes, sont-elles reconnues ?

2. L'identité projetée

- ***Méthode d'analyse***

Il s'agit de rassembler un échantillon de l'ensemble des communications de l'entreprise (publicité, communication institutionnelle, identité visuelle, *packaging* produit, design des points de vente...). On parle de *corporate identity* pour désigner les attributs distinctifs qu'une entreprise projette vers ses différents publics. Une fois ces signes rassemblés, il est nécessaire de s'interroger sur les caractéristiques centrales, stables et distinctives qui sont mises en avant.

- ***Points de vigilance***

Ces différentes formes de communication sont-elles cohérentes ? Au-delà de la question de la cohérence, dont la complexité s'accroît au fur et à mesure que l'entreprise grandit et se diversifie, l'identité projetée peut être analysée selon trois dimensions : pragmatique, symbolique et esthétique.

Exemple :

Le costume des personnels navigants constitue pour une compagnie aérienne un important marqueur identitaire[1]. Plusieurs questions se posent :

- Facilite-t-il le travail des hôtesses et des stewards (dimension pratique) ?
- Est-il aligné avec l'identité professée de l'entreprise, avec son positionnement (dimension symbolique) ? Par exemple, l'histoire des costumes chez Air France, depuis Dior en 1963 jusqu'à Christian Lacroix en 2003, témoigne d'une volonté d'utiliser ce vecteur pour projeter une idée de luxe à la française associé au positionnement haut de gamme du transporteur.
- Enfin, le costume est-il à la mode (dimension esthétique) ?

Réconcilier ces trois dimensions n'est pas facile : en 1963, si l'on reconnaît que les hôtesses d'Air France ressemblent à des stars de cinéma (dimension esthétique et symbolique forte), elles soulignent que marcher en talons dans l'allée d'une Caravelle n'est pas très pratique (dimension pratique négative) !

3. L'identité vécue

- ***Méthode d'analyse***

Contrairement à l'identité professée, comprendre l'identité vécue requiert un grand nombre d'entretiens et une capacité à comprendre l'émotionnel. Il s'agit d'étudier un phénomène collectif socialement construit et dans lequel le symbolique et l'imaginaire ont autant d'importance que le « réel ».

- ***Points de vigilance***

L'aspect le plus important concerne le degré auquel sont partagées les différentes croyances identitaires. Y a-t-il convergence au sein des groupes qui composent l'entreprise et entre les groupes ?

Il est également intéressant de préciser, parmi les croyances au sujet de l'identité collective, celles qui sont considérées comme centrales et celles qui sont plus périphériques. En cas de projet de changement, une telle distinction prend tout son sens, car on peut chercher à s'appuyer sur les premières pour faire évoluer les secondes.

Exemple :

Au sein de l'administration, les fonctionnaires sont attachés à une certaine vision du service public – nous dirons qu'ils ont une identité vécue forte. Parmi ces croyances, certaines portent sur ce qui définit fondamentalement un service public, et d'autres sur ce qui distingue un mauvais d'un bon service public, éléments qui sont plus périphériques que les premiers. On pourrait alors envisager un programme de changement en deux étapes : tout d'abord affirmer la centralité des éléments perçus par les fonctionnaires comme définissant la raison d'être d'un service public ; et ensuite, redéfinir les critères qualitatifs qui permettent de définir un « bon » service public. Une telle approche serait sans doute moins frontale que celle consistant à mettre en avant des objectifs de réduction de postes.

4. L'identité manifestée

- ***Méthode d'analyse***

Cette facette est difficile à analyser séparément. Il est plus facile d'étudier d'abord les affirmations qui composent l'identité professée pour ensuite observer les routines organisationnelles, ses ressources et ses performances afin de souligner, par contraste, les éléments identitaires manifestes. À ce niveau, des *benchmarks* peuvent être utiles. Si, par exemple, une entreprise affirme être « un fournisseur de service haut de gamme », comment se compare-t-elle à ses principaux concurrents sur les différentes attentes clients ?

- ***Points de vigilance***

Les routines organisationnelles, l'architecture des ressources et les investissements, financiers et humains, sont-ils coordonnés de façon cohérente ? Ou, à l'inverse, a-t-on l'impression que l'entreprise essaye d'être plusieurs choses à la fois ?

On rejoint ici des problèmes de cohérence stratégique. Si l'entreprise est composée de plusieurs collectifs ayant des identités distinctes, comment est organisée la cohérence entre ces différentes identités ?

•••

5. L'identité attribuée

- ***Méthode d'analyse***

L'analyse de l'identité attribuée se confond avec les études sur l'image et la réputation de l'entreprise. Il n'est pas utile de développer cet aspect qui est pratiqué dans de nombreuses entreprises. Ce qui importe, c'est la capacité à faire des liens entre les résultats de telles études et les conclusions des analyses concernant les autres facettes de l'identité.

- ***Points de vigilance***

Les différents publics entretiennent-ils une image cohérente de l'entreprise ? S'il existe des différences, sont-elles le résultat d'une stratégie de marque, ou bien le fruit du hasard ? L'identité de l'entreprise est-elle différenciée par rapport à celle de ses concurrents ? Quel est le poids respectif de l'image du pays d'origine et du secteur d'activité ?

Source : Soenen G. et Moingeon B., 2002.

1. Soenen G., Monin P. et Rouzies A., 2007.

ÉTUDE DE CAS

Air France-KLM : du « rapprochement » à la fusion [2003-2006]

Le 30 septembre 2003, Jean-Cyril Spinetta et Leo van Wijk, présidents d'Air France et de KLM, annonçaient la signature d'un accord pour « rapprocher » leurs entreprises respectives. Avec un chiffre d'affaires combiné de 20 milliards d'euros (13 + 7) et environ 102 000 employés (72 000 + 30 000), le premier groupe aérien mondial en chiffre d'affaires, devant American Airlines, venait de naître. Très rapidement, les résultats sont encourageants et de 2004 à 2007, les objectifs du groupe sont systématiquement atteints, au point de faire d'Air France-KLM la référence de l'industrie et un exemple de management post-acquisition.

Pendant les deux premières années (2004 et 2005), la direction conjointe du groupe utilise le terme de « rapprochement » et évite scrupuleusement le terme « fusion ». Le principe de pilotage post-acquisition se trouve résumé dans la formule suivante : « *un groupe, deux compagnies aériennes,*

•••

trois métiers ». En termes identitaires, sommes-nous en présence d'une stratégie de compartimentation ? En réalité, selon les facettes concernées, la stratégie identitaire adoptée n'est pas la même.

Identité projetée : compartimentation

Les deux marques conservent chacune leur intégrité pleine et entière. Les équipages mixtes AF-KLM sont interdits. Au-delà de préoccupations marketing, la décision de maintenir les deux compagnies distinctes du point de vue de leur nationalité s'explique par la nécessité de préserver les droits de vols qui sont cédés aux pays et non aux compagnies aériennes. Toutefois, les programmes de fidélisation d'Air France (Fréquence Plus) et de KLM (Flying Dutchman) sont fusionnés en un programme unique, baptisé Flying Blue. Dans le cadre du programme Sky Team préexistant, cela ne remet pas en cause l'indépendance des deux marques ni leur « nationalité ».

Identités professée et manifestée

Selon les services et les entités, les stratégies identitaires sont spécifiques : compartimentation, intégration ou agrégation[1]. On note une grande cohérence entre le discours de la direction (l'identité professée) et les décisions effectives portant sur l'identité manifestée. Certaines fonctions *corporate* (affaires juridiques, finance *corporate*) sont intégrées immédiatement après l'annonce du rachat au sein d'une *holding*. Cela concerne peu de personnel. D'autres entités, comme les représentations commerciales à l'étranger, sont intégrées progressivement. Des fonctions centrales comme la gestion des comptes clés ou encore le « *revenue management* » sont également intégrées.

Certaines fonctions supports sont agrégées. Au sein des directions informatiques des deux groupes, dans lesquelles travaillent plusieurs milliers de personnes, les projets sont confiés soit à l'un soit à l'autre. L'ambition affichée est que, dans leur globalité, les différents projets se combinent en un ensemble performant.

Enfin, d'autres fonctions comme la gestion des *hubs*, les personnels navigants et la gestion des vols domestiques en France, sont compartimentés.

Identité vécue

Des études sur l'identification des salariés d'Air France et de KLM, par rapport à leur organisation respective d'une part et du groupe d'autre part[2], montrent une dynamique identitaire qui atteste de la coexistence « pacifique » des deux identités historiques et l'apparition d'une identité groupe, sans phénomène de cannibalisation. On peut donc parler de la coexistence d'identités combinées et de l'émergence d'une identité intégrée (l'identité groupe Air France-KLM).

Trois facteurs de succès

En ce qui concerne le management des identités organisationnelles, la dynamique du succès s'explique par (au moins) trois facteurs :

- Premièrement, la crédibilité du président du groupe, Jean-Cyril Spinetta, et la grande stabilité de la coalition dirigeante, en place depuis plusieurs années avant l'acquisition. Spinetta renforce encore son statut en faisant publiquement des promesses fortes, et notamment l'assurance de maintenir le niveau d'emploi dans les trois premières années de l'acquisition.
- Deuxièmement, Spinetta s'attache à défendre de manière exemplaire, les valeurs du rapprochement : l'équité et le respect du partenaire[3]. En témoigne le soin apporté à respecter un équilibre politique dans les choix d'organisation, et notamment l'équilibre des nominations. En témoigne encore le refus de supprimer des identités organisationnelles parfois divergentes (exemple : le département IT d'Air France est fortement internalisé, tandis que celui de KLM fait appel à

la sous-traitance). À cette stratégie en apparence plus simple, on préfère l'intégration et/ou l'agrégation, avec ce que cela comporte de difficultés. On note que c'est dans les entités gérées sur le mode de l'agrégation que les difficultés sont les plus importantes.

- Enfin, le troisième facteur est conjoncturel : un marché aérien porteur qui favorise les résultats économiques positifs. Ceci a deux effets : d'une part, permettre de prendre le temps nécessaire pour mener à bien la politique d'intégration et d'agrégation identitaire, qui requiert la durée. On procède pas à pas, en laissant le temps au personnel des deux entreprises d'élaborer des solutions opérationnelles communes, ce qui permet de construire progressivement une identité hybride. D'autre part, l'identité attribuée au groupe Air France-KLM est connotée positivement. Le groupe est perçu comme un exemple d'intégration réussie, respectueuse des deux cultures d'entreprise et des deux marques. Par effet miroir, le sentiment d'appartenir à un groupe intégré se développe.

Fin 2008, un nouveau tandem, composé de Pierre-Henri Gourgeon, bras droit de Spinetta depuis onze ans, et Peter Hartam, bras droit de Leo van Wijk, prend les commandes du groupe. La situation économique est différente de celle de 2004 – l'industrie traverse une crise très grave. Le groupe voit ses marges de manœuvre diminuer. Il faut faire des économies, concrétiser les synergies, ce qui suppose d'accélérer l'intégration des deux entités. Cette tendance s'exprime dans l'évolution de l'identité professée : le terme de fusion, tabou jusqu'en 2006, est désormais utilisé à la place de « rapprochement ».

QUESTIONS

Corrigés en ligne sur dunod.com

1. Concernant la phase de « rapprochement », pour quelles raisons une telle stratégie de gestion de l'identité a-t-elle été adoptée ?
2. Quels principes appliquer pour réussir la deuxième phase de l'intégration ?

1. En interne, la direction d'Air France-KLM parle de « séparation », de « coordination » et de « combinaison » ; si les mots sont différents, on retrouve bien trois des stratégies identifiées par Pratt et Foreman, respectivement : compartimentation, intégration et agrégation.
2. Rouzies A., 2007.
3. Melkoninan T., Monin P., Noorderhaven N., Rouzies A. et Timmers A., 2006.

CONCLUSION

Depuis plus de cinquante ans, la définition et le rôle du leadership n'en finissent pas d'évoluer. D'héroïque et paré de qualités inégalées, le leader est devenu plus humain, plus proche de chacun, de chaque membre du collectif qui constitue l'entreprise ou l'organisation. L'incarnation du collectif, des missions et des valeurs apparaît comme étant une fonction de premier plan dans ce que représente le leadership pour la décennie qui s'ouvre. Fédérer des personnalités en quête de toujours plus de sens est au cœur du rôle du leader.

Au-delà, le façonnage de l'identité organisationnelle et de ses cinq facettes (identités manifestée, projetée, professée, attribuée et vécue) s'avère l'essence du management stratégique. En effet, la stratégie et le changement organisationnel ne peuvent faire l'économie des notions de raison d'être et d'identité d'entreprise car ces dernières déterminent la conception et la réalisation de la stratégie. Analyser l'interaction entre identité et stratégie est crucial : les acteurs peuvent-ils se retrouver prisonniers du succès de la stratégie ? La stratégie elle-même ne risque-t-elle pas d'être prisonnière de l'identité créée ? L'identité ne risque-t-elle pas d'entraver l'adaptation stratégique[1] ?

La gestion de l'identité est donc un enjeu crucial pour les entreprises, particulièrement lors des phases de croissance et, plus globalement, lors des transformations organisationnelles. Toute modification du périmètre de l'organisation pose en effet la question de l'appartenance, des frontières et de leur justification.

1. Elsbach K.D. et Kramer R.M., 1996.

À RETENIR

Les limites du leadership traditionnel

- Les deux grandes approches classiques du **leadership** (par les traits de personnalité ou par les aptitudes distinctives) ne proposent que des explications partielles du leadership et de son lien avec la stratégie et le succès de l'entreprise.

Leadership et sens : être soi, incarner le collectif

- L'enjeu pour le leader est d'effectuer un **travail sur soi** afin d'éviter les dérives engendrées par la maîtrise du pouvoir.
- L'approche plus centrée sur le travail du leader implique d'estimer les **fonctions adaptatrices de son « moi »** (fonctions cognitives, transformation des savoirs en décision, tolérance à l'ambiguïté, travail sur le temps et la canalisation des pulsions).
- Le leader **incarne le collectif** et co-écrit le **texte organisationnel** qui constitue son histoire et relie une promesse aux attentes individuelles des membres de l'organisation et des autres parties prenantes.

Fédérer : le travail sur l'identité organisationnelle

- Dans l'idée de **fédérer** les membres de la communauté humaine que constitue l'entreprise, la mission, les valeurs énoncées, et la culture sont des manifestations visibles de l'**identité organisationnelle**.
- La **culture** est définie comme un ensemble cohérent d'hypothèses fondamentales qui sont considérées comme valides et qui sont partagées par les membres du groupe.
- Les composantes d'une **culture organisationnelle** sont : les croyances, les valeurs et les normes de comportement ; les mythes et les héros ; les rites et les codes ; les tabous.
- Changer la culture et l'identité de l'entreprise est une tâche sensible en ce qu'elle touche aux affects, au vécu et aux émotions des individus. La **gestion de l'identité** est pourtant nécessaire et participe du **management stratégique**. Pour cela, il est nécessaire de distinguer :
  – l'identité professée ;
  – l'identité projetée ;
  – l'identité vécue ;
  – l'identité manifestée ;
  – l'identité attribuée.
- Il faut aussi comprendre et maîtriser les interactions entre ces différentes dimensions afin de **gérer l'identité de l'entreprise** et de la transformer en lien avec la stratégie poursuivie.

Chapitre 14 Organiser

Organiser revient à élaborer une structure, c'est-à-dire définir les missions que chaque unité de l'organisation doit accomplir, et mettre en place des modes de collaboration entre ces unités. La structure est un élément essentiel de la mise en œuvre de la stratégie et il existe entre stratégie et structure une relation d'influence réciproque que les dirigeants doivent maîtriser pour agir efficacement sur la destinée de leur entreprise.

Pour faire face aux inconvénients des structures fonctionnelles et divisionnelles, les plus classiques, de nouvelles formes d'organisation (matricielles et par projet) ont vu le jour. Pour autant, aucune de ces structures n'est parfaite, et elles présentent toutes des avantages et des inconvénients, dont il faut être conscient, et qu'il faut aligner avec les autres composantes du management stratégique. Par exemple, un leader inspirant peut contribuer à améliorer l'efficacité d'une structure très informelle.

Plan du chapitre

SECTION 1

LES PRINCIPALES DIMENSIONS D'UNE STRUCTURE

On peut caractériser la structure d'une entreprise sur la base de trois dimensions principales : la spécialisation, la coordination et la formalisation, qui s'articulent de manière spécifique pour chaque entreprise. Les travaux de Lawrence et Lorsch (voir la rubrique Fondements théoriques ci-après) offrent un premier cadre d'analyse pour étudier et comprendre la dynamique de la structure d'une entreprise. Ils s'intéressent en particulier aux deux premières dimensions ci-dessous : la différenciation, qui résulte de la spécialisation, et l'intégration, qui recoupe la notion de coordination et doit compenser les forces centrifuges créées par la différenciation.

1 La spécialisation

La spécialisation est le mode et le degré de division du travail dans l'entreprise : sur quels critères et jusqu'à quel degré de détail découpe-t-on les tâches au sein de l'organisation ?

Exemple

La spécialisation dans un groupe pharmaceutique

- Dans un groupe pharmaceutique, les chercheurs du département de recherche médicale sont focalisés sur des travaux scientifiques, souvent en relation avec des universités, avec un horizon de temps long. Les commerciaux de ce même groupe démarchent les professionnels de santé pour leur présenter les médicaments, et leurs objectifs sont mensuels voire hebdomadaires : la spécialisation entre chercheurs et commerciaux est importante, favorisant une bonne efficacité des deux groupes.

2 La coordination

La spécialisation créant des forces centrifuges sur chaque groupe professionnel, elle doit être compensée par des mécanismes de coordination entre les différents groupes professionnels, mécanismes d'autant plus efficaces que cette spécialisation est forte.

Exemple

La coordination dans un groupe pharmaceutique

- Pour reprendre l'exemple précédent, le travail des commerciaux et des chercheurs doit être coordonné, par exemple pour effectuer des essais cliniques avec les médecins. Or un tel lien ne s'établit pas spontanément : l'organisation doit se doter d'« intégrateurs » capables de faire le truchement entre des cénacles différents qui font pourtant partie de la même entreprise.

Dans la plupart des entreprises traditionnelles, le principal mode de coordination demeure la hiérarchie. Celle-ci forme une pyramide plus ou moins aplatie, assortie de divers mécanismes de définition d'objectifs, d'allocation de ressources et de contrôle. Les relations verticales supérieur-subordonné sont complétées par des mécanismes favorisant les relations horizontales, tels que comités, groupes de travail ou de projet, faisant appel à des coordinateurs provisoires ou permanents (chefs de projet, chefs de produit…). De nouveaux modes d'organisation et de structures se développent rapidement sous la nécessité de mieux répondre aux demandes des clients et la pression de nouvelles attentes des employés et collaborateurs.

FONDEMENTS THÉORIQUES

Différenciation et intégration

Les travaux de Paul Lawrence et Jay Lorsch suggèrent que la performance d'une entreprise est fonction de l'adéquation entre la diversité des exigences que lui impose son environnement et le degré de différenciation de sa structure. Ils montrent également que la structure doit se doter de systèmes d'intégration d'autant plus sophistiqués que la différenciation est forte. Depuis sa première formulation en 1967[1], cette théorie a été utilisée de façon systématique par la plupart des praticiens des organisations, qui lui ont parfois donné une portée normative qu'elle n'avait pas forcément au départ.

La différenciation

Dans une entreprise, chaque sous-unité n'est en contact qu'avec une fraction de l'environnement, ce qui influence de manière particulière son mode d'organisation, les comportements des individus qui la composent et les relations que ceux-ci entretiennent avec les autres unités. Par exemple, si l'entreprise est structurée par fonctions, l'unité chargée de la recherche et développement a pour sous-environnement le monde scientifique ; l'unité responsable des finances côtoie le monde des banquiers ; l'unité consacrée à la vente interagit avec les différentes clientèles. Le mode et le degré de spécialisation dans la structure génèrent donc une partition correspondante de l'environnement en sous-environnements distincts. Ce phénomène engendre une diversité organisationnelle que Lawrence et Lorsch nomment différenciation. Ils en distinguent quatre sources :

1. **La nature des objectifs**, qui peuvent être quantitatifs (coût, rendement, délai, pour la production…) ou purement qualitatifs (qualité de service pour le service après-vente, innovation pour le laboratoire de recherche…) ;
2. **L'horizon temporel du travail**, court terme pour les commerciaux, long terme pour les chercheurs ;
3. **L'orientation des individus**, soit sur la tâche qu'ils ont à réaliser (comme les analystes dans une banque d'affaires qui travaillent sur des modèles mathématiques), soit sur la relation humaine (comme les *partners* dans cette même banque, qui sont en contact permanent avec les clients et les prospects) ;
4. **Le formalisme de l'organisation**, au sens défini précédemment (les équipes de créatifs dans une agence de publicité sont organisées de manière nettement moins formelle que les studios de production de cette même agence).

Chaque unité de l'organisation entretient des relations privilégiées avec un sous-environnement spécifique, auquel elle doit s'adapter le mieux possible pour être efficace. Il ne faut donc pas chercher, par souci d'homogénéité ou de symétrie, à réduire les différences entre unités. Il faut au contraire les valoriser.

•••

L'intégration

La mise en œuvre de la stratégie confronte l'entreprise à des « problèmes stratégiques dominants » qu'elle a du mal à résoudre à cause de la différenciation. Par exemple, le lancement d'un nouveau produit exige la collaboration de plusieurs unités différenciées (marketing, développement, production, service après-vente, etc.).

Or la différenciation accroît les barrières à la communication. Elle engendre une dynamique centrifuge. Plus la structure d'une entreprise est différenciée, plus il est difficile de faire collaborer les différentes unités. Chaque unité a tendance à ne voir le problème posé qu'en fonction de son sous-environnement et de ses compétences propres. Toute tentative de solution nouvelle sera perçue comme une remise en cause de la répartition du pouvoir. Pire encore, chacun aura intérêt à éviter les conflits afin de maintenir les équilibres existants. N'étant pas explicites, les conflits auront peu de chance d'être résolus.

Pour Lawrence et Lorsch, la solution n'est pas de réduire la différenciation, ce qui entraverait l'efficacité des différentes unités. Il faut, pour compenser la différenciation, mettre en place des mécanismes de révélation et de résolution des conflits. C'est ce que les auteurs appellent l'intégration. La hiérarchie et l'ajustement mutuel spontané sont les modes les plus simples d'intégration. Mais lorsque la différenciation s'accroît, lorsque l'environnement se complexifie et si le problème stratégique concerne un grand nombre d'unités, ils ne suffisent plus. Il faut se doter de modes d'intégration complémentaires, tels que des personnes de liaison (chefs de produit ou chefs de projet par exemple) ou des groupes de travail spécifiques, qui peuvent être permanents ou temporaires.

1. Lawrence P. et Lorsch J.W., 1967.

3 La formalisation

La formalisation est le degré de précision dans la définition des fonctions et des liaisons. Souvent synthétisée sous la forme d'un organigramme, elle permet de clarifier et de rationaliser le fonctionnement de la structure.

Aujourd'hui, nombreuses sont les entreprises qui ne publient plus d'organigramme. Mais, curieusement, tout responsable va s'empresser d'en reconstituer un pour « expliquer l'entreprise » aux visiteurs extérieurs ! Formaliser de manière excessive est certes une source de rigidité qui peut contrecarrer le changement stratégique, mais entretenir le flou dans la répartition des rôles et des responsabilités devient vite une source de conflit, de duplication et d'incohérence qui peut paralyser la mise en œuvre de la stratégie. Tout l'art est donc de trouver l'équilibre entre le défaut et l'excès de formalisation, en reconnaissant que toutes les parties de l'organisation ne doivent pas forcément avoir le même degré de formalisation structurelle.

4 L'articulation entre les trois dimensions

La spécialisation, la coordination et la formalisation sont trois dimensions qui peuvent se combiner de manière spécifique pour chaque entreprise. Les structures ainsi définies représentent un continuum caractérisé par deux extrêmes :

- d'un côté, l'efficacité par une spécialisation, une coordination et une formalisation élevées, permettant la standardisation et l'exploitation des effets d'échelle, caractérise les organisations « mécanistes », bien adaptées à un environnement stable ;
- de l'autre, l'efficacité par une spécialisation faible, une coordination flexible et une formalisation épurée caractérise les structures « organiques », plus à même de faire face à un environnement changeant et incertain.

Le tableau 14.1 présente ces deux extrêmes entre lesquels se situent beaucoup d'entreprises actuelles :

Conception mécaniste	Conception organique
Ligne hiérarchique unique comme principal mode de coordination	Multiplicité des modes de coordination, possibilité de hiérarchies multiples
Distinction claire entre fonctionnel et opérationnel, spécialisation des rôles correspondants	Flexibilité des rôles, possibilités pour un même individu d'assumer un rôle opérationnel et un rôle fonctionnel
Recherche de l'efficacité par la spécialisation des tâches au sein du processus interne mis en œuvre par l'entreprise	Recherche de l'efficience par l'adéquation des profils de compétences aux caractéristiques de l'environnement
Recherche d'homogénéisation des comportements afin de faciliter la coordination (conformité)	Acceptation de comportements hétérogènes au prix d'un accroissement des efforts de coordination (initiative)
Accent mis sur la cohérence *a priori*	Accent mis sur la convergence *a posteriori*
Primauté des communications verticales	Primauté des communications horizontales
Primauté des procédures	Primauté des processus et des ajustements mutuels
Croyance en des règles idéales d'organisation (nombre de subordonnés, unicité de commandement)	Pas de règles idéales, mais des contraintes auxquelles il faut s'adapter le mieux possible
La stabilité est la source principale d'efficacité (centralisation de l'innovation)	La mobilité est la source principale d'efficacité (diffusion de l'innovation)

Tableau 14.1 Deux conceptions opposées de l'efficacité organisationnelle

La complexité et l'incertitude croissantes de l'environnement des entreprises ont conduit depuis un demi-siècle à adopter, de plus en plus, des structures de type organique, et cette évolution s'est accélérée ces vingt dernières années, conduisant à des modes d'organisation originaux, présentés plus en détail dans le chapitre 15.

SECTION 2

LES STRUCTURES FONCTIONNELLES

Simples à comprendre, les structures fonctionnelles répondent à une conception largement mécaniste de l'organisation, qui s'adapte bien à des environnements relativement stables. Après en avoir présenté les principes, nous analyserons différents stades avant de nous intéresser à leur efficacité et limites.

1 Les principes de l'organisation par fonction

Une structure fonctionnelle (voir figure 14.1) est construite autour des étapes de la chaîne de valeur, qui comprend à la fois des fonctions opérationnelles (ou « activités principales »), qui correspondent aux différentes étapes du processus productif « horizontal » (approvisionnement, logistique, fabrication, commercialisation, après-vente), et des fonctions support, qui sont transversales à ce processus (recherche, finance, ressources humaines).

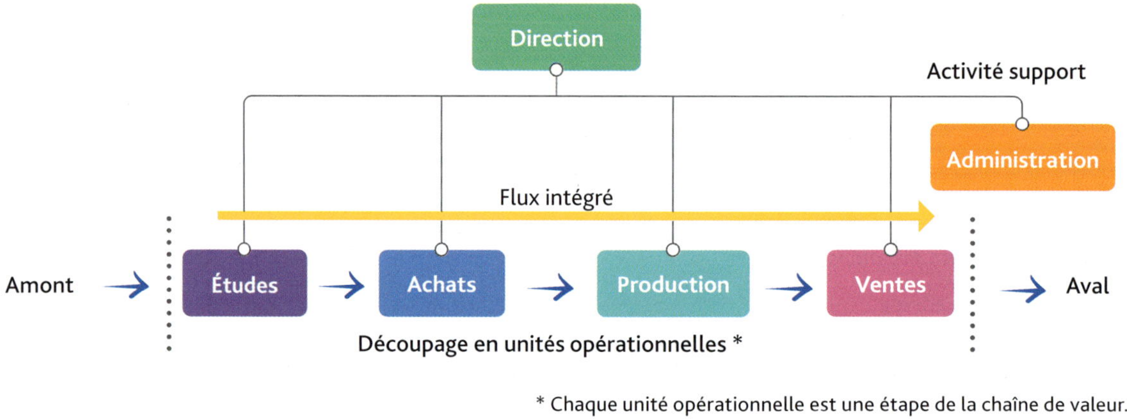

Figure 14.1 La structure fonctionnelle

Cette division horizontale du travail ayant pour effet de « saucissonner » le processus de production en unités opérationnelles, la continuité des flux doit être assurée par des mécanismes de coordination, c'est-à-dire des procédures qui organisent la mise en place des différentes fonctions opérationnelles en séquences successives, et régulent ainsi les processus. Ces procédures (règles d'ajustement, systèmes de planification et de contrôle) sont le plus souvent formalisées. Lors de leur conception, on s'efforce d'anticiper les éventuels problèmes de coordination, afin d'y répondre le plus vite possible. Mais, quel que soit l'effort de prévision et de formalisation, les procédures ne peuvent tout résoudre à l'avance. Tout ce qui ne peut être régulé est dévolu à la hiérarchie, chargée de traiter les problèmes de communication et de décision pour lesquels des réponses standards n'ont pu être prévues.

2 De la structure fonctionnelle simple à la structure fonctionnelle évoluée

a. La structure fonctionnelle simple

Lors de la création d'une entreprise, le fondateur réunit autour de lui un groupe de personnes complémentaires à ses propres compétences. Des relations bilatérales entre le dirigeant et ces différentes personnes s'organisent, assurant une forte spécialisation et une coordination assurée par le dirigeant lui-même, souvent naturellement de manière informelle. Lorsque l'entreprise croît, la formalisation progresse et conduit à une véritable structure fonctionnelle (voir figure 14.2).

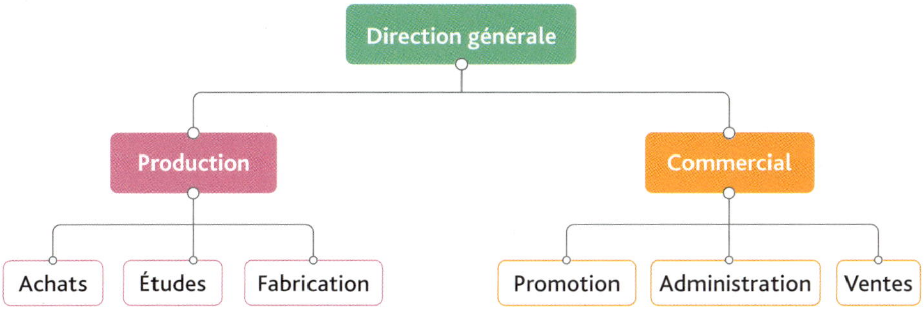

Figure 14.2 La structure fonctionnelle simple

La communication rayonnante du départ cède la place à une communication descendante et ascendante qui emprunte la voie hiérarchique. Mais fondamentalement, le dirigeant conserve son pouvoir centralisateur. Un risque de cloisonnement fait son apparition, car chaque responsable tend à se délimiter un territoire professionnel qu'il protège des incursions éventuelles de ses collègues.

b. La structure fonctionnelle évoluée

Si la croissance de l'entreprise se poursuit, l'accroissement de son volume d'activité se traduit, sur le plan structurel, par une augmentation des niveaux hiérarchiques à l'intérieur de chaque fonction. Par exemple, les ateliers de fabrication se multiplient, des unités de production nouvelles se créent, la distribution se diversifie, entraînant la création de forces de vente distinctes. La taille permet de spécialiser davantage certains services qui regroupaient jusque-là des activités hétérogènes. De nouvelles fonctions deviennent autonomes, comme la recherche-développement ou les achats.

À ce stade, le dirigeant n'arrive plus à maîtriser seul les problèmes de cohérence et de convergence entre les fonctions. Afin d'ajuster ses capacités d'action, la fonction de direction générale est alors elle-même soumise au phénomène de spécialisation. De nouveaux collaborateurs arrivent et introduisent dans l'organisation une nouvelle forme de spécialisation fonctionnelle qui se superpose aux fonctions opérationnelles existantes. Leur rôle consiste à éclairer les décisions du directeur général en lui apportant des compétences techniques supplémentaires dans les grands domaines de la gestion : finance, planification, contrôle, ressources humaines, informatique, etc. (voir figure 14.3).

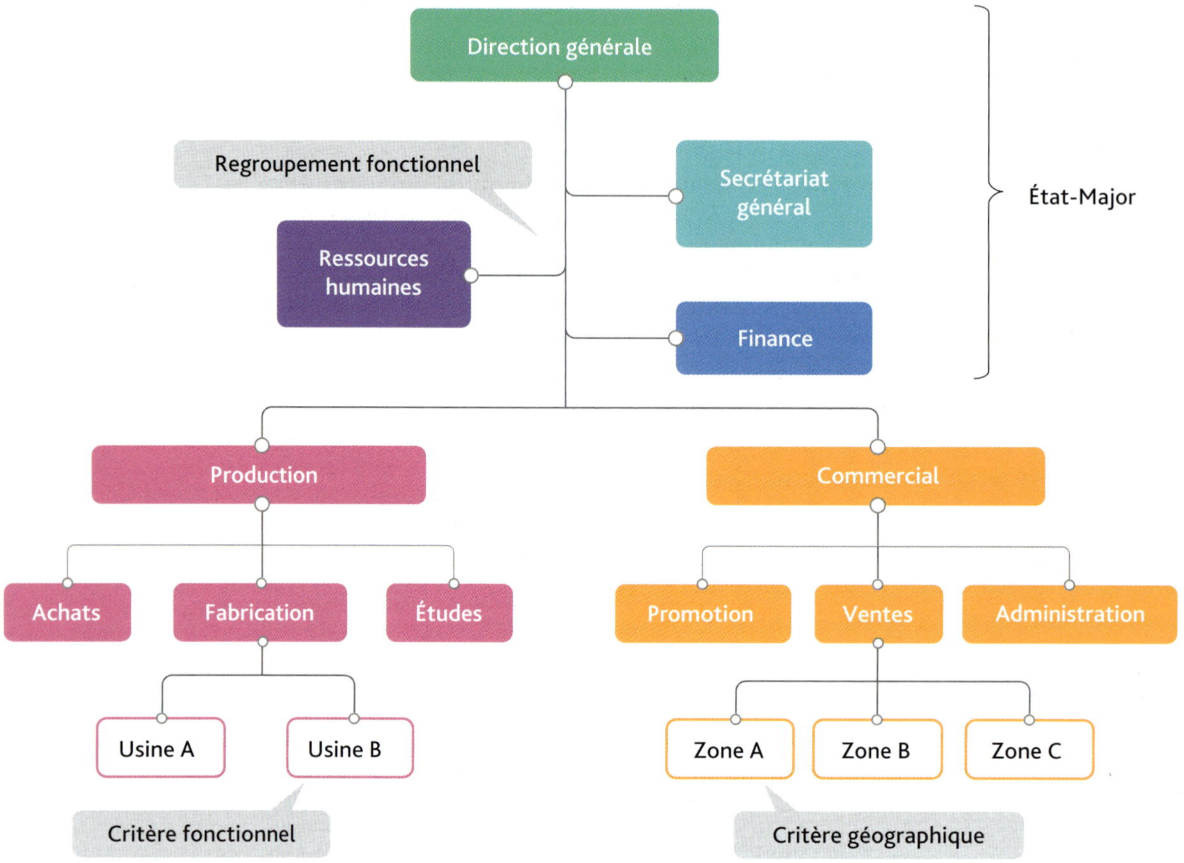

Figure 14.3 La structure fonctionnelle évoluée

Cette évolution s'accompagne souvent d'une différenciation plus marquée entre les fonctions opérationnelles, centrées sur le court terme, et les fonctions visant l'évolution à moyen et long terme de l'entreprise. La recherche-développement et le marketing se dégagent de la production et du commercial pour acquérir leur autonomie au sein de la direction générale. Conceptuellement, il s'agit bien d'une spécialisation complémentaire, car chaque spécialiste apporte un éclairage fragmentaire que la direction générale est encore seule capable d'intégrer dans une vision d'ensemble.

Dans certaines organisations, on voit apparaître une dissociation des fonctions de direction générale entre, d'une part, un président (CEO, *chief executive officer*) ou un membre du directoire qui coiffe directement les fonctions d'état-major et, d'autre part, un directeur des opérations (COO, *chief operative officer*), qui coordonne l'ensemble des activités opérationnelles.

3 Efficacité et performance des structures fonctionnelles

Une structure fonctionnelle permet d'atteindre un niveau d'excellence technique supérieure à toute autre forme de regroupement, à condition que l'environnement et la technologie de l'entreprise restent suffisamment stables. Par essence très centralisatrice, spécialisée et formalisée, une structure fonctionnelle peut s'avérer très efficace comme elle peut, face à une nécessité de changement, devenir paralysante. L'introduction de processus transversaux apporte une réponse positive à cette paralysie.

a. Le travail en silo, pathologie des structures fonctionnelles

Les structures fonctionnelles conduisent souvent à une spécialisation étriquée, restreignant la perspective des individus et les amenant à perdre de vue leur contribution aux objectifs d'ensemble de l'organisation. Il en résulte des « silos » dans lesquels chacun a tendance à privilégier *sa* conception de *sa* propre profession, de ce qu'il aime ou sait faire, de ce qui facilite son travail, sans se préoccuper des éventuelles incohérences avec ce que pensent et font les membres des autres fonctions, ou avec les évolutions de l'environnement. Cette perspective en silo se décline en trois pathologies majeures.

- **Une centralisation excessive**

Les limites de la structure fonctionnelle sont celles des mécanismes de coordination des flux de travail. Quand la taille, l'incertitude, la diversité et l'interdépendance croissent significativement, la planification, le contrôle de gestion, l'informatique… deviennent impuissants à satisfaire les besoins de coordination qui augmentent de façon exponentielle.

La formalisation des rôles entre services apporte une cohérence « sur le papier » qui ne garantit malheureusement pas la cohérence effective. Ainsi, la formalisation des procédures porte en elle le germe de son inefficacité. Elle est coûteuse et difficile à élaborer ; on hésitera donc à la modifier, à l'adapter aux changements de situation. La conséquence de cette inertie est la multiplication des recours à la hiérarchie. Celle-ci se trouve dès lors placée dans une situation croissante d'inefficacité. Elle ne peut matériellement régler qu'un nombre limité de problèmes et doit se consacrer en priorité aux questions les plus importantes. Si la hiérarchie est envahie de demandes d'arbitrage, elle n'a plus le recul nécessaire pour étudier les questions et apprécier les implications des arbitrages rendus.

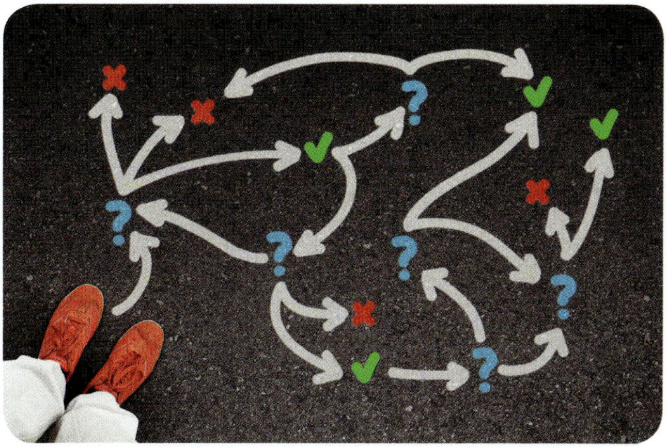

- **L'immobilisme**

Centrée sur la technologie, qui est apparue à un moment donné comme la réponse la plus appropriée aux besoins, la structure fonctionnelle tend naturellement à orienter tous ses efforts vers l'optimisation d'un système qui va inéluctablement devenir obsolescent. Toute modification de stratégie qui remet en cause le découpage des fonctions et les règles de liaison qui ont été formalisées devient alors difficilement acceptable par l'organisation. Les organisations fonctionnelles sont les plus difficiles à modifier : elles ne peuvent évoluer que par ruptures.

- **Les problèmes de communication**

Si la taille accroît le risque d'embouteillage de la hiérarchie, elle a surtout pour effet d'allonger considérablement le cheminement d'une information pour passer d'un service à l'autre au sein d'une même fonction et, *a fortiori*, d'une fonction à une autre (voir figure 14.4).

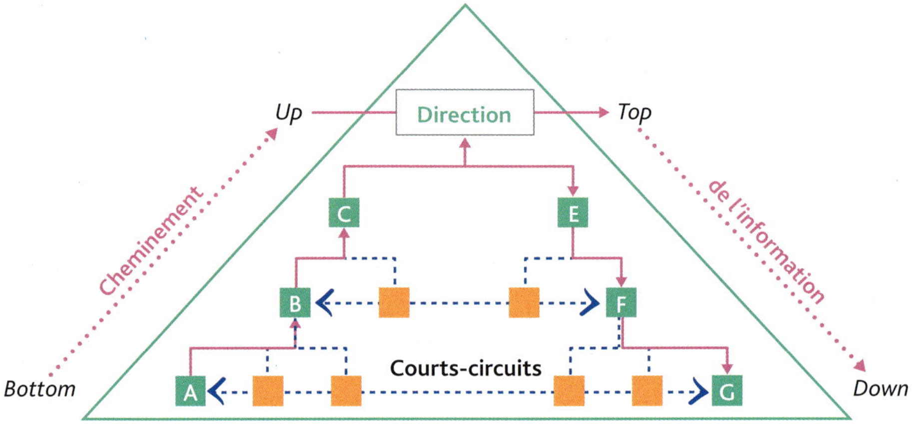

Figure 14.4 Cheminement des informations dans la structure fonctionnelle

Par exemple, une modification des caractéristiques techniques d'un produit, demandée par les services de vente, risque de ne pas arriver à temps à la direction, car il lui faut traverser toute une série de filtres au fur et à mesure de son cheminement dans la structure.

Par ailleurs, l'interdépendance entre les fonctions est telle que tout changement dans une unité perturbe profondément le fonctionnement des autres unités, et risque d'ébranler tout l'édifice. En fait, l'entreprise organisée par fonctions est plus tournée vers les moyens que vers les fins, ces dernières étant supposées stables et intangibles.

b. La structure fonctionnelle a-t-elle vécu ?

- **Les avantages et les inconvénients de la structure fonctionnelle**

Comme toute forme organisationnelle, la structure fonctionnelle présente des avantages et des inconvénients. Malgré ses pathologies, elle reste particulièrement adaptée à un milieu stable dans lequel l'acquisition d'expérience est un des éléments clés de la compétitivité.

Avantages	Inconvénients
Développement de compétence spécialisée forte dans chaque fonction	Peu de vision d'ensemble
Efficience grâce aux économies d'échelle en frais généraux et personnel qualifié	Risque de silo et de conflits
Système de communication simple et compréhensible par tous	Risque de goulot d'étranglement en haut de la hiérarchie
Responsabilité claire dans le cadre de sa spécialisation	Immobilisme
Indicateurs de performance clairs liés à la spécialisation de chaque responsable	

Tableau 14.2 Avantages et inconvénients des structures fonctionnelles

• Pallier les inconvénients de la structure fonctionnelle

L'introduction de processus transversaux permet de pallier certains des inconvénients inhérents aux structures fonctionnelles, par exemple :

- **L'introduction d'une structure par processus** : transversalement aux fonctions, une telle structure va permettre d'assurer toute l'intégration organisationnelle en développant la qualité des communications et, par voie de conséquence, la confiance réciproque entre les partenaires de la chaîne, qui doivent collaborer à la poursuite d'objectifs communs.

  Il s'agit de constituer des équipes composées de représentants des différentes unités fonctionnelles et géographiques qui doivent prendre en commun des décisions portant sur la qualité ou les coûts, sur les choix technologiques, ou simplement sur le planning des flux, par exemple.

- **La coproduction de l'offre avec le client** : lorsque les départements marketing et vente, traditionnellement chargés dans une structure fonctionnelle d'assurer la satisfaction client, ne sont plus en mesure de conduire seuls le changement nécessaire, des structures permettant de développer un véritable partenariat avec les clients doivent être mises en place. Afin de concevoir et de gérer ces solutions intégrées, des banques, des entreprises de téléphonie, des sociétés d'ingénierie, des sociétés de conseil, et plus généralement, de nombreuses entreprises B to B, ont mis en place des « managers de grands comptes » dont la fonction est de mobiliser toutes les ressources de l'entreprise, c'est-à-dire toutes les unités fonctionnelles en interne, mais aussi des ressources extérieures lorsque c'est nécessaire, pour construire pour le client, et avec lui, une réponse à ses besoins. La rubrique En pratique ci-après décrit la fonction de ces *key account managers*.

EN PRATIQUE

Mettre en place une fonction *key account manager* (KAM) dans une grande entreprise internationale d'ingénierie

Objectifs

L'objectif est de mettre les forces de l'entreprise au service du client afin de construire avec lui une solution spécifique (conception, installation, gestion) qui augmentera ses performances chez ses propres clients. Il s'agit :

- d'innover en collaborant avec le client ;
- d'ajouter de la valeur dans tout le « *business system* », d'amont en aval ;
- de partager équitablement coûts et résultats avec le client ;
- d'assurer une présence à long terme chez le client.

Compétences nécessaires

- Connaître et comprendre en profondeur l'industrie du client et les stratégies des différents concurrents dans cette industrie et dans la nôtre.
- Interagir avec toute notre organisation, toute celle du client, avec d'autres fournisseurs, complémentaires ou concurrents.

Le KAM dispose d'une large autonomie pour proposer et mettre en place des stratégies, des systèmes de gouvernance, des processus d'organisation et de gestion spécifiques, et pour bâtir des solutions différenciées difficiles à imiter.

Le KAM doit proposer, négocier et mettre en place au cas par cas, en tenant compte de la spécificité de la situation, de la politique du client et de ses méthodes, un système de mesures de performances basé sur les résultats.

4 Bilan

La structure fonctionnelle est un modèle général qui permet d'organiser la chaîne de valeur pour une entreprise mono-activité ou pour une *business unit* autonome au sein d'un groupe diversifié. C'est aussi le modèle qui permet le mieux de tirer parti des économies d'échelle et des effets d'expérience, aussi le retrouvera-t-on au sein des autres types de structure décrits plus loin dans ce chapitre. C'est certainement le modèle le plus répandu, en particulier dans les PME.

Au final, la structure fonctionnelle n'existe plus guère comme modèle à l'état pur, c'est-à-dire comme le concevaient Taylor et Fayol il y a un siècle, car même les entreprises essentiellement mono-activité sont amenées à respecter la diversité de leurs clients, à proposer des produits et des services qui comportent un minimum de variantes, à utiliser des réseaux de distribution diversifiés, et en conséquence doivent créer des ruptures dans la cohérence du modèle fonctionnel, pour faire place à des structures plus efficaces et plus adaptées aux défis actuels.

SECTION 3

LES STRUCTURES DIVISIONNELLES

Lorsque les activités d'une entreprise se diversifient, la prise de décision exige de traiter une quantité de plus en plus élevée d'informations, qui sont elles-mêmes de plus en plus spécifiques.

Cette diversification des activités impose l'adoption d'une structure en divisions autonomes, permettant de différencier les flux de production et de vente propres à chaque activité tout en partageant les ressources communes : c'est la structure divisionnelle.

Cependant, les questions clés des structures restent les mêmes : l'équilibre entre une spécialisation des divisions (appelées de plus en plus souvent *business units*) et la coordination créatrice de valeur additionnelle au niveau *corporate* reste délicat.

Après avoir décrit les principes des structures divisionnelles, nous nous intéresserons aux mécanismes de coordination, essentiellement présents au siège, avant de nous interroger sur l'efficacité et les limites de ce mode d'organisation.

1 Les principes des organisations divisionnelles

La diversification de l'entreprise exige de pouvoir conduire un raisonnement stratégique spécifique pour chaque activité. Il faut pouvoir comprendre l'environnement propre à chaque *business*, contrôler les coûts et les recettes de chaque activité et, lorsque c'est possible, décider des investissements spécifiques à l'unité. Ceci est permis par l'adoption d'une structure divisionnelle (voir figure 14.5), qui permet de respecter les spécificités des différents *business models* de l'entreprise diversifiée.

a. L'autonomie des divisions

Les divisions sont autant de centres autonomes, avec à leur tête des directeurs de division ou/et de *business unit*, qui négocient leur plan avec la direction du groupe et sont suivis en principe périodiquement et « par exception ». Ces unités sont ainsi dotées d'une dynamique d'entrepreneur qui stimule la responsabilisation, la mobilisation voire la prise de risque.

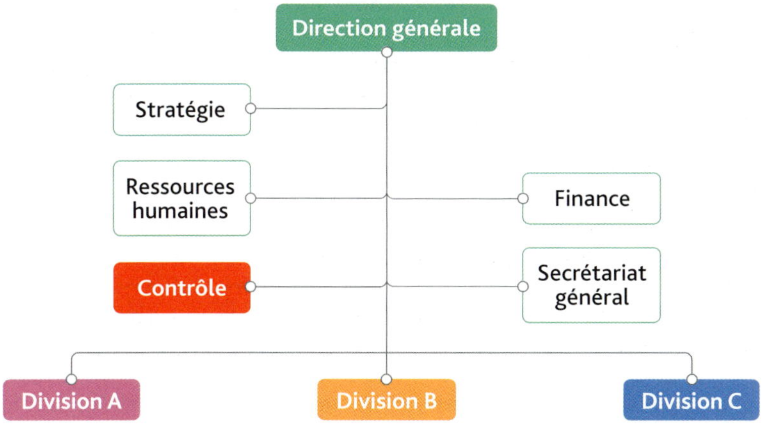

Figure 14.5 La structure divisionnelle d'une entreprise à diversification reliée

Les divisions peuvent être organisées soit par produit, par marché ou, de plus en plus, par client ou catégorie de clients, comme l'illustre très bien le conglomérat indien Mahindra, une entreprise multinationale de plus de 20 milliards de dollars de chiffre d'affaires, répartis en dix divisions (voir figure 14.6).

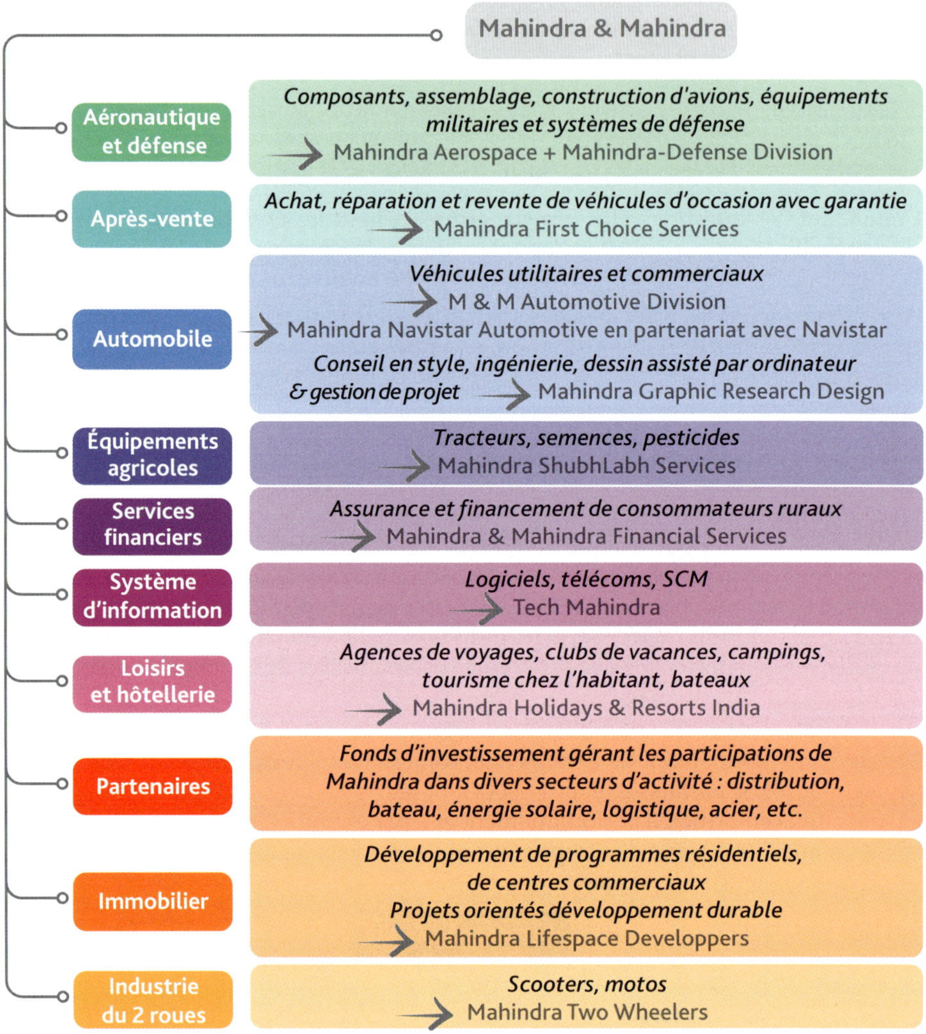

Figure 14.6 Les activités de Mahindra, conglomérat Indien

Chaque division réunit l'essentiel des moyens en hommes et en infrastructures nécessaires au développement de son activité. L'unité doit, dans une large mesure, se suffire à elle-même : la structure d'une entreprise diversifiée apparaît en quelque sorte comme une juxtaposition d'entreprises mono-activité qui constituent ensemble un portefeuille d'unités stratégiques de base. Le but de la stratégie étant de créer de la valeur, les résultats de chaque unité doivent pouvoir être mesurés, sous forme de profit/perte ou, mieux, de rentabilité des actifs, si ces derniers sont séparables et affectables à chaque unité.

Lorsque la diversité est très grande, tout particulièrement dans les multinationales, le système peut se démultiplier sur plusieurs échelons.

Exemple

L'organigramme du groupe Sony en 2007

- Dans le cas du groupe **Sony** (voir figure 14.7), l'organigramme de 2007 faisait apparaître trois niveaux stratégiques sous l'état-major du groupe mondial – successivement *branch*, *division* et *business unit* –, ce dernier niveau (*Energy Business* ou *Video Business* par exemple) étant lui-même partagé entre différents pays ou différentes régions du monde.

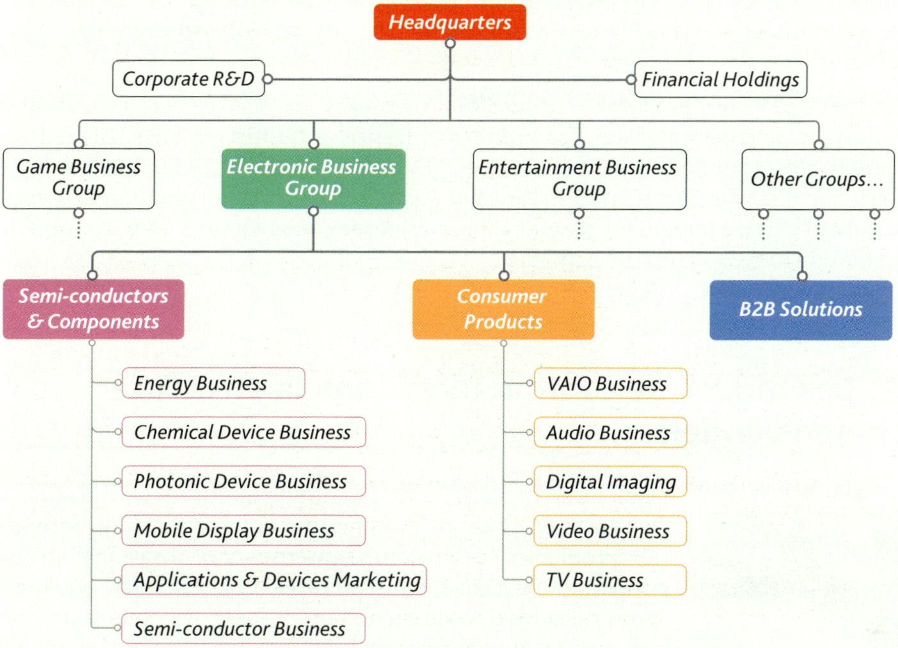

Figure 14.7 Le groupe Sony avant 2010

- Cet organigramme a évolué depuis le début des années 2010 vers une organisation par plate-forme, plus proche des organisations matricielles présentées ci-après. L'exemple de Sony illustre ainsi une tendance de fond vers ce type de structure dans les grandes entreprises.

b. Les trois niveaux principaux de l'organigramme

Selon la taille des entreprises, ce concept de subdivision en centres de responsabilité peut se retrouver aujourd'hui à deux, trois ou quatre niveaux différents avec des appellations distinctes d'une entreprise à l'autre. De manière générale, on peut cependant distinguer trois niveaux en montant dans l'organigramme.

• Les départements

Les départements (par exemple, *Video Business* ou *Chemical Device Business*, chez Sony) correspondent à un domaine élémentaire d'activité et constituent le niveau le plus déconcentré auquel est attachée une responsabilité de résultat. Le plus souvent, ce niveau se limite très strictement aux opérations et bénéficie du soutien des services situés au niveau du dessus.

- **Les divisions ou unités stratégiques**

Les divisions proprement dites, ou unités stratégiques, responsables d'un ensemble homogène produit-marché (*Consumer Products* ou *B2B Solutions*, chez Sony), disposent non seulement de tous les moyens nécessaires à la gestion opérationnelle, mais aussi de l'essentiel des moyens nécessaires à la défense de leur position concurrentielle. Elles peuvent disposer d'actifs et d'effectifs plus ou moins importants : une vingtaine de personnes (par exemple pour une société de conseil ou d'ingénierie), une cinquantaine de personnes pour l'entreprise japonaise Kyocera, qui appelle ces unités « amibes », ou encore 200 personnes pour le groupe ABB, par exemple.

- **Les branches, groupes ou pôles**

Au niveau encore supérieur, les grandes entreprises multinationales diversifiées s'organisent, comme Sony, en « branches », « groupes » ou « pôles » (par exemple *Electronic Business Group* ou *Entertainment Business Group*, dans l'organigramme de Sony) qui correspondent en général à des métiers et dont chacun couvre l'ensemble du monde dans le domaine concerné.

2 Les modes de coordination dans la structure divisionnelle

Dans une organisation divisionnelle, chaque division se comporte en principe comme une entreprise mono-activité. Les problèmes de structure internes aux divisions correspondent donc à ceux des structures fonctionnelles, que nous avons discutés dans la section précédente. Ici, nous nous intéressons aux modes de coordination entre divisions.

a. Les unités fonctionnelles communes

Entre les divisions, la coordination passe d'abord par les liaisons hiérarchiques entre directeurs de division et directeur général du groupe. Elle passe ensuite par les départements fonctionnels, comme les ressources humaines, placés au niveau *corporate* (voir figure 14.5). Plus les interdépendances entre les divisions sont grandes, plus le rôle de ces départements fonctionnels devient important, puisqu'il leur revient de valoriser les compétences clés de l'organisation, afin de favoriser leur développement. Le rôle des départements fonctionnels est donc avant tout de construire et gérer des compétences essentielles qui devront être un levier de création de valeur, et non de viser uniquement des économies de coût, comme c'est trop souvent le cas, particulièrement lorsque l'entreprise est en difficulté.

Ainsi, dans les grandes entreprises, un certain nombre d'unités fonctionnelles communes apparaissent, non seulement au niveau de l'ensemble du groupe, mais aussi au sein même de chaque pôle ou branche. Elles fonctionnent comme des unités de moyens fournissant leurs services aux unités stratégiques. Elles sont d'autant plus importantes et nombreuses que l'entreprise cherche à travers elles à exploiter des synergies entre toutes les unités stratégiques qui la composent.

- Dans un cas extrême, comme **un conglomérat d'activités indépendantes** ou une **diversification non reliée** (le groupe Virgin par exemple), il n'y a guère, auprès de la direction générale, qu'un département financier qui coordonne les comptes de résultat de chaque entité et les liaisons avec les différentes parties prenantes financières (investisseurs, prêteurs, etc.).
- À l'autre extrême, dans le cas de la **diversification liée**, plusieurs ou même toutes les fonctions classiques sont représentées au niveau du groupe ou de la branche, comme chez Sony, pour la recherche-développement.

b. Exploiter l'avantage « parental »

Les liaisons hiérarchiques et les départements fonctionnels assurent ainsi une coordination centrale qui optimise la mise en commun de ressources et compétences exploitées en même temps par les différentes divisions. Ce mode de coordination vise à créer un avantage parental : ce concept a été développé par Goold et Campbell en référence à l'avantage concurrentiel (voir partie 1). Alors que l'avantage concurrentiel provient d'un positionnement et de ressources spécifiques à une activité stratégique particulière, l'avantage parental provient des ressources de niveau *corporate* et permet à l'ensemble de l'entreprise d'avoir une valeur supérieure à la somme des différentes activités (voir la rubrique En pratique ci-après).

EN PRATIQUE

Comment organiser l'entreprise pour exploiter « l'avantage parental »

Les trois modèles d'avantage parental

Michael Goold et Andrew Campbell proposent trois styles de gestion de l'entreprise diversifiée, ou encore trois façons d'organiser l'entreprise pour construire et exploiter un « avantage parental »[1]. Ils résultent de la combinaison de deux méthodes que l'état-major central peut utiliser pour influencer les unités stratégiques (voir figure 14.8) :

- l'une (axe vertical) consiste à utiliser les processus de planification, comme le font de nombreuses grandes entreprises, souvent de façon très participative, ou, de façon plus autoritaire ;
- l'autre (axe horizontal) consiste à élaborer et négocier des objectifs dont on surveillera la réalisation, soit dans le cadre d'une démarche planifiée de type *Balanced Score-Card* (BSC), où chaque unité suit une série d'objectifs cohérents et convergents sur le moyen terme, soit en fixant un seul objectif financier à court terme pour chaque unité. Le premier modèle est plutôt « européen », encore que les méthodes du type BSC se soient répandues dans un très grand nombre de groupes industriels dans le monde, alors que le second est plutôt « anglo-saxon » et a toujours eu du mal à s'imposer en Europe continentale ou au Japon.

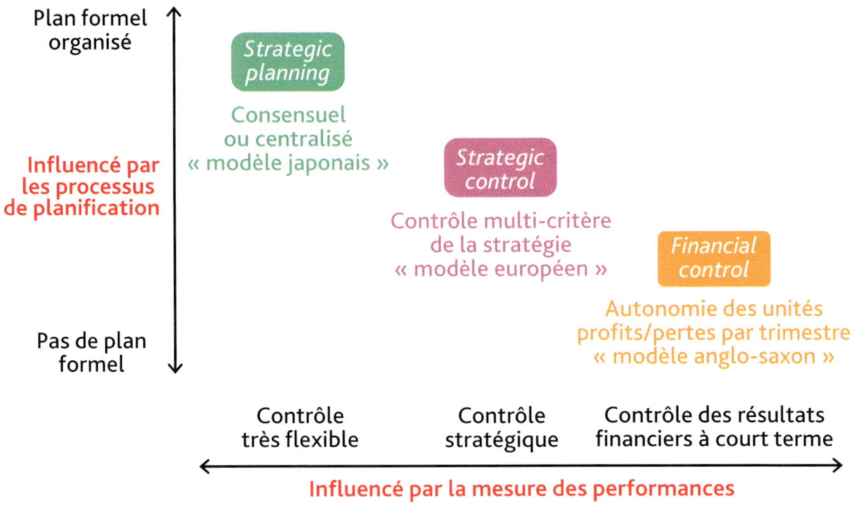

Figure 14.8 Trois modèles d'avantage parental : comment la direction centrale du groupe influence les unités décentralisées

Avec le recul, on observe aujourd'hui :

- que le modèle de planification stratégique (*strategic planning*) convient mieux aux services publics, aux entreprises mono-activité ou/et verticalement intégrées, aux entreprises à activité fortement dominante (acier, automobile, grande distribution, transports) ;
- qu'à l'autre extrême, le modèle basé sur les résultats financiers (*financial control*) est pratiquement le seul possible pour des conglomérats comme Virgin ou Mahindra, qui gèrent en fait des portefeuilles d'entreprises et souvent de participations ;
- que le modèle central de « contrôle stratégique » (*strategic control*) est sans doute le plus répandu parmi les groupes industriels diversifiés, lorsque l'avantage parental résulte essentiellement du partage des ressources et compétences entre les unités : il permet à la fois de stimuler l'*intrapreneurship* au niveau des unités et de bénéficier des synergies du groupe.

Des modèles à nuancer

Il faut aussi observer que ces modèles ne sont pas souvent « purs », dans la mesure où les stratégies de groupe peuvent être nuancées et adopter des logiques différentes pour différentes unités (par exemple entre unité de produit et unité de service, entre grands clients et clientèle de masse) ou à différents niveaux de décentralisation (branches, pays, unités stratégiques, unités opérationnelles). Le choix même d'un indicateur de mesure de performance peut rapprocher un modèle d'un autre.

●●●

À ce titre, par exemple, un système multi-critère de contrôle stratégique peut parfaitement donner une place importante à la mesure de l'EVA (*Economic Value Added*, voir chapitre 6) ou du ROIC (*Return On Invested Capital*) de chaque unité, se rapprochant ainsi du modèle du contrôle financier.

Par-dessus tout, il ne faut pas perdre de vue que ces modèles ne sont jamais totalement contraints : d'une part, le choix d'un modèle reste culturel (non seulement au sens international du terme, mais aussi au sens de conformité à l'identité de l'entreprise) ; d'autre part, il est soumis à la décision du ou des dirigeants, qui peuvent l'imposer du sommet, mettant directement la pression sur les comportements des managers d'unités, et provoquant ainsi une réorientation de la stratégie.

1. Goold M. et Campbell A., 2002 ; Goold M., Campbell A. et Alexander M., 1994.

c. Les différents rôles des fonctions centrales

Le rôle des fonctions support est donc essentiel dans l'organisation divisionnelle. Mais ce rôle peut varier en fonction du type d'entreprise. Ainsi, l'observation des entreprises de taille importante dans le monde permet d'identifier quatre grands rôles des fonctions centrales que nous présentons dans le tableau 14.3.

Paradigmes stratégiques	Rôles du *corporate* dans l'organisation	Exemples
1. *Holding* financier	• Achète/vend des entreprises et des participations • Définit des objectifs financiers	Banques d'affaires *Private Equity Funds*
2. Architect stratégique (conglomérat)	• Définit l'arène stratégique globale • Laisse une large autonomie aux unités stratégiques • Contrôle les résultats financiers des unités	Virgin General Electric LVMH Sara Lee
3. Contrôleur stratégique (diversifié relié)	• Détermine les orientations et les compétences clés • Organise les synergies entre unités • Contrôle les objectifs stratégiques des unités (BSC)	Saint-Gobain Nestlé Unilever Procter & Gamble
4. Opérateur (mono-activité)	• Définit et gère tous les investissements • Établit et contrôle les indicateurs opérationnels	Michelin Toyota SNCF ArcelorMittal

Tableau 14.3 Rôles des fonctions centrales dans l'organisation

Cette typologie simplifiée va des *holdings* financiers aux entreprises mono-activité. Ainsi, sans exclure les cas intermédiaires ou hybrides, la très grande majorité des entreprises diversifiées au sens strict du terme se retrouve dans les catégories 2 et 3. Si les entreprises de la catégorie 3 possèdent certaines activités non reliées, elles géreront ces unités comme le font les entreprises du modèle 2 ; si certaines entreprises de la catégorie 4 ont certaines activités de diversification reliée, elles géreront ces unités comme les entreprises du modèle 3. Non seulement ces modèles hybrides sont très fréquents, mais ils témoignent de la dynamique des entreprises qui ne peuvent jamais se satisfaire d'un modèle abouti définitif.

3 Efficacité et limites de la structure divisionnelle

a. Les avantages des structures divisionnelles

Les structures divisionnelles ont aujourd'hui largement fait la preuve de leur intérêt et de leur efficacité.

• Évaluer la position de l'entreprise

En se calquant sur la segmentation stratégique, elles permettent d'évaluer la position de l'entreprise dans chaque domaine d'activité par rapport à son marché et à ses concurrents, tout en améliorant la capacité de réaction face aux changements de l'environnement.

• Définir des centres de responsabilité

En constituant des ensembles homogènes suffisamment autonomes, elles permettent de définir des centres de responsabilité dotés d'objectifs et de moyens propres, dont les résultats peuvent être suivis séparément, ce qui entraîne une mobilisation plus forte des responsables et un esprit d'*intrapreneurship*. Des entreprises comme Johnson & Johnson, 3M ou HP doivent très largement leur succès à la prolifération entrepreneuriale de *business units* autonomes.

• Agir comme un investisseur

En faisant des différentes divisions des centres de profit autonomes, elles permettent à la direction du groupe de les évaluer, de les comparer et de les contrôler sur une base financière commune, et donc d'agir comme un investisseur face à un marché interne du capital[1].

• Faire émerger des cadres généralistes

En démultipliant la fonction de direction générale dans chaque activité, elles permettent l'émergence de cadres généralistes, capables d'une vision et d'aptitudes stratégiques, qui pourront être promus ultérieurement. Ces cadres sont chargés de la stratégie par activité tandis que la fonction du groupe consiste à élaborer la stratégie d'ensemble.

Cette logique est la même qu'il s'agisse de diversification (voir chapitre 7) ou d'expansion géographique (voir le chapitre 9). La construction d'une entreprise multinationale ou multi-stratégie, et donc multi-unité, pose la question de la *corporate strategy* du groupe. Ce faisant, elle pose le problème de l'organisation de l'état-major central et de ses relations avec les unités décentralisées, pour permettre au niveau *corporate* de jouer son rôle « parental » (voir la rubrique En pratique précédente).

1. Williamson O.E., 1975 ; Gertner R.H., Scharfstein D.S. et Stein J.C., 1994.

b. Les pathologies des structures divisionnelles

Les structures divisionnelles ont des inconvénients qu'il faut s'efforcer de limiter, voire de compenser.

- **Économies d'échelle**

Elles ne permettent pas d'exploiter au mieux les économies d'échelle. En cherchant à optimiser les résultats au niveau de chaque unité stratégique, on les sous-optimise inévitablement au niveau global.

- **Transmission des compétences**

Elles ne facilitent pas la transmission des compétences techniques, dans la mesure où les spécialistes sont dispersés dans les unités. Elles peuvent dans certains cas conduire à un manque de réaction face aux changements technologiques, en privilégiant trop fortement les réponses par rapport aux demandes immédiates du marché.

- **Synergies**

De façon plus générale, elles privilégient l'allocation des ressources entre les différentes divisions sans prendre en compte correctement les efforts de synergies entre les divisions. Bien souvent, ces efforts ne sont ni mesurés ni récompensés.

- **Gestion de la structure**

Elles peuvent devenir extrêmement compliquées à gérer lorsque les interdépendances deviennent trop fortes, en particulier lorsque l'activité est intégrée verticalement.

4 Bilan

D'une manière générale, en privilégiant un critère de divisionnalisation (c'est-à-dire un mode de segmentation stratégique), on néglige nécessairement d'autres critères possibles. En plaçant sur la ligne hiérarchique des responsables de produits, comment coordonner des actions par pays si l'entreprise est multinationale, comment gérer les technologies communes à plusieurs produits, comment fournir des solutions multi-produits à certains grands clients ?

On doit arbitrer entre d'un côté l'efficacité qu'apportent les responsabilités accrues et la souplesse de gestion, et de l'autre les déséconomies d'échelle engendrées par la répartition des équipements et des spécialistes entre des unités plus autonomes. Si le poids des services centraux devient trop important, on perd les avantages de l'autonomie ; s'il est trop faible, on perd les avantages de la synergie. Ainsi, il est commun, dans une banque d'affaires, de voir plusieurs chefs de produit venir négocier chez le même client, en lui offrant souvent des solutions concurrentes !

Ces critiques ont largement contribué à l'essor des structures matricielles.

SECTION 4

LES STRUCTURES MATRICIELLES

Dès les années 1970-1980, la complexité croissante de l'environnement exigea d'augmenter à la fois la différenciation et l'intégration au sein des organisations. C'est à cette époque qu'apparaissent les structures matricielles, qui ont suscité des débats passionnés. En effet, ces structures, qui croisent deux critères de spécialisation, nécessitent des modes de coordination particuliers, qui expliquent en grande partie leurs pathologies, reposant sur un délicat équilibre des pouvoirs.

1 Les principes des structures matricielles : le croisement de deux critères de spécialisation

Lorsque l'entreprise est diversifiée dans des activités qui font appel à des processus et des savoir-faire communs, l'organisation en divisions strictement autonomes apparaît en effet comme coûteuse, car elle néglige les importantes économies que l'on pourrait faire en concentrant certains moyens au niveau de l'ensemble de l'entreprise. On peut alors envisager une structure matricielle.

La structure matricielle, d'une certaine façon, combine les deux autres structures vues précédemment (par fonctions et par divisions) dans une perspective multi-dimensionnelle, en remettant en cause le principe d'unicité de commandement (voir figure 14.9).

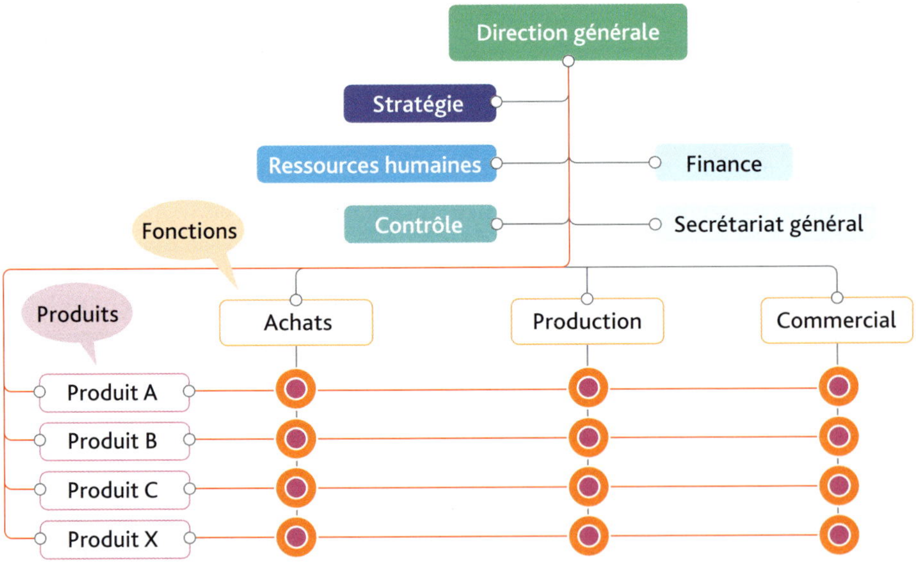

Figure 14.9 La structure matricielle

Boeing a sans doute été, il y a une quarantaine d'années, la première entreprise à adopter une structure matricielle. Chaque équipe de travail appartient non seulement à une branche correspondant à sa spécialité technique (ailes, système de guidage, etc.) mais aussi à son département de programme (par type d'avion : 737, 757, 767...). La même forme d'organisation est utilisée avec succès par la grande majorité des entreprises du secteur aéronautique et spatial dans le monde, dès lors qu'elles montent en série des produits différents qui puisent dans des ressources technologiques communes.

De manière générale, les structures matricielles se caractérisent par le croisement de deux critères de spécialisation : le programme et la spécialité technique dans le cas de Boeing, les métiers et les fonctions dans d'autres cas, ou encore les domaines d'activité et les pays.

Chaque fonction se structure de la façon la plus efficace pour elle. Les achats peuvent être répartis selon la nature des composants (matières premières, pièces mécaniques, électronique) ; mais à ce découpage se superpose un découpage par produit. On a ainsi un responsable des achats de matières premières entrant dans la fabrication du produit A, du produit B ou du produit X (voir la figure 14.9).

Le responsable des achats veille à l'économie globale du service (ajustement des moyens au volume global des achats, détermination des normes des commandes, nombre de fournisseurs, procédures). Le responsable du produit X détermine les caractéristiques de prix, qualité, délais, requises pour la gamme de produits qu'il gère. Quant au responsable des achats de matières premières du produit X, il est le garant vis-à-vis de chacun d'eux du respect des normes que les deux autres responsables ont édictées. Le même raisonnement s'applique à chacune des fonctions concourant à la réalisation des activités de l'entreprise. La rubrique Étude de cas ci-après décrit les avantages des structures matricielles à l'université.

ÉTUDE DE CAS

Structures matricielles dans une université

Une université s'appuie essentiellement sur un potentiel humain qui fait sa richesse. C'est à travers l'action du corps enseignant que se réalise la synergie entre sa mission de recherche et sa mission d'enseignement (missions A et B dans la figure 14.10). L'adoption d'une structure matricielle est la seule manière d'assumer la totalité des missions qui lui sont confiées.

•••

Structure mono-dimensionnelle

Si l'université adopte une structure reposant sur un critère dominant (soit l'enseignement, soit la recherche), les enseignants seront regroupés soit par programmes de formation (priorité à l'enseignement), soit par départements correspondant à des disciplines scientifiques (priorité à la recherche).

Dans le premier cas, la recherche aura du mal à s'imposer, car les responsables des programmes de formation (par exemple master en finance, master en sociologie, MBA, etc.) constitueront la ligne hiérarchique. Ceux-ci effectueront les principaux arbitrages en fonction de critères d'enseignement, les coordinateurs des activités de recherche n'ayant à leur disposition que les instruments d'incitation propres aux intégrateurs décrits au début de ce chapitre. Dans le second cas, on observera le phénomène inverse.

La formation de vétérinaire, par exemple, fera dans le premier cas partie d'un ensemble de formations s'adressant à l'environnement rural, alors que dans l'autre cas elle appartiendra à l'univers biomédical. Dans le premier cas, le professeur vétérinaire travaillera essentiellement avec les enseignants des disciplines agricoles et sera en partie coupé de son univers scientifique d'origine. Dans le deuxième cas, son milieu de travail sera composé de médecins et de biologistes, mais il aura peu de contacts avec les autres enseignants de l'univers rural.

Structure matricielle

En revanche, si l'université adopte une structure matricielle, le même professeur vétérinaire fera partie de l'équipe des formations rurales pour ses activités d'enseignement, et de l'univers biomédical pour ses activités de recherche. Il devra s'adapter aux exigences propres à chacun de ces univers et l'allocation de son temps sera le résultat d'une négociation tripartite entre lui-même (ou son équipe), les responsables de l'axe enseignement et les responsables de l'axe recherche.

L'adoption d'une structure matricielle permet, de plus, une adaptabilité plus grande de l'université aux différences de rythme d'évolution des enseignements et de la recherche. La pluridisciplinarité scientifique pourra être modifiée sans être affectée par les exigences des structures d'enseignement. À l'inverse, les enseignements pourront s'adapter sans être freinés par les cloisons entre disciplines scientifiques.

La tradition en France voulait que les universités soient organisées par départements scientifiques, sans s'interroger sur le profil des étudiants ainsi formés, tandis que les grandes écoles d'ingénieurs et de commerce étaient structurées par programmes de formation, ce qui entraînait une faiblesse de la recherche. L'adoption progressive de structures plus matricielles dans les deux types d'institution a rétabli l'équilibre des priorités.

QUESTIONS

Corrigés en ligne sur dunod.com

1. En vous appuyant sur votre vécu d'étudiant, comment décririez-vous la structure de votre institution d'enseignement supérieur ? Quels étaient ou quels en sont les avantages et les inconvénients ?
2. Si vous êtes passé par deux institutions différentes, comparez leurs structures et faites un bilan des conséquences stratégiques et opérationnelles des choix organisationnels qui ont été faits.

2 Les modes de coordination des structures matricielles

a. Une double appartenance

Si l'on veut optimiser deux missions indépendantes, par exemple « gérer le produit X » et « vendre l'ensemble des produits », on ne peut subordonner l'une à l'autre. Il faut équilibrer les pouvoirs de chacun des responsables et organiser leur confrontation, afin de gérer les conflits que la dualité des missions engendre inévitablement. Ainsi, le responsable des ventes d'un produit sera supervisé par le directeur des ventes de l'entreprise, auquel il rendra compte de son comportement de vendeur, et par le directeur de la division produit, auquel il répondra des objectifs spécifiques affectés au produit dans son ensemble.

Chacun des moyens mis en commun est ainsi soumis à une double influence, ou à une double appartenance, comme le montre la figure 14.10.

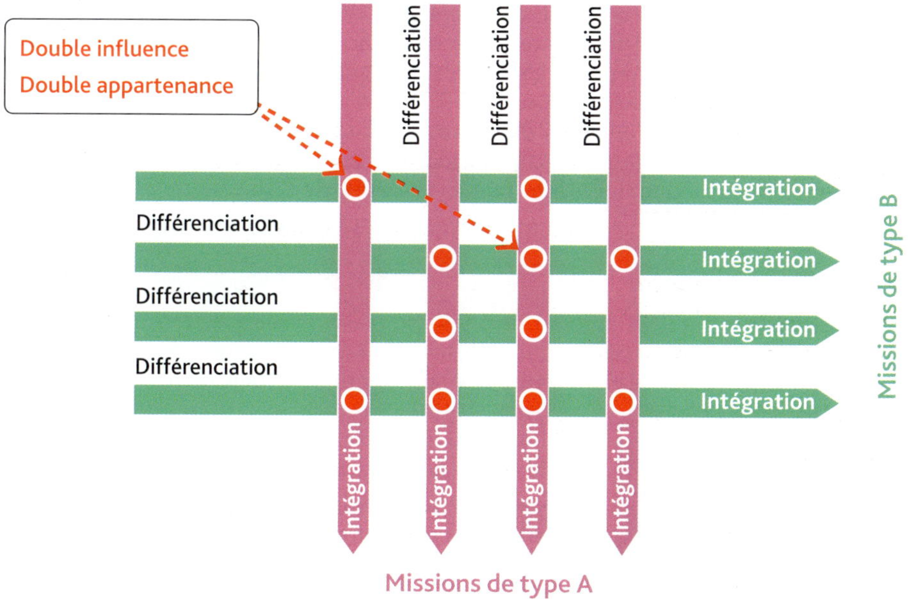

Figure 14.10 **Les couples différenciation/intégration dans la structure matricielle**

b. Les deux types de coordination

- **La coordination verticale** a pour objectif d'optimiser l'utilisation des moyens dévolus à chaque fonction (objectif d'efficience) par une bonne allocation de ces moyens entre les différents produits. Elle s'efforce de respecter des ordres de priorité.
- **La coordination horizontale** a pour objectif d'assurer le bon enchaînement des différentes fonctions qui s'inscrivent dans un même flux d'opérations (objectif d'efficacité). Elle s'efforce de gérer les interfaces, en tirant parti des marges de manœuvre des uns et des autres.

Chacune des formes de coordination est tributaire de l'autre : la conduite des opérations implique la recherche permanente de compromis entre efficience (productivité) et efficacité (qualité de réalisation des objectifs), qui ne peut résulter que d'une collaboration très étroite entre les personnes investies de ces deux responsabilités.

3 Efficacité et pathologies des structures matricielles

a. Des critiques dues à l'incompréhension ?

La plupart des critiques faites aux structures matricielles mettent en cause la dualité hiérarchique : une personne ne peut dépendre de deux supérieurs sans que cela soit un facteur d'incohérence grave, ou la négation même de l'autorité hiérarchique. De plus, ces structures peuvent ralentir les processus de décision par les conflits et les blocages qu'elles génèrent. Cette critique résulte souvent d'une incompréhension des fondements de la structure matricielle et des rôles respectifs joués par les deux principaux types de responsable qu'elle mobilise.

Le rôle des intégrateurs en ligne et en colonne dans la figure 14.10 n'est pas de donner des ordres aux différents responsables placés à l'intersection d'une ligne et d'une colonne, mais au contraire de définir d'un commun accord les conditions de travail et les objectifs desdits responsables. En effet, ces objectifs ne peuvent résulter que d'un compromis entre les exigences de chacune des missions. Les intégrateurs doivent ensuite assurer la communication entre les différents responsables qui interviennent le long de la ligne ou de la colonne dont ils assument la coordination, afin d'atteindre le niveau de performance requis.

b. Le rôle du responsable dépendant de deux supérieurs

Dans une telle optique, le rôle du responsable placé à l'intersection ligne/colonne ne peut être interprété comme celui d'un simple exécutant soumis à des injonctions contradictoires. Il est le seul qui puisse déclencher un arbitrage de niveau supérieur s'il sent, en fonction des informations qui lui sont fournies, qu'il risque de ne pas atteindre le niveau de performance requis.

Par exemple, si son équipe vient à manquer de certains spécialistes, il avertira le coordinateur fonctionnel, qui s'efforcera de puiser dans les autres équipes de même spécialité, travaillant sur d'autres produits. Si ce recours est impossible et si le coordinateur fonctionnel n'aboutit pas à un compromis avec les coordinateurs « produits » concernés, on aura alors recours à l'arbitrage du responsable de niveau supérieur.

c. La performance collective plutôt qu'individuelle

Dans la structure matricielle, une décision n'est jamais l'apanage d'un seul individu qui régente un territoire bien délimité, mais le résultat de la confrontation entre plusieurs individus, le nombre d'intervenants dépendant de la complexité du problème et des interdépendances qu'il met en cause. La structure matricielle est conçue pour gérer des interfaces, le domaine d'action de chaque responsable étant largement décentralisé. Elle met l'accent sur la performance collective plus que sur la performance individuelle.

Lorsque cette règle du jeu n'est pas comprise et respectée, des luttes de pouvoir entre intégrateurs horizontaux et verticaux se produisent, dont l'enjeu est le contrôle hiérarchique de chaque case de la matrice. Chaque problème d'interface est alors considéré comme un terrain où l'on peut affirmer sa suprématie, et non comme un terrain de coopération. Il en résulte une dynamique inverse de la dynamique souhaitée ; les recours aux arbitrages de niveau supérieur sont systématiques, la direction générale est saturée, la réunionnite sévit.

Dans un tel contexte, les responsables placés à l'intersection des deux axes de coordination sont soit totalement passifs, attendant la fin du combat des chefs, soit suffisamment habiles pour tirer profit de cette situation en s'autorisant des initiatives qui confortent leur indépendance. Le cloisonnement de l'organisation va croissant et la coordination est laissée au hasard des affinités interpersonnelles. Une telle situation se résout généralement par un abandon de la structure matricielle et un retour à une structure plus simple.

d. Une solution complexe

De nombreuses tentatives d'implantation de structures matricielles se sont soldées par des échecs parce que leurs promoteurs avaient sous-estimé la révolution culturelle nécessaire, ou parfois plus simplement parce que la complexité des problèmes n'était pas suffisante pour justifier l'adoption d'une structure matricielle. Avant d'adopter une solution aussi complexe, il faut s'assurer qu'elle correspond à des exigences réelles. C'est ce que l'on peut répondre à ceux qui incriminent ces structures. Puisqu'elles fonctionnent sur des solutions de compromis, leur adoption ne permet pas toujours de mettre en œuvre toutes les économies d'échelle et les synergies potentiellement réalisables, mais ce qu'elles permettent d'économiser en coûts de coordination par rapport aux structures classiques est le plus souvent une contrepartie suffisante. Finalement, l'organisation matricielle se heurte surtout à la nécessité impérative de simplicité organisationnelle.

4 Bilan

La structure matricielle a soulevé un enthousiasme exagéré lors de son apparition. Elle a été appliquée avec plus ou moins de discernement à de nombreux types d'organisation, dès lors que l'analyse des flux entre produits et fonctions faisait apparaître des possibilités d'économies d'échelle importantes. Les difficultés de sa mise en œuvre ont provoqué un phénomène de rejet, tout aussi exagéré que l'engouement initial. Mais la plupart des organisations ont désormais incorporé des éléments en matrice : responsables de produits et responsables de régions (ou de pays) d'une part, responsables de clients et responsables de produits (ou de chaîne de production et logistique) d'autre part, sont sans doute les couples matriciels les plus répandus aujourd'hui dans les entreprises.

SECTION 5

LES STRUCTURES PAR PROJET

De nombreuses entreprises sont confrontées à des problèmes d'organisation liés au caractère non répétitif de leurs activités, comme des sociétés de grands travaux publics ou des cabinets de conseil. L'introduction d'une dimension temporelle dans la structure résulte dans différents types d'organisation, rendant cruciale la question de l'acquisition et du partage des compétences.

1 L'introduction de la dimension temporelle dans la structure

a. La notion de durée limitée

Les modes de structuration définis jusqu'ici supposent une certaine permanence des activités de l'entreprise, une relative stabilité de ses processus d'action. Ils tendent à favoriser l'acquisition des bases d'expérience nécessaires par la répétition, la standardisation, la concentration des compétences au sein des différents services, même dans le cas de structures assez flexibles et adaptables. Mais la non-répétitivité des activités introduit la notion de durée finie, le temps apparaissant comme une dimension supplémentaire de l'organisation. La mise en œuvre de structures opérationnelles à durée déterminée devient une base d'expérience supplémentaire que l'entreprise doit maîtriser et savoir exploiter. Les activités à durée déterminée vont être organisées autour du concept de projet.

b. Qu'est-ce qu'un projet ?

Un projet peut se définir de la manière suivante :

- **Le produit ou service à réaliser n'est pas répétitif**, il est individualisé dans son exécution, sinon dans sa conception. Il est réalisé à un moment donné, dans un lieu précis, dans des conditions particulières, afin de satisfaire un besoin unique.
- **L'organisation des moyens de production** (voire d'études) et **le processus de réalisation** sont fonction de ces spécificités.
- **La maîtrise du temps** (délais) est fondamentale. Une programmation propre, portant aussi bien sur les éléments techniques que sur les éléments financiers et commerciaux, est indispensable.
- **La réalisation se fait de manière autonome** par rapport au reste de l'entreprise. Des projets peuvent se développer parallèlement les uns aux autres, ou cohabiter avec des activités de production classique à flux répétitif.

Un projet est un processus continu qui va de l'idée initiale à la réalisation finale. Gestation et réalisation du projet sont étroitement liées.

De plus, un projet se déroule rarement de manière linéaire, ses différentes composantes techniques s'exécutant suivant une chronologie et des relations complexes. Des itérations et des remises en cause diverses peuvent intervenir en cours de réalisation, pour des raisons techniques, de délais et de coûts. Pour répondre à de telles exigences, il faut mettre en place des processus d'intégration spécifiques à chaque situation.

2 Les types de structure par projet

On adopte des solutions organisationnelles très différentes selon qu'il s'agit de réaliser un barrage, de concevoir un prototype industriel, de mettre au point un système d'armement ou de gérer un contrat de conseil. La structure d'un organisme international de coopération spatiale différera considérablement de celle d'une petite société privée qui développe des systèmes informatiques ou d'une entreprise multinationale d'ingénierie industrielle, toutes trois étant pourtant organisées par projet.

Pour définir la structure la plus appropriée, on prend en considération les déterminants habituels (nature de l'activité et environnement), les caractéristiques génériques des projets mis en œuvre (nature, taille, durée, répétitivité), et éventuellement l'importance relative du volume d'activité des projets dans l'ensemble des activités de l'entreprise. On peut distinguer trois grandes configurations : structure pure par projet, structure mixte projets-fonctions, et structure matricielle projets-métiers.

a. La structure pure par projet

Lorsqu'une organisation met en œuvre des projets de grande taille, d'une durée importante (deux ans ou plus), très différents les uns des autres, ou suffisamment distants pour que l'essentiel des ressources humaines et matérielles soit mobilisé en lieu et en heure, on peut découper l'entreprise en autant de sous-ensembles quasi-indépendants qu'il y a de projets. Les entreprises de travaux publics qui réalisent de grands travaux à l'étranger (construction de barrages, plateformes en mer) et certaines sociétés de conseil ou d'ingénierie adoptent une telle structure.

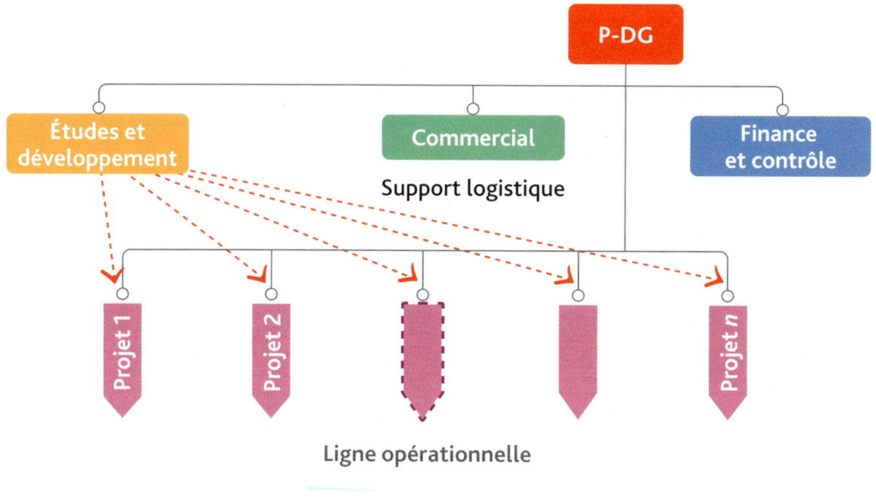

Figure 14.11 La structure pure par projets

Chaque projet est doté de moyens propres en hommes et équipements, et placé sous la direction d'un responsable auquel sont largement déléguées les décisions opérationnelles. L'entreprise apparaît comme un conglomérat de projets, le niveau central assumant essentiellement des responsabilités d'ordre financier et stratégique (équilibre des flux financiers et des risques, développement de nouveaux projets permettant d'assurer la continuité de l'activité économique de l'entreprise). Dans ce cas, tous les moyens opérationnels sont rattachés aux projets et non à l'entreprise, celle-ci ne se préoccupant pas prioritairement d'en assurer une optimisation globale : les équipements, par exemple, sont amortis sur la durée du projet et peuvent même ne pas apparaître dans les immobilisations de l'entreprise.

b. La structure mixte projets-fonctions

La structure mixte projets-fonctions convient à des entreprises dont les projets sont susceptibles de puiser dans un gisement commun en hommes et/ou en matériel. Des économies d'échelle entre projets sont alors possibles, et l'entreprise doit adopter une structure fonctionnelle pour la gestion des moyens communs, avec une structure par projet pour leur exécution. C'est le cas lorsque les projets sont plus répétitifs, d'une durée relativement courte et lorsque l'originalité technique d'un projet par rapport à un autre est faible.

Les entreprises de BTP implantées sur des marchés régionaux et offrant des prestations relativement standardisées comme la construction des routes, les sociétés de conseil et d'ingénierie diversifiées, les sociétés de service informatique, les entreprises fabriquant des engins en petite série ou des carrosseries spéciales, adoptent généralement une structure de ce type.

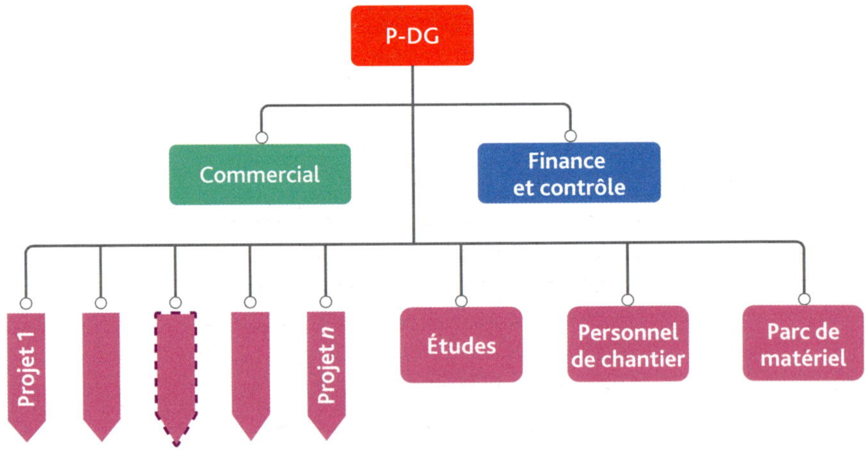

Figure 14.12 La structure mixte projets-fonctions

On observe, par rapport à la situation précédente, un déplacement des bases d'expérience, sources d'avantage concurrentiel, de la partie mouvante vers la partie stable de l'organisation. La partie fonctionnelle de la structure s'apparente à une succession de réservoirs de moyens, dans lesquels les projets puisent les ressources dont ils ont besoin aux différentes phases d'avancement des travaux.

Les chefs de projet ont la responsabilité pleine et entière des moyens qui leur sont affectés durant la durée du projet. Les directeurs de services fonctionnels supports sont chargés d'adapter le potentiel de moyens aux prévisions d'activité. Ils s'assurent de l'adéquation de la qualification des hommes et des matériels aux besoins, et des progrès des méthodes et des techniques employées. La standardisation des méthodes leur incombe, car c'est la source majeure d'économies d'échelle, dont ils sont les garants. Enfin, ils peuvent jouer un rôle d'expertise technique à la demande.

c. La structure matricielle projets-métiers

L'application d'un schéma matriciel s'impose dès que la technologie développée dans les projets est à la fois sophistiquée et évolutive. Les entreprises et organismes qui œuvrent dans des domaines à technologie de pointe, comme la Nasa, le CNES ou de nombreuses sociétés d'ingénierie, sont des exemples de cette structure. Dans ce cas, il est difficile de séparer les moyens et les opérations, car les progrès et les conditions de succès des uns et des autres sont étroitement liés. Lorsque les différents projets développés font appel au même ensemble de compétences technologiques, la structure matricielle projets-métiers est la plus efficace.

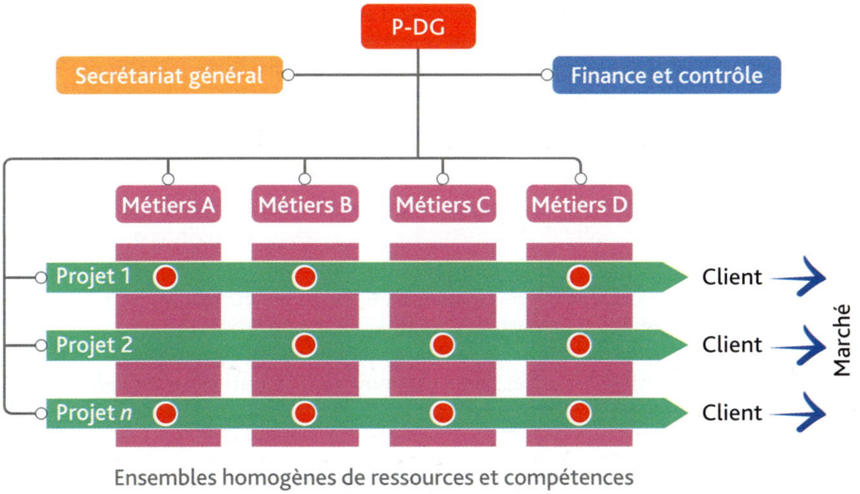

Figure 14.13 La structure matricielle projets-métiers

d. Le chef de projet

Les trois configurations présentées ci-dessus sont des transpositions au concept de projet des trois structures de base : la structure fonctionnelle, la structure divisionnelle et la structure matricielle. La différence réside dans le problème de coordination particulier que posent les projets, auquel les mécanismes d'intégration classiques répondent mal et qui nécessite donc la mise en place d'un intégrateur différent : le chef de projet.

EN PRATIQUE

Les rôles du chef de projet

- Assurer la réalisation effective du projet, en veillant à l'optimisation des trois paramètres interdépendants (qualité technique, délais et coûts) qui caractérisent la performance à atteindre. Pour cela, il doit concevoir, organiser et contrôler un processus original de réalisation. Il lui appartient de définir le processus opératoire qui sera mis en œuvre, les moyens nécessaires pour le mener à bien, et les instruments de suivi opérationnels. Les échecs de la gestion par projet proviennent souvent de la désignation tardive du chef de projet, quand la phase de conception est déjà très avancée.
- Organiser la mobilisation des moyens nécessaires à la réalisation du projet, que ces moyens lui appartiennent en propre, ou qu'ils soient localisés dans la structure permanente de l'entreprise ou au-dehors. Il définit donc l'organigramme du projet et assigne des objectifs de réalisation à chacun des responsables, selon diverses modalités :
  - relation de supérieur hiérarchique avec ses subordonnés directs ;
  - négociation avec les responsables de la structure interne de l'entreprise ;
  - relation client-fournisseur avec les sous-traitants externes.
- Instaurer un climat de collaboration entre les différents responsables, afin que ceux-ci s'identifient en priorité au projet, quels que soient leur groupe naturel d'appartenance et leur localisation dans ou hors de l'entreprise.
- Contrôler le développement du projet en rassemblant les informations nécessaires à la prévision et la minimisation de l'impact d'éventuels aléas sur le déroulement du projet, et en veillant à la qualité de la communication existant entre les différents responsables. Information et communication sont ses armes principales pour affronter la complexité et les incertitudes inhérentes à toute activité non standardisée.

Comme tout intégrateur, le chef de projet doit faire face à la résolution des conflits concernant la programmation, la définition des priorités, la disposition du personnel et des moyens techniques, le choix des solutions techniques, l'obtention des informations, l'imputation des coûts et des écarts éventuels, les relations interpersonnelles.

Pour réussir dans sa mission, il lui faut jouer des différents modes de résolution de conflits (confrontation, compromis, diplomatie, pression ou retrait) et tirer parti de ses qualités personnelles (expertise, empathie, charisme) et des leviers que la direction doit mettre à sa disposition : appui hiérarchique le plus élevé possible, maîtrise des ressources financières allouées au projet, moyens d'incitation sur les individus en termes de salaire, de promotion, d'affectation.

3 L'acquisition d'expérience

Dans une activité par projet, l'acquisition d'expérience est plus difficile que dans une activité répétitive, car les possibilités de standardisation sont faibles. De plus, la tendance naturelle dans une structure par projet est d'exagérer la spécificité et l'originalité de chaque projet. Il existe cependant deux sources de capitalisation de l'expérience :

- les personnes qui ont assumé des responsabilités de chefs de projet ou qui ont déjà été membres d'une équipe de projet ;
- les procédures de prévision et de contrôle portant sur les paramètres de qualité, coûts et délais.

L'entreprise mettant en œuvre des projets souffre plus que les autres d'une rotation excessive du personnel d'encadrement, qui constitue pourtant sa seule mémoire vivante. En conséquence, elle doit s'attacher les chefs de projet, faciliter les échanges d'expérience entre eux, organiser leur recyclage et offrir aux meilleurs des possibilités de carrière hors de la gestion de projet. L'entreprise doit développer une forte culture interne pour compenser les risques d'éclatement que présente toute gestion par projet.

Exemple

Les cadres STMicroelectronics

- Chez **STMicroelectronics**, les cadres, quelle que soit leur origine nationale, sont dispersés dans le monde entier, mais ils partagent une même vision de leur fonction, de leur profil et du comportement idéal de l'ingénieur de projet, ce qui assure une remarquable unité, malgré la multiplicité des projets et leur spécificité.

Les procédures de gestion des projets (suivi des délais et des coûts, en particulier) représentent le seul patrimoine méthodologique commun susceptible de servir de cadre de référence, d'éviter à chacun de repartir de zéro pour chaque nouvelle affaire, et de mobiliser la compétence et la créativité de chacun sur la spécificité de chaque projet. C'est aux services d'état-major de veiller à la diffusion des méthodologies et à la capitalisation.

Exemple

Des « *golden projects* »

- Chez **STMicroelectronics**, l'état-major qualifiera certains projets avancés de *golden projects*. Ils bénéficieront d'un financement supplémentaire pour permettre la capitalisation de leurs avancées en recherche-développement. Les procédures sont aussi un facteur important de cohérence, laquelle doit tempérer la tendance naturelle d'une organisation par projet à une différenciation opérationnelle excessive. L'élaboration de ces procédures doit être l'œuvre collective des chefs de projet, car elles sont la base du langage commun indispensable à toute organisation.

Dans le cas des sociétés de conseil, la capitalisation des connaissances et des compétences est essentielle d'un projet à l'autre, car elle constitue une base fondamentale d'innovation pour ces entreprises. C'est ce qui a conduit des cabinets comme McKinsey ou Accenture à mettre en place des systèmes virtuels de gestion des connaissances à travers lesquels chaque responsable de projet, où qu'il soit dans le monde, met à la disposition des autres l'expérience qu'il vient d'acquérir.

4 Bilan

La gestion par projet s'est rapidement diffusée dans toutes les entreprises où la maîtrise des délais est fondamentale et dépend de la qualité des relations qui s'établissent entre les services concernés (dans la même entreprise ou entre plusieurs entreprises).

CONCLUSION

Ces quatre structures de base (divisionnelle, fonctionnelle, matricielle et par projet) sont analysées de manière quelque peu différente par Mintzberg (voir la rubrique Fondements théoriques ci-après).

FONDEMENTS THÉORIQUES

Le modèle d'Henry Mintzberg

Dès que l'entreprise atteint une certaine taille et un certain degré de diversification, sa structure se caractérise par la coexistence d'unités opérationnelles et de départements fonctionnels qui assurent un rôle transversal au niveau *corporate*. Mintzberg[1] propose de distinguer deux catégories parmi ces départements fonctionnels :

- la technostructure, composée d'analystes et de concepteurs de systèmes, qui définissent les règles et les méthodes de travail et assurent les suivis et les contrôles (ressources humaines, contrôle de gestion, trésorerie, qualité, recherche et développement, etc.) ;
- le support logistique, qui se situe hors du flux direct de travail de l'entreprise et propose aux opérationnels des services spécialisés (paie, informatique, juridique, services généraux, etc.).

Au lieu de représenter les types structurels par des organigrammes, Mintzberg utilise des *Gestalt*, c'est-à-dire des « configurations ». Chacune de ces configurations correspond à un archétype d'organisation où domine une des cinq forces qui, selon lui, sont à l'œuvre dans toute organisation : centralisation, professionnalisation, collaboration, balkanisation, standardisation (voir figure 14.14).

La structure simple, la bureaucratie mécaniste et la forme divisionnalisée ont été présentées dans ce chapitre sous des appellations plus communes de la forme fonctionnelle pour les deux premières configurations et de la forme divisionnelle pour la troisième. Les deux autres configurations (bureaucratie professionnelle et adhocratie) apportent des éléments de réflexion originaux sur l'adaptation des structures à la complexité et au changement.

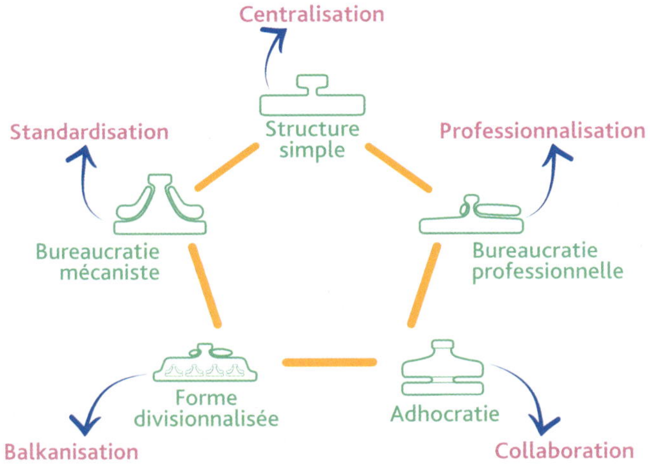

Source : Mintzberg H., 2003.

Figure 14.14 Le pentagone des forces de Mintzberg

●●●

Configurations structurelles (*Gestalt*)		Mécanisme principal de coordination	Partie clé de l'organisation	Type de décentralisation
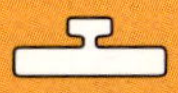	Structure simple	Supervision directe	Sommet stratégique	Centralisation horizontale et verticale
	Bureaucratie mécaniste	Standardisation des procédés de travail	Technostructure	Décentralisation limitée (horizontale et verticale)
	Forme divisionnalisée	Standardisation des produits	Ligne hiérarchique	Décentralisation verticale limitée
	Bureaucratie professionnelle	Standardisation des qualifications	Centre opérationnel	Décentralisation verticale et horizontale
	Adhocratie	Ajustement mutuel	Logistique	Décentralisation sélective

Source : Mintzberg H., 2003.

Tableau 14.4 Les configurations structurelles de Mintzberg

La bureaucratie professionnelle

Selon Mintzberg, la bureaucratie professionnelle, typique des cabinets de conseil ou d'avocats et des hôpitaux, « *est une configuration structurelle qui repose sur un mécanisme de coordination particulier, la standardisation des qualifications* ». Celle-ci permet une internalisation des normes professionnelles grâce à une combinaison de formation et de socialisation et assure la coordination *a priori*, chaque professionnel ayant appris au cours de son apprentissage ce qu'il doit attendre des autres professionnels avec lesquels il est amené à collaborer. La bureaucratie professionnelle met l'accent sur la compétence individuelle comme fondement du pouvoir : le professionnel qui contrôle son propre travail et agit de façon relativement indépendante de ses collègues mais reste proche des clients qu'il sert.

Dans ce type de configuration le centre opérationnel est prépondérant, composé d'un nombre important d'unités fortement spécialisées. La ligne hiérarchique est très courte : la technostructure est atrophiée en raison de la standardisation des qualifications et l'administration a pour rôle essentiel de régler les problèmes de cohabitation et d'utilisation des ressources partagées.

La stratégie dans cette configuration est pour une large part le résultat des stratégies des professionnels pris individuellement. En conséquence, les professionnels ont tendance à être très responsables et très motivés.

L'adhocratie

L'innovation sophistiquée requiert une configuration « *qui permet de fusionner les travaux d'experts appartenant à des disciplines diverses dans des groupes de projet constitués en fonction des besoins* », par exemple dans les grandes sociétés d'ingénierie. La structure par projet décrite dans ce chapitre correspond à l'adhocratie.

●●●

●●●

Le mécanisme de coordination principal est l'ajustement mutuel. La structure des adhocraties doit être flexible, organique, et se renouveler d'elle-même. De toutes les configurations structurelles, l'adhocratie est celle qui respecte le moins les principes classiques de gestion, et spécialement l'unité de commandement.

La coordination n'est pas l'apanage d'un petit groupe, elle est assumée par la plupart des membres de l'organisation. Dans l'adhocratie, il y a abondance de cadres-managers, mais ceux-ci ne donnent pas de directives, ce sont des experts parmi les experts. Il y a une distribution plus égalitaire du pouvoir entre toutes les parties de l'organisation : les activités administratives et opérationnelles tendent à y être confondues. Les fonctions support ne sont pas prestataires de services mais contribuent par leur expertise à l'originalité des réponses élaborées par l'organisation aux attentes de ses clients. La distinction entre formulation et mise en œuvre de la stratégie n'est plus pertinente.

1. Mintzberg H., 2003.

Au final, il faut retenir que ces quatre structures présentent toutes des avantages et des inconvénients : elles sont aujourd'hui remises en cause par la nécessité de construire des organisations plus agiles, plus innovantes, plus informelles, comme nous le verrons dans les chapitres suivants.

À RETENIR

Les principales dimensions d'une structure

- La **structure** peut être définie comme l'ensemble des fonctions assurées par les individus ou les équipes de l'entreprise, ainsi que les relations entre ces fonctions.
- On peut caractériser la structure à l'aide des trois critères suivants : son degré de **spécialisation**, de **coordination** et de **formalisation**.
- Il existe quatre types de structure de base : **fonctionnelle**, **divisionnelle**, **matricielle** et **par projet**.

Les structures fonctionnelles

- Les structures fonctionnelles correspondent aux grandes étapes de la chaîne de valeur et permettent de gagner en efficacité à chaque étape.
- Leurs dysfonctionnements classiques sont : une absence de vision d'ensemble, une centralisation excessive, l'immobilisme et des difficultés de communication (silo). Les **processus transversaux** permettent en partie d'y remédier.

Les structures divisionnelles

- L'objectif des organisations divisionnelles est de concilier la **logique stratégique** de chaque activité et l'exploitation d'**économies d'échelle** et de **compétences partagées**.
- Dans une entreprise diversifiée, l'**avantage parental** apporté par le groupe passe par une organisation qui comporte des systèmes de planification et de contrôle, des unités fonctionnelles centrales et une fonction de direction générale.

Les structures matricielles

- Les structures matricielles se caractérisent par le croisement de deux critères de spécialisation. Chaque unité élémentaire est à l'**intersection de deux spécialités**.
- La structure matricielle remet en cause la notion d'**unicité de commandement**, car chaque responsable a une double appartenance.

Les structures par projet

- On peut distinguer trois types de structure par projet : la structure **par projet simple**, la structure **mixte projets-fonctions**, et la structure **matricielle projets-métiers**.

Chapitre 15 Décider et agir

La formulation et la mise en œuvre de la stratégie sont des tâches complexes dans lesquelles interviennent de nombreuses forces internes et externes à l'entreprise. La question qui se pose au dirigeant est de savoir comment il peut maîtriser la trajectoire stratégique de son entreprise et éventuellement la modifier.

Cette question nous amène d'abord à présenter la planification stratégique. Souvent identifiée comme l'instrument privilégié de la mise en œuvre de la stratégie de l'entreprise, la planification est toujours utilisée par l'immense majorité des grandes entreprises. Son rôle est pourtant controversé.

La section 2 présente donc plusieurs modèles alternatifs de la prise de décision stratégique, qui s'efforcent de répondre à ces critiques. Ces modèles ont l'avantage de rendre compte de manière plus fidèle de la réalité des décisions stratégiques dans les organisations et fournissent donc des clés de compréhension précieuses. Leur utilité prescriptive est en revanche limitée.

La section 3, enfin, expose les apports de la psychologie cognitive et de l'économie comportementale à l'analyse de la décision stratégique. Cette perspective comportementaliste suggère des pistes pour bâtir une démarche de prise de décision stratégique consciente de l'humanité et de la faillibilité des décideurs.

Plan du chapitre

SECTION 1

LA PLANIFICATION, OUTIL DE DÉCISION ET D'ACTION STRATÉGIQUE

1 Qu'est-ce que la planification stratégique ?

Les entreprises ont longtemps considéré la planification stratégique comme un outil essentiel d'opérationnalisation de la stratégie. Or, il est important de définir clairement ce que l'on entend par planification stratégique, notion souvent confondue avec d'autres approches, notamment la prévision.

La planification stratégique est un processus formalisé qui élabore une représentation voulue de l'état futur (en général, à un horizon de trois, cinq ou dix ans) et qui spécifie les voies pour l'atteindre. Dans cette démarche, le raisonnement est explicite et formalisé. Il définit un calendrier d'actions pour les différentes parties de l'entreprise en fonction des choix stratégiques et des objectifs. Cette méthode postule qu'une démarche explicite et volontaire conduit plus efficacement aux résultats recherchés que des décisions prises au coup par coup.

La planification s'appuie souvent sur des techniques de prévision et de prospective, avec lesquelles il ne faut pas la confondre.

- La prévision tente d'évaluer comment vont évoluer les marchés, la technologie ou l'environnement, en extrapolant quantitativement les données passées et présentes.
- La prospective élabore des représentations du futur en procédant de manière qualitative et peut envisager plusieurs avenirs possibles (souvent appelés « scénarios »).

La planification peut utiliser ces outils, mais s'en distingue par la dimension de volontarisme qu'elle introduit : elle ne vise pas seulement à prévoir l'avenir, mais à le façonner.

Une autre confusion fréquente concerne l'articulation entre le plan stratégique, la mission de l'entreprise, et sa vision.

- La mission est une raison d'être, formulée de manière motivante pour les collaborateurs, qui n'a pas vocation à être révisée fréquemment.
- Distincte de la mission, la vision est une aspiration précise, ambitieuse, et assortie d'un horizon de temps relativement long (qui peut correspondre au mandat d'un dirigeant).

L'une et l'autre, quand elles existent, sont des préalables à la planification stratégique.

2 L'essor de la planification stratégique

L'essor de la planification, entendue comme projection dans le futur des activités de l'entreprise, a lieu aux États-Unis dans les années 1950. La préoccupation essentielle à laquelle répond la « planification à long terme » est, dans un contexte de forte croissance, d'allouer les ressources pour répondre efficacement à la demande. C'est en ce sens que l'on a construit le concept de *planning and control system*[1].

1. Steiner G.A., 1969.

La planification consiste alors à élaborer un plan sur un horizon de trois à cinq ans, révisé annuellement, qui prévoit l'évolution des marchés sur lesquels opère l'entreprise, anticipe un niveau de ventes, planifie les moyens nécessaires pour les réaliser (notamment en production), et décline ces prévisions en programmes d'action pour chaque fonction de l'entreprise.

Ce modèle souffre de deux limites évidentes : il ne prend en compte ni la possibilité de changements radicaux dans l'environnement, ni celle d'une expansion de l'entreprise vers de nouveaux marchés. Adapté à la gestion opérationnelle de la croissance d'activités existantes dans un environnement stable et prévisible, il ne permet pas de sortir de ce cadre.

Pour surmonter ces limites, Igor Ansoff, directeur de la planification de Lockheed Corporation, devenu professeur de stratégie, propose une méthode qui distingue deux niveaux de planification[1] (voir figure 15.1) :

- **La planification stratégique** porte sur les choix d'activités permettant à l'entreprise d'améliorer sa position concurrentielle en explorant la pertinence des projets de pénétration de nouveaux marchés, d'adoption de technologies nouvelles, de diversification, d'implantation à l'étranger, etc.
- **La planification opérationnelle** traduit les orientations stratégiques en programmes d'action à moyen terme applicables par tous les services, départements et unités de l'entreprise et en fait la synthèse financière.

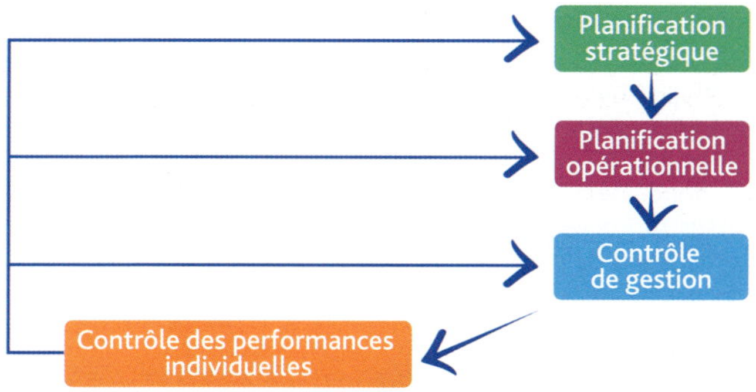

Figure 15.1 Schéma-type d'un système intégré de planification et de contrôle

À partir des années 1970, la planification stratégique s'appuie sur des outils d'analyse comme les matrices de portefeuille d'activités (voir le chapitre 7) utilisées pour répartir les investissements entre les divisions qui ont établi des plans stratégiques à cinq ans. Ces plans sont évalués par la direction générale. Les ressources financières sont ensuite allouées aux différentes divisions en fonction de la capacité stratégique de la division, de l'attrait du secteur et du degré de priorité des différentes actions stratégiques. Enfin, les divisions établissent des plans opérationnels à trois ans, avec une budgétisation pour l'année à venir.

1. Ansoff H.I., 1965.

EN PRATIQUE

Cinq choix pour un dispositif de planification stratégique

1. Quels outils ?

- Les outils financiers présentent l'intérêt d'être standards, donc de fournir des cadres familiers permettant la consolidation des données relatives aux sous-parties de l'entreprise à tous les niveaux (filiales, divisions, groupe).
- Ils sont en revanche de médiocres instruments pour raisonner sur l'avenir stratégique des différentes activités. Les outils de type portefeuille d'activités doivent donc les compléter.

2. Quel cycle de déclenchement ?

- Les processus de planification sont en principe cycliques, et se déroulent selon un calendrier fixe, généralement annuel. La recherche d'une meilleure réactivité peut cependant conduire à réviser la stratégie à chaque fois que se produit un événement majeur (surprise stratégique dans l'environnement, saisie d'opportunité du type acquisition, etc.).
- Une variante de cette démarche consiste, pour un groupe multi-activité, à adapter la fréquence du cycle stratégique, afin de revoir plus fréquemment la stratégie dans les unités en évolution rapide que dans les affaires les plus mûres.

3. Top-down *ou* bottom-up *?*

- La planification stratégique peut consister à fixer aux unités opérationnelles des objectifs généraux (croissance et rentabilité), en leur laissant le soin de déterminer les stratégies qui permettent d'atteindre ces objectifs. Le processus est alors dit *bottom-up*, ou ascendant, puisque le plan résulte de l'agrégation des plans des unités.
- Les choix fondamentaux peuvent aussi être arrêtés par la direction, selon un processus *top-down*, ou piloté d'en haut. Le choix entre le *top-down* et le *bottom-up* dépend du style de direction du président, mais aussi des problèmes rencontrés par l'entreprise. Les moments de forte perturbation appellent une plus forte centralisation.

4. Démarche organisationnelle ou thématique ?

- La solution la plus évidente consiste à faire suivre à la planification stratégique les cheminements définis par la structure existante de l'organisation. Dans une organisation divisionnelle, chaque unité d'affaires propose donc sa stratégie au siège.
- Cette approche conduit toutefois presque inévitablement à négliger les opportunités ou les problèmes transversaux, soit parce qu'ils sont communs à plusieurs unités (par exemple, une évolution technologique majeure), soit parce qu'ils n'en concernent aucune en particulier (par exemple, une opportunité de croissance). Il est donc souvent utile de la compléter par des revues stratégiques *ad hoc*, centrées sur des problématiques ou des thématiques particulières.
- Enfin, certaines entreprises formulent à intervalles réguliers un plan *corporate*, distinct des plans de leurs unités d'affaires. Il s'agit en particulier de vérifier que la somme des plans individuels ne produit pas une allocation de ressources sous-optimale pour l'ensemble.

●●●

●●●

5. Formalisation par les opérationnels ou par le siège ?

- L'exercice de planification conduit généralement le siège à demander aux unités de traiter certaines questions de manière standardisée (par exemple, une évolution prévue des marchés). Ces « figures imposées » assurent la cohérence des plans et rendent possible leur consolidation.
- L'adhésion des dirigeants d'affaires et de fonctions au plan suppose toutefois qu'ils conservent une liberté d'expression et de formalisation. L'impression que la planification consiste essentiellement à remplir des tableaux préformatés n'y contribue pas. Un équilibre doit donc être recherché entre ces deux objectifs. Pour leur part, les cellules dédiées au plan stratégique doivent gérer leur positionnement et mettre en évidence l'aide qu'elles apportent aux opérationnels.

3 Les critiques de la planification stratégique

Les crises économiques récurrentes à partir du milieu des années 1970, le mouvement de globalisation des économies qui s'amplifie à partir des années 1990, et l'accélération du changement technologique lié à la révolution digitale depuis les années 2000 portent une nouvelle série de coups au concept de planification stratégique. Le problème est alors de savoir si la démarche de planification peut être corrigée ou si c'est son principe même qui doit être remis en cause. Apparaît en effet une critique radicale de la planification[1] qui est synthétisée par Henry Mintzberg dès 1993[2].

En plus des deux limites auxquelles le modèle d'Ansoff entendait répondre, on reproche notamment à la planification de construire une représentation de l'avenir à partir d'une continuité linéaire entre passé et avenir. Cela revient à négliger les événements imprévus, les « surprises stratégiques », de plus en plus fréquentes dans des contextes technologiques, économiques et concurrentiels turbulents. Cela conduit également à étouffer, au sein des équipes dirigeantes, la créativité, l'ouverture au changement et l'initiative qui permettraient de faire face à ces discontinuités.

Pour prendre en compte ces critiques, beaucoup d'entreprises enrichissent donc leurs processus de planification, au risque de les alourdir et de les complexifier. Certaines se dotent de départements dédiés à cette activité. Cette évolution logique prête toutefois le flanc à une nouvelle critique de la

1. Anastassopoulos J.-P., Blanc G., Nioche J.-P. et Ramanantsoa B., 1985.
2. Mintzberg H., 1993.

planification : alors que la préparation des plans stratégiques demande un temps de plus en plus important et implique de plus en plus de participants, aucune recherche n'a jamais pu établir une relation entre la performance financière de l'entreprise et un usage plus ou moins intensif de la planification.

À ces critiques théoriques de la planification répondent des critiques tout aussi virulentes des praticiens. Jack Welch, accédant à la présidence de General Electric en 1981, résumait ainsi le problème : « *Les rapports sont de plus en plus épais, l'impression de plus en plus sophistiquée, et les dessins de plus en plus jolis [...]* » sans pour autant que les résultats ne s'améliorent. De nombreuses enquêtes montrent que ni les managers qui participent aux exercices de planification stratégique, ni les dirigeants qui les commanditent n'en sont pleinement satisfaits et que beaucoup des décisions stratégiques les plus importantes sont prises en dehors de ces processus formalisés[1].

4 La résistance de la planification

En dépit de ces critiques à la fois théoriques et pratiques, la planification stratégique reste l'un des instruments les plus utilisés par les entreprises[2]. Ce paradoxe apparent a deux explications principales.

a. La difficulté de remplacer la planification

En premier lieu, il est plus facile de critiquer la planification que de la remplacer. L'historique de la planification stratégique que nous avons retracé précédemment est aussi la logique de sa nécessité : puisqu'il faut bien des plans opérationnels qui donnent des ordres de marche aux différentes fonctions, puisque l'environnement dans lequel ces plans doivent se réaliser évolue, et puisque l'entreprise doit faire des choix dans ce contexte, il faut bien qu'elle se pose, une à une, ces différentes questions caractéristiques d'un plan stratégique. Sauf peut-être pour des organisations de très petite taille, il n'est pas possible de tout décider « au fil de l'eau », sur la base de l'intuition stratégique du dirigeant. Chaque maillon de la structure organisationnelle doit établir et répondre à des objectifs qui, agrégés, répondent à une certaine cohérence, reprise dans le plan stratégique global de l'entreprise. Une projection stratégique dans le futur, quelles que soient les difficultés qu'elle soulève, s'avère très vite indispensable.

b. Les fonctions secondaires de la planification

En second lieu, au-delà de sa fonction initiale, la planification a des effets indirects, de nature managériale. Elle fournit, par exemple, un langage stratégique commun, ce qui facilite la communication entre les différents niveaux de direction et permet d'aboutir à une vision partagée du futur de l'entreprise. En ce sens, la planification constitue un instrument d'élaboration, mais aussi de mise en œuvre de la stratégie. La traduction des choix en plans fonctionnels (plan marketing, plan financier, plan de production, etc.) constitue aussi un moyen de diffusion des objectifs stratégiques et de mobilisation des managers.

1. Dye R., 2006.
2. Rigby D.K. et Bilodeau B., 2018.

L'organisation du processus de planification est un instrument de gestion des ressources humaines, voire de pouvoir : en choisissant les cadres qui y participent et en leur offrant l'occasion de rencontrer les dirigeants, elle prépare souvent la future composition des instances de direction. Enfin, le plan stratégique est un outil indispensable de communication de la stratégie auprès des parties prenantes : pour « vendre » sa stratégie au conseil d'administration (qui doit juridiquement l'approuver), mais aussi aux analystes financiers ou aux agences de notation, le dirigeant doit démontrer la cohérence de son ambition stratégique, et suggérer que celle-ci procède d'un processus de formulation rationnel et organisé.

En résumé, la planification stratégique n'est pas seulement la mécanique qui sert à fabriquer un plan : c'est un outil de management, indispensable à la fois en interne et en externe auprès de tous les partenaires de l'entreprise. C'est la polyvalence de cet outil qui en explique la remarquable résistance.

Au-delà de l'utilité pratique de la planification, d'autres approches complémentaires ont été proposées pour faire le lien entre la stratégie et la décision stratégique. L'encadré suivant élabore brièvement trois visions où les décisions ne suivent pas précisément le plan préétabli par la planification mais permet aux dirigeants d'orienter la mise en œuvre stratégique pour toujours laisser un espace aux impondérables, qu'ils soient défavorables ou favorables à la stratégie poursuivie.

FONDEMENTS THÉORIQUES

Comment décrire le lien entre stratégie et décision stratégique ?

Plusieurs modèles théoriques tentent de décrire l'articulation entre la stratégie formulée et celle mise en œuvre au cours de la prise de décision au jour le jour.

L'incrémentalisme disjoint ou « politique des petits pas »

Chercheur en sciences politiques, Lindblom[1] parle « d'incrémentalisme disjoint » pour décrire le mode de décision préféré des dirigeants politiques : ceux-ci traitent les problèmes un à un, au fur et à mesure qu'ils se présentent, en visant des solutions ponctuelles, rapides et souvent modestes. Cette « politique des petits pas » est adaptée à une situation de forte incertitude dans laquelle les décideurs ont des capacités d'action limitées face à des problèmes trop nombreux et trop complexes pour être traités analytiquement. Pragmatique, le dirigeant peut corriger la trajectoire en cas de mauvaise décision. Loin des planificateurs omniscients et de leurs grandes manœuvres stratégiques, le modèle de l'incrémentalisme disjoint réduit la stratégie à une logique d'essais et d'erreurs.

L'incrémentalisme logique du « dirigeant habile »

James Brian Quinn[2] complète cette perspective et l'adapte au monde de l'entreprise en théorisant l'incrémentalisme logique du « dirigeant habile ». Il met en évidence l'articulation entre des systèmes formels de planification et des jeux politiques au sein de l'entreprise (voir point 3. de la section 2).

•••

La formulation de la stratégie s'effectue à travers plusieurs sous-systèmes qui rassemblent des « joueurs » autour d'un « problème » (par exemple, lancement de produit, acquisition, diversification, etc.). Chaque sous-système obéit à sa logique propre, mais rencontre aussi les limites et les contraintes posées par les autres sous-systèmes.

Le processus relève donc bien de l'incrémentalisme, puisqu'il y a fragmentation de la stratégie en une série de choix partiels. C'est au « dirigeant habile » que revient le rôle d'intégrateur, car il contrôle le processus de décision. Ce contrôle s'exerce principalement par la sélection des hommes et la détermination des structures, éléments clés de son pouvoir : en procédant à des nominations et en modifiant les unités organisationnelles, le dirigeant sélectionne les solutions et les projets dont ces hommes sont porteurs et que ces unités concrétisent. Au contraire de ce que prescrit la vision traditionnelle de la planification stratégique, il se gardera donc de fixer des objectifs trop précis, et définira surtout des buts implicites et non chiffrables, lui permettant de susciter le consensus sur les points essentiels et de conserver sa liberté d'arbitrage.

De l'intention à la stratégie réalisée

Mintzberg et Waters[3] distinguent pour leur part la stratégie délibérée, résultant d'une mise en œuvre volontariste des intentions des dirigeants, et la stratégie réalisée. La différence tient au fait que toutes les intentions formulées ne se matérialisent pas, en raison de résistances organisationnelles ou de difficultés d'exécution (c'est la « stratégie non réalisée »). Elle tient aussi au fait que les acteurs de l'organisation, face aux turbulences des marchés et aux actions des concurrents, prennent quotidiennement des initiatives, sans attendre des directives stratégiques venues d'en haut. Ces initiatives, considérées dans leur ensemble, peuvent avoir un effet important sur la stratégie de l'entreprise : c'est la stratégie émergente. Celle-ci permet de saisir des opportunités négligées par la stratégie délibérée, mais peut aussi s'en écarter. Au bout du compte, la stratégie réalisée peut ne correspondre que très imparfaitement à la stratégie délibérée (voir figure 15.2).

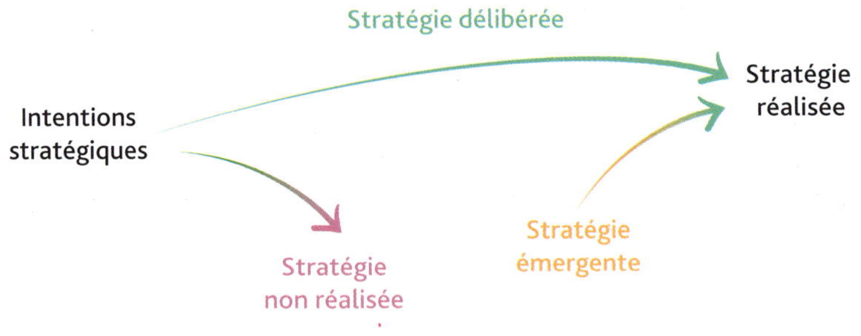

Source : Mintzberg H. et Waters J.A., 1985.

Figure 15.2 De l'intention à la stratégie réalisée

1. Lindblom C.E., 1959 ; Braybrooke D. et Lindblom C.E., 1963.
2. Quinn J.B., 1980.
3. Mintzberg H. et Waters J.A., 1985.

SECTION 2

PENSER LA DÉCISION STRATÉGIQUE

Les critiques adressées à la planification portent sur son efficacité relative et sur ses modalités de mise en œuvre. Plus radicalement, certaines critiques reprochent à la planification de méconnaître le fonctionnement réel des entreprises.

L'idée même de planification repose en effet sur un certain nombre de présupposés, caractérisant un modèle rationnel de la décision stratégique. La réflexion et la décision sont conçues comme précédant l'action. Leurs buts sont supposés rationnels et partagés par l'ensemble des acteurs de l'entreprise, qui sont censés décider et agir de manière à optimiser l'atteinte de ces objectifs. Enfin, le dirigeant, au sommet de la hiérarchie, est présenté comme le principal inspirateur et l'arbitre ultime de la décision stratégique.

La remise en cause de ces présupposés ouvre la voie à d'autres modèles de la décision stratégique. La typologie de Graham Allison[1], devenue classique, distingue, outre les modèles rationnels, les modèles organisationnels et les modèles politiques, auxquels on peut ajouter les modèles critiques.

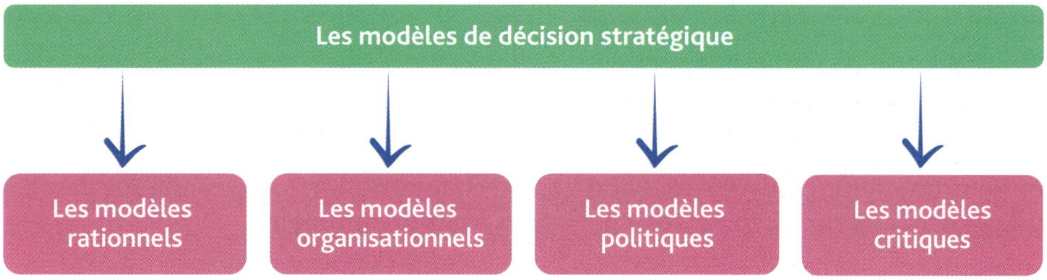

Figure 15.3 Les modèles de la décision stratégique

1 Les modèles rationnels

a. Caractéristiques

Le modèle rationnel est celui qui vient spontanément à l'esprit lorsque nous imaginons le schéma de pensée du dirigeant d'une entreprise cherchant à faire ses choix de manière aussi rationnelle que possible et formulant sa stratégie en fonction d'objectifs et/ou de préférences stables.

- **Un modèle héritier des révolutions industrielles**

Il prend sa source théorique dans les travaux d'économistes comme Adam Smith ou Ricardo qui préconisent respectivement la division du travail et sa spécialisation. Plus tard, les travaux de Taylor définissent la mission du dirigeant et, partant, son rôle de décideur tendant vers une rationalité scientifique[2]. Son objectif est d'accroître le niveau de productivité des organisations, objectif supposé bénéficier aux salariés comme au management, et donc propre à garantir une paix sociale durable.

1. Allison G., 1971 ; March J.G., 1994 ; Vidaillet B., D'Estaintot V. et Abecassis P., 2005.
2. Taylor F.W., 1911/1957.

En France, Fayol développe une philosophie similaire, et complète la pensée de Taylor en ne se limitant pas au champ de l'organisation de la production, et en étendant le domaine auquel doit s'appliquer la logique scientifique[1]. Il propose la mise en place d'une « prévoyance », ancêtre de la planification opérationnelle des ressources et des buts de l'entreprise. Le modèle rationnel est donc bien celui dans lequel s'inscrit la pratique de la planification stratégique, avec toutes ses évolutions.

• La suprématie du leader

La décision est assimilée au raisonnement d'un acteur unique qui cherche à maximiser la réalisation de certaines fins, en utilisant les moyens dont il dispose. Les choix effectués se déduisent des objectifs et des préférences. Les objectifs sont clairement et précisément définis. L'organisation, présentée comme hiérarchique et pyramidale, les sert comme un seul homme, tous ses acteurs étant supposés adhérer aux mêmes buts.

Dans le modèle rationnel, le chef d'entreprise est comparable (et souvent comparé) à un chef militaire qui conduit ses troupes au combat en poursuivant un but unique, la victoire.

Pour le dirigeant rationnel, le processus de décision se résume, en théorie, à une succession logique : formulation du problème, repérage et explicitation de toutes les options de solution possibles, évaluation de chaque option par des critères dérivés des objectifs ou des préférences, choix de la solution optimale.

• La difficulté en situation d'incertitude

Ce modèle se heurte cependant à une difficulté évidente : en situation d'incertitude, il n'est pas possible d'évaluer avec précision les options qui se présentent. Pour surmonter cette difficulté, le dirigeant rationnel est supposé adopter le paradigme de la maximisation de l'utilité escomptée. Inscrit dans la continuité des réflexions lancées par Blaise Pascal et Bernoulli, ce paradigme va connaître un développement rapide chez les économistes avec sa formalisation mathématique[2]. En substance, le décideur rationnel se représente ses options comme des loteries dotées de probabilités de gains et d'enjeux variables. La meilleure option est celle qui offre le gain probabilisé le plus important.

Pour en donner un exemple simple, supposons par exemple qu'un dirigeant ait à choisir entre deux projets de R&D exigeant chacun un investissement irrécupérable de 1 million d'euros. Le premier projet a 90 % de chances de succès et rapporte le cas échéant 2 millions d'euros en valeur actuelle nette. Le second rapportera, en cas de réussite, 4 millions d'euros, mais n'a que 50 % de chances de succès. Un dirigeant obéissant à la logique de maximisation de l'utilité escomptée devrait choisir le second projet : le gain brut probabilisé est de 2 millions, contre 1,8 million dans la première option.

1. Fayol H., 1916/1976.
2. Von Neumann J. et Morgenstern O., 1944.

b. Limites

Comme le montre cet exemple stylisé, il n'est pas facile d'être un décideur « rationnel » : dans la situation de ce dirigeant, la plupart des acteurs réels choisiraient sans doute la première option. Au moins deux types de raison peuvent l'expliquer.

1. La théorie de l'agence (ou *principal-agent theory*)

En premier lieu, le dirigeant de notre exemple anticipe probablement que s'il choisit la seconde option, la perte d'un investissement de 1 million d'euros lui sera, en cas d'échec, personnellement reprochée. Même s'il pense que ce choix est le plus rationnel pour l'entreprise, il peut être tout à fait rationnel pour lui de ne pas le faire. C'est le cas s'il pense qu'il subira les lourdes conséquences d'un échec et qu'il ne sera, au contraire, que modestement récompensé en cas de succès. Le calcul rationnel de l'utilité escomptée pour lui-même le conduit donc à choisir une option différente de celle qui maximise l'utilité escomptée pour l'entreprise. C'est le problème principal-agent (ou théorie de l'agence) : l'idée que les dirigeants partagent avec les acteurs de l'entreprise un ensemble de buts communs suppose un parfait alignement de leurs intérêts, quasi-impossible à réaliser (voir la rubrique Controverse ci-après).

CONTROVERSE

La théorie de l'agence

Le modèle rationnel postule que le dirigeant est l'agent principal de la décision et qu'il est capable de calculs rationnels. Il postule également que les buts qu'il poursuit sont ceux de l'entreprise dans son ensemble. Mais cette dernière hypothèse pose problème : pourquoi un dirigeant rationnel et calculateur ne poursuivrait-il pas des finalités qui lui sont propres, si nécessaire au détriment de celles de la firme ?

La question n'est pas nouvelle. Adam Smith, parlant des dirigeants de sociétés par actions, s'en inquiétait déjà : « *Étant les régisseurs de l'argent d'autrui plutôt que de leur propre argent, on ne peut guère s'attendre à ce qu'ils y apportent cette vigilance exacte et soucieuse que des associés apportent souvent dans le maniement de leurs fonds*[1]. » Mais c'est la théorie de l'agence, ou modèle principal-agent qui lui donne son contenu moderne[2]. La théorie de l'agence se penche sur les comportements des acteurs économiques dans une situation où un « principal » délègue le pouvoir à un « agent ». L'alignement imparfait des incitations et l'asymétrie d'information entre les agents et leurs mandants se traduisent par des décisions sous-optimales du point de vue de ces derniers.

•••

La théorie de l'agence suggère que les motivations du dirigeant ne sont qu'imparfaitement alignées avec celles des actionnaires. Dans cette logique, les choix stratégiques des dirigeants peuvent notamment viser à accroître la taille de l'entreprise, si nécessaire au détriment de sa rentabilité et donc de la création de valeur pour les actionnaires. C'est le phénomène de « construction d'un empire » (*empire building*)[3].

Le problème est d'autant plus aigu que la mesure des performances peut être ambiguë et que les incitations financières ne sont pas seules à l'œuvre. Les dirigeants, en particulier, peuvent être motivés, outre leur rémunération, par des éléments de prestige ou de pouvoir[4]. La logique principal-agent est en outre souvent invoquée pour expliquer des comportements déviants qui vont bien au-delà de choix stratégiques sous-optimaux, par exemple la manipulation des résultats trimestriels, l'émission de signaux de nature à manipuler le cours de l'action, ou l'utilisation de stock-options antidatées[5].

La théorie de l'agence a donc produit une importante littérature sur la manière optimale de structurer les contrats entre principaux et agents, et notamment sur l'évaluation de la performance des dirigeants. Elle a fourni une base théorique au mouvement, engagé depuis les années 1980, qui consiste, en particulier dans les pays anglo-saxons, à aligner aussi parfaitement que possible la rémunération des dirigeants sur la création de valeur pour les actionnaires, notamment au travers des stock-options.

L'idée que le dirigeant est un « agent » au service exclusif des « principaux » que sont les actionnaires ne va pourtant pas de soi, dans un contexte où les autres parties prenantes de l'entreprise – salariés, clients, pouvoirs publics, communautés locales, fournisseurs, etc. – revendiquent un rôle accru (voir chapitre 6).

Le modèle principal-agent est également critiqué pour sa vision univoque de la motivation des dirigeants. Ainsi, si l'on peut soupçonner ces derniers de vouloir à tout prix agrandir leur empire, la thèse opposée, selon laquelle certains dirigeants préféreraient « une vie tranquille » qui les conduirait à choisir des stratégies moins ambitieuses, a également été suggérée[6]. Plus généralement, la focalisation sur l'intérêt économique de l'agent masque le fait que d'autres motivations peuvent l'animer : l'économie expérimentale suggère que le souci d'équité et la logique de coopération peuvent l'emporter sur l'intérêt égoïste de l'individu[7], *a fortiori* dans le contexte d'une organisation dont les membres partagent des éléments d'identité commune.

1. Smith A., 1776
2. Jensen M.C. et Meckling W.H., 1976 ; Fama E.F. et Jensen M.C., 1983.
3. Hope O.-K. et Thomas W.B., 2008.
4. Finkelstein S. et Hambrick D.C., 1988.
5. Greve H.R., Palmer D. et Pozner J., 2010.
6. Bertrand M. et Mullainathan S., 2003.
7. Kahneman D., Knetsch J.L., Thaler R.H., 1986.

2. La rationalité limitée

En second lieu, et plus fondamentalement, on peut douter de la capacité du dirigeant à suivre la séquence de raisonnement rationnel et de calcul probabiliste que postule le modèle rationnel. Même dans les conditions de simplification « idéales » de notre exemple, un dirigeant réel prendra en compte d'autres considérations que les chiffres présentés ici. Peut-être sera-t-il influencé par la personnalité des porteurs de chaque projet, par son expérience des technologies en question, ou par d'autres facteurs encore. En tout cas, l'idéal de rationalité des dirigeants ne peut être vu, au mieux, que comme une modélisation théorique commode : c'est l'idée de la rationalité limitée (voir la rubrique Fondements théoriques ci-après).

Le modèle rationnel ne fournit donc pas une représentation crédible de la réalité des décisions dans les organisations. Il faut toutefois souligner que ses limites en tant que modèle descriptif (il arrive fréquemment que les entreprises ne se comportent pas de cette manière « rationnelle ») n'enlèvent rien à sa valeur normative (l'entreprise devrait décider rationnellement de manière à atteindre ses buts officiels). C'est au modèle rationnel que nous nous référons généralement pour justifier nos propres décisions et évaluer celles des autres. Il fournit la norme de bonne gestion utilisée par les instances de gouvernance et par les observateurs extérieurs.

La prégnance du modèle rationnel explique d'ailleurs le rôle central attribué au dirigeant dans la performance des entreprises : si l'on considère que le bon dirigeant fait, rationnellement, les choix qui maximiseront les profits de l'entreprise, alors il est légitime de lui attribuer le mérite du succès ou la responsabilité de l'échec.

2 Les modèles organisationnels

a. Caractéristiques

Les modèles organisationnels posent que l'organisation est composée de sous-unités et que chacune d'entre elles est pourvue de règles et de procédures qui lui sont propres, qui conditionnent sa perception et guident son comportement.

Du point de vue théorique, ils s'inscrivent dans la lignée des travaux de Cyert et March[1], eux-mêmes issus de la théorie de la rationalité limitée d'Herbert Simon (voir la rubrique Fondements théoriques ci-après).

Les sous-unités ramènent des situations complexes et originales à des situations simples, interprétables facilement et proches de situations déjà rencontrées. Leurs procédures habituelles guident la recherche de solution jusqu'à la première solution satisfaisante (et non la meilleure), c'est-à-dire celle dont le niveau de performance est jugé acceptable. Le résultat de ce processus de décision est donc le résultat d'un double compromis : chaque sous-unité se contente d'une solution acceptable ; et les sous-unités composent entre elles pour s'accorder sur des solutions communes. On est loin ici de la recherche exhaustive de solutions et du choix de l'option optimale pour l'entreprise dans son ensemble, postulats du modèle rationnel.

En pratique, quels que soient les objectifs stratégiques que fixe le dirigeant, chaque sous-unité interprète les problèmes qui lui sont posés au prisme de schémas connus, qui lui permettent d'appliquer des règles et des procédures standards.

1. March J.G., 1981.

Elle peut ainsi proposer des solutions standards qui sont déjà en vigueur et qu'elle ne modifie qu'à la marge. L'enjeu est alors de savoir si l'organisation, prise dans un processus de répétition, est capable de changer vraiment son fonctionnement et de produire des innovations.

Exemples

L'innovation du *low cost* chez Renault

- La Logan développée par **Renault** et **Dacia** montre que l'innovation est possible, mais elle doit bien souvent se faire « contre » la structure existante, ou « en marge » de celle-ci. Ainsi, au début des années 1990, le développement de la Twingo avait été réalisé en marge de l'organisation traditionnelle, en isolant l'équipe de projet pour la préserver des routines habituelles[1]. De même, c'est Louis Schweitzer, ancien président du groupe, qui a dû s'engager personnellement pour développer la présence de Renault dans le *low cost* alors que la plupart des équipes de l'entreprise étaient hostiles au projet.

Formule 1, le *low cost* de l'hôtellerie

- Le lancement de la marque **Formule 1** au milieu des années 1980 a révolutionné le secteur de l'hôtellerie économique. Or, ses concepteurs ont dû batailler pour imposer leur projet au sein d'**Accor**. En effet, pour beaucoup, le projet n'était pas viable et ne pouvait séduire les clients : un hôtel préfabriqué, situé en périphérie des agglomérations, sans service, avec des chambres austères et des blocs sanitaires (douches et toilettes) pour quatre chambres ne pouvait être attractif, même avec un prix très bas.
- Le projet allait à l'encontre des processus et du concept d'hôtel en vigueur chez Accor et le danger était qu'il n'aboutisse pas ou qu'il soit graduellement infléchi jusqu'à en perdre sa singularité. Il a donc fallu créer un isolat organisationnel fonctionnant de façon autonome avec son équipe, ses ressources, son budget. Cette équipe a développé le projet, trouvé des fournisseurs et construit un hôtel test près de Mâcon. Ce n'est qu'ensuite, au vu du succès de ce prototype, que le projet a été accepté par le reste de l'organisation et généralisé.

L'hôtel Formule 1 d'Avignon Nord en 2010

FONDEMENTS THÉORIQUES

La rationalité limitée, fondement des modèles organisationnels

Dans la lignée des travaux d'Herbert Simon sur la rationalité limitée[1], Cyert et March ont élaboré une théorie comportementale de la firme (TCF)[2].

La rationalité limitée

Comme l'a souligné Simon, dont la contribution aux théories de la décision a été récompensée par le prix Nobel en 1978, l'homme est rationnel, mais sa rationalité est limitée :

- il manque de connaissances ;
- il ne se souvient que partiellement de ses choix antérieurs ;

1. Midler C., 1993.

•••

- il lui est difficile d'anticiper les événements futurs ;
- il ne cherche pas à satisfaire tous ses objectifs immédiatement mais procède par choix séquentiel en priorisant ses objectifs à court terme.

Face à un problème, le décideur ne cherche donc pas à choisir la solution optimale. Il n'a ni l'information ni les capacités intellectuelles lui permettant d'envisager toutes les solutions possibles et d'évaluer leurs avantages et leurs inconvénients. Il se contente de retenir la première solution jugée suffisamment satisfaisante, ce que Simon désigne par le néologisme anglais « *satisficing* ». Cette solution est souvent une solution ancienne déjà utilisée pour résoudre des problèmes similaires.

Passant du niveau individuel au niveau organisationnel, Simon souligne que l'individu voit sa rationalité influencée par l'organisation et sa décision contrainte par le contexte organisationnel au sein duquel les décisions sont interdépendantes.

La théorie comportementale de la firme

Sur ces bases, Cyert et March développent une « théorie comportementale de la firme » (TCF) dans leur livre du même nom. La TCF se construit sur l'idée de *satisficing* développée par Simon pour rejeter la notion de maximisation dans les choix des décideurs : la décision consiste à identifier une solution acceptable au regard des buts évoqués. La recherche de solutions aux problèmes est motivée par l'apparition d'un problème ; elle se fonde sur un modèle simple, voire simpliste, de causalité ; elle reste proche des manifestations premières du problème (symptômes), sans rechercher des causes fondamentales ; et elle est biaisée par la formation, l'expérience et les objectifs des individus qui y participent.

Mais Cyert et March ne se contentent pas de cette observation et décrivent une organisation vue comme une coalition de sous-unités, composée d'individus et de groupes qui ont des objectifs propres. Les problèmes stratégiques sont donc fractionnés en sous-problèmes dévolus à des sous-unités qui vont les traiter avec une « rationalité locale » : « *le département des ventes est principalement responsable des objectifs de ventes et de la stratégie commerciale ; la direction de la production des objectifs de production et des procédures correspondantes* », etc. Il en résulte que « *les buts pertinents pour une décision donnée sont ceux de la sous-unité qui prend cette décision* ».

Il faut toutefois souligner que dans la vision de Cyert et March, les objectifs globaux, énoncés par le sommet de l'organisation, ne sont pas niés : ce sont, au minimum, des contraintes à prendre en compte. Si les acteurs résolvent les problèmes en privilégiant des objectifs locaux, c'est du fait de leur rationalité limitée, et non par un calcul stratégique qui leur ferait choisir consciemment de privilégier l'intérêt d'un groupe sur celui de l'organisation dans son ensemble.

Pour la TCF, les décisions stratégiques sont itératives. Elles ne relèvent pas, comme dans le modèle classique, d'un processus délibéré, *top-down*, initié et conduit par le leader. Au contraire, elles émergent des itérations problème-solution successives auxquelles contribuent les différentes sous-unités, qui résolvent des problèmes distincts en fonction d'objectifs locaux différents. S'il existe des tensions entre ces objectifs, elles sont en partie résolues par le caractère itératif du processus : « *Les organisations résolvent [...] les conflits entre objectifs en poursuivant des objectifs différents à des moments différents.* »

•••

À chaque étape du processus de décision, les acteurs ne raisonnent pas en fonction d'une anticipation calculatrice des conséquences de leurs choix, comme le supposeront notamment les modèles politiques. *A minima*, ils réagissent à des niveaux d'aspirations fixés en fonction d'indicateurs historiques et de la performance observée de leurs concurrents[3]. Comment pourraient-ils, limités qu'ils sont par leurs capacités cognitives, générer des options, en calculer les conséquences attendues, et évaluer ces conséquences à l'aune de leurs préférences ? Une telle vision est d'autant moins réaliste, observent les auteurs, que la définition des préférences des décideurs ne précède pas la découverte des options, mais en dépend largement.

L'école évolutionniste

À la suite de la TCF, d'autres modèles qu'on peut rattacher au même courant « organisationnel » vont tenter de décrire la décision stratégique. C'est le cas notamment de l'école évolutionniste[4], qui s'intéresse à la variation et à la sélection des règles ou « routines » utilisées pour parvenir à des décisions stratégiques. La dynamique évolutive peut conduire une organisation, voire une société tout entière, au « *lock-in* », quand des règles adoptées et renforcées par l'usage deviennent inadaptées à l'environnement et ne peuvent évoluer suffisamment vite.

1. Simon H.A., 1947/1984 : voir les chapitres 1 à 5 ; March J.G. et Simon H., 1993/2005.
2. Cyert R.M. et March J.G., 1963.
3. Greve H.R., 2003.
4. Nelson R. et Winter S., 1982.

b. Limites

Les modèles organisationnels ont le mérite descriptif de prendre en compte la multiplicité des participants de la décision et leurs objectifs distincts. Surtout, ils mettent en évidence l'importance du processus dans la détermination des choix : la substance des choix est affectée par la manière dont ils sont effectués. Les décisions rétroagissent donc sur leurs objectifs. Cette perspective se distingue radicalement du modèle rationnel, qui pose que les préférences des décideurs sont préexistantes à la décision et stables dans le temps.

Les modèles organisationnels souffrent cependant de certaines lacunes : ils expliquent mal les phénomènes d'innovation et de changement brutal, puisqu'ils reposent sur l'hypothèse que les choix sont conditionnés par les structures, les procédures existantes, les « routines organisationnelles » et la répétition des comportements.

Ces modèles sont également peu précis sur la manière dont les sous-unités de l'organisation interagissent et sur les relations de pouvoir entre les unités. Ils ne prennent donc pas suffisamment en compte les jeux et les stratégies des membres de l'organisation par rapport à la structure et aux procédures.

CONTROVERSE

L'organisation doit-elle être ambidextre ?

Toute entreprise peut être vue comme poursuivant deux objectifs à la fois. D'une part, elle doit améliorer sans cesse la performance de son modèle existant, affûter son organisation pour être plus efficace, développer un flux constant d'innovations incrémentales : en somme, elle doit exécuter de plus en plus efficacement sa stratégie actuelle. D'autre part, elle doit rester en éveil pour se tenir prête à changer de stratégie si des menaces l'y contraignent ou si des opportunités importantes se présentent, et savoir développer pour ce faire des innovations de rupture. March[1] a popularisé l'usage des termes exploitation et exploration pour caractériser ces deux objectifs et les activités qui s'y rapportent.

Exploitation et exploration

Dans la logique de March, exploitation et exploration sont en concurrence pour des ressources rares. L'arbitrage sur l'allocation de ces ressources est intrinsèquement difficile : par définition, l'exploitation et l'exploration ont des niveaux de risque et des horizons de temps bien différents. La tendance générale des organisations est donc de privilégier l'exploitation, dont les bénéfices sont moins incertains et plus rapides – au risque de se condamner à long terme.

Certains auteurs, notamment O'Reilly et Tushman[2], estiment toutefois qu'il est possible de concilier ces objectifs de manière équilibrée dans une organisation « ambidextre ». Les entreprises qui y parviennent créent une séparation organisationnelle entre le cœur de l'entreprise, dédié à l'exploitation, et des unités dédiées à l'exploration. Ainsi, celles-ci peuvent développer des structures, des méthodes, des compétences, des systèmes d'incitation et une culture distincts. Il incombe à l'équipe dirigeante de protéger l'indépendance de ces unités, le « cœur de métier » ayant toujours tendance à vouloir les absorber, voire à les étouffer. Mais il lui revient aussi de maintenir l'unité entre ces unités séparées, en formulant une vision stratégique et des valeurs communes, et en mettant en place des mécanismes bien choisis de connexion et de partage.

La thèse de O'Reilly et Tushman a été reprise sous des formes diverses par de nombreux auteurs. Elle a connu un grand succès auprès des dirigeants, de plus en plus sensibles au risque d'être « disruptés » s'ils se concentrent exclusivement sur l'optimisation de leur modèle actuel. Elle a ainsi inspiré le développement de structures « intrapreneuriales », d'équipes-projet dédiées aux innovations de rupture, voire de fonds de capital-risque d'entreprise. De nombreuses études empiriques ont confirmé qu'une organisation ambidextre, en particulier dans les environnements caractérisés par un certain degré d'incertitude, favorise l'innovation, la performance et la survie des entreprises.

•••

Différents types d'ambidextrie

Mais le vocable « ambidextre » veut-il encore dire la même chose pour tous ceux qui s'en revendiquent ? On peut en douter.

• L'ambidextrie selon O'Reilly et Tushman est structurelle : il s'agit de créer des structures distinctes pour y loger les activités d'exploration.

• D'autres auteurs parlent plutôt d'ambidextrie séquentielle. Le terme désigne des entreprises qui se réorganisent pour faire face à des périodes successives de leur histoire où dominent alternativement l'exploration et l'exploitation. Prise dans ce sens, l'ambidextrie ressemble fort à l'idée ancienne (et largement admise) selon laquelle la structure doit refléter la stratégie, et donc changer quand celle-ci évolue[3].

• D'autres encore parlent d'ambidextrie contextuelle. Ils désignent ainsi des entreprises dont la culture et les méthodes encouragent chaque individu à arbitrer lui-même, à tout moment, entre les exigences de l'exploitation et les opportunités d'exploration, afin de faire coexister pacifiquement celles-ci au sein de la même unité structurelle.

Poussé à l'extrême, le concept d'ambidextrie devient un fourre-tout, désignant toutes les manières pour une entreprise de poursuivre à la fois des activités d'exploitation et d'exploration. L'extension du sens du mot « ambidextrie » rend tautologique la proposition selon laquelle elle seule permettrait de concilier ces deux objectifs. Comme d'autres concepts de management, l'ambidextrie a-t-elle été victime de son succès ?

1. March J.G., 1991.
2. O'Reilly C.A., et Tushman M.L, 2004, 2013.
3. Chandler A.D., 1962/1972/1989.

3 Les modèles politiques

a. Caractéristiques

• Un modèle basé sur les jeux entre coalitions d'intérêt

Dans les modèles politiques, l'organisation est vue comme un ensemble de joueurs – individus ou groupes – placés au sein d'une structure.

L'école de l'analyse stratégique[1] s'inscrit dans cette même tradition en analysant les organisations selon une double perspective individuelle et holistique.

1. Crozier M., 1963 ; Crozier M. et Friedberg E., 1977.

Dans les modèles politiques, les joueurs sont dotés d'intérêts et d'objectifs propres, et contrôlent différentes ressources (autorité, statut, argent, temps, hommes, idées, informations). L'organisation n'a donc pas d'objectifs clairs *a priori*. Ses buts résultent des processus de négociation, voire de conflit. Ils sont discutés et redéfinis à partir de l'interprétation qu'en font les acteurs, compte tenu de leur situation de pouvoir, de leur habileté, de leurs ressources. Les objectifs sont donc instables dans le temps et peuvent rester, à tout moment, vagues et indéfinis.

Pour la plupart des auteurs qui s'inscrivent dans ce courant, le terme « politique » n'a aucune connotation négative et dénote simplement le réalisme des acteurs (et des chercheurs qui les observent). La formation de coalitions, le lobbying interne, voire la manipulation stratégique de l'information, sont de simples tactiques utilisées par les membres de l'organisation. Elles sont même indispensables pour que des décisions communes puissent émerger dans un univers de préférences incohérentes. Sans politique, pas de résolution des conflits, donc pas de décisions.

- **Un changement organisationnel négocié**

Dans ce modèle, le changement organisationnel est possible, mais sa maîtrise est difficile puisqu'il émerge de négociations ou de coups de force politiques. Le processus politique peut donner lieu à un changement lent et progressif, n'ébranlant pas l'équilibre des rapports entre joueurs. Il peut également faire obstacle à des évolutions nécessaires (voir la rubrique Étude de cas ci-après). Mais à l'autre extrême, il peut générer un changement radical, un bouleversement des règles du jeu et de la liste des joueurs.

Le modèle politique attire donc l'attention sur les interactions des stratégies particulières au sein des organisations et, finalement, sur les jeux de pouvoir que cachent les discours rationnels.

b. Limites

L'utilité descriptive des modèles politiques tient à leur souplesse : un modèle politique peut s'accommoder de toutes les combinaisons d'acteurs poursuivant toutes sortes de buts. Si les objectifs des acteurs sont variables et imprévisibles *a priori*, et si la décision émerge d'un compromis entre les acteurs en fonction de leur degré de pouvoir et de leurs monnaies d'échange (qui varient selon les circonstances), alors l'organisation peut produire à peu près n'importe quelle décision.

Cependant, en insistant sur les stratégies individuelles, ce modèle tend à masquer le fait que les règles et les structures, dans le cadre desquelles ces stratégies s'exercent, sont aussi des instruments de pouvoir. Ainsi, une large partie des ressources dont disposent les acteurs pour influencer les décisions dépend de décisions d'organisation qui ne sont pas à proprement parler politiques.

En outre, ce modèle néglige l'existence d'éléments qui transcendent les stratégies individuelles et unissent les différents acteurs par-delà leurs objectifs divergents : valeurs communes, projets, identité.

ÉTUDE DE CAS

Polaroid : une tentative d'adaptation au changement technologique

En février 2008, Polaroid a annoncé la fin de la fabrication des films pour ses appareils photographiques instantanés même s'il existait encore des amateurs et des professionnels utilisant cette technologie analogique, alors même que la photographie numérique s'était imposée.

L'âge d'or de Polaroid

Mais l'histoire de Polaroid est jouée depuis 2001, date de sa faillite et de sa reprise par divers investisseurs. C'est la fin d'une entreprise innovante, qui a connu un succès mondial grâce à la photographie instantanée. Polaroid a été fondé en 1937 et connaît le succès en 1948 avec le lancement du premier appareil à développement instantané. Plus besoin d'envoyer le film pour développement et tirage, plus d'attente : on peut voir immédiatement la photo que l'on vient de prendre. C'est le début d'une période de croissance et de richesse exceptionnelles. Entre 1948 et 1978, les ventes croissent en moyenne de 23 % par an, et les profits de 17 %, tout comme le cours de l'action. En 1976, suite à un procès, Polaroid réussit à évincer Kodak du marché de la photo instantanée sur lequel il règne alors sans partage.

À l'époque, Polaroid est dirigé par son fondateur, Edwin Land, qui partage avec les membres de l'équipe dirigeante plusieurs croyances fondamentales :

- La foi en la technologie : ce n'est pas le marché qui dicte ce que doit faire l'entreprise, mais l'entreprise qui crée son marché.
- L'ambition : les projets qui paient sont des projets de grande ampleur ; inutile de perdre du temps et de l'argent dans des petites améliorations à la marge.
- La valeur du développement instantané : les utilisateurs veulent des « vraies » photos.
- La valeur de la qualité photographique : les films Polaroid doivent proposer une qualité comparable à celle produite par les films classiques.
- L'argent se gagne sur les films (les consommables) : les appareils servent avant tout à faire consommer des films.

La révolution numérique

Au début des années 1980, la révolution numérique se profile. Le nouveau dirigeant, qui remplace Land en 1980, en est conscient. Polaroid consacre une part considérable de ses ressources au développement de technologies numériques. Des spécialistes sont embauchés pour poursuivre deux projets majeurs. Le premier, Printer in the Field, est un appareil photo numérique qui produirait instantanément une sortie sur papier de la photo. Le second, Helios, est un système destiné aux radiologues qui doit se substituer aux rayons X. Ces projets sont cohérents par rapport aux croyances de l'équipe dirigeante : des innovations technologiques majeures, nécessitant un engagement de longue durée, maintenant le concept d'image physique disponible instantanément. Enfin, ils permettent des marges sur les consommables et non sur les matériels.

Grâce à ces efforts, en 1990, Polaroid dispose de compétences considérables dans les technologies d'imagerie digitale et a un avantage sur ses concurrents. À titre d'exemple, Polaroid était capable de

•••

produire des images de 1,9 million de pixels, alors que les concurrents ne dépassaient pas les 500 000. Cependant, l'entreprise avait négligé d'autres investissements cruciaux, tels que la capacité industrielle à fabriquer des composants électroniques à faible coût ou le développement rapide de produits. Elle s'en tenait en outre à son réseau de vente traditionnel. Entre 1980 et 1985, après trente ans de croissance des ventes à deux chiffres, le chiffre d'affaires stagne. Ceci entraîne une altération du système de croyances : la foi en la technologie comme force créatrice du marché se transforme progressivement en une attention au marché et une approche plus soucieuse des besoins des consommateurs.

En 1990, les activités concernant l'imagerie électronique sont regroupées dans une division spécifique. Celle-ci est composée d'employés récemment embauchés et des frictions apparaissent. La nouvelle division abandonne le projet Printer in the Field au profit d'un concept d'appareil numérique à haute définition et à usage professionnel – sans tirage instantané (sinon comme accessoire). Dès lors qu'il n'y a plus de film, donc plus de consommable, ce projet est en contradiction avec le *business model* traditionnel. Habitués à des marges de 70 % sur les films, les dirigeants de Polaroid ne sont pas enthousiasmés par les 38 % de marge prévus pour ce produit. De plus, c'est se priver des compétences techniques de Polaroid sur les films et la chimie. Annoncé en 1992, le PDC-2000 ne sort qu'en 1996. Il affronte alors plus de 40 concurrents et ne bénéficie pas d'une force de vente dédiée. En 1997 sort un PDC-3000, mais le produit est bientôt abandonné.

Bien que Polaroid dispose de toutes les compétences nécessaires, les possibilités de développement d'imprimantes à jet d'encre ou par sublimation thermique ne sont pas explorées, car elles vont à l'encontre de la croyance selon laquelle la qualité d'image doit être maximale pour séduire le public. Seul le projet Helios a les faveurs de la direction générale. Le système est lancé en 1993, mais c'est un échec, en raison notamment d'une distribution inadaptée. L'activité est cédée en 1996.

Nouvelle équipe, nouvelles croyances

Arrive alors un nouveau dirigeant, le premier à être recruté en dehors de l'entreprise. Il renouvelle presque entièrement l'équipe dirigeante et déclare : « *Nous ne sommes pas là pour obtenir le maximum de brevets, ni pour publier le maximum d'articles de recherche, ni pour voir combien de choses on peut inventer* ». Les dépenses en R&D sont diminuées, celles en marketing augmentées. Le développement rapide de nouveaux produits et leur mise hâtive sur le marché deviennent le nouveau credo, effaçant la croyance en la vertu des projets de longue haleine. Ainsi, Polaroid lance une ligne d'appareils-jouets. Néanmoins, les autres croyances demeurent inchangées : « *Qui sommes-nous ? À quoi sommes-nous bons ? Nous sommes bons quand nous faisons des images instantanées. Il n'y a pas beaucoup d'entreprises qui savent faire ça...* ».

En 2001, Polaroid dépose son bilan. L'entreprise est reprise puis revendue. Elle devient essentiellement une marque. Les usines du Massachusetts qui, dans les années 1970, employaient 15 000 personnes à la fabrication de films, ferment en 2008. Elles ne comptaient plus que 150 employés. Aujourd'hui, la marque résiste et de nouveau, des produits Polaroid font la joie d'utilisateurs amateurs de vintage et de photos carrées !

Sources : Tripsas M. et Gavetti G., 2000 ; *Datamonitor*, 2008 ; *The Boston Globe*, 8 fév. 2008.

QUESTIONS

Corrigés en ligne sur dunod.com

1. Quelles sont les croyances qui empêchent Polaroid de réussir le tournant du numérique ?
2. Comment ces croyances provoquent-elles l'échec des deux nouveaux projets (appareil numérique sans tirage instantané et système se substituant aux rayons X destiné aux radiologues) ?

4 Les modèles critiques

a. Caractéristiques

Les modèles très divers qu'on peut regrouper sous cette appellation se caractérisent par leur scepticisme radical quant à la notion même de décision. Ce ne sont pas seulement la méthode et les buts de la décision qui sont remis en cause, mais bien l'idée qu'il existe des choix stratégiques séparables les uns des autres, intentionnels, et préalables à l'action.

• La perspective de l'action

Une première catégorie de modèle met l'accent sur la difficulté de dissocier la décision de l'action : on peut parler de perspective de l'action[1]. Dans cette perspective, les organisations sont avant tout des « générateurs d'action[2] » : les décisions stratégiques ne précèdent pas l'action, mais l'accompagnent. La décision n'est guère qu'une représentation sociale, en marge de l'action.

Entendue comme telle, la décision n'est toutefois pas inutile, tant s'en faut. D'abord, elle met en scène le pouvoir des dirigeants, dont la décision stratégique demeure la prérogative la plus sacrée. Ensuite, elle contribue à donner du sens à l'action aux yeux de ceux qui l'exécutent[3].

• Le modèle de la poubelle

Un modèle plus extrême encore est le modèle de la poubelle, ou *garbage can model*, formulé par March, Cohen et Olsen[4]. Paradoxal, donc stimulant, le modèle de la poubelle déconstruit le processus de décision en remplaçant le calcul par un mouvement anarchique où s'entrechoquent problèmes et solutions. Il considère la décision comme le produit de la rencontre fortuite, à l'occasion d'un choix à réaliser, de problèmes, de solutions toutes prêtes et de décideurs (« participants ») plus ou moins concernés[5]. Ces éléments se combinent de manière aléatoire, comme des détritus se rencontreraient dans une poubelle.

- **Les opportunités de choix** sont les occasions au cours desquelles une organisation est censée produire une ou des décisions (signature de contrats, embauche ou licenciement, réunions budgétaires, comités de planification, etc.).

  Elles sont partiellement déterminées, dans l'espace et dans le temps, par la structure organisationnelle. Les participants sont les acteurs présents lors d'une opportunité de choix.
- **Les problèmes** sont tout ce qui implique les membres de l'organisation à un moment donné.
- **Les solutions** sont des réponses en quête de problèmes : elles recherchent, et c'est là le paradoxe, une ou des questions pour pouvoir être mises en œuvre.

1. Laroche H., 1995.
2. Starbuck W.H., 1983.
3. Weick K.E., 1995.
4. March J.G. et Olsen J.P., 1976. D'autres traductions ont été proposées pour « *garbage can model* » : modèle du fourre-tout, modèle des concours de circonstances.
5. Cohen M.D., March J.G. et Olsen J.P., 1972.

L'informatique est un exemple de « solution » permanente face à de nombreux problèmes possibles.

Il faut souligner que l'idée de « solutions », réponses en quête de problèmes qui préexistent à toute définition de la question à laquelle elles répondraient, est à la fois profondément iconoclaste et d'un grand réalisme. On songe notamment aux « solutions » informatiques, nommées et vendues comme telles à des organisations auxquelles il s'agira de démontrer l'existence du problème que traitent ces solutions.

Exemple

Adopter un logiciel ERP en entreprise

- Déployer un logiciel informatique ERP (*Enterprise Resource Planning*) apparaît parfois comme une solution coûteuse à des problèmes qui ne se posaient pas forcément. Les ERP sont des applications dont le but est de coordonner l'ensemble des fonctions d'une entreprise (production, approvisionnement, marketing, vente, gestion des ressources humaines, etc.) autour d'un même système d'information. La mise en œuvre d'un ERP ne se limite pas à paramétrer un progiciel intégré, c'est un véritable projet de changement organisationnel reposant sur l'intégration de systèmes entraînant des coûts d'ingénierie élevés et s'étendant sur plusieurs mois. De plus, l'adoption d'un ERP entraîne des modifications importantes des habitudes de travail d'une grande partie des employés. On considère généralement que le coût de l'outil logiciel lui-même représente moins de 20 % du coût total de mise en place du système.
- Les réformes de structure nécessaires au déploiement de l'ERP engendrent souvent des problèmes nouveaux auxquels personne n'avait pensé auparavant. Ainsi, nombre d'entreprises découvrent, quand le système fonctionne enfin, des dysfonctionnements qui ne s'étaient jamais produits jusque-là et se demandent si leur attention n'a pas été distraite des vrais problèmes.

b. Limites

Les modèles critiques de la décision déconstruisent les processus de prise de décision et aboutissent à la disparition de l'idée même de décision. Leur vision des organisations met davantage l'accent sur l'action que sur la décision. Les organisations n'y sont plus vouées à résoudre des problèmes, mais à générer des actions. Celles-ci sont largement irréfléchies et se déploient sous l'influence de règles, programmes, habitudes, croyances, idéologies qui échappent en partie aux managers.

Le champ d'applicabilité de cette vision radicale doit néanmoins être précisé. Pour Cohen, March et Olsen, le modèle de la poubelle est propre à des organisations bien particulières, appelées « anarchies organisées », qu'ils ont pu observer dans le secteur public ou l'enseignement. Celles-ci sont caractérisées par des préférences fluctuantes, une « technologie » de décision peu claire et mal comprise des participants, et une participation variable des individus aux processus de décision. On peut convenir avec Cohen, March et Olsen que ces caractéristiques se retrouvent « *au moins une partie du temps dans au moins une partie de n'importe quelle organisation*[1] », et néanmoins observer que beaucoup d'entreprises adoptent, pour la majorité de leurs décisions stratégiques, une démarche dans laquelle entre beaucoup plus d'organisation que d'anarchie.

SECTION 3

LA PERSPECTIVE COMPORTEMENTALISTE

1 Les fondements de l'économie comportementale

À partir des années 1980, une nouvelle perspective sur la décision stratégique émerge : la « perspective cognitive ». Celle-ci est largement inspirée par les travaux fondateurs de Kahneman et Tversky en psychologie cognitive, qui sont également à l'origine du développement de « l'économie comportementale » (voir la rubrique Fondements théoriques ci-après).

FONDEMENTS THÉORIQUES

Heuristiques et biais

Si ce n'est pas le calcul rationnel qui nous dicte nos choix, comment les faisons-nous ? La psychologie cognitive propose pour répondre à cette question un modèle théorique appuyé sur d'abondants travaux empiriques. En lieu et place de choix rationnels, nous utilisons face à l'incertitude des « heuristiques » qui nous permettent de simplifier nos décisions en « *rédui[sant] des tâches complexes d'estimation de probabilités et de prédictions de valeurs à des opérations de jugement plus simples*[1] ».

Des erreurs systématiques

La notion d'heuristique étaye et opérationnalise les intuitions d'Herbert Simon sur la rationalité limitée : les heuristiques sont des béquilles sur lesquelles s'appuie notre jugement imparfait, des raccourcis qui nous aident à résoudre des problèmes analytiquement trop complexes. Mais les heuristiques ont un revers : leur utilisation se traduit par des erreurs de jugement récurrentes et prévisibles, ou « biais ». Les heuristiques nous permettent de nous approcher, tant bien que mal, de décisions correctes, mais parfois avec des écarts substantiels, qui sont de direction constante, et non aléatoire.

•••

1. Cohen M.D., March J.G. et Olsen J.P., 1972.

•••

Le courant de recherche en psychologie cognitive connu sous le nom de « heuristiques et biais » va s'attacher à démontrer empiriquement l'existence de ces biais, principalement par des méthodes expérimentales. L'exemple des effets de contexte ou de « cadrage » (*framing*) est particulièrement problématique : « *Des descriptions différentes du même problème suscitent souvent des préférences différentes, contrairement [...] à la théorie du choix rationnel*[2]. »

La formulation des choix entre deux traitements possibles de la même maladie influence fortement les réponses : selon qu'on parle de probabilité de survie ou de risque de décès, les mêmes données sont perçues de manière très différente par les patients, mais aussi par des médecins ou étudiants de *business schools*.

Des preuves nombreuses de l'existence des biais

L'école des heuristiques et biais se heurte au départ à un grand scepticisme de la part des économistes, qui contestent vigoureusement la remise en cause du paradigme théorique dominant[3]. L'existence de biais, c'est-à-dire d'erreurs systématiques dans les choix des acteurs économiques, contredit directement les principes du choix rationnel, et invalide le paradigme de maximisation de l'utilité escomptée en tant que modèle descriptif. Les études microéconomiques des « économistes comportementaux », emmenés par Richard Thaler (qui reçoit en 2017 le prix Nobel pour ses travaux), vont permettre de démontrer dans le monde réel, et plus seulement dans des expériences de laboratoire, de nombreux exemples de choix irrationnels, « anomalies » inexplicables par la théorie économique classique. Celles-ci portent sur des comportements aussi divers que ceux des parieurs[4], des consommateurs dans la gestion de leur budget[5], des chauffeurs de taxi considérés comme un exemple de marché du travail[6], des consommateurs choisissant entre différents produits[7], des amateurs de grands vins[8] ou des particuliers investissant en Bourse[9].

Le domaine du management fournit à l'étude comportementale de la décision un champ d'investigation empirique important. L'étude du jugement managérial va donc devenir une discipline à part entière[10]. Comme l'agent économique étudié en laboratoire par les psychologues comportementaux, comme l'investisseur, le consommateur ou le chauffeur de taxi analysés par les économistes comportementaux, le manager est, lui aussi, un être humain qui utilise des heuristiques de jugement et est sujet à des biais. Il y a donc bien une « stratégie comportementaliste », comme il y a une économie comportementale.

1. Tversky A. et Kahneman D., 1974.
2. Tversky A. et Kahneman D., 1986 (p. S 251).
3. Thaler R.H, 2015.
4. Lichtenstein S. et Slovic P., 1973.
5. Thaler R.H., 1985.
6. Camerer C., Babcock L., Loewenstein G. et Thaler R.H., 1997.
7. Huber J., Payne, J.W. et Puto C., 1982.
8. Kahneman D., Knetsch J.L., & Thaler R.H., 1991.
9. Odean T., 1998.
10. Bazerman M.H. et Moore D.A., 2008.

L'un des points de départ de cette perspective est l'observation que les organisations prennent fréquemment des décisions qui ne semblent pas conformes à leur intérêt : elles tombent, de manière récurrente, dans des pièges prévisibles. Par exemple :

- elles ont souvent tendance à sursimplifier les problèmes auxquels elles sont confrontées[1] ;
- elles commettent des erreurs systématiques d'appréciation dans les acquisitions et les cessions[2] ;
- elles surestiment les chances de succès de leurs initiatives et en sous-estiment les risques ;
- ou encore elles persistent, en redoublant d'efforts, dans des voies sans issue (voir la rubrique Fondements théoriques ci-après).

FONDEMENTS THÉORIQUES

Le processus d'escalade (*escalation of commitment*)

L'escalade de l'engagement (*escalation of commitment,* selon Barry M. Staw[1]) est la tendance à poursuivre une action, alors même que celle-ci ne produit pas les effets désirés, parce qu'on ne veut pas se résoudre à « perdre » les ressources (temps, argent...) que l'on a déjà consacrées à cette action. Il ne s'agit pas d'une erreur ou d'un aveuglement mais plutôt d'une persistance dans les choix et les ressources engagées.

Les entreprises sont le lieu de phénomènes d'escalade. Les décideurs s'engagent dans l'action avec certaines attentes de résultat. Cet engagement et ces attentes sont publics : ils sont matérialisés par des objectifs, des plans, etc. Lorsque les premiers résultats sont décevants ou négatifs (par exemple, un retard dans le développement du produit, des tests médiocres auprès des clients potentiels ou des performances techniques insuffisantes), l'attachement psychologique des décideurs au projet les pousse à persister.

À ce stade, ne pas s'arrêter au premier obstacle est une décision rationnelle. Avec des efforts supplémentaires, on peut espérer résoudre les difficultés. La décision de poursuivre engage donc de nouvelles ressources, en temps, en moyens financiers, en hommes alloués au projet, etc. Les difficultés sont minorées puisqu'elles sont vues comme temporaires. Si la situation ne s'améliore pas, s'ouvre la question de l'abandon. Les décideurs doivent alors se justifier face aux parties prenantes internes ou externes. Pour ceux qui travaillent sur le projet, employés, mais aussi fournisseurs ou clients, l'abandon peut signifier un risque de perte d'emploi ou de difficultés personnelles. Les différents acteurs peuvent avoir intérêt à ce que le projet se poursuive même en l'absence de résultats probants, tandis que d'autres persistent à croire que moyennant quelques rallonges budgétaires, il aboutira.

Le processus d'escalade de l'engagement est donc un phénomène complexe qui fait intervenir des facteurs du calcul rationnel, des facteurs psychologiques et psychosociaux, des facteurs organisationnels et des facteurs politiques.

1. Staw B.M., 1976 et 1997.

1. Schwenk C.R., 1984, 1985.
2. Duhaime I.M. et Schwenk C.R., 1985.

Les modèles alternatifs de la décision décrits précédemment visent notamment à expliquer ces « mauvaises décisions ». Toutefois, en se concentrant sur les organisations, ces modèles ne permettent pas de prendre en compte les caractéristiques individuelles des dirigeants qui contribuent aussi aux décisions. La perspective cognitive, au contraire, donne une place centrale au décideur et à sa psychologie.

On parle aujourd'hui plus volontiers de perspective comportementaliste (*behavioral strategy*) : ce courant de recherche applique au management stratégique non seulement des éléments de psychologie cognitive, mais aussi de psychologie sociale, voire de psychologie morale[1]. L'un de ses principaux apports est d'attirer l'attention des dirigeants sur les biais cognitifs et comportementaux qui affectent leurs décisions lors des décisions stratégiques.

2 Les biais des décideurs

Parmi les très nombreux biais cognitifs identifiés par la psychologie expérimentale, certains semblent plus présents dans les décisions stratégiques. Les cinq familles de biais présentées ci-dessous les organisent en fonction de l'effet qu'ils tendent à produire sur les décisions[2].

Il est important de garder à l'esprit, toutefois, qu'une décision (et *a fortiori* une erreur de décision) n'est jamais entièrement déterminée par la présence de tel ou tel biais cognitif, et que ceux-ci ne sont que des tendances, dont il est possible de combattre les effets.

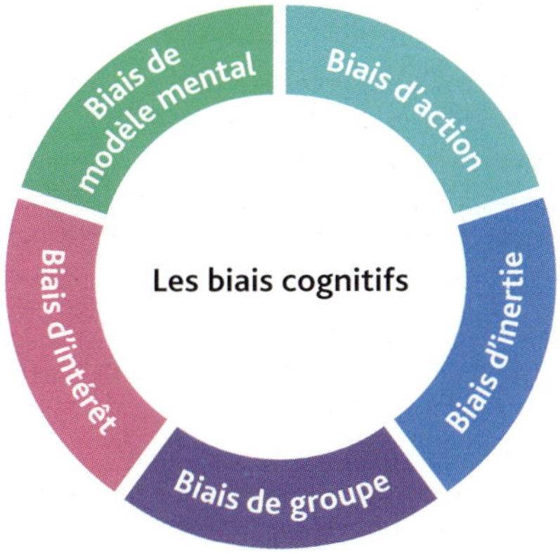

Figure 15.4 Les cinq familles de biais cognitifs dans les décisions stratégiques

a. Les biais de modèle mental

Les biais de modèle mental sont à l'origine de la tendance à raisonner par analogie avec des situations déjà connues. Nous interprétons ainsi la réalité en construisant une vision simplifiée, exagérément cohérente, des faits auxquels nous faisons face.

1. Lovallo D. et Sibony O., 2010 ; Powell T.C., Lovallo D. et Fox C.R., 2011. On traduit également « *behavioral stategy* » par « stratégie comportementale », mais cette expression prête à confusion : le terme est en effet utilisé en biologie et en éthologie animale dans le sens de « comportements adoptés pour s'adapter à l'environnement et assurer sa survie et sa reproduction », et par extension en sciences sociales dans le sens de « comportements visant un objectif donné ».
2. Adapté de Sibony O., 2019.

Il s'agit en particulier du biais de confirmation, qui consiste à accorder un poids disproportionné et une confiance aveugle aux informations confirmant nos hypothèses et nos croyances, tout en sous-pondérant ou en mettant en doute celles qui pourraient nous contredire. D'autres biais contribuent également à ce que nous raisonnions par analogie, en plaquant sur des situations nouvelles des cas connus, ou issus de notre propre expérience (voir tableau 15.1).

Les biais de modèle mental contribuent à expliquer certains des phénomènes décrits ci-dessus, notamment la présence d'une logique dominante[1], modèle mental partagé par les membres de l'organisation qui codifie les forces et les faiblesses de l'entreprise et de ses concurrents, les attentes de ses clients, et les grands principes de sa stratégie. Les décideurs perçoivent les nouvelles informations à travers le « filtre » de leur modèle mental existant, synthèse de leur compréhension historique du marché, de l'entreprise et de ses concurrents. Ils ont donc tendance à négliger les signes de changement, à percevoir les problématiques stratégiques émergentes comme plus simples qu'elles ne le sont réellement, et à ne pas ajuster leur stratégie en conséquence.

D'autre part, le raisonnement par analogie avec des situations connues, notamment avec des entreprises concurrentes ou des « *success stories* » de secteurs voisins, peut favoriser l'adoption de stratégies calquées sur celles-ci : il est fréquent que ces stratégies d'imitation échouent à produire les résultats attendus.

<table>
<tr><th>Biais</th><th>Définition</th><th>Effets</th></tr>
<tr><td>Biais de confirmation</td><td>Tendance à expliquer les faits par des histoires cohérentes et à négliger les faits qui les contredisent</td><td rowspan="5">• Non-perception des signes de changement stratégique dans l'environnement
• Sursimplification des problèmes
• Adoption de stratégies non pertinentes ou insuffisamment différenciées, notamment par imitation de « stratégies gagnantes »</td></tr>
<tr><td>Erreur d'attribution</td><td>Attribution du succès ou de l'échec aux talents des individus, sous-estimant l'effet des circonstances</td></tr>
<tr><td>Biais rétrospectif</td><td>Tendance à juger d'une situation passée avec des données disponibles ex post</td></tr>
<tr><td>Effet de halo</td><td>Impression générale d'une personne ou d'une entreprise fondée sur quelques traits frappants</td></tr>
<tr><td>Biais du survivant</td><td>Tendance à tirer des conclusions à partir d'un échantillon excluant les échecs</td></tr>
</table>

Tableau 15.1 Les biais de modèle mental

b. Les biais d'action

Les biais d'action (ou d'excès de confiance) sont ceux qui conduisent les décideurs à entreprendre des actions incompatibles avec l'analyse « rationnelle », au sens de la maximisation de l'utilité escomptée. Ces biais leur font surestimer les gains escomptés et les probabilités de succès associées (voir tableau 15.2).

1. Prahalad C.K. et Bettis R.A., 1986.

En particulier, l'un des biais les plus solidement documentés est la surestime de soi, qui est la tendance de la très grande majorité des individus à considérer leurs compétences comme supérieures à celles du reste de la population. Cette surestime de soi explique en partie que des managers mis en garde contre les difficultés (par exemple, avertis du pourcentage élevé d'acquisitions qui n'atteignent pas leurs objectifs) négligent ces avertissements, puisqu'ils se pensent supérieurs à la moyenne. Un autre biais solidement établi est l'illusion de contrôle, qui consiste à croire que l'on peut influencer des événements dont, en réalité, la maîtrise nous échappe[1].

On confond souvent ces biais avec une autre manifestation de l'excès de confiance, la surprécision des prévisions et des estimations : nous sous-estimons le degré d'incertitude associé à nos jugements, que ceux-ci soient ou non optimistes.

Les biais d'action conduisent à des erreurs qui comptent parmi les plus visibles : outre les acquisitions surpayées, on constate en particulier une tendance quasi-systématique des très grands projets stratégiques à produire des résultats en-dessous de leurs objectifs, tout en dépassant largement les estimations initiales de coûts et de délais. Une autre manifestation des biais d'action est la tendance à produire des plans stratégiques qui ignorent la riposte prévisible des concurrents, et qui ne produisent donc pas les résultats attendus.

Biais	Définition	Effets
Surestime de soi Illusion de contrôle Excès d'optimisme	Propension à surestimer nos aptitudes à réaliser une tâche, dans l'absolu et relativement aux autres, et à sous-estimer les difficultés et les risques	• Plans exagérément ambitieux (délais, coûts, résultats) • Sous-évaluation des risques • Acquisitions surpayées, synergies surévaluées • Plans stratégiques qui négligent la riposte concurrentielle
Excès de précision	Incapacité à calibrer correctement les intervalles de confiance dans les estimations/prévisions	

Tableau 15.2 Les biais d'action

c. Les biais d'inertie

Les biais d'inertie ont un effet diamétralement opposé à celui des biais d'action : ils conduisent les décideurs à ne pas agir, et donc à ne pas prendre les décisions nécessaires, à ne pas réagir suffisamment aux changements de l'environnement, etc.

Parmi ces biais, le biais d'ancrage joue un rôle important. L'ancrage conduit une personne qui formule une prévision ou une estimation chiffrée à se laisser influencer par un chiffre présent à l'esprit, même quand elle s'efforce de ne pas en tenir compte. Dans les discussions budgétaires, en particulier, les chiffres historiques jouent souvent un rôle d'ancre. Le biais du *statu quo*, qui est la tendance à s'abstenir

1. Durand R., « Predicting a firm's forecasting ability », 2003.

de toute décision, contribue également à l'inertie : par défaut, les stratégies existantes sont reconduites. Deux autres biais conduisent les décideurs à s'écarter du calcul rationnel, souvent pour poursuivre dans des voies sans issues : le biais des coûts irrécupérables (*sunk costs*) et l'aversion à la perte (voir tableau 15.3).

Les biais d'inertie contribuent à expliquer la sous-réaction de beaucoup d'entreprises face aux changements de leur environnement, et en particulier l'inertie dans l'allocation de leurs ressources stratégiques. Ils sont également en partie responsables du phénomène d'escalade de l'engagement, décrit précédemment.

Biais	Définition	Effets
Biais d'ancrage	Tendance à ne pas ajuster suffisamment les chiffres présents à l'esprit (notamment les valeurs historiques)	• Inertie dans l'allocation de ressources • Escalade de l'engagement dans des projets • Non-cession d'unités déficitaires
Biais du *statu quo*	Propension à ne pas décider et donc à confirmer le choix « par défaut »	
Biais des coûts irrécupérables (*sunk costs*)	Prise en compte de coûts déjà engagés et irrécupérables (et non seulement des coûts et bénéfices futurs) dans une décision d'investissement	
Aversion à la perte	Sensibilité plus aiguë à une perte qu'à un gain de même montant	

Tableau 15.3 Les biais d'inertie

d. Les biais de groupe

La perspective cognitive au niveau individuel est nécessaire, mais pas suffisante, pour comprendre la prise de décision au sein d'une organisation. Empiriquement, on constate en effet que la quasi-totalité des décisions stratégiques sont préparées et, au moins formellement, prises par des groupes plutôt que par des individus isolés : conseils d'administration, comités exécutifs, comités de décision *ad hoc*, etc. Il est donc nécessaire de tenir compte de l'implication d'acteurs multiples et de comprendre l'impact du processus de décision par lequel ces acteurs interagissent.

La psychologie sociale s'est intéressée depuis longtemps aux décisions de groupe, et notamment à la question de la « valeur ajoutée » du groupe par rapport aux individus qui le composent, ou au contraire des erreurs spécifiques que les groupes commettent. Le plus connu de ces phénomènes de groupe est le *groupthink*, ou pensée de groupe[1] : les membres d'un groupe de décision peuvent avoir tendance à taire leurs doutes ou leurs désaccords, en particulier lorsque l'opinion du leader est déjà connue. Un phénomène voisin est la polarisation des groupes, qui peut les conduire à adopter, sur une question donnée, un point de vue plus extrême que celui de la moyenne de ses membres.

Les biais de groupe ne produisent pas, dans les décisions stratégiques, des effets propres : le résultat de la délibération dépend de la décision proposée au départ. Ils accentuent donc la sensibilité de la décision stratégique organisationnelle aux biais des décideurs. Ces biais de groupe agissent comme des adjuvants des biais cognitifs individuels (voir tableau 15.4).

1. Janis I., 1982.

Biais	Définition	Effets
Groupthink	Tendance à taire les désaccords au sein d'un groupe de décision	• Unanimité de façade sur les plans proposés, aggravant les effets des biais d'action • Adhésion sans remise en cause à des croyances collectives dépassées, accentuant les effets des biais d'inertie
Polarisation, effets de cascade	Convergence du groupe sur un point de vue plus extrême que le point de vue moyen des participants, dépendant de l'ordre dans lequel les opinions sont exprimées	

Tableau 15.4 Les biais de groupe

e. Les biais d'intérêt

La dernière famille de biais concerne la tendance des individus à prendre en compte leur intérêt personnel dans la décision.

On reconnaît ici l'hypothèse centrale du modèle principal-agent (ou théorie de l'agence ; voir la rubrique Controverse, section 2, point 1.b.). La psychologie cognitive lui apporte une précision importante : là où la théorie de l'agence observait que les agents privilégient leur intérêt personnel, sous-entendant qu'ils le font intentionnellement, la psychologie morale contemporaine suggère, expérimentations à l'appui, que les agents sont incapables d'échapper aux conflits d'intérêts, même quand ils en ont l'intention sincère. On parle parfois d'éthicalité limitée, par analogie avec la rationalité limitée, pour décrire les comportements non éthiques qui en résultent[1].

En matière de décisions stratégiques, les biais d'intérêt se manifestent de nombreuses manières (voir tableau 15.5). Ils peuvent conduire les dirigeants à adopter, de manière parfaitement sincère, des points de vue qui favorisent leurs intérêts personnels, ou qui les confortent dans leurs attachements émotionnels (à des personnes, des marques, des lieux, etc.). Le poids de ces attachements émotionnels dans des décisions stratégiques supposées « rationnelles » ne saurait être sous-estimé.

Un autre biais d'intérêt qui a de lourdes implications en matière de décisions stratégiques est la tendance à arbitrer en faveur du court terme. De nombreuses études ont mis en évidence un phénomène de « myopie managériale », par lequel les dirigeants privilégient les résultats à court terme sur les objectifs à long terme.

Biais	Définition	Effets
Biais à son propre avantage	Adhésion sincère (et non feinte) à des points de vue qui favorisent nos intérêts ; influence indue des affects	• Préférence pour des options stratégiques compatibles avec les attachements émotionnels du décideur • Surpondération du court terme par rapport au long terme (myopie managériale)
Biais pour le présent	Incohérence des arbitrages entre coûts immédiats et gains futurs, favorisant le court terme de manière disproportionnée	

Tableau 15.5 Les biais d'intérêt

1. Bazerman M.H. et Moore D.A., 2008.

ÉTUDE DE CAS

J.C. Penney, une transformation ratée

En 2011, J.C. Penney, chaîne américaine de plus de 1 100 grands magasins, annonce l'arrivée d'un nouveau P-DG, Ron Johnson. Johnson était jusqu'alors, et depuis dix ans, le dirigeant des magasins de détail Apple (Apple Stores), à la conception desquels il avait contribué.

Sa stratégie, approuvée par le conseil d'administration, consiste en une transformation radicale de l'entreprise. Convaincu de l'importance des marques, Johnson entreprend de réorganiser les magasins autour de « corners » de marque, et non par catégorie. Il conclut pour ce faire de coûteux accords avec des grandes marques, souvent plus haut de gamme que celles jusque-là proposées par J.C. Penney. Dans le même temps, Johnson investit massivement dans le design des magasins pour les rajeunir. Surtout, il rompt avec la pratique des promotions incessantes que J.C. Penney utilisait pour attirer les clientes dans ses magasins, et adopte une politique de prix transparents et fixes, modulés uniquement à l'occasion de modestes promotions mensuelles. Un changement de marque et de logo accompagne ces transformations : J.C. Penney devient JCP.

La plupart de ces changements sont mis en œuvre très rapidement et sans être préalablement testés. De nombreux membres de l'équipe dirigeante, en désaccord avec la stratégie ou jugés incapables de la mettre en œuvre, quittent l'entreprise. Johnson fait parfois appel, pour les remplacer, à des anciens d'Apple en qui il a toute confiance.

Les résultats sont désastreux. Le nouveau JCP parvient très vite à faire comprendre aux anciennes clientes de J.C. Penney qu'elles ne retrouveront pas le magasin auquel elles étaient habituées, mais échoue à séduire la nouvelle clientèle qui aurait dû s'y substituer. Le chiffre d'affaires 2012 est en baisse de 25 %, et les pertes se montent à 1 milliard de dollars. L'action perd plus de la moitié de sa valeur.

Après moins de dix-huit mois, Ron Johnson est congédié par le conseil d'administration, qui rappelle pour le remplacer… son prédécesseur.

QUESTIONS

Corrigés en ligne sur dunod.com

1. Quels biais cognitifs peut-on soupçonner d'être à l'œuvre dans les décisions stratégiques de Ron Johnson ?
2. Et dans les choix de son conseil d'administration ?

3 L'architecture de la décision

Même s'ils connaissent l'existence des biais cognitifs, les décideurs n'ont pas conscience de l'emprise que ces biais ont sur leurs décisions au moment où ils les prennent. On parle de point aveugle des biais : nous pouvons observer les biais des autres, mais pas les éradiquer chez nous-mêmes.

En prenant en compte les biais des individus, et donc leur faillibilité, la perspective comportementaliste conduit à s'interroger sur les pratiques que les organisations peuvent adopter pour limiter les effets de ces biais. De même que certaines méthodes de décision risquent d'accentuer l'effet de certains biais (par exemple, en favorisant le *groupthink*), d'autres méthodes peuvent au contraire en limiter les effets. Dans cette perspective, l'un des rôles du dirigeant est de concevoir des processus de décision stratégique conduisant à des décisions aussi exemptes de biais que possible.

L'architecture du processus de décision, parfois négligée par les méthodes traditionnelles de planification, devient une condition essentielle de la bonne décision stratégique. On peut mettre en évidence trois grands principes directeurs de l'architecture de la décision.

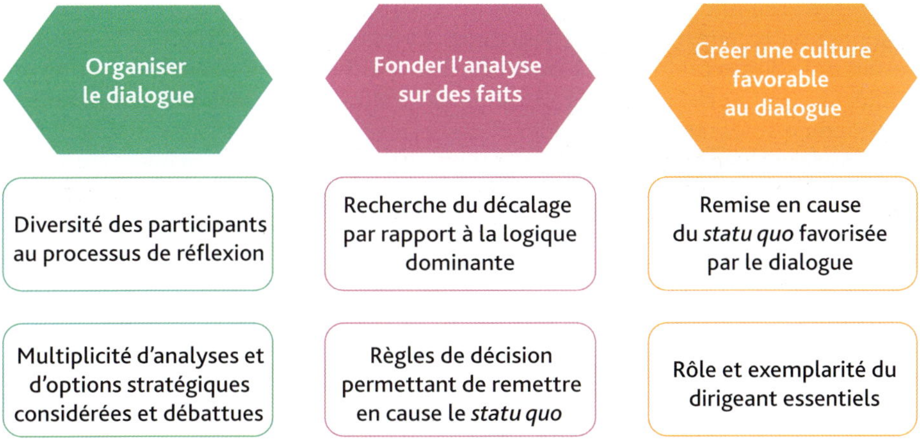

Figure 15.5 Les trois grands principes de l'architecture de décision

a. Organiser le dialogue

Le premier principe est d'organiser le dialogue : une grande partie des biais cognitifs tiennent en effet à la prégnance d'un point de vue unique sur l'analyse de la situation et les options stratégiques possibles. Une architecture de décision efficace veillera notamment à favoriser la diversité des participants au processus de réflexion et, surtout, à s'assurer qu'une multiplicité d'analyses de la situation et d'options stratégiques sont considérées et débattues.

b. Fonder l'analyse stratégique sur des faits

Le deuxième principe est de fonder l'analyse stratégique sur des faits, en recherchant activement le décalage par rapport à la logique dominante. Les règles de décision pourront par exemple inclure des occasions systématiques de remettre en cause le *statu quo*, comme des revues systématiques de portefeuille et d'allocation de ressources ; ou encore utiliser, pour certains types de décision, des *check-lists* prédéfinies pour combattre les biais de modèle mental.

c. Créer une culture favorable au dialogue stratégique

Le troisième principe est une condition pour que les deux premiers puissent être mis en œuvre : c'est de créer une culture favorable au dialogue stratégique et à la remise en cause du *statu quo*. Le rôle du dirigeant, et son exemplarité, sont ici, bien sûr, essentiels (voir chapitre 13).

CONCLUSION

La décision stratégique qui enclenche l'action est un processus complexe que les raccourcis simplificateurs de la planification stratégique ou les modèles de l'acteur rationnel ne recoupent que partiellement. La planification a d'autres vertus que l'exactitude de ses prévisions, à savoir de favoriser les échanges entre les multiples entités de l'entreprise. D'autres modèles de la décision stratégique proposent de considérer que les raisons de décider et d'agir ne sont pas rationnelles au sens strict : les modèles organisationnels, politiques et critiques offrent une richesse d'analyse et de compréhension de ce que veut dire décider. Enfin, des erreurs systématiques contaminent les organisations dans leur prise de décision. Des biais importants favorisent sans qu'on n'y prenne garde des décisions qui entraînent l'organisation loin de la solution optimale des problèmes auxquels elle fait face.

À RETENIR

La planification, outil de décision et d'action stratégique

- On reproche souvent à la **planification** d'être coûteuse, inefficace, voire contre-productive dans des environnements en évolution rapide. En dépit de ces critiques, elle continue d'être très utilisée, notamment car elle sert d'**autres fonctions managériales** que la formulation de la stratégie.
- La **stratégie réalisée** ne correspond jamais exactement à l'intention initiale des dirigeants.
- Le dirigeant peut recourir à d'autres modes de pilotage stratégique, notamment l'**incrémentalisme disjoint** et l'**incrémentalisme logique**.

Penser la décision stratégique

- La logique de la planification stratégique est celle du **modèle rationnel**, où la réflexion et la décision partent du sommet de l'organisation, précèdent l'action, et poursuivent des buts univoques.
- Les **modèles organisationnels** s'appuient sur la rationalité limitée. Ils mettent l'accent sur l'utilisation de procédures pour résoudre les problèmes stratégiques.
- Les **modèles politiques** voient l'organisation comme un ensemble d'individus engagés dans des rapports de force ou de négociation pour promouvoir leurs intérêts distincts et souvent contradictoires. L'organisation n'a pas de buts partagés *a priori* : ce sont les acteurs qui en ont.
- Les **modèles critiques** remettent en cause l'idée même que les décisions stratégiques précèdent l'action : elles en sont plus souvent l'accompagnement, voire la justification.

La perspective comportementaliste

- La perspective comportementaliste insiste sur les **heuristiques** de décision qu'utilisent les managers et les **biais cognitifs** qui en résultent.
- Les **biais de modèle mental** conduisent les décideurs à mal percevoir les problèmes, filtrés et sursimplifiés au prisme de leur expérience et de la logique dominante de l'organisation.
- Les **biais d'action** sont responsables des excès de confiance et d'optimisme de beaucoup de plans stratégiques.
- Les **biais d'inertie** conduisent à sous-réagir aux changements de l'environnement et aux menaces concurrentielles.
- Les **biais de groupe** neutralisent les divergences de vues au sein des équipes dirigeantes et accentuent, selon le contexte, les effets des biais d'action ou ceux des biais d'inertie.
- Les **biais d'intérêt** orientent les dirigeants dans un sens favorable à leurs intérêts personnels, sans qu'ils en aient nécessairement conscience.
- Les processus de décision stratégique peuvent être **optimisés** pour réduire l'impact de ces biais cognitifs.

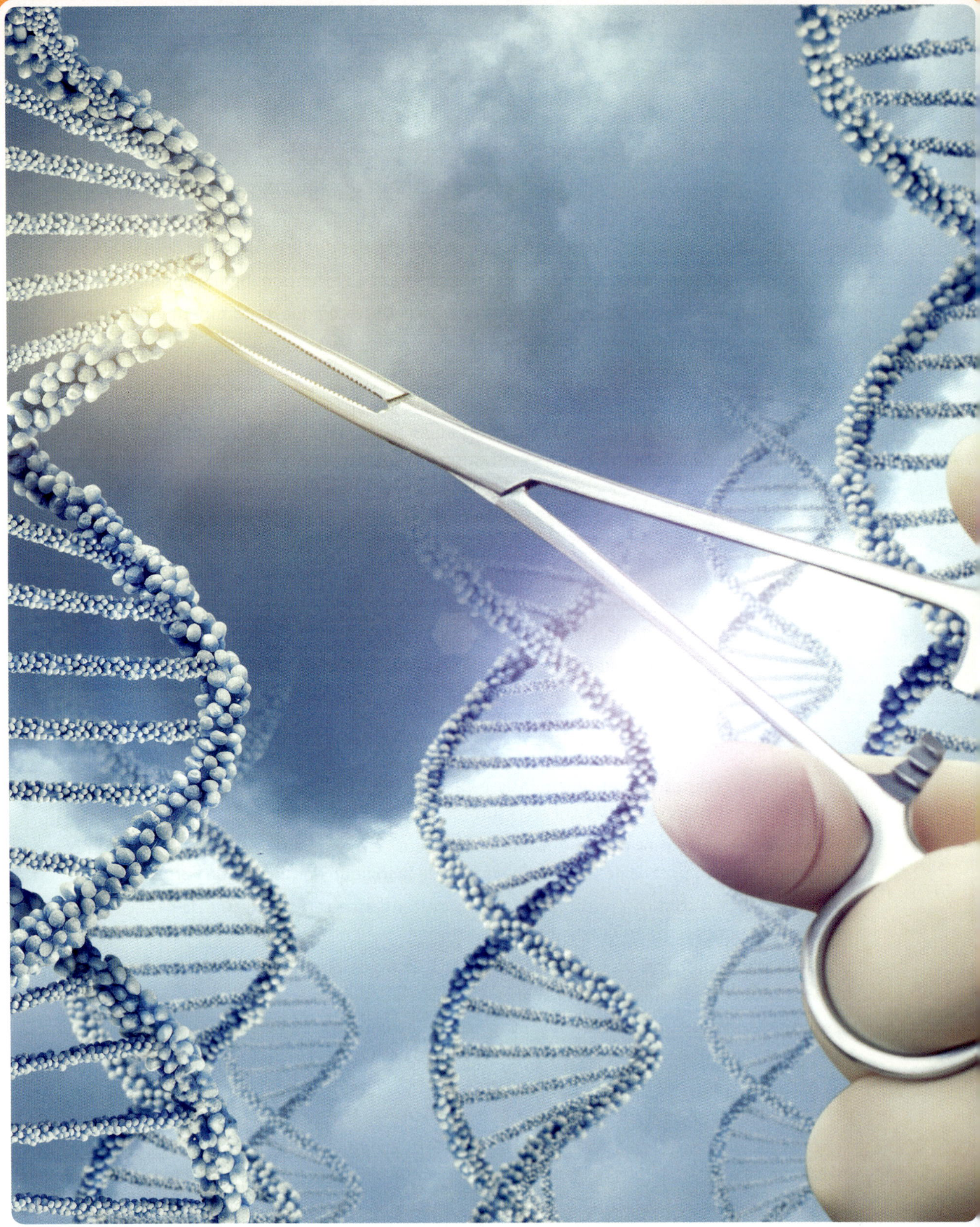

Chapitre

16 Transformer

Pour se développer, les entreprises doivent être capables non seulement de changer de stratégie, mais aussi d'adapter leur structure, leurs outils et leurs processus de management. Une organisation qui ne change pas alors que son environnement évolue est condamnée. En revanche, développer une forte compétence collective en matière de transformation organisationnelle peut permettre de survivre mais aussi de créer un avantage concurrentiel.

Transformer l'entreprise impose de mettre en place des processus complexes et exige une connaissance fine des logiques à l'œuvre. Il existe ainsi de nombreux freins à la transformation. Aussi, quand les entreprises entament des programmes de transformation réellement ambitieux, elles connaissent souvent des échecs.

Pourtant, les nouvelles technologies sont des leviers de la transformation et de nouvelles formes d'organisation permettent de capitaliser au mieux sur les retours d'expérience ou encore de mieux connecter les multiples entités internes et externes de l'écosystème organisationnel.

Enfin, pour mener à bien la transformation stratégique, plusieurs approches coexistent et se complètent. Au-delà des techniques classiques de la conduite du changement stratégique, de nouvelles approches se font jour, notamment l'approche agile et l'approche centrée sur les valeurs profondes des individus.

Plan du chapitre

SECTION 1

LES FREINS AU CHANGEMENT

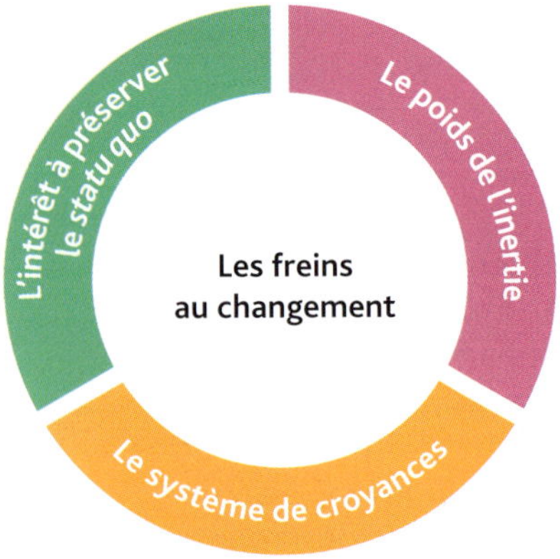

Figure 16.1 Les principaux freins au changement

Transformer l'entreprise est un exercice difficile, tout dirigeant le sait. L'organisation qui perdure a résisté à de nombreux chocs et ses membres pensent souvent détenir les clés du succès. Dès lors, pourquoi changer, modifier une « équipe qui gagne », remplacer des ingrédients de la recette du succès ? Dans cette section, nous distinguons les principaux freins au changement : l'intérêt à préserver le *statu quo*, le poids de l'inertie, et le système de croyances.

1 La résistance comme intérêt

Lorsqu'un dirigeant souhaite transformer l'entreprise ou l'organisation qu'il contribue à diriger, il heurte par définition des intérêts établis.

> La résistance au changement renvoie aux actions individuelles ou collectives répondant à la perception d'une menace ou la perte de positions acquises.

L'intérêt d'un individu ou d'un collectif peut donc se dresser face à un intérêt plus grand encore, celui de l'entreprise elle-même. L'importance d'incarner, de fédérer, et de bien organiser l'action, discutée dans les chapitres précédents, est donc fondamentale. Il faut qui plus est convaincre et entraîner certains acteurs à passer outre leurs intérêts acquis pour percevoir un futur meilleur pour eux et pour l'ensemble de l'organisation.

a. Les dix principales sources de résistance au changement

La résistance au changement prend des formes multiples, actives ou passives, ouvertes ou déguisées, individuelles ou coordonnées, agressives ou timides. Il n'est pas nécessaire que la menace soit réelle – c'est la perception qui importe. Les dix principales sources de résistance sont les suivantes, et il faut donc les combattre pour parvenir à transformer l'organisation.

Figure 16.2 Les dix sources de résistance au changement

1. Les risques au changement perçus comme trop importants

Les risques associés au changement sont perçus comme plus importants que ceux associés au *statu quo*. Il s'agit dès lors de montrer que cette perception n'est pas fondée, soit que les avantages associés au changement sont sous-valorisés, soit que les bénéfices du *statu quo* sont sur-valorisés.

2. L'impression d'appartenir au passé

Les individus ciblés par le changement se sentent liés à des individus qui sont identifiés par les dirigeants comme représentant « le passé avec lequel il faut rompre ». La loyauté envers ce et ceux qui ont fait le succès passé est compréhensible. Il s'agit de montrer que les conditions de la concurrence actuelle et à venir modifie les réponses nécessaires et que les réponses passées étaient adaptées aux circonstances passées mais non plus aux conditions actuelles.

3. L'absence de modèle de changement

Il n'y a personne pour jouer le rôle de modèle pour le changement. Transformer l'organisation sans incarner le changement est une erreur classique qui favorise la résistance.

4. La peur du manque de compétence

Les individus ont peur de ne pas posséder la compétence nécessaire pour participer au changement. Cette défense face au changement est naturelle : il faut accompagner la création de passerelles vers de nouveaux modes de travail, des formations adéquates pour progresser ensemble vers la destination souhaitée.

5. L'impression d'être dépassé(e) par l'ampleur du changement

Les individus se sentent dépassés par l'ampleur des changements à effectuer. Dans la formulation de la vision stratégique et des raisons du changement, il convient d'éviter les thématiques trop larges, englobantes, paralysantes pour les collaborateurs. Elles peuvent inhiber au lieu de libérer.

6. Le doute quant à la pertinence du changement

Les individus sont critiques et demandent à être convaincus de la pertinence des changements proposés. Il existe de nombreuses raisons pour contester ou s'opposer à tout changement : les hypothèses sont-elles bien fondées ? Les projections réalistes ? Aussi, au-delà d'un discours engageant, les données de base doivent être crédibles, vérifiées, et partagées pour que l'orientation proposée puisse être désirée par les membres de l'entreprise.

7. Le doute quant au bien-fondé du changement

Les individus estiment que les initiateurs du changement ont d'autres agendas que ceux qu'ils professent publiquement. L'authenticité est une des vertus cardinales du leadership actuel et à venir. Transformer l'organisation sans être convaincu du bien-fondé des changements demandés est une erreur. C'est une source de problèmes à venir plus graves que les périls que l'on cherche à éviter.

8. La peur de perdre son identité

Les individus ont peur que le changement ne remette en cause leur identité. Accompagner, fédérer, faire émerger de nouvelles pratiques, valeurs, et identités fait partie du rôle de leader. Comme on l'a vu dans les chapitres précédents, l'identité est composite et relativement fluide. Cette idée doit être partagée et comprise par le plus grand nombre.

9. La peur de perdre son statut ou son bien-être

Les individus redoutent une perte de statut ou de bien-être. Sans promettre la lune, il faut aider chacun à se représenter le futur proche après la transformation et les difficultés qui existeraient si cette transformation n'était pas faite.

10. La conviction de changements inadéquats

Les individus sont convaincus que les changements sont inadéquats. Il ne faut pas être fermé à ces critiques, et bien les analyser avant de les accepter ou de les combattre.

b. Transition numérique

Ainsi, les sources de la résistance à la transformation sont nombreuses et variées. En outre, au-delà des purs changements organisationnels – par exemple, la réorganisation du lien avec le client, le regroupement des filières d'approvisionnement, le passage à de nouveaux modes de distribution… – il est de plus en plus fréquent que la transformation requière un investissement technologique important, notamment dans le domaine digital.

Chiffres clés

Le coût des transformations numériques est compris entre **2 %** et **5 %** du chiffre d'affaires, concentrées sur une période d'un à quatre ans.

Alors même que les chances de succès des transformations numériques sont incertaines, leur coût est substantiel : de 2 à 5 % du chiffre d'affaires, concentrées sur une période brève, d'un à quatre ans[1]. Sur des marchés en faible croissance et des métiers à marges réduites, de tels montants sont de nature à dissuader de nombreuses entreprises et à accroître la résistance au changement, ce qui explique pourquoi la transformation numérique des organisations est si difficile.

2 La résistance comme inertie

La deuxième grande source de résistance au changement échappe en partie à la volonté des membres de l'organisation. Il s'agit de l'inertie, représentée par les choix passés, le montant des investissements engagés (*sunk costs*), les pratiques ancrées auprès de clients importants qui ne changent pas ou changent moins vite que de nouveaux usagers, les connaissances techniques qui ne se renouvellent pas assez vite eu égard à des offres de substitution disponibles. L'inertie peut conduire à des processus d'escalade qui renforcent les choix passés au détriment de la transformation voulue et nécessaire (voir la rubrique Fondements théoriques « Le processus d'escalade », chapitre 15, section 3).

Les dirigeants qui souhaitent transformer l'entreprise se confrontent ainsi aux choix faits par d'autres qui cherchent à poursuivre leur œuvre, et à ne pas perdre la face. L'escalade peut donc s'ensuivre, c'est-à-dire la persévérance dans le choix sous-optimal ancien plutôt que dans celui plus prometteur de la transformation.

1. World Economic Forum, 2018.

Bien qu'une certaine dose d'inertie soit un gage de fiabilité – le fait que l'entreprise ne change pas chaque matin de procédures, de produit et d'image, est en soi source de confiance pour les parties engagées dans un échange économique –, l'inertie contraint les marges de manœuvre et les changements impulsés par les décideurs. La rubrique Fondements théoriques ci-après sur la « dépendance de sentier » ou *path dependence* illustre ce phénomène de continuité forte et limitante avec les choix passés.

FONDEMENTS THÉORIQUES

Path dependence : la stratégie contrainte par elle-même

On traduit souvent *path dependence* par « dépendance de sentier », ce qui est une traduction littérale peu claire. Il vaudrait mieux parler de dépendance au chemin emprunté (voir chapitre 2) ou d'influence du cheminement ou de la trajectoire.

On dit qu'un processus est *path dependent* (influencé par sa trajectoire) lorsque les circonstances ou les choix passés peuvent empêcher certaines évolutions de se produire dans le futur. L'idée centrale est que, même si les circonstances ont complètement changé, les décisions qui ont été prises dans le passé limitent les options qui s'offrent au décideur pour le futur.

Les économistes ont développé le concept de *path dependence* pour expliquer l'adoption de certaines technologies et l'évolution de certaines industries qui semblent contredire l'idée d'optimisation économique[1]. Au lieu d'atteindre l'équilibre économique optimal que prédit la théorie classique, certains processus débouchent en effet sur des équilibres imparfaits qui ne peuvent s'expliquer que par le cheminement qui a été suivi pour en arriver là[2].

En ce qui concerne le changement stratégique, le concept de *path dependence* est très pertinent. Par exemple, les décisions d'embauche ou d'investissement qu'a prises une entreprise il y a dix ans ont une influence très forte sur les décisions qu'elle peut prendre maintenant, même si les circonstances ont complètement changé : le personnel en place, la nécessité de rentabiliser les investissements passés, la trajectoire technologique effectuée, conditionnent très fortement la stratégie future. Aucune entreprise ne peut échapper au déterminisme du cheminement et celui-ci n'est pas une preuve d'irrationalité, car les choix passés ont pu être faits de manière parfaitement rationnelle dans leur contexte de l'époque. En faisant ces choix, l'entreprise a alors rendu certains choix futurs impossibles. Chaque décision stratégique limite donc la capacité future de l'entreprise à changer de stratégie.

1. Arthur W.B. 1994 ; Liebowitz S.J. et Margolis S.E., 1995.
2. Vergne J.P., Durand R., 2010.

Cette influence de la trajectoire peut être très forte, et ancrée dans la culture même de l'entreprise, son identité vécue. Dès lors, la possibilité d'embrasser de nouvelles valeurs et de définir de nouveaux objectifs peut se heurter aux contraintes imposées par les choix passés. Aussi, si les systèmes informatiques de *reporting* ou si les analyses de risques ont été conçues à des périodes qui ignoraient le risque environnemental ou climatique, il est coûteux sur le plan technique, et difficile sur le plan humain, de mesurer ce risque et donc de transformer l'entreprise pour en anticiper les conséquences.

3 La résistance comme croyance

Une troisième sorte de résistance au changement inclut et dépasse les deux précédentes. Il s'agit de la résistance issue des croyances des décideurs et des collaborateurs de l'entreprise.

Une notion résume cette idée : la logique dominante, à savoir l'ensemble des éléments de croyance qui forge l'appréhension partagée par les dirigeants des situations de risque et d'opportunité auxquelles ils se trouvent confrontés.

Si la logique dominante traduit une cohérence et guide la trajectoire stratégique de l'entreprise, elle peut aussi conduire l'entreprise à adopter des comportements inadaptés. Le système de représentations et la culture de l'entreprise peuvent conduire à ignorer des informations importantes et à persister dans des conceptions qui ne sont plus en phase avec le contexte (par exemple, ignorer l'émergence de nouveaux concurrents, de produits de substitution ou de nouvelles technologies). Elle conduit à « voir ce que l'on croit », ce qui est en conformité avec la logique de représentation, plutôt que ce qui est. Ainsi, la logique dominante d'Arcelor avant son rachat par Mittal a empêché ses dirigeants de percevoir le danger représenté par des concurrents issus des pays émergents et fabriquant des aciers de moins bonne qualité.

L'exploitation des compétences accumulées peut empêcher leur renouvellement et l'émergence de nouvelles compétences nécessaires à la transformation de l'entreprise. De même, la logique du succès conduit à répéter les actions passées par analogie, en négligeant les différences de contexte, ce qui peut déboucher sur des échecs lourds de conséquence. Enfin, la logique du pouvoir tend à maintenir en place des dirigeants ou des coalitions qui dissuadent ceux qui proposent des actions innovantes.

Exemple

Le virage digital chez Kodak

- Le développement de la première gamme d'appareils photo numériques de **Kodak**, pourtant décidé par les dirigeants de l'entreprise, a été retardé par la mauvaise volonté d'une grande partie des ingénieurs, chimistes pour la plupart, qui voyaient dans cette nouvelle technologie une menace pour leur influence dans l'entreprise.

Prise dans la cohérence de la logique dominante, l'entreprise peut donc devenir prisonnière de sa trajectoire ou être victime d'une dérive stratégique[1]. Elle reste ce qu'elle est, se contente de ce qu'elle sait faire, ne change pas son organisation et s'avère incapable de changer de stratégie. Les actions de l'entreprise perdent progressivement de leur pertinence : les échecs se multiplient alors mais leur importance est minimisée, leur cause est attribuée à des circonstances extérieures et l'entreprise n'en tire pas d'enseignement utile[2]. Même si des signes inquiétants apparaissent, l'interprétation de ces signes est conditionnée par les modes habituels

1. Johnson G., 1987.
2. Baumard P. et Starbuck W.H., 2005.

de raisonnement. Les managers rejettent les signaux qui dissonent avec la logique dominante (voir la rubrique Étude de cas « Polaroid : une tentative d'adaptation au changement technologique », chapitre 15, section 2). Et lorsque les entreprises réagissent, elles le font en cherchant le plus longtemps possible à préserver leur stabilité[1]. Parfois même, au lieu de changer de stratégie, elles préfèrent se replier sur ce qu'elles savent faire et renforcer ainsi leur logique dominante.

SECTION 2

LES LEVIERS DE LA TRANSFORMATION

Transformer l'entreprise, c'est vouloir répondre à des demandes nouvelles, c'est devoir réagir à des menaces qui n'existaient pas auparavant, c'est préparer l'ensemble humain qu'est l'organisation à des lendemains différents. Face à la résistance au changement, il existe des leviers de la transformation efficaces. On citera principalement les technologies numériques et les nouvelles formes d'organisation, au-delà de celles, classiques, présentées au chapitre 14, que sont les organisations en réseau et les plateformes.

1 La transformation digitale

Les technologies, et notamment le vaste ensemble des technologies digitales, offrent des possibilités nouvelles pour susciter et accompagner la transformation de l'entreprise. Sur le plan stratégique, les nouvelles technologies reconfigurent les sources d'avantage concurrentiel en bouleversant la structure de coût et la valeur perçue par les clients. Sur le plan organisationnel, ces technologies imposent de nouveaux usages aux collaborateurs et mettent au défi les dirigeants de comprendre et maîtriser les enjeux associés, bouleversant les sources de légitimité sur lesquelles reposent leur autorité et leur pouvoir de décision.

a. Des bouleversements majeurs

Tous les experts anticipent des bouleversements majeurs du monde du travail, liés à la révolution numérique. Les prévisions sont édifiantes et soulèvent de nombreuses questions sur le fonctionnement, l'organisation et la culture des entreprises de demain.

1. Staw B.M., Sandelands L.E. et Dutton J.E., 1981.

Chiffres clés

- Plus de **50 %** des métiers sont menacés d'automatisation.
- **70 %** des enfants d'aujourd'hui exerceront des métiers qui n'existent pas encore.
- **80 %** des dirigeants placent les nouveaux modes de travail en tête des changements organisationnels à introduire.
- **85 %** des relations avec les clients seront gérées par les entreprises sans intervention humaine.
- **90 %** des recruteurs prévoient une concurrence accrue pour l'acquisition de nouveaux talents.

Divers indicateurs collectés par le World Economic Forum[1] montrent ainsi que :

- plus de 50 % des métiers sont menacés d'automatisation ;
- 70 % des enfants d'aujourd'hui exerceront des métiers qui n'existent pas encore ;
- 80 % des dirigeants placent les nouveaux modes de travail en tête des changements organisationnels à introduire ;
- 85 % des relations avec les clients seront gérées par les entreprises sans intervention humaine ;
- 90 % des recruteurs prévoient une concurrence accrue pour l'acquisition de nouveaux talents.

Ces statistiques ont de quoi inquiéter les managers en place[2] : les nouveaux processus numériques vont-ils rendre leur poste obsolète ? Nés avant Internet, sont-ils encore pertinents face à la génération montante des *digital natives* ? Vont-ils continuer à s'épanouir dans un monde d'algorithmes où l'ordinateur décidera plus vite et mieux qu'eux ? La révolution numérique amène son lot de rêves mais aussi d'inquiétudes. Beaucoup de professionnels de l'entreprise ressentent un sentiment inconfortable d'impréparation technique, méthodologique et culturelle. Il est important de souligner que ces interrogations touchent autant (et parfois davantage) le sommet de la pyramide que les collaborateurs de terrain. Pour guider l'entreprise à travers le changement, les équipes dirigeantes doivent d'abord s'interroger sur leur propre degré de préparation et d'acceptation par rapport au numérique.

b. Une transformation risquée

Notamment, le décalage entre les aspirations et la réalité du changement n'a jamais été aussi marqué que dans l'univers numérique. Les bénéfices d'une transformation numérique peuvent être spectaculaires mais les taux de succès restent très limités. Face à ce pronostic défavorable, les dirigeants d'entreprises demeurent sceptiques sur les résultats et hésitent à s'embarquer dans l'aventure. L'enjeu est pourtant bien réel : une récente étude du cabinet Bain & Company[3] auprès de mille entreprises montre que les organisations les plus avancées dans leur transformation numérique croissent deux fois plus vite que les retardataires. Elles ont aussi deux fois plus de chances d'accroître leurs profits.

Mais réaliser ces gains est une autre affaire. Les transformations numériques s'avèrent plus hasardeuses que les programmes de changement classiques. D'après cette étude, seules 5 % des entreprises embarquées dans une transformation numérique estimaient avoir atteint ou dépassé leurs objectifs. 71 % faisaient état d'un résultat médiocre et le reste concédaient un échec et reconnaissaient avoir atteint moins de 50 % de leurs objectifs. Bien sûr, le changement est toujours difficile, quel qu'en soit l'objet. Pour des programmes de changement traditionnels, ces pourcentages sont respectivement de 12 % (succès), 50 % (résultats mitigés) et 38 % (échec), soit un pronostic de succès légèrement supérieur.

Chiffres clés

- Dans une transformation numérique :
  5 % de succès ;
  71 % de résultats mitigés ;
  24 % d'échecs.
- Dans un programme de changement traditionnel :
  12 % de succès ;
  50 % de résultats mitigés ;
  38 % d'échecs.

1. World Economic Forum, 2018.
2. Pointeau B. et Flam V., 2016.
3. Bain & Company, 2017.

Avant toute transformation digitale, il faut commencer par bien comprendre les facteurs de risque que sont :

1. l'analyse et la valorisation des données ;
2. les aspects technologiques et informatiques ;
3. le déploiement d'un écosystème ouvert ;
4. l'organisation et la culture.

Dans une transformation de l'entreprise reposant sur le numérique, ces sujets ne sont pas optionnels. Ignorés ou négligés, chacun peut devenir un obstacle rédhibitoire.

EN PRATIQUE

La création d'un écosystème numérique

Dans une transformation numérique, le besoin de renforcement des compétences est si marqué et le temps disponible si limité que l'entreprise doit regarder au-delà de ses frontières et bâtir un écosystème de partenaires. Pour beaucoup de grands groupes habitués à compter sur leurs propres talents et leurs propres actifs, cette manière d'aborder l'innovation représente une remise en cause majeure. Il faut apprendre à attirer et sélectionner les bons partenaires, structurer les partenariats et les modes de collaboration pour qu'ils contribuent à la stratégie numérique et que chaque partie y trouve son compte.

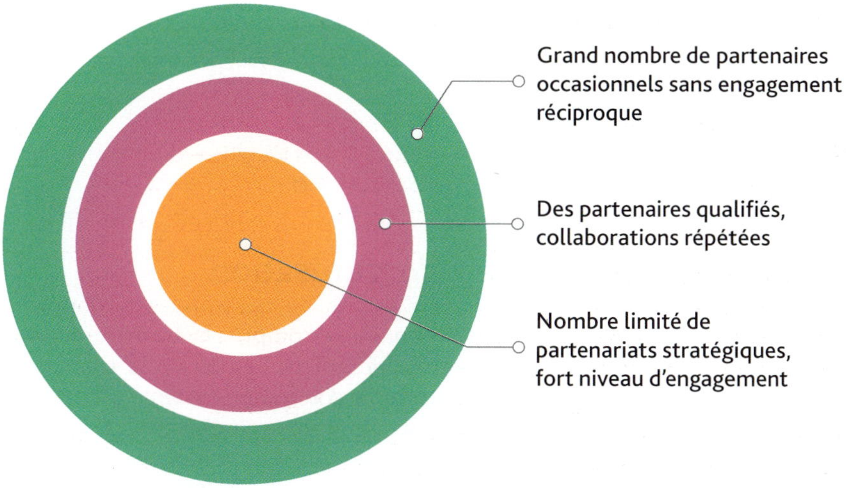

Figure 16.3 Les partenaires par cercles concentriques

Il existe une grande variété de partenaires potentiels : start-up innovantes, fonds de capital-risque, incubateurs d'entreprises, universités, professeurs, chercheurs, clients, fournisseurs, développeurs indépendants, fournisseurs de technologie… La contribution potentielle d'un écosystème ouvert couvre toutes les étapes du processus d'innovation d'une entreprise[1] : non seulement la phase amont de génération d'idées, mais souvent également la réalisation d'un prototype avec test sur le terrain, et le passage de ce prototype – souvent appelé POC (*proof of concept*) ou MVP (*minimum*

•••

viable product) – à une solution numérique complète et entièrement intégrée aux systèmes d'information de l'entreprise. L'apport de jeunes entreprises partenaires va même parfois jusqu'au déploiement de l'offre à grande échelle. Une licorne du numérique peut multiplier la force de frappe d'un grand groupe en déployant rapidement à ses côtés un service complémentaire. C'est ainsi que le partenariat avec Deezer a permis à Orange d'améliorer considérablement son taux de fidélisation, nerf de la guerre de tout opérateur télécom. Ici encore, il convient d'aborder stratégiquement le partenariat en répondant méthodiquement aux questions suivantes : qu'essaye-t-on d'accomplir et en quoi cela s'inscrit-il dans la stratégie numérique ? De quel type de partenaire a-t-on besoin ? Qu'attend-on de lui et à quelle étape du processus d'innovation ?

L'une des bonnes pratiques consiste à gérer le vivier de partenaires comme une série de cercles concentriques. À l'extérieur, un grand nombre de partenaires occasionnels sans aucun engagement réciproque. Plus près du centre, des partenaires qualifiés au travers d'expériences de collaborations répétées. Dans le cercle central, un nombre très limité de partenariats stratégiques construits dans la durée avec un fort niveau d'engagement réciproque, souvent sous forme de *joint-ventures* qui se transforment parfois en prises de participation ou en acquisitions.

Les managers de l'écosystème évaluent et qualifient les partenaires suivant un processus et des critères robustes et transparents. Ils consacrent la plus grande partie de leur énergie aux partenariats les plus stratégiques[2], savent quel niveau d'autonomie préserver pour quel partenaire et quelles valeurs culturelles mettre en commun pour bien travailler ensemble.

1. Pointeau B. et Flam V., 2017.
2. Raise et Bain & Company, 2018.

2 Les nouvelles formes d'organisation

Toute transformation s'appuie sur l'humain, y compris la transformation digitale de l'entreprise. Comme évoqué précédemment, le défi de la transformation contraint les dirigeants à repenser l'entreprise comme un système plus ouvert que les conceptions traditionnelles de l'organisation vues au chapitre 14. Nous détaillons ici les formes organisationnelles qui facilitent les démarches de transformation en connectant les membres de l'organisation avec l'écosystème extérieur et en levant les résistances au changement interne.

a. L'organisation apprenante

De nombreuses approches planifiées du changement insistent sur le rôle des crises ou de l'urgence pour mettre l'organisation sous tension et enclencher le changement : l'urgence du digital, de l'entrée de nouveaux concurrents, d'un changement réglementaire… Cependant, une telle approche est anxiogène et génère de la méfiance et du scepticisme à l'intérieur de l'organisation. De plus, en temps de crise, les dirigeants ont tendance à privilégier un style directif et une approche descendante car cela permet, en apparence du moins, un meilleur contrôle du changement.

- **L'apprentissage « en simple boucle »**

Les théories de l'apprentissage organisationnel, développées notamment à partir des travaux d'Argyris et Schön[1], soulignent que ce type d'approche ne produit qu'un apprentissage « en simple boucle » (*single loop learning*). Celui-ci vise à corriger les erreurs sans analyser ce pour quoi ces erreurs ont été commises. Une fois l'urgence disparue, d'anciens comportements peuvent alors resurgir et ressusciter les anciens modes de réflexion, comme si rien n'avait été appris. Selon ces auteurs, il vaut mieux développer une approche plus transparente, où les acteurs mettent leur marge de manœuvre au service de la solution au lieu de l'utiliser dans les jeux politiques pour s'opposer au changement.

- **L'apprentissage « de second ordre »**

Une telle approche est susceptible de générer un apprentissage de « second ordre » (*double loop learning*), qui passe par une remise en cause des principes collectifs sous-jacents à l'action. Il ne s'agit plus de corriger une action mais les principes de cette action. Cela permet une transformation plus profonde et une véritable réorientation stratégique. On ne change plus à l'intérieur de cadres d'action et de réflexion préétablis mais on change l'architecture du système, le cadre même de la pensée et de l'action. Pour Argyris et Schön, une approche ouverte, participative et progressive, génère moins d'effets négatifs, car elle réduit la résistance au changement, que celle-ci repose sur l'intérêt, l'inertie, ou les croyances.

En effet, la participation à l'élaboration du changement confère aux collaborateurs un rôle d'acteur qui leur permet d'aborder différemment les facteurs anxiogènes inhérents aux périodes de transition. Cela est sans doute pertinent sur le papier mais il n'est guère facile d'obtenir des attitudes aussi collaboratives dans la mesure où le changement va nécessairement mettre en péril des fonctionnements organisationnels et des positions au sein de l'entreprise. Les modèles de prise de décision organisationnels ou politiques montrent bien comment les stratégies se construisent et s'ajustent au gré des négociations, des rapports de force et des agendas plus ou moins cachés des acteurs.

- **Construire le changement en continu**

On peut aller plus loin. Il ne s'agit plus seulement d'adopter, dans le cadre d'un programme de transformation, une approche participative et ascendante. Il s'agit plutôt de construire une organisation pour piloter le changement en continu. En d'autres termes, il faut élaborer une organisation apprenante, capable de se transformer au fur et à mesure des évolutions concurrentielles. De nombreux auteurs vantent les mérites de l'organisation apprenante ou organisation agile, ou encore adaptative[2].

---

1. Argyris C. et Schön D.A., 1974.
2. Voir notamment Senge P.M., 1990 ; Quinn J.B., 1992 ; Nonaka I. et Takeuchi H., 1995 ; et plus récemment, Geetz I., 2017 ou encore Laloux F., 2015.

Les défenseurs de l'organisation apprenante proposent une vision du management stratégique qui se démarque de la conception traditionnelle. En effet, les approches classiques de la stratégie partent du principe que l'organisation possède une équipe de direction et une hiérarchie qui lui permettent de comprendre l'environnement et de s'y adapter. Pour les promoteurs de l'organisation apprenante, c'est l'ensemble de l'organisation, c'est-à-dire le collectif des employés, qui doit posséder ces capacités de détection, d'analyse et de mise en œuvre. Dans l'idéal, l'entreprise apprenante n'a plus besoin que ses dirigeants la transforment par des actions volontaristes. Elle s'adapte selon un processus naturel et continu.

- **Devenir une entreprise apprenante**

Dans la pratique, il est rare de rencontrer des entreprises totalement apprenantes. Souvent, une ou plusieurs entités sont gérées sur ce mode sans que l'ensemble de l'entreprise ne l'adopte. Les obstacles sont en effet nombreux, notamment le caractère pyramidal des organisations, la permanence des jeux de pouvoir et des logiques de déférence (à la tradition, la séniorité, la hiérarchie, etc.). Enfin, le fonctionnement même de la logique organisationnelle, notamment la spécialisation du savoir, la création de routines, c'est-à-dire de raccourcis, de connaissances tacites… créent des rails et des canaux desquels il est difficile de sortir.

EN PRATIQUE

Le learning mix : un outil pour piloter l'apprentissage organisationnel

Si le partage et la création de connaissances, l'enrichissement du capital intellectuel collectif ou encore l'acquisition de « capacités à apprendre » sont des enjeux affichés par de nombreuses entreprises, rares sont celles qui adoptent une démarche cohérente et opérationnelle permettant de relever ces défis. Fréquemment, des initiatives isolées coexistent : mise en place d'un outil de partage des connaissances, actions visant à recenser les compétences détenues par l'entreprise, etc. Les difficultés rencontrées par les entreprises souhaitant devenir « apprenantes » s'expliquent par le caractère parcellaire de ces approches.

La solution consiste à articuler ces différentes actions, à les inscrire dans une démarche intégrée permettant de construire un véritable apprentissage organisationnel. On peut ainsi jouer sur les quatre facettes suivantes du *learning mix* pour promouvoir l'apprentissage organisationnel[1] :

- **Technologie** : gérer les systèmes d'information, et notamment les outils dédiés au partage de connaissances.
- **Organisation** : mettre en place et manager une structure apprenante, c'est-à-dire des modes de fonctionnement favorisant la création et le partage de connaissances.
- **Stratégie** : identifier et gérer le portefeuille de connaissances de l'entreprise, c'est-à-dire à la fois les connaissances détenues et celles à acquérir.
- **Identité** : développer une identité apprenante, ce qui requiert, dans bien des cas, un travail complexe sur les valeurs et les modes de raisonnement.

1. Moingeon B., 2003.

Pour lever les freins décrits dans la section 1 de ce chapitre et libérer les individus de ces représentations limitantes, Argyris et Schön les encouragent à :

- devenir conscients de leur propre mode de raisonnement et des fondements de leurs jugements de valeur ;
- rendre leurs raisonnements et leurs jugements visibles pour les autres ;
- s'enquérir des raisonnements et jugements d'autrui.

Au total, l'organisation apprenante est un idéal vers lequel il faut tendre plutôt qu'une description fidèle de la réalité. L'ambition de développer une telle organisation se situe au croisement de la stratégie, du développement organisationnel et de la gestion des ressources humaines. Cette ambition est fondamentale pour les stratèges, car une entreprise qui développe une meilleure capacité d'apprentissage collectif que ses concurrents se munit d'une force interne de transformation continue qui la dote d'un avantage concurrentiel durable.

b. Réseaux et plateformes

Les entreprises sont confrontées à des environnements de plus en plus mouvants, chahutés par l'irruption de nouvelles technologies et de nouveaux concurrents. Elles s'efforcent donc d'être plus agiles et plus réactives. Cela passe par la mise en place de structures mais aussi de principes de management qui favorisent la transversalité, la polyvalence, les échanges avec l'externe, et la prise d'initiative. Pour ce faire, de plus en plus d'entreprises transforment progressivement leur organisation interne en réseau d'unités inter-reliées. Cette nouvelle forme de structure s'oppose au paradigme traditionnel d'organisation pyramidale.

• Les caractéristiques des réseaux

Un réseau est composé de pôles (les « nœuds » du réseau) et de connexions (les liaisons entre pôles). Dans le cas de l'entreprise, il ne s'agit pas d'un réseau « naturel » sans hiérarchie, mais d'un réseau disposant d'un système de gouvernance qui l'oriente et le contrôle.

FONDEMENTS THÉORIQUES

Le concept de réseau

Nous choisissons dans ce chapitre d'appeler « structure en réseau » un type particulier et nouveau d'organisation dans laquelle les unités (les nœuds ou pôles du réseau) jouissent d'une large autonomie, et établissent entre elles des relations de collaboration (les liens ou connexions du réseau), l'ensemble étant coordonné souplement (« *loosely coupled* », selon Weick[1]) par la direction générale de l'entreprise.

Nous distinguons le réseau interne, constitué par les unités appartenant à l'entreprise, du réseau externe, constitué par ses partenaires à sa périphérie immédiate. La limite entre les deux réseaux, souvent imprécise et mouvante, apparaît plutôt comme une question de degré, mais constitue précisément un enjeu clé de la stratégie de l'écosystème constitué par l'ensemble des deux types de réseaux.

• • •

Boisot et Lu[2] proposent de considérer les réseaux comme un troisième type d'organisation, qu'ils appellent *organization as ecology*, par opposition à la structure mécaniste (Fayol et Taylor) et à la structure organique (Lawrence et Lorsch) que nous avons décrites dans le chapitre 14. Les caractéristiques de ce type d'organisation interne et externe en réseau, que l'on peut qualifier « d'écosystème », sont les suivantes :

- Organisation et environnement sont interpénétrés : il ne s'agit plus seulement de s'adapter, comme le proposaient par exemple Lawrence et Lorsch, mais de construire et d'agir sur son environnement comme le suggérait Weick. Le réseau s'ouvre sur un large éventail de possibles et confère à la direction une véritable agilité stratégique dans l'allocation de ses ressources prioritaires.
- Le déterminisme proposé par les deux types antérieurs n'est plus concevable dans un contexte aujourd'hui totalement ouvert, non linéaire, fait d'événements émergents et de ruptures radicales, où l'accent doit être mis sur l'innovation et la volonté de transformation permanente de l'entreprise. L'apprentissage organisationnel est du type « exploration » et non plus du type « exploitation », pour utiliser la distinction proposée par March et Simon[3].
- On ne peut plus opposer collaboration interne et compétition externe, qui doivent être désormais successives, voire simultanées. C'est au stratège qu'il appartient de puiser dans un registre aussi large que possible de structures de gouvernance (hiérarchie, participations capitalistes, *joint-ventures*, contrats de tous types...). En conséquence, il faut considérer qu'il y a un continuum entre le réseau d'unités internes et le réseau de partenaires externes, qui sont susceptibles en permanence d'échanger leur statut en fonction de la stratégie (par exemple, acquisition d'un sous-traitant ou, au contraire, *outsourcing* d'une activité interne).
- La connectivité entre unités doit être à la fois très forte et très souple, exploitant au mieux pour ce faire les dernières technologies de l'information et de la communication. La conception et l'adéquation de ces systèmes techniques deviennent un enjeu stratégique que les dirigeants doivent maîtriser. Les relations de confiance, souvent tacites, remplacent les règles et l'autorité rationnelle que décrivait Weber dans sa présentation de la bureaucratie. L'autorité formelle n'est plus qu'une des nombreuses relations qui décrivent le système ; elle peut parfois même disparaître, comme dans certains réseaux volontaires (Linux, par exemple). La stratégie consiste à donner du sens à l'écosystème et à le faire évoluer directement ou indirectement.

En définitive, comme le faisait remarquer Giddens[4], dans un réseau, ce sont le plus souvent les processus qui donnent naissance à la structure qui, à son tour, permet à de nouveaux processus d'apparaître. Les liaisons entre les nœuds (unités) évoluent à la fois spontanément et par l'action volontaire des stratèges, et cette évolution génère de nouvelles limites pour les unités et pour l'organisation comme institution. L'organisation n'est plus un objet stable, mais le simple attribut d'un processus interactif complexe entre des acteurs mouvants qui, tantôt collaborent, tantôt se font concurrence. Un outil précieux, mais aussi un défi difficile pour le management et pour les managers de demain.

1. Weick K., 1995.
2. Boisot M. et Lu X., 2007.
3. March J.G. et Simon H., 1993.
4. Giddens A., 1984.

- *Les pôles*

Les pôles sont les unités visibles de l'organisation. Ils peuvent revêtir des formes organisationnelles et des tailles diverses.

Ainsi, lorsque Sam Palmisano décrit la structure d'IBM en 3D avec plus de 100 000 cellules dans le monde, il est beaucoup plus proche d'une structure en réseau que d'une matrice traditionnelle.

Historiquement, en particulier dans les entreprises où l'évolution technologique est la clé du succès, les cellules des réseaux naissent souvent de petites unités autonomes, créées pour explorer de nouvelles opportunités. Ces petites entités sont au départ protégées et nourries au sein d'organisations internes conçues spécifiquement pour cet objectif, comme le département EBO (*Emerging Business Opportunities)* chez IBM. Passant ensuite progressivement de la phase d'exploration d'une activité potentielle à celle d'exploitation d'une activité réelle, elles deviennent des unités soumises au régime normal de l'organisation (mesure des résultats, système de récompense, etc.).

- *Les connexions*

Les connexions dans une structure en réseau peuvent être d'ordre bureaucratique (ordres, standards partagés, procédures), économique (transactions de produits ou de services, paiements), opérationnel (travail en commun, prise de décision collective, partage de ressources ou de savoir-faire), culturel (valeurs partagées, communauté d'enjeux), informationnel (accessibilité à des sources d'information, échange ou partage d'informations), etc.

Ces connexions peuvent poursuivre différents types d'objectifs stratégiques comme gérer un métier (voir la rubrique Étude de cas ci-après), construire des solutions intégrées, collaborer sur un grand projet clients (STMicroelectronics, Airbus), etc. Dans un même réseau, ces connexions peuvent être plus ou moins homogènes et plus ou moins formalisées.

Le modèle en réseau est fréquent dans des entreprises de téléphonie, de services informatiques, dans les banques et de plus en plus dans les entreprises B to C. Le plus souvent, on distingue des unités principales (*business units*, ou même simplement *key account managers*) et des unités support (fonctions et étapes intermédiaires de la chaîne de valeur), reliées entre elles par des prestations internes comme on le voit sur la figure 16.4, qui appelle plusieurs observations.

- **Le réseau interne ne saurait être confondu avec un pur marché**, bien qu'il s'en approche : les liens avec la direction générale (« pilote » sur le schéma) traduisent la nécessité d'une gouvernance du réseau par une hiérarchie représentant l'intérêt général de l'entreprise et assurant la convergence de ses objectifs par la définition d'orientations claires, l'allocation de ressources aux unités en fonction de la *corporate strategy*, et des arbitrages entre unités en fonction des demandes.
- **Les connexions entre unités sont tout aussi importantes que les unités elles-mêmes**. Elles constituent les « nœuds » du réseau. Leur représentation identique sur la figure ne doit pas cacher leur extrême variété : les services fournis par le département de ressources humaines diffèrent considérablement de la livraison de produits par un « support » de production à une unité de distribution, ou encore du transfert de compétences entre deux *business units*. Ces connexions sont gérées par les négociations entre unités.

- **La capacité de l'organisation à générer des stratégies innovantes** est le trait fondamental de la structure en réseau alors que les formes organisationnelles classiques se caractérisent par leur capacité de mise en œuvre d'une stratégie existante. S'organiser en réseau n'est pas lié au choix d'une stratégie donnée, c'est ouvrir l'entreprise à un large éventail de stratégies possibles, lui permettre de réfléchir et d'acter sa transformation permanente. Aussi, ce qui importe dans un réseau, c'est davantage sa manière de fonctionner que sa composition à un moment donné.

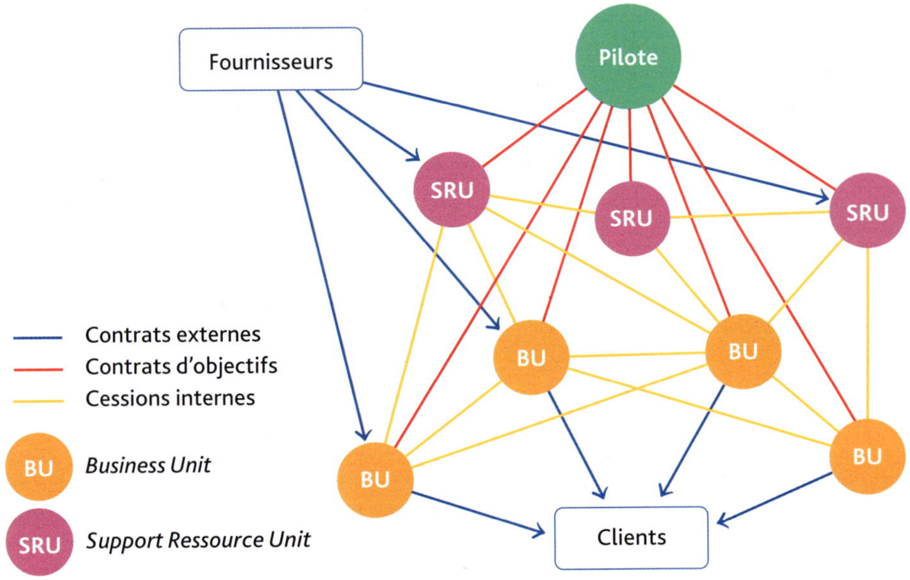

Figure 16.4 L'entreprise en réseau

- **Le potentiel de transformation des structures en réseau**

Historiquement, deux éléments ont caractérisé le passage au modèle de réseau :

1. **L'apport considérable des nouvelles technologies de l'information et de la communication**, qui ont facilité la saisie, le traitement, l'échange et le partage d'informations, permettant par exemple souplesse, rapidité et précision dans le calcul des coûts d'activité (*activity-based costs*), l'élaboration de prix de cession, les négociations entre unités, les échanges d'informations entre partenaires, comme les systèmes automatisés de CRM (*Client relationship management*).
2. **L'évolution de la réflexion conceptuelle, avec la substitution du paradigme du marché à celui de la hiérarchie** – marché interne d'abord, mais dont les limites souples permettent un continuum avec le marché externe (clients, fournisseurs, divers prestataires et, en généralisant, tout partenaire extérieur), le rôle essentiel du dirigeant-stratège consistant précisément à choisir la position et la gestion à moyen et long terme de ces partenaires à la périphérie, stratégie et structure se définissant comme éléments d'une théorie des limites de la firme.

Transformer la chaîne de valeur d'une entreprise en réseau permet donc d'abord de faire une meilleure analyse stratégique de ses potentialités et de mieux localiser ses sources de performance, afin de prendre les meilleures décisions possible, par exemple en matière de gestion des compétences ou d'*outsourcing*. Mais cela doit aussi permettre, essentiellement grâce à la décentralisation, de libérer un maximum d'énergie interne (*intrapreneurship*) et donc, si la convergence est correctement gérée, d'optimiser les résultats opérationnels.

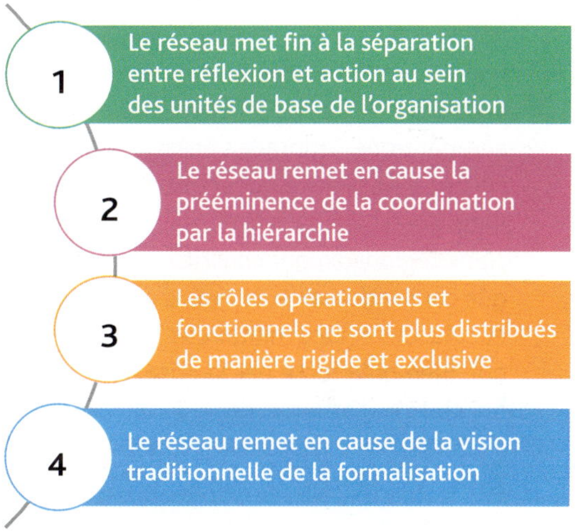

Figure 16.5 Les éléments facilitant la transformation dans la structure en réseau

Du fait de ses caractéristiques propres, la structure en réseau permet mieux que les structures classiques de penser, de mettre en œuvre et d'accompagner les transformations stratégiques essentielles. Quatre éléments principaux expliquent cela.

1. **Le réseau remet en cause la division verticale du travail**. La dissociation du travail de conception et du travail d'exécution constitue un des obstacles majeurs à la réalisation de structures décentralisées flexibles et nourrit la résistance au changement. Le modèle en réseau met fin à la séparation, préconisée par Taylor et Fayol, entre réflexion et action au sein des unités de base de l'organisation, séparation déjà contestée par le développement des structures plus souples mais encore amplifiées dans la structure en réseau.
2. **Le réseau remet aussi en cause la prééminence de la coordination par la hiérarchie**. Le concept de hiérarchie implique une organisation conçue comme un ensemble de dimensions subordonnées les unes aux autres. Dans le réseau, l'organisation est composée de multiples dimensions d'importance équivalente, et la hiérarchie devient un mode d'intégration parmi d'autres. Le chef était détenteur du savoir et donneur d'ordres qui devaient être exécutés sans discuter ; il s'efface au profit du leader, qui accompagne les transformations et dont le rôle est d'être un architecte, un coordinateur et un coach[1].
3. Une autre base de la construction classique des organisations, **la distinction entre rôles opérationnels et rôles fonctionnels, perd de son intérêt**, car ceux-ci ne sont plus distribués de manière rigide et exclusive. Chaque responsable apporte tour à tour son expertise « fonctionnelle », lors de la conception de la stratégie, et ses capacités « opérationnelles », lors de sa mise en œuvre.
4. Enfin, **une remise en cause de la vision traditionnelle de la formalisation s'impose**. En effet, la flexibilité et la multiplicité des rôles joués par un même individu amoindrissent considérablement l'importance de la formalisation du contenu des postes sur lequel se centrait auparavant l'organigramme traditionnel. Les normes et procédures qui régissaient les interactions entre individus sont supplantées par des processus de régulation dynamiques dans lesquels le mode d'insertion de chacun doit être clairement perçu et compris de tous.

1. Senge P., 1999.

ÉTUDE DE CAS

Embraer, Li & Fung et Cisco

Embraer

Fondée en 1969 par le gouvernement brésilien pour doter le pays d'une capacité de construction aéronautique, Embraer a été privatisée en 1994 et n'a cessé de se développer avec succès depuis cette date, aussi bien dans le domaine des jets commerciaux régionaux, qui constituent son fer de lance, que dans le domaine des jets d'affaires depuis 2001 et celui des avions militaires d'observation et d'appui. Bien qu'affecté par la crise, Embraer a réalisé un chiffre d'affaires de 6,3 milliards de dollars en 2014. Mais Japonais et Russes se préparent à entrer sur ce marché, tandis que les deux leaders Embraer et Bombardier doivent s'associer aux Chinois et aux Indiens pour remporter des marchés dans ces pays.

Aujourd'hui, Embraer dispose d'une trentaine de grands fournisseurs internationaux (sans compter de multiples fournisseurs locaux) et, parmi eux, 16 partenaires *risk-sharing* qui reçoivent un montant forfaitaire par avion vendu (montant indexé sur les coûts du secteur) et gagnent sur les pièces de rechange correspondantes. Ces partenaires représentent environ les deux tiers des coûts totaux de développement et de fabrication. Ils sont responsables de la conception, du développement et de la fabrication des éléments structurels (Kawasaki au Japon, Latécoère en France, Sonaca en Belgique, Gamesa en Espagne, Enaer au Chili), des systèmes (GE, Hamilton, Honeywell aux États-Unis, Liebherr en Allemagne) et de l'aménagement intérieur (C&D aux États-Unis), certains s'étant installés au Brésil près d'Embraer pour réduire les cycles de production. Embraer même est directement responsable de la conception des avions, du montage final et de l'intégration de l'ensemble.

Mais la société conserve une solide maîtrise des éléments sous-traités, au point de pouvoir suppléer parfois aux défaillances de certains fournisseurs. L'organisation et la capacité de gestion de ce réseau externe ont donné à Embraer un avantage de qualité, de coût et de flexibilité sur ses principaux concurrents plus intégrés verticalement, en particulier le canadien Bombardier.

Li & Fung

À Hong Kong, la société Li & Fung a créé, à partir d'une ancienne maison de commerce, une entreprise totalement désintégrée verticalement qui *outsource* toutes les activités de production à un réseau de partenaires externes. Son chiffre d'affaires s'élève à 19,3 milliards de dollars en 2014, suite à une série d'acquisitions (Quelle, Tommy Hilfiger, Peter Black et d'autres) au milieu des années 2000. Ses plus de 25 000 employés sont répartis dans une centaine de divisions autonomes, spécialisées dans l'achat de matières premières, le contrôle de la production et la logistique, dotées de professionnels de haut niveau localisés à Hong Kong, en Chine continentale et dans 80 bureaux situés dans 40 pays différents.

À ces divisions s'ajoute une unité centrale de support regroupant à Hong Kong les finances, les systèmes d'information et la gestion *corporate*. Chaque division possède son propre compte de résultat, dispose d'une large autorité décisionnelle pour, en fonction

•••

des demandes du client final, contrôler qualité et délais de chaque fournisseur. Les clients peuvent être Gap, Lacoste ou Disney, les vêtements représentant 40 % des ventes, mais la diversification vers les jouets et l'électronique augmente très vite. Les fournisseurs constituent un réseau de 10 000 partenaires d'une taille comprise entre 100 et 1 000 employés (environ 50 % en Chine), dont Li & Fung emploie entre 30 % et 70 % de la capacité.

Ainsi, Li & Fung fait travailler en permanence plus de 500 000 personnes. La qualité et le succès des relations à long terme avec ce réseau de partenaires externes reposent sur l'apport de compétences des techniciens de Li & Fung, la confiance dans les relations au sein du réseau, et la capacité du groupe à concevoir, gérer et développer les opérations de l'ensemble de la chaîne de valeur. C'est la base de l'avantage concurrentiel de l'ensemble ainsi constitué.

Cisco

Créé en 1984, Cisco est entré au Nasdaq en 1990 comme une start-up spécialisée dans le domaine des routeurs qui apportait des solutions très innovantes, révolutionnant l'industrie de la téléphonie. De pur spécialiste, en vingt ans, l'entreprise a évolué, à travers une série d'acquisitions (plus de 150 à fin 2015) et d'alliances (au nombre de 5 000, selon une déclaration un peu sensationnaliste de son président, en 2006 !), vers une position de leader mondial dans le secteur très large et en croissance continue des réseaux informatiques.

Cisco offre aujourd'hui à ses clients une gamme complète d'infrastructures de réseaux, impose ses standards à l'ensemble du secteur, et détient les experts les plus qualifiés. Cisco compte plus de 74 000 employés, son chiffre d'affaires en 2015 était de 49,2 milliards de dollars, ses dépenses de R&D approchent les 6 milliards de dollars par an.

Cisco comporte trois branches « marchés » (*Service providers, Enterprises, Partners*), elles-mêmes redécoupées en sous-marchés (par exemple, *Public sector, Small & medium businesses* pour le marché *Enterprises*, ou encore *Gold*, *Silver* et *Bronze* pour les *Partners*). Cisco est « *une multinationale qui veut maintenir la flexibilité d'une start-up* ». Chacune des 150 entreprises acquises est restée très autonome au sein de sa division de produit et constitue une unité du réseau interne ; son ancien dirigeant porte généralement le titre de vice-président de Cisco et garde l'essentiel de ses fonctions, et les principaux managers restent en place et reçoivent des stock-options. 95 % des employés des entreprises acquises restent chez Cisco (en moyenne dans le monde, après une acquisition, 40 % des employés seulement restent dans l'entreprise). De plus, en amont de sa chaîne de valeur, Cisco a un réseau de partenaires qui développent du matériel et du logiciel et, en aval, un autre réseau de partenaires développant des services et des applications spécialisées. Tous ces alliés fonctionnent soit en *joint-venture* avec Cisco, soit liés par des contrats à moyen ou long terme. Certaines relations sont seulement fondées sur la confiance. Ainsi, au cœur du succès de Cisco, on trouve la capacité de gestion stratégique de son large écosystème (réseau interne et externe) en perpétuelle évolution.

QUESTIONS

Corrigés en ligne sur dunod.com

1. Comparez les trois exemples : qu'est-ce qui les rapproche et qu'est-ce qui les différencie en termes de réseau ?
2. En quoi la confiance constitue-t-elle un élément essentiel du capital social et, en définitive, du surcroît de valeur créé par le réseau ?
3. Dans quelles conditions les trois entreprises peuvent-elles être amenées à substituer à certains partenariats un contrôle direct, et vice versa ?

Les concepts de spécialisation, coordination et formalisation (voir chapitre 14) étant ainsi remis en cause, des pans entiers de la dynamique des organisations sont renouvelés. La capacité à faire parvenir l'information aux individus les mieux placés pour l'utiliser remplace la rétention d'information comme source de pouvoir. Le concept de délégation s'efface au profit de celui de solidarité, la formalisation au profit de la transparence. La performance commune l'emporte sur la performance individuelle. Les structures en réseau constituent ainsi un nouveau paradigme de l'action organisée, mieux à même de générer et gérer les transformations stratégiques nécessaires à la survie de l'entreprise.

• Du management du réseau externe à l'organisation en plateforme

L'une des sources de la capacité d'apprentissage et de transformation de l'entreprise consiste en la capacité à construire et animer un écosystème de relations externes avec un ensemble d'acteurs très variés. La connexion entre les unités internes (les pôles du réseau interne) et les entités de l'écosystème externe doit être entretenue sans que n'en résulte un épuisement ou une confusion opérationnelle. À partir de la figure 16.4 où n'était représentée que la catégorie « fournisseurs » comme entité externe, on conçoit assez vite la complexité induite par la structure en réseau si l'on ajoute les catégories « clients », « influenceurs », « intermédiaires », « régulateurs », etc.

La notion d'écosystème prend tout son sens dès lors qu'existe entre les membres du réseau un partenariat véritablement collaboratif qui va plus loin que la simple transaction de marché et vise des objectifs stratégiques partagés. Ce partenariat constitue alors un véritable système interactif, dont la perspective est la survie de l'ensemble à long terme. Ce schéma vaut en définitive pour tout type d'entreprise, que l'on peut toujours considérer comme étant le pivot d'un réseau ; mais il est particulièrement intéressant pour les entreprises multinationales (parfois qualifiées de *flagships* ou « vaisseaux amiraux »[1]), dont le large écosystème impacte profondément l'environnement mondial. Cependant, cet écosystème est rarement homogène : filiales détenues à 100 %, purs partenaires commerciaux, *joint-ventures*, sous-traitants de rangs divers… avec lesquels l'interdépendance est plus ou moins étroite, donc exige des systèmes de coordination très différents, allant du contrôle total à la simple relation de marché empreinte de plus ou moins de fidélité.

Le potentiel de transformation de l'entreprise réside donc autant dans ses connexions avec des entités externes et sa capacité à capter les signaux avant-coureurs des nouvelles menaces et opportunités que dans la perception locale et centralisée traditionnellement dépeinte par les hagiographies d'entrepreneurs et autres « *tycoons* ».

1. Rugman A.M. et D'Cruz J., 2000.

ÉTUDE DE CAS

Procter & Gamble

La stratégie de l'entreprise est basée sur le lancement continu de nouveaux produits, mais il est impossible à Procter & Gamble de générer en interne la quantité de nouveaux produits nécessaires pour soutenir cette stratégie. Dès 2002, le réseau Connect + Develop, schématisé ci-dessous, était à l'origine de 25 % de ses nouveaux produits. Son P-DG, Alan George Lafley, a déclaré lors du lancement : « *Nous avons collaboré chez Procter & Gamble avec des partenaires extérieurs depuis des générations, mais jamais l'importance de ces alliances n'a été aussi grande… Notre vision est simple ; nous voulons être les meilleurs sans conteste pour détecter, développer et valoriser nos relations de partenariat avec les meilleurs dans chaque catégorie. Nous voulons que Procter & Gamble soit un aimant pour les meilleurs et les plus inspirés.* »

Sur le site web du groupe, Procter & Gamble invite n'importe quel contributeur potentiel dans le monde à proposer des idées nouvelles de produits, de services ou de processus. L'objectif est clairement de chercher des idées, non seulement chez les spécialistes habituels (ceux qui sont dans le premier niveau d'écosystème entourant l'entreprise), mais aussi n'importe où dans le monde puisque maintenant l'e-technologie le permet. Le site reçoit environ 4 000 propositions par an. En quinze ans, cette démarche a permis de nouer plus de 2 000 partenariats à travers le monde et de lancer plusieurs dizaines de nouveaux produits.

QUESTIONS

Corrigés en ligne sur dunod.com

1. Quels sont les risques et les limites de ce mode de fonctionnement ?
2. Comment les contrôler ? Quels systèmes d'accompagnement mettre en place ?

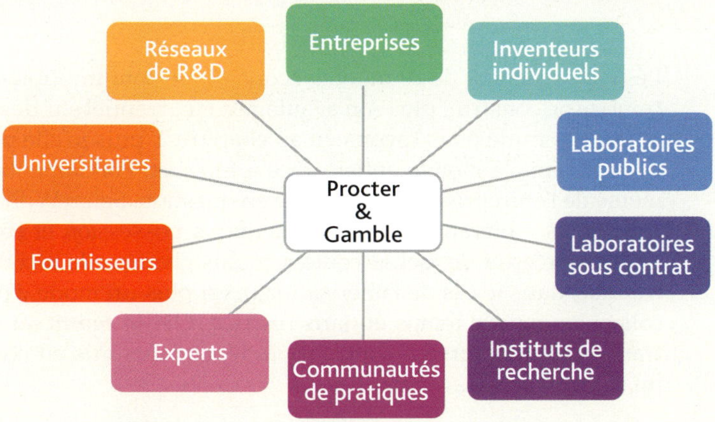

Figure 16.6 Le réseau Connect + Develop de Procter & Gamble

En poussant à l'extrême la structure en réseau et la transformation de l'entreprise, on peut aboutir sur certains marchés à concevoir l'entreprise comme une plateforme. C'est-à-dire que l'entreprise met en lien des populations d'offreurs et de demandeurs, offrant l'infrastructure et les services différenciés à ces multiples populations. Les entreprises de vente par correspondance ont longtemps été les archétypes de cette mise en relation entre populations multiples d'offreurs et de clients. Aujourd'hui, le terme « d'ubérisation » (du nom de la plateforme Uber qui révolutionna le déplacement urbain et bouscula le secteur endormi des taxis partout dans le monde) qualifie les entreprises dont le modèle économique est fondé sur les nouvelles technologies de communication (Internet haut débit, géolocalisation, applications mobiles, etc.) et qui fondent leur compétitivité sur la désintermédiation grâce à laquelle des fournisseurs de services peuvent entrer directement en contact avec les clients (voir chapitre 5). L'émergence de ces modèles transforme l'économie, modifie les rapports de force, fait tomber des positions établies mais transforme aussi en profondeur le fonctionnement des entreprises.

L'ubérisation suit une logique de réduction des coûts et d'allégement organisationnel de l'entreprise qui va bien au-delà de l'externalisation. L'entreprise qui externalise des fonctions conserve une structure, avec une chaîne de valeur, même allégée, et une organisation hiérarchique.

L'ubérisation pousse la logique plus loin puisque l'entreprise est conçue comme une plateforme qui coordonne des offreurs indépendants qui peuvent être des vendeurs de biens de seconde main, des artisans, ou des travailleurs indépendants. Sa structure est légère, elle organise les échanges d'informations et met en contact clients et fournisseurs grâce à des développements d'applications pour smartphones.

Contrairement aux organisations traditionnelles, elle cherche non à acquérir des actifs, à recruter des salariés, mais plutôt à travailler avec des personnes hors de l'entreprise et à les inciter à utiliser elles-mêmes leurs propres actifs. Elle se développe en puisant dans ce « réservoir » de ressources externes auquel elle peut éventuellement fournir un support marketing ou technique mais sans s'engager de façon contractuelle. L'entreprise réduit ainsi ses coûts salariaux, immobiliers, fiscaux et sociaux et n'est pas soumise à une réglementation contraignante.

Les conséquences de ce modèle économique sont multiples et suggèrent que l'entreprise ne construit plus son avantage concurrentiel sur des ressources spécifiques et rares, comme nous l'avons vu au chapitre 2, puisqu'elle peut les trouver à l'extérieur et dans le monde entier grâce à Internet. Fondamentalement, c'est la nature même de l'entreprise qui est remise en question. Selon Williamson, il y a des entreprises, des « hiérarchies », dès lors que la possession et l'organisation en interne de ressources et de tâches coûtent moins cher que le recours au marché. Or l'entreprise, dans le cas de l'ubérisation, n'est plus un mode d'organisation de l'action collective dans le temps et dans l'espace. Elle se réduit au maximum et tend à se transformer en agrégat d'offreurs indépendants mis en concurrence plutôt qu'en un collectif soudé.

On pense à l'exemple désormais connu des « *turkers* » d'Amazon, ces internautes répartis dans le monde entier, qui réalisent des tâches qui ne peuvent être effectuées par des ordinateurs (composition de messages, repérage de sites Internet, etc.) moyennant des rémunérations très faibles. Cette forme de travail à distance et à la tâche est désignée comme du *digital sweatshop* (exploitation numérique) en référence aux ateliers de sous-traitance dans le textile ou l'industrie situés dans les pays en développement. L'entreprise peut aussi mobiliser des travailleurs qualifiés. Ainsi, la firme Eden McCallum, créée à Londres en 2000, s'appuie sur des centaines de consultants indépendants pour offrir des services bien moins chers que les grandes entreprises de conseil.

L'entreprise ubérisée se réduit donc à la plateforme (qui peut réunir plusieurs centaines de personnes) mettant en relation des clients et des fournisseurs. Cette organisation est généralement peu hiérarchique et peu cloisonnée.

Exemple

Une organisation horizontale chez BlaBlaCar

- **BlaBlaCar** a mis en place une organisation horizontale, qui repose sur l'autonomie, la polyvalence et la responsabilisation de chacun. L'entreprise s'appuie sur dix « *heads of department* » et sur une vingtaine de « *team leaders* » qui se définissent plus comme coordinateurs que comme managers au sens strict. Ces coordinateurs embauchent en direct les personnes dont ils ont besoin. Pour son recrutement, BlaBlaCar s'appuie d'ailleurs sur une entreprise ubérisée, une plateforme d'aide au recrutement, **SmartRecruiters**, qui permet de diffuser facilement les offres et de recevoir les candidatures. Après chaque entretien, un commentaire est laissé par la personne qui a vu le candidat, ce qui permet d'alléger les coûts de recrutement.

Nicolas Brusson, co-fondateur et directeur général de BlaBlaCar, 2018

Ainsi, l'entreprise ubérisée s'appuie à la fois sur une organisation de type start-up qui privilégie la transversalité en interne et sur l'hyperspécialisation des travailleurs indépendants sollicités à l'extérieur. Paradoxalement, on en revient à un modèle fordien, sauf qu'ici le mécanisme de coordination n'est plus la hiérarchie et l'organisation mais le marché. Ce modèle se rapproche d'une division extrême du travail.

CONTROVERSE

Ubérisation de l'économie et ubérisation de l'entreprise : contre la culture d'entreprise ?

On peut se demander si l'entreprise ubérisée, en externalisant ses actifs, ne tend pas aussi à réduire au minimum la culture d'entreprise. Elle n'est une communauté ou même une collectivité que pour un nombre restreint de personnes. Est-il alors encore pertinent de parler de culture, de valeurs et de comportements communs quand le lien social ne concerne qu'un petit nombre d'employés et se réduit pour le reste à un lien marchand avec des offreurs extérieurs ? Certaines entreprises ayant adopté le modèle Uber ont constaté qu'elles obtiennent une meilleure qualité avec des salariés permanents qu'avec des contractuels, peu fidèles et dotés de compétences inégales. Certes, les coûts du travail sont plus élevés et il est nécessaire d'investir dans la formation des salariés, mais cela permet d'offrir un meilleur service. Ainsi, aux États-Unis, l'entreprise MyClean, spécialisée dans la blanchisserie et la teinturerie, a été fondée en faisant appel à des employés rémunérés à la tâche mais a rapidement découvert que le service au client était bien meilleur en s'appuyant sur des salariés mieux formés, plus motivés et embauchés sur des contrats de longue durée. En se privant d'un tissu social élargi et d'une inscription dans le temps, l'entreprise ubérisée pourrait dissoudre le sentiment d'appartenance et se priver de la force d'une culture fédératrice. Elle risque en effet de perdre la fidélité de ses clients mais aussi de ses travailleurs indépendants.

Au total, les éléments facilitateurs de la transformation de l'entreprise sont doubles : les technologies (principalement le digital) et les nouvelles formes d'organisation, depuis l'entreprise apprenante jusqu'aux formes extrêmes d'entreprises en réseau que sont les plateformes. Les éléments facilitateurs de la transformation sont doubles en un autre sens, car ils contiennent autant les sources du succès de la transformation que les menaces qui rongent le soubassement de l'aventure humaine qu'est toute l'entreprise : les déterminants de sa culture (les croyances, les mythes et héros, les rites et les codes, et les tabous) et les correspondances entre les multiples facettes de son identité (professée, projetée, attribuée et vécue), éléments qui expliquent qui reste ou s'en va lors des transformations continuelles que subit ou induit l'organisation.

SECTION 3

LES MODALITÉS DE LA TRANSFORMATION ORGANISATIONNELLE

Lorsque l'entreprise s'engage sur la voie de la transformation, notamment radicale, trois grandes approches sont possibles pour lever les freins dus à la résistance au changement et bénéficier des leviers technologiques et organisationnels : l'approche standard de la conduite du changement, l'approche « agile » du changement, et une approche renouvelée du leadership, en écho aux aspirations plus récentes des nouvelles générations et des enjeux forts qui pèsent sur l'environnement de l'entreprise.

1 Approche standard de la transformation

Certaines approches de la conduite du changement proposent des « recettes » génériques, pouvant être appliquées dans toute situation de changement. Ces modèles prescrivent un plan d'action générique, tout en laissant les dirigeants libres de décider du contenu des plans d'action à mettre en œuvre. Le modèle de Kotter en est un exemple connu.

Le modèle de Kotter[1] identifie huit étapes dans le changement organisationnel.

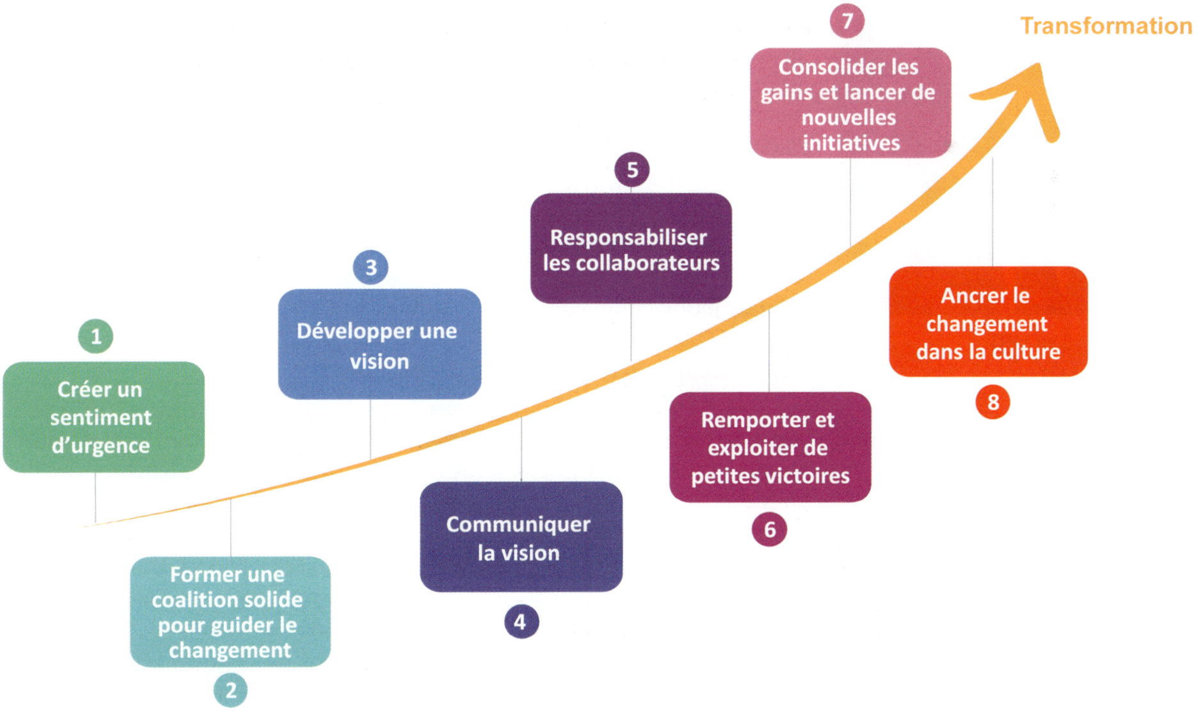

Figure 16.7 Les huit étapes du changement organisationnel selon Kotter

1. Kotter J.P., 1995.

Chiffres clés

Selon Kotter :

- **50 %** des programmes de changement échouent car le sentiment d'urgence n'a pas convaincu les salariés.
- **75 %** des salariés doivent se sentir concernés pour qu'un changement ait lieu.

a. Première étape : créer un sentiment d'urgence

Le sentiment d'une urgence facilite la mobilisation. L'urgence est évidente si l'entreprise est clairement en difficulté, comme Nissan face à une dette de 1 400 milliards de yens en 1999. C'est également le cas si l'entreprise vient de fusionner ou d'être privatisée. Si l'urgence n'est pas évidente, il faut la susciter. Kotter affirme que 50 % des programmes de changement échouent dès cette première étape, parce que l'urgence n'a pas réellement convaincu. De plus, il estime que 75 % des salariés doivent se sentir concernés pour qu'un changement ait lieu.

b. Deuxième étape : former une coalition solide pour guider le changement

Un chef d'entreprise, aussi talentueux soit-il, ne change pas une organisation tout seul. L'équipe qui soutient le changement doit être suffisamment nombreuse pour que, partout où c'est nécessaire, on puisse rapidement trouver un relais, un champion du changement. Selon Kotter, cette coalition rassemble les cadres dirigeants de l'entreprise qui adhèrent totalement au changement.

Sir Colin Marshall en 1991

Comment susciter et organiser l'équipe qui va soutenir le processus sur le long terme ? Il faut idéalement que la coalition ait un statut suffisant pour légitimer le changement, la compétence pour fournir les apports nécessaires au bon moment et comprendre les phénomènes sociaux à l'œuvre, et enfin l'engagement pour convaincre et « tenir la distance », car beaucoup de projets de changement risquent l'enlisement.

Aussi, il faut structurer la gouvernance du projet : les différents rôles (dirigeants, champions du changement, consultants-catalyseurs…), la dynamique de réunions (orientation, conception, pilotage, *feedbacks*…) et les systèmes de suivi. Le processus doit aussi permettre d'élargir rapidement la coalition de départ.

Chez British Airways, à la suite de King, Colin Marshall fut nommé CEO en 1993, avec pour mandat de poursuivre le redressement du groupe. Pour ce faire, il renouvela la direction de l'entreprise à 50 %, licencia entre 100 et 160 cadres supérieurs et promut simultanément une génération de jeunes managers, établissant ainsi une coalition large.

c. Troisième étape : développer une vision

Pour Kotter, il est essentiel de développer une vision synthétique et aisément communicable du futur de l'entreprise. La vision doit être assez hardie pour mobiliser l'organisation sur un défi, et en même temps suffisamment réaliste pour rester crédible. La vision peut parfois conduire à envisager une organisation à deux vitesses, où les uns perfectionnent l'existant, pendant que les autres développent de nouveaux « possibles » en rupture avec le présent.

d. Quatrième étape : communiquer la vision

Il est important d'utiliser une gamme large de moyens de communication, et tout spécialement des moyens nouveaux, lancés pour la circonstance, afin de bien souligner que l'on est face à un problème nouveau. Il faut communiquer dans les deux sens, et aller au-delà de la simple information hiérarchique descendante. Les membres de la coalition doivent communiquer les nouvelles priorités, au travers de leurs décisions et comportements.

e. Cinquième étape : responsabiliser les collaborateurs

Une fois que l'organisation a été mise sous tension, et que la vision a été communiquée à tous, il s'agit de faciliter sa mise en œuvre en éliminant les obstacles qui peuvent bloquer le changement. Il peut être nécessaire de faire évoluer certaines structures et procédures, ou de contraindre les managers qui ne vont pas dans le sens du changement. Il s'agit aussi d'encourager la prise d'initiative et l'action. Lors de cette étape, l'ajustement des systèmes d'évaluation et de récompenses apparaît comme un levier d'action privilégié.

f. Sixième étape : remporter et exploiter de petites victoires

Pour parvenir à transformer une organisation, il faut instaurer une dynamique collective positive : il s'agit de convaincre rapidement le corps social que le changement produit des effets positifs, et que ceux qui y contribuent en retirent des bénéfices. Pour parvenir à cela, Kotter suggère de remporter des « petites victoires », c'est-à-dire obtenir rapidement des résultats positifs, même sur des sujets secondaires, et en tirer parti pour mettre en évidence les bénéfices du changement.

Il faut prendre en compte cet impératif dès la phase de planification du projet et prévoir des actions qui auront des conséquences positives visibles. Ensuite, il s'agit de célébrer ces « petites victoires », et de récompenser les collaborateurs concernés.

g. Septième étape : consolider les gains et lancer de nouvelles initiatives

Les risques d'enlisement d'un projet de changement sont considérables. Les petites victoires successives bien exploitées fournissent de l'énergie à l'organisation et à ses membres, mais ne peuvent pas apparaître comme l'aboutissement du projet. Il s'agit donc d'utiliser la crédibilité acquise par les premiers succès, pour s'attaquer aux systèmes, aux structures, aux pratiques et aux croyances qui peuvent ralentir la dynamique de changement. Le recrutement et la promotion des employés sont un moyen d'y parvenir. On peut également soutenir la dynamique de changement en lançant de nouveaux projets.

Ce qu'il faut valoriser à ce stade, ce sont moins les petites victoires que les grandes : les résultats financiers, le climat interne, la satisfaction des clients, l'image de l'entreprise s'améliorent-ils sensiblement ? Les équipes spécialisées, qui avaient été mises en place au départ d'une opération de changement dans la perspective d'une action rapide, doivent s'enraciner dans l'organisation, au lieu de laisser l'ancien système reprendre le dessus (ce qui se produit souvent).

h. Huitième étape : ancrer le changement dans la culture

Dans cette dernière étape, il s'agit d'institutionnaliser les changements effectués en s'assurant qu'ils sont irréversibles – car la tentation de revenir aux méthodes anciennes est toujours présente. Le changement ne sera réussi que s'il est enraciné dans les valeurs partagées, les comportements personnels, les relations entre individus, entre équipes et entre unités de l'organisation. Il doit donc à ce stade être encadré par des structures, des systèmes et des processus de décision cohérents avec les objectifs du changement et acceptés par tous comme constitutifs de la nouvelle réalité de l'organisation. En résumé, tout changement ne peut réussir de façon durable que s'il est enraciné dans la culture interne.

L'approche standard de la conduite du changement stratégique a ses vertus. Elle permet de mettre le doigt sur les multiples jonctions qui, à chaque étape, compromettent le succès du programme de transformation. En cela, elle se révèle particulièrement utile. Toutefois, elle demeure un peu trop systématique. De nouveaux principes sont venus ces dernières années la compléter voire parfois la contredire sur certains points.

2 Approche agile de la transformation

Chiffres clés

Plus de **80 %** des chefs d'entreprises reconnaissent l'impact positif des modes de travail « agiles » sur la performance et préfèrent ce type d'approche à des changements lourds de structure organisationnelle.

Suivant une étude du cabinet Bain & Company[1], les dirigeants d'entreprise plébiscitent les nouveaux modes de travail « agiles » comme la solution organisationnelle la plus efficace pour mener à bien une transformation. Plus de 80 % d'entre eux reconnaissent l'impact positif ou très positif de telles méthodes sur la performance et préfèrent ce type d'approche à des changements lourds de structures organisationnelles. Beaucoup d'entreprises s'appuient aujourd'hui sur les méthodes agiles pour accélérer le rythme des projets, insuffler une culture d'expérimentation (*test and learn*) et favoriser la collaboration inter-fonctionnelle.

a. Les avantages de l'approche agile

Nées dans le secteur du logiciel, les méthodes agiles trouvent leur application bien au-delà, dans tous les aspects de l'innovation : réinvention des parcours clients, développement de nouveaux produits et services, réalisation de prototypes d'analyse de données, d'applications sur mobile… Elles s'inscrivent en faux contre le panachage excessif des projets et des tâches et plaident pour une intense concentration des efforts collectifs sur un objectif unique dans un délai réduit.

Les vertus de ce « travail profond » ont été récemment décrites par le sociologue Cal Newport dans l'ouvrage *Deep work*[2]. Le but est de parvenir au terme d'un cycle court (sprint) à un prototype suffisamment abouti pour être testé auprès de clients internes ou externes (*minimum viable product*). Suivant le résultat du test, le prototype sera rapidement abandonné, ou ajusté et enrichi de fonctionnalités incrémentales, puis répliqué et généralisé au reste de l'organisation. Les principes de l'approche agile ont été codifiés par l'auteur Jeff Sutherland dans l'ouvrage *Scrum*[3] et sont résumés sur la figure 16.8.

1. Bain & Company et World Economic Forum, 2018.
2. Newport C., 2016.
3. Sutherland J., 2014.

Figure 16.8 Les principes de l'approche agile

Bien mise en œuvre, l'approche agile peut profondément transformer le fonctionnement de l'entreprise. Au lieu de rester cantonnés dans leur fonction ou leur domaine d'expertise, les collaborateurs se rassemblent et se mobilisent autour d'épisodes de l'expérience client, de produits et de services innovants, d'initiatives de valorisation des données. Les silos disparaissent pour laisser la place aux projets les plus porteurs.

b. Les conditions de succès

Toutefois les approches agiles ne remplissent leur promesse qu'à trois conditions :

- **Ne pas se cantonner à un respect approximatif** de quelques principes mais rechercher une application rigoureuse de l'ensemble des règles et des outils, ce qui suppose une formation et une animation sérieuse.
- **Ne pas se contenter de quelques applications isolées** mais étendre le travail agile à l'ensemble des collaborateurs impliqués dans des projets d'innovation, quelle qu'en soit la nature.
- **Inscrire la réflexion sur la généralisation et l'industrialisation** de la solution dès la phase amont de définition du prototype.

Pour satisfaire à ces exigences, les entreprises les plus avancées se dotent souvent de structures capables d'accueillir les équipes dans un espace physique approprié et de les guider à travers les étapes de la méthode agile grâce à des formateurs expérimentés : « *labs* », « *design factories* » ou « *digital factories* ». Ces structures proposent généralement une combinaison de techniques : non seulement des approches « agiles » mais aussi des méthodes d'empathie pour révéler des besoins clients non exprimés et des techniques de prototypage rapide d'applications.

c. Mettre en œuvre l'approche agile dans l'univers du numérique

Pour mener à bien une transformation numérique agile, il faut avancer rapidement sans visibilité complète sur le point d'arrivée en reconnaissant qu'une partie des expérimentations échoueront et que l'environnement technologique évoluera en chemin. La bonne approche consiste donc à découper l'action en cycles courts, assortis de résultats concrets et sanctionnés par une validation immédiate auprès des clients (voir figure 16.9). On distingue deux types de cycles.

- **Les paliers**

Il s'agit des grandes étapes d'avancement de la transformation. Chaque phase de la transformation se traduit par un objectif prioritaire. Par exemple, une chaîne de clinique se donnera pour premier objectif de mettre en place une plateforme de dossiers médicaux informatisés, puis elle introduira des applications et services numériques pour mieux communiquer avec ses patients. Ce n'est qu'après avoir franchi avec succès ces deux paliers qu'elle cherchera à gravir une marche supplémentaire : utiliser les données pour optimiser les traitements médicaux. De même, une entreprise de biens de consommation cherchera à rendre ses produits connectables ou à les équiper de capteurs avant de développer de nouveaux services à partir des données. L'entreprise progressera plus efficacement dans sa transformation numérique si elle parvient à découper le voyage en grandes étapes et se donner des objectifs intermédiaires, quitte à les modifier en chemin. L'approche par palier permet aussi de focaliser l'énergie de l'organisation et d'éviter la dispersion.

- **Les sprints**

Il s'agit ici de cycles beaucoup plus tactiques et plus courts (quelques semaines). Chaque sprint débouche sur un prototype immédiatement testable sur le terrain. L'atteinte d'un grand palier dans la transformation numérique est l'aboutissement d'une succession de sprints réussis. Si le palier consiste par exemple à développer une plateforme de dossiers médicaux informatisés, l'un des sprints nécessaires visera à définir et valider la structure des données.

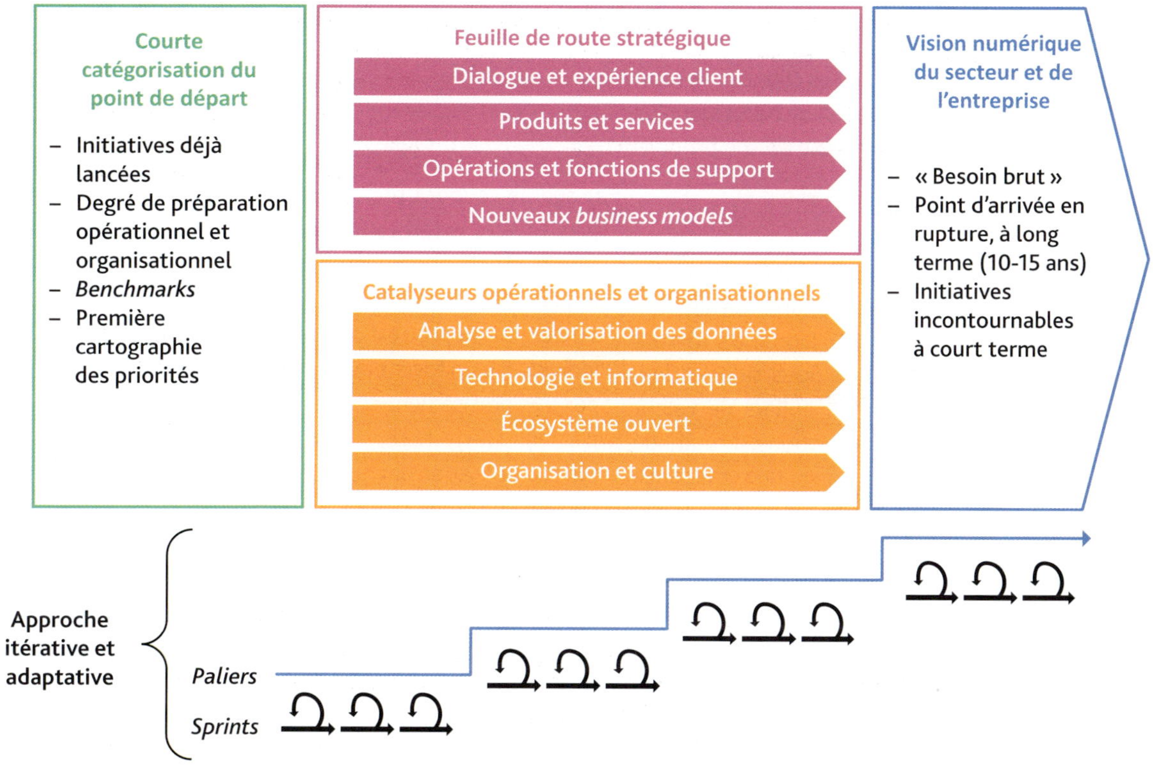

Source : Bain & Company, 2017.

Figure 16.9 Les étapes d'un programme de transformation numérique agile

ÉTUDE DE CAS

Domino's Pizza : une entreprise de technologie qui fait des pizzas

Fondée en 1960 dans le Michigan, la chaîne de pizzeria Domino's Pizza opère un réseau de 15 000 restaurants dans 84 pays et a récemment supplanté son rival Pizza Hut pour prendre la première place mondiale de son secteur avec 12,2 milliards de dollars de chiffre d'affaires. Pourtant, en 2009, l'avenir de l'entreprise paraissait compromis : le chiffre d'affaires était en baisse, le cours de l'action s'était effondré et les enquêtes consommateurs plaçaient l'entreprise bonne dernière pour la qualité de ses pizzas, critiquées pour leur « goût de carton ». L'aptitude reconnue de l'entreprise à livrer ses clients très rapidement (moins de trente minutes) ne parvenait plus à compenser la réputation exécrable de son produit.

Nouveau dirigeant, nouvelle organisation

Domino's Pizza est aujourd'hui créditée d'un des redressements les plus spectaculaires de ces dix dernières années. En mars 2010, Domino's recrute un nouveau CEO, Patrick Doyle. Sous sa direction, l'entreprise crée 12 milliards de dollars de valeur entre 2010 et 2018. Le cours de l'action est multiplié par 89 et passe de 2,83 dollars à 259 : une croissance boursière supérieure à celle d'Apple, Amazon, Google et Netflix ! Pour mener à bien le redressement de l'entreprise, le nouveau leader joue sur trois leviers. Bien sûr, en premier lieu, une recette de pizza complètement nouvelle. Tout est revu : la pâte, la croûte, le fromage, les ingrédients et assaisonnements. Ensuite, une campagne de marketing brutalement honnête qui démarre avec un *mea culpa* très public (« *notre produit est mauvais, nous devons faire mieux* ») et invite le consommateur à s'exprimer en toute transparence sur la réinvention du produit dans les réseaux sociaux. Un site, Turnaroud.com, est même créé à cet effet. Enfin et surtout, un investissement massif dans l'innovation technologique pour améliorer les processus et l'expérience des clients.

Patrick Doyle redéfini Domino's comme « *une entreprise de technologie qui fait des pizzas* ». Le pourcentage des commandes réalisées *via* le canal numérique atteint 60 %, dont la moitié à partir d'un équipement mobile. L'application de commande Domino's est aujourd'hui accessible par 95 % du parc des tablettes numériques et smartphones aux États-Unis. Domino's est désormais la quatrième entreprise d'e-commerce aux États-Unis. Parmi les 800 employés du siège, la moitié travaille dans des postes de technologie ou d'analyse de données. Pour atteindre ces résultats, l'entreprise a su actionner tous les catalyseurs opérationnels et organisationnels nécessaires à une transformation numérique.

La transformation par les données

Domino's combine très efficacement ses données internes (préférences produits, canaux de commande, usage de coupons promotionnels…) avec de multiples sources externes (données postales, géolocalisation, informations démographiques) pour affiner le profil de ses clients et leur apporter un meilleur service. L'entreprise est capable de relier chaque client individuel à un foyer et une communauté et d'anticiper très précisément ses besoins et comportements d'achats. Elle teste constamment de nouveaux prototypes d'utilisation des données dans la logistique et la gestion de commande de ses restaurants.

Dès le début de sa transformation numérique, l'entreprise a compris l'importance stratégique de l'informatique. Elle renonce à sous-traiter son informatique et rapatrie en interne tous ses développements applicatifs, jugés trop importants pour être confiés à des tiers. Elle recrute de nouveaux développeurs plus qualifiés. L'un de ses chantiers d'innovation les plus emblématiques est son système de suivi de commande. Dès 2008, Domino's avait créé le Pizza tracker, une application permettant au client de suivre le statut de sa commande en temps réel. Avec sa plateforme Anyware, Domino's porte à partir de 2012 le suivi de commande à un niveau de sophistication inégalé. Le client peut désormais commander la pizza de son choix, où il veut, quand il veut et suivre seconde par seconde le statut de sa livraison. Il sait quand la pizza est cuisinée, cuite, emballée, livrée et le nom de l'employé qui a réalisé chacune de ces étapes. Il peut commander aussi bien depuis son téléphone portable (un seul clic ou zéro-clic) que par une montre connectée, par un assistant vocal (Google home ou Alexa), par Twitter ou par une application de messagerie (Messenger, Snapchat ou autre) en tapant un simple émoji. Il n'a plus besoin d'indiquer une adresse fixe. Domino's a en effet créé 200 000 « hotspots » aux États-Unis où le client peut commander et se faire livrer sa

•••

pizza hors de son domicile : carrefours, arrêts de bus, parcs, plages…

La flexibilité de l'architecture informatique de Domino's se manifeste également par sa capacité à pousser ses innovations applicatives vers tous ses franchisés au même moment. Grâce à son système Pulse, l'entreprise apporte instantanément à plus de 12 000 restaurants ses dernières fonctionnalités en matière d'optimisation des routes, de gestion des stocks ou de suivi des commandes.

La maîtrise de son écosystème

La coopération avec des partenaires stratégiques joue un rôle majeur dans sa politique d'innovation. Domino's s'est ainsi allié avec General Motors et Roush Industries pour développer son véhicule de livraison de pizza qui peut transporter à la bonne température jusqu'à 80 pizzas et un large assortiment de boissons et de sauces. L'entreprise travaille actuellement avec Ford pour développer la livraison de pizzas par des véhicules connectés sans chauffeurs. D'autres partenariats stratégiques ont permis à l'entreprise de développer son assistant virtuel de prise de commande par reconnaissance vocale, DOM, ou bien de tester la livraison de pizzas par drone sur le marché néo-zélandais.

La transformation numérique de Domino's n'aurait pas connu un tel succès sans une remise en cause fondamentale de son organisation et de sa culture. Sur le plan organisationnel, l'un des axes majeurs est la collaboration étroite et constante entre l'informatique (chargée de la technologie) et le marketing (responsable de l'expérience des clients). Le directeur informatique, le directeur marketing et le *Chief digital officer* se rencontrent toutes les deux semaines pour des points approfondis. Le marketing et l'IT ont largement adopté les méthodes de travail « agile », ce qui a profondément modifié les mentalités et les processus. L'entreprise cultive une approche de l'innovation basée sur des expérimentations très focalisées. Le *Chief digital officer,* Denis Mahoney résume ainsi sa philosophie : « *Nous ne voulons pas que nos collaborateurs considèrent les projets comme de longs processus. Nous voulons qu'ils les découpent en étapes courtes, rapides et évolutives et qu'ils travaillent en étroite collaboration avec l'informatique.* » Il insiste également sur une culture d'amélioration continue qui passe par une plus grande prise de risque : « *Nous avons dû devenir plus à l'aise avec l'idée d'échec parce que si vous voulez avancez vite, tout ne sera pas parfait. Vous devez devenir très bon dans la manière de tester les idées et de comprendre les données pour mesurer rapidement les résultats.* » Chez Domino's, la mesure instantanée du résultat est une obsession permanente.

Patrick Doyle a enfin su façonner une forte culture, à la fois visible des collaborateurs et des clients. Aux États-Unis, Domino's atteint les scores les plus élevés sur le site de *feedback* des employés Glassdoor, parmi les grandes entreprises de restauration rapide. Dans les valeurs distinctives, les collaborateurs mettent en avant la passion, le travail en équipe et l'apprentissage. Pour recruter les employés les mieux adaptés à sa mission, Domino's s'appuie enfin largement sur la technologie. Son application de jeu Pizza hero invite les utilisateurs à simuler la préparation et la livraison d'une pizza et à soumettre leur candidature dans leur restaurant local. Elle permet de déceler des qualités de motivation et de service.

QUESTIONS

Corrigés en ligne sur dunod.com

1. En quoi les choix opérationnels et organisationnels de Domino's Pizza ont-ils permis d'accélérer sa transformation numérique ?
2. Dans quelle mesure ces choix opérationnels et organisationnels sont-ils interdépendants ?

3 L'approche de la transformation centrée sur les valeurs

a. Qu'est-ce qu'une structure fondée sur les valeurs ?

Une troisième approche de la transformation se développe ces dernières années. Compte tenu des demandes pressantes des nouvelles générations, tant en ce qui concerne leurs conditions d'emploi que leurs attentes plus fortes sur les impacts environnementaux et sociétaux des acteurs de l'activité économique, les entreprises cherchent à miser sur le sens profond qui justifie leur existence, et donc à transformer leur activité en profondeur à partir d'une finalité forte.

De nombreuses start-up de la Silicon Valley et d'entreprises issues d'Internet ont initié ce mouvement de structuration de l'entreprise fondé sur des valeurs.

Exemple

Zappos, une entreprise en « holacratie »

- **Zappos**, une filiale d'Amazon qui vend des chaussures sur Internet, emploie 1 500 salariés et génère 2 milliards de dollars de chiffre d'affaires par an. L'entreprise a supprimé tous les échelons hiérarchiques dans l'entreprise. Les salariés conservent toutefois leur dirigeant et un supérieur hiérarchique, car la réglementation américaine oblige les entreprises cotées à présenter une chaîne de responsabilité. Mais le message est clair : trop de niveaux hiérarchiques empêchent les employés de déployer leurs talents. Il s'agit d'abolir la lourdeur des structures pyramidales et de mettre en place un management horizontal.
- Ce mode de fonctionnement, baptisé « holacratie » chez Zappos, incite les salariés à se comporter comme des entrepreneurs, quel que soit leur rang. Pour le CEO, Tony Hsieh, l'entreprise doit se tourner vers le *self-management* et une organisation autogérée. Au siège de Las Vegas, chacun des 600 salariés n'est plus cantonné à un poste précis mais doit assumer plusieurs tâches ou travailler sur plusieurs projets en fonction de ses compétences et de ses envies. Chaque groupe de projet est animé par un manager qui perd sa fonction à la fin de la mission. Il est chargé de contrôler le budget et d'animer les équipes mais il peut être destitué en cas d'échec et remplacé par un autre membre. Les salariés sont payés puis augmentés en fonction de compétences déployées et acquises dans les projets ou lors des formations proposées par l'entreprise. Des salariés peuvent même demander des bonus pour leurs collègues afin de récompenser leur esprit d'équipe.

Ce type d'organisation génère une incertitude qui peut déstabiliser les employés ou les managers et créer des résistances multiformes. Il peut aussi entraîner le départ de certains salariés. Lorsque Zappos a mis en place son organisation, 15 % des salariés ont quitté l'entreprise. De même dans le cas d'Oticon (voir la rubrique Étude de cas ci-après), la déstructuration hiérarchique et le travail en groupes de projet n'ont pas nécessairement reçu un bon accueil : pour certains, on dépouillait Oticon de son histoire et de sa culture, on détruisait ses compétences ; pour d'autres, Oticon devenait un laboratoire de désordre organisationnel, qui allait mener l'entreprise à sa perte. Enfin, certains s'inquiétaient de leur évolution incertaine dans l'organisation : comment progresseraient les carrières et les rémunérations s'il n'y avait plus de hiérarchie ? Est-ce que l'entreprise n'allait pas favoriser une compétition de tous contre tous ?

ÉTUDE DE CAS

Changements organisationnel et culturel chez Oticon

Oticon est une entreprise danoise fondée en 1904 qui fabrique des prothèses auditives premium. Si l'entreprise a été parmi les leaders sur son segment jusque dans les années 1980, elle a ensuite progressivement perdu des parts de marché face à une compétition toujours plus intense. L'entreprise a perdu sa réactivité, s'est coupée peu à peu de son marché et a produit moins d'innovations attractives pour les clients.

Lars Kolind, arrivé à la tête de l'entreprise en 1988, a procédé à une restructuration et a réduit les coûts et les effectifs. Mais il s'est aperçu rapidement que ce type de mesure ne donnait pas les moyens à Oticon de se développer et de regagner des parts de marché. Kolind a alors décidé de réformer en profondeur les bases mêmes de l'organisation et du fonctionnement d'Oticon. Pour lui, l'entreprise était devenue trop lente, trop rigide, enfermée dans ses départements, ses procédures, ses hiérarchies et ses traditions.

Pour le nouveau dirigeant, il fallait libérer la créativité dans l'entreprise et cela passait par une nouvelle culture : une organisation déstructurée, décentralisée, une hiérarchie réduite et une forte autonomie accordée aux managers. L'environnement physique de travail, l'organisation, la structure, la culture de l'entreprise, tout était à réinventer. Pour faciliter la communication, les bureaux ont donc été organisés en *open space*, les mails ou les transmissions orales directes ont été préférés aux documents papier. La transparence et le partage de connaissances ont été encouragés, l'information devant être accessible à tous (information financière, stratégique, projets en cours, développement de nouveaux produits mais aussi salaires et expériences des uns et des autres, quel que soit le niveau hiérarchique). Plus radicalement, Kolind a supprimé les départements et les fonctions traditionnelles. Il n'y avait plus de fonction attribuée ni de postes fixes. Les titres et les privilèges étaient abolis.

Parallèlement à la suppression des fonctions, il n'y avait plus de bureaux attribués. Chacun possédait un ordinateur et un téléphone portables ainsi qu'un placard où ranger ses documents. Les employés pouvaient quand ils le souhaitaient travailler chez eux. Plus question d'horaires de présence ou de travail dès lors que les personnes pouvaient être jointes et que le projet était mené à bien. Avec la suppression des spécifications de postes, Oticon en a aussi fini avec la logique de spécialisation : les employés devaient pouvoir assurer de multiples missions car se concentrer sur une seule activité, selon Kolind, n'encourageait pas l'innovation. Chaque salarié devait donc participer à plusieurs projets. Les ingénieurs devaient s'engager dans le marketing, faire du contrôle de gestion ou gérer la planification de la production. Cette polyvalence ne devait pas être vécue comme une contrainte : pour Kolind, l'organisation s'adaptait à la variété des employés et leur donnait la chance d'accroître leurs compétences.

•••

•••

L'entreprise fonctionnait donc comme une combinaison de groupes de projets transversaux dans lesquels la hiérarchie était réduite au maximum.

Malgré la radicalité des changements imposés à l'entreprise et les résistances de certains, la réorganisation d'Oticon a contribué à redresser les résultats de l'entreprise. Le temps de mise sur le marché des nouveaux produits a été réduit de moitié. De nouvelles innovations ont été lancées avec succès et l'entreprise a renoué avec la rentabilité et la croissance des parts de marché. La culture même de l'entreprise a évolué. Lorsque l'organisation s'est par la suite à nouveau cristallisée autour de départements plus stables, la culture est demeurée plus ouverte au changement et l'a même facilité.

QUESTIONS

Corrigés en ligne sur dunod.com

1. À quelles conditions le changement mis en œuvre par Oticon peut-il réussir ?
2. Quels sont les risques de ce changement radical ?

b. Les pièges et dangers des structures centrées sur les valeurs

Pour beaucoup, employés ou managers, il est nécessaire d'avoir un supérieur hiérarchique qui puisse orienter ou fixer les tâches à accomplir. En « aplatissant » la hiérarchie, les nouveaux modes d'organisation peuvent être déstabilisants car il y a moins de repères, moins d'encadrement. L'horizon de travail et de carrière est celui du portefeuille de projets auxquels l'on participe. Comme certains projets risquent d'être plus valorisants ou plus valorisés par la direction, il est possible que le management horizontal génère une compétition au sein même de l'entreprise : compétition entre les projets, entre les responsables de projets pour attirer les meilleurs salariés, entre les salariés pour participer aux plus beaux projets. Ce type d'organisation tend à introduire une logique de marché au sein de l'entreprise qui deviendrait un monde où régneraient ceux qui savent le mieux s'adapter.

Ainsi, l'un des périls que fait courir cette transformation organisationnelle est de faire peser une forte pression sur les employés et de créer une compétition entre les individus[1]. Par ailleurs, ce management conduit à privilégier ceux qui savent se mettre en avant, au détriment des personnes plus effacées mais pourtant très compétentes. De plus, dans les organisations horizontales, la pression des pairs est bien supérieure à celle que l'on trouve dans les entreprises classiques : « *Les salariés ne travaillent pas moins, mais plus. Chacun est responsable de la réussite de son projet, ce qui est très angoissant. On ne peut pas reporter la faute sur son manager*[2]. » Les salariés doivent rendre des comptes en permanence ou alors s'imposent d'eux-mêmes des contraintes de travail importantes.

1. Birkinshaw J., 2003.
2. Petriglieri G., 2015.

Il s'agit donc d'harmoniser l'instauration de nouveaux modes d'interactions et la définition de nouvelles valeurs afin d'optimiser le fonctionnement de l'organisation tout en préservant sa cohésion. Face au danger d'une organisation réduite à un agrégat d'individus en concurrence, la culture d'entreprise – en tant qu'identité professée, voir chapitre 13 – et l'identité vécue sont essentielles puisqu'elles préservent l'équilibre de l'organisation.

c. Accepter ses vulnérabilités et les bénéfices de l'intelligence collective

Ainsi, il convient de faire évoluer les mentalités, et lever les tabous : par exemple, évacuer le sentiment d'infamie traditionnellement lié à la notion d'échec. Un nombre croissant d'entreprises adoptent des pratiques managériales et des symboles culturels forts pour désinhiber leurs collaborateurs face au risque. Le géant pétrolier italien Enel a ainsi créé le prix du « meilleur échec numérique » !

Exemple

Fail, Learn, Succeed

- L'entreprise de covoiturage **BlaBlaCar** a choisi pour mantra : « *Fail, Learn, Succeed* » (Échouer, Apprendre, Réussir). Les employés sont invités à partager régulièrement avec leurs collègues les progrès de leur projet, mais aussi leurs difficultés et leurs échecs lors d'une réunion hebdomadaire baptisée Blablatalk. Savoir exposer avec candeur les problèmes rencontrés, inviter le groupe à donner des *feedbacks* constructifs sont des comportements reconnus et appréciés chez BlaBlaCar.

Cette nouvelle approche de la transformation joue donc sur des leviers profonds des collaborateurs en tant que personnes, avec leurs forces et leurs failles, et mise sur l'authenticité des leaders et de chaque collaborateur. Révéler et accepter ses vulnérabilités, accueillir et faire grandir l'autre, comprendre que l'intelligence jaillit du collectif et n'est ni détenue ni la propriété du « chef » sont autant de valeurs fortes qui peuvent déranger nombre d'entre nous. Cette approche crée toutefois une communauté d'intérêts et de valeurs qui permettent de fédérer les individus. Elle donne des repères qui guident les comportements et instaurent des relations de confiance.

Nombre d'entreprises ayant adopté ces principes semblent exemplaires dans le retournement de situations désespérées (voir la rubrique Étude de cas ci-après). La question est de savoir si ces valeurs sont suffisamment intégrées, respectées par les managers ou si elles ne sont que des artifices sans effet réel sur les conduites. Conjointement, l'entreprise doit mettre en place des programmes de formation ainsi que des systèmes d'évaluation et d'amélioration des compétences afin de cultiver ces compétences et de renforcer la motivation.

ÉTUDE DE CAS

Best Buy, le retournement par les valeurs

Lorsque, le 18 avril 2018, Best Buy scelle un partenariat avec Amazon pour la vente exclusive de ses Fire TV, beaucoup n'en croient ni leurs yeux ni leurs oreilles : lors de la conférence de presse, Jeff Bezos ne tarit pas d'éloge sur le redressement de Best Buy opéré par Hubert Joly. Pourtant, six ans plus tôt, à l'annonce de la nomination de ce dernier pour diriger le distributeur de produits électroniques et électroménagers, le cours du titre s'effondre. L'entreprise est au bord du gouffre, son fondateur tente de la racheter pour la sauver. En deux ans, sa capitalisation boursière a été divisée par quatre, le titre ayant dévissé de trente à sept dollars. Les clients désertent ses magasins et les employés sont complètement démotivés. Les autres distributeurs spécialisés, à l'image de Circuit City ou Toys"R"Us disparaissent corps et biens ou entament leur descente aux enfers.

Avant tout, une stratégie claire…

Face à Amazon, l'une des premières décisions du nouveau patron consiste à rétablir sa compétitivité prix. Avec son équipe constituée de quelques directeurs restés au chevet du géant aux pieds d'argile et de nouveaux venus, il décide d'aligner ses prix sur ceux proposés sur le web afin d'annihiler cet avantage. Un plan de réduction des coûts opérationnels de 1,5 milliard de dollars est engagé. La stratégie opérationnelle vient compléter cet effort sur les prix afin de lutter contre le *showrooming* : les clients viennent se renseigner en magasin pour acheter sur Amazon. Il s'agit de repenser non seulement le site Internet mais aussi de faire de chacun des mille points de vente des entrepôts pour acheminer aussi vite que possible les produits aux clients, chez eux.

Sept ans après cette orientation stratégique, 20 % des ventes sont réalisées en ligne et Best Buy livre le jour même. Hubert Joly demeure convaincu que ses magasins font la différence face à Amazon. Grâce aux relations privilégiées nouées avec ses fournisseurs, il ouvre des *corners* Samsung, Apple, Sony ou LG, qui permettent de tester les produits directement sur place. Best Buy développe des escouades de consultants au service des clients pour régler leurs problèmes d'équipements électriques, électroniques, et informatiques directement chez eux, misant tout sur le service à domicile. L'enseigne déploie un forfait à 200 dollars par an qui permet de bénéficier d'un SAV tous produits 7 jours sur 7. Le cours de Bourse flirte avec les 40 dollars, le chiffre d'affaires continue de croître ainsi que la part des services dans cet ensemble, et le *turnover* des employés est passé de 60 % à 25 %.

…ancrée dans un leadership porteur de sens

La remise sur pied de l'entreprise n'est pas le seul fait de la « *vista* » stratégique de l'équipe de direction. La transformation a reposé sur l'approfondissement des valeurs du groupe, perdues dans les sables de la concurrence au début des années 2010. Autour de ce qu'Hubert Joly appelle le « *purposeful leadership* », à savoir un leadership où le sens de l'action individuelle

•••

et celui de l'entreprise sont alignés, il a bâti, communiqué, et transmis une approche très humaine du vivre-ensemble au sein de l'organisation.

Tandis que nombre de gourous du management promeuvent une vision transformante du management pour des petites entités et entreprises, une des croyances fondamentales de l'approche d'Hubert Joly est que la taille de l'organisation ne compte pas. La relation humaine est toujours d'individu à individu et les valeurs de respect, de compréhension, de sollicitude sont les mêmes dans les petits et les grands groupes comme Best Buy : 120 000 personnes, 45 milliards de dollars de chiffre d'affaires.

Son approche du management repose sur une réflexion profonde de ce qu'implique l'exercice personnel de ce type de responsabilités à l'heure de la mondialisation. Au cœur du leadership éclairé réside l'idée que le leadership n'est pas la poursuite de la célébrité ou de l'argent. Au contraire, le leadership concerne un service authentique, qui soutient et prolonge une finalité. Jusqu'en 2020, la finalité de Best Buy est « *enriching lives through technology* », c'est-à-dire « rendre la vie meilleure grâce à la technologie ». Le rôle des collaborateurs n'est donc pas d'écouler des stocks de produits pour « faire de la marge » mais de comprendre les besoins de leurs clients pour améliorer leur quotidien grâce à des solutions existantes.

Donc diriger, mener une équipe, consacre un alignement personnel avec le but de l'organisation, et doit permettre aux autres de s'aligner également d'abord avec soi-même avant de faire corps avec la finalité de l'entreprise, quitte à ce que ces réflexions, qui confrontent ses propres aspirations avec les réalisations concrètes, aboutissent à la conclusion que l'alignement n'est pas présent et qu'il faut soit se changer soi-même soit chercher une autre entreprise plus conforme à son épanouissement.

Ainsi, Hubert Joly aime répéter que le rôle du dirigeant n'est pas d'être plus intelligent que les autres mais de créer de l'énergie afin que chacun dans l'entreprise puisse réussir. Au sein du comité de direction, les dirigeants possèdent un joker par an. S'ils lancent une initiative qui ne donne pas les résultats escomptés, ils peuvent utiliser leur joker, cet échec représentant une source d'apprentissage pour chacun. Il faut se garder de la tentation de confondre recherche de la performance et recherche de la perfection. Pour Hubert Joly, la première est salutaire, la seconde un frein à l'apprentissage, à la découverte, et à l'épanouissement.

Ainsi, lors de séminaires de direction et de rencontres aux niveaux régionaux et nationaux, cette inspiration de connaître son but personnel, cet esprit de service et de réalisation de soi est communiqué et nourri par les échanges. Le résultat est un ajustement des pratiques au niveau de chaque magasin ainsi qu'au niveau du groupe avec des services nouveaux apportés aux collaborateurs, depuis des conférences thématiques sur des sujets qui leur sont propres (par exemple, la discrimination, les vulnérabilités psychiques, l'histoire récente américaine) jusqu'à la définition et au lancement de nouvelles politiques de ressources humaines autour des congés parentaux, de la garde d'enfants, ou du financement des études pour les employés à temps partiel qui étudient par ailleurs. Au total, l'engagement des collaborateurs pour leur entreprise est tel qu'il culmine au plus haut par rapport à tous les concurrents du secteur de la distribution aux États-Unis.

QUESTIONS

Corrigés en ligne sur dunod.com

1. Quels sont les leviers de la transformation du groupe Best Buy entre 2012 et 2019 ?
2. En quoi les valeurs défendues par le dirigeant et son équipe permettent-elles l'exécution de la transformation de Best Buy ?

CONCLUSION

Transformer l'organisation impose de comprendre que les freins et les résistances au changement découlent de la défense de ce qui a fait le succès passé de l'organisation. Il s'agit donc de les identifier comme tels, et de chercher à les dépasser, notamment en misant sur les leviers de la transformation que sont les technologies et les nouvelles formes organisationnelles, telles que l'entreprise apprenante, l'interconnexion entre le réseau interne et externe, voire les plateformes. Il en découle qu'il n'existe pas de modèle organisationnel unique et idéal. La question est toujours de trouver quelle est, à tel moment et dans tel contexte économique et humain, la meilleure façon de concilier l'efficacité opérationnelle et la capacité stratégique de l'organisation. Plusieurs réponses performantes peuvent coexister à un moment donné, et le choix des dirigeants peut être plus ou moins ouvert.

Le choix d'une structure adaptée à la transformation est essentiel à la bonne conduite stratégique du changement. Des techniques éprouvées du changement existent, autour du sentiment d'urgence et de la création de coalitions pour avancer l'agenda stratégique. En outre, l'agilité permise par la technologie et le management de projet renouvelé, passant par des paliers identifiés et des sprints intenses, contribue à procurer les succès intermédiaires indispensables à la transformation. Finalement, l'approche de la transformation centrée sur les valeurs et reconnaissant aux collaborateurs leur statut intrinsèque de personnes, d'individus singuliers autorisés à être authentiques dans l'organisation comme ils le sont à l'extérieur de l'entreprise marque une évolution plus humaniste d'une des formes du capitalisme contemporain.

À RETENIR

Les freins au changement

Transformer l'entreprise implique de comprendre et d'identifier trois sources principales de **résistance** :

- La résistance liée à l'**intérêt des personnes** constituant l'organisation aujourd'hui.
- La résistance due à l'**inertie des choix antérieurs**.
- La résistance due aux **croyances ancrées** dans l'organisation.

Les leviers de la transformation

Transformer l'entreprise nécessite de s'appuyer sur des **facteurs structurels** mis en adéquation avec le projet stratégique :

- La **transformation digitale** fournit des leviers pour mettre en œuvre des stratégies ambitieuses mais atteint rarement ses objectifs.
- L'**organisation apprenante** permet au groupe humain qu'est l'organisation de se transformer continûment.
- Les **organisations en réseau** imbriquent le réseau interne des activités (les pôles) avec le réseau externe. La structure en réseau oblige à développer un leadership plus centré sur les compétences et la diversité humaine. Dans sa forme extrême, l'organisation en réseau devient une **plateforme** technique qui connecte des populations distinctes dont il s'agit d'anticiper et d'orienter les besoins pour mieux y répondre.

Les modalités de la transformation organisationnelle

Transformer l'organisation obéit à plusieurs approches possibles :

- L'**approche standard** de la transformation repose sur le **sentiment d'urgence**, l'établissement d'une coalition au service d'une vision partagée, et le suivi serré des « petites victoires » sur le chemin des initiatives de plus grande ampleur.
- L'**approche agile** décompose les opérations en **sprints** rapides pour aboutir à des solutions qui peuvent être temporaires afin d'atteindre des **paliers** de la transformation qui matérialisent des étapes importantes et non réversibles du changement.
- L'**approche centrée sur les valeurs** cherche à libérer l'organisation de multiples pesanteurs qui brident les énergies individuelles. Orientée par une mission ou une finalité supérieure, l'entreprise devient le réceptacle et le moyen par lequel des individus expriment leur individualité et leur engagement. Les valeurs incarnées par les leaders comprennent l'**humilité**, la **vulnérabilité**, et l'**authenticité**.

Bibliographie

Albert S. et Whetten D.A., « Organizational Identity », *Research in Organizational Behavior*, vol. 7, 1985, p. 263-297.

Allen T.J. et Henn G.W., *The Organization and Architecture of Innovation*, Routledge, 2006.

Allison G., *Essence of Decision: Explaining the Cuban Missile Crisis*, Little Brown, 1971.

Amit R. et Shoemaker P.J.H., « Strategic Assets and Organizational Rent », *Strategic Management Journal*, vol. 14, 1993, p. 33-46.

Anastassopoulos J.-P., Blanc G., Nioche J.-P. et Ramanantsoa B., *Pour une nouvelle politique d'entreprise*, PUF, 1985.

Andrews K.R., *The Concept of Corporate Strategy*, Dow Jones Irwin, 1971.

Ansoff H.I, *Corporate strategy: An analytic approach to business policy for growth and expansion*, McGraw-Hill, 1965 ; traduction française : *Stratégie du développement de l'entreprise*, Hommes et techniques, 1968.

Ansoff H.I., *The New Corporate Strategy*, Wiley, 1988.

Anteby M., *L'École des patrons : Silence et morales d'entreprises à la Business School de Harvard*, Éditions Rue D'Ulm, 2015.

Argyris C. et Schön D.A., *Theory in Practice*, Jossey-Bass, 1974.

Arjaliès D.L., et Durand R., « Product Categories as Judgment Devices: The Moral Awakening of the Investment Industry », *Organization Science (Forthcoming)*, 2018, accessible au lien suivant : https://papers.ssrn.com/sol3/papers.cfm?abstract_id=3293993.

Arthur W.B., « Competing Technologies, Increasing Returns, and Lock-in by Historical Events », *The Economic Journal*, vol. 99, 1989, p. 116-131.

Arthur W.B., *Increasing Returns and Path Dependence in the Economy*, University of Michigan Press, 1994.

Axelrod R.M., *The Evolution of Cooperation*, Basic Books, 1984.

Bain & Company, « Orchestrating a successful digital transformation », Bain.com, 2017.

Bain & Company et World Economic Forum, « Building a workforce for digital », Bain.com, 2018.

Babic M., Heemskerk E. et Fichtner J., « Who is more powerful – states or corporations? », *The conversation*, 2018.

Bain J.S., « Relation of profit rate to industry concentration: American manufacturing, 1936-1940 », *The Quarterly Journal of Economics*, vol. 65, 1951, p. 293-324.

Barley S. « Semiotics and the Study of Organizational Cultures », *Administrative Science Quaterly*, vol. 28, 1983, p. 393-413.

Barney J.B., *Gaining and Sustaining Competitive Advantage*, Addison Wesley, 1997 ; réédition : Pearson Education, 2007.

Barney J.B. et Hesterly W.S., *Strategic Management and Competitive Advantage*, Prentice Hall, 2006.

Barsh J. and Lavoie J., *Centered Leadership*, Crown Business Editors, 2014.

Barthélemy J., « The Hard and Soft Sides of IT Outsourcing Management », *European Management Journal*, vol. 21, 2003, p. 539-548.

Barthélemy J., « The Seven Deadly Sins of Outsourcing », *Academy of Management Executive*, vol. 17, May 2003, p. 87-98.

Bastien V. et Kapferer J.-N., *Luxe oblige*, Eyrolles, 2012.

Baumard P. et Starbuck W.H., « Learning from Failures: Why it May Not Happen », *Long Range Planning*, vol. 38, 2005, p. 281-298.

Bazerman M.H. et Moore D.A., *Judgment in managerial decision making*, John Wiley & Sons, 7e édition, 2008.

Bennis W. et Nanus B., *Diriger : les secrets des meilleurs leaders,* InterÉditions, 1985.

Berger P.G. et Ofek E., « Bustup Takeovers of Value-Destroying Diversified Firms », *Journal of Finance,* vol. 51, 1996, p. 1175-1200.

Berle A.A. et Means G.C., *The Modern Corporation and Private Property,* Macmillan, 1932.

Bertrand M. et Mullainathan S. « Enjoying the quiet life? Corporate governance and managerial preferences », *Journal of political Economy,* vol. 111, n° 5, 2003, p. 1043-1075.

Besanko D., Dranove D. et Shanley M., *Economics of Strategy,* Wiley, 4e édition, 2007.

Bhagat S., Shleifer A., Vishny R.W., Jarrel G. et Summers L., « Hostile Takeovers in the 1980s: The Return to Corporate Specialization », *Brookings Papers on Economic Activity, Microeconomics,* 1990, p. 1-84.

Bhattacharya C.B., Korschun D. et Sen S., « Using corporate social responsibility to win the war for talent », *MIT Sloan Management Review,* vol. 49, n° 2, 2008, p. 37-44.

Birkinshaw J., « The Paradox of Corporate Entrepreneurship », *Booz Allen Strategy + Business,* printemps 2003.

Boisot M. et Lu X., « Competing and Collaborating in Networks: Is Organizing Just a Game », *in* Gibbert M. et Durand T., *Strategic Networks, Learning to Compete,* Blackwell, 2007.

Borenstein S., « The Dominant-Firm Advantage in Multiproduct Industries: Evidence from the U.S. Airlines », *The Quarterly Journal of Economics,* vol. 106, 1991, p. 1237-1266.

Boston Consulting Group, *Perspectives sur la stratégie d'entreprise,* Hommes et Techniques, 1970 ; 1974.

Boston Consulting Group, *Les Mécanismes fondamentaux de la compétitivité,* Hommes et Techniques, 1980.

Brandenburger A. et Nalebuff B., *Co-opetition,* Currency Doubleday, 1996 ; traduction française : *La Co-opétition, une révolution dans la manière de jouer concurrence et coopération,* Village mondial, 1996.

Braybrooke D. et Lindblom C.E., *A strategy of decision,* Collier-Macmillan, 1963.

Brown S.L. et Eisenhardt K.M., « The Art of Continuous Change: Tying Complexity Theory and Time-Paced Evolution to Relentlessly Shifting Organizations », *Administrative Science Quarterly,* vol. 42, 1997, p. 1-34.

Brun M. et Rasquinet P., *L'Identité visuelle de l'entreprise,* Les Éditions d'Organisation, 1996.

Burgelman R.A., « Fading Memories: A Process Theory of Strategic Business Exit in Dynamic Environments », *Administrative Science Quarterly,* vol. 39, 1994, p. 24-56, adapté par Laroche H.

Camerer C., Babcock L., Loewenstein G. et Thaler, R., « Labor supply of New York City cabdrivers: One day at a time », *The Quarterly Journal of Economics,* vol. 112, n° 2, 1997, p. 407-441.

Campa J.-M. et Kedia S., « Explaining the Diversification Discount », *The Journal of Finance,* vol. 57, 2002, p. 1731-1762.

Campbell A., Whitehead J. *et al., Strategy for the Corporate Level,* Jossey Bass, 2014.

Capron L. et Mitchell W., *Build, Borrow or Buy: Solving the Growth Dilemma,* HBR Press, 2012.

Castañer X., Garrette B., Mulotte L. et Dussauge P., « Governance Mode *vs.* Governance Fit? Performance Implications of Make-or-ally Choices for Product Innovation in the Worldwide Aircraft Industry, 1942-2000 », *Strategic Management Journal,* vol. 35, 2014, p. 1386-1397.

Castanias R.P. et Helfat C.E., « Managerial Resources and Rents », *Journal of Management,* vol. 17, 1991, p. 155-171.

Chamberlain E.H., *The Theory of Monopolistic Competition,* Harvard University Press, 1933.

Chandler A.D., *Strategy and Structure. Chapters in the History of the Industrial Enterprise,* MIT Press, 1962 ; traduction française : *Stratégies et structures de l'entreprise,* Éditions d'Organisation, 1972 et 1989.

Chandler A.D., *The Visible Hand: The Managerial Revolution in American Business,* Belkmap Press, 1977 ; traduction française : *La main visible des managers, une analyse historique,* Economica, 1988.

Chen M.J., « Competitor Analysis and Interfirm Rivalry », *Academy of Management Review,* n° 21, 1996, p. 100-134.

Chipty T. et Snyder C.M., « The Role of Firm Size in Bilateral Bargaining: a Study of the Cable Television Industry », *Review of Economics & Statistics*, vol. 81, 1999, p. 326-340.

Christensen C.M., *The Innovator's Dilemma: How great firms fail by doing everything right*, Harvard Business School Press, 1997.

Christensen C.M., Hall T., Dillon K. et Duncan D., « Know your customers, "Job to be done" », *Harvard Business Review*, sept. 2016.

Christensen C.M., Johnson M.W. et Rigby D.K., « Foundations for Growth », *Sloan Management Review*, vol. 44, été 2002, p. 22-31.

Christensen C.M. et Overdorf M., « Meeting the Challenge of Disruptive Change », *Harvard Business Review*, vol. 78, 2000, p. 66-77.

Cisco/IMD, *Global Center for Digital Transformation*, 2017.

Coase R., « The Nature of the Firm », *Economica*, vol. 4, 1937, p. 386-405.

Cohen M.D., March J.G. et Olsen J.-P., « A Garbage Can Model of Organizational Choice », *Administrative Science Quarterly*, vol. 17, 1972, p. 1-25.

Cournot A.A., *Recherches sur les principes mathématiques de la théorie des richesses*, Vrin, 1838.

Crozier M., *Le Phénomène bureaucratique*, Seuil, 1963.

Crozier M. et Friedberg E., *L'Acteur et le Système*, Le Seuil, 1977.

Cyert R.M. et March J.G., *A Behavioral Theory of the Firm*, Prentice Hall, 1963 ; traduction française : *Processus de décision dans l'entreprise*, Dunod, 1970.

D'Aveni R.A., *Hyper compétition*, Vuibert, 1995.

D'Aveni R.A., Dagnino G.B. et Smith K.G., « The age of temporary advantage », *Strategic Management Journal*, vol. 31, n° 13, p. 1371-1385.

Damodaran A., *Corporate Finance: Theory and Practice*. Wiley, 2e édition, 2001.

Damodaran A., *Damodaran on Valuation*, Wiley, 2006.

Dierickx I. et Cool K., « Asset Stock Accumulation and Sustainability of Competitive Advantage », *Management Science*, n° 35, 1989, p. 1504-1511.

Dittman I., Maug E. et Schneider C., « How Preussag Became TUI: A Clinical Study of Institutional Blockholders and Restructuring in Europe », *Financial Management*, vol. 37, 2008, p. 571-598.

Douglas S. et Wind Y., « The Myth of Globalization », *Columbia Journal of World Business*, hiver 1987, p. 19-29.

Doz Y. et Hamel G., *Alliance Advantage*, Harvard Business School Press, 1998.

Doz Y., Hamel G. et Prahalad C.K., « Collaborate with your Competitors – and Win », *Harvard Business Review*, janvier-février 1989, p.133-139.

Drucker P.F., *Innovation and Entrepreneurship: Practice and Principles*, Harper & Row, 1985.

Duflot E., Banerjee A., Glennerster R. et Kinnan C., « The Miracle of Microfinance?: Evidence from a Randomized Evaluation », *American Economic Journal: Applied Economics*, vol. 7, n° 1, janvier 2015.

Duhaime I.M. et Schwenk C.R. « Conjectures on cognitive simplification in acquisition and divestment decision making », *Academy of Management Review*, vol. 10, n° 2, 1985, p. 287-295.

Dunning J., « Explaining Changing Patterns of International Production: in Support of the Eclectic Theory », *Oxford Bulletin of Economics and Statistics*, n° 41, novembre 1980.

Durand G., *Les Structures anthropologiques de l'imaginaire*, PUF, 1960.

Durand R., *Entreprise et évolution économique*, Belin, 2000.

Durand R., *Guide du management stratégique*, Dunod, 2003.

Durand, R. « Predicting a firm's forecasting ability: The roles of organizational illusion of control and organizational attention », *Strategic Management Journal*, vol. 24, n° 9, 2003, p. 821-838.

Durand R., *Organizational Evolution and Strategic Management*, Sage Publishers, 2006.

Durand R., *La Désorganisation du monde*, Bord de l'eau éditions, 2013.

Durand R. et Calori R., « Sameness, Otherness? Enriching Organizational Change Theories with Philosophical Considerations on the Same and the Other », *Academy of Management Review*, vol. 30, 2006, p. 93-114.

Durand R. et Coeurderoy R., « Age, Order of Entry, Strategic Orientation, and Organizational Performance », *Journal of Business Venturing*, vol. 16, 2001, p. 471-494.

Durand R., Paugam L. et Stolowy H., « Do investors actually value sustainability indices? Replication, development and new evidence on CSR visibility », *Strategic Management Journal*, 2019.

Dussauge P. et Cornu C., *L'industrie française de l'armement : coopérations, restructurations et intégration européenne*, Economica, 1998.

Dussauge P. et Garrette B., *Cooperative Strategy*, Wiley, 1999.

Dussauge P., Garrette B. et Mitchell W., « Learning from Competing Partners: Outcomes and Durations of Scale and Link Alliances in Europe, North America and Asia », *Strategic Management Journal*, vol. 21, 2000, p. 99-126.

Dussauge P., Garrette B. et Mitchell W., « Asymmetric Performance: the Market Share Impact of Scale and Link Alliances in the Global Auto Industry », *Strategic Management Journal*, vol. 25, 2004, p. 701-711.

Dutton J.E. et Dukerich J., « Keeping an Eye on the Mirror: Image and Identity in Organizational Adaptation », *Academy of Management Journal*, vol. 34, 1991, p. 517-554.

Dye R., « Improving Strategic Planning: A McKinsey Survey », *The McKinsey Quarterly*, 2006.

Ebeling H.W. et Doorley T.L., « A Strategic Approach to Acquisitions », *Journal of Business Strategy*, vol. 3, n° 3, 1983, p. 284-301.

Eccles R.G., Lanes K.L. et Wilson T.C., « Are You Paying Too Much for that Acquisition? », *Harvard Business Review*, vol. 77, 1999, p. 136-146.

Eccles R.G., Ioannou I., et Serafeim G., « The impact of corporate sustainability on organizational processes and performance » *Management Science*, vol. 60, n° 11, 2014, p. 2835-2857.

Eisenhardt K.M., « Speed and Strategic Choice: How Managers Accelerate Decision Making », *California Management Review*, vol. 32, 1990, p. 39-55 ; traduction française : « Le Manager lent et le Manager rapide », *Annales des Mines – Gérer & comprendre*, sept. 1992, p. 4-18.

Eisenhardt K.M. et Sull D.N., « Strategy as Simple Rules », *Harvard Business Review*, vol. 79, 2001, p. 107-116.

Elkington J., « 25 years ago, I coined the phrase "triple bottom line". Here it's why it's time to rethink », *Harvard Business Review*, juin 2018.

Elsbach K.D. et Kramer R.M., « Members' Responses to Organizational Identity Threats: Encountering and Countering the *Business Week* Rankings », *Administrative Science Quarterly*, vol. 41, 1996, p. 442-476.

Enriquez E., *L'Organisation en analyse*, PUF, 1992 (3e édition 2002).

Faivre-Tavignot B., Lehmann-Ortega L. et Moingeon B., « Le *social business*, laboratoire d'apprentissage des ruptures », *Revue Française de Gestion*, vol. 208/209, 2010, p.175-189.

Fama E.F. et Jensen M.C. « Separation of Ownership and Control », *The Journal of Law & Economics*, vol. 26, n° 2, 1983, p. 301-325.

Faulkner D. « Cooperative Strategy, Strategic Alliances and Networks », dans Faulkner D., Campbell A., *The Oxford Handbook of Strategy*, Oxford University Press, 2006.

Fayol H., « L'Administration industrielle et générale », *Bulletin de la Société de l'Industrie minérale*, 1916 ; réédition, Dunod, 1976.

Finkelstein S. et Hambrick D.C. « Chief Executive Compensation : A Synthesis and Reconciliation », *Strategic Management Journal*, vol. 9, n° 6, 1988, p. 543-558.

Flammer C., « Does corporate social responsibility lead to superior financial performance? A regression discontinuity approach », *Management Science*, vol. 61, n° 11, 2015, p. 2549-2568.

Foster R.N., *Innovation: The Attacker's Advantage*, Summit Books, 1986.

Foster R.N. et Kaplan S., *Creative Destruction – Why Companies That Are Built to Last Underperform the Market – And How to Successfully Transform Them*, Doubleday-Currency, 2001.

Freeman R.E., *Strategic Management: A Stakeholder Approach*, Putman, 1983.

Galbraith J.K., *The New Industrial State*, Houghton Mifflin 1967.

Galbraith J.K., *Designing Organizations*, Jossey-Bass, 2001.

Garrette B., « Les Européens se trompent d'alliances », *L'Expansion Management Review*, mars 1998, p. 68-73.

Garrette B. et Dussauge P., *Les Stratégies d'Alliance*, Éditions d'Organisation, 1995.

Geetz I., *L'Entreprise Libérée*, Fayard, 2017.

Gertner R.H., Scharfstein D.S. et Stein J.C., « Internal versus external capital markets », *Quarterly Journal of Economics*, vol. 109, 1994, p. 1211-1230.

Ghemawat P., *Commitment: The Dynamic of Strategy*, Free Press, 1991.

Ghemawat P., « Distance Still Matters », *Harvard Business Review*, septembre 2001, p. 137-147.

Ghemawat P., « The Forgotten Strategy », *Harvard Business Review*, novembre 2003, p. 76-84.

Ghemawat P., *Strategy and the Business Landscape*, Pearson Education, 2006.

Giddens A., *The Constitution of Society: Outline of the Theory of Structuration*, University of California Press, 1984.

Gimeno J. et Woo C.Y., « Multimarket Contact, Economies of Scope, and Firm Performance », *Academy of Management Journal*, vol. 42, 1999, p. 239-259.

Gioia D.A., Schultz M. et Corley K.G., « Organizational Identity, Image, and Adaptive Instability », *Academy of Management Review*, vol. 25, 2000, p. 63-81.

Gioia D.A. et Thomas J.B., « Identity, Image, and Issue Interpretation: Sensemaking During Strategic Change in Academia », *Administrative Science Quarterly*, vol. 41, 1996, p. 370-403.

Goleman D., *Primal Leadership*, Harvard Business School Press, 2002.

Goold M. et Campbell A., *Strategies and Style*, Blackwell, 1987.

Goold M. et Campbell A., « Do you have a well-designed organization? », *Harvard Business Review*, mars 2002.

Goold M., Campbell A. et Alexander M., *Corporate-Level Strategy: Creating Value in the Multibusiness Company*, John Wiley & Sons, 1994.

Goold M., Campbell A. et Alexander M., « Corporate Strategy: The Quest for Parenting Advantage », *Harvard Business Review*, mars-avril 1995, p. 120-133.

Goold M., Campbell A. et Alexander M., « Corporate strategy and parenting theory », *Long Range Planning*, vol. 31, issue 2, avril 1998, p. 308-314.

Gottschalg O. et Phalippou L., « Truth About Private Equity Performance », *Harvard Business Review*, décembre 2007, vol. 85, p. 17-20.

Gourville J.T., « Eager Sellers and Stony Buyers: Understanding the Psychology of New-Product Adoption », *Harvard Business Review*, vol. 84, juin 2006, p. 98-106.

Govindarajan V. et Trimble C., « Organizational DNA for Strategic Innovation », *California Management Review*, vol. 47, été 2005, p. 47-76.

Govindarajan V. et Trimble C., *Reverse Innovation: Create Far From Home, Win Everywhere*, Harvard Business Review Press, 2012.

Grant R.M., *Contemporary Strategy Analysis*, Wiley, 2015.

Greve H.R., *Organizational learning from performance feedback: A behavioral perspective on innovation and change*, Cambridge University Press, 2003.

Greve H.R., Palmer D. et Pozner J. « Organizations gone wild: The causes, processes, and consequences of organizational misconduct », *Academy of Management Annals*, vol. 4, n° 1, 2010, p. 53-107.

Hagiu A., « Strategic decisions for multisided platforms », *MIT Sloan Management*, 2014.

Hall G. et Howell S., « The Experience Curve From the Economist's Perspective », *Strategic Management Journal*, vol. 6, 1985, p. 197-212.

Hamel G. et Prahalad C.K., « The Core Competence of the Corporation », *Harvard Business Review*, mai-juin 1990, p. 79-91.

HASPESLAGH P.C. et JEMISON D.B., *Managing Acquisitions*, The Free Press, 1991.

HATCH M.J. et SCHULTZ M., *Organizational Identity: A Reader*, Oxford University Press, 2004.

HEDLEY B., « Strategy and the Business Portfolio », *Long Range Planning*, vol. 10, 1977, p. 9-15.

HENDERSON B.D., « The Experience Curve Reviewed », *Perspectives*, reprint n° 124, Boston Consulting Group, 1974.

HENNART J.-F., « A Transaction Costs Theory of Equity Joint Ventures », *Strategic Management Journal*, vol. 9, 1988, p. 361-374.

HOPE O.-K. et THOMAS W.B. « Managerial empire building and firm disclosure », *Journal of Accounting Research*, vol. 46, n°3, 2008, p. 591-626.

HUBER J., PAYNE J.W., et PUTO C., « Adding asymmetrically dominated alternatives: Violations of regularity and the similarity hypothesis », *Journal of Consumer Research*, vol. 9, n° 1, 1982, p. 90–98.

IOANNOU I. et SERAFEIM G., « The impact of corporate social responsibility on investment recommendations: Analysts' perceptions and shifting institutional logics », *Strategic Management Journal*, vol. 36, n° 7, 2015, p.1053-1081.

JANIS I., *Groupthink: Psychological Studies of Policy Decisions and Fiascoes*, Houghton-Mifflin, 1982.

JENSEN M.C., et MECKLING W.H., « Theory of the Firm: Managerial Behavior, Agency Costs and Ownership Structure », *Journal of Financial Economics*, vol. 3, 1976, p. 305-360.

JOHANSON J. et VAHLNE J.-E., « The Internationalization Process of the Firm: A Model of Knowledge Development and Increasing Foreign Market Commitments », *Journal of International Business Studies*, vol. 8, 1977, p. 23-32.

JOHNSON G., « Rethinking Incrementalism », *Strategic Management Journal*, 1987, vol. 9, p. 75-91.

JOHNSON G., SCHOLES K. et WHITTINGTON R., *Exploring Corporate Strategy*, Prentice Hall, 8e édition, 2008.

KAHNEMAN D., KNETSCH J.L. et THALER R.H., « Fairness and the Assumptions of Economics » *The Journal of Business*, vol. 59, n° 4, 1986, p. S285.

KAHNEMAN D., KNETSCH J.L. et THALER R.H., « Anomalies: The Endowment Effect, Loss Aversion, and Status Quo Bias », *Journal of Economic Perspectives*, vol. 5, 1991, p. 193-206.

KALE P., et ANAND J., « The Decline of Emerging Economy Joint Ventures: The case of India », *California Management Review*, vol. 48, 2006, p. 61-76.

KALE P., DYER J.H. et SINGH H., « Alliance Capability, Stock Market Response, and Long-Term Alliance Success: The Role of the Alliance Function », *Strategic Management Journal*, vol. 23, 2002, p. 747-767.

KARNANI A., « The Mirage of Marketing to the Bottom of the Pyramid: How the private sector can help alleviate poverty », *California Management Review*, vol. 49, 2007, p. 90-111.

KARNANI A., « Doing Well by Doing Good – Case Study: 'Fair and Lovely' Whitening Cream », *Strategic Management Journal*, vol. 28, 2007, p. 1351-1357.

KARNANI A., *Fighting poverty together*, Plagrave Macmillan, 2011.

KARNANI A. et GARRETTE B., « Challenges in Marketing Socially Useful Products to the Poor », *California Management Review*, 2010, vol. 52, n° 4.

KARNANI A. et WERNERFELT B., « Multiple Point Competition », *Strategic Management Journal*, Vol. 6, 1985, p. 87-96.

KIM W.C. et MAUBORGNE R., *Blue Ocean Strategy*, Harvard Business School Press, 2005 ; traduction française : *Stratégie Océan bleu*, Pearson, 2e édition, 2015.

KLEIN B., CRAWFORD R. et ALCHIAN A., « Vertical Integration, Appropriable Rents and the Competitive Contracting Process », *Journal of Law and Economics* vol. 21, 1978, p. 297-326.

KOGUT B., « Joint-Ventures and the Option to Expand and Acquire », *Management Science*, vol. 37, 1991, p. 19-33.

KOLLER T., GOEDHART M. et WESSELS D., *Valuation: Measuring and Managing the Value of Companies*, 4e édition, Wiley, 2005.

KOTTER J.P., *Leading Change*, Harvard Business School Press, 1995.

KOTTER J.P., « What Leaders Really Do », *Harvard Business Review,* décembre 2001, p. 85-91.

LALOUX F., *Reinventing Organizations*, Diateino, 2015.

LANG H.P. et STULTZ R.M., « Tobin's q, Corporate Diversification, and Firm Performance », *Journal of Political Economy,* vol. 102, n° 6, décembre 1994, p. 1248-1280.

LARÇON J.-P., *Chinese Multinationals,* World Scientific Publishing, 2009.

LARÇON J.-P. et REITTER R., *Structure de pouvoir et identité d'entreprise,* Fernand Nathan, 1979.

LAROCHE H. « From Decision to Action in Organizations: Decision-Making as a Social Representation », *Organization Science,* vol. 6, n° 1, 1995, p. 62-75.

LAWRENCE P.R. et LORSCH J.W., *Organizations and Environment,* Harvard University Press, 1967 ; traduction française : *Adapter les structures de l'entreprise,* Éditions d'Organisation, 1973.

LE BARON D. et SPERDELL L., « Why Are the Parts Worth More than the Sum? "Chop-Shop", a Corporate Valuation Model », *in* BROWNE L. et ROSENGREN E. (dir.), *The Meyer Boom,* conf. series n° 31, Federal Reserve Bank, Boston, 1987.

LE JOLY K. et MOINGEON B. (dir.), *Gouvernement d'entreprise : débats théoriques et pratiques,* Ellipses, 2001.

LEHMANN-ORTEGA L., MUSIKAS H. et SCHOETTL J.-M., *(Ré)inventez votre business model : avec l'approche Odyssée 3.14,* Dunod, 2e édition, 2017.

LEARNED E.P., CHRISTENSEN C.R., ANDREWS K.R. et GUTH W.D., *Business Policy. Texts and Cases,* Irwin, 1965.

LECOCQ X., DEMIL B. et WARNIER V., « Le *Business model,* au cœur de la croissance de l'entreprise », *L'Expansion Management Review,* n° 123, octobre 2006, p. 96-109.

LENDREVIE J., LÉVY J. et LINDON D., *Mercator,* Dunod, 10e édition 2013.

LEONARD-BARTON D., *Wellsprings of Knowledge: Building and Sustaining the Sources of Innovation,* Harvard Business School Press, 1995.

LEVITT T., « The Globalization of Markets », *Harvard Business Review,* vol. 61, mai-juin 1983, p. 92-102.

LICHTENSTEIN S., et SLOVIC P., « Response-Induced Reversals of Preference in Gambling: an Extended Replication in Las Vegas », *Journal of Experimental Psychology,* vol. 101, n° 1, 1973.

LIEBERMAN M.B., « The Learning Curve, Technological Barriers to Entry, and Competitive Survival in the Chemical Processing Industry », *Strategic Management Journal,* vol. 10, 1989, p. 431-447.

LIEBERMAN M.B. et MONTGOMERY D.B., « First mover (Dis) Advantage: Retrospective and Link with the Resource-Based View », *Strategic Management Journal,* vol. 19, 1998, p. 1111-1125.

LIEBOWITZ S.J. et MARGOLIS S.E., « Path Dependence, Lock-in and History », *Journal of Law, Economics, and Organization,* vol. 11, 1995, p. 205-226.

LILIEN G.L. et RANGASWAMY A., *Marketing Engineering,* Addison-Wesley, 1998.

LINDBLOM C.E., « The Science of "Muddling Throught" », *Public Administration Review,* vol. 19, été 1959, p. 517-536.

LOILIER T. et TELLIER A., *Les Grands Auteurs en stratégie,* Éditions EMS, 2007.

LORENZONI G. et BADEN-FULLER C. « Creating a Strategic Center to Manage a Web of Partners », *California Management Review,* vol. 37, 1995, p. 146-163.

LOVALLO D. et SIBONY O., « The case for behavioral strategy », *McKinsey Quarterly,* n° 2, 2010, p. 30-43.

MANSFIELD E., *Technological Change: An Introduction to a Vital Area of Modern Economics,* Norton, 1971.

MARCH J.G., « Decision-Making Perspective », in VAN DE VEN A. et JOYCE W.F. (éd.), *Perspectives on Organization Design and Behavior,* Wiley, 1981.

MARCH J.G., « Exploration and Exploitation in Organizational Learning », *Organization Science,* vol. 2, 1991, p. 71-87.

MARCH J.G., *Primer on decision making: How decisions happen,* Free Press, 1994.

MARCH J.G. et OLSEN J.-P., *Ambiguity and Choice in Organizations,* Bergen Universitetforlaget, 1976.

MARCH J.G. et SIMON H., *Organizations,* Blackwell, 2e édition, 1993 ; traduction française : *Les Organisations,* Dunod, 2005.

Markides C., « Diversification, restructuring and economic performance », *Strategic Management Journal*, vol. 16, issue 2, 1995, p. 101-118.

Markides C., « Strategic Innovation », *Sloan Management Review*, vol. 38, 1997, p. 9-23.

Markides C., « A Dynamic View of Strategy », *Sloan Management Review*, vol. 40, Spring 1999, p. 55-63.

Markides C., « Pourquoi les entreprises existantes ne devraient pas créer de rupture », *Revue Française de Gestion*, vol. 35/197, 2009, p. 175-184.

Markides C. et Williamson P.J., « Strategy: Search for New Paradigms », *Strategic Management Journal*, vol. 15, special issue, été 1994, p. 149-165.

Marshall A., *Principles of Economics*, Macmillan, 1920.

McGahan A.M. et Porter M.E., « How Much Does Industry Matter, Really? », *Strategic Management Journal*, vol.18, numéro special, été 1997, p. 15-30.

McGahan A.M. et Porter M.E., « What Do We Know about Variance in Accounting Profitability? », *Management Science*, vol. 48, 2002, p. 834-851.

McKinsey, « Planning an chemical company's prospects », Document McKinsey et Royal Deutsch Shell, 1972.

Melkoninan T., Monin P., Noorderhaven N., Rouzies A. et Timmers A., « Être juste, ou être exemplaire? La fusion Air France-KLM à la loupe », *Revue française de gestion*, vol. 32, 2006, p. 229-252.

Midler C., *L'Auto qui n'existait pas*, Inter-Éditions, 1993.

Miles R.E. et Snow C.C., *Organizational Strategy: Structure and Process*, McGraw-Hill, 1978.

Miller D. et Friesen P.H., « Momentum and Revolution in Organizational Adaptation », *Academy of Management Journal*, vol. 23, 1980, p. 591-614.

Mintzberg H., *Power in and around Organizations*, Prentice-Hall, 1983 ; traduction française : *Le Pouvoir dans les organisations*, Éditions d'Organisation, 1986.

Mintzberg H., « The Design School: Reconsidering the Basic Premises of Strategic Management », *Strategic Management Journal*, vol. 11, 1990, p. 171-195.

Mintzberg H., « The Manager's Job: Folklore and Fact », *Harvard Business Review*, vol. 53, mars-avril 1990, p. 49-61.

Mintzberg H., *The Rise and Fall of Strategic Planning*, Prentice Hall, 1993 ; traduction française : *Grandeur et décadence de la planification stratégique*, Dunod, 1994.

Mintzberg H., *Structure et dynamique des organisations*, Éditions d'Organisation, 2003.

Mintzberg H. et Waters J.A., « Of Strategies, Deliberate and Emergent », *Strategic Management Journal*, vol. 6, 1985, p. 257-272.

Mitchell R.K., Agle B.R. et Wood D.J., « Toward a Theory of Stakeholder Identification and Salience, Defining the Principle of Who and What Really Counts », *Academy of Management Review*, vol. 22, 1997, p. 853-886.

Mitroff I. et Kilmann R., « Corporate Taboos as the Key to Unlocking Culture », *in* Kilmann R., Saxton M., Serpa R. *et al.*, *Gaining Control of the Corporate Culture*, Jossey Bass, 1985.

Moingeon B., « Gestion des connaissances et entreprise apprenante : apprendre à gérer le *learning mix* », *in* Moingeon B. (dir.), *Peut-on former les dirigeants ? L'apport de la recherche*, L'Harmattan, 2003, p. 191-213.

Moingeon B. et Edmondson A.C. (dir.), *Organizational Learning and Competitive Advantage*, Sage Publications, 1996.

Moingeon B. et Lehmann-Ortega L., « Le *Business Model* au service de la performance », supplément *L'Art du Management, Les Échos*, 13 oct. 2005, p. 8-9.

Moingeon B. et Lehmann-Ortega L., « Genèse et déploiement d'un nouveau *business model* : l'étude d'un cas désarmant », *M@n@gement*, vol. 13 n° 4, 2010, p. 266-297.

Moingeon B., et Ramanantsoa B., « Understanding Corporate Identity: The French School of Thought », *European Journal of Marketing*, vol. 31, 1997, p. 383-395.

Moore G.A., *Crossing the Chasm: Marketing and Selling Technology Products to Mainstream Customers*, Harper Business, 1991.

Moore G.A., *Inside the Tornado*, Capstone, 1998.

Moore G.A., « Darwin and the Demon », *Harvard Business Review*, vol. 82, juillet-août 2004, p. 86-92.

Morosini P. et Steger U., *Managing Complex Mergers*, Prentice Hall, 2004.

Myerson R., *Game Theory: Analysis of Conflict*, Harvard Universiy Press, 1997.

Neff J., « Ogling Talent beyond its Ranks? Surely not P&G », *Advertising Age*, vol. 77, 2007, p. 8.

Nelson R. et Winter S., *An Evolutionary Theory of Economic Change*, Belknap Press, 1982.

Newport C., *Deep work: Rules for focused success in a distracted world*, Piatkus Books, 2016.

Nohria N. et Eccles R.G. (dir.), *Networks and Organizations: Structure, Form, and Action*, Harvard Business School Press, 1992.

Nonaka I. et Takeuchi H., *The Knowledge-Creating Company: How Japanese Companies Create the Dynamics of Innovation*, Oxford University Press, 1995.

Normann R. et Ramirez R., « Designing Interactive Strategy: From Value Chain to Value Constellation », *Harvard Business Review*, vol. 71, juil.-août 1993, p. 65-77.

O'Connor G.C. et Rice M.E., « Opportunity Recognition and Breakthrough Innovation in Large Established Firms », *California Management Review*, vol. 43, 2001, p. 95-116.

O'Reilly C. et Tushman M.L., « Ambidextrous Organisation », *Harvard Business Review*, vol. 82, avril 2004, p. 74-81.

O'Reilly C., et Tushman M.L. « Organizational Ambidexterity: Past, present, and future », *Academy of Management Perspectives*, vol. 27, n° 4, 2013, p. 324-338.

Odean T., « Are investors reluctant to realize their losses? » *The Journal of Finance*, vol. 53, n° 5, 1998, p. 1775-1798.

Orléan A., *Le Pouvoir de la finance*, Éditions Odile Jacob, 1999.

Osterwalder A. et Pigneur Y., *Business Model Generation*, Wiley, 2010.

Panzar J.C. et Willig R.D., « Economies of scope », *American Economic Review*, vol. 71, 1981, p. 268-272.

Parker G., Van Alstyne M. et Choudary S.P., *Platform Revolution*, W.W. Norton & Company, 2016.

Penrose E.T., *The Theory of the Growth of the Firm*, Wiley, 1959.

Peters T.J. et Waterman R.H., *Le Prix de l'excellence*, InterÉditions, 1983.

Petriglieri G., « Making Sense of Zappos's War on Managers », *Harvard Business Review*, May 2015.

Peyrelevade J., *Le Gouvernement d'entreprise ou les Fondements incertains d'un nouveau pouvoir*, Economica, 1999.

Pfeffer J. et Salancik G.R., *The External Control of Organizations: a Resource Dependence Perspective*, Harper & Row, 1978.

Pointeau B. et Flam V., « Digitalisation du travail : n'oublions pas l'enjeu humain ! », *Journal du Net (JDN)*, 2016.

Pointeau B. et Flam V., « L'écosystème digital : moteur d'innovation ou artifice de communication ? », *Journal du Net (JDN)*, 2017.

Porter M.E., *Competitive Strategy: Techniques for Analyzing Industries and Competitors*, The Free Press, 1980. Traduction française : *Choix stratégiques et concurrence*, Economica, 1982.

Porter M.E., *Competitive Advantage*, The Free Press, 1985 ; traduction française : *L'Avantage concurrentiel*, InterÉditions, 1986, Dunod, 1994.

Porter M.E. (ed.), *Competition in Global Industries*, Harvard University Press, 1986.

Porter M.E., « From Competitive Advantage to Corporate Strategy », *Harvard Business Review*, vol. 65, mai-juin 1987, p. 43-59.

Porter M.E., *The Competitive Advantage of Nations*, The Free Press Macmillan, 1990 ; traduction française : *L'Avantage concurrentiel des nations*, InterÉditions, 1993.

Porter M.E., « What is Strategy? », *Harvard Business Review*, vol. 74, nov.-déc. 1996, p. 61-78.

Porter M.E., « Creating Shared Value », *Harvard Business Review*, vol. 89, n°1/2, jan.-fév. 2011, p. 62-77.

PORTER M.E. et KRAMER M.R., « Strategy and Society: The Link Between Competitive Advantage and Corporate Social Responsibility », *Harvard Business Review*, décembre 2006, p. 78-92.

POWELL T.C., LOVALLO D. et FOX C.R. « Behavioral strategy », *Strategic Management Journal*, vol. 32, n° 13, 2011, p. 1369-1386.

PRAHALAD C.K., *The fortune at the Bottom of the Pyramid*, Wharton School Publishing, 2004.

PRAHALAD C.K. et BETTIS R.A., « The Dominant Logic: A New Linkage between Diversity and Performance », *Strategic Management Journal*, vol. 7, 1986, p. 485-501.

PRATT M.G. et FOREMAN P.O., « Classifying Managerial Responses to Multiple Organizational Identities », *Academy of Management Review*, vol. 25, 2000, p. 18-42.

QUÉLIN B., *Les Frontières de la firme*, Economica, 2002.

QUÉLIN B. et ARRÈGLE, J.L. (dir.), *Le management stratégique des compétences*, Ellipses, 2000.

QUINN J.B., *Strategies for Change: Logical Incrementalism*, Irwin, 1980.

QUINN J.B., *Intelligent Enterprise: A Knowledge and Service Based Paradigm for Industry*, The Free Press, 1992.

QUIRY P., LE FUR Y. et VERNIMMEN P., *Finance d'entreprise*, Dalloz, 2019.

Raise et Bain & Company, « L'alliance des grandes et des jeunes entreprises », David avec Goliath, 2018.

REITTER R. (dir.), *Cultures d'entreprise*, Vuibert, 1991.

REITTER R. et RAMANANTSOA B., *Pouvoir et politique. Au-delà de la culture d'entreprise*, McGraw-Hill, 1985.

REITZIG M. et WAGNER S., « The Hidden Costs of Outsourcing: Evidence from Patent Data », *Strategic Management Journal*, vol. 31, November 2010, p. 1183-1201.

RICARDO D., *On the Principles of Political Economy and Taxation*, John Murray, 1817 ; traduction française : *Principes de l'*économie politique et de *l'impôt*, Calmann-Lévy, 1970.

RICŒUR P., *Soi-même comme un autre*, Points Seuil, 2000.

RIGBY D.K. et VISHWANATH V., « Localization: The Revolution in Consumer Markets », *Harvard Business Review*, vol. 84, avril 2006, p. 82-92.

RIGBY D.K. et BILODEAU B., « Management Tools and Trends », Bain & Company, 2018.

ROETHLISBERGER F. et DICKSON W., *Management and the Worker*, Harvard University Press, 1939.

ROQUEBERT J.A., PHILLIPS R.L. et WESTFALL P.A., « Market *vs.* Management: What "Drives" Profitability? », *Strategic Management Journal*, vol. 17, 1996, p. 653-664.

ROUZIES A., *Identifications dans les fusions et acquisitions – Air France-KLM 2003-2005*, thèse de doctorat, université Lyon III, 2007.

RUGMAN A.M. et D'CRUZ J., *Multinationals as Flagship Firms*, Oxford University Press, 2000.

RUMELT R.P., *Strategy, Structure and Economic Performance*, Harvard University Press, 1974.

RUMELT R.P., « Diversification Strategy and Profitability », *Strategic Management Journal*, vol. 12, 1982, p. 33-48.

RUMELT R.P., « How Much Does Industry Matter? », *Strategic Management Journal*, vol. 12, 1991, p. 167-185.

SANTI M. et NGUYEN V., *Le* business model *du* low cost, Eyrolles, 2012.

SCHEIN E., *Organizational Culture and Leadership*, Jossey Bass, 1985.

SCHMALENSEE R., « Do Markets Differ Much? », *American Economic Review*, vol. 75, 1985, p. 341-351.

SCHUMPETER J.A., *The Theory of Economic Development*, Harvard University Press, 1934.

SCHWENK C.R., « Cognitive Simplification Processes in Strategic Decision-Making », *Strategic Management Journal*, vol. 5, 1984, p. 111-128.

SCHWENK C.R., « Management Illusions and Biases: Their Impact on Strategic Decisions », *Long Range Planning*, vol. 18, 1985, p. 74-80.

SELZNICK P., *Leadership in Administration*, Harper & Row, 1957.

SENGE P., *The Fifth Discipline: The Art and Practice of the Learning Organization*, Doubleday, 1990.

SENGE P., *La cinquième discipline*, Eyrolles, 1999.

SHLEIFER A. et VISHNY R.W., « Management Entrenchment: the Case of Manager Specific Investments », Journal of Financial Economics, vol. 25, 1989, p. 123-139.

SIBONY O., *Vous allez commettre une terrible erreur*, Flammarion, 2019.

SIMON H.A., *Administrative Behavior*, Macmillan, 1947 ; traduction française : *Administration et processus de décision*, Economica, 1983.

SLATER S. et NARVER J., « Market-oriented is more than being customer-led », *Strategic Management Journal*, vol. 20, 1999, p. 1165-1168.

SMITH A., *An Inquiry into the Nature and Causes of the Wealth of Nations*, W. Strahan and T. Cadell, 1776 ; traduction française : *Recherche sur la nature et les causes de la richesse des nations*, Economica, 2002.

SMITH H.J., « The Shareholders *vs.* Stakeholders Debate », *Sloan Management Review*, vol. 44, été 2003, p. 85-90.

SOENEN G. et MOINGEON B., « The Five Facets of Collective Identities: Integrating Corporate and Organizational Identity » *in* MOINGEON B. et SOENEN G. (dir.), *Corporate and Organizational Identities: Integrating Strategy, Marketing, Communication, and Organizational Perspectives*, Routledge, 2002, p. 13-34.

SOENEN G., MONIN P. et ROUZIES A., « Projecting Organizational Identity through Organizational Dress at Air France, 1933-2005 » *in* LERPOLD L., RAVASI D., VAN REKOM J. et SOENEN G. (dir.), *Organizational Identity in Practice*, Routledge, 2007.

STARBUCK W.H., « Organizations as Action Generators », *American Sociological Review*, vol. 48, 1983, p. 91-102.

STAW B.M., « Knee-deep in the Big Muddy: A Study of Escalating Commitment to a Chosen Course of Action », *Organizational Behavior and Human Performance*, vol. 16, 1976, p. 27-44.

STAW B.M. « The Escalation of Commitment: An Update and Appraisal » *in* SHAPIRA Z. (éd.), *Organizational Decision Making*, Cambridge University Press, 1997, p. 191-215.

STAW B.M., SANDELANDS L.E. et DUTTON J.E., « Threat-Rigidity Effects in Organizational Behavior: A Multilevel Analysis », *Administrative Science Quaterly*, vol. 26, 1981, p. 501-524.

STEINER G.A., *Top Management Planning*, Collier-Macmillan, 1969.

STEINMANN L., « Fusions : la guerre des cultures ; Daimler-Chrysler », *Enjeux/Les Échos*, janvier 2001.

SUTHERLAND J., *Scrum: The art of doing twice the work in half the time*, Random House business, 2014.

TAYLOR F.W., *Direction scientifique des entreprises*, 1911, Dunod (réédition), 1957.

THALER R.H., « Mental Accounting and Consumer Choice », *Marketing Science*, vol. 4, 1985, p. 199-214.

THALER R.H., *Misbehaving : the making of behavioral economics*, W.W. Norton & Company, 2015.

TRIPSAS M. et GAVETTI G., « Capabilities, Cognition and Inertia: Evidence from Digital Imaging », *Strategic Management Journal*, vol. 21, 2000, p. 1147-1161.

TVERSKY A. et KAHNEMAN D. « Judgment under uncertainty: Heuristics and biases », *Science*, vol. 185, n° 4157, 1974, p. 1124-1131.

TVERSKY A. et KAHNEMAN D., « Rational Choice and the Framing of Decisions », *Journal of Business*, vol. 59, n° 4, 1986, p. S251-S278.

UTTERBACK J.-M. et ABERNATHY W.J., « A Dynamic Model of Process and Product Innovation », *Omega*, vol. 3, 1975, p.639-656.

VAN RIEL C.M.B., *Principles of Corporate Communications*, Prentice Hall, 1985.

VERGNE J.P., et DURAND R., « The missing link between the theory and empirics of path dependence: conceptual clarification, testability issue, and methodological implications », *Journal of Management Studies*, vol. 47, n° 4, 2010, p. 736-759.

VERNON R., « International Investment and International Trade in the Product Cycle », *Quarterly Journal of Economics*, vol. 80, mai 1966, p. 190-207.

VIDAILLET B., D'ESTAINTOT V. et ABECASSIS P., *La décision*, De Boeck Supérieur, 2005.

VON NEUMANN J. et MORGENSTERN O., *Theory of games and economic behavior*, Princeton University Press, 1944.

WEICK K.E., *Sensemaking in Organizations*, Sage, 1995.

WILLIAMSON O.E., *Markets and Hierarchies: Analysis and Antitrust Implications,* The Free Press, 1975.

WILLIAMSON O.E., *The Economic Institution of Capitalism,* The Free Press, 1985 ; traduction française : *Les institutions de l'*économie, InterÉditions, 1994.

WINTER S., « Four Rs of Profitability: Rents, Resources, Routines and Replication », *in* MONTGOMERY C. (dir.), *Resource-based and Evolutionary Theories of the Firm,* Kluwer Academic Publishers, 1995, p. 147-178.

World Economic Forum (en collaboration avec Bain & Company), *The Digital Enterprise: Moving from experimentation to transformation*, 2018.

WRIGHT R., *Un système pour gérer la diversité,* document Arthur D. Little, 1973.

WRIGHT T.P., « Factors Affecting the Cost of Airplanes », *Journal of Aeronautical Sciences*, vol. 3, 1936, p. 122-128.

YILDIZOGLU M., *Introduction à la théorie des jeux,* Dunod, 2003.

YUNUS M. et JOLIS A., *Vers un monde sans pauvreté,* JC Lattès, 1997.

ZALEZNIK A., « Managers and Leaders: Are They Different? », *Harvard Business Review,* janvier 2004, p. 74-81 (1re publication en 1977).

Index des notions

B

C

D

E

I

J

K

O

P

Q

R

S

T

U

V

Index des marques

Crédits iconographiques

INTRODUCTION : **Ouverture** © prluka / Adobe Stock

CHAPITRE 1 : **Ouverture** © Sari ONeal / Shutterstock ; **18** © LenaTru / Shutterstock ; **22** © North Monaco / Shutterstock ; **27** © Efired / Shutterstock ; **40** © StevenK / Shutterstock ; **46** © robtek / Shutterstock ; **47** © mirtmirt / Shutterstock ; **64** © chris32m / Adobe Stock

CHAPITRE 2 : **Ouverture** © ZINQ Stock / Adobe Stock ; **73** © andersphoto / Shutterstock ; **79** © Tero Vesalainen / Shutterstock ; **81** © Vytautas Kielaitis / Shutterstock ; **85** © Syda Productions / Shutterstock ; **91** © FUN FUN PHOTO / Shutterstock ; **98** © mimpki / Shutterstock

CHAPITRE 3 : **Ouverture** © Terry Morris / Adobe Stock ; **104** © Monster Ztudio / Shutterstock ; **108** © G Tipene / Shutterstock ; **110** © Vladnik / Shutterstock ; **117** © pixinoo / Shutterstock ; **120** © Jenny Sturm / Adobe Stock ; **124** © ferita Rahayuningsih / Shutterstock ; **129** © Mahod84 / Shutterstock

CHAPITRE 4 : **Ouverture** © Sergii Mostovyi / Adobe Stock ; **135** © kaschibo / Shutterstock ; **142** © Eliyahu Yosef Parypa / Shutterstock ; **148** © Edler von Rabenstein / Shutterstock ; **156** © Dan74 / Shutterstock ; **157** © Monster Ztudio / Shutterstock ; **159** © overcrew / Shutterstock ; **164** © Framesira / Shutterstock ; **169** © Grzegorz Czapski / Shutterstock ; **175** © andersphoto / Shutterstock

CHAPITRE 5 : **Ouverture** © musicman / Shutterstock ; **188** © William Potter / Shutterstock ; **192** © mikeledray / Shutterstock ; **195** © Natalia Lisovskaya / Adobe Stock ; **199** © vipman4 / Adobe Stock ; **205** © Tsekhmister / Shutterstock ; **210** © Librinova ; **215** © Riccosta / Shutterstock

CHAPITRE 6 : **Ouverture** © Maksim Pasko / Adobe Stock ; **234** © PRASERT / Adobe Stock ; **237** © Lukas Gojda / Shutterstock ; **241** © Sergey Nivens / Shutterstock ; **245** © lev radin / Shutterstock ; **249** © igorstevanovic / Shutterstock ; **250** © Everett Historical / Shutterstock ; **253** © Romolo Tavani / Shutterstock ; **254** © Stephanie A Sellers / Shutterstock ; **265** © BigTunaOnline / Shutterstock

CHAPITRE 7 : **Ouverture** © Chayasit Fangem / Shutterstock ; **278** © ffphoto / Adobe Stock ; **282** © Lightspring / Shutterstock ; **284** © Zeynep Demir / Shutterstock ; **289** © Charles Brutlag / Shutterstock ; **291** © ricochet64 / Shutterstock ; **293** © Kobby Dagan / Shutterstock ; **296** © ESB Professional / Shutterstock ; **308** © dean bertoncelj / Shutterstock

CHAPITRE 8 : **Ouverture** © maradon 333 / Shutterstock ; **323** © RossHelen / Shutterstock ; **326** © Alena Veasey / Shutterstock ; **330** © Borislav Bajkic / Shutterstock ; **331** © Otvalo / Adobe Stock ; **332** © Avigator Fortuner / Shutterstock ; **338** © Kateryna Mashkevych / Shutterstock ; **341** © Twin Design / Shutterstock ; **347** © Lightspring / Shutterstock

CHAPITRE 9 : **Ouverture** © sakura / Adobe Stock ; **354** © EQRoy / Shutterstock ; **356** © efks / Adobe Stock ; **357** © Sean Pavone / Shutterstock ; **359** © JoeZ / Shutterstock ; **366** © Gustavo Frazao / Shutterstock ; **371** © abimages / Shutterstock ; **373** © son Photo / Shutterstock

CHAPITRE 10 : **Ouverture** © Sawitre / Adobe Stock ; **395** © MAHATHIR MOHD YASIN / Shutterstock ; **399** © Phongphan / Shutterstock ; **402** © bbbastien / Adobe Stock ; **407** © soportography / Shutterstock ; **412** © Niyazz / Shutterstock ; **415** © Maksim Kabakou / Adobe Stock ; **425** © Jonathan Weiss / Shutterstock

CHAPITRE 11 : **Ouverture** © STUDIO GRAND WEB / Adobe Stock ; **431** © baibaz / Adobe Stock ; **434** © Csaba Peterdi / Shutterstock ; **436** © Travel mania / Shutterstock ; **443** © Grzegorz Czapski / Shutterstock ; **445** © sdecoret / Shutterstock ; **450** © sam-whitfield1 / Shutterstock ; **452** © znakki / Shutterstock ; **455** © Morrowind / Shutterstock ; **458** © KenDrysdale / Shutterstock ; **459** © JetN / Shutterstock

CHAPITRE 12 : **Ouverture** © nito / Adobe Stock ; **474** © Programme des Nations unies pour le Développement (PNUD) – ONU / DR ; **476** © BsWei / Shutterstock ; **479** © BigNazik / Shutterstock ; **481** © AlexLMX / Shutterstock ; **482** © Jacob_09 / Shutterstock ; **486** © artjazz / Shutterstock ; **487** © Danone / DR ; **491** © 9dreamstudio / Adobe Stock ; **494** © Joerg Huettenhoelscher / Shutterstock ; **495** © franz12 / Shutterstock ; **498** © Gorlov-KV / Shutterstock ; **499** © REDPIXEL.PL / Shutterstock ; **506** © lev radin / Shutterstock

CHAPITRE 13 : **Ouverture** © nep0 / Shutterstock ; **522** © Olga Popova / Shutterstock ; **527** © Andrey_Kuzmin / Shutterstock ; **532** © ImageFlow / Shutterstock ; **534** © designs by jack / Shutterstock ; **536** © turgaygundogdu / Shutterstock ; **539** © Shutterstock ; **542** © gabriele huller / Shutterstock ; **545** © Semen Kuzmin / Shutterstock ; **555** © Edith Rum / Shutterstock

CHAPITRE 14 : **Ouverture** © radachynski / Adobe Stock ; **562** © designer491 / Shutterstock ; **564** © Andrii Zastrozhnov / Shutterstock ; **569** © WoGi / Adobe Stock ; **576** © Lightspring / Shutterstock ; **583** © Matej Kastelic / Shutterstock ; **586** © Ollyy / Shutterstock

CHAPITRE 15 : **Ouverture** © wellphoto / Adobe Stock ; **603** © ra2studio / Shutterstock ; **605** © Production Perig / Shutterstock ; **608** © tomertu / Shutterstock ; **612** © Javier Leiva / Flickr ; **617** © boonchoke / Shutterstock ; **618** © Bru-nO / Pixabay ; **621** © Song_about_summer / Shutterstock ; **627** © Cranach / Shutterstock ; **630** © ANDROMACHI / Shutterstock

CHAPITRE 16 : **Ouverture** © natali_mis / Adobe Stock ; **637** © fizkes / Shutterstock ; **641** © Tap10 / Shutterstock ; **645** © ra2studio / Shutterstock ; **647** © Alexander Ishchenko / Shutterstock ; **652** © Maksim Pasko / Adobe Stock ; **655** © metamorworks / Shutterstock ; **657** © paparazzza / Shutterstock ; **660** © David Fowler / Shutterstock ; **661** © khwaneigq / Adobe Stock ; **665** © Roberiofd / Shutterstock ; **669** © Rawpixel.com / Shutterstock ; **672** © BobNoah / Shutterstock

Table des matières

78891 - (I) - CDM 90° - BLP - MPN
Dépôt légal : septembre 2019

Achevé d'imprimer en Italie par Grafica Veneta S.p.A, Trebaseleghe.